DUDEN

Reden gut und richtig halten

Noch Fragen?

Die DUDEN-Sprachberatung hilft Ihnen prompt und zuverlässig bei der Lösung sprachlicher Zweifelsfälle zum Beispiel
aus folgenden Bereichen:

- Rechtschreibung und Zeichensetzung
- Grammatik und Wortbedeutung
- Stil und Anreden
- formale Textgestaltung

Sie erreichen uns montags bis freitags von 9.00 bis 17.00 Uhr
unter der Telefonnummer 01 90/87 00 98 (3,63 DM/Min.).

DUDEN

Reden gut und richtig halten!

**Ratgeber für wirkungsvolles
und modernes Reden**

2., neu bearbeitete und ergänzte Auflage,
herausgegeben und bearbeitet
von der Dudenredaktion in Zusammenarbeit
mit Siegfried A. Huth

DUDENVERLAG
Mannheim · Leipzig · Wien · Zürich

Bearbeitet von Evelyn Knörr

Mitarbeiter an diesem Band

Dr. Heinz Joachim Bless (BDVT), Gert E. Boness, Prof. Dr. Günther Dahlmann-Resing, Marc Fischer (BDVT), Peter Flume, Dr. Heribert Hartmann, Dr. Frank Hatje, Siegfried A. Huth (BDVT), Hans-Joachim Kempe, Walter Kessel (BDVT), Hans-Peter Krämer (BDU/BDVT), Prof. Dr. Rolf Kramer, Frank Manekeller, Wolfgang Manekeller, Siegfried Menninger (BDVT), Dietrich Mommert, Gabi Neumayer, Klaus Patzel, Tiana Piehler (BDVT), Joachim Bernhard von Prittwitz und Gaffron (BDVT), Ulrike Rudolph, Roswitha Schäfer-Neubauer, Karin Szyszka, Dr. Barbara Topp (BDVT), Ursula Widmann-Rapp (BDVT)

Typografie Iris Farnschläder
Herstellung Monika Schoch

Die Deutsche Bibliothek – CIP-Einheitsaufnahme
Duden, Reden gut und richtig halten! : Ratgeber für wirkungsvolles und modernes Reden/ hrsg. und bearb. von der Dudenredaktion in Zusammenarbeit mit Siegfried A. Huth. – 2., neu bearb. und erg. Aufl. / [bearb. von Evelyn Knörr. Mitarb. an diesem Bd.: Heinz Joachim Bless ...]. – Mannheim ; Leipzig ; Wien ; Zürich : Dudenverl., 2000
ISBN 3-411-04682-1

Für die in diesem Buch gegebenen Ratschläge und Muster für die Ausarbeitung und Gestaltung von Reden u. a. kann, sofern sie juristische Fragen betreffen, keine Haftung übernommen werden.

Das Wort DUDEN ist für den Verlag Bibliographisches Institut und F. A. Brockhaus AG als Marke geschützt.

Satz: Bild + Text Mediendesign, Ostfildern/Kemnat
Druck und Bindearbeit: Druckerei Parzeller, Fulda
Printed in Germany
ISBN 3-411-04682-1

Vorwort

Wer sich beruflich oder gesellschaftlich engagiert, wer in Gremien, Vereinen oder Verbänden Aufgaben und Verantwortung übernimmt, wird früher oder später in die Lage kommen, Reden halten zu müssen. Auch im Privaten gibt es zahlreiche Anlässe, bei denen es üblich ist, je nachdem ein paar feierliche oder nachdenkliche oder heitere Worte zu sprechen. Nun ist vielen, die gelegentlich oder häufig Reden halten müssen, die Kunst der Rede, die Rhetorik, nicht mit in die Wiege gelegt worden. Und geschulte Redner fallen auch nicht einfach vom Himmel. Wie man eine Rede vorbereitet, was man bei ihrer Ausarbeitung beachten muss und wie man sich als Redner verhält, ist jedoch erlernbar. Dabei will dieses Handbuch helfen.

Aufgebaut ist es aus vier Teilen: Eine kleine Geschichte der Redekunst beschreibt zunächst die Entwicklung der Rhetorik von der klassischen Antike bis in die Gegenwart. Darin wird die ursprüngliche Zweckbestimmung der Redekunst ebenso deutlich wie die Gefahren, die ihr Missbrauch birgt.

Im »Praktischen Leitfaden der Redekunst« wird dargelegt, welche Redearten und Redeformen es gibt, wie man eine Rede vorbereitet und sinnvoll strukturiert und wie man ein Manuskript erstellt. Dieser Teil befasst sich mit Fragen der Wortwahl und des Redeschmucks ebenso wie mit solchen der geschickten Beweisführung und Argumentation. Schließlich erörtert er ausführlich die eigentliche Vortragssituation, erklärt, was der Redner über seine Stimme und den Tonfall wissen sollte, was beim Vortrag im Hinblick auf Mimik und Gestik zu beachten ist, wie er am besten mit seinem Lampenfieber umgeht und vieles andere. Neu hinzugekommen sind in diesem Teil Hinweise zum Umgang mit technischen Hilfsmitteln, Anleitung und Beispiele für die sogenannte 1-Minuten-Rede sowie viele Merk- und Checklisten, die dem Redner die Kontrolle seiner Vorbereitungen erleichtern. Und weil viele Aspekte der vorgetragenen Rede auch für das Gespräch wichtig sind, enthält der »Praktische Leitfaden der Redekunst« auch ein Thema zum Kapitel Rhetorik und Gesprächsführung, in dem erläutert wird, wie ein Gespräch abläuft und wie man es erfolgreich gestalten kann.

Neu in diesem Kapitel ist die ausführliche Darstellung einzelner Gesprächstypen, da der modernen Kommunikation im Rahmen von

Vorstellungsgesprächen, Mitarbeiterbesprechungen u.Ä., aber auch bei der Moderation von Gesprächsrunden und der Diskussionsleitung gerade im Berufsalltag immer größere Bedeutung zukommt.

Zahlreiche Musterreden sollen im dritten Teil Anregungen zu eigenen Reden geben. Sie sind nach privaten, beruflichen und öffentlichen Anlässen geordnet. Auch Beispiele für Reden in Vereinen und Verbänden sind enthalten. Diese Reden sind teils konventionell, teils etwas salopper formuliert, um zu zeigen, wie eine gute Rede sprachlich den unterschiedlichen Redeanlässen und auch dem jeweiligen Publikum angemessen sein muss.

Eine Sammlung klassischer und moderner Zitate und Aphorismen rundet das Handbuch in seinem vierten Teil ab. Hier finden all diejenigen, die eine eigene Rede ausarbeiten, unter verschiedenen Oberbegriffen vielfältiges Material zur Ausschmückung ihres Textes.

Die Dudenredaktion dankt allen Autoren, die an diesem Band mitgewirkt haben. Entscheidend mitgestaltet wurde er von seinem Herausgeber Siegfried A. Huth. Ihm gilt ganz besonderer Dank.

Mannheim, im März 2000   Die Dudenredaktion

Inhalt

Rhetorik und Gesprächsführung 149

Kleines Rede-Einmaleins 219

MUSTERREDEN 227

Reden bei privaten Anlässen 231

Geburtstag 231

Hochzeit und goldene Hochzeit 234

Familienfeste und andere Anlässe 242

Trauerreden 251

ZITATENSCHATZ   389

Redekunst

Kleine Geschichte der Redekunst

Entstehung und Hochblüte der Rhetorik im antiken Griechenland

Über dem Pentelikongebirge beginnt die Nacht ihren Schleier zu heben. Kein Laut ist zu hören – außer raschen Schritten, die durch die Straßen von Athen eilen. Ein junger Mann, Hippokrates mit Namen, klopft an eine Tür, bis ihm endlich geöffnet wird, und stürmt an dem Hausklaven vorbei in das Schlafzimmer seines Lehrers *Sokrates*. »Weißt du«, weckt er diesen, »weißt du, wer in der Stadt ist?«

Ein merkwürdiger Anfang für eine philosophische Streitschrift, verfasst zwischen 399 und 388 v. Chr. Ihr Verfasser heißt *Platon*. Schauplatz dieser philosophischen Komödie ist, wie gesagt, Athen. Die Handlung spielt um 432. Hauptfigur ist Sokrates, Platons verehrter Lehrer, den er in fast allen seinen Dialogen auftreten lässt und dem er damit ein unsterbliches Denkmal gesetzt hat; über Hippokrates wissen wir nichts weiter, außer dass er offenbar einer jener jungen Leute war, auf die Sokrates eine große Faszination ausübte mit seiner Ironie, mit seiner Art, sich unwissend und das vermeintlich Sichere infrage zu stellen. Wer aber war der Mann, der Hippokrates so sehr in Aufregung versetzte, dass er seinen Lehrer zu nachtschlafender Zeit aus dem Bett holte? Und warum? – Das fragte ihn auch Sokrates.

»Protagoras ist in der Stadt«, antwortete Hippokrates. – »Das weiß ich. Aber was willst du von ihm?« – »Er ist der weiseste, und er soll mich unterrichten. Und weil ich noch zu jung bin und ihm noch nicht vorgestellt wurde, führe du mich bei ihm ein!« – »Dazu ist's freilich noch ein bisschen früh am Tage. Aber sage mir: Was willst du bei Protagoras lernen? Wenn du zu Phidias gingest, wüsste ich, du willst Bildhauer werden; wenn zu einem Schuster, dann Schuster. Was aber ist Protagoras?« – »Sophist.« – »Und worauf versteht sich ein Sophist?« – »Er kann gewaltig machen im Reden.«

Rhetorik, darauf waren all die jungen adligen Leute erpicht, die sich im Haus des Kallias schon eingefunden hatten, um dessen Gast

Protagoras zu hören, als endlich auch Sokrates und Hippokrates dort eintrafen. Protagoras hält gerade einen jener Vorträge, in denen er seine Lehre vor- und seine Redekunst zur Schau stellt. Diese Art von Vortrag – *epideíxis* auf Griechisch – kann man getrost als Werbeveranstaltung betrachten, mit der die Sophisten um Schüler warben.

Sie waren überwiegend Wanderlehrer, zogen von Stadt zu Stadt und gewannen allenthalben die Söhne reicher oder adliger Väter für sich, bisweilen auch die Väter selbst. Sie gaben ihr Wissen gegen Geld weiter, und einige von ihnen kamen sogar zu Reichtum dabei, was, wenn auch nicht allein, ihnen die Anfeindungen der Traditionalisten eintrug, denn sie konnten dank ihrer Beredsamkeit und ihres Lehrangebots eine beträchtliche Schar zahlungskräftiger Schüler um sich versammeln.

Den Traditionalisten war derlei Treiben unverständlich: Wozu Geld bezahlen für etwas, was man überlicherweise ererbte von den Vätern, für einen Unterricht überdies, der die Söhne den gesellschaftlichen Übereinkünften und Überlieferungen *ihrer* Lebenswelt zu entziehen drohte? Für uns stellt sich die Frage: Was lehrt ein Sophist wie Protagoras? Platon lässt ihn auf diese Frage antworten: Bei ihm lerne so ein junger Mensch wie Hippokrates, der seine Elementarbildung hinter sich habe, genau das, weswegen er zu ihm gekommen sei – nicht etwa erneut theoretischen Wissensstoff der Wissenschaften von Zahl und Maß (Arithmetik, Astronomie, Geometrie, Musik) wie bei dem Sophisten Hippias von Elis, sondern *die Klugheit in seinen eigenen Angelegenheiten, wie er sein Hauswesen am besten verwaltet, und dann auch in den Angelegenheiten des Staates, wie er am geschicktesten sein wird, diese sowohl zu führen als auch darüber zu reden.* – Eine etwas umständliche Antwort. Aber so viel wird deutlich: Sein Erziehungsziel ist Tüchtigkeit im Reden und Handeln, ist also praxisorientiert. Sein Unterricht umfasst Ökonomik, Politik und eben Rhetorik, wobei der Hauptakzent auf Rhetorik und Politik liegt. Das ist kein Zufall.

Keine Demokratie ohne Rhetor

In Athen galt spätestens seit 460 v. Chr.: Wer politische Ambitionen hatte, konnte sie nur vor der Volksversammlung, der *ekklesía*, vertreten als Redner vor bisweilen sechs- bis fünfzehntausend Bürgern. Die Ekklesia ist *das* Verfassungsorgan. Hier wird über die Aufnahme eines Bürgers genauso entschieden wie über Gesetze oder Krieg und Frieden. Eine Regierung im heutigen Sinne gibt es nicht, eine ausgedehnte Staatsverwaltung ebenfalls nicht, dafür aber eine Zahl von Ämtern und Posten, in die die Bürger meistenteils nicht gewählt, sondern für die sie durch ein enormes Losverfahren bestimmt werden. Wesentliches Prinzip dieser Demokratie war es, zu verhindern, dass ein Amtsinhaber aus seiner (noch so kleinen) Machtposition Vorteile ziehen konnte und dass aus Bürgern Fachleute wurden, die aus ihrem Spezialwissen hätten Kapital schlagen können. Wenn also jemals alle Macht vom Volke ausging, dann hier, im Athen des 5. und 4. Jahrhunderts, wiewohl schon gleich wieder eingeschränkt werden muss: Volle politische Rechte genossen nur die Männer von Athen, nicht die Frauen, nicht die Metöken, die in Athen wohnten, aber nicht das Bürgerrecht besaßen, nicht die Sklaven.

Die Ekklesia brauchte, wie sich leicht denken lässt, den einzelnen Politiker, den Rhetor, den Demagogen in seiner ursprünglichen Bedeutung als »Volksführer«. Denn schließlich musste irgendjemand ja Anträge stellen und begründen, musste Meinungen bündeln und vortragen. Der *demagogós* gehört zu den strukturellen Notwendigkeiten der attischen Demokratie, sosehr er auch von antiken wie modernen Geschichtsschreibern getadelt wird. Gleichwohl, die Athener definierten ihre Staatsform vor allem durch den Begriff der *isegoría* (gleiches Recht der Rede) und waren stolz auf die Redefreiheit, die bei ihnen herrschte.

Die Wurzel der »Politik« – als Bezeichnung und als Sache – liegt in der griechischen *pólis* (Mz. *póleis*), einem schillernden Begriff, der zwischen Gemeinwesen, Stadt, Staat, Stadtstaat, Verfassungsordnung, Bürgergemeinde, bürgerlicher, ziviler Gesellschaft, menschlicher Gemeinschaft oszilliert, schwankt. Die griechische Antike kennt keinen abstrakten Staat; die Polis wird immer als Polis ihrer Bürger verstanden. Es gibt keinen Staat Athen, Theben oder Milet; es ist stets der Staat der Athener, der Thebaner oder Milesier. Eine solche Vorstellung wurde zweifellos dadurch gefördert, dass diese Stadtstaaten relativ klein und überschaubar waren. Privates und öffentliches Leben waren weit weniger getrennt als in unserer heutigen Gesellschaft, und das Öffentliche überwog bei weitem. Dementsprechend definiert Aristoteles den Menschen dann als ein Gemeinschaften bildendes und zur Gemeinschaft befähigtes Lebewesen, als *zóon politikón*, und betrachtet damit das Verhalten, die

Ethik des Einzelnen als auf das Gemeinwesen hin orientiert. Vereinfacht gesagt heißt die Maxime: Was dem Wohlergehen des Gemeinwesens nicht zuwiderläuft, nützt auch dem Einzelnen; was aber der Polis oder Teilen der Gemeinschaft schadet, kann dem Einzelnen nur kurzfristig Nutzen bringen, langfristig hat auch er den Schaden davon. Von dieser Feststellung leitet Aristoteles u. a. dann später auch seine Anforderung an den Politiker ab.

Nun war die Demokratie nicht wie die Göttin Athene in voller Rüstung dem Haupte des Zeus entsprungen. Die zentralen Institutionen, vor allem die Volksversammlung, gewannen erst allmählich ihre Bedeutung; für ein Polisbewusstsein war zu Zeiten uneingeschränkter Adelsherrschaft noch wenig Raum.

Das alles heißt jedoch nicht, dass die Griechen nicht auch schon in vordemokratischer Zeit geschickte Redner und gewiefte Taktiker gewesen sein dürften. Die Versammlungen der Heerführer in Homers »Ilias« zeigen es deutlich. Sie zeigen jedoch auch, dass es Sache des Adels war, das Wort zu führen. In »Staatsgeschäften« hatte der gemeine Mann weder zur Zeit des Trojanischen Krieges noch um 800, als Homer »Ilias« und »Odyssee« niederschrieb, etwas mitzureden. Und diese Art der »Unmündigkeit« sollte noch einige Jahrhunderte anhalten, bis aus einer Reihe von – beinahe möchte man sagen – tagespolitischen Zufälligkeiten mit unübersehbaren Folgen die schon beschriebene Verfassungsform entstand.

Die Konsequenzen des Wandels, der sich bis 460 vollzogen hatte, liegen auf der Hand: Politik zu treiben bedeutete, abhänig zu sein von der Zustimmung einer größer gewordenen Gruppe von Bürgern, die in ihrer Mehrzahl nicht mehr Adlige waren, denen adlige Wertvorstellungen und Handlungsziele wenig bedeuteten. Wer Politik treiben wollte, konnte sich nicht mehr auf gewachsene Gefolgschaften stützen, sondern musste sich stets erneut um Mehrheiten in der Volksversammlung bemühen, indem er das, was für ihn selbstverständlich war, anderen, denen es das nicht war, verständlich machte, und zwar durch die Rede.

Tatsächlich galt es schon unter den antiken Autoren als eine ausgemachte Sache, dass die Entstehung der Rhetorik mit der Entwicklung der politischen Verhältnisse einhergegangen sei, doch auf eine etwas andere Weise, als wir es bisher beobachtet haben.

Erfolg vor Gericht als Motor der Technik

Als ihre »Erfinder« wurden Teisias und Korax gehandelt, und deren Erfindung, eine kunstgerechte Rhetorik, die also weniger auf natürlicher Begabung und Zufälligkeit, sondern auf lehrbaren Kunstgriffen beruht, wurde mit dem Sturz der Tyrannis auf Sizilien um 460 v. Chr. in Verbindung gebracht. Auch wenn die These die Tatsache verdeckt, dass es sich bei der Entstehung der Rhetorik um ein gesamtgriechisches Phänomen handelte, hat sie doch insgesamt viel für sich. Zu den Maßnahmen der Tyrannen nämlich hatte auch die Zwangsumsiedlung großer Bevölkerungsteile gehört. Nach dem Ende ihrer Herrschaft ging es darum, die alten Verhältnisse wiederherzustellen, und man darf wohl annehmen, dass es zu einer Flut von Prozessen kam, die derjenige am ehesten für sich entscheiden konnte, der am geschicktesten vor einem großen Richtergremium argumentierte und am eindrucksvollsten redete.

Aus diesem Zusammenhang hat sich ein Lehrstück erhalten: Ein furchtloser Schwächling beraubt einen starken, aber feigen Mann. In der Verhandlung wird nun der Kläger behaupten, der Angeklagte habe Komplizen gehabt, um nicht eingestehen zu müssen, dass er feige ist; und der Angeklagte wird das bestreiten und außerdem erklären, er allein habe die Tat, schwach, wie er sei, gar nicht ausführen können. – Platon zitiert dieses Beispiel, um eine der zentralen Regeln rhetorischer Beweisführung zu illustrieren (und um ihr alsdann Sinn und Berechtigung abzusprechen): Das Wahrscheinliche ist wichtiger als die Wahrheit. Anders ausgedrückt, eine Wahrheit, die unglaubwürdig erscheint, verschweigt man besser, denn nur das Glaubwürdige überzeugt, auch wenn es nicht wahr ist. Noch einmal anders formuliert im Anschluss an die »Rhetorica ad Alexandrum« des Anaximenes, ein eher durchschnittliches sophistisches Rhetoriklehrbuch aus der zweiten Hälfte des 4. Jahrhunderts: Tatsache ist, was der Lebenserfahrung, den Erlebnis-, Denk- und Argumentationsschemata, den Vorstellungen und Vorurteilen der Zuhörer entspricht. Eine Behauptung von einiger Wahrscheinlichkeit wird zur Tatsache, wenn der Redner sie so darzustellen weiß, dass die Zuhörer mehr fühlen als klar denken: »So etwas Ähnliches habe ich auch schon erlebt« oder krasser »Wer so aussieht wie der, frisst auch kleine Kinder und klaut alten Frauen die Handtaschen.« Nicht nur zum Angriff sind derlei Dinge gut, sondern zur Verteidigung selbst dann, wenn leugnen nichts mehr hilft. *Wenn du aber gezwungen bist zu gestehen*, heißt es in der Rhetorik des Anaximes, *mache deine Handlungen den gewöhnlichen Handlungsweisen der vielen ähnlich [...], indem du sagst, dass die meisten oder alle etwas Derartiges tun, wie du es zufällig getan hast. Falls es nicht möglich ist, das deutlich zu machen, muss man seine Zuflucht zu den Argumenten Unglück und Irrtum nehmen*, die aus den Schwächen entspringen, die allen Menschen eigen sind. Nach diesem Muster wird auch heute noch vieles abgewiegelt.

Derlei Schemata beruhen auf so genannten Topoi (Einzahl: Topos) oder Loci communes (Einzahl: Locus communis), zu Deutsch Gemeinplätzen. Der Erste, der eine Sammlung solch nützlicher Gemeinplätze zusammengestellt hat, war, der Überlieferung zufolge, Protagoras. Die Rhetorik des Anaximenes zeigt knapp, wie man aus solchen Topoi Argumente für seine Rede münzen kann. Wer etwa zu einer Sache raten will, müsse zeigen, dass es gerecht, gesetzlich, nützlich und ehrenhaft sei, so zu handeln, oder auch angenehm und leicht durchführbar oder aber möglich und zwingend notwendig. (Wer abraten will, muss jeweils das Gegenteil zeigen.) Im Beispiel des Anaximenes: *Wie es gerecht ist, denjenigen, die uns Gutes tun, ihre Wohltaten zu vergelten, so ist es auch gerecht, diejenigen nicht zu schädigen, die uns nichts Böses getan haben.*

Daran, wie dieses Verfahren funktioniert, lässt sich leicht ablesen, dass es stets mehr als eine Sichtweise zulässt, dass es erlaubt, jeweils mehr als einen Standpunkt wahrscheinlich zu machen. Und tatsächlich wurde wiederum Protagoras als Erstem die Forderung zugeschrieben, dass ein gewandter Redner in derselben Sache *pro* und *contra*, dafür und dagegen, argumentieren können muss. Der praktische Vorteil dieser Fähigkeit liegt auf der Hand: Wer bei der Vorbereitung seiner Rede den gegnerischen Standpunkt erfolgreich und schlüssig vertreten kann, kann seine Rede bereits mit diesem Impfstoff gegen das Gift der Gegner immunisieren. Diese Fähigkeit jedoch bot den Gegnern der Sophisten auch eine wohlfeile Angriffsfläche: Wer gleichermaßen für und gegen eine Sache reden kann, steht leicht im Verdacht, selbst keinen Standpunkt zu haben, ja skrupellos zu vertreten, was ihm Erfolg verspricht. Ein Ruf, in dem – hier und heute wie dort und damals – sowohl die Politiker als auch die Rechtsanwälte stehen. Protagoras' viel zitierte Devise »die schwächere Sache zur stärkeren zu machen« bedeutete in diesem Zusammenhang ebenso sehr Wasser auf die Mühlen der Skeptiker, wie diese Fähigkeit auch Verblüffung und intelektuelles Vergnügen hervorgerufen haben mag.

Gerade für die Rechtspraxis der Antike und ausgehend von ihr ist vieles entwickelt und gelehrt worden, was die Überschrift »Rhetorik« trug. Eine eigentliche Jurisprudenz als Studienfach und wissenschaftliche Disziplin gab es weder in Griechenland noch in Rom. Nicht nur in Zivilsachen, sondern auch im Strafrecht und öffentlichen Recht gab es keinen Staatsanwalt. Anklage erheben konnte jeder Bürger, der Anhaltspunkte für ein Verbrechen sah. Der Angeklagte wiederum musste sich selbst verteidigen, sofern er das Bürgerrecht besaß. Wer sich dabei auf seine eigene Beredsamkeit nicht verlassen wollte, konnte sich an einen Logographen wenden, einen Redenschreiber, einen Rhetor und Sophisten, was den Angeklagten, obschon es eigentlich nicht erlaubt war, einiges Geld kostete. Überdies musste er die für ihn geschriebene Rede auswendig lernen, um sie als seine eigene vor Gericht vorzutragen.

Das bedeutete für den Logographen, der damit seinen Lebensunterhalt verdiente, dass er unabhängig von seinem persönlichen Standpunkt zu argumentieren verstehen und beim Schreiben genau die Tonlage, die Diktion treffen musste, die der Haltung, der Bildung, dem Charakter, dem Alter, der Persönlichkeit – in der Sprache der griechischen Lehrbücher heißt es: dem Ethos – dessen entsprach, für den er schrieb. Und er musste wie derjenige, der seine Verteidigung (oder die Anklage) selbst schrieb und vortrug, auf einen Gerichtshof Rücksicht nehmen, der sich aus denselben juristisch nicht gebildeten Bürgern zusammensetzte, wie sie auch in der Volksversammlung saßen. Als Logographen tätig waren Isokrates, bevor er die vielleicht erfolgreichste Rhetorikschule des 4. Jahrhunderts eröffnete, und Demosthenes. Berühmt war auch Lysias, besonders dafür, wie er die Tonlage, das Ethos seiner Auftraggeber traf. Und es ist wahrhaftig beeindruckend, wie er den braven, biederen, etwas schlichten, ja bedauernswerten Euphiletos vor Gericht auftreten lässt, der beteuert, einen gewissen Eratosthenes beim Ehebruch mit seiner Frau in flagranti ertappt und ihn deswegen erschlagen zu haben.

Das Schwergewicht des Prozesses lag bei den Plädoyers. Die Richter, ein nach dem Zufallsprinzip zusammengestelltes Gremium von mehreren Hundert Bürgern, hatten nur das Recht zu urteilen, nicht zu fragen. In den Plädoyers werden Tathergang, Zeugenaussagen, Beweismittel, einschlägige Gesetze vorgetragen. Hier werden sie ausgewertet, abgewogen, interpretiert, in einem Beweisgang zusammengeführt. Hier sucht man, die Beweisführung des Kontrahenten zu widerlegen. Hier bemüht man sich, die Richter für sich und seine Sache einzunehmen, sie aufzustacheln oder milde zu stimmen. Und hier legt man schließlich dar, welche Strafe man für angemessen hält.

Daraus wurde der klassische fünfteilige Redeaufbau entwickelt: 1. Einleitung *(exordium)* – die Richter sollen zu wohlwollendem, aufnahmebereitem und gespanntem Zuhören gebracht werden; 2. Erzählung *(narratio)* – die Schilderung der Sachlage soll sich durch Kürze, Deutlichkeit und Angemessenheit auszeichnen; 3. Beweisführung *(argumentatio)* und 4. Widerlegung des Gegners *(refutatio)*; 5. Schluss *(peroratio)* – er soll die wichtigsten Punkte zusammenfassen, pointieren und zu eigenen Gunsten Stimmung machen. Die Dinge sind also nicht darauf berechnet, nüchtern zu referieren, sondern auf die Zuhörer zu wirken, ja einzuwirken.

Der sophistische Lehrbetrieb scheint sich dabei weit ausführlicher auf die Frage konzentriert zu haben, wie man Affekte, Gefühle und Emotionen weckt, als auf die Argumentationstechnik und Beweisführung. Diese wird erst Aristoteles entwickeln – 1. in einer streng logischen Form in der Dialektik und 2. in einer publikumswirksameren Form in der Rhetorik. Dementsprechend vertritt er die Ansicht, unabdingbar seien nur zwei Redeteile: die Erzählung und die Beweisführung/Widerlegung. Denn alles andere ziele *nicht auf die Sache selbst, sondern auf den Richter. [...] Man soll nämlich den Richter nicht verwirren, indem man ihn zu Zorn, Neid und Mitleid verleitet; das wäre ja gerade so, als wenn man das, was man als Messlatte gebrauchen will, zuvor verbiegt.*

Richten, urteilen, beurteilen – darin besteht die Rolle des Zuhörers, und zwar sowohl in Bezug auf die Reden vor Gericht wie vor der Volksversammlung. Hier wie dort steht Meinung gegen Meinung, versuchen Kontrahenten sich gegenseitig auszustechen. Welche Argumente aber die schlagkräftigeren (nicht notwendig die besseren) sind, darüber urteilt das Publikum.

Nicht nur auf die Gerichtsstätten erstreckt sich die Kunst des Gegenredens und auf die Volksversammlung, sondern es scheint, für alles, was geredet wird, gäbe es [...] nur diese eine Kunst [...], sagt Sokrates in

Platons »Phaidros«. Jede Form des Redens wurde als ein Schlagabtausch von Rede und Gegenrede verstanden. Hier kommt ein Moment zum Tragen, das zu den Konstanten der antiken griechischen Kultur zählt: der agón, der Wettstreit, die Freude daran, sich mit anderen zu messen. Der Agon ist für die Griechen so typisch wie für die Engländer das Wetten. Was wundert es da noch, dass sich in Platons »Protagoras«, mit dem diese Ausführungen begannen, Sokrates und Protagoras für ein Zwiegespräch rüsten wie zwei Sportler, die die Bedingungen des Fairplay verabreden, ja zwischenzeitlich die Bestellung eines Schiedsrichters in Erwägung ziehen und dass die Zuhörer nicht so sehr der Sache wegen als vielmehr auch wegen des puren Vergnügens am Zweikampf dieser gewandten Gesprächspartner auf Fortsetzung des Dialogs dringen, als die beiden sich darüber streiten, ob nun sozusagen »der Ball im Aus« war oder nicht!

Sokrates
(um 470 – 399 v. Chr.)
Quelle: Archiv für
Kunst u. Geschichte,
Berlin

Wandel im Welt- und Menschenbild

Haben wir bislang die Anfänge der Rhetorik und ihre wesentlichen Grundzüge aus der »politischen« Entwicklung zu erklären versucht, so müssen wir nun doch noch in tiefere Schichten vorstoßen, um die Geburt der Rhetorik aus dem Geiste der Polis verstehen zu können. Denn die politischen Veränderungen gehen einher mit einem Bewusstseinswandel, einem Wandel der Wertvorstellungen, des Menschenbilds und der Weltsicht.

Das Maß aller Dinge ist der Mensch. Auch wenn Protagoras diesen Satz als Maxime praktischen Handelns – bei allem, was wir tun oder nicht tun, uns nicht zu überheben, sondern Menschenmaß walten zu lassen – formuliert haben sollte, entspringt er doch der Einsicht in die Erkenntnisfähigkeit des Menschen, und so wurde er auch stets verstanden. Es gibt, lautet diese Einsicht, keine andere Wahrheit als das, was wir mit den Sinnen erfahren, mit dem Verstand begreifen und mit der Vernunft ergründen.

Die Sophisten in ihrer Mehrheit gehen aber offenbar von einer schwächeren Wahrheitsbedingung aus: Wahr ist, was man für wahr hält – solange es den Gegebenheiten nicht eklatant widerspricht. Die Dinge sind so, wie die Mehrheit sie sieht. Wenn man aber der Einsicht zustimmt, dass es keine allgemein gültige Wahrheit gibt und Wahrheit nur die durch Sprache vermittelte Übereinkunft einer Gemeinschaft darstellt, dann muss wenigstens das Instrumentarium, mit dem diese Übereinkunft zu erzielen ist, gefeilt sein. So beschäftigten sich einige Sophisten mit Fragen des Wortschatzes, der präzisen Abgrenzung der Begriffe und mit den Bedeutungen der Wörter. Andere widmeten sich grammatischen Studien. Und schließlich betrachteten sie auch Dichterauslegung und Literaturstudium als ihre Domäne.

Über den Zweck hinaus, das Material für Sprachstudien bereitzustellen, hatte die Lektüre der Dichter einen weiteren, doppelten Nutzen für den Rheorikunterricht. Der erste bestand darin, den Wortschatz zu erweitern, das Stilgefühl zu schulen, die Ausdrucksfähigkeit zu steigern. Der zweite rührte von der bewusstseinsbildenden Kraft der Literatur her. Jeder Lektürekanon vermittelt Traditionen, Werte und Weltsicht. Darauf weist bereits Protagoras in Platons Dialog hin. Gemeinsame Erfahrungen erleichtern es, sich anderen mitzuteilen; gemeinsame Denktraditionen fördern die Verständigung innerhalb einer Gesellschaft enorm. Das bezieht sich auch auf Verhaltenweisen, Tugenden, Sitten und Gebräuche, Handlungsmaximen, Vorbilder und Maßstäbe. In der griechischen Antike prägten Homer und Hesiod den Elementarunterricht (und damit das Denken), und Dichter der Adelszeit gehörten mit einer Selbstverständlichkeit zur Allgemeinbildung wie bei uns ehedem die Bibel, das Nibelungenlied, Goethe, Schiller, Keller und Fontane. Als Redner muss man sich auf dies alles beziehen können, was man in den Köpfen der Menschen vorfindet, vor denen man spricht. Als Gegenredner sollte man wissen, auf was genau ein Zitat, eine Anspielung Bezug nimmt – in den Köpfen der Zuhörer und in der Literatur, aus der das Zitat stammt. Denn Sinn erhalten Wort und Satz erst durch den Zusammenhang, in dem sie stehen, und durch die zugrunde liegende, Werte setzende Weltsicht. Bedeutungen können sehr vielschichtig sein, und das Gesagte ist nicht immer das Gemeinte. Deswegen lässt sich mangelnde Belesenheit auch nicht durch noch so treffliche Zitatenschätze allein ersetzen.

Homer und Hesiod prägten den Schulunterricht, dies ist allerdings nur die halbe Wahrheit. Die Kraft der homerischen Heroen und Hesiods Götterhimmel verblassten im 5. Jahrhundert. Und es bedurfte eines neuen Lichtes, in dem man sie sehen konnte. Sie bedurften der Interpretation, denn sie waren nicht mehr »selbst-verständlich«. Die Radikalen unter den aufgeklärten Geistern gingen im Übrigen noch einen Schritt weiter: Sie erklärten die mythischen Erzählungen für

Ammenmärchen, die die Einsicht in die wahren Verhältnisse der Welt vernebeln.

Damit schließt sich der Kreis. Der Streit der Meinungen über die letzten Wahrheiten hat sicherlich die argumentativen Fähigkeiten ebenso vorangebracht wie das Nachdenken über die Möglichkeiten der Sprache. Der Mensch als Individuum ist zum Maß aller Dinge geworden.

Entfesselte Redekunst

Ganz in diesem Sinne definiert der Sophist Gorgias, was Rhetorik sei (und da er es auf Griechisch in schillernden Begriffen tut, soll es hier in einer Umschreibung wiedergegeben werden): Rhetorik ist die Verfertigerin von Überzeugung(sgründen), Überredung, Vertrauen, Gehorsam und Täuschung auf der Basis von Vertrauen (gegenüber dem Redner) und der Glaubwürdigkeit (des Redners). Und ihre »Produkte« verfertigt die Rhetorik durch den Logos: durch Wort, Sprache, Rede, Vernunft, Darlegung, Bericht, logisch Nachprüfbares, disputierbar Gegenwärtiges. Sein Widerpart ist der Mythos, die Erzählung, die Parabel, »Glaub-würdiges« aus vorgeschichtlicher Zeit. Gleichwohl sind Mythos und Logos Geschwister, auch wenn der Stern des Ersteren im 5. Jahrhundert zu sinken beginnt und Letzterer an Leuchtkraft gewinnt. Protagoras, der von allen Sophisten am stärksten im Polisgedanken verwurzelt ist, beruft sich noch auf den Mythos, dass Zeus den Menschen mit der Ehrfurcht vor den Göttern, dem Respekt vor den Mitmenschen und dem Gerechtigkeitssinn die Fähigkeit verliehen habe, in Gemeinschaften zusammenzuleben.

Gorgias dagegen ist grenzenlos fasziniert von den Wirkungen, die man mit dem Logos erzielen kann. Sein Glaube ist der an die geradezu magische Macht des Wortes, das bezaubern und fesseln könne, haarsträubenden Schauder, tränenreichen Jammer, aber auch Freude und Jubel erzeugen, erschrecken oder von Angst befreien. Der wahrhaft Mächtige, so lässt Platon ihn in seinem nach Gorgias benannten Dialog sagen, sei der Rhetor. Nicht Fakten und Fachwissen bewegten die Menschen, etwas zu tun oder zu lassen, sondern das Können des Redners, die entfesselte Macht der Rede. Dem Sizilianer Gorgias, der 427 an der Spitze einer Gesandtschaft erstmals nach Athen kam, ging es zeitlebens darum, die Wirkung des Wortes auf das Gemüt der Zuhörer zu erkunden. Praktisch-politisches Sachwissen galt ihm als Nebensache. Der Mensch ist kein reines Verstandeswesen, und die Griechen wussten sehr genau, dass Gemütsbewegungen, Leidenschaften, Affekte (griech.: *páthe;* Einz.: *páthos*) keinen geringen Einfluss auf menschliche Handlungen und Entscheidungen haben.

Gefühle, Affekte, Emotionen – das verbindet Rhetorik und Dramaturgie der Tragödie. Beider Fluchtpunkt ist die Wirkung auf den Menschen. Unter diesem Aspekt lernte Gorgias gewissermaßen vom und im Theater, lernte der Rhetor vom Dichter. Er übernahm ausdrucksstarke Wörter, die bislang der poetischen Sprache vorbehalten waren. Er baute Satzperioden nach geradezu musikalischen Gesichtspunkten, achtete sorgsam auf Rhythmus, Klang und Wohlproportioniertheit. Von manchen überzogenen Eigenheiten nahm die Rhetorik sehr bald Abstand. Doch seine Kunst, die Menschen durch Affekte in Bann zu schlagen, die Gefühle zu lenken, kurz: die Macht der Rede emotional zu entfesseln, nahm auch weiterhin breitesten Raum in der Rhetorik ein. Und es verwundert daher kaum, dass die rhetorische Affektenlehre bei der Entstehung der modernen Psychologie im 18. Jahrhundert Pate stand.

Gorgias hatte die Rhetorik – nach dem Zeugnis Platons – definiert als Kunst, die mittels der Rede – auf der Basis von Glaubwürdigkeit und erwecktem Vertrauen – Überzeugung oder Überredung, Gehorsam oder Täuschung hervorbringt. Das aber bedeutete nichts anderes, als die Verführung und Manipulation der Menschen zum legitimen Ziel der Redekunst zu erklären. *Vermögend freilich ist der Redner, gegenüber allen und über alles so zu reden, dass er den meisten Glauben findet beim Volk.* Wenn er von dieser Kraft und Kunst unrechten Gebrauch mache, könne man doch weder den Lehrer dafür verantwortlich machen noch die Rhetorik selbst. Der entfesselten Macht der Rede entspricht die aus allen Bindungen befreite Macht des Redners. Bei Gorgias wenigstens. Nur bei Gorgias? Nur im 5. vorchristlichen Jahrhundert?

Die Katastrophe, in die der Peloponnesische Krieg für Athen mündete, war durch eine Kette verhängnisvoller Fehleinschätzungen und zweifelhafter Entscheidungen der Volksversammlung verschuldet worden. Das war selbstverständlich auch den Zeitgenossen klar und förderte die massive Kritik an einzelnen »Demagogen«, dann bald auch an der rhetorischen Praxis und schließlich überhaupt am demokratischen System. Die Katastrophe brachte aber auch zutage, dass die Welt der Adelszeit mit ihren allgemein verbindlichen, von den Göttern verbürgten Normen dahin war; deutlich zeigte sich nunmehr, dass dem für autonom erklärten Individuum vor allem eine rigorose Verfolgung von Eigeninteressen entspricht.

Rede, Moral und Rhetorik als Lebensform

Vor dem Hintergrund dieser Erfahrungen galt es, Konsequenzen zu ziehen, die auf eine ethische Grundlegung des Menschen als Teil der Polis abzielen mussten, Konsequenzen, auf deren Grundlage Ausrichtung und Ziel des Handelns (und Redens) bestimmt werden konnten. Den einen Weg dazu beschritt Isokrates, einen anderen Platon, und einen dritten Weg zwischen beiden fand schließlich Aristoteles.

Isokrates steht insofern in der sophistischen Tradition, als auch er eine absolute Wahrheit, an der das Handeln sich orientieren müsste, verneint. Für möglich dagegen – und entscheidend – hält er eine Erziehung zur praktischen Vernunft. Die seinem Bildungsideal entsprechenden Menschen sind diejenigen, die *zuallererst von den Gegebenheiten, wie sie sich Tag für Tag einstellen, Gebrauch zu machen wissen und die ein Einschätzungsvermögen haben, das den rechten Zeitpunkt (»kairós«) trifft und in aller Regel auf das Nützliche zu zielen vermag.* Dieses Ideal bildet das Kernstück seiner »philosophia«, die dem Unterricht seiner etwa 390 v. Chr. gegründeten, überaus erfolgreichen Rhetorikschule zugrunde lag. Die Kunstgriffe der Rhetorikschule seien rasch vermittelt; überdies könnten sie, schreibt Isokrates, nur die Produktion von Reden erleichtern, Missgriffe verhindern und Unsicherheiten beheben. Wer aber nicht begabt sei, werde durch ein starres Regelwerk keinesfalls zu einem guten Redner. Denn – und um diesen zentralen Begriff kreisen Isokrates' Überlegungen immer wieder – es komme auf den *kairós* an, darauf, Zeitumstände und Sachlage zu berücksichtigen, denen die Rede (und das Handeln) angemessen sein müssen. Da die Rede aber stets situationsgebunden ist, bedarf es vor allem der Gabe, die Gegebenheiten richtig zu erfassen, und der Beobachtung und Erfahrung, wie sich die Dinge meistenteils verhalten.

Dass solche Fähigkeiten nicht nur der angemessenen Rede dienen, sondern sich für das Handeln als ebenso nützlich erweisen, leuchtet unmittelbar ein. Und so kann Isokrates feststellen, dass man in seinem Unterricht an praktischer Klugheit (griech.: *euboulía*) gewinnen könne, ohne gleich zum Redner zu werden. Schulung im Reden fördere diese praktische Klugheit. Denn ob man nun vor der Menge eine beratende Rede hält oder mit sich selbst zu Rate geht (das Griechische ist da sogar noch genauer: »mit sich selbst ein Dialog hält«), beides folgt gleichsam derselben Rhetorik: Das Verfahren, mit dem Überzeugungen geschaffen werden, bleibt das gleiche.

Tatsächlich zielt die Einsicht, die den *kairós* angemessen berücksichtigt, auf das Nützliche und Zuträgliche – ein Begriffspaar, das oft mit dem Guten und Gerechten gleichgesetzt wird, weil das Nützliche und Zuträgliche auf lange Sicht nur dann nützlich und zuträglich bleibt, wenn es mit dem Gerechten und Guten zusammenstimmt. Solche Einsicht wird den Redner, der auf seinen Nutzen bedacht ist, Reden verfertigen lassen, die von Großzügigkeit und anständiger Gesinnung zeugen sowie das Gemeinwohl im Auge haben. Deshalb gilt für Isokrates auch umgekehrt, dass Tugenden wie Besonnenheit und Gerechtigkeit am meisten durch *die Beschäftigung mit der politischen Beredsamkeit* ausgebildet werden. Eines der wichtigsten Mittel nämlich, Überzeugungen herzustellen, ist das Ethos des Redners. Auf ihm beruht ein Großteil seiner Glaubwürdigkeit. Wer sich, so könnte man sagen, lange und oft genug damit beschäftigt hat, besonnen und gerecht zu erscheinen, auf den wird dieses Ethos, diese Haltung früher oder später abfärben. Damit aber wird die Rhetorik im Sinne des Isokrates zur Lebensform.

Platons Kritik der Rhetorik im »Gorgias« dagegen ist ebenso grundsätzlich wie vernichtend (obwohl seine Schriften zeigen, dass er selbst alle Mittel der Redekunst virtuos beherrscht). Maßstab für die Annahme oder Ablehnung einer Sache nämlich ist bei Platon die Frage: Nützt sie dem Menschen, genauer: bessert sie ihn? Und wie soll den Menschen etwas bessern, was das nur *scheinbar* Wahre stets über die Wahrheit stellt? Wie sollen ihn die Redner bessern, die ihrem Publikum stets nach dem Munde reden, weil es ihnen einzig um ihren Erfolg und Vorteil geht?

Im »Phaidros« (etwa dreißig Jahre nach »Gorgias« geschrieben) ringt Platon sich zu einer weniger schroffen Position durch: Nicht die Rhetorik an sich sei abzulehnen, sondern nur die real existierende Form. Der gorgiasschen Definition der Rhetorik setzt er eine eigene entgegen, nach der die Rhetorik eine Art Seelenleitung *(psychagogía)* mittels der *lógoi* ist; *lógoi*, das sind Begriffe, Argumente, Erkenntnisgründe. Rhetorik steht jetzt im Dienste der Erkenntnis, genauer: im Dienste der Suche nach Erkenntnis. Zur Erkenntnis aber gelangt man, so Platon, vor allem mittels des Dialogs, dessen wichtigstes Merkmal die Frage ist, der produktive Zweifel, der den Schein entlarven hilft und den Weg zur Wahrheit weist. Die zusammenhängende Rede, der Vortrag sind nur unter bestimmten Voraussetzungen ebenfalls zu dieser »Seelenleitung« geeignet.

Als Methode des Suchens stellt Platon im »Phaidros« eine Dialektik dar, »die instand setzt, sowohl das Eine, das Ganze, als auch zugleich die in ihm enthaltenen Teile und Unterteile, die in ihm enthaltene Vielfalt zu erfassen. Die Rede nun müsse, so Platon, genau dieser Dialektik entsprechen, dürfe nicht aus einer Aneinanderreihung von Einzelpunkten bestehen, sondern müsse organisch aufgebaut sein wie ein Lebewesen, bei dem alles an passender Stelle zum Ganzen beitrage. Eine Theorie der Rede, die ja Seelenleitung sein soll, müsse darüber hinaus Auskunft geben können über das Wesen der Seele und die Wirkungen, die die Seele unter welchen Bedingungen und wodurch erfährt bzw. selbst ausübt. Andernfalls bleibe die Rhetorik nichts als *das Gegenstück zur Kochkunst*, eine Schmeichelei für die Seele, wie jene für den Leib.

Die Theorie der Beredsamkeit ist das Gegenstück zur Dialektik, definiert Aristoteles die *rhetoriké téchne* zu Beginn seiner »Rhetorik« in Anknüpfung an seinen Lehrer Platon. Er nahm – im Gegensatz zu diesem und in Konkurrenz zu den Sophisten – die Rhetorik in seinen Lehrbetrieb auf. Gleichzeitig erhielt sie jedoch einen anderen Stellenwert als in der üblichen Rhetorikschulung. Im Lehrplan folgte die Rhetorik bei *Aristoteles* der praktischen Philosophie, die Ethik, Ökonomik und Politik umfasste und deren Kenntnis er also genauso voraussetzen konnte wie die der Logik. Voraussetzen konnte er eine Ethik, die sich nicht auf das aus Bindungen gelöste Individuum, sondern auf das Leben in der Verflochtenheit mit Familie, Freunden und Mitbürgern bezog: Der Mensch als *zóon politikón*, als gesellschaftliches Lebewesen, gibt das Maß.

Im Zentrum der aristotelischen Rhetorik steht die Kenntnis rhetorischer Beweisverfahren; denn die Rhetorik stelle *das Vermögen dar, bei jedem Gegenstand das möglicherweise Glauben Erweckende zu erkennen.* Da die Rede auf die Zuhörer wirken soll, kann sie nicht auf den streng logischen Operationen des wissenschaftlichen Beweisverfahrens, wie sie seine Dialektik zum Gegenstand hat, beruhen,

Aristoteles
(384 – 322 v. Chr.)
Quelle: Bibliographisches Institut & F. A. Brockhaus, Mannheim

sondern muss Formen entwickeln, die zwar nicht weniger korrekt, aber dafür »unterhaltender« sind, wie die Gedankenkette, Beispiele, Gleichnisse usw. Grundlage dieser rhetorischen Beweise sind – wie bei den Sophisten – Topoi. Im Unterschied zu den Sophisten aber bietet Aristoteles eine Topik, ein komplettes System auf die Redegattungen bezogener Topoi, an. Sein Ziel ist, die Redepraxis auf eine gleichsam wissenschaftliche Grundlage zu stellen.

Diese Tendenz zeigt sich auch in der Behandlung der Affekte, mit der er eine gewissermaßen innerweltliche Konsequenz aus Platons Auffassung von der Seelenleitung zieht. Er untersucht die Disposition, bei der die Menschen abhängig vom Alter, sozialen Stand usw. zu bestimmten Handlungen und Gefühlen zu bewegen sind, er untersucht die Affekte wie Zorn, Liebe, Furcht, Mitleid usw., zeigt, worin sie bestehen und was sie auslöst, kurz: Er akzeptiert die unterschwelligen, vom Gefühl bestimmten Wirkungen in der Beziehung zwischen Redner und Zuhörer und systematisiert sie zu einer (dann auch nicht mehr nur an die eigentliche Redepraxis gebundenen) Psychologie. Dazu gehört auch die Glaubwürdigkeit des Redners selbst, die neben den Beweisen bewirkt, dass man seinen Argumenten folgt. Der Redner müsse deshalb in seiner Rede erweisen, dass er Einsicht, Tugend und Wohlwollen habe. Täuschung der Zuhörer beruhe auf dem Fehlen mindestens einer dieser Eigenschaften.

Die Prämissen der Sophistik lassen sich unschwer wieder erkennen. Doch wird dem Zwang, sich sprachlich über die Dinge zu verständigen, weil sie eben nicht eindeutig sind, mit einem Instrumentarium Genüge getan, das es überhaupt erst ermöglicht, sich aufrichtig und auf einer rationalen Grundlage um eine solche Verständigung zu bemühen. Allerdings – Schule gemacht hat diese Rhetorik nicht. Die Redepraxis wurde insgesamt eher von der »aalglatten Routine« und dem radikalen Relativismus eines Anaximenes beherrscht (M. Fuhrmann).

Als mit dem Sieg Philipps von Makedonien über die griechischen Poleis (Stadtstaaten) 338 v. Chr. deren Unabhängigkeit und Autonomie ein Ende fand, verlor auch die Beredsamkeit die Bedeutung, die sie über ein Jahrhundert lang gehabt hatte. Gleichwohl ging die Rhetorik damit nicht unter. Die Konzeption des Isokrates erwies sich als lebensrettend. Die Rhetorik wurde vor allem zum Medium höherer Allgemeinbildung.

Die Redekunst im alten Rom

Noch einmal die bekannten Stichwörter: Politik und Rhetorik. Die römischen Verhältnisse waren den griechischen ähnlich genug, um der Rede zu einem zentralen Platz im Bereich der Politik zu verhelfen. Die *res publica* – wörtlich: »öffentliche Angelegenheit«, sachlich: Republik – formte das Bewusstsein der Römer wie die Polis das der Griechen. Zwar wurden die Entscheidungen im Wesentlichen im Senat gefällt und weniger in den Volksversammlungen, zwar müsste man Rom deswegen auch eher als Adelsrepublik bezeichnen, aber der Senat mit 300, später 600 Senatoren und natürlich erst recht die Volksversammlung boten einen Rahmen, stellten Anforderungen, denen sich die griechischen Rhetoren in den Poleis ebenfalls gegenübergesehen hatten.

Dasselbe gilt für das Gerichtswesen: Seit 149 v. Chr. entwickelte sich ein Gerichtssystem, das auf Geschworenengerichten von 51 bis 71 Richtern – anders als in Athen mit fester Zuständigkeit für bestimmte Straftatbestände – aufbaute. Daneben behielt die Volksversammlung das Recht, außerordentliche Gerichtshöfe wegen besonders brisanter, vor allem politischer Vergehen einzurichten. Trotz der Unterschiede zur griechischen Gerichtspraxis bot die enge Verzahnung von Recht und Politik dem Redner auch in Rom ein reiches Betätigungsfeld, das sich mit dem Rüstzeug griechischer Rhetorik beackern ließ.

Rom war, als man im 2. Jahrhundert v. Chr. dort den Nutzen kunstgerechter Rhetorik entdeckte, bereits in vielem Schüler der Griechen geworden, das gilt besonders für Schrift und Münzwesen, Handwerke und Künste. Die Expansion ins östliche Mittelmeer brachte Rom auch den Kontakt mit Philosophie, Wissenschaft und Literatur der Griechen und eben mit der Rhetorik. Umgekehrt gab es für die griechischen Rhetoren eine Marktlücke zu füllen, an der sich gut verdienen ließ. Sie trafen in Rom auf eine Gesellschaftsstruktur und eine Mentalität, die der Entstehung der Rhetorik in Griechenland vorausgegangen war: eine fest gefügte ständische Ordnung, ein religiös verankertes Weltbild und eine von Traditionen bestimmte Lebenswelt.

Nun waren auch die Römer mit einer natürlichen Begabung und einer reichlichen Praxis im Reden ausgestattet, bevor die Rhetorik bei ihnen Einzug hielt. Die Alltagssprache war durchdrungen von

Rede und Stilfiguren, bevor sie ihre hoch entwickelten Systematisierungen und Techniken bereitstellte. Schulregeln wurden von den Römern mit Skepsis betrachtet. Was es in Sachen Recht und Politik und Rede zu lernen gab, lernte man durch Zuhören, Mitmachen und die Ratschläge der Erfahrenen.

Cato kann als Vertreter dieser Tradition gelten. Seine überaus selbstgewisse, bodenständige und brachiale, kraftvolle und knorrige Redeweise entsprach keineswegs den Regeln einer feingeistigen Redekunst, wie sie die Griechen lehrten. Das sollte sie auch nicht. Gegen die rhetorischen Tüfteleien setzte er das Motto *Rem tene, verba sequentur* (beherrsche die Sache, die Worte folgen dann schon), gegen den Rhetor als Lebensform seine Definition des Redners: *vir bonus dicendi peritus* (ein Ehrenmann, erfahren im Reden).

Tatsächlich mussten viele Römer den Skeptizismus und Relativismus der griechischen Philosophen und Rhetoren als Angriff auf die *mos maiorum*, die Sitte der Vorväter, jenes Herzstück römischen Selbstverständnisses, betrachten. Doch weder der Widerstand eines Cato noch ein Erlass aus dem Jahre 161 v. Chr., mit dem alle griechischen Philosophen und Rhetoren aus Rom ausgewiesen werden sollten, konnten die Entwicklung aufhalten.

Siebzig Jahre später schon erwirkte die Adelspartei einen Senatsbeschluss gegen den lateinischen Rhetorikunterricht und versuchte sich so die Rhetorik als Herrschaftswissen zu sichern (was allerdings misslang). Lange war die Rhetorik – die Griechen unterrichteten auf Griechisch – nur jener Oberschicht vorbehalten geblieben, die des Griechischen mächtig war. Gerade in den heftigen innenpolitischen Auseinandersetzungen zeigte sich, welches Machtmittel die Rhetorik bedeuten konnte, wenn man die Rede als Waffe im politischen Kampf so exzellent zu führen wusste wie die Volkstribunen Tiberius und Gaius Gracchus und ihre Nachfolger, die damit eine enorme Nachfrage nach rhetorischen Fertigkeiten bewirkten. Hatten sie ihre Rhetorik noch bei den Griechen gelernt, so waren doch unter ihren Parteigängern bezeichnenderweise auch diejenigen, die um 100 v. Chr. als Erste Rhetorikunterricht auf Latein anboten, insbesondere der – leider unbekannte – Verfasser des ersten lateinischen Lehrbuchs, der »Rhetorica ad Herennium«.

Sie gliedert sich entsprechend den fünf Aufgaben des Redners in Auffindung der Sachen und Argumente *(inventio)*, Anordnung und Gliederung des Stoffes *(dispositio)*, stilistische Ausarbeitung *(elocu-*

tio), Auswendiglernen *(memoria)* und Vortrag *(actio)*. Innerhalb dieser Gliederungsteile handelt sie jeweils nacheinander Gerichtsrede, Volksrede und Festrede ab (die Einteilung kennen wir von Aristoteles); unter jeder dieser Gattungen wiederum werden die fünf Redeteile erläutert, wie sie sich aus der attischen Gerichtspraxis entwickelt haben. Dabei widmet sich der unbekannte Autor vor allem der Gerichtsrede – auch das ein bekanntes Phänomen –, um die Statuslehre (d. h. die systematische Auffindung des springenden Punktes in der Rechtsfrage) und die sich daraus ergebende Beweistopik ausführen zu können. Das alles steht auf hohem Niveau, und obwohl er auf allerlei spitzfindige Kompliziertheiten der Griechen verzichtet, zeigt er sich doch im Wesentlichen der aus Griechenland importierten Rhetorik verpflichtet, was mit geringen Abweichungen für die gesamte römische Rhetorik gilt.

Cicero – der Redner par excellence

Wer von Rom spricht und von Rede, kommt an einer der fesselndsten Gestalten der römischen Republik nicht vorbei, Marcus Tullius *Cicero*. Er lernt die Rhetorik nach traditionellem römischem Muster, vervollständigt jedoch seine Kenntnisse in Griechenland. Cicero ist von der griechischen Kultur eingenommen wie kaum ein Zweiter, ist mit ihr vertraut wie nur wenige Römer damals und später. Sein großes Verdienst ist, die griechische Philosophie und Rhetorik in die römische Kultur »übersetzt« zu haben.

Marcus Tullius Cicero (106 – 43 v. Chr.) Quelle: Archiv für Kunst u. Geschichte, Berlin

In »De oratore« (»Vom Redner«, entstanden 55 v. Chr.) behandelt Cicero nicht nur die Technik der Rede, sondern benennt auch die Voraussetzungen, die ein *perfectus orator*, ein vollkommener Redner, erfüllen müsse. Cicero ist keineswegs der Meinung, ein Redner müsse nur natürliche Begabung mit Fleiß und technischem Spezialwissen verbinden, um in öffentlichen Angelegenheiten oder vor Gericht Erfolg zu haben. Ciceros Ideal eines vollkommenen Redners besteht vielmehr in einer Synthese aus Philosoph, Staatsmann und Redner. Denn, so sagt er, die Beredsamkeit könne ihre Funktion nur in Verbindung mit Redlichkeit und Klugheit (*probitas* und *prudentia*) erfüllen.

Die Gegenwart biete ein trauriges Bild: Hier die Rhetorik, die sich im Handwerklichen erschöpfe; da die Philosophie, die allen Bezug zur (politischen) Praxis verloren habe.

Cicero zielt auf eine Bildung, die politisch-ethisches, rhetorisches und wissenschaftliches Wissen vereint. Er plädiert für eine breite Allgemeinbildung unter Einschluss der Philosophie, vor allem der Moralphilosophie, des Rechts (was für die römischen Redner keineswegs selbstverständlich war), der Geschichte und der Literatur. So vermag der Redner seinen umfassenden Aufgaben als Staatsmann gerecht zu werden. So wird die Beredsamkeit eine Macht zum Guten.

In der Praxis war Cicero nicht ganz so skrupulös. Vor Gericht beschäftigte er sich eingehend mit dem Privatleben und allem sonst, was sich für Schmähungen, üble Nachrede usw. gegen den Prozessgegner eignete. Seine Hiebe machen noch heute Eindruck. Sein Witz, seine Schlagfertigkeit waren spitze Waffen, und er gebrauchte sie zügellos. Er beherrschte den eleganten, urbanen Wortwitz, die beißende Ironie, das despektierliche Wortspiel, den Spott – und nutzte sie rücksichtslos.

Seine Fähigkeit, Emotionen zu wecken oder zu steigern, die Gefühle der Zuhörer in jede beliebige Richtung zu lenken, muss enorm gewesen sein. Seine Fähigkeit zur Autosuggestion war, antiken Zeugnissen zufolge, außerordentlich. Der Redner müsse eben, führt Cicero in »De oratore« aus, die Gefühle, die er wecken wolle, selbst empfinden. Weil eigene Gefühle durch die vortragsweise glaubhaft gemacht werden, ist für Cicero das Wichtigste an der Rede der Vortrag (lateinisch: *actio!*).

Cicero fühlt sich stilistisch Demosthenes verpflichtet, nicht nur was die Beherrschung der Kunstmittel im engeren Sinn, sondern auch was die Beherrschung der Stilebenen angeht. Die Rhetorik unterschied zwischen drei Stilebenen, dem schlichten, dem mittleren und dem erhabenen Stil, denen drei Wirkungsabsichten zugeordnet wurden, die Belehrung bzw. Beweisführung *(probare)*, das Unterhalten *(delectare)* und das Bezwingen der Zuhörer *(movere)*. Ein guter Redner verfüge, so Cicero, über alle drei Stilarten und er müsse sie geschickt mischen können, um die Zuhörer dorthin zu bringen, wo er sie haben wolle.

Als Redner war Cicero Propagandist, dem die gesamte Macht der Rede zu Gebote stand, Propagandist im Dienste der Republik, die sich bereits in Auflösung befand. Sechs Jahre nach »De oratore« schwingt sich Caesar zum Alleinherrscher auf und setzt die Verfassungsordnung außer Kraft. Nach Caesars Ermordung (44. v. Chr.) organisiert Cicero den Widerstand gegen dessen Anhänger und Nachfolger – mit den Waffen der Rede. Ein Jahr später wird auch er ermordet.

Überleben der Rhetorik im Kaiserreich

Die klassischen Koryphäen der Rede konnten sich nur unter den Bedingungen der Republik entwickeln. Wichtige Rechtsfälle seien *unter dem Zulauf der gesamten Bürgerschaft* verhandelt worden, *so-dass schon allein die leidenschaftliche Anteilnahme des mitstreitenden Volkes jeden Redner, mochte er noch so kalt sein, aufregen und anfeuern konnte.* Deswegen seien die Reden so vorzüglich gewesen. Und die Herausforderungen der Mächtigen in der Volksversammlung – welches Leuchten gab das ihrem Talent, welche Glut verlieh das dem Redner! Heute – in der Kaiserzeit – bleibe einem redegewandten Menschen nichts, als sich ins Private oder in die Idylle der Dichtung zurückzuziehen. So begründet einer der Gesprächspartner in Tacitus' »Dialog vom Redner« den Verfall der Redekunst nach dem Untergang der Republik. Die Kritik, die darin liegt, zielt indessen weiter, zielt auf die gesellschaftlichen und politischen Verhältnisse im 1. nachchristlichen Jahrhundert. Doch sie ist auch bezüglich der Beredsamkeit nicht ohne Grund.

Die befremdlichste Erscheinung kaiserzeitlicher Rhetorik waren die Deklamationen. Ihren ursprünglichen Sinn hatten sie gewissermaßen als Trockenübungen im Rhetorikunterricht der Schulen. Deklamationen wurden auch im privaten Kreis zur Unterhaltung und Übung veranstaltet. Befremdlich – und Gegenstand der Kritik Senecas und vieler anderer – wurden sie erst als öffentliche Veranstaltungen, als gesellschaftliches Ereignis. Hier wurde die Schule zu einer Art Theater, auf deren Bühne der Rhetor seine Vorstellungen abhielt. Die Themen – auch diejenigen, die den Schülern vorgelegt wurden – waren in der Tat abenteuerlich, weltfremd, melodramatisch, ja eine Mischung, die man heute als Sex and Crime bezeichnen würde. Der Stil unterlag demselben Manierismus, das heißt, das Gesuchte und Gekünstelte war Trumpf; die Mode, einen Redeabschnitt mit einer geistreichen, Beifall provozierenden Sentenz zu beenden, ist dafür nur ein Beispiel. Die (Rhetorik)schule, so könnte man sagen, ersetzte in dieser Zeit das Forum.

Die Bedingungen für öffentliche Reden hatten sich unter den römischen Kaisern tatsächlich weitgehend gewandelt. Zwar konnte man sich als Anwalt seine Sporen verdienen und gewiss auch mehr als nur Sporen. Die Beherrschung der Redekunst war auch weiterhin der politischen Karriere förderlich. Doch große politische Fragen gab es nicht mehr zu erörtern, große politische Prozesse nicht mehr auszufechten. Nicht selten führten die Kaiser Augustus, Tibertus und Claudius selbst als Richter den Vorsitz, was den Rednern Fesseln anlegte und die Anwaltstätigkeit zu einer heiklen Aufgabe machte.

Doch auch hier zeigt sich noch einmal die Fähigkeit der Rhetorik, sich ihr Überleben zu sichern. Denn längst gehörte sie zum Bestand gehobener Allgemeinbildung, war sie Teil der »freien Künste« *(artes liberales)*, deren erste drei Disziplinen, Grammatik, Dialektik und Rhetorik, die Sprache in fortschreitender Komplexität zum Thema hatten und unter der Bezeichnung *trivium* zusammengefasst wurden, während das *quadrivium* die von Zahl und Maß geprägten vier Spezialwissenschaften Arithmetik, Geometrie, Astronomie und Musik umfasste. Die Grammatik diente dem Lesen- und Schreibenlernen, dem Spracherwerb anhand der Dichterlektüre, die Dialektik der streng logischen Gesprächsführung im Sinne der aristotelischen Tradition, die Rhetorik dem Verfertigen eigener Texte mit dem Instrumentarium, das wir kennen gelernt haben, die mathematischen Wissenschaften der Schulung des Geistes und der Konzentrationsfähigkeit. Die Musik arbeitete darauf hin, wie Platon Protagoras sagen lässt, *Zeitmaß und Wohlklang den Seelen der Kinder geläufig zu machen, damit sie milder werden, und, indem sie Maß und Ton halten, auch geschickter zum Reden und Handeln. Denn überall bedarf das Leben der Menschen des richtigen Zeitmaßes und der Zusammenstimmung.* In dieser sophistischen Tradition hatte Isokrates seine Schule gegründet und hatte Cicero sein Rednerideal formuliert. Und tatsächlich beklagten Tacitus und andere mit dem Verfall der Rhetorik auch den Verfall eines Bildungsideals.

enkýklios paideía lautet das griechische Wort, aus dem sich unser Begriff »Enzyklopädie« entwickelt hat. In der alten griechischen Tradition war sie die Bildung, die man brauchte, um seinen religiösen und »politischen« Pflichten nachkommen zu können. Ihre Bibliothek ist seitdem gewachsen, sie hat ein größeres Haus bezogen – unter dem Dach der Rhetorikschule. Das Ethos einer Bildung nicht um ihrer selbst, sondern um des Gemeinwesens willen bleibt erhalten, jedenfalls in der antiken Theorie. Der »Lehrplan« dieser Bildung wird über anderthalb Jahrtausende weiterwirken.

Ganz in diesem Kontext gehört das wohl umfassendste Kompendium der antiken Rhetorik, *Quintilians* »Instututio oratoria«. Es stellt die Summe all dessen dar, was man über die Beredsamkeit lernen und lehren konnte; Quintilian hat es für den Rhetoriklehrer und seine pädagogischen Zwecke konzipiert. Als Rhetoriker wie als Pädagoge lässt er sich – auch aus heutiger Sicht – von seinem gesunden Menschenverstand, nüchterner Erfahrung und einem Sinn fürs Maßvolle leiten.

Größte Autorität genießt für ihn Cicero, und wie dieser spart er nicht mit Kritik gegenüber gesuchten Effekten. Er schließt sich an das ciceroanische Ideal des *perfectus orator* an, versucht aber, stärker als Cicero, der Beredsamkeit ein sittliches Fundament zu geben, beruft sich dabei immer wieder auf Cato und lehnt die Auffassung, dass die Rhetorik bloßes Mittel der Überredung sei, entschieden ab. Zugleich aber beschneidet er den Kanon der Bildungsstoffe gegenüber Cicero stark und übt harte Kritik an der Philosophie.

In dreifacher Hinsicht hatte Quintilian weit reichende Wirkungen: 1. Es war zu einem nicht geringen Teil sein Verdienst, dass die römische Beredsamkeit von ihren Manierismen zu einer an Ciceros Stil orientierten Sprache zurückfand. 2. Sein rhetorisches System zeigt Weiterungen, die es dem Trend der Zeit entsprechend geeignet machen, es auf die Analyse und Produktion von Literatur anzuwenden. Rhetorik wird damit zu einer Theorie der Kunstprosa. 3. Seine pädagogischen Anschauungen und seine Rhetoriktheorie wurden – was nun allerdings nicht sein unmittelbares Verdienst ist – prägend für das Rhetorikverständnis des Mittelalters und waren von nicht zu überschätzendem Einfluss auf die gesamte weitere Geschichte der Beredsamkeit vom Humanismus an.

Antike Rhetorik und christliches Mittelalter

Gemessen an den Werten griechisch-römischer Kultur und Bildung, ist der christliche Glaube eine Torheit. – *Wo sind die Philosophen? [...] Wo sind die Weisen dieser Welt?* hält Paulus zu Beginn des ersten Korintherbriefs triumphierend dagegen. *Denn weil die Welt, umgeben von der Weisheit Gottes, Gott durch ihre Weisheit nicht erkannte, gefiel es Gott wohl, durch die Torheit der Predigt selig zu machen, die daran glauben.* Für die Christen sind Glaube und Vertrauen auf die unwandelbare Wahrheit Gottes der einzige Beweisgrund. Was also bedarf es der Philosophie und der Rhetorik, wenn einem die Weisheit Gottes geoffenbart ist? Schlimmer noch: Das Silbenstechen und Haarspalten der Grammatik, die Fallstricke der Dialektik und der eitle Zierrat der Rhetorik verdunkeln eher das Wort Gottes, als dass sie der Wahrheit dienen.

Dies ist die Haltung jener Christen, die seit dem 3. Jahrhundert systematisch vor die Alternative gestellt wurden, von ihrem Glauben abzufallen oder zu Tode gefoltert zu werden. – Nach dem Toleranzedikt von Mailand (313) und der Erhebung des Christentums zur Staatsreligion (381) verlor die fundamentale Opposition der Christen gegen Staat und Kultur und Bildung der griechisch-römischen Antike jedoch an Schärfe. Vieles stellte sich jetzt anders dar. Zum einen galt es, den christlichen Glauben gegenüber der nicht christlichen, mit den Finessen der Dialektik und Rhetorik vertrauten Umwelt, die die sehr schlichte, schmucklose Sprache der Bibel nicht gerade überzeugend fand, zu begründen und zu verteidigen. Zum andern galt es, die Spaltung der Glaubenslehre zu verhindern, die bei der Ausbreitung des Christentums über den gesamten Mittelmeerraum zu entstehen drohte. Für beides, das zeigen die Dokumente der Konzilien und die unzähligen Schriften, Briefe, Predigten der Kirchenväter, waren Grammatik, Dialektik und Rhetorik überaus nützliche Instrumente, mit deren Handhabung die Kirchenväter wohl vertraut waren. Schließlich waren sie hochgebildete Menschen.

Augustinus – der christliche Cicero

Eine der herausragenden Persönlichkeiten unter den lateinischen Kirchenvätern des 4. Jahrhunderts war *Augustinus*. Er zeichnete sich schon früh als exzellenter Rhetor aus, wurde 383 nach Rom auf den dortigen Lehrstuhl für Rhetorik berufen, bald darauf nach Mailand in die kaiserliche Residenz. Eine glanzvolle Karriere.

Im vierten Buch seines Werkes »De doctrina christiana« (»Über die christliche Lehre«) entwickelt er eine Art christliche Rhetorik, genau genommen ein christliches »De oratore« in der Tradition Ciceros. Nachdem er sich in den ersten drei Büchern der Frage gewidmet hat, wie man die heiligen Schriften verstehn könne und welche Voraussetzungen dazu nötig seien, geht es ihm anschließend um die Frage, wie man seine Erkenntnis mitteilen kann, und er kommt zu dem

Schluss, dass es keinen Grund gebe, warum die Verteidiger der Wahrheit langweilige Reden halten müssten.

Freilich führt auch für Augustinus natürliche Begabung zusammen mit Lesen, Hören und Üben leichter zur Beredsamkeit als die penible Beachtung von Regeln. Allzu viel Zeit solle man deshalb nicht auf das Studium der Rhetorik verwenden. Denn weit wichtiger sei die Erkenntnis der Weisheit. Die Verbindung von Weisheit und (natürlicher) Beredsamkeit sei es, die die heiligen Schriften auszeichne. Zugleich mit der Verbindung von göttlicher Weisheit und Beredsamkeit fordert Augustinus vom christlichen Redner einen Lebenswandel, ein Ethos, das zuerst ihn selbst und dann auch seine Rede glaubwürdig macht. Und so steht am Ende ein ins Christliche gewendeter Orator perfectus vor uns.

Aurelius Augustinus (354 – 430)
Bildquelle: Archiv für Kunst und Geschichte, Berlin

Im Lehrplan der höheren allgemein bildenden (Rhetorik)schulen schlug sich diese Auffassung, soweit sich erkennen lässt, nicht nieder. Selbst christliche Rhetoriklehrer unterrichteten in den »heidnischen« Schulen. Ein christliches Erziehungssystem gab es nicht. Und es ist bezeichnend, dass Cassiodor – mehr als ein Jahrhundert nach »De doctrina christiana« – beklagt, dass zwar die öffentlichen Schulen für Literatur und Rhetorik gediehen, es aber keine öffentliche Schule für das Studium der Heiligen Schrift gebe. Als Cassiodor diese Klage erhebt und die Einrichtung entsprechender Schulen vorschlägt, befindet sich die antike römische Welt schon in Auflösung.

Rhetorik im »Lehrplan« des Mittelalters

Es gehört zu den Denkwürdigkeiten der Geschichte, dass in dieser Zeit, kurz bevor im Langobardensturm auch in Italien die Tradition der griechisch-römischen Kultur der Antike erlosch, einige Werke entstanden, die die Bestände dieser Kultur ins Mittelalter retteten. Doch sollte sich die Welt um die rhetorischen Überreste herum bis zum Ende der Völkerwanderungszeit stark wandeln: Nicht christliche Völkerschaften siedelten sich in Mitteleuropa an, die weder Lateinisch noch Griechisch sprachen, noch auch kulturell irgendeine Beziehung zur Antike hatten. Die Christianisierung Mitteleuropas, vor allem durch irische und schottische Mönche, und die Faszination, die die Überreste römischer Herrschaft nördlich der Alpen auf die dortigen Völkerschaften ausübten, brachten jedoch Anknüpfungspunkte und Interesse hervor. Ein erster Höhepunkt wurde von dem

Kreis herausragender Gelehrter erreicht, die Karl der Große (768–814) an Aachener Hof versammelte.

Jetzt galten die Artes liberales (die sieben freien Künste) als Vorschule zum Studium der Heiligen Schrift und ihrer Auslegung durch die Kirchenväter. Dementsprechend gab es für die »Lernenden« auch nichts Originelles hervorzubringen, die antiken Autoritäten herrschten unbeschränkt. So musste aber auch das Schwergewicht dieser Grundausbildung beim Spracherwerb liegen; der aber oblag der Disziplin der Grammatik, wie überhaupt alles, was dem Verständnis der Bibel nützte.

Die Bedeutung der Rhetorik als Schuldisziplin nahm ab. Die geringere Beschäftigung mit der Rhetorik hatte ihren Grund darin, dass es für sie kein Betätigungsfeld gab, das ihren ursprünglichen Aufgaben entsprochen hätte. Was sollte man mit den Feinheiten der antiken Gerichtsrede anfangen, wenn das germanische Recht keine auch nur im Entferntesten vergleichbaren Gerichtsverfahren kannte? Wie sollte man die Abhandlungen zur beratenden Rede verstehen, wenn Politik überwiegend im Kreise weniger Potentaten ausgehandelt wurde?

Und was der Rhetorik noch verblieben war, nahm ihr die Renaissance des 12. Jahrhunderts. Die Bildung hatte sich von den Klosterschulen auf die Kathedralschulen verlagert. Diesen liefen im 13. Jahrhundert die Universitäten Paris, Bologna, Toulouse, Oxford, Salamanca den Rang ab. Die Städte begannen zu wachsen und entwickelten sich allmählich zu Zentren einer neuen Kultur. Die Menschen gerieten in Bewegung, sei es angesichts des Bevölkerungswachstums auf der Suche danach, ein Auskommen zu finden, sei es durch die Kreuzzüge, sei es durch radikale religiöse Reformbestrebungen (Katharer, Albigenser). Die Horizonte erweiterten sich in jede Richtung und in jeder Hinsicht.

Daneben fristete die Rhetorik ein ziemlich kümmerliches Dasein. Das ist jedoch nur richtig, wenn man von ihrer Rolle beim Rechtsstudium absieht. Denn die Rhetorik barg immer auch Ablagerungen juristischen Wissens. Rechtswissen und Rechtswissenschaft gewannen damals aufgrund unterschiedlicher lokaler Verhältnisse stark an Bedeutung. Gerade die dichte Lage der oberitalienischen Städte, ihre politischen und wirtschaftlichen Verflechtungen und Konflikte, aber auch ihre permanent wechselnden Verfassungsformen (einmal monarchisch, einmal republikanisch) und ihre Machtkämpfe schufen Bedarf für ein verlässliches juristisches Fundament, als das sich das unter Kaiser Justinian aufgezeichnete Corpus Juris Civilis empfahl. Dem Umstand, dass dieses römische Recht auch den Staufern gute Dienste leisten konnte, verdankten es die Rechtsschulen von Bologna, dass sie 1188 unter Friedrich Barbarossa den Status einer Universität verliehen bekamen. Die Rhetorik diente hier als erste Orientierungshilfe in dem komplizierten Gebäude des römischen Rechts.

Reden und Schreiben

Im Übrigen lebte die Rhetorik in dreierlei Gestalt weiter, als Ars poetica, Ars Dictaminis und Ars Praedicandi ([Lehre von der] Kunst des Dichtens, [Briefe]schreibens, Predigens).

Die Grammatik beinhaltete schon lange die Verslehre, da sie ja auch für den Literaturunterricht zuständig war. Sie hatte im Laufe der Zeit die Lehre von den Redefiguren und weitere Teile der Rhetorik in sich aufgenommen. Dieses umfangreiche Teilgebiet erhielt nach und nach seine eigene Spezialliteratur, die man als Dichtungslehre kennzeichnen könnte. Außer einer charakteristischen Auswahl von Wendungen und Bildern spielte eine wichtige stilistische Rolle die Unterscheidung von *ornatus difficilis* und *ornatus facilis*, von schwerem und leichtem Redeschmuck: Je verehrungswürdiger und erhabener der Stoff oder die Personen der Vershandlung erscheinen (sollten), desto metaphernreicher, mit rhetorischen Figuren gesättigter musste der Stil sein.

Der erste Briefsteller des Abendlands wurde 1087 im Benediktinerkloster Montecassino verfasst. Es folgten weitere, die allmählich weniger Musterbriefe enthielten, die man nach Bedarf kopieren konnte, dafür mehr Versatzstücke, die kombiniert und leichter der speziellen Situation angepasst werden konnten. Zwei Dinge stechen dabei ins Auge: Der formale Aufbau der Briefe (im Übrigen auch der Urkunden) lehnt sich weitgehend an die fünf Redeteile an, und besondere Aufmerksamkeit wird der Anrede gewidmet. Denn in einer hierarchisch so vielfältig gegliederten Gesellschaft wie der mittelalterlichen musste die Anrede das Verhältnis von Absender und Adressat korrekt widerspiegeln. Entscheidend für die Entwicklung der Ars Dictaminis waren die zunehmenden Verwaltungsaufgaben und die komplexer, weil dichter gewordenen politischen und wirtschaftlichen Beziehungen, die es mit sich brachten, dass die gewaltig angewachsene Korrespondenz in den Kanzleien und Schreibstuben rationeller organisiert werden musste.

Die Predigt hatte im Mittelalter als einzige Form öffentlicher Rede ihren festen (institutionellen) Ort. Neben »De doctrina christiana« des Augustinus, bildete vor allem die Predigtlehre Papst Gregors I. die Grundlage für das Predigtverständnis des Mittelalters. Bemerkenswert ist Gregors Hinweis, dass der Prediger die vielfältige Zusammensetzung seiner Hörerschaft berücksichtigen müsse, um alle Hörer mit seinen Worten erreichen zu können, wobei neben Geschlecht und Verstandeskräften vor allem ihre Tugenden bzw. Sünden als Kategorien dienten.

Was das Ethos des Predigers angeht, ist Augustinus' Auffassung eines christlichen Orator perfectus maßgebend. Was jedoch die Verwendung rhetorischer Mittel betrifft, differieren die Meinungen sehr: Wer die Zuhörer mit dem Glanz seiner Redekunst zu gewinnen versucht, diene nicht Gottes Wort, sondern stelle den Beifall der Welt über die Ehre Gottes (so Alanus ab Insulis, † 1202/03); der Prediger, der zu Gott betet, sei wie ein Anwalt der Seele vor dem himmlischen Richter, den es nach allen Regeln der rhetorischen Kunst gnädig zu stimmen gelte (so Wilhelm von Auvergne, † 1249).

Insgesamt darf man kein allzu hohes Niveau von den landläufigen Predigten des Mittelalters erwarten. Die Ausbildung zum Geistlichen setzte keine höhere oder gar Universitätsbildung voraus; Lateinkenntnisse und theologisches Wissen beschränkten sich auf das Notwendigste. Welch große Bedeutung aber seit dem 13. Jahrhundert der Predigt zugemessen wurde (und welche Nachfrage nach einer hoch stehenden geistlichen Unterweisung bestand), zeigt die Gründung des Predigerordens der Dominikaner im Jahre 1216. Die Dominikaner – wie auch die Franziskaner, Karmeliter und Augustiner-Eremiten – gründeten ihre Ordenshäuser in den aufstrebenden Städten, gründeten Schulen, so genannte Generalstudien, an denen die Ordensbrüder auf hohem Niveau den neuesten Stand der Wissenschaften nicht nur studieren, sondern auch prägen konnten. Von dieser Zeit an sind nun auch volkssprachliche Predigten von Rang überliefert. Die Predigten Meister Eckarts und Bertholds von Regensburg seien stellvertretend für andere genannt.

Mensch und Sprache: Die Renaissance der Rhetorik

Ach, dass ich Cicero einen Katholiken nennen könnte und dürfte, dann würden die Christen zwar keine wahreren und heiligeren, wohl aber süßere und wohlklingendere Predigten vernehmen, heißt es bei Petrarca, dem Dichter, Philosophen, Staatsmann und Gelehrten, der schon von der Generation nach ihm als der Begründer des Humanismus gefeiert wurde. 1353 berichtet er in einem Brief von seiner Besteigung des Mont Ventoux, deren Stilisierung zum Symbol einer Zeitenwende wird: Der Weg aus der Welt führt zu einer überschauenden Betrachtung der Welt, nicht zu einer Hinwendung zu Gott. Petrarcas Begleiter sind die »Confessiones« des Augustinus, keine der theologischen Schriften des Kirchenvaters, sondern seine Autobiografie. Petrarca verlegt nun freilich nicht seine Studierstube ins Freie, liest nicht auf eine übergeordnete, objektivierende Systematik hin. Er blättert in der Schrift, verweilt, wo eine Stelle, ein Satz eine Saite in ihm zum Klingen bringt, sinnt diesem Ton nach. Und dann ist es niemand anders als Augustinus, mit dem er Zwiesprache hält, derjenige, der Ciceros »vollkommenen Redner« ins Christliche gewendet hatte, derjenige, auf den sich berufen konnte, wer in Ciceros moralphilosophischen Schriften mehr sah als Heidentum, derjenige, dessen Denken von Platon mitbeeinflusst war. – Hier haben wir beisammen, was zu den fundamentalen (Wieder)entdeckungen des Zeitalters gehört, an dessen Beginn Petrarca steht: das Individuum, die Welt, die Sprache, die Antike.

Der Mensch

Die Bedeutung der Städte wuchs im Spätmittelalter, und es ist wichtig, diesen städtischen Hintergrund für Renaissance, Humanismus und auch für die Reformation im Auge zu behalten. Die weit gespannten Handelsbeziehungen von Flandern nach Italien, von der Ostsee bis Frankreich verschafften den Handels- und Bankhäusern großen Reichtum. Mit ihm erwies sich die traditionelle Wirtschaftsweise, die nicht Gewinne, sondern den standesgemäßen Lebensunterhalt erwirtschaften sollte, also weder auf Konkurrenz noch auf Wachstum ausgerichtet war, als die weniger waghalsige, aber potenziell unterlegene. Die verheerenden Pestepidemien, die seit 1348 alle zehn bis zwanzig Jahre durchschnittlich 10–40% der Bevölkerung dahinrafften, zerrissen soziale Bindungen und schufen Bedingungen, die einer größeren Zahl von Menschen den sozialen und wirtschaftlichen Aufstieg in den Städten ermöglichten. Die mittelalterliche Gesellschaftsordnung mit ihrer starren ständischen Gliederung geriet in Bewegung. Der Mensch erlebte, was seine Gestaltungskraft vermochte. Der Gedanke, Ebenbild Gottes, des Schöpfers zu sein, wurde zur Legitimation eines neuen Selbstbewusstseins.

Der Mensch soll daher auch die in ihm selbst liegenden Entfaltungsmöglichkeiten realisieren – weitestgehend, aber nicht unbeschränkt. Das Individuum ist nach Meinung der Humanisten erst in seiner »zivilisierten« Form menschlich. *Humanus* (wörtlich: »menschlich«) bezeichnet Eigenschaften wie Freundlichkeit, Umgänglichkeit, Wohlwollen, Güte und Großherzigkeit, die aus Anmut des Geistes und Würde der Sitten entspringen. Das Gegenwort hierzu ist *incivilis*, ein Wort, das mit »unzivilisiert« nur unzureichend übersetzt ist, leitet es sich doch von »civis«, »Bürger«, ab. Die Notwendigkeit zur Zivilisierung ergibt sich zwangsläufig aus den sich verdichtenden sozialen und politischen Räumen, dem dichter werdenden Netz der Kommunikation. Erziehung und Bildung werden dabei zu bedeutenden Faktoren. Das Individuum wird erst durch Bildung zum vollkommeneren, zur Gemeinschaft befähigten Menschen.

Die Renaissance

Renaissance, Rinascimento, Wiedergeburt also, kann als Leitbegriff dieser Zeit dienen, Wiedergeburt der Antike; wenn man so will: Wiedergeburt der Antike aus dem Geiste der Rhetorik. Es ist gewiss kein Zufall, dass die Stadtrepublik Florenz zum Zentrum des italienischen Humanismus wird. Ein Gefühl von Geistesverwandtschaft treibt die gebildeten, kunstsinnigen und selbstbewussten Menschen der Zeit dazu an, den Blick unverstellt auf die antiken Quellen zu richten, aus ihnen zu schöpfen und die antiken Vorbilder nachzuahmen. So wird die wieder entdeckte »Rhetorik« des Aristoteles an den Universitäten nicht in das Trivium integriert, sondern wie in der Antike zusammen mit Ethik und Politik behandelt.

Cicero. Sein Name wird zum Programm. Sein vielseitiger, urbaner, mitreißender Stil wird zum Ideal, das es zu erreichen gilt. Seine Briefe, ihr persönlicher, individueller, vertraulicher Ton inspirieren eine ganz eigene, »private« Briefkultur. Der Brief wird zu dem, was Lessing später »halbierten Dialog« nennen wird. Eine solche einseitige Zwiesprache, die immer das abwesende Gegenüber mitdenkt, mögliche Einwände und Antworten einbezieht, was hätte sie noch gemein mit der hochmittelalterlichen Ars Dictaminis? Hier herrscht die Rhetorik in ihrem Reich.

Überhaupt wird der Dialog zu einer der beliebtesten literarischen Prosaformen, ob es sich nun um Traktate, wissenschaftliche Abhandlungen oder Lehrbücher handelt. Cicero hatte sich dieser Form bedient und sich damit in die Tradition der platonischen Dialoge gestellt. In der ersten Hälfte des 15. Jahrhunderts wurden erstmals die Schriften Platons selbst bekannt. Die Wirkung, die davon ausging, war tief greifend. Platons Rhetorikkritik jedoch spielte bemerkenswerterweise keine Rolle. Eher konnten seine Schriften als Vorbild des eleganten, feinsinnig-ironischen Gesprächs und der Methode gelten, das Wesen der Dinge im Dialog zu ergründen.

Die Sprache

Die Begeisterung für Ciceros Sprache war indessen nicht rein ästhetischer Natur. Die Sprache, so würde ein Humanist erklären, offenbart den Charakter, die Geisteshaltung eines Menschen. Der Stil, die Redeweise ist Abbild der Gesinnung; das entspricht der alten Einsicht, dass die Glaubwürdigkeit der Rede zum großen Teil von der Glaubwürdigkeit des Redners abhängt. Darum ist das Studium der antiken Schriftsteller auch unerlässlich für alle, die zu höchster Bildung gelangen wollen. Es gilt, über die Sprache sich deren Erlesenheit und Eleganz sowie deren hochherzige, eines freien Mannes würdige Gesinnung, *elegantia et ingenuitas*, anzueignen. Man kenne schließlich die Dinge nur durch die Wörter, heißt es bei Erasmus. Wer also die Sprache nicht in ihren Feinheiten beherrscht, kann sich auch kein sachgerechtes Urteil über die Dinge bilden.

Aus diesem Verständnis ergaben sich zwei Konsequenzen. Die erste ist philologischer Natur. Wer über die Wörter zum Wesen der Dinge vorstoßen will, muss sich über ihre genaue Bedeutung im Klaren sein. Diese aber lässt sich nur im Zusammenhang der Sätze, des Textganzen, der herangezogenen oder heranzuziehenden Texte, ja nur im Zusammenhang der historischen Situation ermitteln. Das wiederum setzt voraus, dass man möglichst viele, möglichst originale, unverderbte

Schriften zur Verfügung hat, wenn man den *kariós* (Isokrates!), die passende Situation, rekonstruieren will, auf die hin gesprochen oder geschrieben wurde. Die Philologie der Humanisten ist ohne ein von der Rhetorik geprägtes Textverständnis gar nicht denkbar.

Die zweite Konsequenz, die sich aus dem Verhältnis von Wörtern und Dingen ergibt, betrifft noch einmal die Bildung. Wie unter den gegebenen Voraussetzungen kaum anders vorstellbar, zielt das Ideal der Renaissancehumanisten auf den *uomo universale*, den universell, enzyklopädisch gebildeten Menschen. Dass dabei wiederum Cicero oder der Orator perfectus, der vollkommene Redner, als Leitbild dient, bedürfte kaum noch der Erwähnung, wenn dieses Leitbild nicht umfassender als jemals zuvor wirksam geworden wäre. Leonardo da Vinci und Michelangelo Buonarotti waren da nur die herausragenden unter einer Vielzahl universaler Geister.

Neue Horizonte der Rhetorik

Das Bildungsideal der Rhetorik reicht weit über den Rahmen der Universitäten und hohen Schulen, auch über den der bürgerlich-städtischen Umwelt hinaus. Die Bildung hatte ihren Raum, in dem sie sich praktisch entfalten konnte. Die Sforza in Mailand, die Medici in Florenz, die Este in Ferrara, sie waren nicht nur großzügige Förderer der Künste, der Dichtung und Musik, sondern selbst begabte und gebildete Musiker, Poeten und Maler. Und der Begriff des *uomo universale* wurde von Baldassarre Castiglione in seinem »Il Libro del Cortegiano« (»Das Buch vom Hofmann«, 1527) geprägt. Dieses Ideal erfährt hier eine wirkungsvolle lebenspraktische Ausgestaltung. Im Gespräch wie im Verhalten, beim Musizieren wie beim Tanz, beim Spiel wie in der Unterhaltung müssen Leichtigkeit *(sprezzatura)* und Anmut *(grazia)* vorherrschen, zu denen sich der Sinn für das jeweils (nach Zeitpunkt, Ort und Situation) Angemessene, für eine alle Extreme vermeidende, vornehme Sittlichkeit *(decoro)* gesellen. Allseitige Bildung, Besonnenheit, Aufrichtigkeit sind für Castiglione die Voraussetzung für eine verständige, kluge Beredsamkeit, an deren Sprache man wiederum den allseitig gebildeten, besonnenen, aufrichtigen Edelmann erkennt.

Es gehört zu den Entdeckungen des Renaissancehumanismus, dass weder bildende Künste noch Musik, noch Dichtung um ihrer selbst willen da sind. Sie sind von Menschen für Menschen gemacht. Das heißt, sie sollen wirken: auf die Sinne, den Geist, die Affekte und Gefühle. Das heißt auch, sie sind Mittel der Verständigung. Damit unterliegen auch sie den Gesetzen der Rhetorik. Kunsttheorie und -praxis, die sich selbstverständlich in einer Person vereinigen, sind durchdrungen von Begriffen und Vorstellungen der wieder entdeckten antiken Rhetorik.

Eine weitere Facette kommt insbesondere nördlich der Alpen hinzu: Hier verschmolzen Kirchenreformbestrebungen und Humanismus zu einem »Bibelhumanismus«, der nicht wie der italienische Humanismus die Autoren der heidnischen Antike über alles andere erhob, sondern sich vor allem der christlichen Antike zuwandte, den Kirchenvätern und den heiligen Schriften selbst, um von den Ursprüngen des Christentums her die Kirche zu reformieren. Die Bibelhumanisten, deren bedeutendste Vertreter Erasmus und Reuchlin waren, bahnten der Reformation den Weg.

Luther und das »lebendige Wort«

... an der Stadtkirche einen Prädikanten anzustellen, der das Evangelium rein und unverfälscht soll predigen, hinter solchen harmlos anmutenden Beschlüssen in den Ratsprotokollen vieler Städte im Deutschland der 1520er- und 1530er-Jahre steht nichts Geringeres als der erste Schritt zur Reformation. Für *Luther* gab es keine andere Quelle der göttlichen Wahrheit mehr als das Wort Gottes, offenbart allein in der Heiligen Schrift *(sola scriptura).*

Luthers Theologie entstand nicht in Ruhe und systematisch in der Studierstube, sondern im Laufe von Auseinandersetzungen, in Disputationen und Streitgesprächen, in Streitschriften und Sendschreiben. Diese Theologie wurde im Spannungsfeld von Rede und Gegenrede mit den Mitteln der Rhetorik und Dialektik entwickelt.

Wer mit Schlagwörtern wie »dem Volke aufs Maul schauen« und dem Hinweis auf seine schlichte, einfache, oft derbe Sprache Luther zum Antirhetor stempeln will, geht fehl; »dem Volke aufs Maul zu schauen« heißt, die Sprache der einfachen Leute zu sprechen, um ihnen das Wort Gottes zu predigen. Genauso spricht und schreibt Luther das elegante Humanistenlatein in seinen Briefen an Humanisten, eine lateinische Umgangssprache in seiner Korrespondenz mit dem Freund Melanchthon oder den offiziellen Kanzleistil, wenn er sich an seinen Kurfürsten wendet.

Redestil und Schreibstil sind bei Luther eins. Immer spricht er direkt an, wen er erreichen will. Sein Medium ist die Predigt. Daher rührt sein Lob der Mündlichkeit. Das Evangelium sei nicht eigentlich das, was *in Büchern stehet und in Buchstaben verfasset wird, sondern mehr ein mündliche Predigt und lebendig Wort, und ein Stimm, die da in die ganze Welt erschallet und öffentlich wird ausgeschrien, das man überall höret.* Luther weiß in seinen Predigten seiner eigenen Erfahrung eindringlich zur Sprache zu verhelfen. Sein Zorn gegen das Papsttum und seine Attacken reißen ihn hin zu bissigen Tiraden, die in ihrer Unmittelbarkeit und Gewalt ansteckend wirken.

Luther kannte die Lehren Quintilians genau und schätzte sie sehr. Er sorgte dafür, dass die »Institutio oratoria« ihren festen Platz im Wittenberger Lehrbetrieb bekam, der eine Vorbildfunktion für die protestantischen Universitäten und Lateinschulen ausübte. Luther sorgte auch dafür, dass der große Humanist Melanchthon eine Stelle an der Wittenberger Universtität erhielt. Nicht nur in ihrer Auffassung von der Rhetorik befruchteten sich Luther und Melanchthon gegenseitig. Auch in ihrer Einstellung zu Fragen der Erziehung und Bildung zeigt sich der Zusammenhang von Humanismus und Reformation.

Festzuhalten bleibt, dass mit der Reformation das Amt des Predigers institutionalisiert und die Predigt zum Zentrum des Gottesdienstes erhoben wurde. In der Folge verhalfen eine profunde humanistische Schul- und Universitätsbildung protestantischer Ausprägung (vor allem dazu bestimmt, Geistliche heranzuziehen) rhetorischem Wissen und der Rhetorik als wissenschaftlicher Disziplin zur Fortgeltung.

Barockes Welttheater – aufgeklärte Rhetorik

Die Gesellschaft des Barock beschreibt man wohl am treffendsten mit dem Begriff »Welttheater«. »Das Welttheater« faszinierte schon die Zeitgenossen von Calderón bis Opitz, von Shakespeare bis Gryphius. Gott, so heißt es bei Calderón, sei Autor, Regisseur und Zuschauer in einem, er bestimmte den Ablauf des Bühnengeschehens und gebe ihm Sinn. Die Akteure aber – das ist die gemeinsame Überzeugung aller – sind die Menschen, die ihre Rolle überzeugend und so angemessen wie möglich zu spielen haben.

Das »Welttheater« ist jedoch nicht nur eine Metapher, es ist überaus real. Das Leben im Zeitalter des Barock kennt wenig Privatheit. Das gilt für Nichtadlige wie für die Höfe, an denen Theater und Leben, das Spiel auf der Bühne und die Selbstdarstellung ineinander übergehen. Höfische Feste und Schäferspiele legen davon beredtes Zeugnis ab. Und wie im Drama die Personen aus dem entstehen, was und wie sie sprechen, so gilt im »Welttheater«: *Parler, c'est agir* (reden heißt handeln).

Die Spielregeln des »Welttheaters« stehen in Beziehung zu den Spielregeln der Ständegesellschaft. Der Absolutismus ist geprägt von der Macht und »landesväterlichen« Fürsorge des Monarchen, dem Gehorsam der »Landeskinder«, geprägt auch von den Schlüsselbegriffen »Zucht« (der deutschen Übersetzung von »Disziplin«) und »Ordnung«, die nicht nur in der symmetrischen, auf ein Zentrum hin ausgerichteten Architektur der Schlösser, nicht nur in den barocken Gartenanlagen, sondern auch im stehenden Heer der Soldaten wie dem sitzenden der Beamten ihre Entsprechung fanden (G. Oestreich).

Dichter und Hofmann: Redekunst als Schreibkunst

Die beiden Hauptanwendungsgebiete der klassischen Rhetorik, die beratende und die Gerichtsrede, konnten sich unter den Bedingungen des Absolutismus tatsächlich nicht entfalten. Übrig blieben einzig die Prunk- und Festrede, die nun freilich den repräsentativen Bedürfnissen der Zeit hätten genügen können, wenn die Beredsamkeit nicht grundsätzlich von der humanistisch-lateinischen Tradition dominiert worden wäre. Rhetorik gehörte zum Unterricht der protestantischen Gelehrtenschulen wie der Jesuitengymnasien. Der aber wurde ausschließlich auf Latein abgehalten. Der Adressatenkreis gelehrter Beredsamkeit war also relativ klein.

Der eine Ausweg, der sich unter diesen Bedingungen anbot, bestand darin, die schon in der Antike vorgeprägte enge Verwandtschaft von Beredsamkeit und Dichtung auszunutzen. Tatsächlich folgen die deutschen Poetiken dieser Zeit sehr genau dem Schemata der Rhetorik. Auch Dichtung ist eine Form des Agierens auf dem »Welttheater«. Auch sie ist auf Wirkung angelegt, und dabei spielt es keine Rolle, ob es sich um »hohe« oder Gelegenheitsdichtung oder Zweckprosa (Leichenrede, Erbauungsliteratur, konfessionelle Streitschriften) handelt.

Für die Barockdichtung und -rhetorik überaus wichtig ist die Drei-
stillehre, und zwar in der gegenüber der Antike veränderten Auffassung des Mittelalters, die die Stilhöhe (erhaben bzw. pathetisch,
mittel, niedrig) nicht an die Wirkungsabsicht (Leidenschaften erregen, unterhalten, belehren), sondern an den Stand bindet. *Hergegen
in wichtigen sachen/ da von Göttern/ Helden/ Königen/ Fürsten/
Städten und dergleichen gehandelt wird/ muß man ansehliche/ volle
und hefftige reden vorbringen/ und ein ding nicht nur bloß nennen/
sondern mit prächtigen hohen worten umschreiben.* So Opitz in seinem
»Buch von der Deutschen Poeterey« (1624). Da sich die gelehrten
Poeten – Dichtung entspringt im Barock stets der Gelehrsamkeit –
am Höfischen orientieren, gelangt ihr Stil zu immer üppigerem
Prunk, mit dem sie obendrein ihre Gelehrsamkeit und ihre Beherrschung der Stilmittel demonstrieren können. Dieser Prunk, der ihnen auch Gelegenheit bietet, ihre Schätze an Sentenzen, Bildern, Zitaten auszubreiten, verselbstständigt sich mehr und mehr zum
Schwulst. (Das Phänomen erinnert an die Beredsamkeit der römischen Kaiserzeit). Diese Tendenz wurde noch durch den barocken
Spieltrieb und die Begeisterung für Zeichenhaftes und Symbolisches
verstärkt. So zweifelhaft uns heute diese Sprachspielereien erscheinen, so trugen sie doch dazu bei, das Deutsche zu einer literaturfä-
higen Sprache zu modellieren, die sich den Wirkungsintentionen anpassen ließ und das Gemeinte angemessen und »schön« auszudrücken
erlaubte.

Die andere Konsequenz war, eine Rhetorik zu formulieren, die
den politischen Verhältnissen angemessen war. Diese Rhetorik lie-
ferte Christian Weise mit seinem 1677 erschienenen »Politischen Redner«. Weises Adressat ist zunächst der Hofmeister, der Privatlehrer
adliger Söhne. Das erinnert nicht nur oberflächlich an Quintilians
»Institutio«. Es gibt weitere Entsprechungen. Sie reichen von der
Schwulstkritik und der Ermahnung zu angemessener Kürze und
Prägnanz bis in die Pädagogik hinein. Sie betreffen wichtige Punkte
des Lehrplans von der Satzbildung über die Lehrer von den Topoi
(Gemeinplätzen, festen Bildern) bis zur Deklamation der Schulrede
(die ausschließlich Übungszwecken dient!); sie betreffen die Forde-
rung nach realistischen Übungsbeispielen im Rahmen einer lockeren
Lernsituation, in der mit positiven Anreizen gearbeitet wird, usw.
Bei alledem hat Weise letztlich den »Politicus« im Auge. »Politici«
(Mehrzahl), das sind die Diplomaten, Berater, Juristen, Verwaltungs-

fachleute, die als Vertreter der Beamtenaristokratie zwischen höfischem Adel und gelehrtem Bürgertum stehen.

Weise fordert als Grundtugend vom Redner, dass er sich auf seinen Gesprächspartner einstellt, ihn genau beobachtet und einschätzt, Neigungen, Auffassungsgabe und (soziale) Position ins Kalkül zieht und seine (rhetorischen) Mittel präzise und flexibel der Redesituation anpasst. Zum Rollenspiel auf der Bühne des »Welttheaters« gehört auch das sprachliche Florettfechten.

Eine Hochsprache entsteht

Um die Basis aller Rhetorik, die Sprache, ihre Einheit, ihren sozialen Status, ihre begriffliche Differenziertheit und Flexibilität aber stand es bei den Deutschen damals noch nicht zum Besten. Dieser Mangel wurde deutlich empfunden. Gottfried Wilhelm Leibniz zielt in seiner »Ermahnung an die Deutschen, ihren Verstand und ihre Sprache besser zu üben« (1697) darauf, die Bildung des Bürgertums zu fördern und ein Potenzial heranzubilden, das die (auch durch den Dreißigjährigen Krieg bewirkte) Rückständigkeit Deutschlands abzubauen helfen konnte. Die Erkenntnisse der Wissenschaften – Isaac Newton ist nur drei Jahre älter als Leibniz – sollten nicht mehr allein der lateinisch sprechenden und schreibenden Gelehrtenrepublik vorbehalten bleiben. Sie sollten einer breiteren Öffentlichkeit zugänglich werden, die es überhaupt erst zu schaffen galt. Wichtigste Voraussetzung dafür war ein Deutsch, das nicht nur allenthalben verständlich sein musste, sondern zugleich geeignet, als Werkzeug der Erkenntnis und der Wissensvermittlung zu dienen. Zwar hatte Luthers Bibelübersetzung im begünstigenden Kontext der Reformation einen enormen Schritt in Richtung auf eine deutsche Hochsprache bedeutet; die Sprache der Gelehrten indes blieb Latein. Als Erster hielt Christian Thomasius 1687 eine Vorlesung auf Deutsch, verzichtete aber auf die Fortsetzung dieses Experiments, da ihm die Sprache zu wenig vollkommen erschien, um die Dinge kurz, deutlich und angemessen auszudrücken. (*Fürnemlich muß ein Redner darauff bedacht seyn/ daß er seine Sach mit reinen/ deutlichen/ zierlichen und geschickiten Worten vorbringe*, schrieb der Theologe Meyfart in seiner »Teutschen Rhetorica« von 1634 und sagte damit nichts anderes als Quintilian über die Stilqualitäten Reinheit bzw. Sprachrichtigkeit [*puritas/latinitas*], Deutlichkeit [*perspicuitas*], Redeschmuck [*ornatus*] und Angemessenheit [*decorum/aptum*].)

Eine Hochsprache zu schaffen, die den genannten Anforderungen gerecht wurde, war eine komplexe Aufgabe. Bei der Suche nach leitenden Kategorien wurde abermals auf Quintilian zurückgegriffen: Das grammatische Sprachgesetz, das Alter bzw. Herkommen, die Verwendung bei anerkannten Autoren und der allgemeine Sprachgebrauch entscheiden über die Sprachrichtigkeit. Das unermüdliche Wirken des Leipziger Professors für Logik und Metaphysik *Johann Christoph Gottsched*, der sich als Anhänger der Wolffschen Philosophie für die Aufklärung einsetzte und in Sachen Rede-, Dicht- und Sprachkunst über drei Jahrzehnte eine unangefochtene Autorität darstellte, brachte schließlich um die Mitte des 18. Jahrhunderts den Erfolg, der in Johann Christoph Adelungs umfangreichem »Grammatisch-kritischem Wörterbuch der Hochdeutschen Mundart [!]« (1774–1786) eindrucksvoll bestätigt wurde.

Von »vernunftgemäßer« Rede

Johann Christoph
Gottsched
(1700 – 1766)
Bildquelle: Archiv für
Kunst und Geschichte,
Berlin

Hauptzweck aufgeklärter Rhetorik ist – den Wirkungsabsichten der Aufklärer entsprechend – eine »vernunftmäßige Beredsamkeit«, die Erkenntnisse und Einsichten fördert, praktisches Wissen vermittelt, die der Verfertigung von Überzeugung, nicht von Überredung dient, *damit die glückseligkeit des menschlichen geschlechts befördert und der umgang unter ihnen* [den Menschen] *angenehm gemacht werde* (J. A. Fabricius). Präzision der Sprache, sachliche Gründe, zwingende Beweisketten, so Gottsched, seien weit wirkungsvoller als alles andere, ja die Beweisgründe aus unumstößlichen Vernunftschlüssen seien gleichsam die *Gebeine und Nerven* der Rede.

Das *docere* und *probare*, das Lehren und Beweisen, sind die eigentlichen Aufgaben des Redners. Dem entspricht – wie schon bei Cicero – der schlichte Stil, den Gottsched vorschreibt: schmucklos und deutlich, klar im Satzbau, vernunftgemäß (und logisch) in der Gedankenführung. Alle rhetorischen Mittel, alles also, was auf das *delectare*, die Unterhaltung, und das *movere*, das Erregen von Gemütsbewegungen, zielt, ist eigentlich nebensächlich, ja könnte ganz abgetan werden, wenn die Menschen in ihrer Mehrheit nicht immer wieder auch von ihren Affekten, Leidenschaften, Gefühlen beherrscht würden.

Hinter dieser Auffassung von Rhetorik steht das rationalistische Menschenbild Leibniz' und besonders Christian Wolffs, der damit eine ganze Generation von Philosophen prägte. Sinneswahrnehmungen, Empfindungen und die Fantasie ergäben nur verworrene, »undeutliche« Erkenntnis. »Deutliche« Vorstellungen lieferten dagegen Verstand und Vernunft: der Verstand durch Analyse, Unterscheidung, Vergleich, Logik, Begrifflichkeit; die Vernunft dadurch, dass sie Zusammenhänge herstellt, die Harmonie, den Zusammenklang des Universums zu erkennen hilft.

Im Zentrum aufklärerischer Rhetorik steht die »deutliche« Erkenntnis. Da nun aber nicht alle Menschen bereits ihren Verstand und ihre Vernunft voll ausgebildet haben, muss der Redner, soweit er die Menschen nicht bessern kann, wenigstens auf ihre Unvollkommenheit Rücksicht nehmen und Bilder, Beispiele, Vergleiche, Wahrscheinlichkeitsbeweise anwenden. Die Besserung des Menschen (bzw. seiner Erkenntnisfähigkeit) ist eigentlich Aufgabe der Dichtung, weswegen die Redefiguren und Affektmittel von Gottsched weit ausführlicher in seiner »Critischen Dichtkunst« abgehandelt werden. Da die Dichtung den Menschen bessern soll, da die Dichtung im Sinne Gottscheds die Veranschaulichung eines moralischen Satzes darstellt, die über die Bewunderung zur Nachahmung tugendhafter Handlungen führen soll, dürfen selbstverständlich weder im Roman noch auf der Bühne allzu heftige Leidenschaften die Erkenntnis und Einsicht behindern.

Ihren eigentlichen Platz hatte die Rhetorik der Aufklärung im allmählich entstehenden Zeitungswesen. Thomasius' »Monatsgespräche« (1688–90 erschienen) – wohlgemerkt: »-gespräche«! – waren der erste Versuch, eine Verbindung zwischen der Gelehrtenrepublik und einem »gebildeten« Publikum herzustellen. Ihm folgten die »moralischen Wochenschriften«, ein eigenes Genre von Zeitschriften, die aufklärerisches Gedankengut, wissenschaftliche Erkenntnisse, Gedanken zu Verbesserungen auf allen möglichen Gebieten in populärer Form einem breiteren (bürgerlichen) Publikum nahe brachten. Es entstand ein literarischer Markt, der letztlich dem gleichen Ziel diente. In den schriftstellerischen Erzeugnissen werden Erziehung und Bildung zum Thema schlechthin. Immer wieder geht es darum, den Heranwachsenden zu einem für das Gemeinwesen, die »Geselligkeit« tauglichen und nützlichen Menschen zu machen.

Die Bürger fanden sich in Lesegesellschaften, in Salons und Kaffeehäusern, in Sprachgesellschaften und »patriotischen Gesellschaften« zusammen. Hier war nicht nur der Ort zu lesen, hier fanden Vorträge und Gespräche statt. Hier entstand aus Geselligkeit eine bürgerliche Öffentlichkeit, die besonders eindrucksvoll im Falle der »patriotischen Gesellschaften« auf praktische Wirksamkeit zum gemeinen Nutzen zielte. Die berühmte Antwort Kants auf die Frage »Was ist Aufklärung?« – nämlich der Ausgang des Menschen aus seiner selbst verschuldeten Unmündigkeit – hat eben auch ihre rhetorische Komponente.

Vom Nationaltheater zur Nationalversammlung (1750–1850)

Kehren wir noch einmal zum Theater zurück. *Ich habe es lange schon geglaubt, dass der Hof der Ort eben nicht ist, wo ein Dichter die Natur studieren kann. Aber wenn Pomp und Etikette aus Menschen Maschinen macht, so ist es das Werk des Dichters, aus diesen Maschinen wieder Menschen zu machen. Die wahren Königinnen mögen so gesucht und affektiert sprechen, als sie wollen: Seine Königinnen müssen natürlich sprechen.* »Natürlich«, »menschlich«, also gewissermaßen »bürgerlich«, sollen die Königinnen – und selbstverständlich ihre Umgebung – auftreten? Wo bleibt da der erhabene, pathetische Stil, der die Sprache prägt, wenn es um die hohen Stände geht? Wo bleibt die für den bürgerlichen Zuschauer Ehrfurcht gebietende Distanz zu denen, die da in der Tragödie Großes und Schreckliches erleiden, den *Königen und Helden* nämlich, den *hohen Häuptern*, den *großen Herren*, denen die hohe Tragödie – laut Ständeklausel – vorbehalten ist (der Bürger taugte nur zur Komödie)? – Fort mit alledem vom Theater, verlangt Gotthold Ephraim Lessing. *[...] Leute von einem zärtlichen Naturelle*, schreibt er in der »Hamburgischen Dramaturgie«, seien *dem innerlichen Wohl eines Staates nützlicher, als unbiegsame harte Seelen. [...] Durch Siege werden einige groß, und tausend elend; durch Menschlichkeit wird ein ganzes Volk glücklich.*

Lessing und Schiller – das Theater als Forum

Nicht der Stoizismus, nicht die Erziehung zur Leidenschaftslosigkeit, nicht die Unterwerfung unter die Unabänderlichkeiten des Schicksals, die Gottsched mit seinem Theater des Rationalismus lehren will, nicht eine Vernunft, die den Status quo legitimiert, führt nach

Lessing zur Besserung des Menschen und befördert das Wohl des Gemeinwesens. Das Mitleiden, die Fähigkeit, sich in die Lage eines anderen zu versetzen, die Einfühlsamkeit, die gesteigerte Form der *Liebe zum Nebenmenschen*, die – daran lässt er keinen Zweifel – sich immer auch in *thätigem Mitleid* äußert, ist der natürliche Instinkt, aus dem alle Tugenden fließen. *Der mitleidigste Mensch ist der beste Mensch, zu allen gesellschaftlichen Tugenden, zu allen Arten der Großmuth der aufgelegteste*, schreibt Lessing im November 1756 an seinen Freund Nicolai. Schiller wird diese These aus der Erfahrung der revolutionären Gräueltaten in Frankreich und anknüpfend an die humantistisch-rhetorische Tradition weiterführen. Nicht die Revolution an sich sei das Übel, sondern dass sie zur Unzeit gekommen sei; die Menschen müssten sich erst wieder zu jener ursprünglichen Einheit aus Vernunftwelt und Sinnenwelt, zu Freiheit und Würde entwickeln, bevor man auch nur irgendeine Hoffnung in die Veränderung der Staatsverfassung setzen könne. So heißt es im sechsten Brief seiner Schrift »Über die ästhetische Erziehung des Menschen«: *Der abstrakte Denker hat daher gar oft ein kaltes Herz, weil er die Eindrücke zergliedert, die doch nur als ein Ganzes die Seele rühren; der Geschäftsmann hat gar oft ein enges Herz, weil seine Einbildungskraft, in den einförmigen Kreis seines Berufs eingeschlossen, sich zu fremder Vorstellungsart nicht erweitern kann.* Im Dienste einer solchen »gesellschaftlich fundierten Pädagogik« (W. Jens) steht die Bühne, steht vor allem das Trauerspiel nicht nur bei Schiller, sondern auch bei Lessing. Und im Dienste der Tragödie steht bei beiden die Rhetorik.

Mehr noch. Das Theater wurde zum Forum der großen öffentlichen Rede! Ihr erster großer Protagonist war Lessing, der seinen Aristoteles sehr genau kannte, der in philologischen und theologischen Dingen mit gefährlich spitzer Feder schrieb und in die verschiedensten Rollen schlüpfte, um seine Gegner der Borniertheit und Intoleranz, des dummdreisten Dogmatismus und der intellektuellen Unredlichkeit zu überführen, der andererseits mit derselben Eloquenz auf der Bühne predigte – für Humanität und Menschlichkeit in seinem »Nathan«, für den »zärtlichen Vater« und damit gegen den despotischen Hausvater in »Miß Sara Sampson«, der sich lustig machte über unsinnige Ehrbegriffe in »Minna von Barnhelm« und der den Despotismus eines pflichtvergessenen, selbstsüchtigen Fürsten und seines machiavellistischen Erfüllungsgehilfen in der »Emilia Galotti« anprangerte.

Das Theater als Forum, das Publikum als Richter über absolutis-

tische Despotie – das war etwas Neues und Unerhörtes, das Schiller
mit der Gründung des Mannheimer Nationaltheaters noch erheblich
erfolgreicher fortsetzen sollte.

Das bürgerliche, nichthöfische Theater nahm Qualitäten in sich
auf, die an die Rolle des Theaters in der altgriechischen Polis erinnern. Das klassische Griechenland des 5. und 4. Jahrhunderts, das
Zeitalter eines Sophokles und Phidias, eines Perikles und Platon,
wurde in einer wachsenden Griechenlandbegeisterung von Schrift-
stellern, Philosophen und Philologen zum idealen Gegenbild der
deutschen Verhältnisse stilisiert. Vor diesem Hintergrund wurde die
Bühne zum Richtstuhl (R. Koselleck), »Kritik« zu einem im 18. Jahrhundert geradezu inflationär gebrauchten Begriff. Kritik freilich – in
des Wortes ursprünglicher Bedeutung von beurteilen, prüfen, richten – ist gleich in zweierlei Hinsicht ein rhetorischer Begriff. Nicht
die Regeln und Vorschriften der Lehre, sondern das kritische Ur-
teilsvermögen des Redners, entscheidet letztlich über die Angemessenheit der Argumentation und der Stilmittel. Und – wir denken an
Aristoteles – der Zuhörer und Zuschauer ist stets der Richter
(griech.: *krítes*).

Zu den geistigen Umwälzungen kamen umfassende Veränderungen auf allen Gebieten des Lebens. Es muss hier genügen festzustellen, dass sich seit der Mitte des 18. Jahrhunderts die politischen, wirtschaftlichen und sozialen Verhältnisse, wie sie im Prinzip seit dem
Spätmittelalter bestanden hatten, unaufhaltsam auflösten. An diesem Auflösungsprozess wirkte die Aufklärung maßgeblich mit. Individualismus und Liberalismus, der Gleichheitsgedanke und das
Dahinschwinden langer Traditionen von Rechten und Pflichten war-
fen Fragen nach neuen Handlungsorientierungen und Wertsetzun-
gen für das Leben des Einzelnen wie der Gemeinschaft auf. Und
schließlich bedeutete die Französische Revolution nicht nur in Frankreich, sondern – auf dem Umweg über die napoleonischen Kriege –
auch in Deutschland das Ende des alten Reiches und des Ancien Ré-
gime, des politisch-gesellschaftlichen Zustands im vorrevolutionären
Europa. Mit diesem ging auch die Rhetorik als wissenschaftliche Disziplin und als Weltbild unter.

Es erscheint beinahe paradox, dass zu einer Zeit und in einer
Situation, die eigentlich zu einer Belebung der Rhetorik hätten
führen müssen, diese zu Grabe getragen wurde. Hatte die Revolution in Frankreich nicht überhaupt zum ersten Mal zu einer der an-

tiken vergleichbaren öffentlichen, politischen Beredsamkeit geführt, hatte sie nicht eine Parlamentsrhetorik zutage gefördert, die vordem allenfalls in England eine Tradition hatte? In der Tat brachte die Französische Revolution auch in den deutschen Ländern eine Fülle von Streitschriften, Reisebeschreibungen, Traktaten, Zeitschriften, Publikationen aller Art hervor, die teils mit revolutionärem Pathos, teils mit scharfer rhetorischer Pointierung ihren Standpunkt vertraten.

Doch außer dem Theater und der Publizistik – und beide unterlagen der Zensur – blieben als Forum für politische Beredsamkeit nur der private Freundeskreis und jene halböffentlichen Klubs und Gesellschaften, von denen wir schon sprachen. Und so sind die Gründe für den Niedergang der Rhetorik durchaus zutreffend, die *Adam Müller* in seinen »Zwölf Reden über die Beredsamkeit und deren Verfall in Deutschland« 1812 anführt: 1. die Schriftlichkeit und Selbstgenügsamkeit der deutschen Literatur; 2. die fehlende große Öffentlichkeit; 3. das Fehlen einer gesamtdeutschen Sprachkultur; 4. das Fehlen einer republikanischen Tradition, die jeden von Kind an daran gewöhnt, dass Worte Wirkungen zeigen.

Romantische Predigt und kritische Philologie

Ein Bekenntnis zur Rhetorik im Sinne der Parteilichkeit suchen wir indes bei Müller, dem romantischen Staats- und Gesellschaftstheoretiker, vergebens. Der konservative Grundzug, die Ästhetisierung, die Aufhebung der Gegensätze in einem höheren Ganzen liegt auch im Wesen der Romantik begründet. Sie suchte in der Anknüpfung an Platon und eine vom Neuplatonismus inspirierte (mittelalterliche) Mystik, in der Zusammenschau des Mannigfaltigen und im Enthusiasmus, in Berauschung und »Bezauberung« ihren Ausweg aus der Krise. Dabei beraubte sie die Wirkungsmittel der Rhetorik ihres Zwecks, nämlich der Herstellung von Überzeugung.

Der Redner vereinige, so schreibt Müller, drei Personen in sich: Die ersten beiden sind gleichsam gleichberechtigte Gesprächspartner, die auf ihre Weise und mit eigener Akzentuierung These und Gegenthese vertreten; die dritte Person aber steht als ausgleichende, versöhnende Instanz über den anderen, *die Seele des Redners, die über dem Streite der Glieder thront.* Sie ist gleichsam das Über-Ich. Die Stichwörter *Gehorsam* und *Demut, Demut vor dem Höheren, das*

durch unsern Mund redet, und die Aufgabe des Redners, tief einzugehen *in das Gemüt des Zuhörers,* dies alles macht deutlich, dass die
Quelle dieser *neuen Beredsamkeit* die Predigt ist.

Andererseits formuliert *Jakob Grimm* 1849 nach dem Scheitern der
Deutschen Revolution in einer Rede: *Vermöge ihrer vertrautheit mit
dem alterthum[,] der freiheit und einer unbevorzugten stellung der menschen an sich zugethan, sind sie* [die klassischen Philologen der humanistischen Gymnasien und Universitäten] *gewis keine vertheidiger des
heute unbeliebten, und es scheint fast entbehrlich gewordenen adels-
standes.* Das also gab es auch! Vertrautheit mit der Antike, Freiheits-
und Gleichheitsbewusstsein. Dies schloss auch und gerade die Vertrautheit mit der antiken Rhetorik ein. Sie gehörte zum Fächerkanon
des humanistischen Gymnasiums, hatte als Instrument der Analyse
ihren Platz im Latein- und Griechischunterricht, zunehmend auch im
Zusammenhang mit der Lektüre deutscher Klassiker, und sollte über
die praktische Ausübung der Rede das Sprachvermögen der Schüler
in Wort und Schrift zu lebendigem Ausdruck verhelfen.

Tatsächlich ist die Kenntnis antiker Literatur und klassischer deutscher Autoren von Luther über Lessing, Herder, Schiller bis Goethe
und die Vertrautheit mit den Ausdrucksmöglichkeiten der Sprache
und der Stilistik in unzähligen Reden, Briefen, Tagebüchern, Reise-
berichten, wissenschaftlichen Abhandlungen und literarischen Erzeugnissen im 19. Jahrhundert gegenwärtig. Das gilt auch für die politische Beredsamkeit eines Ernst Moritz Arndt oder Ludwig Uhland,
eines Rudolf Virchow oder Otto von Bismarck. Das gilt für das hohe
Pathos, die Erhabenheit und Bildersprache der Nationalversammlung
in der Frankfurter Paulskirche, in der mehrheitlich Akademiker saßen, genauso wie für die pointenreiche, virtuose, urbane Rhetorik
eines Eugen Richter, des Liberalen im Berliner Reichstag.

Die Allgegenwart rhetorischer Formen und Figuren steht offenbar im Kontrast zur verbalen Ablehnung der Rhetorik als bloßes
Instrument der Überredung und des unseligen Parteienhaders. In der
allgemeinen Platon-Begeisterung des deutschen Idealismus war das
Verdikt der Sophisterei nahe liegend; und Poesie wie Philosophie,
die dem Guten, Wahren und Schönen verpflichtet sein sollten, konnten sich auch darin auf Platon stützen, dass sie nicht der Rhetorik,
die Rhetorik aber sehr wohl der Philosophie und Poesie bedürfe.

Damit hatte sich das jahrhundertelang herrschende Verhältnis
von Rhetorik und Dichtung umgekehrt, bei dem die Rhetorik bis da-

hin die maßgebende Instanz war. Im 19. Jahrhundert schrumpft sie zu einem rein praktischen, nur noch nützlichen Hilfsmittel. Theorie und Praxis werden voneinander getrennt. Die Theorie verselbstständigt sich zur Literaturgeschichtsschreibung, Literaturkritik und Sprachwissenschaft. Die Praxis geht auf in Stilübungen, Aufsatzkunde, in Anstandsbüchlein und Briefstellern. Was zu Zeiten Lessings »halbierter Dialog« war, geselliges Gespräch mit einem Abwesenden, lebendig, vielseitig, Muster einer hohen Gesprächskultur, tritt wieder in den Rahmen einer regelhaften, nüchternen, zweckgerichteten Stilkunde. Diese Reduktion der Praxis ist kennzeichnend. Sie ist bis heute nicht überwunden.

Sprache und Politik im 20. Jahrhundert

Schon in der Antike war die Rhetorik immer wieder angegriffen worden, weil ihre Mittel zur Manipulation der Zuhörer in den Händen skrupelloser Redner verheerende Wirkungen zeigen konnten. Wenn es dafür eines Beweises bedurfte, so lieferten ihn die Nationalsozialisten, allen voran Hitler und Goebbels, deren Reden nicht eigentlich politischer Beredsamkeit zugerechnet werden können, sondern einer auf Massensuggestion abzielenden Propaganda. Die einzelnen Merkmale der nationalsozialistischen Sprache, hyperbolische Wendungen mit ihrer Superlativsucht (»Orkane der Zustimmung«, »heiligste Güter der Nation«), Euphemismen, die nicht selten in technokratischer Weise Ungeheuerliches verschleiern (»Euthanasie«, »Endlösung«), Wendungen, die der religiösen und sakralen Sphäre entlehnt werden, Wendungen, die »Wirgefühl« erzeugen und alles Fremde ausgrenzen (Freund-Feind-Schema) usw., diese Sprachmerkmale spiegeln wider, was die präzise Inszenierung der Aufmärsche und Massenversammlungen im Ganzen erreichen wollte: größtmögliche emotionale Wirkung bei völliger Abwesenheit von Argumenten.

Das Verfahren folgt fast genau dem, was *Gustave Le Bon* in seiner 1895 veröffentlichten »Psychologie der Massen« empfohlen hatte, einem Werk, das aus der romantischen Reduzierung der Rhetorik auf die Gefühlsebene und der Entwicklung der Psychologie schöpft und vor allem als Reaktion auf die Entstehung der industriellen Massengesellschaft zu verstehen ist. Die Masse sei nichts Furchterregendes, nichts Unberechenbares, wird hier dem verschreckten Bürgertum zu verstehen gegeben; sie lässt sich vielmehr willig lenken. Der Einzelne gehe in der Masse auf, sein Verantwortungsgefühl und seine Vernunft schwänden in der Anonymität dahin, er werde in der Masse und von der Masse geradezu hypnotisiert, reagiere triebhaft und ungehemmt, Ohnmacht schlage in Allmachtsgefühle um. Die Masse werde zu einer Einheit, die nur noch in »wir« und »die Feinde«, in Gut und Böse einzuteilen verstehe, nur zu starken Affekten fähig sei und nur auf starke Reize reagiere. Einmal gewonnene »Überzeugungen« nähmen den Charakter religiöser Wahrheiten an; wer sie infrage zu stellen wage, werde als Ketzer behandelt. Für die Logik schließlich sei die Masse völlig unzugänglich. Behauptungen ließen sich nicht durch Beweise belegen, sondern nur durch beständige Wiederholung. *Verknüpfung ähnlicher Dinge, wenn sie auch nur oberflächliche Beziehungen zueinander haben, und vorschnelle Verallgemeinerung von Einzelfällen* und das denken in Bildern seien Merkmale der »Massenlogik«, die der Redner zu gebrauchen wissen müsse. Daraus folgt für die Sprache: *Die Macht der Worte ist mit den Bildern verbunden, die sie hervorrufen, und völlig unabhängig von ihrer wahren Bedeutung. Worte, deren Sinn schwer zu erklären ist, sind oft am wirkungsvollsten. So z. B. die Ausdrücke Demokratie, Sozialismus, Gleichheit, Freiheit u. a. [...] Da die Bilder, die durch die Worte hervorgerufen werden, unabhängig sind von ihrem Sinn, so wandeln sie sich von Zeitalter zu Zeitalter, von Volk zu Volk, während die Formeln dafür die gleichen bleiben. Mit bestimmten Worten verbinden sich zeitweilig bestimmte Bilder: das Wort ist nur der Klingelknopf, der sie hervorruft.*

Zwingende Folge der industriellen Massengesellschaft ist der Verfall argumentativer Redekunst allerdings nicht, wie die glänzende politische Rhetorik eines Walter Rathenau, eines Gustav Stresemann, eines August Bebel und Josef Wirth zeigt.

Sozialwissenschaften und Kritik der Beredsamkeit

Hier ist nun die Stelle, wo am wenigsten andeutungsweise die wissenschaftliche Entwicklung zur Sprache kommen sollte, in deren Rahmen die rhethorische Theorie eine gebende und nehmende Rolle spielt. Bedeutsam sind in diesem Zusammenhang die 60er- und 70er-Jahre des 20. Jahrhunderts, in denen eine Reihe von Disziplinen Hochkonjunktur bekam, die sich getrennt voneinander oder in punktueller Zusammenarbeit mit einem Gebiet beschäftigen, das von Anbeginn ureigenste Domäne der Rhetorik war: mit der Sprache. Das (universitäre) Interesse an der Linguistik, Soziologie, Psychologie wuchs in dem Grade, in dem man sich bewusst wurde, in welch hohem Maß Sprache die sozialen Beziehungen gestaltet, in welchem Maß Sprache bereits Handeln bedeutet und – das Jahr 1968 war hierfür gleichsam ein Katalysator – dass Sprache ein Machtfaktor ist. In der Zeit der Kommunen »entdeckte« man die Kommunikation und begann, ihre Wirkungsweisen zu betrachten. Das sollte jedoch nicht auf den Bereich der Universitäten beschränkt bleiben. Die hessischen Rahmenrichtlinien (von 1972) für das Fach Deutsch machen sehr deutlich, dass hier nicht mehr so sehr an die Vermittlung eines traditionellen Lektürenkanons gedacht war, sondern »Sprachwissenschaft als Teil der Sozialwissenschaften« Aufklärungsarbeit leisten sollte.

Zum Gegenstand eines verstärkten wissenschaftlichen Interesses wurde die Tatsache, dass verschiedene soziale Gruppen (auch Schichten bzw. Klassen) verschiedene »Sprachen« sprechen (Dialekte, Gruppensprachen, Fachsprachen etc.), deren Beherrschung darüber mitentscheidet, ob ein Sprecher ernst genommen und als kompetent anerkannt wird oder nicht. Nicht zuletzt auch die Semantik, die Bedeutungslehre, rückte ins Zentrum mannigfaltiger Forschungstätigkeit. Man wollte wissen, was alles auf die Bedeutung der Wörter, Sätze und Diskurse Einfluss hat. Dazu gehörte die sprachlich orientierte geistige Auseinandersetzung mit der politischen Gegenwart zweier deutscher Staaten; »Ideologiekritik« wurde das Zauberwort, und Ideologie war ja nicht nur auf die damalige DDR beschränkt, auch die Bundesrepublik hatte und hat ihre ideologisch bestimmte Sprache. Ebenso gehörte dazu die Beschäftigung mit der deutschen Vergangenheit, in deren Reden Kontinuitäten vom Kaiserreich über den Nationalsozialismus bis in die Adenauer-Ära führten, Kontinuitäten, die auch heute immer wieder hervorbrechen.

Parlamentsrhetorik und Kampf um die Begriffe

Zurück zur Praxis. Bonn, 20. Juni 1991. Der Bundestag berät über die Hauptstadtfrage. Die Kommentatoren sind sich einig: Eine Sternstunde des Parlaments. Fraglos. Aber was machte diese Debatte zur Sternstunde?

Beantworten wir die Frage vom Gegenbild, vom parlamentarischen Alltag her: Die politischen Entscheidungen werden in Gremien und Ausschüssen, in den Fraktionen und am Kabinettstisch beraten und beschlossen. Im Plenum werden sie im Wesentlichen nur noch in Abstimmungen bestätigt, in Reden zuvor legitimiert und begründet. Und da die Wähler über die Massenmedien dabei mit von der Partie sind, zielt die Legitimation der Entscheidungen immer auch auf sie. Das gibt aber den Reden einen anderen Charakter, als wir es von ihnen erwarten müssten, wenn wir an die beratende Rede vor der Volksversammlung der Antike denken, die ja gerade dazu dienen sollte, durch Argumentation Entscheidungen herbeizuführen. Der bundesdeutsche Parlamentsalltag dagegen ist von der Epideiktik, also von Lob- und Tadelreden, geprägt, die ja, nebenbei bemerkt, auch sonst die Mehrzahl aller Reden (Festreden!) in unserem Lande ausmachen. – Sternstunden des Parlaments, so müsste man folgern, beruhen offenbar darauf, dass argumentiert, in Rede und Gegenrede um Entscheidungen gerungen wird, die noch keineswegs getroffen sind.

In diesem Zusammenhang tritt noch ein weiteres Moment zutage, das die politische Rede prägt. Die großen Parteien haben sich von Interessenvertretern bestimmter Schichten zu Volksparteien gewandelt, die vor allem pragmatische Politik machen. Der Interessenausgleich, der eigentlich aus (partieller) Rede und Gegenrede hergestellt werden müsste, wird oft genung innerhalb der Parteien ausgehandelt. Damit findet ein völlig wesensfremdes Element Eingang in die politische Rede: die Diplomaten- bzw. Amtssprache, die nicht der Herstellung von Überzeugungen dient, »sondern der Abschirmung interner Abkommen« (H.D.Zimmermann), die also mehr verschweigt als offen legt.

Der epideiktische Grundzug der politischen Rede in der Öffentlichkeit beinhaltet so etwas wie eine permanente Wahlwerbung oder drastischer ausgedrückt, er fördert den Etikettenschwindel. *Nicht die Taten, sondern die Worte über die Taten bewegen die Menschen*, lautete ein in den 80ern von Heiner Geißler gern zitierter Ausspruch. Gemeint war damit, dass die Regierung nicht deshalb in den Umfragen schlecht abschnitt, weil die Politik falsch war, sondern nur, weil die (nach Geißler) richtige Politik nicht werbewirksam genug in der Öffentlichkeit dargestellt wurde. Die Lobrede, die in der antiken Demokratie eine eher untergeordnete Rolle spielte und unter monarchischen Bedingungen erst ihre Blüte erlebte, *soll* offenbar die Argumentation in den Hintergrund drängen.

Tatsächlich weiß man mittlerweile aus Untersuchungen, was man auch sonst schon wissen konnte: Der mündige Bürger findet, dass Politiker in Reden und Gesprächen sich fast nie kooperativ verhalten (d. h. tatsächlich zuhören), oft nicht informativ, oft irrelevant sind (also nicht zum eigentlichen Thema sprechen oder die Fragen beantworten, wie sie gestellt sind), gegen das Gebot der Verständlichkeit und Klarheit verstoßen und auch nicht selten das Gebot, wahrhaftig und glaubwürdig zu sein, verletzen. Damit verstoßen sie und nicht nur sie, wie Gesprächskultur im Fernsehen zeigt – gegen die allgemein anerkannten fünf Maximen, die Paul Grice 1968 als unabdingbare Voraussetzungen für das Zustandekommen von Kommunikation formuliert hat.

Die Störung der politischen Kommunikation wird vordergründig durch die Verbindung von Werbung und Politik verursacht und großenteils durch ein entschiedenes Freund-Feind-Denken. Die Einteilung in Freund und Feind (= Gut und Böse) fördert die Geschlossenheit der Anhängerschaft. Bei Freunden wirbt man um Vertrauen, auch ohne verstärkten Austausch von Argumenten. Für die anderen verlegt man sich, statt zu argumentieren, auf ein Trommelfeuer von Schlagwörtern.

Als Folge davon wird die politische Auseinandersetzung nicht um Ideen und Argumente geführt, die in Wörtern ausgedrückt werden, sondern um die Wörter selbst. *Sprache ist also nicht nur ein Mittel der Kommunikation,* [sondern] *auch ein wichtiges Mittel der Strategie. [...] Statt der Gebäude der Regierung werden die Begriffe besetzt, mit denen sie regiert, die Rechte und Pflichten und unsere Institutionen beschreiben. [...] Wir erleben heute eine Revolution, die sich nicht der Besetzung der Produktionsmittel, sondern der Besetzung der Begriffe bedient. Sie besetzt Begriffe und damit die Informationen in der freien Gesellschaft, indem sie die Medien besetzt, die Stätten also, in denen das wichtigste Produkt einer freien Gesellschaft hergestellt wird: die politische Information.* Positive Begriffe ihres Inhalts zu entkleiden und mit den eigenen Inhalten zu füllen, damit man sie benutzen kann, ohne die Inhalte des politischen Gegners mitbenutzen zu müssen, das empfahl 1975 kein anderer als Kurt Biedenkopf. Kurz gesagt: Was versucht werden sollte (und teilweise auch gelang), war nichts anderes, als die Sprache, in der die Bürger politisch informiert werden, im Sinne der eigenen Partei zu prägen.

Unter diesen Bedingungen noch über die Dinge selbst reden zu wollen, ist gar nicht so einfach. Es bleibt die Frage bestehen, wie denn eine demokratische Rede beschaffen sein soll. Anlässlich eines Seminars zur »Politischen Argumentation«, das 1988 auf der Burg Liebenzell stattfand, wurde einmal der Versuch einer Antwort gemacht: Politische Argumentation solle rationales, vernünftiges Argumentieren sein und auf Glaubwürdigkeit überprüft werden können, was natürlich einschließt, dass die Begriffe keine Worthülsen werden. Schließlich solle die politische Argumentation die Gegenseite respektieren, ihre eigenen Wirkungsabsichten deutlich machen und die Urteilsfähigkeit des Bürgers ansprechen. Das alles gilt wohl nicht nur für die politische Rede, die ja nur symptomatisch ist für die Rede- und Gesprächskultur in unserer Gesellschaft schlechthin, und es ist auch ein wenig vereinfacht gesagt. Aber daran gemessen und an dem, was politische und allgemeine Rede- und Gesprächskultur in der rhetorischen Tradition des Humanismus, in der Tradition eines Erasmus, eines Lessing, auf der Basis eines Aristoteles sein könnte, werden die Defizite offenkundig.

Praktischer Leitfaden der Redekunst

Einleitung

Nicht alle Reden und Vorträge sind Kunstwerke, aber sie erfüllen trotzdem ihren Zweck. Fühlen sich die Zuhörer, je nach Situation, informiert, animiert und motiviert, hat der Redner sein Ziel erreicht. Wer sich zum Redekünstler entwickeln will, aus welchen Gründen auch immer, kann die dazugehörenden Feinheiten erlernen. Mangelnde Begabung kann durch Übung ersetzt und fehlendes Wissen durch Weiterbildung erworben werden.

Die Redekunst ist lehr- und lernbar

Am Anfang steht die Chancen-, am Ende jedoch nicht die Ergebnisgleichheit. Das gilt für jede Aus- und Weiterbildung. Anreize hierzu sind Notwendigkeit und Nutzen, dazu erfolgsfördernder Wille und Fleiß. Die Redekunst steht jedem als Mittel der Profilierung, Persönlichkeitsentfaltung und Profitmehrung offen. Man kann Musterreden, mehr oder weniger originalgetreu, Büchern, Loseblattwerken und dem Internet entnehmen. Ghostwriter liefern gegen entsprechende Bezahlung Texte zu allen Anlässen.

Profilieren und profitieren

Die Vorteile sind:

- Vielbeschäftigte sparen Zeit.
- Ungeübte erhalten professionelle Formulierungen.
- Die Gefahr, Unsinn zu reden, wird minimiert.

Nachteilig kann sein:

- Die Vorgabe passt nicht zur Mentalität des Vortragenden.
- Der Text wirkt aufgepfropft.
- Die erhoffte rednerische Wirkung bleibt aus.

Beeindruckende Formulierungen, abgelesen oder frei vorgetragen, sind zwar wichtige Bausteine der Redekunst, jedoch noch keine zuverlässige Erfolgsgarantie.

● Sprachliche Schluderigkeit verhunzt den schönsten Text.
Es kommt auch auf den stimmlichen Wohlklang und die zur Aussage passende Betonung an.

Rhetorisches Talent soll der Führung, nicht der Verführung dienen

● Redner sind zugleich Darsteller, Zuhörer zugleich Zuschauer. Wenn die Kompatibilität zwischen Aussage, Mimik und Gestik erkennbar klemmt, leidet die Glaubwürdigkeit des Vortragenden.
Der Gesamteindruck soll zum Anlass der Veranstaltung, zur vorhandenen oder gewünschten Atmosphäre und zur Individualität des Vortragenden passen.

● Nicht alles, was in öffentlichen, beruflichen und privaten Bereichen ge- und versprochen wird, entspringt lauterer Gesinnung und entspricht reiner Wahrheit.
Deshalb sollte jeder Redekünstler wissen: Täuschung verursacht Enttäuschung.
Ethik hat einen höheren Stellenwert als Eloquenz.

Letztendlich sind Auftreten, Aussehen und Aussagen eigenverantwortliche Entscheidungen.

Dabei ist Zuarbeit in den Bereichen Rhetorik, Dialektik, Phonetik, Kinesik, Psychologik und Logik vielfach hilfreich. Die Segmente dieser Standards werden fraktioniert und analysiert.

Alle Empfehlungen und Muster erleichtern die rhetorische Aktivität und fördern die individuelle Kreativität, weil Ideen geliefert und Gedanken gefördert werden.

Hierzu ein kleiner Wink mit großer Wirkung: Kapieren ist wichtiger als kopieren.

Redearten und Formen

Allgemeines

In der Antike unterschied man zwischen der beratenden Rede, der Rede vor Gericht und der Lobrede. Die ersten beiden Arten der Rede könnte man *Überzeugungsreden* nennen, Reden, mit denen man andere von seiner Meinung, seiner Sicht der Dinge, seinen Zielen überzeugen will. Dazu können auch die Predigt oder das »Wort zum Sonntag« gezählt werden. (Theologen und Juristen mögen zwar aus dem Folgenden vielerlei wertvolle Anregungen ziehen, doch da es für Predigt und Plädoyer eigene Lehrbücher gibt, wird auf diese Gattungen nicht näher eingegangen werden.) Die dritte Art der Rede kommt heute bei ganz unterschiedlichen Anlässen vor. Man könnte sie die »festliche Rede« nennen, so wie sie auf Taufen, Hochzeiten, auch Trauerfeiern, bei Dienstjubiläen u. Ä. gehalten wird. *Informationsreden* – also Vortrag und Referat – gab es in der Antike nicht. Was unterscheidet die zuerst genannten Redearten von den Informationsreden?

Überzeugungs-, Fest- und Informationsreden

Rede, Vortrag, Referat

Reden werden zu ganz unterschiedlichen Anlässen gehalten:
- im privaten Bereich z. B. bei Geburtstagen, Hochzeiten oder Trauerfällen
- im Betrieb etwa bei Versammlungen, Jubiläen oder Verabschiedungen
- in der Öffentlichkeit beispielsweise bei Preisverleihungen, Einweihungen oder Wahlveranstaltungen

Man kann das Lebenswerk eines Menschen mit lobenden Worten schildern, seiner Freude oder Trauer Ausdruck geben, seinen Standpunkt kundtun oder versuchen, Menschen zu motivieren oder zu überzeugen.

In Reden kann man seine Gefühle ausdrücken, subjektive Einschätzungen vornehmen oder seine persönliche Meinung vortragen, man kann auch für eine Sache oder Idee werben.

Im Gegensatz zur Rede im engeren Sinn geht es in Vorträgen und Referaten um die Erörterung eines klar umrissenen Themas oder bestimmter Fakten, in Referaten oft auch um die Erläuterung von Untersuchungsergebnissen oder die zusammenfassende Behandlung einer (wissenschaftlichen) Thematik. Die objektive Darlegung von Daten kann man im Referat mit einer persönlichen Wertung verknüpfen; doch müssen Fakten und Wertung streng getrennt werden. Im Vortrag fließt die persönliche Wertung unmittelbar in die Darstellung des Sachverhalts ein. Vorträge und Referate dienen der Information, Bildung oder Schulung. Sie haben meist eine Dauer von 45 Minuten. In keinem Fall sollten sie eine Dauer von anderthalb Stunden überschreiten.

	Rede	Vortrag	Referat
Anlass	private, öffentliche oder berufliche Ereignisse, politische Meinungs-bildung	Thema; Informations-, Bildungsabsichten	Bereitstellung von Fakten, Darlegung eines Themas; absichten
Art der Darstellung	persönliche Darstellung, oft vermischt mit Gefüh-len und subjektiven Wertungen	sachlich; Faktenvermittlung, oft mit fremder und eigener Wertung vermischt; ggf. Einsatz technischer Hilfs-mittel (Folien, Dias, Ton-bandeinspielungen usw.)	sachlich; oft nur eine Dar-stellung der Fakten; subjek-tive Wertungen sind als solche kenntlich gemacht; Fakten und Wertung nur miteinander verbunden ggf. Einsatz technischer Hilfs-mittel; evtl. Vorbereitung durch Thesenpapiere o. Ä.
Dauer	max. 30 Min. (inkl. Übersetzung)	bis zu $1^1/_2$ Stunden mit Pause	bis zu $1^1/_2$ Stunden mit Pause

Hinsichtlich der Zielsetzung, der sprachlichen Mittel, des Verhältnisses von Information und persönlicher Meinung, der möglichen Redeform und der Dauer steckt die Art der Rede einen Rahmen ab. Der Redner sollte sich also von vornherein darüber im Klaren sein, welche Art von Rede er halten will, damit er nicht schon bei den Vorbereitungen die Weichen für das Gelingen seiner Rede falsch stellt.

Moderation*, Versammlungs- und Diskussionsleitung

Reden, die im Zusammenhang mit einer Versammlungs- oder Diskussionsleitung oder z. B. der Moderation eines Expertengespräches gehalten werden, stellen einen Sonderfall dar. Sie leiten im Allgemeinen auf das Thema oder auf die Tagesordnung hin oder schließen die Veranstaltung (etwa mit einer Zusammenfassung) ab. Da dem Versammlungs- oder Diskussionsleiter bzw. dem Moderator vor allem die Sorge um den technischen Ablauf der von ihm geleiteten Veranstaltung obliegt, sollten solche Reden eher sachlich sein, sollten subjektive Wertungen so weit wie möglich vermieden werden; strittige Positionen zu vertreten ist Sache der eingeladenen Redner bzw. der Diskussionsteilnehmer. Während der Veranstaltung beschränken sich die Redebeiträge des Versammlungsleiters ohnedies im Wesentlichen auf Technisches, die des Diskussionsleiters können zusätzlich weiterführende Fragestellungen anregen, die des Moderators werden darüber hinaus oft in die einzelnen Beiträge einführen bzw. von einem Beitrag zum anderen überleiten. Auch solche Redebeiträge setzen eine sehr genaue, überaus umfassende Vorbereitung voraus, sind aber so kurz zu halten, wie es irgend geht.

Vermeiden Sie subjektive Einschätzungen

Schließlich werden auch im Rahmen der Gesprächsführung bei Konferenzen und Besprechungen, in Ämtern, Klassenzimmern, Restaurants und Wohnstuben unzählige kleine Reden gehalten. Darauf muss hier allerdings nicht näher eingegangen werden, da Überlegungen zur Gesprächsführung in einem eigenen Kapitel zu Sprache kommen.

Redeformen

Es gibt vier *Redeformen*: die (spontane) Stegreifrede, die (improvisierte) Stichpunktrede, die (gründlich erarbeitete) vorbereitete Rede und die abgelesene Rede, die auf einer wortgetreuen Ausarbeitung beruht.

Ablesen oder improvisieren?

Die ersten beiden Redeformen bieten sich bei Gelegenheiten an, bei denen der Augenblick, die Stimmungslage, die jeweilige Situation eine entscheidende Rolle spielen. Sie erfordern ein hohes Maß an Spontaneität und Flexibilität. Wo jedoch Gründlichkeit, Präzision und ausgefeilte Argumentation gefragt sind, entfalten die beiden letzten Redeformen ihre Möglichkeiten.

Die meisten Übersetzungs- und Informationsreden, aber auch ein Großteil der Fest- und situationsabhängigen Reden sind ihrer Form nach abgelesene oder vorbereitete Reden. Je nach den Gegebenheiten der Situation sind auch Stichpunktrede und Stegreifrede denkbar, am ehesten jedoch bei kürzeren Informations- und Überzeugungsreden im Rahmen einer Diskussion, bei Reden, die sehr stark von der augenblicklichen Stimmungslage abhängig sind, bei Versammlungs-, Diskussionsleitung und Moderation.

Alle vier Redeformen haben ihre besonderen Voraussetzungen, ihre Vorteile und ihre Gefahren.

Stegreifrede

Voraussetzungen:
Die Stegreifrede setzt beim Redner Wortgewandtheit, Schlagfertigkeit, Treffsicherheit in der Formulierung seiner Gedanken und damit auch eine gewisse Routine im Reden voraus. Hinzu kommen die Fähigkeit, intuitiv zu erkennen, was der Situation angemessen ist, ein großes Konzentrationsvermögen und Geistesgegenwart.

Vorteile:
Der Redner kann spontan in eine Situation eingreifen, auf eine Situation reagieren. Die Stegreifrede erlaubt es ihm, ganz auf die Befindlichkeit der Zuhörer einzugehen, seine eigenen Gefühle unverstellt zum Ausdruck zu bringen, Witz und Geistesgegenwart zu beweisen usw.

Gefahren:
Werden im Ernstfall nur Gemeinplätze und schwache Formulierungen vorgetragen, werden die Zuhörer bald unruhig werden (»Der/Die hätte sich auch mehr einfallen lassen können.«). Viele, die ihre Gedanken erst beim Reden verfertigen, kommen, falls sie nicht eine eiserne Disziplin am »Schwafeln« hindert, leicht – aber oft zur Langeweile der anderen – vom Hundertsten ins Tausendste und verirren sich im Labyrinth ihrer Gedanken, ohne mithilfe eines roten Fadens wieder herauszufinden.

Stichpunktrede

Voraussetzungen:

Sie gleichen denen der Stegreifrede. Gegenüber der Stegreifrede setzt die Stichpunktrede die Fähigkeit voraus, Gedanken, Argumente, Thesen, Sachverhalte in wenigen Schlüsselbegriffen zu konzentrieren, auf den (Stich)punkt zu bringen und ferner diese Stichpunkte so anzuordnen, dass sich eins aus dem anderen ergibt. Gedankliche Klarheit hinsichtlich der Materie ist deshalb gefordert.

Vorteile:

Die Stichpunktrede hat dieselben Vorteile wie die Stegreifrede. Außerdem ist bei ihr die Gefahr abzuschweifen dadurch verringert, dass die Stichpunkte eine Gliederung vorgeben, also den Gedankenfluss kanalisieren. Gerade in Diskussionen, wenn schnell, schlagkräftig und fundiert auf einen Vorredner geantwortet werden muss, ist das von Vorteil.

Gefahren:

Stichpunkte müssen nicht immer »stechen« und den Hörer überzeugen. In einem groben Raster von Stichpunkten kann leicht ein Gesichtspunkt verloren gehen, der eben noch ganz selbstverständlich dazugehörte.

Vorbereitete Rede

Voraussetzungen:

Bei der vorbereiteten Rede liegt das Hauptgewicht nicht auf der Spontaneität, sondern auf der Vorbereitung am Schreibtisch. Sie setzt eine gründliche Erarbeitung des Themas, eine sorgfältige Formulierung der Kerngedanken, der Thesen, der Argumente und eine genaue Festlegung ihrer Abfolge voraus. Zu jedem Gliederungspunkt, jeder These oder Kernaussage sollte eine eigene Konzeptseite angelegt werden, auf der der entsprechende Gedanke in Stichpunkten, prägnanten Formulierungen, in einzelnen Sätzen oder auch komplett ausformuliert niedergelegt wird.

Vorteile:

Zunächst hat die vorbereitete Rede ein Gerüst aus Gliederung, Stichpunkten, ausformulierten Passagen, während die Übergänge noch improvisiert werden müssen. Dies erlaubt einige Flexibilität. Es wird so möglich, auf Vorredner oder unerwartete Situationen zu reagieren, da der Redner schnell einen Teil aus dem Text herausnehmen, den Text umstellen oder auch etwas hinzufügen kann. Da immer noch ein gewisser Freiraum besteht, verliert er nicht so leicht die Fühlung mit seinen Zuhörern, kann er immer noch auf Publikumsreaktionen und Atmosphärisches eingehen. Andererseits können die Thesen prononciert und effektvoll vertreten werden, denn an ihrer optimalen Formulierung konnte ja in Ruhe gefeilt werden. Außerdem lassen sich die einzelnen Gedanken als Versatzstücke für andere Reden herausnehmen und weiterverwerten.

Gefahren:
Die Gefahren der vorbereiteten Rede ähneln denen der Stichpunktrede und teilweise auch denen der abgelesenen Rede.

Abgelesene Rede

Voraussetzungen:
Auch die abgelesene Rede verlangt eine gründliche Erarbeitung des Themas, einen sorgfältigen Aufbau, darüber hinaus aber die klare, prägnante Ausformulierung des gesamten Redetextes. Auch ist die Fähigkeit vorausgesetzt, dass man sich in die Redesituation und das Publikum schon vorher am Schreibtisch hineinversetzen kann.

Vorteile:
Von der Ausarbeitung am Schreibtisch bis zum Vortrag am Rednerpult kann nichts verloren gehen (außer dem Manuskript). Es bleibt hinsichtlich der mitzuteilenden Fakten, Argumente, Bewertungen, beabsichtigten Wirkungen usw. nichts dem Zufall überlassen. Es gibt einen roten Faden. Das ist vor allem dann wichtig, wenn es sehr genau auf jedes Wort und jeden Satz ankommt oder auf äußerste Kürze und Präzision, etwa bei schwierigen, heiklen Redeanlässen.

Gefahren:
Oft wird am Schreibtisch ohne Rücksicht auf die Redesituation und die Zuhörer formuliert – also eine »Schreibe« statt einer Rede verfasst – und das Ganze wie ein beliebiges Schriftstück vorgelesen. Der Redner verliert auf diese Weise leicht den Kontakt zum Publikum, ein Eingehen auf Unerwartetes ist schwierig.

Moderation

Moderation bedeutet ausgleichende, mäßigende, harmonisierende Gesprächsleitung.

Wer erfolgreich moderieren will, braucht folgende
persönliche Voraussetzungen:

- Vertrautheit mit der Thematik
- Rhetorische Gewandtheit
- Phonetische Deutlichkeit
- Sicheres Auftreten

Moderatoren
brauchen ein hohes
Maß an methodi-
scher, psychosozialer
und kommunikativer
Kompetenz

Zur Vorbereitung einer Moderation gehören:

- Klarheit über den Rahmen und die speziellen Gegebenheiten
  (Podiumsdiskussion, Seminar, Konferenz, Messe, Großveranstal-
  tung etc.)
- Abstimmung mit den Akteuren
  (Platzierung, Vorstellung, Reihenfolge, Ablauf)
- Einschätzung der Teilnehmer/des Publikums
  (Mit welchen Verhaltensweisen/Überraschungen ist zu rechnen,
  und wie ist darauf zu reagieren?)
- Überlegung, ob Einsatz eines Co-Moderators zweckmäßig ist
- Ortsbesichtigung
  (Vertrautheit mit den Räumlichkeiten, der Akustik und Technik)
- Organisation der Präsentation von Zwischenergebnissen der
  Arbeitsgruppen
- Erwartungen der Akteure erfragen
  (Hinweise auf Aktivitäten, Bücher etc.)
- Umgang mit Honoratioren klären (Anrede?)

Empfehlungen zum Verhalten des Moderators:

- Aussagen aus eigener Sicht vermeiden, Neutralität wahren
- Einwände gegen die Moderationshandhabung zulassen, das
  Procedere sachlich erklären, nicht provozieren lassen
- Standpunkte der Beteiligten nicht bewerten, sondern zur
  Diskussion stellen
- Nonverbale Signale beachten und hinterfragen
- Ausufernde Emotionalität durch Souveränität situationsgerecht
  auffangen
- Meinungen sachlich zusammenfassen, Unklarheiten ansprechen,
  Ergänzungen anregen
- Veranstaltungen harmonisch und versöhnlich ausklingen lassen

Handlungskom-
petenz ist für einen
guten Moderator
unabdingbar

Beispiel der Moderation einer Podiumsdiskussion zum Thema »Gewalt – und kein Ende?«

Beginn

Meine Damen und Herren,
herzlich willkommen zur Podiumsdiskussion »Gewalt – und kein Ende«.

Bei dem Thema fiel mir der Gassenhauer ein: »Alles hat ein Ende, nur die Wurst hat zwei.« Unser Anliegen ist ernsterer Natur. Es geht um die nicht enden wollende Gewalt in unserer Gesellschaft.

Ich begrüße 5 Experten, die beruflich mit dieser Problematik zu tun haben. Alle sind bekannte Persönlichkeiten, ich stelle sie aber trotzdem offiziell vor, und zwar in alphabetischer Reihenfolge:

...

...

...

Herzlichen Dank für Ihr Hiersein.
Wir haben vereinbart, dass jeder zum Thema zunächst ein Statement abgibt; diese Reihenfolge losen wir aus, 5 nummerierte Karten sind vorbereitet. Behandeln Sie die gezogenen Nummern bitte als »Dienstgeheimnis«, das erhöht die Spannung.

Sie, meine Damen und Herren im Saal, können sich mit Fragen und Hinweisen anschließend aktiv einschalten. Da mit vielen Wortmeldungen zu rechnen ist, begrenzen Sie Ihre Rededauer bitte auf 3 Minuten.

Reaktion des Moderators auf einen Diskussionsbeitrag aus dem Publikum, der Widerspruch auslöste: »Wir müssen das Gehörte nicht akzeptieren, haben aber die Wahl zwischen Tolerieren und Respektieren. Von Heinrich Heine stammt: »Die Freiheit der Meinung setzt voraus, dass man eine eigene Meinung hat.«

Schlusswort des Moderators:

Herzlichen Dank den Hauptakteuren hier auf dem Podium für Ihr Engagement, Ihnen allen im Saal für Ihr Kommen, Zuhören und Mitmachen. Wir haben viele Tipps bekommen, jetzt müssen Taten folgen. Losungen sind gut, Lösungen sind besser. Wir wissen jetzt worauf es ankommt, nun kommt es auf uns an. Ich wünsche Ihnen einen sicheren Heimweg und noch einen schönen Abend.

Eine spezielle Methode ist die *prozessorientierte Moderation (PM)*. »Prozess« bedeutet: Ein sich über eine gewisse Zeit erstreckender Vorgang, bei dem etwas entsteht oder abläuft im Sinne von Entwicklung, Hergang, Lauf, Verlauf, Prozedur. Zu diesen arbeitsmethodischen Alternativen gehören noch die Aspekte »Zeit« und »Fleiß«. Die PM unterscheidet sich von Führung, Anweisung und Training durch gemeinsame Überlegungen, die über einen längeren Zeitraum zu einvernehmlichen Ergebnissen kommen sollen.

Prozessorientierte Moderation

Das geschieht weniger durch Steuerung und Konditionierung, denn alle Erfordernisse, Ziele und Vorgehensweisen sollen sich in Gruppen entwickeln und zum Konsens führen.

Der Moderator muss sich vor einer PM folgenden Fragen stellen:
- Wie gehe ich mit den Sachproblemen und den Emotionen der Beteiligten um?
- Wie handlungsorientiert bin ich und wie initiiere ich weitere Veränderungsprozesse?
- Wie stark beteilige ich jeden Teilnehmer am Prozess der Moderation?
- Wie stark binde und aktiviere ich die Beteiligten an Diskussions- und Entwicklungsprozessen?
- Wie weit kann ich gültige Strukturen für den Zeitraum der PM vernachlässigen oder auflösen?
- Wie sensibel bin ich für Probleme und Konflikte der Beteiligten, und wie kann ich diese neutralisieren bzw. lösen helfen?
- Wie kann ich die Vorgaben des Klienten berücksichtigen und zum Prozessinhalt machen?

3 weitere Fragen helfen, die Moderation im Prozess lebendig zu halten:
- Fragen zur Transparenz

- Fragen zur Sammlung von Fakten
- Fragen zur Bearbeitung

Durch Fragen zur Transparenz lassen sich Meinungen, Stimmungen, Einschätzungen sowie Einstieg und Abschluss einer Moderation verdeutlichen. Die Fragen zur Sammlung von Fakten dienen der Erfassung von Informationen, Aspekten, Daten, Erfahrungen, Problemen, Erkenntnissen etc. Die Fragen zur Bearbeitung veranschaulichen Ziel und Systematik der Moderation und fördern den richtigen Umgang mit bereits erfassten Fakten.

Der Moderator braucht ein ausgeprägtes Gespür für die Ängste und Bedürfnisse der Teilnehmer

Zu den größten Problemen der PM gehören die Ängste, von Gewohnheiten, Liebgewonnenem u. Ä. loslassen zu müssen, d. h. eine positiv empfundene Abhängigkeit zugunsten einer neuen unbekannten Wirklichkeit aufzugeben oder bekanntes durch unbekanntes Verhalten abzulösen. Der Moderator ist also gefordert, seine sprachlichen Möglichkeiten psychosozial verträglich, neutral und logisch zu organisieren. Er muss die Veränderungsprobleme sensibel erkennen, seine Fragetechnik sauber vordenken, den Dialog zur Förderung der PM punktuell entwickeln und seine Wahrnehmungsfähigkeit auf das Verhalten der einzelnen Teilnehmer sowie der gesamten Gruppe fokussieren.

Der Moderator muss auf Einflüsse aller Art angemessen reagieren

Der Moderator tut gut daran, Stimmungen nicht so weit voneinander abweichen zu lassen, dass allgemeine Unlust ein Weiterarbeiten am Veränderungsproblem unnötig erschwert oder gar unmöglich macht.

Werden alle Voraussetzungen beachtet, sind die Chancen groß, zu von allen Beteiligten akzeptierten Ergebnissen zu kommen. Das erwünschte Resultat ist allerdings auch von gut organisierten Veranstaltungen und passenden Rahmenbedingungen abhängig.

Reden und Ansprachen

Es ist kaum anzunehmen, dass Zuhörer darüber nachdenken, ob Gesagtes eine Rede oder Ansprache war. Entscheidend ist, dass die Ausführungen zum Anlass passten und ihren Zweck erfüllten. Wer immer hundertprozentige Zustimmung erwartet, muss Abstriche von seiner Illusionsfestigkeit machen. Manche Leute neiden Erfolge aus Missgunst, etliche hätten die Akzente anders gesetzt, einige lehnen

den Menschen und seine Meinung insgesamt ab. Redner, die Vorbe-
halte oder gar Ablehnung spüren, müssen sich nicht grämen, denn
Kritik gehört zu den Klebrigkeiten des Alltags. Nachstehend ein paar
stabilisierende Korsettstangen:

- Aktivitäten sind oft Lust und Last zugleich.
- Wer auf alles eingeht, geht ein.
- Die Anpassungsbereitschaft sollte niemals größer als der
  Anpassungsdruck sein.
- Draufgänger beeindrucken mehr als Aufdränger.
- Wer jedermanns Freund sein will, ist schnell jedermanns Trottel.
- Wer sich profiliert, wird respektiert.
- Forsch und frech ist attraktiver als förmlich und fad.
- Progressive Diktionen sind plakativ, provokativ und positiv,
  aber auch charmant und amüsant.

Beispiele:

Laudatio für Max Meier Maletz zum 70. Geburtstag

Nach dem Motto »kurze Reden, lange Würste« nur ein paar Sätze:

Lieber Max,
der liebe Gott schenkt uns das Alter, für das Befinden sind wir selbst
verantwortlich.
Nun, es gibt drei Lebensalter:
Kalendarisch bist du 70, da beißt keine Maus den Faden ab, und deshalb sind wir ja auch hier.
Biologisch? ... schätzen wir mal ... sagen wir um die 60. Biggi wird das
genauer beurteilen können.
Psychologisch, das wissen deine Freunde, bist du ein echter Fünfziger.
Max, dein Naturell ist eine ideale Komposition aus
    Pragmatismus und Idealismus.
Eine Komposition ist ein Kunstwerk, du bist ein Kunstwerk und so
zu einem
    Trainer-Tycoon
geworden.

Deine Initialen stehen für   mobil,
                              menschlich und
                              mächtig.
Das ist auch gut, denn   deine Mobilität aktiviert,

Mal was
Neues versuchen

deine Menschlichkeit inspiriert und
deine Macht stimuliert.

und alles zusammen   imponiert.

Wir danken dir und Biggi für viele schöne Stunden, die wir mit und
durch euch hatten.

Lieber Max, wir wünschen dir für das nächste Dezennium die Gunst
aller guten Geister. Zum 80. stehen wir wieder auf der Matte. Wir
wollen Gottes Güte keine Grenzen setzen, aber bleibe wenigstens bis
dahin heil und happy.

Gesungen haben wir schon, deshalb unserem Max und seiner Biggi
ein dreifaches Hoch ...

● Rede zum 80. Geburtstag eines Stammtischbruders

Lieber Fritz,
nun bist du 80 und in der Zielgeraden ins 3. Millennium. Deine
Freunde aus der »Erbse« danken dir herzlich für die Einladung und
wünschen dir für das neue Dezennium Gesundheit, Glück und viele
Anlässe zur Freude. Das wäre dann zunächst bis 2009, dann sehen
wir weiter. Die Einladung zum 90. nehmen wir jedenfalls schon dan-
kend an.

Die Älteren unter uns wissen:
    »Auch das Alter birgt Vergnügen,
    vorausgesetzt, man kann es kriegen«
Es gibt da etliche Möglichkeiten. Eine bietet beispielsweise die
»Erbse«. Da bekommt man Suppe, Brote, Getränke, feines Essen wie
heute, Küsse, Umarmungen, Unterhaltung, Zuwendung, Anerkennung und Freundschaft.

Fritz, du bist uns allen ein lieber Freund, du hast unseren Respekt
und unsere Bewunderung. Wir kennen deine Lebensleistung und
wissen, wie du deine Heidy pflegst und umsorgst. Nun, nomen est
omen.

Fritz Maraun buchstabiert man so:
Freundlichkeit
Reputation
Intelligenz
Treue
Zuverlässigkeit

Malkünstler
Altersweisheit
Respekt
Arbeitseifer
Umsicht
Noblesse

Einem Mann mit solchem Format und so edler Gesinnung prosten wir mit Vergnügen zu und wünschen ihm vom Guten das Beste.

Unserem lieben Fritz ein dreifaches Fritz hoch! Fritz hoch! Fritz hoch!

Anleitung und Vorteile der 1-Minuten-Rede

Es ist nicht jedem gegeben, eine Viertelstunde seine Zuhörer mit einer brillanten Rede zu faszinieren. Selbst wenn sie noch so vergnüglich ist, kann sie bei einem Essen zwischen zwei Gängen nicht nur den Magen zum Knurren bringen. Um hier einerseits besänftigend und andererseits appetitanregend zu wirken, ist die 1-Minuten-Rede (es dürfen auch zwei oder drei Minuten sein!) das Kunststück, ein Anliegen schnell auf den Punkt zu bringen. Sehr hilfreich ist hier eine alte Regel, die Journalisten für ihre Reportagen aufgestellt haben. Sie verwenden das Zauberwort »MOSE«. Danach gliedert sich ein Bericht nach dem **M**enschen, dem **O**rt, der **S**ituation und dem **E**reignis. Das wird für die 1-Minuten-Rede 1 : 1 übernommen.

Die 1-Minuten-Rede ist weder für den Redner noch für die Zuhörer belastend.

Der Redner kann auf ein Manuskript verzichten und stattdessen ein Glas Sekt in Händen halten. Da er weiß, dass seine Rede nur kurz ist, wird sein evtl. Lampenfieber schon vorbei sein, bevor es richtig angefangen hat.

Auch für die Gäste bestehen nur Vorteile: Sie stehen sich nicht die Beine in den Bauch. Ihre Suppe wird nicht kalt. Sie können sich anschließend dem Essen und/oder einem neuen Tischnachbarn zuwenden. Sie können die Rede als Gesprächsaufhänger nutzen oder ihre unterbrochenen Gespräche mit neuen Akzenten wieder aufnehmen.

Schließlich und letztendlich wird die Person, der die Rede gewidmet ist, kurzfristig geehrt und steht für einen überschaubaren Zeitfaktor im Mittelpunkt.

Mensch	Ort	Sache	Ereignis
Anfänger	Arbeitsstätte	Berufseinstieg	Berufsstart

Liebe Kolleginnen und Kollegen,
können Sie sich noch an ihren Einstieg ins Berufsleben erinnern? Wie Sie die Nacht vorher unruhig geschlafen haben und am nächsten Morgen mit Herzklopfen vor dem Eingang der Firma standen? Vielleicht haben Sie erlebt, dass man gar nicht auf Sie vorbereitet war und Sie irgendwohin abgeschoben wurden. Vielleicht haben Sie noch den Klang der Stimme im Ohr, mit welcher der Ihnen zugewiesene Mitarbeiter leicht verstimmt vor sich hinbrummelte.

Sie wissen aber auch, mit welchen Erwartungen an die zukünftige Karriere innerhalb der Firma Sie eintraten. Sie hatten sich Bilder ausgemalt, die dann plötzlich von Dritten mit einem Federstrich verändert wurden. Ihr Tatendrang, Ihre Lust am Lernen, kann mit einem Schlag zerstört werden.

Wir aber sind ein Team und brauchen Ruderer, die alle in eine Richtung rudern, wo sich jeder Einzelne auf die Schlagfertigkeit des anderen verlassen kann.

Deshalb habe ich die große Freude, Ihnen ein neues Teammitglied vorstellen zu können, das zum ersten Mal die Schulbank mit der Werkbank vertauschen wird. Es ist Herr XY, der bereits in der Schule bewiesen hat, dass er gut arbeiten kann. In seiner Freizeit spielt er Fußball in der Liberoposition. Bei uns wird er seine Lehrzeit in verschiedenen Abteilungen nach einem genauen Plan durchlaufen. In unserer Hauszeitschrift haben wir ihn bereits angekündigt. Nun sehen Sie ihn leibhaftig vor sich und ich bitte Sie alle, ihn in die Geheimnisse unseres Firmenerfolges einzuweihen.
Einen guten Start wünsche ich!

Mensch	Ort	Sache	Ereignis
Angestellte(r)	Arbeitsstätte	Ankündigung	Beförderung

Liebe Mitarbeiterinnen und Mitarbeiter,

kennen Sie auch die Momente, in denen Ihnen etwas Gutes widerfährt und Sie sich dabei mehr als Beobachter denn als Geehrte fühlen? Momente, in denen alle von Ihnen sprechen und es Ihnen fast peinlich ist, im Mittelpunkt zu stehen? In denen Sie glauben, etwas Selbstverständliches getan zu haben, und viel zu viel Aufhebens um Sie herum gemacht wird?

Vielleicht kennen Sie aber auch Augenblicke, wo Sie solche Situationen, ein Bad in der Menge zu nehmen, herbeigesehnt haben. Wenn es dann stattfindet, können wir meistens diese Zeitspanne gar nicht richtig aufnehmen, geschweige denn, die vielen Eindrücke komplett erfassen. Wir fühlen uns dann überfordert und überwältigt.

So ein Ereignis könnte sich auch in diesen Sekunden abspielen. Denn das, was ich Ihnen jetzt mitzuteilen habe, ist es wert, zu feiern. Unter Ihnen ist eine Person, die es geschafft hat, zum stellvertretenden Geschäftsführer aufzusteigen.

Unsere Wahl fiel auf einen Menschen, der sich in kurzer Zeit ein enormes Fachwissen angeeignet hat; der zudem eine glückliche Hand für seine Mitmenschen hat und der sich mit den Zielen unseres Hauses voll und ganz identifiziert. Seine/Ihre Kritik bringt er/sie behutsam, aber nachdrücklich vor. Eine Eigenschaft, die viele unter Ihnen schätzen gelernt haben. Kurzum, einer/eine von Ihnen, der/die das Herz auf dem rechten Fleck trägt. Wer ist es?

Nun, Herr/Frau XY! Herzlichen Glückwunsch zu Ihrer neuen Position!

Wenn jemand auf dem Siegertreppchen steht, gibt es auch immer die Zweiten, Dritten und weiteren Platzierten. Neben den Freudentränen gibt es dann auch verstohlene Tränen. Wir wissen darum, wissen, dass auch diese Personen ihr Bestes gegeben haben und trotz ihrer Unermüdlichkeit heute nicht auf der obersten Stufe des Erfolgs stehen. Aber der beste Stürmer wird nicht zum Schuss kommen, wenn seine Hintermannschaft nicht die entsprechende Vorarbeit leistet. Sehen Sie es bitte als einen geglückten Torschuss an, der nur mit und durch Ihre tatkräftige Hilfe erfolgen konnte. Gesiegt hat die ganze Mannschaft. Deshalb bitte ich Sie, weiterhin Herrn/Frau XY auch in seiner/ihrer neuen Stellung zu unterstützen. Vielen Dank und einen Toast auf unsere(n) neue(n) stellvertretende(n) Geschäftsführer(in)!

Mensch	Ort	Sache	Ereignis
Dachdecker	Haus	Dank	Einweihung

Liebe Gäste,

jetzt komme ich zu einem Menschen, der als absolut schwindelfrei gilt. Gleichzeitig ist er ein Luftikus und doch kein Traumtänzer, obwohl er sich zwischen Himmel und Erde bewegt. Er wird in der Regel nach dem Richtfest tätig und arbeitet ohne Netz und doppelten Boden. Er ist derjenige, der einem ein Dach über den Kopf gibt. Nun wissen Sie, von wem ich rede – unserem Dachdecker, Herrn XY. Wenn anlässlich des Richtfestes beim Hausbau alle geehrt werden, geht er meistens leer aus, weil er noch nicht tätig gewesen ist. Das will ich nachholen, denn seine Arbeit ist nicht nur von der Tätigkeit her ganz oben angesiedelt, sondern auch von der Wichtigkeit. Spätestens dann, wenn das Dach undicht werden sollte, merken wir, dass die gesamte Substanz eines Hauses gefährdet wird. Mit anderen Worten ausgedrückt: Das sorgfältige Eindecken eines Daches und der stetig wachsame Blick des Eigentümers auf sein Dach gewährleistet, dass der Werterhalt des Besitzes gesichert bleibt.

Das ist Grund genug, Ihnen, Herr XY, zu danken und ihnen mit jedem Höhenflug eine allzeit sichere Landung zu wünschen.

Mensch	Ort	Sache	Ereignis
Ehemann	Haus	Glückwunsch	Geburtstag

Lieber XY,

exakt vor fünfzig Jahren hast du deinem Herzen Luft gemacht und bist mit lautem Geschrei zur Welt gekommen. Nach wie vor verschaffst du dir öfters Luft, aber jetzt, um dich fit zu halten – und das ohne jegliches Getöse. Unmerklich bist du fünfzig geworden. Du hast dich nicht nur körperlich jung und geistig frisch gehalten, sondern bist vor allem im Herzen jung geblieben. So, wie ich dich kenne, wirst du auch mit achtzig ein Jungbrunnen sein, auch wenn hier und da einige Lachfältchen dazugekommen sein werden. Die sind auch der sichtbare Ausdruck für deine Lebenseinstellung, nämlich keine Gelegenheit auszulassen, bei der gelacht und gescherzt werden kann. Um diese positive Lebenssicht wirst du von vielen beneidet. Auch ich gehöre dazu und trotzdem gönne ich es dir. Denn es macht das Leben neben und mit dir fröhlicher. Es ist einfach schön, dass es dich gibt. Ich freue mich schon auf deinen nächsten und die folgenden Geburtstage. Hoch, dreimal hoch lebe das Geburtstagskind, hoch, hoch, hoch!

Mensch	Ort	Sache	Ereignis
Emigranten	Gemeindesaal	Aufnahme	Krieg

Liebe XY,

der Krieg hat Sie hierhin verschlagen. Sie haben Ihre Heimat verlassen und alles zurücklassen müssen, was Ihnen lieb und wert war.

Wer das nicht selbst mitgemacht hat, wird kaum nachvollziehen können, welche Entbehrungen, Entwürdigungen, welch Elend und Not über Sie hinweggegangen sind.

Nach dem 2. Weltkrieg habe ich mir auch eine neue Heimat schaffen müssen. Aber im Unterschied zu Ihnen in einem Land, das meine Sprache sprach und das meine Nationalität hatte.

Sie hat es noch schlimmer getroffen, denn Sie sind nicht nur in einem fremden Land mit einer anderen Sprache, sondern auch in einer völlig anderen Kultur. Wir können Ihnen die Heimat nicht ersetzen, aber wir bieten Ihnen Sicherheit und Geborgenheit, bis in Ihrem eigenen Land wieder Friede herrscht. Anschließend braucht Ihr Land Sie wieder, um Aufbauarbeit zu leisten. Aber auch, um zu berichten, dass es andere Völker und Kulturen gibt, die bereit sind, Menschen, menschlich zu begegnen. Unabhängig davon, welchem Kulturkreis Sie angehören und welchen Glauben Sie vertreten. Nur wenn wir die Andersartigkeit der anderen Menschen zu verstehen suchen, werden wir in Frieden leben können. Wir sind bereit, Ihnen, die Sie unverschuldet in Not geraten sind, zu helfen. Dabei hoffen wir, dass Sie in ihr Land mit der Botschaft zurückkehren, dass ein friedliches Miteinander möglich ist. Wir müssen uns nur klarmachen, dass die tatsächlichen Geschehnisse in der Welt von jedem einzelnen Menschen anders gesehen werden. Die Welt ist, wie sie ist. Aber wir können unsere innere Landkarte von ihr verändern, wenn wir dazu bereit sind. Damit wächst die Bereitschaft, den anderen zu verstehen und mit friedlichen Mitteln Lösungen anzustreben. Diesen Frieden wünsche ich Ihnen.

Mensch	Ort	Sache	Ereignis
Feuerwehrmann	Gerätehaus	Neuaufnahme	Fest

Liebe Retter in höchster Not,
wenn der »rote Hahn« kräht, beginnt zuerst der Kampf mit der Zeit. Bevor unser Fest offiziell beginnt, darf ich euch ein neues Mitglied unserer Zunft vorstellen.

Es ist XY. Nach den ersten Tests haben wir festgestellt, dass er schwindelfrei, feuerfest und tatendurstig ist und auch nichts anbrennen lässt. Sein Bestreben ist, hoch hinaus zu wollen. Deshalb haben wir für ihn vorgesehen, dass er den Aufstieg, Sprosse um Sprosse, auf der Feuerwehrleiter trainieren kann. Oben angekommen, wird er einen guten Überblick über die jeweilige Lage haben. Im Übrigen kennt er sich auch sehr gut mit Lage- und Bauplänen aus, sodass er uns heiße Tipps für unsere Vorgehensweise geben kann, wenn es uns auf den Nägeln brennt.

Wir freuen uns, dass wir mit dir, lieber XY, tatkräftige Unterstützung bekommen.

Nun sollst du uns zum Einstieg auch beweisen, dass du in der Lage bist, einen Brand anständig zu löschen. Lasst uns gemeinsam die Gläser erheben, seinen Einstand und unser Fest feste feiern und das in uns wohnende Feuer ordentlich zum Zischen bringen. Prost!

Mensch	Ort	Sache	Ereignis
Klassenkameraden	Lokal	Wiedersehen	Klassentreffen

Liebe Freunde,
herzlich willkommen zu unserem Wiedersehen nach 20 Jahren! Einige von uns haben Fotos und Dias mitgebracht, sodass unserem Gedächtnis auf die Sprünge geholfen werden kann, wenn das heutige Aussehen so gar nicht mehr mit dem vor zwei Jahrzehnten übereinstimmt. Vielleicht ist es euch in den ersten Sekunden unseres Wiedersehens auch so ergangen, dass ihr beim Anblick der ehemali-

gen Weggefährten gedacht habt, »Donnerwetter, sie oder er ist aber alt geworden!« Wo sind denn Katharinas lange Zöpfe geblieben? Hatte Jutta damals wirklich rote Haare? Besaß Karl schon damals die lustigen Lachfältchen um die Augen herum? Dabei vergisst man, dass die anderen so ähnlich über einen selbst denken. Ist es nicht so? Besonders, wenn ich mich unter den Männern umschaue, stelle ich fest, dass ich nicht der Einzige bin, der Haare gelassen hat. Wie heißt es so schön zum Trost: »Da, wo die Haare weichen, machen sie dem Verstand Platz!« Das aber sind Äußerlichkeiten. Wirklich gespannt bin ich, von jedem Einzelnen zu erfahren, wie sein Lebensweg verlaufen ist. Ich schlage daher vor, dass jeder von uns, so wie es früher auch in der Schule war, in alphabetischer Reihenfolge für ca. drei Minuten eine Kurzfassung seines Lebens wiedergibt. Dreimal dürft ihr raten, wer wohl anfängt. Anschließend werden wir uns gemeinsam die Dias anschauen und uns danach zu denjenigen hinsetzen, die Fotos mitgebracht haben.

Gegen 20.00 Uhr werden wir uns an einem Buffet laben. Danach werden wir Oldies auflegen und unser Tanzbein wie zu alten Zeiten schwingen.

Ich wünsche uns einen »bemerkenswerten« Tag und noch viele solcher Treffs. Nun hast du, lieber Axel, das Wort.

Mensch	Ort	Sache	Ereignis
Eltern	Kindergarten	Dank	Einweihung

Liebe Mütter und Väter und solche, die es noch werden wollen, auch ich möchte mich dem Dank meiner Vorredner anschließen, der vor allem auch Ihrer Eigeninitiative gilt. Denn ohne Ihren beharrlichen Durchsetzungswillen hätten wir heute keinen Kindergarten einweihen können. All diejenigen Väter und Mütter, die es geschafft haben, die behördlichen Auflagen zu erfüllen, haben den Boden dafür bereitet, auch die Hürden des Lebens zu nehmen. Denn dieser Ort ist nicht nur ein Hort der Aufbewahrung, sondern die erste Station im Leben der Kinder, soziales Verhalten einzuüben. Mit dieser Einweihung ist nicht nur der Grundstein für dieses Gebäude, sondern auch der Grundstein für ein friedliches Miteinander gelegt worden. Die Familie ist die kleinste Zelle des Staates. Ist die Familie gesund, wird es der Staat auch sein. In Familie schließe ich auch die allein erziehenden Väter und Mütter mit ein, die sich die Messlatte der Verantwortung für das heranwachsende Leben besonders hoch gelegt haben. Ihnen gilt unser besonderer Respekt und unsere Fürsorge. Mit der gegenseitigen Achtung vor dem anderen leben wir unseren Kindern vor, was wir später von ihnen erwarten. Allein die Tatsache, dass dieser Kindergarten sich ausschließlich nach den Bedürfnissen und Anliegen unserer Kinder richtet, spricht für sich. Besonders erwähnenswert finde ich, dass dieser Kindergarten den christlichen Gedanken der Nächstenliebe richtig interpretiert. Nämlich, dass er nicht konfessionell gebunden, sondern multikulturell nach allen Seiten geöffnet ist. Er leistet damit einen wesentlichen Beitrag für die Völkerverständigung. Das ist doch wirklich eine Feier wert und meinen herzlichen Glückwunsch!

Mensch	Ort	Sache	Ereignis
Polizei	Bürgerhaus	Bürgernähe	Überfall

Liebe Bürgerinnen und Bürger dieser Stadt,

wir haben Sie in das Bürgerhaus eingeladen, um über Ihre Sicherheit auf den Straßen zu diskutieren. Die letzten Überfälle auf einzelne Bürger haben uns gezeigt, dass wir nicht rund um die Uhr an gefährdeten Stellen gegenwärtig sein können. Deshalb brauchen wir Ihre Unterstützung. Wir planen, mit Ihnen ein gemeinsames Vorgehen abzustimmen. Zusätzlich werden wir Ihnen Tipps geben, wie die gegenseitige Aufmerksamkeit bewusst geschärft werden kann, um bereits durch vorbeugende Maßnahmen Schaden abzuwenden. Dann werden wir Ihnen bewährte Regeln aufzeigen, wie Sie sich bei eingetretenen Notsituationen verhalten können. Gleichermaßen bringen Sie Ihre Ideen ein. Eine davon ist, dass sich diejenigen Bürger zusammenschließen, die Hunde besitzen und so eine Art Hundestaffel aufstellen wollen. Solche Ideen sind uns hochwillkommen und sollten in der anschließenden Diskussion behandelt werden. Jetzt kommt es erst einmal darauf an, Ihre Bereitschaft zu wecken, mit uns Hand in Hand zu arbeiten. Wir sind uns sehr wohl bewusst, dass Sie im weitesten Sinne unsere Arbeitgeber sind, und wollen Ihnen einfach gute Arbeit abliefern. Dazu aber brauchen wir Sie und Ihre praktischen Hinweise, um nicht nur über Bürgernähe zu reden, sondern sie zu praktizieren. Die Diskussion ist hiermit eröffnet.

Die Ausarbeitung

Stoff- und Materialsammlung

Eine gute Rede erfordert eine gute Vorbereitung, eine umfassende und sachgemäße Einarbeitung in das Thema. Vom älteren Cato (234–149 v. Chr. in Rom) stammt der Satz: »Beherrsche die Sache, dann folgen auch die Worte (*rem tene, verba sequentur*).«

Sorgfalt ist der Mörtel der Sicherheit

Die Vorbereitung einer Rede beginnt mit einer ungeordneten Stoffsammlung. Man kann zuerst einmal Gesichtspunkte zusammentragen, die einem spontan zum Thema einfallen. Im Fachjargon hat sich dafür der Begriff Brainstorming eingebürgert.

Auch können andere Menschen vielfältige Hilfe geben. Man kann bei ihnen durch Fragen Informationen einholen und sich Hinweise geben lassen. In einer betriebsinternen Rede etwa, die vom Chef anlässlich eines Mitarbeiterjubiläums gehalten werden soll, muss nicht nur über das Verhältnis des Mitarbeiters zu ihm, sondern es sollte auch über sein Verhältnis zu Kollegen oder vielleicht auch über den familiären Hintergrund gesprochen werden. Ein Vorgesetzter kann meist nur durch Nachfragen etwas darüber erfahren.

Man sollte sich ferner um direkte oder indirekte Hinweise auf die Person oder Sache, um die es geht, kümmern, etwa indem man Zeitungsartikel ausschneidet oder geeignete Zitate aufschreibt und sammelt. Rechtzeitig durchstöberte Zeitungen oder Zeitschriften leisten beim Aufbau einer Rede oft gute Dienste. Vielleicht ist es auch hilfreich, einmal in Bibliotheken, der Stadtbücherei oder in Archiven der regionalen Zeitungen nachzuschauen oder einfach regelmäßig in Büchern zu schmökern. Ganz anders kann derjenige vorgehen, der schon weiß, dass er zu bestimmten Themen häufiger vor Publikum sprechen wird. Er kann sich bei der Lektüre von Büchern, Zeitungen und Zeitschriften, nach Gesprächen oder anlässlich von Begebenheiten, die ihm zustoßen, Notizen machen. So entsteht mit der Zeit eine ganze Zettelkartei, aus der er – noch ungeordnet – relevante Meinungen, Argumente, Zitaten, Anekdoten usw. zusammenstellen kann.

Persönliche Anmerkungen signalisieren Wertschätzung

Wichtig ist ebenfalls, dass vom Redner eigene Stellungnahmen erwartet werden. Darum wird er in sich hineinhorchen und ergründen müssen, was er über das Thema denkt oder wie er (gefühlsmäßig) zu ihm steht. Dazu gehört auch, dass er sich mit dem Stoff bzw. der Person, über die er spricht, auseinander gesetzt hat. Bevor er eine Rede hält, sollte sich der Redner zu einem Urteil durchgerungen haben: Wo stehe ich in dieser Sache? Wie stehe ich zu dieser Person?

Wer oft im Streit mit einem Kollegen lebt, sollte nicht unbedingt eine Rede zu dessen Dienstjubiläum übernehmen. Kann er einer solchen Aufforderung nicht ausweichen, darf er nicht den Eindruck erwecken wollen, dass Harmonie zwischen ihm und dem Jubilar bestehe. Unglaubwürdigkeit tötet jede Rede und – im moralischen Sinn – auch jeden Redner. Nicht von ungefähr weiß der Volksmund davon zu berichten, dass nirgends so viel gelogen wird wie am Grab. Es kommt in solchen heiklen Fällen alles auf den Ton an. Vor allem sind Fairneß und Anstand gefordert.

Überzeugungsreden erfordern Bekenntnisse

Wer eine Rede hält und sich dabei mit einem kontroversen Sachverhalt auseinander setzen muss, kann sich nicht darauf beschränken, eine Zusammenstellung von nachweisbaren Fakten und objektiven Sätzen vorzutragen (das wäre dann eher ein Referat), er muss Stellung beziehen. Wer von einem Thema nicht berührt ist, wird darüber auch keine wirkungsvolle Rede halten können. Dennoch kann die Meinung des Redners gerade bei umstrittenen Themen nicht allein Maßstab sein. Er wird daher gut daran tun, die unterschiedlichen Argumente zu sammeln, sie nach positiven und negativen Gesichtspunkten zu ordnen und auch auf die Meinungen anderer einzugehen.

Zeitvorgaben beachten

Nach diesem gleichsam »unordentlichen Stadium« muss vor der Niederschrift der Rede ein Ordnungsprozess einsetzen, der mit dem Versuch anfängt, die entscheidenden Probleme und Argumente gegeneinander abzuwägen und zu sortieren. Dann muss überlegt werden, was wie und wo in der Rede gebraucht wird. Wichtig ist, sich darüber im Klaren zu sein, wie viel Zeit zur Verfügung steht. Es sind im Allgemeinen die zeitlichen Vorgaben, die bestimmen, mit welcher Ausführlichkeit der Redner sein Thema behandeln kann. Wie viel in einer Minute ausgesagt werden kann, wenn die Rede gut vorbereitet ist, zeigen die Kommentare im Fernsehen, die oft nicht länger als eine oder anderthalb Minuten dauern.

Wer eine Rede halten muss, sollte sein Thema wiederholt durchdenken. Wenn er Sätze ausformuliert, ist es vorteilhaft für die spätere Rede, sie mehrfach laut zu sprechen. Dabei ist es gut, treffende Formulierungen sofort festzuhalten, damit sie bei der endgültigen Ausformulierung am Schreibtisch noch parat sind. Beim freien Sprechen fallen den wenigsten Leuten besonders prägnante Formulierungen ein.

Zur Vorbereitung gehört auch die Beantwortung der Frage: Was werden die Zuhörer zu meinen Ausführungen sagen? Wie werden sie meine Gedanken aufnehmen? Die Beschäftigung mit derartigen Fragen kann eine harmonische »Abstimmung« zwischen dem Redner und den Zuhörern bewirken. Außerdem wird auf diese Weise verhindert, dass statt einer Rede eine »Schreibe« entsteht. Diese harmonische »Abstimmung« hat ihren Einfluss auf die Wortwahl (siehe dort), wie auf das Sympathiefeld, das zwischen dem Redenden und seinen Zuhörern hergestellt werden muss. Darum ist es für den Redenden wichtig, seinen Zuhörerkreis zu kennen. Er sollte sich bewusst sein, vor wem er spricht.

Zuhörer wollen unterhalten und informiert werden

Generell ist jedes falsche Pathos zu vermeiden. Der Zuhörer merkt sehr schnell, was an einer Rede echt oder falsch, was ehrlich gemeint ist oder was nur gesagt wird, um sich beliebt zu machen. Auch schulmeisterliches Gehabe dämpft im Allgemeinen die Sympathien des Publikums für den Redner und damit die Bereitschaft, ihm bei seinen Ausführungen mit der entsprechenden Aufmerksamkeit zu folgen. Wer erfolgreich sein will, darf sein Publikum von Anfang an nicht aus den Augen verlieren.

Reden bei bestimmten Anlässen

Bei den verschiedenen Redeanlässen müssen bestimmte Besonderheiten berücksichtigt werden, die auch in Bezug auf die Materialsammlung eine Rolle spielen. Zweckmäßigerweise teilt man Reden daher nach den Anlässen, bei denen sie gehalten werden, in drei große Gruppen ein: Reden bei privaten, bei beruflichen und bei öffentlichen Anlässen. Als Sonderfälle kommen hinzu: Reden am Grab und Begrüßungsreden anlässlich internationaler Kongresse.

Jeder Redeanlass erfordert eine maßgeschneiderte Ausarbeitung

Reden aus privatem Anlass

Eine Rede soll die Stimmung einer Gesellschaft nicht verderben, sondern heben. Viele Reden aber stimmen den Zuhörer eher nachdenklich als fröhlich. Das trifft vor allem bei Jubiläums- oder Gedächtnisreden zu. Der Grund liegt vielfach darin, dass sie vergangenheitsorientiert sind.

Es gibt aber z. B. auch noch für einen Sechzigjährigen oder für ein Paar, das seine goldene Hochzeit feiert, Jahre der Zukunft! Vieles liegt hinter den Jubilaren – aber doch längst nicht alles! Selbstverständlich sind Rückblicke sinnvoll, gut und richtig. Schließlich ist oft etwas Zurückliegendes der Anlass zur Feier. Trotzdem sollte der Redner darauf achten, dass seine Rede nicht zu einer trostlosen Rückschau auf die Vergangenheit wird, sondern heitere Zuversicht für die Zukunft ausstrahlt.

Eine private Festrede sollte aus folgenden Teilen bestehen:
- Anrede
- Anlass der Feier
- Dank für die Einladung oder für das Kommen der Gäste
- Herausstellen der zu ehrenden Person (bei einer großen Zahl von Gästen ist es sinnvoll, sich vorher zu vergewissern, wo die betreffende Person am Tisch sitzt oder wo sie gerade steht)
- Rückbesinnung (Was war damals, was ist heute?)
- Was kann oder mag die Zukunft bringen?
- Was wünschen wir?
- Was hoffen wir?
- Aufforderung zum Toast oder Abschluss mit einem Dank und guten Wünschen

Oft ist die Reihenfolge der Redner festgelegt. Darum ist eine Abstimmung mit demjenigen, der die Feier organisiert, notwendig, schon um zu wissen, wer vor oder nach einem selbst noch sprechen wird und eventuell worüber. Auch ist der Zeitpunkt einer Tischrede zu beachten: Üblicherweise – aber nicht immer – wird sie nach dem Vorgericht (bzw. der Suppe) und vor dem Hauptgericht gehalten. Allgemein gilt hier (wie auch sonst) der bekannte Satz: »In der Kürze liegt die Würze!«

Reden aus beruflichem Anlass

Fast alles, was über die private Rede gesagt wurde, gilt auch für die Rede, die aus einem beruflichen Anlass gehalten wird. Die Hemmung, die im Betrieb manche Kollegen oder Vorgesetzte haben, wenn sie anlässlich eines mehr oder weniger festlichen Ereignisses sprechen müssen, liegt u. a. oft darin begründet, dass sie glauben, zu wenige Faktoren für eine Rede beispielsweise über einen Jubilar zu besitzen. Sie kennen vielleicht seinen Ausbildungsgang, das Datum seines Firmeneintritts, seine mit dem Arbeitsplatz verbundenen Funktionen und Aufgaben, aber der Mensch selbst mit seinen Stärken und Schwä-

Versprechungen stehen auf dem Prüfstand – Phrasen demotivieren chen ist ihnen so gut wie unbekannt. Wer zu wenig über einen Jubilar weiß, könnte etwa bei dessen Mitarbeitern, Familie oder Freunden Erkundigungen einziehen und auf diese Art etwas mehr als die allseits bekannten Daten erfahren. Es gibt immer Menschen, Angehörige und Kollegen, die über Interessengebiete oder Hobbys Bescheid wissen. Und Fragen kostet nichts. Dennoch werden leider viel zu oft höchstens die Personaldaten und die bekannten Ereignisse im Betrieb erwähnt. Dabei warten viele Menschen bei einer solchen Rede auf ganz persönliche Worte ihres Vorgesetzten!

Solche Betriebsreden sind meistens nichts anderes als Feiertagsreden. Und die sind gefährlich! Denkt der Redner bei Jubiläums- oder Geburtstagsreden wirklich daran, dass am nächsten Tag in alter Weise weitergearbeitet werden muss? Gelten dann noch die Lobeshymnen, die er anlässlich des festlichen Ereignisses angestimmt hat? Groß sind die Enttäuschungen, wenn Mitarbeiter sich auf die netten Worte ihrer Vorgesetzten bei einer Feier oder aus Anlass eines Jubiläums verlassen haben und im Alltagsgeschäft dann den Eindruck vermittelt bekommen, dass doch alles nur »Gerede« war. Vorgesetzte sollten deshalb lieber nicht sagen, was nicht ehrlich gemeint ist.

Übertreibungen sind in der Regel immer unangebracht. Mit einer Ausnahme: In einer humorvollen oder lustigen Ansprache, bei der jeder klar erkennen kann, dass sie nicht in allen Einzelheiten ernst genommen werden will, kann ruhig auch übertrieben werden. Steht eine Festrede an, so darf sie überhaupt gern vergnüglich sein. Sie muss nicht unbedingt »zelebriert« werden. Die meisten Menschen lachen gern. Kleine Geschichten oder Anekdoten können dazu anregen. Heiterkeit bewirken oft auch auf die Person bezogene Zitate.

Reden in der Öffentlichkeit

Auch für Reden in der Öffentlichkeit gilt alles, was bisher von der privaten oder beruflichen Rede gesagt wurde. Öffentliche Reden sind in vielen Fällen Dankesreden, wie sie gerade im Vereinsleben einen festen Platz haben, wenn es zum Beispiel immer wieder um die Anerkennung ehrenamtlicher Tätigkeiten geht. Daneben treten die Reden aus Anlass eines Todesfalls. Sie sollen im Folgenden kurz skizziert werden.

Reden anlässlich eines Todesfalls

Bei der Rede anlässlich eines Todesfalls sollte die notwendige Kürze strikt eingehalten werden. Für die Vorbereitung können folgende Fragen hilfreich sein:

- Wie stand der Redner zu dem Toten?
- Was bedeutete der Verstorbene dem Redner, der Familie, der Firma?
- Was kann trösten?
- Wer kann helfen? Wie müsste Hilfe aussehen?
- Kann eine biblische Aussage angeführt werden? (Hier sollte man wahrhaftig sein – vor sich selbst, dem Toten und den Leidtragenden!)

Bei Trauerreden ist der Ton entscheidend

Es ist hierzulande üblich geworden, den Toten in einer Grabrede direkt anzureden. Man sollte sich jedoch fragen, ob es nicht besser ist, sich stattdessen an die Trauernden zu wenden. Sie sind zu trösten! Bei einer Trauerrede kommt alles auf den Ton an. *Wie* der Redner spricht, ist oftmals viel wichtiger als das, *was* er sagt.

Begrüßungs- und Empfangsreden bei internationalen Kongressen

Bei internationalen Kongressen, auf denen gedolmetscht wird, sollten Redner einige Besonderheiten berücksichtigen. Wird konsekutiv, also nicht simultan (gleichzeitig), sondern nacheinander, von einer Sprache in die andere übersetzt, muss die Rede in kurzen und klaren Sätzen formuliert sein. Wird in mehrere Sprachen übersetzt, dürfen die Redebeiträge nicht zu lang sein. Denn mit der Zahl der Übersetzungen erhöht sich die Dauer der Reden.

Findet die Begrüßung der Teilnehmer – aus welchen Gründen auch immer – erst am Ende eines Kongresses statt, ist zu berücksichtigen, dass vieles schon gesagt wurde. Wiederholungen sollte man nach Möglichkeit vermeiden!

Am Ende einer Begrüßungs- oder Schlussansprache darf *ein* Dank nicht vergessen werden: Viele Menschen haben zum Gelingen der Veranstaltung beigetragen. Ihnen ist die gebührende Anerkennung auszusprechen. Welche Personen im Einzelnen dabei herausgestellt werden, entscheidet sich von Fall zu Fall.

Wird eine Rede in einem Gastland gehalten, macht es einen guten Eindruck, mindestens den ersten oder letzten Satz in der Landessprache zu formulieren (Papst Johannes Paul II. geht hier mit gutem Beispiel voran).

Gliederung und Gestaltung

Die Einleitung

Jede Rede setzt sich zusammen aus einer Einleitung, einem Hauptteil und einem Schluss. Die Einleitung hat zwei wesentliche Aufgaben: Sie schlägt gleichsam die Brücke zwischen dem Redner und den Zuhörern und beantwortet – zumindest indirekt – die Frage, in welcher Beziehung der Redner zur Sache oder zur Person, über die er spricht, steht.

Schon mit den ersten Worten hat der Redner die Chance, seine Zuhörerschaft für sich einzunehmen. Er sollte die Möglichkeit nicht verspielen. Wer einen unmittelbaren Bezug zu seiner Hörerschaft, ein Sympathiefeld, nicht gleich herstellen kann, wird Mühe haben, sein Publikum zu überzeugen. Der Redner sollte deshalb seine ersten Sätze besonders genau überlegen. Am besten ist es, er hat sie bereits vorformuliert und auswendig gelernt, bevor er ans Rednerpult tritt. Gleiches gilt übrigens auch für den Schluss!

Die Einleitung soll Sympathie erzeugen

Anrede

Jede Rede beginnt mit einer Anrede. Der Redner muss sich dabei überlegen, wieviel Distanz oder Nähe er zum Publikum herstellen möchte. Normalfall ist die neutrale Anrede: »Meine Damen und Herren!« eventuell etwas emphatischer, nachdrücklicher: »Meine (sehr) verehrten Damen und Herren!« Anbiederungen und Brüskierungen sollten unter allen Umständen vermieden werden; sie wirken sich negativ auf die Aufmerksamkeit und das Wohlwollen des Publikums aus. Anreden wie »Liebe Freunde!« – wenn eine gewisse Vertrautheit oder gar Vertraulichkeit zwischen dem Redner und seinen Zuhörern besteht – oder »Hochverehrte Anwesende!« – bei entsprechender Distanziertheit – sind nicht grundsätzlich falsch, aber eben nur in bestimmten Situationen wirklich richtig. Selbst die Anrede »Meine Damen und Herren!« kann z. B. unter Verwandten oder Sportskameraden ein pikiertes Naserümpfen hervorrufen. Jeder legt schließlich auch Wert darauf, mit seinem korrekten Namen angesprochen zu werden.

Bei besonders formellen, offiziellen Anlässen sollte man sich über die protokollarische Reihenfolge und die korrekten Titel informieren, die den Ehrengästen (den Eminenzen, Exzellenzen, Würdenträgern aller Art) zukommen. Die Rangfolge ist für die oberste staatlich-politische Ebene genau festgelegt. Für die Reihenfolge der weiteren Ehrengäste gilt als Faustregel: Bundesebene vor Landesebene vor Kommunalebene, gewählte vor ernannten Amtsinhabern, geistliche vor weltlichen, amtierende vor ehemaligen Würdenträgern, erworbene Titel vor verliehenen.

Die Einstimmung der Zuhörer

Die Einleitung hat nicht nur die Aufgabe, die Zuhörer wohlwollend zu stimmen. Sie soll sie auch gespannt und aufnahmebereit machen. Deshalb muss der Redner in seiner Einleitung vor allem auch das Interesse der Angeredeten für das Thema wecken. Eine Rede kann mit einer humorvollen Anekdote eingeleitet werden. Diese sollte situationsbezogen auf den Kern der Sache, die Person oder einfach auf den Anlass hinlenken. Dagegen wirken alte Witze eher abschrekkend. Es bietet sich auch die Fragemethode an: Gezielte Fragen decken vielleicht sogar Widersprüchlichkeiten auf, provozieren und wecken die Aufmerksamkeit. Die Gegenüberstellung einander widersprechender Meinungen hat die gleiche Wirkung, ebenso eine zugespitzte These, ein überraschendes Schlaglicht auf einen sonst bekannten Sachverhalt – kurz alles, was neu oder frappierend oder spannend oder gar aufreizend ist. Persönliche Ansichten des Redners spielen für die Rede – auch für die Einleitung – zwar eine wichtige Rolle, aber es ist ungeschickt, sie gleich am Anfang zum Ausdruck zu bringen. Man kann damit schon frühzeitig der Rede die Spannung nehmen. Denn warum sollte das Publikum aufmerksam zuhören, wenn es von vornherein weiß, worauf die Ausführungen hinauslaufen?

Aufmerksamkeit wecken

Der Hauptteil

Wichtig für den Hauptteil ist eine klare und saubere Gliederung. Ein unsauber gegliederter Hauptteil öffnet Gedankensprüngen Tür und Tor, denen die Zuhörer nicht folgen können. Es sei daran erinnert, dass es hilfreich sein kann, die Gliederung am Anfang einer Rede kurz zu erläutern.

Bedenke das Ende!

Bei der Planung einer Rede lautet die entscheidende Frage: Was will ich mit meiner Rede erreichen? Welches Ziel habe ich mir gesteckt?

Die Gliederung ist das A und O

Wohin will ich meine Zuhörer führen? Erst vor ihrem Hintergrund bekommen die einzelnen Glieder einer Rede ihr Gewicht.

Der Hauptteil einer Rede könnte ungefähr so gegliedert sein.
- Zunächst wird eine Situationsschilderung oder Analyse der Lage gegeben
- Anschließend werden die widersprechenden Meinungen hierzu einander gegenübergestellt und nach ihren Vor- und Nachteilen bewertet
- Schließlich werden Lösungsmöglichkeiten dargelegt

(Näheres zu Gliederungsmöglichkeiten und Argumentationstechniken wird in den entsprechenden Kapiteln behandelt.)

Exkurs und Dialog

Weitschweifigkeit ermattet die Zuhörer. Deshalb muss ein guter Redner immer wieder zum roten Faden seiner Rede zurückkehren, Exkurse und Abschweifungen so in ihren Ablauf einbinden, dass der Zuhörer den Eindruck hat, als seien sie zwingende Teile eines Ganzen. Ebenso wichtig ist auch ein unterhaltsamer Vortragsstil. Der Redner soll nicht monologisieren, sondern die Rede durchaus auch mit dialogischen Elementen anreichern. Das geschieht z. B. durch den Einsatz rhetorischer Fragen, das Aufgreifen möglicher Einwände, den Einbau erfundener Dialoge, durch implizite (unausgesprochene) Aufforderungen zum Mitdenken oder deutliche Ermunterungen des Typs: »Stellen Sie sich einmal vor ...«, »Lassen Sie uns doch einmal den Gedanken weiterspinnen« u. a. Denn auch während des Hauptteils darf der eingangs hergestellte Kontakt des Redners zu seinen Zuhörern nicht abbrechen.

Dialogische Elemente beleben die Rede

Der Schlussteil

Ungeübte Redner vernachlässigen oft den Schluss ihrer Rede. Sie wollen schnell zum Ende kommen. Dabei heißt es nicht nur im Sprichwort: »Ein schöner Schluss ziert alles.« Tatsächlich besitzt ein überzeugend gestalteter Redeschluss eine nachhaltige Wirkung. Ein schlichter »Abgang« dagegen kann den ansonsten guten Eindruck einer Rede zerstören.

Im Schlussteil laufen die verschiedenen Fäden des Hauptteils zusammen. Das ist der Grund, warum bei der Vorbereitung der Rede

Der Schluss bleibt im Gedächtnis haften

das Ziel schon zu formulieren ist, bevor man sich an die Ausführungen im Hauptteil macht. Im Schlussteil kommt es darauf an, mit einprägsamen Formulierungen das Redeziel noch einmal in komprimierter, verdichteter und intensivierter, gesteigerter Form darzulegen und damit auch eine bestimmte Stimmung, bestimmte Gefühle unter den Zuhörern zu erzeugen.

Der Hörer soll im Übrigen von selbst merken, dass der Redner zum Schluss kommt. Den Schluss eigens anzukündigen (»Ich komme jetzt zum Schluss ...«) wirkt etwas hölzern. Dem Redner werden dann auch nur einige ganz knappe Sätze zugestanden, die nicht länger als zwei Minuten dauern sollten.

Es gibt mehrere Möglichkeiten, eine Rede abzuschließen. Dies kann z. B. geschehen durch
- eine Aufforderung zum Handeln;
- eine Zusammenfassung des Vorgetragenen;
- ein ausgewähltes Zitat, das die Meinung des Redners wiedergibt, z. B. eine Volksweisheit oder ein Dichterwort oder eine Sentenz, die man selbst prägt und in der der Kern der Rede zugespitzt ausgedrückt wird.

Der Schluss ist für das Gelingen einer Rede ebenso wichtig wie der Anfang. Mit ihm verabschiedet sich der Redner von seinem Publikum. Der letzte Satz sollte dem Hörer im Gedächtnis bleiben. Auch er sollte nicht vom Blatt abgelesen werden. Der Schluss geht mit ziemlicher Sicherheit unter, wenn man ihn erst kurz vor dem Verlassen des Rednerpults formuliert.

Am 11. März schloss Otto von Bismarck eine Rede, deren Inhalt heute fast niemandem mehr bekannt ist, mit folgenden Worten: »Setzen wir Deutschland in den Sattel! Reiten wird es schon können.« Ein gelungener Schlusssatz, der Eingang in die Geschichtsbücher und Zitatenschätze gefunden hat.

Wie man seine Rede gliedern kann

Reden können ganz unterschiedlich gegliedert werden. Wie man verfahren sollte, hängt davon ab, welche Redeart gefordert ist, welches Ziel man anstrebt und welche Redestrategie man verfolgen möchte. Nachfolgend sollen einige Gliederungstypen vorgestellt, an Beispielen verdeutlicht und im Anschluss zusammenfassend kommentiert werden.

Typ A:
1. Der Redner zielt auf das Wohlwollen seiner Zuhörer ab;
2. er spricht Gemeinsamkeiten mit dem Publikum an:
Beispiel:

»Meine Damen und Herren, (1) ich freue mich, dass es uns gelungen ist, zu diesem Gespräch eine Runde so hochkarätiger Experten ganz unterschiedlicher Fachrichtungen in unserem Hause zu versammeln. (2) Seit längerem haben Sie sich schon mit den Fragen beschäftigt, die uns allen so sehr auf den Nägeln brennen. Ich hege deshalb die berechtigte Hoffnung, dass wir nicht nur unsere Antworten diskutieren, sondern auch gemeinsam zu sinnvollen Lösungen kommen werden.«

Typ B:
1. Am Beginn der Rede steht eine rhetorische Frage.
2. Es folgt ihre Beantwortung.
Beispiel:

»(1) Haben Sie schon einmal bedacht, dass eine Fußgängerzone auch erhebliche Vorteile für den Einzelhandel haben könnte? (2) In einer Fußgängerzone werden die Menschen nämlich gemütlich durch die Innenstadt flanieren und mit Muße einen Schaufensterbummel machen können. Auf diese Weise gewinnt der Einzelhandel bestimmt mehr potenzielle Käufer, als er durch die autofreie Innenstadt jemals verlieren kann.«

Typ C:
1. Der Redner erinnert an die Vergangenheit,
2. beschreibt die Gegenwart,
3. malt die Zukunft aus.
Beispiel:

»(1) Bevor Herr H. bei uns anfing – 28 Jahre ist es her –, wurde von der Rechnung und dem Überweisungsträger bis zur Inventur und Jahresbilanz noch alles von Hand erstellt. (2) Seiner unermüdlichen Tatkraft und unzähligen Überstunden verdanken wir heute eine so leistungsstarke und solide elektronische Datenverarbeitung, dass wir sicher sein können: (3) Auch wenn Herr H. uns heute verlässt, wird das, was er aufgebaut hat, auch in Zukunft das organisatorische Rückgrat unserer Firmentätigkeit sein.«

Typ D:
1. Die Rede beginnt mit einer These.
2. Es folgt die Antithese und darauf
3. die Synthese.

   Beispiel:

   »(1) Die einen meinen, kreatives Marketing sei das einzig Wahre, um die Verkaufszahlen zu steigern. (2) Die anderen halten dagegen, dass es nicht auf das Marketing ankomme, sondern darauf, die Produkte ständig zu verbessern. (3) Ich aber sage Ihnen: Um die Verkaufszahlen zu steigern, kommt es auf ein kreatives Marketing für ständig verbesserte Produkte an!«

Typ E:
1. Der Redner weckt das Interesse an der Sache,
2. nennt sein Thema,
3. begründet dessen Notwendigkeit,
4. führt hierfür Beispiele an,
5. macht Lösungsvorschläge.

   Beispiel:

   »(1) Es gibt sehr verschiedene Arten zu fliegen. Die einen fliegen aus der Firma, die anderen auf Kosten der Firma. Weniger hochfliegend ist die Frage, (2) ob wir weiterhin bei Geschäftsreisen das Flugzeug bevorzugen sollten. (3) Dass die Kosten höher sind als beim Auto oder der Bahn, ist nichts Neues. Dass aber die Zeitersparnis gegenüber der Bahn in vielen Fällen unbedeutend geworden ist, verlangt ein neuerliches Nachdenken darüber, ob wir nicht Kosten einsparen können bei gleichem Nutzen. (4) Ich will es Ihnen am Beispiel einmal vorrechnen ... Andere Firmen haben sich bereits mit Erfolg für die Alternative »Dienstreise per Bahn« entschieden. (5) Ich schlage also vor, zunächst einmal bei Geschäftsreisen im Inland der Bahn generell den Vorzug zu geben und nur in Ausnahmefällen zu fliegen.«

Typ F:
1. Der Redner versucht das Wohlwollen seiner Zuhörer zu gewinnen,
2. schildert eine bestimmte Situation,
3. formuliert Ziele,
4. setzt sich mit gegnerischen Argumenten auseinander,
5. führt eigene Argumente ins Feld,

6. nimmt eine Gewichtung zu eigenen Gunsten vor,

7. appelliert an die Gefühle des Publikums,

8. macht einen Kompromissvorschlag.

Beispiel:

»(1) Es war kaum zu hoffen, dass alle Betroffenen sich zu einem Termin zusammenfinden, noch dazu kurz vor Weihnachten. Dass Sie *alle* hier erschienen sind, beweist doch ihr großes, persönliches Engagement. (2) Seit geraumer Zeit diskutieren wir die Notwendigkeit, Gebühren für unsere Beratungsgespräche einzuführen, um das drohende Defizit im Etat abzuwenden. An der Frage der Gebühren hängt, so gab uns der Vorstand des Trägervereins zu verstehen, unsere Existenz. (3) Wir müssen rasch zu einem einvernehmlichen Ergebnis kommen, um noch vor Jahresende dem Trägerverein unsere Haltung übermitteln zu können. (4) Wir wissen, dass die Arbeit im Mieterschutz von den allermeisten als soziale Aufgabe begriffen wird, die ihnen ihren hohen Einsatz erst sinnvoll erscheinen lässt, und sie sprechen sich demzufolge gegen die Einführung von Gebühren aus, die nur diejenigen treffen würden, die am dringendsten auf unsere Hilfe angewiesen seien. Darum solle der Trägerverein sich darum kümmern, neue Finanzquellen zu erschließen. (5) Ohne eine geeignete Finanzierung – darin stimmen wir überein – lässt sich jedoch keine Dienstleistung erbringen. Die Möglichkeiten des Trägervereins sind erschöpft, Sponsoren sind satzungsbedingt ausgeschlossen, die öffentlichen Hände sind leer und unsere Rücklagen aufgebraucht. (6) Wenn wir also unsere Arbeit weiterhin leisten können wollen, kommen wir um die Einführung von Gebühren nicht herum. Der Vorteil bestünde auch darin, dass wir dem Träger entgegenkommen und zugleich die soziale Verträglichkeit der Gebühren aushandeln könnten. (7) Bitte bedenken Sie bei Ihrer Entscheidung, dass 15 Jahre harter Arbeit, 15 Jahre Dienst gerade für die sozial Schwachen auf dem Spiel stehen. (8) Mein Vorschlag ist also: Ja zur Einführung von Gebühren – aber nur zusammen mit der Vorlage für eine sozial verträgliche Ausgestaltung der Gebührenordnung.«

Typ Versammlungsleitung:

1. Der Versammlungsleiter beginnt mit der Anrede,

2. erklärt die Veranstaltung für eröffnet,

3. begrüßt Teilnehmer und Gäste,

4. erläutert ggfs. wichtige Regularien,
5. erklärt den Eintritt in die Tagesordnung (und stellt ggfs. den Gastreferenten vor),
6. gibt ggfs. (technische) Hinweise,
7. erteilt dem ersten Redner das Wort.
8. Der Versammlungsleiter beginnt das Schlusswort zur Veranstaltung mit der Anrede,
9. dankt allen Rednern,
10. dankt allen Zuhörern und ggfs. allen Diskussionsteilnehmern,
11. fasst die Ergebnisse der Veranstaltung zusammen,
12. schließt die Versammlung.

Beispiel:

»(1) Meine Damen und Herren, (2) ich eröffne unsere jährliche Hauptversammlung und (3) begrüße Sie sehr herzlich. (4) Die Einladungen mit der Tagesordnung haben Sie hoffentlich rechtzeitig erreicht. Im Zentrum der Tagung steht ein Referat zum Thema X. Daran anschließend ist Ihnen Gelegenheit zu einer Aussprache oder zu Fragen gegeben. Bestehen noch Anträge zur Tagesordnung? Ich sehe, dass das nicht der Fall ist. (5) Also können wir in die Tagesordnung eintreten. Ich darf Ihnen Herrn Dr. XY vorstellen, einen herausragenden Marktforscher. (6) Zu seinem Referat finden Sie an Ihren Plätzen ein Thesenpapier und einige Graphiken. (7) Herr Dr. XY, ich darf Sie bitten, mit Ihren Ausführungen zu beginnen. –

(8) Meine Damen und Herren, (9) ich glaube, ich kann im Namen von Ihnen allen sprechen, wenn ich Ihnen, sehr verehrter Herr Dr. XY, für Ihre klaren, erhellenden und anregenden Ausführungen danke. (10) Aber auch Ihnen, meine Damen und Herren, sei Dank für Ihre Aufmerksamkeit. (11) Ich denke, wir können nun in die Diskussion eintreten, und bitte um Wortmeldungen. ... Als Resümee lässt sich also sagen: ... (12) Wenn nun keine Fragen und Wünsche mehr bestehen, schließe ich hiermit unsere Versammlung und wünsche Ihnen allen eine angenehme Heimreise.«

Einige Bemerkungen zu den Gliederungen

1. Die zwei- und dreiteiligen Gliederungsschemata eignen sich, wie man leicht erkennen kann, besonders zur Strukturierung eines kürzeren Redebeitrags im Rahmen einer Diskussion, einer Versammlung oder eines Gesprächs.

2. Freilich kann man auf ihnen auch große Reden aufbauen – auf Typ A z. B. die Begrüßung zur Vereinsweihnachtsfeier, auf Typ B etwa eine Dankesrede oder auf Typ C eine Festrede zu einem Jubiläum.

3. Informationsreden, soweit es sich um Vorträge oder Referate im strengen Sinne handelt, werden durch diese Schemata nicht ausreichend erfasst. Ihre Form ergibt sich noch weit stärker aus dem Inhalt. Jedoch können die Typen C und D als Orientierungshilfe dienen.

4. Andererseits stecken die zwei- und dreiteiligen Schemata als Binnenstruktur in jeder größeren Rede – Typ A in den meisten Einleitungen, Typ B in ganz unterschiedlichen Teilen der Rede (z. B. in Typ F, Nr. 3 Formulierung von Zielen), Typ C in den Teilen, in denen eine Situation geschildert oder Beispiele angeführt werden, Typ D schließlich überall dort, wo argumentiert wird, wo um eine Kompromisslösung gerungen wird.

5. Nach den Typen E und F gliedern sich Überzeugungsreden mit strittigen Themen und argumentativem Einschlag. Dabei ist Typ E das variabelste, wandlungsfähigste Schema (siehe unten). Typ F ist das Muster der klassischen Rhetorik, wobei es durchaus möglich ist, die Punkte 2 und 3 sowie 4 und 5 miteinander zu vertauschen, falls es von Vorteil zu sein scheint. Auch muss am Ende kein Kompromissvorschlag stehen. Die Punkte 7 und 8 können ebenso gut einen Schlussteil bilden, wie er weiter oben beschrieben wurde.

Der Fünfsatz und seine Varianten

Überzeugungsreden werden oft nach dem Modell des Fünfsatzes strukturiert. Im Fünfsatz werden Einleitung, Hauptteil und Schluss in einen logischen Bezug gebracht, der eine Disposition und Verarbeitung des Stoffs leicht macht, weil nicht nur ein bequemes und bewährtes Gerüst zugrunde liegt, sondern auch eine Anpassung an ganz verschiedene Redeabsichten möglich ist. Die folgenden Beispielschemata sollen dabei als Anregung dienen. Es ist nicht unbedingt sinnvoll, solche Schemata als starre Schablonen zu handhaben. Wer eine Rede verfassen muss, kann sich – ganz nach seinen Bedürfnissen – eine individuelle Form des Fünfsatzes konstruieren.

Beispiele:

Konstruieren Sie Ihren eigenen Fünfsatz

Fünfsatz in Gestalt einer Kette:

1. Der Vorschlag von X sieht so aus ...

2. Ich meine dagegen ...

3. Wir sollten darum überlegen ...
4. Das hätte zur Folge ...
5. Darum lassen Sie uns ...

Fünfsatz in Gestalt eines dialektischen Aufbaus:

1. Tatsache ist ...
2. A sieht die Sache so ...
3. B dagegen ist anderer Ansicht ...
4. Bei einer Gegenüberstellung und einem Vergleich der Ansichten glaube ich ...
5. Darum sollten wir ...

Oder:

1. Es wird der allgemeine Standpunkt formuliert ...
2. Die eigenen Überlegungen lauten ...
3. Dazu gibt es Gegenpositionen ...
4. Abwägen des Pro und Kontras
5. Aufruf zur Entscheidung, zum Handeln

Fünfsatz in Gestalt eines Kompromisses:

1. A ist der Meinung ...
2. B meint dagegen ...
3. Das Gemeinsame beider Meinungen ist für mich ...
4. Daraus lässt sich folgender Kompromiss formulieren ...
5. Das könnte die Basis für zukünftiges Handeln sein.

Zusammenfassung

Stoffsammlung und Konzeptionshilfen für die Ausarbeitung einer Rede

Systematik gibt Sicherheit

Jede rednerische Aufgabe unterliegt Eigengesetzlichkeiten

Wenn man Rat einholt, haben Pläne Erfolg

Alle Empfehlungen sind Wegweiser für den rednerischen Erfolg. Dabei ist es egal, ob die Ausarbeitung für den eigenen Gebrauch oder für andere erfolgt. Der Stil muss immer zur Individualität des Redners, die Rolle zur Person passen. Der gewünschte Erfolg kann geplant, jedoch nicht garantiert werden. Realität ist die Resonanz der Zuhörer. Zurückhaltung am Anfang schließt Zustimmung am Ende nicht aus. Wer Pech hat, erlebt es umgekehrt, besonders bei heiklen Themen. Bringen Redner einhellige Meinungen gekonnt auf den Punkt, ist ihnen entsprechender Applaus sicher. Je gründlicher die Vorbereitung, umso besser gelingt die Meisterung aller Situationen. Es gibt keine Patentrezepte, aber viele patente Rezepte.

Vorbereitung	o. k.
1. Mit dem Thema beschäftigen und Quellen nutzen Fachleute – Literatur – Internet	
2. Grobe Gliederung erstellen	
3. Konzeption mit involvierten Personen diskutieren und abstimmen	
4. Substanz ergänzen oder selektieren	
5. Aktuelle Ereignisse und Zitate einbauen	
6. Rede dem Zeitrahmen anpassen	
7. Gut lesbares Manuskript fertigen, Zungenbrecher gesperrt schreiben (Elektronenzephalographie)	
Aussprache von Fremdwörtern phonetisch dazuschreiben: Déjà-vu-Erlebnis – deschawü	
8. Üben, feilen, optimieren Wortwahl – Stimme – Pausentechnik Mimik – Gestik – Blickverbindung	

Konzeptionshilfen

Nutzen Sie folgende Möglichkeiten, die Zuhörer für sich einzunehmen und für Ihr Anliegen zu gewinnen:

	o.k.
1. Sprechen Sie Gemeinsamkeiten an, die verbinden und solidarisieren.	○
2. Erwähnen Sie besondere Verdienste, Erfahrungen und Vorhaben verdienter Personen.	○
3. Zeigen Sie Verständnis für Frauen, Männer, Kinder, Jugendliche, Senioren, Randgruppen, Besonderheiten und Eigenheiten.	○
4. Schlagen Sie Brücken zur Politik, Umwelt, Region, Religion, Kultur, zum Sport, Tierschutz, Wetter etc.	○
5. Stellen Sie Beziehungen zu aktuellen Ereignissen und Vorhaben her.	○
6. Berücksichtigen Sie die Vergangenheit, Gegenwart und Zukunft.	○
7. Bringen Sie Gleichnisse und erzählen Sie passende Anekdoten.	○
8. Bauen Sie philosophische, technische, gesundheitliche, modische, finanzielle und fiskalische Hinweise ein, die Ihre Aussagen und Forderungen untermauern und von den Zuhörern als unterhaltsam und hilfreich empfunden werden.	○

Identifikation weckt Interesse

Würdigung weckt Wohlwollen

Akzeptanz durch Aktualität

Zustimmung durch Stimmung

Von Goethe stammt der Hinweis: »Es liegt nun mal in der menschlichen Natur, dass sie leicht erschlafft, wenn persönliche Vor- oder Nachteile sie nicht nötigen.« Diese Erkenntnis ist zeitlos gültig.

Beweisführung und Argumentation

Die Beweisführung

In der Logik unterscheidet man den apodiktischen Beweis vom relativen. Der apodiktische Beweis duldet keinen Widerspruch. Urkunden und Schriftstücke, die als echt anerkannt sind, Fingerabdrücke, Naturgesetze usw. besitzen unumstößliche Beweiskraft. Bei der relativen Beweisführung hängt alles von der Überzeugungskraft des Redners ab. Letztlich aber ist es in das Ermessen der Zuhörer gestellt, ob sie den Beweis akzeptieren oder ablehnen wollen.

Induktion und Deduktion

Die Beweisführung kann auf zweierlei Art erfolgen: nach der induktiven oder deduktiven Methode. Bei der Induktion wird vom Besonderen auf das Allgemeine geschlossen, von einer möglichst großen Zahl von Einzelbeobachtungen auf eine allgemeine Gesetzmäßigkeit. Sie ist das klassische Beweisverfahren der Naturwissenschaften. Bei der Deduktion schließt man vom Allgemeinen auf das Besondere. Hierzu gibt es wiederum zwei Verfahren: den Bedingungssatzschluss und den Syllogismus. Beim ersteren wird erst eine hinreichende (»immer wenn«), notwendige (»nur wenn«) oder eine notwendige *und* hinreichende (»genau dann, wenn«) Bedingung aufgestellt, dann ihre Folge genannt und endlich auf den konkreten Fall angewendet: »Wenn a, dann b; nun aber a, also b.«

Beispiele für zwingende Schlüsse:

1. Immer wenn es regnet, wird die Straße nass; nun regnet es, also wird sie nass.
2. Immer wenn es regnet, wird die Straße nass; nun ist die Straße trocken, also regnet es nicht.
3. Nur wenn es kalt ist, schneit es; nun schneit es, also ist es kalt.
4. Nur wenn es kalt ist, schneit es; nun ist es nicht kalt, also schneit es nicht.
5. Genau dann, wenn Eiweiß gekocht wird, wird es hart; nun wird es gekocht, also wird es hart (bzw. nun wird es hart, also wird es gekocht).
6. Genau dann, wenn Eiweiß gekocht wird, wird es hart; nun wird es nicht hart, also wird es nicht gekocht (bzw. nun wird es nicht gekocht, also wird es nicht hart).

Beispiele für nur wahrscheinliche, aber nicht zwingende Schlüsse:

1. Immer wenn es regnet, wird die Straße nass; nun ist die Straße nass, also regnet es (möglicherweise).
2. Immer wenn es regnet, wird die Straße nass; nun regnet es nicht, also ist die Straße (wahrscheinlich) nicht nass.
3. Nur wenn es kalt ist, schneit es; nun ist es kalt, also schneit es (möglicherweise).

Der *Syllogismus* hingegen besteht aus einem Obersatz, einem Untersatz und einem Schlussatz. Aus zwei Prämissen wird eine Schlussfolgerung gezogen:

Alle Menschen sind sterblich.	M ist P
Sokrates ist ein Mensch.	S ist M
Also ist Sokrates sterblich.	S ist P

Als Faustregel gilt: Der Mittelbegriff (M), der in beiden Prämissen auftaucht, erscheint nicht mehr in der Schlussfolgerung. Diese wird nur aus den beiden anderen Elementen gebildet. Dasjenige, worüber die Schlussfolgerung etwas aussagt, ist das, was in der zweiten Prämisse *nicht* Mittelbegriff ist (im Beispiel also: Sokrates). Dieses Verfahren wurde schon in der Antike zu einem komplexen System ausgebaut und daraufhin untersucht, welche Schlussfolgerungen erlaubt und welche nicht erlaubt und falsch sind. Das aber kann hier nicht weiter behandelt werden.

Jedes dieser Beweisverfahren in seiner rein logischen Form ist überaus nützlich für die Anordnung der Argumente in einer Rede, vor allem wenn es darauf ankommt, dass sie auch logisch »wasserdicht« und nicht nur rhetorisch überzeugend sein sollen. Doch sollte man bei der Formulierung der Rede berücksichtigen, wieviel (meist etwas trockene) Logik man seinen Zuhörern zumuten kann. Es gibt einige Gedankenfiguren, die helfen, die Kette der Beweisführung abwechslungsreich zu gestalten, ohne dass dabei ihre Folgerichtigkeit verloren gehen muss.

Im Übrigen kommt man mit deduktiven Beweisen gemeinhin schneller ans Ziel, vor allem dann, wenn man auf Prämissen und Bedingungen zurückgreifen kann, die voraussichtlich von niemanden in Frage gestellt werden (können). Dabei besteht die Gefahr jedoch

Logische Beweisverfahren immer mit Bedacht einsetzen

darin, dass der Redner leicht ins Dozieren kommt – eine schlechte Voraussetzung für das Gelingen seiner Rede. Wesentlich unterhaltsamer, ja fesselnder kann der induktive Weg sein, nämlich genau dann, wenn der Redner von gut ausgewählten Beispielen aus zu seinen Schlussfolgerungen kommt. Indes entscheidet über die Art der Beweisführung ganz allgemein: a) das, was man beweisen will; b) die Absicht, die man mit der Rede verfolgt; c) die vermutliche Aufnahmefähigkeit der Zuhörer. Letztere kann der Redner erhöhen, indem er darauf achtet, dass die Zuhörer der Sache nicht nur passiv folgen können, sondern auch aktiv zum Mitdenken animiert werden.

Der Aufbau der Argumentationskette

Beim Aufbau der Argumentationskette sollte dem Redner immer bewusst sein, dass es sehr schwer ist, Zuhörer, die sich während der Rede eine ablehnende Meinung gebildet haben, wieder auf die eigene Linie einzuschwören. Wer eine Meinung gefasst hat, ändert sie nicht ohne zwingende Gründe. Dies muss natürlich auch jeder berücksichtigen, der weiß, dass er von Anfang an gegen die bei seinen Zuhörern vorherrschende Meinung argumentiert.

Anordnung der Argumente

Wie ordnet man seine Argumente am günstigsten? Teilt man die Argumente in schlagkräftige, mittelstarke und schwache ein, sollte man in seinen Ausführungen mit einem schlagkräftigen Argument beginnen, allerdings nicht mit dem besten, denn einerseits muss man die Aufmerksamkeit der Zuhörer von Anfang an für sich gewinnen, darf aber andererseits dabei sein Pulver nicht gleich verschießen. Danach können die mittelstarken und schwachen Argumente folgen, die nun an Überzeugungskraft gewinnen, weil sie die anfangs bezogene Position und das erste, starke Argument zu bestätigen und zu differenzieren scheinen. Den Schluss jedoch müssen die schlagkräftigsten und überzeugendsten Argumente bilden. Denn gerade diese sollen und werden die Zuhörer im Gedächtnis behalten. Generell gilt, dass Argumentation und Beweisführung auf den Zuhörerkreis zugeschnitten und auf den Zeitpunkt, zu dem man die Rede hält, ausgerichtet sein müssen.

Die Wortwahl

Die Möglichkeiten der gesprochenen Sprache sind beinahe unbegrenzt. Sprache ist kein starres System von grammatikalischen Regeln und lexikalisierten Bedeutungen. Sie beruht vielmehr auf Konventionen, auf der Übereinkunft, was man wie ausdrücken kann, und diese Konventionen beruhen ihrerseits auf bestimmten Spielregeln, die man einhalten muss, wenn man mit seinen Mitmenschen das »Sprachspiel« erfolgreich spielen will. Da das Ziel dieses Spiels die wechselseitige Verständigung ist, empfiehlt es sich, die Konventionen einzuhalten und sie nur dort zu brechen, wo es aus der Sache heraus zwingend notwendig ist, und nur dort neue Wege einzuschlagen, wo sich ein bestimmtes Ziel damit verfolgen lässt. Ein Redner muss dabei aber darauf achten, dass seine Zuhörer ihm auf diesem neuen Weg folgen können, sonst läuft er Gefahr, nicht verstanden zu werden.

Sprachliche Verständigung beruht auf Konventionen

Dass im Deutschen ein Tisch ›Tisch‹ heißt, beruht nicht darauf, dass der Gegenstand natürlicherweise so heißen müsste (die Engländer, Polen usw. haben andere Wörter dafür), und auch nicht darauf, dass es so im Duden steht. Der Tisch heißt im Deutschen ›Tisch‹, weil man sich darauf verständigt hat, ihn ›Tisch‹ zu nennen. Wenn irgendjemand stattdessen »Sodumir« dazu sagen wollte, würde ihn niemand verstehen. Kann er aber einige Leute davon überzeugen, dass »Sodumir« das viel treffendere Wort ist, und wird »Sodumir« lange genug für Tisch gebraucht, kann daraus eine Konvention werden, die irgendwann einmal sogar ins Wörterbuch Eingang findet.

»Dies ist ein Tisch!«, sagt A. – »Ja, und?«, antwortet B, der die Füße auf den Tisch gelegt hat. – Selbstverständlich weiß B, dass der Tisch, auf den er seine Füße gelegt hat, ein Tisch ist. B. verbindet aber mit dem Wort ›Tisch‹ nicht, was für A ganz selbstverständlich zur Bedeutung von ›Tisch‹ gehört, nämlich dass man seine Füße nicht auf denselben legt. Für A reicht es in der gegebenen Situation völlig aus, die Aufforderung »Nimm deine Füße vom Tisch!« in den indirekten, übertragen gemeinten Satz zu kleiden: »Dies ist ein Tisch!« Nur hat A nicht damit gerechnet, dass B diese Übereinkunft nicht kennen könnte. Um sein Ziel zu erreichen, muss A in diesem Falle auf eine präzisere Formulierung zurückgreifen, muss, statt elegant zu umschreiben, die Sache bei ihrem eigentlichen Namen nennen: »Nimm die Füße vom Tisch!« Erst jetzt versteht B, was A sagen wollte.

A zieht aus dieser Erfahrung natürlich seine Konsequenzen. Bei ähnlicher Gelegenheit sagt A: »Nimm die Füße vom Stuhl!« – Frau C erwidert: »Erlauben Sie mal! Erstens mögen Sie ja Recht haben. Zweitens sind wir nicht per Du. Drittens könnten Sie wenigstens »Bitte« sagen. Und viertens: Haben Sie mal meine Krampfadern!«

Die Sprache der Situation anpassen

Das Beispiel zeigt, dass die richtige Wortwahl dreierlei umfasst: Angemessenheit, Sprachrichtigkeit und Deutlichkeit des Ausdrucks. Welche Wortwahl für eine Rede angemessen ist, hängt zunächst von einer Reihe äußerer Umstände ab.

1. Der Ort

Zu berücksichtigen sind z. B. die akustischen Verhältnisse und die mögliche Zahl der Zuhörer: Je schlechter die Akustik und je größer die Zahl der Zuhörer, desto klarer, prägnanter und eindeutiger muss formuliert werden. Zu beachten ist auch die Atmosphäre des Raumes, da sie die Erwartungshaltung des Publikums mitbestimmt: Dieselben Zuhörer erwarten in einem barocken Theater ggf. geistvollere Formulierungen als in einem nüchternen Kongresszentrum. Derselbe Inhalt einer Trauerrede verlangt am Grabe eine andere Einkleidung als beim Kaffeetrinken nach der Bestattung.

2. Der Zeitpunkt

Ist die Zeit für eine Entscheidung reif, wird der Redner ggf. seinen Standpunkt aggressiver vertreten, als wenn das Thema noch in der Diskussion ist. Steht sein Name als erster auf der Rednerliste, wird er anders formulieren, als wenn er als Letzter spricht. Im ersten Fall kommt ihm die Rolle zu, das Eis zu brechen, die Stimmungslage zu sondieren, das Klima zu bestimmen; im zweiten Fall wird er darauf achten, nicht noch einmal die hundertfach bemühten Formulierungen seiner Vorredner zu wiederholen, auch wenn er zur Sache nichts Neues zu sagen hat.

3. Die Zuhörer

Fluchtpunkt einer Rede ist stets das Auditorium. Ein Redner muss – nicht nur bei der Wortwahl – versuchen, von den Zuhörern her zu denken. Er darf sie weder über- noch unterfordern. Er muss, um mit Luther zu sprechen, »dem Volk aufs Maul schauen«. Danach entscheidet sich, inwieweit Fremdwörter, Fachausdrücke, umgangssprachliche oder gehobene Wendungen, eine metaphernreiche oder sachliche Ausdrucksweise angemessen sind.

4. Die Person des Redners

Dem Volk »aufs Maul zu schauen« kann nicht heißen, ihm in der Wortwahl blind nachzueifern. Ein Redner ist kein Chamäleon. Zwar wird er sich sprachlich seinen Zuhörern anpassen, aber nur so weit, wie es seine Persönlichkeit, sein Alter, sein Temperament, seine Stellung usw. zulassen. Das ist eine Frage der Glaubwürdigkeit. Ein älterer, bedächtiger Herr wird nicht ungestraft ausschließlich einen jugendlichen Jargon benutzen: Man wird ihm dies als Anbiederung auslegen. Andererseits sollte derselbe Herr aber steife, allzu bedächtige oder gar schwerfällige Formulierungen meiden und evtl. – gewissermaßen in Anführungszeichen und beiläufig – einzelne jugendsprachliche Wendungen in seine Rede einstreuen, um seinen jungen Zuhörern zu verstehen zu geben, dass ihm auch ihre Sprache und Gedankenwelt durchaus vertraut ist.

5. Das Thema

Die Wortwahl muss dem Thema angemessen sein. Sie muss sicherstellen, dass die angesprochenen Dinge treffend, prägnant und anschaulich bezeichnet werden. Von der richtigen Wortwahl hängt es ab, ob eine Rede ihre beabsichtigte Wirkung beim Publikum erzielt oder nicht.

Bei der Wortwahl sollte der Redner auf die innere Angemessenheit der Wörter achten und sich stets fragen, ob dieses Wort oder jene Wortfügung in den Gesamtstil seiner Rede passt. Spricht er schlicht und sachlich über die Entwicklung des Luftverkehrs, wirkt es eher lächerlich, wenn er sich über die »hocherhabene Weite des Himmelszeltes« auslässt.

Als Stilbruch wirkt ebenfalls, wenn man in einer hochsprachlichen Rede unversehens in den Dialekt wechselt, in einer sonst humorvollen Rede für einen Halbsatz ins »Fachchinesische« verfällt, bei einer feierlichen Laudatio unnötig kalauert usw. Stilbrüche reizen zum Lachen. Insofern kann man sie natürlich unter Umständen gezielt einsetzen. Aber nichts ist schlimmer, als unabsichtliche Stilbrüche, insbesondere dann, wenn sie gehäuft unterlaufen. Schnell zieht der Zuhörer daraus negative Rückschlüsse ganz allgemeiner Art, und der Redner macht sich lächerlich.

Wortwahl und Satzbau müssen sprachlich korrekt sein, müssen den Konventionen folgen. Die Sprache des Redners sollte logisch folgerichtig sein und dem allgemein Üblichen entsprechen. Wenn sie davon abweicht, sollte dies bekannt sein – also beispielsweise von einem Dichter her. Unabdingbar ist, dass die Zuhörer nicht lange überlegen müssen, was der Vortragende denn gemeint haben könnte. Sie sollten auch nicht durch sprachliche Unzulänglichkeiten des Redners vom Inhalt der Rede abgelenkt werden.

Und dennoch sind neue Wortschöpfungen (Neologismen) und Wendungen, die ad hoc, also im Moment, für den Augenblick, gebildet werden, nicht nur möglich, sondern bisweilen sehr effektvoll. Sie können gerade wegen ihrer Neuheit sehr einprägsam sein. Wer nur ausgetretene Pfade benutzt, hinterlässt keine Spuren. Doch ist

Effekthascherei vermeiden!

Vorsicht geboten! Neologismen und Ad-hoc-Bildungen müssen sich aus den genannten Gründen dem Zuhörer sofort erschließen, treffend gewählt und sprachlich logisch sein. Außerdem ist stets zu überlegen, ob dergleichen wirklich nötig ist, ob es der Sache nützt. Überflüssige und übermäßig gebrauchte Neologismen wirken künstlich, werden als Effekthascherei entlarvt und können der Seriosität des Redners abträglich sein.

Ein Redner sollte sich um die größtmögliche Präzision im Ausdruck bemühen, auch aus sprachökonomischen Gründen. Der präzise Begriff (»Gartenlaube« statt »Haus [in einer Kleingartenkolonie]«) oder der treffende bildliche Ausdruck, die Metapher (»Er ist das *Zugpferd* des Unternehmens.«), ersparen langwierige, umständliche und ermüdende Umschreibungen. Bilder und Metaphern dienen dem Vergleich, bei dem nicht immer eindeutig ist, worauf er letztendlich abhebt. Deshalb muss das Bild in allen wesentlichen Punkten mit der Realität, die eigentlich gemeint ist, übereinstimmen – und, um Peinlichkeiten zu vermeiden, auch in den weniger wesentlichen.

Fremdwörter und Fachausdrücke sparsam einsetzen

Fremdwörter und Fachausdrücke können helfen, »die Sache auf den Punkt zu bringen«, wo im Deutschen kein vergleichbar präziser Ausdruck zur Verfügung steht. Sie können aber auch mehr vernebeln als erhellen. Selten gebrauchte Fremdwörter sollte man meiden oder aber beiläufig übersetzen bzw. erklären. (Letzteres ist geeignet, die eigene Autorität, den eigenen Sachverstand unter Beweis zu stellen, ohne sich dabei allzu penetrant und lehrmeisterlich in Szene zu setzen.) Dasselbe gilt für Fachausdrücke, wenn die Zuhörer nicht Fachleute sind.

Sprachliche Präzision wird auch dadurch erreicht, dass zentrale Begriffe nicht in unterschiedlichen Bedeutungen in derselben Rede verwendet werden. Andernfalls kann dies Verwirrung beim Publikum hervorrufen, das möglicherweise sogar mit Unmutsäußerungen reagiert. Dem Zuhörer ist schließlich nicht wie dem Leser eines Textes die Möglichkeit gegeben, im Zweifelsfall zurückzublättern, wenn er Verständnisschwierigkeiten hat.

Überhaupt sollte sich jeder Redner um eine gewisse Einfachheit (nicht Einfältigkeit!) bemühen. Der Zuhörer kann seinen Ausführungen dann leichter folgen. Warum kompliziert, wenn es auch einfach geht? Einfache Satzkonstruktionen erhöhen die Deutlichkeit und Durchsichtigkeit einer Rede. Schachtelsätze bewirken das Gegenteil.

Einfacher Satzbau erleichtert das Verständnis

Es ist nicht empfehlenswert, die größtmögliche Menge an Informationen in die kürzestmögliche sprachliche Form zu drängen. Zum einen muss der Zuhörer, der mit der vorgetragenen Sache weniger vertraut ist als der Redner, Zeit haben, die Fülle der dargelegten Informationen geistig zu verarbeiten. Zum anderen verführt das Streben nach Kürze dazu, in den Nominalstil zu fallen, bei dem sich Substantive (Hauptwörter) und Adjektive (Eigenschaftswörter) mit substantivierten Verben zu schwerfälligen Satzungetümen, wie sie z. B. im Beamtendeutsch vorherrschen, zusammenballen. Eine gute Rede zeichnet sich durch Verben aus, die selbst aussagekräftig sind. »Haben«, »sein«, »machen« sagen nichts und beherrschen doch den Nominalstil. Das folgende Beispiel soll nicht nur vor dem Nominalstil warnen, sondern auch zeigen, wie man dieselben Informationen stilistisch ganz unterschiedlich ausdrücken kann.

Nominalstil ist wenig aussagekräftig

»Das individuelle Wohlbefinden der Mitarbeiter hat zur Grundbedingung die Schaffung und Erhaltung sicherer Arbeitsplätze sowie die Gewährleistung verträglicher Arbeitsbedingungen.« – Besser: »Unsere Mitarbeiter sollen sich wohl fühlen [denn nur so können sie auch etwas leisten]. Das setzt voraus, dass ihre Arbeitsplätze sicher, die Aufgaben interessant und die Arbeitsbedingungen gut sind. Dafür wollen wir sorgen.«

Aus Gründen der Ökonomie ist es erforderlich, eine Rede von allem überflüssigen sprachlichen Ballast zu befreien. Doch gibt es auch Ballast, den man nicht über Bord werfen sollte. Tautologien wie ein »weißer Schimmel« oder ein »schwarzer Rappe« gehören zum Überflüssigen: Ein Schimmel ist immer weiß, ein Rappe immer schwarz.

Um wie viel gewichtiger dagegen kann es sein, wenn der Redner die nüchterne Information »Dieses Zimmer mag ich nicht« zielgerichtet und absichtsvoll mit Gewichten belädt: »In diesem Zimmer, diesen kargen Wänden, kalten Mauern will ich nicht länger bleiben.« Dieser »Ballast« enthält keine Tautologie im strengen Sinne, denn aus dem »Zimmer« ist ein kahler, kalter, finsterer Raum geworden. Wann und zu welcher Gelegenheit der Redner bestimmte sprachliche Mittel einsetzt, hängt von der Angemessenheit ab. – Tautologien (»weißer Schimmel«), Periphrasen (»Haus in der Kleingartenkolonie«) und Redeschmuck bzw. Redefiguren (»Zimmer, karge Wände, kalte Mauern«) speisen sich aus Redundanz (wörtlich übersetzt: aus Überflüssigem). Doch während sich die ersten beiden wie der Drittfernseher im selben Wohnzimmer ausnehmen, ist Letzteres nicht nur das Salz, sondern auch Kerbel und Rosmarin in der Suppe. Doch auch hier heißt es Maß halten: Eine Suppe kann man auch kräftig versalzen.

Derartige Redundanzen – Wiederholungen, die zur eigentlichen Information nichts mehr beitragen – sind aber nicht nur als Ballast oder Luxus abzulehnen. Redundanzen können in einer Rede auch dringend geboten sein. Gibt der Redner nämlich eine wichtige Information in knapper Form nur einmal, und wird in diesem Moment ein Zuhörer von Äußerlichkeiten abgelenkt, ist die Information für diesen Zuhörer verloren; hustet gar jemand im Auditorium, gilt dies für alle. Werden Informationen in unterschiedlicher Gewandung und in mehreren Anläufen wiederholt, können derartige Ablenkungen das Verständnis der Rede kaum beeinträchtigen.

Die Forderung nach Einfachheit und Präzision bedeutet also nicht, dass man auf Abwechslung im Ausdruck verzichten sollte. Im Gegenteil: Das Publikum will unterhalten werden. Ein Redner ist zwar kein Artist, doch sollte er, wo es angemessen ist, mit der Sprache jonglieren.

Wichtige Informationen wiederholen

Der Redeschmuck

Eine Information, die klar, deutlich, verständlich und knapp vorgetragen wird, mag für Vortrag und Referat angemessen sein und diejenigen zufrieden stellen, die selbst nicht gerne viele Worte machen und alles am liebsten »schwarz auf weiß nach Hause tragen«.

Aber den meisten Zuhörern kommt es eher entgegen, wenn sie statt nüchterner Begriffe Anschauliches geboten bekommen, wenn sich der Gedankenfluss nicht wie in einer Betonrinne kanalisiert über sie ergießt, sondern sie auf einem sich schlängelnden Gewässer auch ein bisschen Landschaft sehen. Und – um im Bild zu bleiben – wenn man schon nicht selber steuert, so macht es doch Spaß, wenn man wenigstens mitrudern kann. Anschauliches prägt sich besser ein, Beteiligung fördert die Aufnahmebereitschaft.

Anschauliche Darstellung erhöht die Aufmerksamkeit

Der besseren Anschaulichkeit dient der so genannte »Redeschmuck«. Darunter versteht man seit der Antike alles, was über die pure Informationsvermittlung in einem Text hinausgeht. Unterschieden wird zwischen »Tropus« (Mehrzahl: »Tropen«) und »Figur«. Unter dem Dach der Tropen sind alle Spielarten des Redeschmucks versammelt, mit denen man einzelne Wörter übertragen, also nicht in ihrem eigentlichen Sinn, gebraucht. Zu den Figuren zählt man sowohl die kunstvolle Verknüpfung mehrerer Wörter als auch jene überaus nützlichen rhetorischen Mittel, die man Gedankenfiguren nennen könnte. Ohne dass es den Sprechern bewusst ist, werden die meisten dieser Tropen und Figuren auch im Alltag oft gebraucht. Das folgende kleine Verzeichnis soll Anregungen geben, mit welchen vielfältigen sprachlichen Mitteln aus einer nüchternen Darlegung eine lebendige Rede werden kann.

Aber auch der Redeschmuck sollte maßvoll eingesetzt werden. Gehäuft wirkt er oft manieriert und aufdringlich und lenkt möglicherweise vom Wesentlichen ab. Es ist nicht schwierig, Figuren zu konstruieren; aber dies so kunstvoll zu tun, dass der Zuhörer weder dieses Konstruieren noch die Kunst bemerkt, darin liegt die Meisterschaft. Insbesondere beim Lesen von Romanen, auch älteren, kann man hier auf zahlreiche Vorbilder stoßen.

Metapher: Ein verkürzter Vergleich, der das eigentlich Gemeinte sinnlich fassbar und dringlicher macht dadurch, dass Belebtes für Belebtes, Unbelebtes für Unbelebtes, Belebtes für Unbelebtes, Unbelebtes für Belebtes steht.
Beispiele: Hirte (= Pfarrer) – das Schiff *pflügt* das Meer – ein *himmelschreiendes* Unrecht – in der *Blüte* seiner Jahre – *steinernes* Herz – *Betonkopf.*

Metonymie: Metapher, bei der aber eine reale Beziehung zwischen dem eigentlichen und dem verwendeten Wort besteht: Die Person steht für die Sache, das Gefäß für den Inhalt, der Ort für die Personen, die dort leben, der Grund für die Folge, das Abstraktum für das Konkretum, ein Symbol für das Gemeinte.

Beispiele: Ich lese den neuesten *Botho Strauß*. – Wir treffen uns auf *ein Glas*. – Er schreibt einen *ärgerlichen* Brief (= er ist ärgerlich und schreibt einen entsprechenden Brief) – *Wohlstand* ziert sein Haus. – Sie haben *Ringe gewechselt* (= geheiratet).

Synekdoche: Metonymie in quantitativer Hinsicht: Der Teil steht für das Ganze (»Pars pro Toto«), die Gattung für die Art, der Rohstoff für das Fertigprodukt, die Einzahl für die Mehrzahl (und umgekehrt).

Beispiele: unter deutschen *Dächern* (= Häusern) – der *Buchstabe* des Gesetzes (= Wortlaut) – ein kostbarer *Stein* (= Edelstein) – er schlenzt das *Leder* ins Tor (= den Fußball) – *solche Leute* haben *wir* im Haus (= so ein Mensch wohnt in meinem Haus)

Emphase: Ersetzung einer präzisen Bezeichnung durch eine weniger präzise mit größerem Bedeutungsumfang, um durch sprachliche Ungenauigkeit etwas zu verhüllen oder mit einer größeren Geste sagen zu können.

Beispiele: auch sie sind nur *Menschen* (= nicht ohne Fehler) – sie steht ihren *Mann* (= sie bewährt sich, ist tüchtig)

Hyperbel: Überbietung des eigentlichen Wortes, besonders eine glaubwürdige Überbietung, die aber gerade auf ein gefühlsmäßiges Engagement (z. B. Begeisterung) hindeutet. Gewagte Hyperbeln sollte man mit einer vorsichtigen Einführungsformel (z. B. »wenn man so sagen darf«, »geradezu«) abmildern.

Beispiele: schneeweiß – härter als jeder Diamant – der (vielleicht) gewitzteste Erpresser seit »Dagobert«

Antonomasie: Ein Eigenname wird durch einen Beinamen oder eine Umschreibung ersetzt.

Beispiele: der eiserne Kanzler (= Bismarck) – seine Venus (= Geliebte) – der Jünger, den er lieb hatte (= Johannes)

Litotes: Ein Wort wird durch die Verneinung seines Gegenteils ausgedrückt. Dadurch wird die Steigerung des tatsächlich Gemeinten erreicht. Dieses sparsame Ausdrucksmittel – eine Kombination aus Emphrase und Ironie – eignet sich besonders, gegen übertriebene Äußerungen des Gegners zu protestieren.

Beispiele: nicht gerade oft (= sehr selten) – nicht das Klügste (= beinahe das Dümmste)

Paraphrase/Periphrase: Umschreibung des eigentlichen Wortes, um –

ähnlich wie bei der Antonomasie – Abwechslung im Ausdruck zu erreichen oder anstößige bzw. unpassende Wörter zu vermeiden. Allzu ausgetüfftelte Paraphrasen klingen gestelzt, Verfremdungseffekte können aber beabsichtigt sein.

Beispiele: eine gepolsterte Sitzgelegenheit (= Sessel) – da, wo der Kaiser zu Fuß hingeht – ein Getränk von chinesischen Kräutern (= Tee)

Geminatio: wörtliche Wiederholungen an einer beliebigen Stelle im Satz

Beispiel: Geh! Geh, und komm nicht wieder – Das *war einmal, war einmal,* vergesst das nicht!

Anadiplose: Das Wort am Ende eines Teilsatzes wird am Anfang des nächsten wiederholt.

Beispiele: Sie ist eine kluge Frau, eine Frau, die noch nie … – Wie Sie das nennen, ist mir *egal,* nicht egal ist mir, dass …

Gradatio/Klimax: eine fortschreitende Anadiplose, die entweder eine Steigerung im Ausdruck bewirkt, oder eine logische Gedankenkette vortäuscht.

Beispiele: Sein Unternehmungsgeist brachte dem Africanus Tüchtigkeit, seine Tüchtigkeit Ruhm, sein Ruhm Rivalen. (Rhetorica ad Herennium) – Wem man nicht glaubt, hat keinen Kredit; wer keinen Kredit hat, kann nicht bezahlen; wer nicht bezahlen kann, bekommt jetzt kein Bier mehr.

Redditio: Das die Aussage einleitende zentrale Wort wird an deren Ende wiederholt.

Beispiele: Geh mit Gott, aber geh!

Anapher/Epipher/Complexio: Anapher ist die Wiederholung eines oder mehrerer Wörter zu Beginn aufeinander folgender Sätze oder Satzteile, Epipher dasselbe am Ende aufeinander folgender Sätze oder Satzteile und Complexio die Verbindung von Anapher und Epipher, die auf diese Weise das Beharrliche, Insistierende der Anapher mit dem ruhigen Ausklang der Epipher verbindet. Wirkungsvoll sind die Figuren vor allem in Verbindung mit einer Parallelkonstruktion.

Beispiele: Was wir denken, ist nachgedacht, was wir tun, ist chaotisch, was wir sind, ist unklar. (Thomas Bernhard; Anapher) – Er will alles, kann alles, tut alles. (Epipher) – Der Verstorbene war ein Muster an Güte; der Verstorbene gewann sich Freunde durch Güte; der Verstorbene lebte nach den Maximen der Güte.

Paranomasie: Spiel mit den Wörtern, die sich lautlich nur geringfügig voneinander unterscheiden, aber durch die Verbindung eine interessante Bedeutungsspanne aufbauen, die bis ins Paradoxe gehen kann. *Beispiele:* Wir wollen ihn nicht *vernehmen*; aber *vornehmen* können wir ihn uns. – *Die Regierung* besteht aus *Delegierung* des *Wichtigen* und *Dirigierung* des *Nichtigen*.

Synonymie: Synonyme sind Wörter mit gleicher Bedeutung, wobei echte Synonyme sehr selten sind. (»Gespräch« und »Unterredung« sind zwar weitgehend synonym, aber nicht in allen Nuancen.) Die Häufung von Synonymen macht eine Aussage sehr eindringlich. Das Hendiadyoin drückt einen Begriff durch zwei Synonyme aus, was der Sache mehr Nachdruck verleihen oder helfen kann, mehrere Facetten zum Ausdruck zu bringen, aber oft schwerfällig wirkt.
Beispiele: Sie schreien, schluchzen, klagen. – Hilfe und Beistand

Homonymie: Homonyme sind Wörter, deren Gestalt zwar identisch, deren Bedeutung aber verschieden sind (sog. »Teekesselchen«). Ihre Verwendung dient vor allem der Unterhaltung, dem intellektuellen Genuss.
Beispiele: Es ist traurig, in welche Umstände einen andere Umstände versetzen können! Was für Wochen hab ich erlebt, seit meine Mutter in die Wochen kam! (Büchner, Leonce und Lena)

Distinctio: Ein Wort wird zunächst in seiner allgemeinen Bedeutung verwendet, dann aber in einem emphatisch verdichteten Sinne, wodurch eine Steigerung oder auch eine Wendung ins Ironische bewirkt werden kann.
Beispiele: Ein *Fest* anzuzetteln ist leicht; damit es wirklich ein *Fest* wird, braucht es sehr viel mehr.

Reflexio: Eine Distinctio in Dialogform, bei der der zweite Gesprächspartner ein Wort des ersten aufgreift und in seinem Sinne emphatisch umwendet.
Beispiele: ... und das nennt dieser Mensch Dummheit. Ich aber sage, das ist eine Dummheit, die mehr Sachverstand zeigt als alle seine Gegenvorschläge zusammen.

Enumeratio, Aufzählung/Polysyndeton/Asyndeton: Sie steigert die Eindringlichkeit einer Aussage, wenn sie geschickt aufgebaut wird, sei es dass die Glieder der Aufzählung eine steigende (oder fallende) Intensität aufweisen, einen sich beschleunigenden Rhythmus erzeugen oder durch überraschende Zusammenstellungen die Aufmerksamkeit der Zuhörer wecken. Zu viele Glieder machen jedoch die Wirkung zunichte, langweilen oder klingen schwülstig. Werden die einzelnen Glieder mit »und«, »oder« bzw. »sowie« ver-

bunden, spricht man von einem Polysyndeton. Es verleiht der Aufzählung Nachdruck und Schwere. Werden die Glieder ohne jedes verbindende Wort aneinander gereiht, spricht man vom Asyndeton, das leicht atemlos klingt und auf hohe Erregung hindeutet.
Beispiele: Ich bin der Weg, die Wahrheit und das Leben. – Alles rennet, rettet, flüchtet.

Ellipse: Unter Ellipse versteht man die Aufzählung eines Satzteils, häufig des Verbs. Oft dient sie dazu, etwas zu verhüllen oder schamhaft zu verschweigen, und ist ein Spiel mit der Intelligenz des Publikums, das ja die Auslassung ergänzen muss.
Beispiele: Sie können mich mal ... – Wo Licht ist, ...

Zeugma: Indem man einen gemeinsamen Bestandteil zweier Sätze oder Satzteile vorzieht oder nachstellt, wird eine Klammer erreicht, die die Aussage zuspitzt und oft eine humoristische Wirkung erzielt.
Beispiele: Nimm dir Zeit und nicht das Leben. – Es ist leichter, den Mund zu halten, als eine Rede (Heinz Erhardt).

Anastrophe/Hyperbation: Anastrophe – die Umkehrung der normalen Abfolge zweier Wörter – und Hyperbaton – die Trennung zweier im Satz eng zusammengehörender Wörter, indem ein nicht dorthin gehöriger Satzteil dazwischengeschoben wird – helfen bestimmte Wörter besonders zu betonen und dem Satz eine größere Spannung zu geben, da man ja darauf wartet, wie es nun weitergeht. Allerdings gefährden sie auch die Deutlichkeit dessen, was gesagt werden soll, sollten also sparsam und behutsam gebraucht werden.
Beispiele: Schweigen muss man, wenn man nichts zu sagen hat. – Das – und ich betone das gerne und oft – einmalige Ereignis ...

Isocolon, Parallelismus/Chiasmus/Reim/Alliteration: Ein besonderer Reiz liegt in der Gliederung einer Aussage, indem man versucht, die einzelnen Teile (Teilsätze, Teilaussagen oder überhaupt Sätze und Aussagen) so zu bauen, dass sie in ihrer Satzkonstruktion, in ihrem Rhythmus, in ihrer Gestalt einander gleichen, möglichst ohne identisch zu sein (Gefahr der Eintönigkeit!). Dadurch rücken die Dinge eng zusammen, geraten in Beziehung zueinander, beleuchten sich gegenseitig. Eine andere Möglichkeit, Wörter bzw. Isocola eng aneinander zu binden, ist die Alliteration (Stabreim), also durch gleich lautende Anfangsbuchstaben. Stellt man dabei Gegensätzliches über Kreuz nebeneinander, nennt man das einen Chiasmus.
Beispiele: Wir wollen eine faire Fusion. Wir wollen einen verbindlichen Vertrag. (Parallelismus mit vier Alliterationen und Anapher) –

Die Kunst ist lang, und kurz ist unser Leben. (Goethe; Chiasmus) – Eile mit Weile (Reim) – Lust und Last (Alliteration)

Apostrophe: Der Redner wendet sich vom eigentlichen Publikum ab und dem Gegner, einem Teil des Publikums, abwesenden Personen, Toten oder auch abstrakten Dingen zu. Die Figur hat im Extremfall etwas von einem pathetischen Verzweiflungsschritt, kommt aber als Hinwendung zu einem besonderen Teil des Publikums in den meisten Festreden vor.

Beispiele: Wie aber soll ich die Welt nennen? Holla, Welt! Ich frag dich! Was für ein Titel soll ich dir zueignen? Wer bist du? (Abraham a Santa Clara)

Interrogatio, Rhetorische Frage: Ein Aussagesatz wird in die Form einer Frage gekleidet, ohne dass eine Antwort erwartet wird, da der Redner annehmen kann, dass die Antwort für jeden klar ist. Oder – weniger geschickt – man stellt eine Frage, die man selbst beantwortet. Fragen aktivieren fast immer die Aufmerksamkeit des Zuhörers, zwingen ihn gleichsam zum Mitdenken, ja gewissermaßen sich selbst die Antwort zu geben. Wenn die Fragefiguren geschickt gehandhabt werden, hat der Zuhörer zudem – etwa wie der Zuschauer beim Fernsehquiz – die Befriedigung, richtig geantwortet zu haben. – Man kann mit Fragen auch den Hilflosen spielen, das Publikum um Rat fragen und damit andeuten, dass es einfach nichts Richtigeres gibt als den eigenen Standpunkt, die eigene Handlungsweise.

Beispiele: Wie lange soll denn das noch so weitergehen? – Soll das die ganze Wahrheit gewesen sein? (Nein. Es ist nicht einmal eine halbe Wahrheit!) (= Übergang in eine Subjectio) – Wie kann ich Ihnen das nur begreiflich machen? – Was hätte ich denn anderes tun können?

Subjectio: Die Subjectio ist ein selbst verfasstes Frage-und-Antwort-Spiel, das die Gedankenfolge belebt, ob es sich nun um eine Auseinandersetzung mit gegnerischen Argumenten, um einen Dialog mit sich selbst oder um die Auflockerung einer Beweisführung handelt.

Beispiele: (A hat als Alibi behauptet, er habe seinen freien Nachmittag zum Blumengießen genutzt. B widerlegt:) Sie haben die Blumen gegossen? Aber es regnete doch. Sie hatten den Nachmittag frei? Aber Ihr Chef hatte Sie doch zu sich bestellt. – Wenn mich nun einer fragte: Vor wem willst du solch unangenehme Dinge behandeln? Ich würde antworten: Nur vor Freunden.

Conciliatio: Gegenteiliges, Gegensätzliches wird miteinander verbunden und auf einer höheren Ebene ausgesöhnt. Ein Argument der Gegenpartei kann dadurch zum eigenen Nutzen ausgebeutet, ein Vorwurf entkräftet, Lob in Tadel, Tadel in Lob verwandelt werden. *Beispiele:* Dieser Plan soll einem kranken Gehirn entsprungen sein? Und du wunderst dich nicht im Geringsten, dass einem kranken Gehirn so vortreffliche Ideen entspringen können?

Correctio: Die Correctio ist eine Art der Selbstkorrektur, bei der ein nüchternes Wort durch ein drastischeres ersetzt wird (wodurch das Drastische besonders markant hervortritt) oder ein überzogener Ausdruck zurückgenommen wird (was seine Wirkung jedoch nicht abmildert).

Beispiele: Sie war verärgert. Verärgert? Was sage ich? Sie tobte vor Zorn. – Er kläffte hier herum wie ein getretener Pinscher. Nun ja, ganz stimmt das Bild nicht. Denn er ist ja ein großes Tier. Und ein noch größerer Hund. – Dieser Laden ist ein großer Saustall! – Verzeihung. Aber etwas mehr Ordnung könnte hier schon herrschen.

Antithese/Regressio/Commutatio/Oxymoron: Die Antithese ist eine Zusammenstellung entgegengesetzter Begriffe. Sie entfaltet ihre Wirkung am besten, wenn die gegenübergestellten Aussagen formal möglichst gleich gestaltet sind. Die Antithese kann die Form einer Regressio haben, d. h., das Gegensatzpaar wird wieder aufgenommen, um es näher zu erläutern, oder die Form einer Commutatio, einer Vertauschung der Glieder, um den Gegensatz scharf zuzuspitzen. Die schärfste Zuspitzung bedeutet das Oxymoron, das zwei sich widersprechende Begriffe zu einer Einheit verbindet.

Beispiele: Heiß erglüht dein Herz für Erkaltetes. (Sophokles; Antithese) – Früher hattest du ein Fahrrad, heute hast du ein bequemes Auto, früher ein möbliertes Zimmerchen, heute ein Penthouse, früher hattest du prächtige Haare, heute fast gar keine mehr. (Regressio) – Was ich will, das kann ich nicht; was ich kann, das will ich nicht. (Commutatio) – Welch eine *törichte Weisheit*, vor lauter Standhaftigkeit ins Verderben zu rennen. (Oxymoron)

Evidentia: Mit der Evidentia wird ein Sachverhalt veranschaulicht, indem Details mitgeteilt werden, die den Zuhörern die fragliche Situation buchstäblich vor Augen und Ohren stellen. Das Publikum wird zum Augenzeugen. Darum muss ein Vorgang in seine Bestandteile aufgelöst werden. Charakteristisch ist dabei der Sprung ins Präsens, obwohl sich die Vorgänge in der Vergangenheit abspielen oder sich vermutlich in der Zukunft ereignen werden. Auch direkte Rede vergegenwärtigt das Geschehen. Eine Beschreibung des Ortes hilft dem Hörer, sich an den Schauplatz zu versetzen.

Beispiel: Mein Entschluss, ihm die Wahrheit zu bekennen, stand fest. Ich setze mich also an den Schreibtisch, nehme einen Bogen Papier aus der Schublade, lege ihn vor mich hin, den weißen Bogen. Bevor ich zum Federhalter greife, knipse ich das Licht an, denn es dämmert schon. Ich zögere noch, schreibe dann: »Lieber Hans!«

Expolitio: wörtlich »Ausmalung« eines Gedankens. Diese Figur lässt sich in Ansprachen wie Zeitungsartikeln gleichermaßen beobachten. Es handelt sich letztlich darum, die Kernthese samt dazugehörigen Nebengedanken in Variationen zu wiederholen und auf diese Weise auszugestalten. Die einfachste Form ist dabei, den Gedanken im Wortlaut, aber intensiver gesprochen zu wiederholen. Die nächste Stufe ist die Paraphrase, also die Wiedergabe mit anderen Worten. Man kann dabei dann auch die Gefühlswerte steigern, die mit den Ausdrücken verbunden sind. Man kann schließlich den Hauptgedanken mit neuen Nebengedanken, Gründen, Argumenten, Vergleichen, Beispielen, Schlussfolgerungen anreichern. – Das Verfahren ist letztlich dasselbe, wie man es bei der Vorbereitung einer Rede im Ganzen anwendet. Hier wie dort wird man auch auswählen müssen aus der Fülle der Möglichkeiten.

Beispiel: »Noch hat die Sonne, dem nassen Schoße des Meeres entstiegen, nicht sechsmal ihre Toilette gemacht, noch nicht sechsmal ihren gewöhnlichen halsbrecherischen Spaziergang über das Gebälke des Himmels zurückgelegt und dann hinter den fernen Gebirgen Verstecken gespielt; oder, dichterisch zu reden, noch sind keine sechs Tage verflossen, da [...]«

(Johann Joseph Görres. Man beachte das Spiel mit der Ironie, mit der er die in seiner Zeit übliche pathetische und metaphernreiche Dichtersprache zum Normalfall und die knappe Mitteilung zum Kunstvollen erklärt. Ebenfalls ironisch ist das Spiel mit den Metaphern: Zur Zeit der Französischen Revolution nimmt Görres die gängige Periphrase für den Ablauf eines Tages – nämlich dass der Sonnengott mit seinem Wagen aus dem (metaphorischen) Schoß des Meeres herauf- und seine Bahn am Himmel dahinfährt, der sich (metaphorisch) als Dach über die Welt wölbt (deswegen »Gebälk«) – und lässt sie ins Bürgerliche umkippen: Man entsteigt dem Bett, frisiert und zieht sich an, macht einen Spaziergang, spielt Verstecken. Schließlich sei noch auf die Anapher »noch nicht sechsmal« hingewiesen.)

Gleichnis, Vergleich: Eine allgemein bekannte Erscheinung aus der Natur, dem Alltagsleben o. Ä. wird mit der in der Rede erörterten Sache gleichgesetzt, um diese plastischer zu machen. Besonders eindrucksvoll sind Bilder, die sehr eingängig sind und ihrerseits eine Kaskade von weiteren Bildern im Kopf der Zuhörer hervorrufen. Günstig sind Bilder, die zumindest die wichtigen Vergleichspunkte illustrieren. Im einfachsten Fall ist nur ein einziger Vergleichspunkt gegeben (Tertium Comparationis). Er wird meist mit »wie« eingeleitet.

Beispiele: Eine gute Debatte ist wie ein Segeltörn: Man sticht gut gelaunt in See, segelt ein bisschen in der Sicherheit der Küste, wagt sich weiter hinaus und gerät prompt in stürmisches Gewässer; alle müssen zupacken, damit die Sache nicht Schiffbruch erleidet, und am Ende erreicht man den sicheren Hafen – ermattet, aber mit dem angenehmen Gefühl, ein Ziel erreicht zu haben.

Praeparatio: wörtlich die »Vorbereitung« der Zuhörer auf etwas Schockierendes o. Ä. Durch eine einleitende geheimnisvolle oder rätselhaft wirkende Floskel wird die Aufmerksamkeit der Zuhörer gezielt auf das Kommende gelenkt.

Beispiel: Und dann kamen – wer mag es wohl gewesen sein? – die Heinzelmännchen.

Concessio: Der Redner räumt ein, dass ein gegnerisches Argument richtig, schlagend und für die eigene Sache ungünstig ist. Ein solches Eingeständnis ist meist ironisch gemeint und macht eine Widerlegung des Arguments umso wirkungsvoller, für die Gegenseite umso vernichtender, da man dieses Argument ja ausdrücklich als stark anerkannt hat.

Beispiel: Ich gebe zu, dass Raser schneller am Ziel sind, und sicherlich stimmt es, dass heutzutage Zeit Geld ist. Aber für denjenigen, der erst einmal gegen einen Baum gefahren ist, spielt das bestimmt keine Rolle mehr.

Percursio/Praeteritio/Adjectio: Bei der Percursio werden die Themen, die man nicht ausführlicher besprechen will, weil sie unwichtig erscheinen sollen oder im Moment unwichtig sind, nur kurz aufgezählt. Der Redner kann ausdrücklich bekunden, dass er sie nicht näher ausführen wird (Praeteritio). Das kann ernsthaft gemeint sein, wenn er zeigen möchte, dass er auch die Randprobleme gesehen hat, kann aber auch ironisch gemeint sein, wenn und weil er sie dann eben doch erwähnt. Eine ähnliche Wirkung hat ihr Gegenteil, die Adjectio, wörtlich »Hinzufügung«, das Markenzeichen Peter Falks in der Rolle des Inspektors Columbo.

Beispiele: Wie sich die Zuwanderung auf Alters- und Sozialstruktur, Heiratsverhalten und Geburtlichkeit auswirkt, kann hier nicht erörtert werden. (Percursio) – Ich will ja davon schweigen, dass … (Praeteritio) – Fast hätte ich vergessen, … (Adjectio)

Ironie: Die Ironie ist ein Versteckspiel mit der eigenen Meinung. Mit diesem Stilmittel verheimlicht der Redner seine persönlichen Ansichten, um seinen Widersacher desto deutlicher bloßstellen zu können. Oder aber er tut so, als stimmte er mit der Meinung des anderen überein, um sie desto effektvoller widerlegen zu können. Oder er versucht, Verwirrung bei denen zu stiften, die sich überlegen fühlen oder es sind. Es ist also ein effektvolles rhetorisches Mittel aus der Verteidigungsposition heraus, die Taktik eines David gegen einen rhetorischen Goliath. Dem Publikum, das dieses Spiel durchschaut, bereitet es gemeinhin Vergnügen. Und damit kann David denn auch den Sieg davontragen.

Beispiele: Mein lieber Freund, da hast du mir ja eine schöne Bescherung eingebrockt. – 3,5 % mehr Lohn? Damit werden wir zukünftig gewaltige Sprünge machen können.

Die letzte Phase der Ausarbeitung

Das Ausfeilen

In den vorangegangenen Abschnitten wurde gezeigt, dass für die Vorbereitung und Gliederung einer Rede kreatives Chaos und strukturierende Ordnung gleichermaßen wichtig sind. Erst lautet die Devise immer wieder: »Suchen! – Finden! – Ordnen!«, und zwar auf der Ebene des Themas, über das man redet, und auf der Ebene der Wörter und Formulierungen, in denen man über das Thema redet. Am Ende heißt es dann: »Aussuchen! – Prüfen! – Anordnen!« Also probiert man aus, schreibt auf, probiert nochmals, feilt erneut, schreibt wieder auf usw. Dabei ist größtmögliche Selbstkritik vonnöten. Auch kleine Details wollen wichtig genommen werden. Die Auswahl der Argumente, Beispiele, Zitate etc. soll ja schließlich dem Redeanlass angemessen, die Wörter und Formulierungen sollen mundgerecht sein – für die Zuhörer wie insbesondere für den Redner. Es ist deshalb auch sehr empfehlenswert, eimal fixierte Formulierungen immer wieder laut zu lesen.

Wichtig ist: Selbstkritik und Liebe zum Detail

Ist dieser Prozess abgeschlossen, wird das endgültige Manuskript erstellt – oder aber man verfährt nach der Methode des »Mindmapping«. Im Folgenden werden diese zwei Möglichkeiten besprochen (zu den Besonderheiten der Stichpunkt- und der vorbereiteten Rede s. S. 69 f.).

Das Manuskript

Oft scheitern Redner an ihrem unzulänglichen Manuskript. Normale Hand- oder Maschinenschrift, die sich in häuslicher Atmosphäre, am Schreibtisch sitzend, leicht und fließend lesen oder – bei konzentriertem Hinschauen – entziffern lässt, wird am Rednerpult schnell zu »Augenpulver«. Halten zittrige Hände das Manuskript, wird es vielleicht ganz unlesbar.

Was nützen gründliche Stoffsammlungen, ausgetüftelte Gliederungen und zielorientierte Konzepte, wenn der Vortragende sich verhaspelt, weil seine überforderten Augen den Text nicht erfassen? Ein unleserliches Manuskript bringt den Redner in die Gefahr, in einen geistigen Strudel zu geraten; seine Systematik bricht zusammen und seine Sicherheit geht verloren. Fest- und andere Reden sind gescheitert, wenn das Publikum nicht mehr gespannt, sondern nur noch geduldig zuhört. Eine gewissenhafte Ausarbeitung gleicht nicht die Mängel schlechter Manuskripte aus.

Zur Vermeidung von Konfusionen sollten Manuskriptbogen (DIN-A4-Blätter) nur einseitig beschrieben und nummeriert werden.

Das nachstehende Muster einer Manuskriptseite ist so gut lesbar, dass der am Pult stehende Redner den Eindruck erwecken kann, frei zu sprechen. Das wird ganz besonders der Fall sein, wenn er zuvor den Text mehrmals zur Übung aufsagt, ihn dabei ausfeilt und alle Abschnitte und Hervorhebungen eigenhändig niederschreibt. Die Gesamtwirkung seines Auftritts wird optimiert, wenn die Stimm- und Pausentechnik mithilfe von Tonbandkassetten erprobt und geübt wurden. Hat der Redner dies alles im Griff, bleiben ihm genügend Konzentrationsreserven für aussageunterstreichende Mimik und Gestik.

Das Idealmanuskript | Wie eine Manuskriptseite aussehen sollte:

> Jedenfalls steht es einem Redner gut an,
> solche Leistungen zu loben und
> entsprechende Vorsätze zu würdigen.
>
> Kind und Karriere –
> das zählt doppelt, nicht nur der Aufwand,
> sondern auch an Erlebnissen u. Ergebnissen.
>
> Wer in der Pflicht aufgeht, geht auch leicht in
> ihr unter.
>
> Kerzen, die an zwei Enden brennen, sind
> schnell aufgebraucht.
>
> Wer seine körperliche und seelische Substanz
> schont, handelt klug und ökonomisch.

Mit verschiedenfarbigen Stiften lassen sich die Abschnitte noch wirksamer markieren.

Mind-Mapping

Die Arbeit mit der Mind-Map [aus engl. mind = Gedanke u. map
= grafische Darstellung] ist speziell für diejenigen sehr sinnvoll,
die zu den so genannten »visuellen Typen« zählen. Das sind Menschen, deren hauptsächlicher Wahrnehmungskanal die Augen sind,
also Menschen, die überwiegend bildhaft denken und sprechen.
Die anderen Sinneskanäle spielen dabei nur eine untergeordnete
Rolle. Von der Gehirnforschung wissen wir, dass das Kurzzeitge-
dächtnis auf der linken Gehirnhälfte zu finden ist. Wenn wir Vorträge halten, benötigen wir jedoch das Langzeitgedächtnis. Dieses
ist interessanterweise auf der rechten Gehirnhälfte verankert. Dort
werden auch alle Bilder abgespeichert. Sobald wir ein »Bild« aufrufen, fällt uns dazu automatisch die entsprechende dazugehörige
Geschichte ein. Das macht sich die Mind-Mapping-Technik zu-
nutze.

> Geschichten in
> Bildern abspeichern

Gleichzeitig wissen wir von der Gehirnforschung, dass auch der
Aufbau einer Struktur, einer Logik oder einer analytischen Vorgehensweise ebenfalls von der linken Gehirnhälfte gesteuert wird. Dagegen ist die ganzheitliche Betrachtungsweise eine Angelegenheit
der rechten Gerhirnhälfte. Das ist in etwa so, als ob wir mit der rechten Gehirnhälfte die Schönheit einer prachtvoll gewachsenen Linde
in ihrer Gesamtheit wahrnehmen. Mit der linken Gehirnhälfte gehen wir dann in die Details und betrachten uns die Äste, Zweige,
Blätter bis hin zu den feinen Äderchen in den Blättern.

Diese Erkenntnis kommt ebenfalls der Mind-Map-Technik zugute.
Deshalb wird nach dem Vorbild des Aufbaus eines Baumes vor-
gegangen. Das Hauptstichwort ist vergleichbar mit dem Stamm, die
einzelnen Unterkapitel vergleichbar mit den Ästen und die Aussagen mit den Zweigen.

Niedergeschrieben wird jeweils nur ein Stichwort. Dazu sollte ein
passendes Bild kommen. Allein die Tatsache, dass einem zu dem
Stichwort ein Bild einfallen muss, verankert dies im Langzeitgedächtnis mit der entsprechenden verbalen Geschichte. Somit genügt
nur ein kurzer Blick auf den Ast oder Zweig, um sich zu orientieren, und ein Wahrnehmen des Bildes auf seiner »Gedächtniskarte«,
um ohne zu zögern darüber reden zu können.

> Die Verknüpfung
> von Bild und Wort
> bleibt im Langzeit-
> gedächtnis haften

Das nachfolgende Beispiel verdeutlicht dies in drei Etappen.

- Die erste Etappe stellt ausschließlich den Stamm, die Äste und die dazugehörigen Bilder dar.
- Die zweite Etappe zeigt die Zweige samt den Bildern auf.
- Die dritte Etappe ist der ausformulierte Text, wobei die Schlüsselwörter bzw. Bilder in Fettdruck dargestellt sind. Der Text dient im Prinzip nur noch als Formulierungshilfe, wird also nicht als »Spickzettel« zur Rede mitgenommen. Diese Funktion erfüllt die Mind-Map selbst. Je weniger Text und je mehr Bilder, desto besser findet man sich zurecht.

Text zur Mind-Map

»Motivation zum Seminar«

Mensch	Ort	Sache	Ereignis
Verkäufer	Chefzimmer	Weiterbildung	Seminarangebot

Meine Damen und Herren,

Sie werden als gestandene Verkäufer erstaunt sein, dass ich Ihnen jetzt ein Verkaufsseminar schmackhaft machen möchte.

Das Besondere an dieser Schulung ist, dass Ihnen so genannte **NLP-Verkaufstechniken** näher gebracht werden. Neben den Ihnen bekannten Methoden, wird mit NLP, dem neurolinguistischen Programmieren, das Tor zu neuen Wegen der Kommunikation aufgestoßen.

Als erfolgreiche Verkäufer handeln Sie nach dem Motto:

»Wer aufhört, besser sein zu wollen, hat aufgehört, gut zu sein!«

Das Streben, besser zu werden, ist ein bewährtes Lebenselixier. NLP wird Ihr gegenwärtiges Wissen über menschliche Reaktionen blass erscheinen lassen. Damit werden Sie ein zusätzliches Verkaufsass im Ärmel haben. Ich persönlich habe bereits **positive Erfahrungen** damit **gemacht.**

NLP wird Ihre **Wahrnehmungsfähigkeit** sensibilisieren und im Extremfall einem Gedankenlesen schon sehr nahe kommen.

Ist das **Zauberei** oder **alter Wein in neuen Schläuchen?**

NLP zeigt auf, wie unser persönliches Bild von der Welt entsteht, die jeder anders wahrnimmt und interpretiert. Dies ist die Hauptursache für die vielen Missverständnisse über die »Tatsachen«, die sehr oft nur Glaubensinhalte, also Meinungen darstellen. Es wird in Ihren **Ohren wie Musik** klingen, wenn sie hören, dass auch **negativ besetzte Glaubenssätze**, die Sie bisher an einem noch größeren Erfolg gehindert haben, mithilfe von NLP-Techniken in **positiv besetzte Glaubenssätze** umwandeln können.

Damit halten Sie einen **Schlüssel zum Erfolg** in Ihren Händen, der Sie u. a. durch den Einsatz von **Metaphern** und so genannten »sales stories« schneller zu Ihrem **Ziel** hinführt, nämlich zu einem erfolgreichen Verkaufsabschluss und einem wachsenden **Einkommen**.

Ich glaube, ich habe vieles in meinem Leben erfahren, aber nur sehr selten etwas so Nützliches wie NLP für den Umgang mit Menschen und besonders für die Anwendung im Verkauf. Profitieren auch Sie davon und besuchen Sie das Seminar.

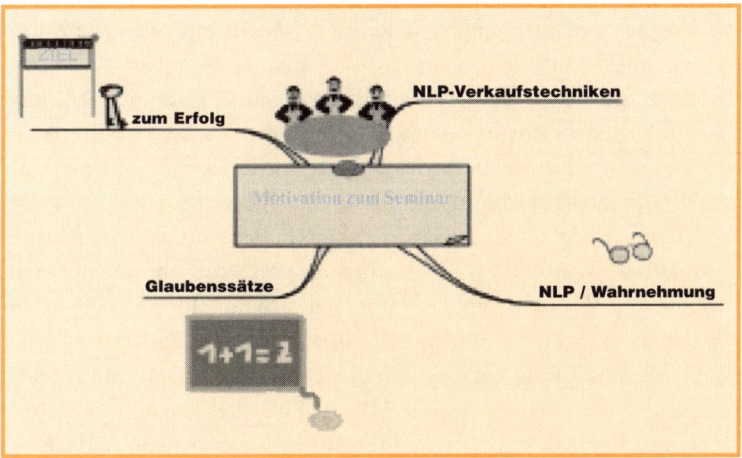

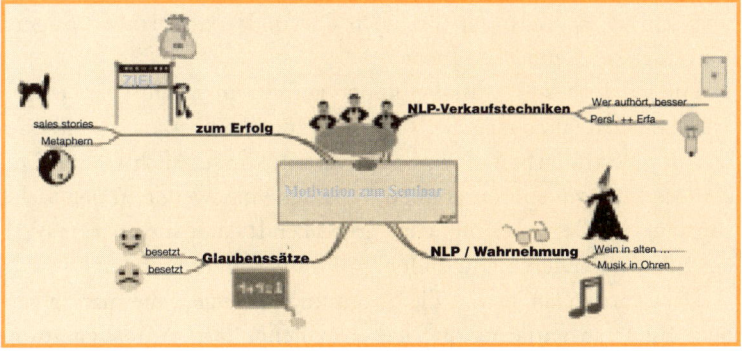

Reden richtig halten

Der Redner und seine Zuhörer

Wer eine Rede hält, übt auf seine Zuhörer eine gewisse Wirkung aus. Welcher Art diese ist, hängt allein von ihm selbst ab. Wie schon weiter oben ausgeführt, muss man bereits bei der Stoffwahl und Materialsuche, aber auch bei Wortwahl und Argumentation seine Zuhörer im Blick haben, sie gewissermaßen schon vom Schreibtisch aus ansprechen. Das gilt umso mehr für den Ernstfall! Trotz aller möglichen Hemmungen geht es für einen Redner immer darum, eine Beziehung zu seinem Publikum herzustellen, als sei es ein Gesprächspartner. Was das im Einzelnen bedeutet, wurde im vorangegangenen Kapitel erörtert. Ein positives Verhältnis zu den Zuhörern, ein »Sympathiefeld«, das den Vortragenden und sein Publikum umspannt, ist wichtig für den Erfolg einer jeden Rede. Nicht nur, weil die Zuhörer »gnädiger« urteilen, wenn sie den Redner symphatisch finden, sondern auch, weil sie bereit sind, mitzugehen, mitzudenken, mitzufühlen. Jeder Schauspieler weiß, wie sehr das aktive Miterleben der Zuschauer das eigene beflügelt; und nichts demotiviert mehr als ein offensichtlich nicht zu motivierendes Publikum.

Positive Beziehung zum Publikum herstellen

Glaubwürdigkeit und Natürlichkeit helfen, dieses »Sympathiefeld« aufzubauen. Hochtönendes Pathos, gestelzte Schulmeistereien, langweilige Weitschweifigkeit stören das Sympathiefeld. Vor allem täusche man nicht vor, wofür man nicht mit seiner Person einstehen kann. Das Publikum bemerkt falsche Töne sehr schnell und reagiert darauf im Allgemeinen negativ. Wer sich beispielsweise an sein Konzept bzw. Manuskript halten will, sollte sich von Anfang an dazu bekennen. Es erst herauszuholen, wenn man steckenbleibt, ist nicht nur ungeschickt, sondern zerstört auch das Bild eines glaubwürdigen, Vertrauen weckenden Redners.

Glaubwürdig und natürlich reden

Eines jedoch sollte dieser immer vermitteln, auch wenn es gar nicht so leicht fallen mag: Selbstsicherheit und Selbstgewissheit. Nur wer mit Bestimmtheit seine Sache vertritt, findet auch Gehör. Die Zuhörer müssen spüren können, dass der Vortragende in der Sache engagiert ist. Begeisterung wirkt ansteckend! Augustinus sagt: »Wer ein Feuer im anderen entzünden will, muss selber brennen.«

Dazu muss man sich in die Stimmung versetzen, die man in seinen Zuhörern entfachen möchte. Das nennt man Autosuggestion.

Autosuggestion kann man trainieren, schon indem man sich selbst und seine Gefühlswelt beobachtet und dadurch eine gewisse Sensibilität für Zwischenmenschliches und Atmosphärisches entwickelt. Schließlich aber gibt es auch eine Reihe »technischer« Kniffe, die der Gestaltung des Verhältnisses zwischen Redner und Zuhörer nützen. Von ihnen soll im Folgenden die Rede sein.

Rhetorische Taktiken

Militärs, Manager, Politiker, Funktionäre, Sportler, Pädagogen und Trainer wenden Taktiken an. Sie alle haben gelernt, worauf es dabei ankommt. Mit der richtigen Taktikt kann man führen und verführen, in Fallen locken und Fallen entgehen. Durch wirksames Vorgehen kann man Vorteile erzielen und Nachteile vermeiden.

Verbale Taktiken sind so etwas wie »rhetorische Judogriffe«; auch sie sind lehr- und lernbar. Bei ihrer Anwendung sollten Grenzen der Fairness respektiert und Übertreibungen vermieden werden.

12 Beispiele für rhetorische Taktiken:

Umarmungstaktik Ganz besonderen Dank verdient Frau Frey für ihre Bemühungen um die Förderung der Partnerschaft mit der Stadt...

Autoritätentaktik Wenn Sie es mir nicht glauben, dann lesen Sie einmal, was der international bekannte Wirtschaftsexperte Prof. Dr. Prosper in seinem neuesten Buch hierzu schreibt.

Nimbustaktik In meinem Gespräch mit dem Wirtschaftsminister habe ich deutlich gesagt, wie hier zu verfahren sei. Er war beeindruckt und versprach Abhilfe.

Blamiertaktik Mit Ihrem Auftreten haben Sie Ihrer Sache einen denkbar schlechten Dienst erwiesen. Sie werden viel Ärger mit Ihren Freunden bekommen.

Detailtaktik Sie haben wunderbare Ideen. Haben Sie auch einen wunderbaren Einfall, wie man diese finanzieren soll?

Unterlauftaktik Sie wollen Einsparungen? Könnte man vielleicht bei Ihrer Position damit beginnen?

Nageltaktik Ihr Vorschlag ist gut, dann machen Sie es doch am besten gleich selbst.

Bumerangtaktik Gerade weil wir knapp bei Kasse sind und in der Klemme sitzen, ist diese Anschaffung erforderlich, wenn wir wieder konkurrenzfähig werden wollen.

Wortspieltaktik Das ist ein Unterschied wie Lichtblau und Blaulicht.

Umwertungstaktik Sie werfen mir Ehrgeiz vor! Vielen Dank für das Kompliment. Ich bin ehrgeizig und will es bleiben. Dieser Ehrgeiz hat unserem Verein nie geschadet, aber oft genutzt.

Abwertungstaktik Aus Profilierungssucht dramatisieren Sie Peanuts! Da haben wir doch ganz andere Probleme.

Aufwertungstaktik Sie bagatellisieren Übergriffe, die uns alle betroffen machen und belasten. Ich nehme an, Sie haben Ihre Äußerungen nicht richtig bedacht.

Eine gute Übung ist es, sich für jede dieser Taktiken eigene Beispiele zu suchen. Die Anwendung ist sehr ausbaufähig.

Stimme und Ton*

Oft ist es schon die Stimme eines Sprechers, die viele Menschen nachhaltig beeindruckt, die sofort Sympathie weckt und auch von eventuellen Schwächen ablenkt.

Auf eine schlechte Artikulation reagieren anspruchsvolle Zuhörer alsbald mit Unbehagen, Antipathie oder Spott. Die Stimme ist ein Ausdrucks- und Darstellungsmittel und damit ein wichtiger Teil der Individualität. Sie ist etwas Urpersönliches. Sie lässt Schlüsse auf das Niveau und Wesen des Sprechenden zu. Profis lassen ihre Sing- bzw. Sprechstimme von Spezialisten schulen.

Die Stimme spiegelt den Gemütszustand wider

Eine große Rolle spielt die typische Verfassung, in der sich ein Sprecher befindet. Über die Stimme offenbaren oder simulieren Sprechende einen bestimmten Gemütszustand. Dies geschieht durch [gezielt eingesetzte] dramaturgische Effekte wie lautes, leises, hohes, schnelles oder langsames Sprechen.

Der Mensch kann sein Sprechen sehr variabel gestalten. Wer die Möglichkeiten der Lautbildung beherrscht, kann alle Register ziehen und beeindruckt situationsgerecht mit einer fröhlichen, traurigen, brüchigen, erregten, bewegten, mitfühlenden, gelösten, warmen, zärtlichen, beruhigenden, schmeichelnden, sinnlichen, dynamischen, wachen, kalten, harten, groben, spöttischen, brutalen, fordernden, aufpeitschenden, gleichgültigen, langweiligen, respektvollen, bittenden, dienstbereiten, ehrlichen, sachlichen oder anders wirkenden Stimme.

---

* Vgl. dazu auch Rhetorik und Gesprächsführung

Wer sich zu schmalzig, gefühlsduselig, überschwänglich, gestelzt, gebläht, gönnerhaft, leutselig oder arrogant präsentiert, wird ausgelacht oder ausgepfiffen. Was unecht oder überzogen klingt wird abgelehnt.

Der Klang bestimmt den Effekt

Der Klang der Stimme muss zur erwünschten Wirkung der Ausführungen passen. Von diesem dramaturgischen Effekt hängt es ab, ob der Vortragende bei den Zuhörern ankommt oder nicht. Bei Diskrepanzen zwischen Ton und Tenor einer Rede leidet die Glaubwürdigkeit des Sprechenden, bezweifelt das Publikum die Redlichkeit des Redners.

Wer ein Instrument beherrschen will, muss üben; wer mit seiner Stimme beeindrucken will, muss trainieren. Das kann wie folgt geschehen:

1. Man spricht auf ein Tonband und hat so die Möglichkeit, seine Sprechweise zu überprüfen. Dabei kann es zu folgenden Ergebnissen kommen: Man spricht

   ○ zu leise
   ○ zu laut
   ○ zu schnell
   ○ zu langsam
   ○ zu hektisch
   ○ zu monoton
   ○ zu undeutlich

2. Man wiederholt denselben Text mehrfach, bis der Eindruck eines optimalen Sprechens entsteht. Am besten ist es, sich diesen Eindruck von einem anderen bestätigen zu lassen.

Zu einer gepflegten Sprache gehören Elemente der

Phonation	=	Stimmbildung
Phonognomik	=	Lehre vom seelischen Ausdrucksgehalt der Sprechstimme
Modulation	=	Wechsel der Tonart und Lautstärke
Vokalisation	=	Betonung der Vokale
Artikulation	=	deutliche Gliederung der Aussprache
Euphonie	=	Wohlklang der Stimme (Gegensatz Kakophonie)
Dynamik	=	schwungvolle Differenzierung der Aussprache

Hinzu kommen das Sprechtempo, die Beachtung der Melodik und der sinnvollen Betonung einer Aussage, Sprechpausen und gegebenenfalls auch Ausrufe.

Gepflegtes Sprechen wird gefördert durch
- natürliche Atmung (Luft liefert die Energie zum Sprechen, alles andere ist angeboren und reguliert sich selbst. »Atemdressur« verkrampft und irritiert nur.)
- Vermeidung einengender und behindernder Kleidung
- eine unverkrampfte Körperhaltung
- innere Ausgeglichenheit
- gute Vorbereitung
- geeignete räumliche und technische Gegebenheiten (Mikrofon, Akustik, Lärmschutz)

Mimik und Gestik*

Der Redner unterstützt (oder torpediert) seine Rede und ihre Wirkung mit seiner äußeren Erscheinung. Sein ganzer Körper spricht mit. Viele Informationen des Redenden werden durch seine Körpersprache vermittelt. Die Mittel der Körpersprache erforscht die »Kinesik«.

Mimik und Gestik, Gesichtsausdruck und Handbewegung gehören zur Körpersprache. Diese »Hilfsmittel« hängen stark vom jeweiligen Temperament ab, können aber auch erlernt werden. Das ist leichter für die »Handhabung« der Hände als Mimik. Denn Letztere wird stark vom Unterbewusstsein gesteuert. Trotzdem kann man auch den Gesichtsausdruck, insbesondere was Stirn- und Mundpartie angeht, »bewusst« sprechen lassen.

Man »redet« auch durch Gestik

Der Mensch »redet« mit seinen Händen. Er hebt hervor, deutet an, weist hin und unterstreicht. Dies kann man in einem sprachlich übertragenen und einem konkreten Sinne verstehen. Ein Mann, so erzählt die Anekdote, erhält in den Anfangszeiten des Telefons eine kurze Instruktion, wie man den Apparat benutzt. Er solle mit der linken Hand den Hörer ans Ohr legen und mit der rechten wählen. Darauf fragt der Mann zurück: »Und womit soll ich reden?«

Durch den bewussten Einsatz der Hände können bestimmte Passagen einer Rede unterstrichen werden. Eine schlechte Rede wird

* Vgl. dazu auch Rhetorik und Gesprächsführung

zwar durch gekonnte Gestik nicht zu einer guten. Aber durch eine entsprechende – nicht übertriebene! – Gestik lässt sich die Wirkung einer jeden Rede steigern.

Da man sich heute als Redner meist leger gibt, ist es keine Frage des Anstands mehr, ob man eine Hand in die Hosentasche stecken darf oder nicht. Man darf. Man sollte seine Hände aber genauso wenig darin vergraben, wie hinter dem Rücken verschränkt halten, sonst nimmt man sich die Möglichkeit, sie zum Reden zu benutzen.

Ein guter Redner hält Blickkontakt zum Publikum. Nur wer sich den Augen der Hörer zuwendet, spricht ihr Herz an. Der Blickkontakt ist in zweierlei Hinsicht wichtig:

Die Augen des Redners spiegeln seinen seelischen Zustand wider. Wer dem Zuhörer, der ja auch ein Zuschauer ist, ehrlich gegenübertritt, drückt das auch unbewusst in seinen Augen aus. Man kann mit den Augen schlecht lügen. Es ist deshalb außerordentlich schwierig, seine »Augensprache« bewusst einzusetzen. Wichtig, sinnvoll und möglich ist es trotzdem.

An ihren Augen nimmt der Redner andererseits auch am besten wahr, wie er auf seine Hörer wirkt. Die Augen der Zuhörer verraten Abwesenheit, Langeweile, zeigen Aufmerksamkeit und Interesse. Nur, das ist oft das entscheidende Handicap, haben viele Redner Angst vor den Augenpaaren, sie sie ansehen, und vermeiden darum den Blickkontakt. Was hilft dagegen? Aus der Schar der Zuhörer sucht man sich die Augen des Menschen heraus, von dem man glaubt, dass er es gut mit einem meint. An ihn richtet man zunächst scheinbar seine Rede. Hat man dann gleichsam festen Boden unter den Füßen, können die Augen wandern und auch andere Menschen anschauen. Zudem hat das Gefühl, angesehen zu werden, auf den Zuhörer eine ungeheuer suggestive Wirkung: Er fühlt sich zur Aufmerksamkeit, zum aktiven Zuhören förmlich gezwungen.

Blickkontakt suchen

Der Umgang mit dem Lampenfieber

Lampenfieber heißt, sich gehemmt fühlen. Es ist eine Form der Angst. Vor einer größeren Anzahl von Menschen zu stehen und zu ihnen zu sprechen ist vielen ein ungewohntes Ereignis. Viele Augenpaare starren den Redner an! Angst beschleicht ihn, etwas falsch zu machen, stecken zu bleiben oder sich nicht richtig ausdrücken zu können. Jedem Schauspieler ist Lampenfieber wohl bekannt, und er muss es immer wieder überwinden.

Lampenfieber ist meistens unangenehm und lästig, aber es kann auch Nutzen stiften. Denn es stachelt den Redner wie den Schauspieler zu besseren Leistungen an. Die innere Gespanntheit wächst und mit ihr die Konzentration. Was aber macht man, wenn die Angst zu groß wird und lähmt?

Übung und Routine helfen auch hier. Denn wer sich oft genug erfolgreich erprobt hat, weiß, was er kann. (Das kann sich dann wiederum nachteilig auswirken, wenn Routine zur Lässigkeit verleitet. Aber das ist ein anderes Thema.)

Außerdem können folgende Methoden Abhilfe schaffen:
- tief und ruhig durchatmen und das nicht nur einmal
- Autosuggestion mit dem Ziel, sich Mut zu machen: Ich kann reden. Ich beherrsche mein Gebiet. Ich habe schon ganz anderes bewältigt.
- wenn möglich, sich die Ansichten der Gegner vergegenwärtigen. Nichts motiviert nämlich so sehr wie ein »heiliger« Zorn. Eine solche Motivation lässt Gedanken an Angst gar nicht aufkommen
- vor dem Beginn der Rede oder der Veranstaltung nicht an seine Rede denken und etwas anderes tun
- einen oder zwei freundliche Menschen aus dem Kreis der Zuhörer ausspähen und beim Reden sie oder ihn gezielt ansprechen
- eine gute Vorbereitung, die es erlaubt, gegebenenfalls das Wichtigste auch ohne Manuskript zu sagen
- wer frei spricht, sollte mindestens eine Stichwortliste bei sich haben, die ihn, wenn nötig, immer wieder an das rettende Ufer bringen kann. Er muss sie weder vorzeigen noch benutzen, er kann sich aber an ihr »festhalten«.

Überlegen sie sich
den Umgang mit
kritischen Situatio-
nen schon im Vor-
hinein

Es kann auch hilfreich sein zu wissen, wie man mit dem Steckenbleiben umgeht: In einer solchen Situation sollte man vor allem einen klaren Kopf behalten und sich nicht durch Angstvorstellungen irritieren lassen. Also – erst einmal tief durchatmen. Man kann aber auch problemlos über einen Blackout hinwegtäuschen, indem man weiterredet und den Gedanken, an den man sich nicht mehr erinnert, ganz überspringt. Das fällt normalerweise nicht auf. Denn keiner weiß, was hätte folgen sollen. Taucht der »verlorene« Gedanke wieder auf, kann er immer noch nachgeschoben werden. Man kann einen Satz auch unvollendet lassen und mit einer neuen Satzkonstruktion beginnen, die man unauffällig einleitet – etwa mit:

»... beziehungsweise – mir fällt ein ...«

»Lassen Sie mich das noch einmal anders formulieren.«

»Lassen Sie mich an dieser Stelle hinzufügen ...«

»Ich darf diesen Gedanken zur Verdeutlichung noch einmal wiederholen.«

»Ich möchte (an dieser Stelle) noch einmal auf den Grund meiner Rede [auf meinen letzten Gedanken o. Ä.] zurückkommen.«

Es gibt viele Möglichkeiten für verdeckte Neuansätze. Man muss nur den Mut haben, einen unfertigen Satz einfach wie einen Felsbrocken in der Landschaft stehen zu lassen. Im Gefüge der ganzen Rede stört das kaum.

Pannenhilfe

Was tun, wenn trotz guter Vorbereitung technische Pannen passieren? Es ist immer nützlich, diejenigen (mit Namen) zu kennen, die Verantwortung für die Technik tragen, und es ist beruhigend zu wissen, dass sie in der Nähe sind. Dennoch ist man als Redner gezwungen, im Falle redend zu reagieren.

Was sagt man also, wenn Pannen passieren?

Auf Pannen locker reagieren

Von Wilhelm Busch stammt der Ausspruch: »Wer sich nicht zu helfen weiß, der ist nicht wert, in Verlegenheit zu kommen.«

Missgeschicke sind menschlich. Wer darauf locker und mit Humor reagiert, beeindruckt die Zuhörer und erntet, wie es heißt, von Disteln Datteln.

Wenn das Licht plötzlich ausgeht, könnte man zum Beispiel folgendermaßen reagieren:
- Das ist ein Sprung ins Dunkle
- Nun ja, im Leben ist so vieles dunkel
- Jetzt sind wir alle dunkeläugig
- Helle Hirne brauchen kein Licht
- Wir bleiben auch im Dunkeln helle
- Im Dunkeln hört man besser
- Denken kann man auch im Dunkeln
- Dunkelheit fördert die Konzentration und beflügelt die Fantasie
- Selig sind, die nichts sehen und doch glauben
- Der Herr sprach: »Es werde Licht«. Doch er fand den Schalter nicht
- Ich werde Sie inzwischen mit einigen Fakten erleuchten

- Was bei mir auf dem Papier steht, habe ich auch im Kopf
- Gedankenströme ersetzen Atomstrom
- Das ist nur ein Kurzschluss, kein Versammlungsschluss
- Besser schwarz vor Augen als rot vor Wut
- Besser nichts sehen als nichts hören
- Besser dunkel als Dünkel
- Haben Sie schon mal etwas von einem schwarzen Schaf gehört?
- Wer fürchtet sich vorm schwarzen Mann?
- Halb so schlimm, das ist kein schwarzer Freitag

Wenn der Redner etwas umstößt, könnte er sich so über die Panne hinweghelfen:
- Ich bin heute wieder umwerfend
- Wo ich bin, fallen alle Flaschen um
- Das Glas hätte ich lieber auf ihr Wohl, nicht auf ihre Hose geleert

Fällt ihm das Manuskript zu Boden, dann kann er die Störung wie folgt überbrücken:
- Meistens fällt mir etwas ein, manchmal auch etwas runter
- Nun ja, das Papier ist leicht, aber meine Gedanken sind schwer
- Das Thema ist nicht leicht
- Das Thema ist so schwer
- Die Sache hat Gewicht
- Blätter fallen nicht nur von Bäumen
- Das ist allen Blättern so eigen
- Es ist [doch noch gar nicht] Herbst
- Besser das Blatt am Boden als die Gedanken in den Wolken

Geschickt parlieren, gekonnt parieren

Schlagfertigkeit und Humor sind schmackhafte Zutaten gelungener Reden. Richtig dosiert und gekonnt gebündelt, erhellen sie die Hirne und erfreuen die Herzen. Spaß ist der Sauerstoff der Seele.

Nachstehend 50 verbale Schmankerln:
- Wer überlegt, ist überlegen
- Entschuldigen Sie bitte, dass Sie sich geirrt haben
- Wer auf alles eingeht, geht ein

- Die Steigerung von gescheit: gescheiter – gescheitert
- Aus Attitüden werden leicht Plattitüden
- Nicht alles, was geschickt ist, ist schicklich
- Manche Leute schüren den Streit, um sich als Schlichter zu profilieren
- Ohne Vernunft ist es nicht zu schaffen, ohne Menschlichkeit nicht zu ertragen
- Worthülsen sind sinnlos und wirken hilflos
- Mitarbeiter ohne Einsicht haben in der Firma wenig Aussicht
- Die Antwort ist nicht immer das Beste an der Frage
- Manche Leute sind von eiserner Unentschlossenheit
- Manche wissen nicht, was sie wollen, sind aber fest entschlosssen dazu
- Arroganz ersetzt keine Argumente
- Leere Töpfe klappern, leere Köpfe plappern
- Manche haben Manieren, aber keine Moral
- Manche stehen mit beiden Beinen fest in den Wolken
- Kritisieren ist wie Pinkeln gegen den Wind, man macht sich nur die Hosen nass
- Durch die Beitragserhöhung wird der Verein nicht reich, aber seine Armut erträglich
- Manchmal führen Schwierigkeiten zu Schmierigkeiten
- Täuschung führt zu Enttäuschung
- Der Kluge gibt nach, aber nicht auf
- Besser ein Gipsbein als einen Holzkopf
- Frisch versagt ist halb gewonnen
- Tradition ist gut, Fortschritt ist besser
- Das war nicht gut, nur gut gemeint
- Das war eben ein Verbalvandale
- Das ist eher wunderlich als wunderbar
- Wir wollen Vertrauen gewinnen, aber nicht den Verstand verlieren
- Was man nicht begreift, verlernt man auch nicht
- Der ist wie eine Mumie: in alles verwickelt
- Ich bin nicht so schlau, wie ich aussehe; ich bin viel schlauer
- Wir haben hier eine Tagung, kein Tribunal
- Gleichheit ohne Unterschied macht auch keinen Spaß
- Manche haben eingebaute Vorurteile
- Besser ein schlechtes Gewissen als gar keins

- Lieber einen guten Vorsatz als einen schlechten Nachruf
- Das ist der Einstieg zum Aufstieg
- Wer Chancen begreift, sollte sie ergreifen
- Wer uns zu nahe kommt, geht zu weit
- Darin steckt mehr Stumpfsinn als Sinn
- Das war die beste aller schlechten Entscheidungen
- Nun ja, das Schwere versteht er nicht, und das Leichte behält er nicht
- Der hat die Scham- und Schmerzensgrenze überschritten
- Der hat mal wieder ausschweifend monologisiert
- Das war mehr unergründlich als gründlich
- Das war provokativ wirksam, aber nur relativ bedeutsam
- Der sitzt hoch und sieht weit, aber ungenau
- Wir sollten nüchtern planen, aber begeistert handeln
- Konkrete Überlegungen ermöglichen disziplinierte Formulierungen

Ars bene dicendi, die Kunst, gut zu reden, ist die Fähigkeit, kurz und konkret zu formulieren. Die Wirkung solcher Aussagen hängt von der situationsgerechten Aussprache, Mimik und Gestik ab. Die Dramaturgie ist die Mutter der Dominanz.

Ein guter Rat

Es gibt für Redner keine Patentrezepte, aber bewährte Orientierungshilfen, die genügend Freiraum für persönliche Profilierung lassen und doch eine weitgehende Garantie für publikumswirksames Auftreten und beeindruckendes Abschneiden darstellen. Selbstkritik ist hierbei gefragt.

Wer sich nach den Maßstäben normaler Sachlichkeit eingestuft hat (zur Kontrolle kann man auch geeignete Zuhörer um eine Benotung bitten), gewinnt Klarheit über seine Stärken, Schwächen und Reserven. So ist es möglich, Positives aus- und Negatives abzubauen. Dabei sind Konsequenz und Kreativität hilfreich.

Wer ein geübter Redner werden will, sollte sich durch zu überzogene Kritiken an seinem Auftreten auch nicht allzu sehr irritieren lassen. Individualität soll ja das Markenzeichen jedes Redners bleiben.

Die folgende Liste hilft bei der Beurteilung der Selbstdarstellung.

	1	2	3	4	5	6	7	Erkenntnisse
Anfang	○	○	○	○	○	○	○	
Kleidung	○	○	○	○	○	○	○	
Blickverbindung	○	○	○	○	○	○	○	
Körperhaltung	○	○	○	○	○	○	○	
Mimik	○	○	○	○	○	○	○	
Gestik	○	○	○	○	○	○	○	
Stimme	○	○	○	○	○	○	○	
Wortschatz	○	○	○	○	○	○	○	
Formulierungen	○	○	○	○	○	○	○	
Pausentechnik	○	○	○	○	○	○	○	
Substanz	○	○	○	○	○	○	○	
Verständlichkeit	○	○	○	○	○	○	○	
Handhabung der Technik	○	○	○	○	○	○	○	
Stimmungsfaktor	○	○	○	○	○	○	○	
Schlagfertigkeit	○	○	○	○	○	○	○	
Empathie	○	○	○	○	○	○	○	
Zielerreichung	○	○	○	○	○	○	○	
Zeitgefühl	○	○	○	○	○	○	○	
Abgang	○	○	○	○	○	○	○	
Souveränität	○	○	○	○	○	○	○	

Bewertungsskala:
1 Punkt: mangelhaft 5 Punkte: gut
2 Punkte: ausreichend 6 Punkte: besser als gut
3 Punkte: befriedigend 7 Punkte: ausgezeichnet
4 Punkte: ziemlich gut

Was man sich merken sollte:

Abgang Das Ende ist wichtiger als der Anfang.

Anfang Ein gelungener Start beflügelt, erhöht die Aufmerksamkeit und den Respekt der Zuhörer.

Blickverbindung Augenkontakt ist ein Kontroll- und Kommunikationsinstrument.

Empathie Empathie ist die Fähigkeit, sich auf andere einzustellen. Sie ist ein Auslöser von Sympathie.

Formulierungen Diszipliniertes Sprechen erfordert diszipliniertes Denken.

Gestik Kontrollierte Gesten signalisieren Sicherheit und sind ästhetische Zugaben.

Handhabung der Technik Wer technische Hilfsmittel nicht beherrscht, macht seinen Vortrag kaputt.

Kleidung Sie ist Teil der Persönlichkeit, sie muss zum Image der Person und zum Anlass der Veranstaltung passen.

Körperhaltung Zum Gesamteindruck gehört auch, was die Augen des Publikums registrieren.

Mimik Mimik fesselt die Zuhörer und unterstreicht die Aussagen.

Pausentechnik Überlegungs-, Spannungs-, Wirkungs- und disziplinarische Pausen sind dramaturgische Effekte und gestalten Vorträge interessant und spannend.

Schlagfertigkeit Reaktionen können Zuhörer erfreuen, aber auch erzürnen. Die Situation beeinflusst den Stil.

Souveränität Souveränität kann man nicht simulieren; überzeugende Sicherheit beinhaltet Leistung und Bescheidenheit.

Substanz Reden ohne Substanz dienen lediglich der »Schallwellenerzeugung«.

Stimme Aussagen beeinflussen den Verstand, Stimmen die Gefühle.

Stimmungsfaktor Man darf Gelassenheit nicht mit Lässigkeit verwechseln.

Verständlichkeit Wer sich unverständlich ausdrückt, verärgert seine Zuhörer, wird beschimpft oder bespöttelt.

Wortschatz Die Wörter sind nicht monopolisiert, sie sind frei verfügbar.

Zeitgefühl Redezeiten werden zum Überzeugen, nicht zum Überziehen vereinbart.

Zielerreichung Ein Redner, der nichts bewirkt, hat etwas falsch gemacht, oder er war »unredlich«.

Wer diese Empfehlungen beherzigt, wird als ein guter Redner gesucht und geschätzt werden.

Hinweise zu technischen Hilfsmitteln

Der Erfolg von Trainern, Moderatoren und Kongressrednern hängt oft vom Einsatz flankierender Hilfsmittel ab.
Der richtige Umgang mit diesen »Werkzeugen« wird in dem folgenden praxisbezogenen Seminarszenario erklärt und erprobt.

Guten Morgen und ein herzliches Willkommen von mir an Sie alle. Ich freue mich, gemeinsam mit Ihnen in diesem Haus, das zum Wohlfühlen bei der Arbeit förmlich einlädt, die kommenden drei Tage zum Thema »Kundenbedürfnisse/Kundenwünsche« arbeiten zu dürfen. Gestern Abend haben Sie sich bereits kennen gelernt und auch das Hotel, ich nenne es mal unsere »Heimat auf Zeit«, gemeinsam erkundet.

Den mir von Ihrer Firma übermittelten Anmeldeunterlagen konnte ich entnehmen, dass Sie zum ersten Mal an einem meiner Seminare teilnehmen. Darum werde ich Ihnen einige unverzichtbare Hilfsmittel, die gewiss der besseren Effektivität unserer Arbeit dienen werden, kurz vorstellen. Das eine oder andere Gerät werden Sie in Ihrer Firma schon gesehen und auch daran gearbeitet haben. In diesem Seminar arbeiten wir jedoch nach den Regeln der Moderationsmethode. Und gerade für diese Methode, zu der ich noch später einiges Erklärendes zu sagen habe, haben die Hilfsmittel, die Sie hinter und neben mir sehen, einen hohen Stellenwert, dienen sie doch der vollständigen Integration aller Teilnehmer in den Seminarablauf. Die Einwegkommunikation nach dem altbewährten Schema »Der Trainer redet und die Teilnehmer hören zu« ist total out. In jeder Phase unseres Seminars, ausgenommen mal diese Einleitung und andere Erklärungen von mir zur Methode, arbeiten Sie aktiv mit und leisten so einen wichtigen Beitrag zur Visualisierung der Inhalte. Warum diese Methode, so werden sich einige fragen. Meine Antwort: Die Moderationsmethode sorgt für eine optimale Akzeptanz und Umsetzung der Seminarinhalte, sichert einen hohen Lernerfolg bei maximalem Erinnerungswert und erhöht nachweisbar die Bereitschaft zum Mitwirken. Das hört sich jetzt schon etwas akademisch an, aber Sie werden, wenn wir anschließend in die Arbeit einsteigen, sehr schnell die Richtigkeit meiner eben gemachten Aussage verstehen.

Technische Hilfsmittel erleichtern die Integration der Teilnehmer

Also, genug der Theorie, kommen wir zur Praxis und damit zu den Handwerkszeugen. Warum diese Vorstellung? Ich will Ihnen damit auch eine eventuell vorhandene Scheu beim Umgang mit diesen Handwerkszeugen nehmen. Doch vorher einige grundsätzliche Anmerkungen zur Moderation, die ich am ersten Tag unseres Seminars noch an den geeigneten Stellen vertiefen werde. Bei der Vorbereitung zu diesem Thema habe ich folgende Überlegungen angestellt, die wir Trainer auch »Dramaturgie« nennen:

- Was soll in diesem Seminar erreicht werden?
- In welcher Ablauffolge soll das beste Ergebnis erreicht werden?
- Welche Fragen werden gestellt?
- Welche Behauptungen sollen aufgestellt werden?
- Wie soll die Analyse von Lücken vorgenommen werden?
- Wie soll die Umsetzung/Realisierung des Gelernten sichergestellt werden?

Spielregeln festhalten

Für die Umsetzung dieser Dramaturgie gelten Spielregeln, die für alle einfach und rasch erlernbar sind:

- Alle Beiträge von Ihnen werden auf Kärtchen geschrieben und für alle sichtbar an der Pinnwand befestigt. Dazu eine wichtige Anmerkung: Zum Schriftbild der Kärtchen machen wir nachher noch einen, nennen wir ihn mal so, »Crash«-Kurs.
- Es gibt nur kurze Diskussionsbeiträge, sie dürfen maximal 30 Sekunden dauern. Verständnisfragen sind erlaubt.
- Zusammengehörende Aussagen auf den Kärtchen werden gruppiert und unter einem Oberbegriff zusammengefasst. Wir sprechen hier auch von »Klumpen«.
- »Was fehlt noch, was wurde noch nicht gesagt oder geschrieben?« (Lückenanalyse).
- Durch Anbringen von Klebepunkten werden die Schwerpunkte, die Ihrer Meinung nach unabdingbar sind, herausgearbeitet. Das heißt in unserem Sprachgebrauch »Punktabfrage«.
- Widersprüche und Einwände werden durch besondere Zeichen, zum Beispiel Pfeil, Blitz und andere, hervorgehoben.
- Auch alle Unklarheiten werden durch die Formulierung entsprechender Fragen visualisiert, also auf Karten geschrieben und angepinnt.
- Die Beseitigung von Störungen hat Vorrang.

- Es gibt kein schriftliches Protokoll. Auch eigene Notizen sind nicht erforderlich, denn alle Beiträge auf den Pinnwänden werden per Foto oder Ausdruck über den Pinnwand-Protokoll-Kopierer festgehalten und ersetzen so die übliche Seminardokumentation.

Wenn Sie diese Spielregeln akzeptieren und konsequent anwenden, dann können Sie am Ende unserer Arbeitstage gewiss viele interessante und umsetzbare Ergebnisse für Ihr Unternehmen präsentieren. Diese Spielregeln habe ich für Sie auf einer Pinnwand aufbereitet, also zur Kontrolle immer mal wieder hinschauen.

Es geht bei den vorhin genannten Hilfsmitteln vor allem um
- die Pinnwand,
- das Flipchart und
- das Moderationsmaterial oder Zubehör

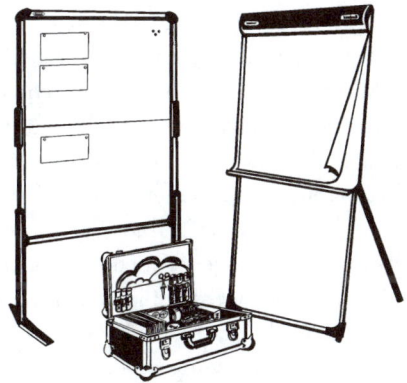

Die **Pinnwand**, auch Moderations- oder Metaplantafel beziehungsweise Kommunikations- oder Stellwand genannt, gehört heute wie selbstverständlich zur Grundausstattung eines jeden Tagungshotels. Fachleute schätzen, dass allein in der Bundesrepublik an allen Lernorten bis zu 700 000 dieser Pinnwände im Einsatz sind. Der Name lässt sich von dem Verb »pinnen« (= mit Stecknadeln befestigen) ableiten.

Seit Ende der 60er-Jahre ist die Pinnwand aus der interaktiven Arbeit mit und in Gruppen nicht mehr wegzudenken. Aus dem Botschaften entgegennehmenden Teilnehmer wurde so ein Mitgestaltender, der eigene Beiträge in das Seminar einbringt.

Interaktives Arbeiten

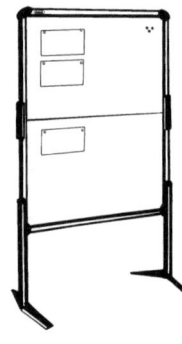

Dieses Hilfsmittel gibt es heute in zahlreichen Variationen, von denen die klappbare, auch mobilkompakt genannte Ausführung wohl am weitesten verbreitet ist.

Diese Arbeitstafel ist bei einem Gewicht von bis zu 6 Kilogramm leicht zu transportieren und dank eines neuen Befestigungssystems, das der Hersteller »Clip-on« nennt, in Sekunden einsatzbereit. Die Pinnwand besteht aus beschichtetem Hartschaum, oft mit Filzbespannung, mit Leichtmetallrahmen und wird mit beigen Papierbögen oder einfachem Packpapier bespannt. Die Arbeitsfläche liegt bei 118 mal 140 Zentimetern und lässt sich durch Nutzung der Rückseite verdoppeln. Nicht nur die Papierbögen, sondern auch die Kärtchen werden mit Pinnnadeln an der Fläche befestigt. Diese Nadeln sind kürzer als die handelsüblichen Stecknadeln und wurden speziell für diese Arbeitsform entwickelt.

Pinnwände eignen sich für die Moderationsmethode

Gerade bei Anwendung der Moderationsmethode ist der Einsatz von Pinnwänden zu empfehlen, dienen sie doch auch als idealer Raumteiler bei der Gruppenarbeit und sind gleichzeitig Arbeitsfläche. Die neueren Pinnwände sind relativ standsicher, weil sie »verdrehsichere« Füße haben. Früher mussten wir Trainer uns mit »Pinguin«-Füßen herumschlagen. Diese waren leicht nach außen gedreht und erzeugten einen Wackeleffekt, aber das ist endgültig Vergangenheit. Viele Teilnehmer drücken die Nadeln durch die Karten und die Bespannung in die Pinnwand, das ist mühsam und zeitraubend. Arbeiten Sie bitte mit dem »Zack«. Was ist denn das, werden Sie erstaunt fragen. Ganz einfach: mit der einen Hand die Karte an der Pinnwand festhalten, mit der anderen die Nadel mit Schwung in die Pinnwand »rammen«. Das gibt ein hörbares »Zack«.

Ein weiteres unverzichtbares Hilfsmittel unserer Arbeit ist das **Flipchart**. Das Wort stammt aus dem Englischen und vereint die Wörter »flip« (= umschlagen) und »chart« (= Papierblatt) in einem Begriff. Dieses Gerät ist in gewissem Sinne ein Nachfahre unserer guten alten Wandtafel. Statt mit Kreide schreibt man hier mit Filzstiften auf Papier, statt mit Schwamm und Wasser zu arbeiten, schlägt man die beschriebenen Bogen einfach nach hinten um. So lässt sich bereits Gesagtes zurückholen oder gesondert als Bogen an einer Pinnwand oder anderen im Raum befindlichen Vorrichtung befestigen. Der Teilnehmer hat also alles im Blick. Wenn Sie genau hinschauen: Das

Flipchart ist eine Art Staffeleigestell mit aufgehängten oder ange-
klemmten Papierbögen. Es ist wesentlich kleiner als eine Wandtafel,
dafür mit wenigen Handgriffen überall einsetzbar und vor allem
leicht zu transportieren.

Das Flipchart ist ein robustes, einfaches und dadurch Vertrauen
erweckendes Medium. Technische Pannen sind bei der Arbeit am
Flipchart kaum möglich. Auch das Mitschreiben kann entfallen, denn
wie bei der Pinnwand werden die beschriebenen Charts per Foto oder
Pinnwand-Protokoll-Kopierer dokumentiert. Das Flipchart ist nach   **Wichtige**
unserem Verständnis kein vergrößerter Notizblock, sondern ein In-   **Informationsträger**
formationsträger.

Das Gerät besteht aus einer stabilen Unterkonstruktion (in der Regel Aluminium) und lässt sich in 10 Sekunden standfest aufbauen.
Die Standardausführung besteht aus einer Visualisierungstafel (aus
Kunststoff oder Email), die beschreibbar und trocken abwischbar ist.
Sie hat oben eine Papierhalterung für gelochtes – oder eine Klemm-
mechanik für ungelochtes Papier. Zusätzlich wird das Flipchart auch
mit abklappbarer Ablageschale und einer ausziehbaren Halterung für
bereits beschriebene Charts angeboten. Bei einigen Modellen können auch Magnetsymbole verwendet werden. Zur Transporterleich-
terung des Flipcharts im Raum oder beim Einsatz in verschiedenen
Räumen, zum Beispiel bei Gruppenarbeiten, gibt es heute auch Rol-
lengestelle. Das Flipchart hat ein Gewicht, das mit knapp 10 bis 13
Kilogramm angegeben wird. Die Größe der Flipchartblocks liegt bei
70 mal 100 Zentimetern, darum ist der Einsatz auch nur für eine Teil-
nehmerzahl von bis zu 20 Personen empfehlenswert, denn der Ab-
stand zwischen Teilnehmer und Flipchart sollte nicht mehr als fünf   **Für kleinen**
bis sechs Meter betragen. Je nach Hersteller gibt es hier, im Gegen-   **Teilnehmerkreis**
satz zur Pinnwand, keine genormten Vorgaben bei der Transport-   **geeignet**
oder Arbeitsgröße. Und noch ein Nutzen, der auch für die Pinnwand
gilt: Ich sehe, draußen lacht die Sonne, also können wir sowohl mit
der Pinnwand als auch mit dem Flipchart ohne Probleme »in Gottes
freier Natur« arbeiten. Wenn Sie durchs Fenster sehen, die grüne
Wiese lockt – also warum nicht!

Jede Pinnwand und jedes Flipchart ist ohne Zubehör nur ein nett an-
zuschauendes Möbelstück, das in einem Raum einfach so rumsteht.
Also wurden Materialbehälter geschaffen, die in den Anfängen der

Moderation von den Trainern selbst recht und schlecht zusammen-genagelt wurden. Entsprechend gering war dann auch der Nutzen für die Anwender, denn immer war irgendetwas nicht unterzubringen und das Materialchaos während des Seminars vorprogrammiert.

Heute haben die Trainer immer den eigenen professionellen **Moderatorenkoffer** dabei. Der lässt sich in Windeseile in einen Wagen verwandeln, hat zudem eine sinnvolle Aufteilung und erlaubt einen schnellen Zugriff. Zwischenzeitlich werden diese Koffer in etwa 20 Variationen angeboten – bis hin zum flugsicheren Modell aus stabilem Alublech mit robusten Beschlägen und dem Minikoffer für das eintägige Training. Wie immer, auch hier ist alles nur eine Kostenfrage. Der Moderatorenkofferwagen, den ich hier einsetze, hat Platz für mehr als 2000 Moderationskarten in unterschiedlichen Größen und Farben, rund 40 Marker, etwa 1500 Bewertungspunkte und viele Markierungsnadeln. Es fehlen auch nicht Teleskop-Zeigestab, Schere, Klebesticks und Korrekturstreifen. Und wenn das alles für unser Training nicht ausreichen sollte, ich habe noch ein zweites Sortiment dabei oder das Hotel gibt Hilfestellung.

Das wars. Machen wir uns an die Arbeit und beginnen, analog zur eingangs genannten Dramaturgie und den dazugehörigen Spielregeln, mit dem Ablaufplan für die zu erarbeitenden Inhalte zu unserem Seminarthema.

Rhetorik und Gesprächsführung

Allgemeines

Das folgende Kapitel führt scheinbar weg von der Redekunst und beschäftigt sich mit Kommunikation im Allgemeinen und spezieller mit der Gesprächsführung und ihren kommunikationspsychologischen Grundlagen. Folgende Fragen stehen im Mittelpunkt: Was ist Kommunikation? Wie findet Kommunikation statt? Was hat Kommunikation mit Rhetorik zu tun?

Kommunikation meint im Allgemeinen die Verständigung zweier oder mehrerer Individuen untereinander. Sie dient ganz unterschiedlichen Zwecken. Man möchte zum Beispiel Kontakt halten mit Freunden, Bekannten, Nachbarn usw. oder Kontakt aufnehmen mit Fremden, möchte Neuigkeiten austauschen, mitteilen, was einem interessant erscheint, hören, was andere beschäftigt.

Der Mensch ist ein geselliges Wesen, und das äußert sich darin, dass er spricht. Selbst der Eremit in der Wüste spricht – mit Gott. Und so großartig die Insel des Robinson Crusoe erscheinen mag, sie fängt für den Romanhelden erst an, paradiesisch zu werden, nachdem Freitag zu ihm gestoßen ist, und er jemanden hat, mit dem er reden kann.

Dabei ist es für den sozialen Aspekt der Kommunikation oft völlig gleichgültig, was gesagt wird. Je näher sich diejenigen stehen, die miteinander kommunizieren, desto gleichgültiger kann der Gesprächsstoff werden. Im Sprechen entsteht Gemeinschaft. Auf dieser Tatsache baut Kommunikation auf.

Um zu wissen, wer er ist, was er denkt, worin seine Eigenarten bestehen, um zu lernen, um die eigene Persönlichkeit zu entwickeln, braucht der Mensch das Echo seiner Umgebung, braucht er den Dialog, das Wechselspiel von Mitteilung und Reaktion. Der Mensch findet sich im Gespräch. Oft gewinnt eine Meinung erst Konturen, wenn sie auf Widerspruch stößt und im Gespräch verteidigt werden muss; oft zeigt sich erst dann, wie viel Richtiges oder Falsches, Selbstverständliches oder Unkonventionelles, Halbwahres oder Unausgegorenes sie enthält. Und ebenso oft nützt es der Sache, wenn mehrere Menschen konstruktiv mitdenken. Bekanntlich werden gerade Fachleute oft ›betriebsblind‹ und übersehen die Defizite des eigenen Denkens.

Durch Kommuni-
kation führen
Sie Menschen

Ideen kann er in den meisten Fällen nicht allein verwirklichen. Also muss sich der Mensch anderen mitteilen, und zwar so, dass sie an seinen Ideen Geschmack finden. Dafür gibt es drei Möglichkeiten: den Befehl, die Überredung, das Überzeugen. Alle drei sind Formen der Kommunikation. Nur wenn der Mensch andere Menschen mit kommunikativen Mitteln von seinen Ideen überzeugen kann, werden sie diese konsequent, effektiv und in seinem Sinn zu verwirklichen helfen. Durch Überredung kann er sie nur für seine Ideen gewinnen. Das ist auch wichtig, aber es ist nicht alles!

Der Befehl ist heute das untauglichste Mittel der Kommunikation, besonders im beruflichen Umfeld, das zunehmend von Teamarbeit geprägt ist, in einer Gemeinschaft, die Rücksichtnahme und Partnerschaft zwischen gleichberechtigten, freien, verantwortungsbewussten Menschen fördert, in einer demokratischen Gesellschaft, in der der partnerschaftliche Wettstreit der Meinungen im Interesse aller, nicht der Wille einiger weniger, der faire Interessenausgleich, nicht das Machtwort, nicht die Gewalt, sondern das Gespräch herrschen.

Kommunikation bedeutet mehr als reden. Sie ist, wenn man so will, der Schlüssel zu jeder menschlichen Tätigkeit, Handlungen allein können auch schon etwas aussagen. Sie sind also Teil der Kommunikation. (Der Satz »Nehmen Sie bitte Platz!« kann z. B. durch eine Handbewegung ersetzt werden.) Schließlich spielen stets eine Fülle psychologischer Momente in die sprachlichen Handlungen hinein.

Die Kommunikationspsychologie beschäftigt sich damit, alle Bestandteile der Kommunikation zu beleuchten und zu untersuchen, wie es zu Störungen, zu Missverständnissen im weitesten Sinn kommen kann. Wenn also überlegt wird, wie man ein Gespräch »effektiv« oder »erfolgreich« führt, geht es zuallererst um die Fragen: Wie vermeide ich Missverständnisse? Wie behebe ich Störungen? Wie erreiche ist, dass die Gesprächspartner einander verstehen? Diese Fragen sollen im Folgenden beantwortet werden.

Bleibt offen, was Gesprächsführung mit der Kunst der Rede zu tun hat. Der erste Zusammenhang besteht in der Sprache, genauer im gesprochenen Wort. Der zweite Zusammenhang besteht darin, dass sich in Gespräch und Rede ein komplexer Kommunikationsprozess entwickelt. Doch während sich dieser im Gespräch in Rede (!) und Gegenrede äußert, besteht er bei einer Ansprache o. Ä. aus Rede und meist nicht ausgesprochenen Reaktionen. Von daher ist es leichter, die Bedingungen des Gesprächs zu betrachten. Indessen ist das, was sich bei der Rede abspielt, diesen Vorgängen sehr ähnlich. Die Rede, so könnte man sagen, ist eine besondere Form des Gesprächs.

Was ist ein Gespräch?

Zur Klärung der Frage, was ein Gespräch ist, genügt für die Zwecke dieses Buchs ein ganz einfaches Beschreibungsmodell. Für dieses gelten die folgenden Vorgaben: Gegeben sind die Personen A und B und ein Thema G. In einem Gespräch tauschen A und B Informationen aus, die in Nachrichten, Mitteilungen, Botschaften enthalten sind. Jede der agierenden Personen ist abwechselnd Sender und Empfänger solcher Nachrichten, Mitteilungen, Botschaften, die daraus resultieren, dass jede Person eine bestimmte Beziehung zum Thema G hat. Hinzu kommt, dass A und B im Gespräch bestimmte Ziele verfolgen und ein Ergebnis, eine Lösung anstreben.

Ein Gespräch entwickelt sich immer auf zwei Ebenen, der Sachebene und der Beziehungsebene. Die Sachebene vertritt die Beziehung der Partner zum Gesprächsgegenstand. Der Idealfall ist natürlich immer dann gegeben, wenn hier Klarheit und Verständlichkeit bei der Darstellung der zu besprechenden Sachverhalte erreicht werden, auch wenn natürlich das jeweilige Verhältnis zum Thema und das jeweils angestrebte Ergebnis die Sicht der Dinge beeinflussen.

Sach- und Beziehungsebene

Die Beziehungsebene repräsentiert die Beziehung der Partner untereinander. Sie ist die emotionale und soziale Ebene, auf der das Gespräch abläuft, und hängt damit sehr stark ab von der Wirkung, die die Gesprächspartner aufeinander haben, und auch von der ggf. unterschiedlichen sozialen Stellung, die sie in der Gesellschaftshierarchie einnehmen. Hier ist das Ideal erreicht, wenn beide Partner so miteinander umgehen, dass sie sich gegenseitig akzeptiert, verstanden und als vollwertig behandelt fühlen (und nicht etwa nur fühlen können).

Ein Gespräch, das nicht auch auf einer Beziehungsebene stattfindet, gibt es nicht. Denn selbst wenn die Personen A und B nebeneinander stehen und keine von beiden auf die andere Bezug nimmt, liegt eine Beziehung vor: Sie ignorieren einander, sind einander gleichgültig.

Die Beziehungsebene beeinflusst das gesamte Gespräch positiv oder negativ. Sie spielt zu Beginn eines Gesprächs eine große Rolle und kann in seinem Verlauf jederzeit durch einen der beiden Partner gestört werden. Ist die Kommunikation aber schon auf der Beziehungsebene gestört, wird es ggf. auf der Sachebene keine Entscheidungen geben. Deshalb muss ihr besondere Aufmerksamkeit gelten. Mehr dazu unter »Wie gestaltet man ein Gespräch?«

Was ist eine Nachricht?

Für P. Watzlawik* ist eine Nachricht nichts anderes als eine einseitige Mitteilung einer Person an eine andere. In einem sehr einfachen Modell lässt sich diese Definition wie folgt darstellen:
Jede gesendete Nachricht setzt sich zusammen aus Sachinhalt, Selbstkundgabe, Beziehung, Appell:

Die vier Seiten der Nachricht

1. Der *Sachinhalt* ist das Faktum der Nachricht, die neutrale Information, ihr eigentlicher Gehalt.
2. *Selbstkundgabe* heißt: Der Sender teilt etwas von sich mit; er gibt etwas von sich preis. Etwas von seiner Person, seinen Ansichten und Meinungen wird sichtbar.
3. Die *Beziehung* definiert das Verhältnis des Senders zum Empfänger, definiert, was er von ihm hält, wie er zu ihm steht.
4. *Appell* steht für den Appellcharakter einer jeden Nachricht. Eine Nachricht hat Appellcharakter, weil der Sender beim Empfänger durch sie etwas bewirken will. Er appelliert an den Empfänger, will in der einen oder anderen Weise Einfluss auf ihn ausüben, ihn veranlassen, etwas zu tun oder zu unterlassen, etwas zu denken oder zu fühlen usw.

* P. Watzlawik und J. H. Beaven: Menschliche Kommunikation. Bern, Stuttgart, 1969.

Dazu einige Beispiele:

1. Beispiel:

Es ist 12.00

S → Machen wir Pause!
Fahren wir essen!

»Es ist 12.00«

Ich habe Hunger.
Ich bin müde. → E

Du hast mich geschafft.
Wir haben gut miteinander gearbeitet.

2. Beispiel:

S → Gut so.
Mach weiter.
Hör auf.

Lachen

Ich bin froh.
Ich bin belustigt. → E

Du belustigst mich.
Ich mache mich über dich lustig.

3. Beispiel:

leer

S → Lass mich in Ruhe.
Fang keine Gespräche mit mir an.

Schweigen

Ich will nicht angesprochen werden.
Ich will meine Ruhe haben. → E

Du bist kein ansprechender Gesprächspartner für mich.

Unabhängig davon, wie der Sprecher kommuniziert, ob er etwas sagt (1), ob er eine Lautäußerung von sich gibt (2) oder ob er nichts sagt (3), stecken die vier Elemente der Nachricht in jeder Botschaft – mag er dies wollen oder nicht wollen. »Wir können [also] nicht nicht kommunizieren.« (Watzlawik)

Diese vier Elemente werden nie gleichzeitig direkt und explizit mitgeteilt. Drei sind meistens in einer Nachricht versteckt. Der Sprecher lacht, aber es steckt viel mehr hinter seinem Lachen. Er sagt: »Es ist zwölf Uhr«, aber diese Aussage hat mehr als nur die wörtliche Bedeutung.

Die Bausteine Selbstkundgabe, Beziehung, Appell werden in aller Regel nicht direkt ausgedrückt, sondern sind implizit in der Nachricht enthalten und stellen ihr Umfeld dar. Sie kommen meist darin zum Ausdruck, wie etwas gesagt wird. Sie bilden die Begleitmelodie zum Sachinhalt der Nachricht, schwingen mit. Trotzdem sind sie genauso bedeutungsvoll wie der Sachaspekt selbst.

Betrachtet man den Grundvorgang der Kommunikation aus der Sicht des Empfängers, so kann man feststellen, dass er – entsprechend den vier Elementen einer Nachricht – gewissermaßen über vier Ohren verfügt: Mit dem »Sachohr« nimmt er den Sachinhalt auf; mit dem »Selbstkundgabeohr« nimmt er wahr, was der Sender von sich mitteilen will; mit dem »Beziehungsohr« nimmt er auf, was der Sender von ihm zu halten scheint; und mit dem »Appellohr« hört er die an ihn gerichtete Aufforderung aus der Nachricht heraus. Da drei der vier Bausteine einer Mitteilung vom Sender gar nicht explizit gemacht werden und der Empfänger hierzu nur Vermutungen anstellen kann, kommt es leicht zu Missverständnissen. Das wird an folgendem Beispiel deutlich:

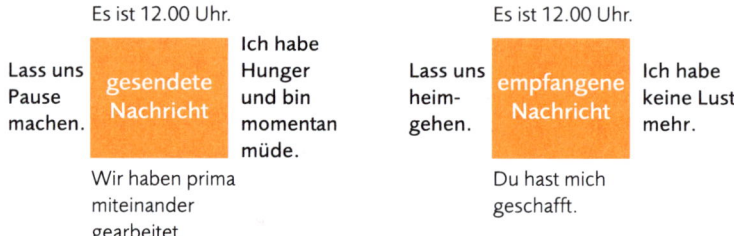

Der Empfänger reagiert in unserem Beispiel auf die Vermutung, zu der er über das »Beziehungsohr« kommt (»Du hast mich geschafft!«) und antwortet: »Machen wir Feierabend für heute.«

Die gesendete und empfangene Nachricht müssen trotz gleichen Sachinhalts nicht identisch sein. Es kann zu Verzerrungen oder Verlust des Inhalts kommen. Grundsätzlich gibt es vier Möglichkeiten:

- Die gesendete Information wird richtig empfangen
- Die gesendete Information wird verzerrt empfangen
- Eine Information wird gesendet, aber nicht empfangen
- Eine Information wird empfangen, wurde aber gar nicht gesendet

Dass die Kommunikation zwischen Sender und Empfänger sehr viel häufiger gestört ist, als man annehmen mag, liegt daran, dass Nachrichten nur verzerrt »empfangen« werden. Worin liegen die Gründe hierfür?

- Im Gespräch überlegt der Empfänger häufig nur, was er selbst sagen will, und hört dem Sender deshalb gar nicht richtig zu
- Gleiche Wörter haben häufig für Sender und Empfänger unterschiedliche Bedeutungen. Das kann zum einen an der Sprache liegen, in der es gleich lautende und gleich geschriebene Wörter mit ganz unterschiedlichen Bedeutungen gibt (Homonymie: Bank [Geldinstitut] und Bank [Sitzgelegenheit]). Zum anderen können auch unterschiedliche Einschätzungen einer Sache ausschlaggebend sein. So ist ein Buch für einen Buchhändler zunächst eine Ware, während es für den Verfasser primär das Ergebnis vieler Bemühungen ist
- Der Empfänger hört manchmal nur das, was er hören will
- Der Sprecher ist befangen und sagt gar nicht genau, was er meint. Gefühle beispielsweise sind besonders schwer in Worte zu fassen

Gründe für Kommunikationsverzerrungen

Kommunikation kann nur dann funktionieren, wenn der Grad der Verzerrung einer Nachricht möglichst klein gehalten wird.

Wie lässt sich Kommunikation effektiv gestalten?

Nach dem am Modell dargelegt wurde, wie Kommunikation funktioniert, und nachdem erläutert wurde, was Nachrichten beinhalten und woher Missverständnisse rühren können, soll nun beschrieben werden, was man unternehmen kann, um Störungen bei der Nachrichtenübermittlung von vornherein auszuschalten oder wenigstens zu verringern. Es geht also im Folgenden um die Gestaltung der Kommunikation.

Was hierzu bereitgestellt werden soll, ist ein Repertoire an Gesprächsmitteln, Tricks und Rezepten. Wer diese Rezepte rein äußerlich anwendet, also mechanisch befolgt, betreibt zunächst nur »Verhaltenskosmetik«. Doch ein Make-up sollte nur die natürlichen Vorzüge eines Individuums unterstreichen und höchstens geringfügige Unvollkommenheiten verdecken. Dick aufgetragene Schminke wird schon auf den ersten Blick als Maske entlarvt. So wirkt auch ein Verhalten, das nicht dem eigenen Naturell entspricht, verdächtig, vielleicht sogar abstoßend und lässt den Gesprächspartner rasch misstrauisch werden.

Verhaltenskosmetik

Die Konsequenz aus dieser Einsicht lautet deshalb zunächst: Erkenne dich selbst! Der Sprecher muss sich fragen: Wie stehe ich zu anderen Menschen? Wie wirke ich auf andere Menschen? Wie gelingt es mir, anderen mitzuteilen, was mir am Herzen liegt? Wer sich selbst genauer kennt, kann auch andere besser verstehen; und wer andere besser versteht, kann sich besser verständlich machen. Jeder spricht »seine Sprache«. Und wer seine Sprache genau kennt, kann die Sprache des anderen in die eigene Sprache übersetzen; und umgekehrt vermag er erst dann, sich so auszudrücken, dass ihn der Kommunikationspartner auch versteht. »Verhaltenskosmetik« kann dabei behilflich sein. Wichtiger jedoch ist die Entwicklung der eigenen Persönlichkeit.

Wer in die »Sprache« des Empfängers übersetzen will, damit seine Nachricht auch verstanden wird, braucht vor allem Informationen darüber, warum sein Gesprächspartner auf eine bestimmte Weise spricht oder handelt. Diese Informationen helfen, Argumente sprachlich besser zu fassen und überzeugender zu machen. Soll ein Gespräch zu einem Ergebnis führen, dann ist daneben auch ein größtmögliches Wissen über das behandelte Thema nötig.

Ein gutes Gespräch ähnelt einem Ballspiel, ist ein Wechselspiel von Rede und Gegenrede, von Aktion und Reaktion, Frage und Antwort. Es zeichnet sich dadurch aus, dass der, der redet, den »Ball« nur so lange in der Hand behält, wie es unbedingt nötig ist, d. h. so kurz wie möglich, um ihn dann seinem Partner zuzuspielen. Fängt der Gesprächspartner den »Ball« auf, erhält der Sender eine Rückmeldung auf die Nachricht bzw. Mitteilung, die er gesendet hat. Dabei tritt der Gesprächspartner als Sender in Aktion, und der ursprüngliche Sender wird seinerseits zum Empfänger einer Nachricht. Und diese Nachricht enthält die Informationen, die rückmelden, ob er von seinem Gesprächspartner richtig verstanden worden ist. Je besser man dieses »Ballspiel« beherrscht, desto größer ist die Chance, Missverständnisse und Verzerrungen bei der Nachrichtenübermittlung zu verhindern.

Ein gutes Gespräch ist ein wechselseitiges Ballspiel

Das erweiterte Kommunikationsmodell sieht dann so aus:

Kommunikationsmittel dienen dazu, Informationen zu liefern und zu beschaffen; sie dienen dabei auch dem Zweck, eine Rückmeldung zu erreichen. Und das gelingt, wenn eine Nachricht so gestaltet wird, dass sie den Empfänger dazu veranlasst, selbst zum Sender zu werden und die nötigen Informationen zu übermitteln.

Kommunikationsmittel dienen dem Informationsvorteil

Die Kommunikationsmittel

Wie bereits betont, muss der Kommunikationsprozess in zweckmäßiger Weise gestaltet werden. Dies geschieht tatsächlich meist unbewusst. Im Folgenden sollen die Kommunikationsmittel dargestellt und Hinweise gegeben werden, wie man sie bewusst einsetzen kann. Dabei ist zu beachten, dass die Wirkung dieser Mittel auf ihrer geschickt gewählten Kombination beruht. Sie sollen deshalb nicht ohne Bedacht angewendet werden. Diese Ausführungen wollen dabei helfen, die unbewusst angewendeten Kommunikationsmittel bewusst zu machen, damit sie im Gespräch fast mechanisch richtig angewendet werden. Denn der Tausendfüßler, der darüber nachdenkt, wie er seine Füße setzen muss, wenn er vorankommen will, kommt nicht vom Fleck.

Zur Gestaltung eines Gesprächs stehen folgende Kommunikationsmittel zur Verfügung:*

Sprachliche Mittel

Als »Türöffner« werden Floskeln bezeichnet, die den Gesprächspartner dazu einladen, sich zu äußern und aktiv an einem Gespräch teilzuhaben. Hierzu einige Beispiele:

»Ich würde gern hören, was Sie dazu meinen.«

»Erzählen Sie mir mehr davon!«

»Was sollte ich Ihrer Meinung nach noch wissen?«

Floskeln entlasten den Kopf und harmonisieren das Gespräch

Eine vergleichbare Funktion haben Hinweise darauf, dass genügend Zeit für ein Gespräch vorhanden ist. Gewöhnlich wird in einer Viertelstunde sehr viel Substanzielles gesagt, wenn die Gewissheit besteht, dass der Gesprächspartner in Ruhe zuhören kann. Wenn man dagegen von vornherein weiß, dass nur wenige Minuten zur Verfügung stehen, wird oft zu viel zu schnell heruntergehaspelt, sodass die Ausführungen den Empfänger mehr verwirren, anstatt ihn zu informieren.

---

* Die Ausführungen folgen Vera F. Birkenbihl: Kommunikationstraining. Zwischenmenschliche Beziehungen erfolgreich gestalten. München, 1986.

Aktives Schweigen

Wenig ermunternd wirkt es auf einen Gesprächspartner, wenn sein Gegenüber nur schweigt. Anhaltendes Schweigen löst bei den meisten Menschen ein Gefühl der Unsicherheit aus. Es entsteht in ihren Augen eine Leere, die sie durch übermäßiges Gerede auszufüllen suchen. Natürlich muss einem Gesprächspartner zugestanden werden, dass er sich Zeit nimmt, seine Gegenrede zu überlegen. Wird diese Zeit aber zu lang, kommt es oft zu Fehlinterpretationen.

Kombiniert mit Aufmerksamkeitsreaktionen (s. u.) kann das Schweigen aber auch den Charakter einer Aufforderung zum Weiterreden haben und somit ein Mittel der aktiven Kommunikationsgestaltung sein.

Aufmerksamkeitsreaktionen

Ermunterungsmittel sind die Animateure im Gespräch

Jemand, der aktiv zuhört und mitdenkt, bringt dies auch durch kurze Bemerkungen zum Ausdruck, die den Fluss der Rede nicht unterbrechen, sondern den Gesprächspartner ermuntern, in seinen Ausführungen fortzufahren. Solche Signale sind Einsprengsel wie »interessant«, »ich verstehe«, »ja«, »hm«, »tatsächlich?« usw. Zu den Aufmerksamkeitsreaktionen können auch Zustimmung, Ablehnung, Skepsis o. Ä. signalisierende Gesten gezählt werden.

Fragen

Fragen sind ein sehr wichtiges Kommunikationsmittel. Die Kunst besteht darin, die richtige Frage zu stellen. Welche Rolle spielen Fragen in der Kommunikation?

Die Kunst, die richtige Frage zu stellen

- Sie fördern das interaktive »Ballspiel« zwischen Sender und Empfänger
- Sie liefern Informationen, da der Partner Gelegenheit erhält, sich zu äußern
- Sie aktivieren den Partner, schmeicheln ihm und stärken sein Wohlbefinden
- Sie verhindern Pannen und sichern den Gesprächsfluss
- Sie helfen Zeit zu gewinnen, um sich eine Argumentation zurechtzulegen oder das bisher Gesagte zu überdenken
- Sie gehören zu den Steuerinstrumenten im Gespräch: Wer fragt, der führt

– Sie können aber auch den bisherigen Gedankenfluss des Gesprächspartners blockieren und seine Gedanken in eine andere Richtung zwingen

Eingangs wurde festgestellt, dass ein Gespräch als Rede und Gegenrede, Aktion und Reaktion einem Ballspiel vergleichbar ist. Es gilt demnach, dass auf eine Frage eine Antwort folgen muss. Dies kann nur geschehen, wenn die Frage verstanden wird, oder, um beim Vergleich zu bleiben, der Ball beim Partner auch ankommt. Sein aktives Schweigen muss zum Sprechen werden.

Die folgenden Regeln gelten grundsätzlich für alle Fragearten, aber auch in leicht abgewandelter Form für alle anderen Kommunikationsmittel:

– Fragen sollen sachlich, offen, freundlich und höflich sein
– Fragen sollen den Gesprächspartner nicht persönlich angreifen
– Fragen sollen kurz und verständlich und in der »Sprache« des Gesprächspartners formuliert sein
– Fragen sollen nicht vom Fragenden selbst beantwortet werden
– Bleibt auf eine Frage eine Antwort zunächst aus, soll der Fragesteller nicht unruhig werden. Bekommt er nur eine unzureichende Antwort, soll er seine Frage wiederholen und sie dabei gegebenenfalls umformulieren. Solche Umformulierungen dienen dazu, die Aufmerksamkeit des Empfängers auf einen anderen Aspekt der Frage zu lenken. Auf diese Weise lockert man die »psychischen Scheuklappen« seines Gegenübers
– Fragen sollen begründet werden; dies kann mit einem Hinweis auf einen größeren Informationsbedarf oder auch mit einem Kompliment (»Ihre Meinung ist für mich besonders wichtig«) geschehen

Grammatikalisch betrachtet kann man Fragen ganz unterschiedlich einteilen. Die hier gewählte Einteilung ist an den Arten der Kommunikationsgestaltung orientiert.

Offene Fragen

Offene Fragen, auch W-Fragen genannt, beginnen grundsätzlich mit einem Fragepronomen o. Ä.: wer, was, wie, wo, wann, weshalb, warum, zu wessen Gunsten, in welcher Folge usw. Die offene Frage zielt auf eine offene Antwort, da der Gefragte in seinen Antwortmöglichkeiten durch keinerlei Vorgaben eingeschränkt wird – außer durch den Fragehorizont natürlich. Innerhalb dieses Horizonts bleibt ihm ein weiter Spielraum.

W-Fragen bieten einen großen Spielraum

> **Beispiel:**
> »Wann darf ich bei Ihnen vorbeischauen?«
>
> **a)** *»Jederzeit.«*
> **b)** *»Mittwoch um 15.30 Uhr.«*
> **c)** *»Schlagen Sie einen Termin vor!«*
> **d)** *»Ein Treffen halte ich für überflüssig.«*

Die offene Frage ist besonders dazu geeignet, möglichst schnell viele Informationen zu erhalten, um sich in einem noch relativ unbekannten Gebiet orientieren zu können.

Es gilt der Grundsatz: Der gute Redner zeichnet sich durch galante Fragen aus. Dementsprechend muss vor dem Fragepronomen »warum« gewarnt werden. Es kann provozierend auf den Empfänger wirken und ihn in eine Rechtfertigungsposition drängen. Besser ist es deshalb, »warum«-Fragen umzuformulieren.

> **Beispiel:**
> »Warum meinen Sie das?«
>
> **Umformulierung:**
> »Wie sind Sie zu diesem Ergebnis gekommen?«

Geschlossene Fragen

Die geschlossene Frage beginnt nicht mit einem Fragepronomen, sondern mit einem Tätigkeitswort (Verb) oder Hilfsverb. Auf eine geschlossene Frage gibt es sprachlogisch nur die Möglichkeit, mit »ja«, »nein«, »ich weiß nicht« oder »vielleicht« o. Ä. zu antworten.

Geschlossene Fragen begrenzen die Antwort

> **Beispiele:**
> »Darf ich bei Ihnen vorbeischauen?« *»Ja.« – »Nein.«*
> »Sind Sie zu einem Ergebnis gekommen?« *»Ja.« – »Nein.«*
> »Ist das die Straße nach Erfurt?« *»Ja.« – »Nein.« – »Ich weiß nicht.«*

Macht die Frage deutlich, dass Sender und Empfänger sich gedanklich in derselben Richtung bewegen, vermag die geschlossene Frage Vertrautheit zwischen den Gesprächspartnern zu erzeugen, weil sie sie auf dieselbe Gesprächsebene stellt. So ist die geschlossene Frage auch vor allem für die Abschlussphase eines Gesprächs geeignet, wenn es darum geht, eine Diskussion auf den Punkt zu bringen, Übereinstimmungen festzustellen, das Einverständnis über die erreichten Ergebnisse zusammenzufassen. Hier dient sie überwiegend als Verständnisfrage.

Die Antwort auf eine geschlossene Frage bewegt sich in einem vom Frager eng gesteckten Rahmen. Indessen wird dieser Rahmen oft nicht akzeptiert, sei es, dass es die Höflichkeit verbietet, mit einem schlichten Ja oder Nein zu antworten, sei es, dass es der Antwortende vermeiden will, sich ohne Umschweife und Rückzugsmöglichkeit festzulegen, sei es, dass der Rahmen der Frage für den Sachverhalt zu eng gesteckt ist und der Antwortende gar nicht guten Gewissens mit einem Ja oder Nein antworten kann, oder sei es, dass der Antwortende bereits die Folgefrage mitdenkt und in seiner Antwort das Ja oder Nein überspringt.

> **Beispiele:**
>
> »Fanden Sie den Pianisten auch so gut?«
> *»Er hat ein schönes Programm ausgesucht.«*
>
> »Sind Sie zu einem Ergebnis gekommen?«
> *»Wir haben an der Lösung intensiv gearbeitet und sind ein gutes Stück vorangekommen.«*
>
> »Sind Sie zu einem Ergebnis gekommen?«
> *»Nach einem Ergebnis war gar nicht gefragt. Das Treffen diente nur dem Meinungsaustausch.«*
>
> »Darf ich bei Ihnen einmal vorbeischauen?«
> *»Kommen Sie am Mittwoch um 15.30 Uhr.«*

Alternativfragen

Bei der Alternativfrage werden mehrere Antwortmöglichkeiten in der Frage selbst aufgefächert. Auch hier wird ein Rahmen für die Antwort vorgegeben, wobei sich die meisten Menschen tatsächlich bei ihrer Antwort an diesen Rahmen halten und sich für eine der vorgeschlagenen Varianten entscheiden.

> **Beispiel:**
>
> »Wollen wir ins Kino gehen *»Gehen wir doch ins Theater.«*
> oder lieber ins Theater?«

Bei der Alternativfrage hat die zuletzt genannte Alternative (hier: »ins Theater«) die größte Suggestivkraft. Dies vorausgesetzt, kann man die erwünschte Antwort anstoßen.

Ferner sollte man immer überlegen, wenn man mehr als zwei Möglichkeiten vorgibt, wie viele wirklich sind, damit der Gesprächspartner nicht verwirrt wird. Denn die wichtigste Aufgabe der Alternativfrage liegt darin, dem Gegenüber Entscheidungshilfen zu geben.

Gegenfragen

Im Allgemeinen gilt es als unhöflich, eine Frage mit einer Gegenfrage zu beantworten, und wenn es das Ziel der Gegenfrage ist, von
der eigentlichen Frage abzulenken, muss man dem auch zustimmen.
Rückfragen jedoch können sehr nützlich sein, wenn nicht recht verstanden wurde, worauf eine Frage zielte, oder wenn man genauere
Angaben braucht, um sich festlegen zu können. Darum ist die Gegen-
frage/Rückfrage in der Regel eine offene Frage, mit der auf eine geschlossene reagiert wird.

Beispiel:
»Gehst du mit uns essen?« *»Wohin wollt ihr denn gehen?«*

Rhetorische Fragen

Bei der rhetorischen Frage handelt es sich nur um eine scheinbare
Frage, denn auf eine rhetorische Frage wird keine Antwort erwartet.
Entweder wird die Frage gleich vom Fragenden selbst beantwortet,
oder die Frage ist eigentlich eine Aussage, die nur in die Form einer
Frage gekleidet wird. Das erkennt man oft daran, dass man nicht
weiß, ob man am Schluss ein Fragezeichen oder einen Punkt oder gar
ein Ausrufezeichen setzen soll.

Beispiele:
»Sind die Herren zu einem Ergebnis gekommen? Natürlich
nicht! Denn es fehlt ihnen an allem, vor allem am Sachverstand.«

»Welche Frau könnte da widerstehen?(!)«

»Und bist du endlich daraus klug geworden? Nein. Du machst
diesen Fehler immer wieder, und wir beide wissen das.«

Auch die rhetorische Frage dient dem Zweck, die Aufmerksamkeit
des Gesprächspartners zu wecken und zu lenken, ohne dass der Spre-

cher dabei allerdings »den Ball aus der Hand geben« muss. Zu häufig eingesetzt, kann dieses Kommunikationsmittel jedoch dazu führen, dass der Gesprächspartner das Interesse verliert, weil er durch die rhetorischen Fragen zwar immer wieder zur Aktivität aufgefordert zu sein scheint, in Wirklichkeit aber nicht zu Wort kommt. Das muss aber nicht sein: Macht der Sprecher am Ende einer rhetorischen Frage, wie bei anderen Fragetypen auch, eine Sprechpause, bietet er dem Gesprächspartner einen Ansatzpunkt, nun seinerseits aktiv zu werden.

Aufmerksamkeit wecken durch rhetorische Fragen

Suggestivfragen

Die Suggestivfrage ist so gebaut, dass sie dem Gefragten seine Antwort fast schon in den Mund legt. Sie suggeriert ihm, wie er antworten soll, und lässt ihm wenig Chancen, sich zu einer anderen Replik zu entschließen. Zu den Suggestivfragen gehören auch die Fangfragen. Suggestiv- und Fangfragen sind Kommunikationsmittel, die ein Gespräch behindern, wenn nicht zerstören können, da sie Misstrauen beim Gesprächspartner wecken und dadurch seine Kommunikationsbereitschaft schmälern.

> **Beispiel:**
> »Wollten Sie nicht gerade gehen?«

Das Reflektieren

Auch das Reflektieren gehört zu den wichtigen Kommunikationsmitteln. Reflektieren bedeutet eigentlich »zurückstrahlen, spiegeln«. Beim Reflektieren geht es darum, den Wortlaut oder den Inhalt (Stufe A), den emotionalen Gehalt (Stufe B) oder Appell, der in der Nachricht mitschwingt (Stufe C), in eigene Worte zu fassen. Dieses Wiederholen der empfangenen Nachricht ist die ideale Form der Rückmeldung an den Sender. Er kann daran ablesen, ob seine Information vom Empfänger korrekt und vollständig empfangen, ob er verstanden worden ist. Für den Empfänger eröffnet eine solche Wiederholung die Möglichkeit, selbst die Lenkung des weiteren Gesprächs zu übernehmen. Dabei erhält die Rückmeldung zunächst den Status einer Vermutung. Der Empfänger geht vorläufig davon aus, dass er die Nachricht vollständig und korrekt empfangen hat. Ob-

Reflektieren ist eine ideale Form der Rückmeldung

wohl sie als Aussage formuliert ist, enthält die Rückmeldung die Frage des Empfängers an den Sender, ob er dessen Information richtig verstanden hat. Insofern ist das Reflektieren ein »Fragen ohne Fragezeichen«. Und wie beim Fragen ist das Reflektieren nur dann sinnvoll, wenn es mit »aktivem Schweigen« kombiniert wird, das dem Gesprächspartner die Möglichkeit einräumt, die Rückmeldung zu bestätigen oder zu korrigieren.

Stufe A

Das Wesentliche der erhaltenen Nachricht wird mit eigenen Worten wiedergegeben. Dabei muss nicht alles wiederholt werden, sondern nur das, was dem Empfänger wichtig erscheint. Die Nachricht kann wörtlich oder in einer der eigenen »Sprache« gemäßen Formulierung wiederholt werden. Letzteres hat den Vorteil, dass dadurch abgesichert werden kann, ob das Gesagte auch wirklich verstanden worden ist. Im Regelfall werden nur sehr kurze Aussagen komplett und wörtlich wiederholt.

Eine Frau sagt zu ihrem Mann:
»Es regnet. Ich werde die Wäsche abnehmen.«
Reflexion Stufe A:

Wiederholen mit eigenen Worten

a) »Du meinst, es regnet.«

b) »Du sagst, du wirst die Wäsche abnehmen.«

c) »Du sagst, dass es regnet und du die Wäsche abnehmen wirst.«

Welchen kommunikativen Zielen dient das Reflektieren auf der Stufe A?
- (Teil)wiederholungen können dazu dienen, den weiteren Verlauf einer Unterhaltung zu bestimmen. Sie lenken, kanalisieren das Gespräch. Es ist schließlich ein Unterschied, ob über den Regen oder über die Wäsche gesprochen wird
- Signalisiert die Wiederholung, dass eine Nachricht nicht verstanden worden ist, kann der Sender reagieren und noch einmal betonen, auf was er eigentlich zu sprechen kommen wollte (auf den Regen oder auf die Wäsche?)
- Die Reflexion von bereits Gesagtem kostet vielleicht etwas Zeit. Wichtig aber ist, dass sie die Gefahr von Missverständnissen minimiert, bevor die Gesprächspartner lange Zeit aneinander vorbeireden

- Der Angesprochene gewinnt Zeit, sich eine Reaktion, eine Entscheidung zu überlegen. Wenn er lange genug schweigt, wird der Sprecher dazu gezwungen, weiterzureden, während er selbst souverän bleiben kann und nicht spontan oder voreilig reagieren muss
- Der Empfänger kann durch eine Wiederholung der empfangenen Nachricht gegebenenfalls vertuschen, dass er nicht konzentriert zugehört hat. Der Sender wird ihn im Zweifelsfall korrigieren und wiederholen, was ihm wichtig ist
- Der Sender seinerseits fühlt sich akzeptiert, wichtig genommen, verstanden
- Der Sender merkt, dass der andere um Verständnis bemüht ist, und erhält die Möglichkeit, Missverständnisse zu korrigieren

Von diesem Reflektieren profitieren Sender und Empfänger gleichermaßen. Allerdings bezieht es sich nur auf den sachlichen Gehalt einer Nachricht, nicht aber auf ihre Appell-, Selbstkundgabe- und Beziehungsseite. Auf Letztere wird im Folgenden eingegangen.

Stufe B

Auf dieser Stufe zielt das Reflektieren auf die emotionale Befindlichkeit des Gesprächspartners. Es findet ein Wechsel von der Sach- auf die Beziehungsebene des Gesprächs statt. Der Gesprächspartner kann durch Rückfragen auf der Beziehungsebene herausfinden, warum der Sprecher eine bestimmte Aussage gemacht hat.

Das Reflektieren auf der Beziehungsebene dient nicht allein der Verständigung in der Sache. Es schafft vielmehr Verständnis für die Beweggründe des Gesprächspartners. Dies wiederum hilft, ihn von den eigenen Argumenten leichter zu überzeugen.

Beispiel:

Eine Frau sagt zu ihrem Mann:

»Es regnet. Ich werde die Wäsche abnehmen.«

a) »Du hast keine Lust [die Wäsche abzunehmen].«

b) »Du freust dich [über den Regen].«

c) »Du ärgerst dich [weil die Wäsche noch nass ist].«

d) »Das kommt für dich reichlich unvorbereitet [sonst hättest du die Wäsche gar nicht erst aufgehängt].«

Im Allgemeinen wirkt es natürlicher, wenn eine Reflexion der Stufe B mit einer Reflexion der Stufe A verknüpft wird (im obigen Beispiel die Ausdrücke in eckigen Klammern). Die reine Reflexion der Stufe B besteht meist nur aus drei oder vier Wörtern und beginnt häufig mit »Du bist«, »Sie fühlen sich …« oder ähnlich, gefolgt von einem Adjektiv oder Substantiv, das einen Gefühlszustand beschreibt.

Dabei sollte jedoch immer bedacht werden, dass es nicht so leicht ist, Gefühle in Worte zu kleiden, eine angemessene Sprache und Ausdrucksform für sie zu finden. Aber gerade Letzteres ist überaus wichtig für eine Reflexion auf der Beziehungsebene. Deswegen sollen Vermutungen über die Befindlichkeit eines Gesprächspartners immer wohlwollend und verbindlich formuliert werden. Denn dadurch hat der oder die Angesprochene gegebenenfalls die Gelegenheit zu einer Richtigstellung, ohne dass es für die beiden Gesprächspartner peinlich wäre.

Geht es um gefühlsmäßige Aspekte, sollten gerade auch nicht sprachliche Verständigungsmittel (s. u.) eingesetzt werden. Vor allem die Kombination mit »aktivem Schweigen« ist unabdingbar. Wer Menschen auf ihre Gefühle anspricht, muss ihnen die Möglichkeit geben, sich dazu zu äußern, sonst fühlen sie sich zum Objekt degradiert und verschließen sich. Ein sinnvolles Gespräch ist dann kaum mehr möglich.

Kleiden Sie Ihre Gefühle in Worte

Stufe C

Auf der Stufe C wird in noch stärkerem Maße als bisher Unausgesprochenes reflektiert. Die Gedanken des Gesprächspartners werden weiterentwickelt. Man überlegt, vermutet, was er mit seinen Worten wirklich ausdrücken wollte. Diese Vermutung formuliert man nun in seiner eigenen Sprache und versucht so, den Inhalt der empfangenen Nachricht auf den Punkt zu bringen. An den Reaktionen des anderen lässt sich ablesen, ob man ihn verstanden hat oder ob ein Missverständnis eingetreten ist. Im letzten Fall wird der Gesprächspartner die Aussage korrigieren und darauf hinweisen, dass er genau so nicht verstanden werden wollte.

Sprechen Sie Unausgesprochenes aus

> **Beispiel:**
> Eine Frau sagt zu ihrem Mann:
> »Es regnet. Ich werde die Wäsche abnehmen.«

Reflexion Stufe C:

a) »Du möchtest, dass wir die Wäsche gemeinsam abnehmen.«

b) »Du willst, dass ich dir helfe.«

c) »Du überlegst, ob du die Wäsche nicht einfach nass werden lässt.«

d) »Du möchtest, dass ich die Wäsche abnehme, weil du im Moment beschäftigt bist.«

Noch ein paar abschließende Bemerkungen zum Reflektieren: Die drei Stufen der Reflexion überschneiden sich oft. Gemeinsam ist allen reflektierenden Aussagen ihre Funktion als Verständniskontrolle. Deshalb muss auf eine reflektierende Aussage eine Pause folgen, die deutlich macht, dass sie nicht der Einstieg in einen eigenen, womöglich längeren Gesprächsbeitrag ist. Das Reflektieren dient vielmehr der Orientierung und damit der Beantwortung von Fragen wie: Welche Interessen vertritt der Gesprächspartner? Wie sieht er den Gesprächsgegenstand? In welcher sachlichen und emotionalen Beziehung steht er dazu?

Durch Reflektieren zeigt man Interesse

Das Reflektieren ermöglicht im Gespräch

- Zeit zu gewinnen, um die eigene Argumentation zu überdenken und Affekthandlungen zu vermeiden
- neue Informationen zu erhalten, ohne direkt fragen zu müssen
- den Informationsgehalt auf das Wesentliche zu reduzieren, Monologe zusammenzufassen, Wichtiges festzuhalten
- Missverständnisse zu reduzieren und Verständnis zu signalisieren, Korrekturen auf der Sachebene anzubringen, Störungen auf der Beziehungsebene abzubauen sowie dem Partner in seinen Überlegungen weiterzuhelfen
- das Gespräch zu kanalisieren

Es hat sich immer wieder als schwierig erwiesen, diese Technik so in den täglichen Redestil und das tägliche Redeverhalten einzubauen, dass sie nicht gekünstelt wirkt. Das Bestreben muss dahin gehen, das Reflektieren nicht zu einer Technik, sondern zu einer Grundeinstellung zu machen. D.h., Gesprächspartner müssen sich danach ausrichten, was der andere zu sagen hat, welche Informationen – auch welche impliziten, nicht ausgesprochenen Informationen – er mitteilen will. Eine solcherart veränderte Haltung macht hören, was nur zwischen den Zeilen ausgesagt wurde.

Abschließend zwei Vergleichsbeispiele. Im ersten Gespräch reflektieren die Eltern nicht, im zweiten reflektieren sie.

1. Gespräch:

Martina: »Ich möchte heute Abend nichts essen.«

Eltern: »Na, iss mal ein bisschen. In deinem Alter braucht man drei Mahlzeiten am Tag.«

Martina: »Was ihr nur wollt. Ich hab doch zu Mittag gegessen.«

Eltern: »Was ist mit dir bloß wieder los?«

Martina: »Nichts weiter.«

Eltern: »Also, dann komm gefälligst und iss mit uns am Tisch.«

Martina: »Ich hab doch schon gesagt, dass ich keinen Hunger habe.«

Eltern: »Deshalb musst du aber nicht gleich so patzig werden.«

Martina: »Immer die gleiche Leier.«

2. Gespräch:

Martina: »Ich möchte heute Abend nichts essen.«

Eltern: »Du hast wohl keinen Appetit?«

Martina: »Überhaupt nicht. Ich hab ein ganz flaues Gefühl im Bauch.«

Eltern: »Dir ist irgendwas auf den Magen geschlagen.«

Martina: »Na ja, ich habe mit Rolf ausgemacht, dass er mir schreiben würde. Ich habe gleich in der ersten Ferienwoche einen Brief geschickt. Jetzt sind schon fast zwei Wochen vergangen, und ich habe noch immer nichts von ihm gehört.«

Eltern: »Du bist beunruhigt, weil du keine Antwort erhalten hast.«

Martina: »Ja, in zwei Wochen kommt er wieder. Ob er etwas gegen mich hat? Vielleicht will er nicht mehr mein Freund sein.«

Eltern: »Diese Ungewissheit muss schlimm für dich sein.«

Martina: »Ja, das ist ein ganz blöder Zustand. Ich werde am besten noch einmal schreiben, um zu sehen, was los ist. Vielleicht ist der Brief irgendwo liegen geblieben. Auf jeden Fall weiß ich dann, woran ich bin.«

Metakommunikation

Sprechen Sie über das Gespräch

Unter Metakommunikation versteht man das Gespräch über das Gespräch, das Reden über das Reden. Die Metakommunikation beschäftigt sich nicht direkt mit den Gesprächsinhalten. Sie fragt danach, wie Menschen miteinander kommunizieren. Aber Metakommunikation ist nicht nur Forschung. Sie ist oft auch Teil konkreter Gespräche. Denn es kann durchaus sinnvoll sein, dass Gesprächspartner jeder in Gedanken für sich klären, wie sie sich den Ablauf des Gesprächs vorstellen. Es kann aber durchaus auch geboten sein, die Frage nach dem Wie ganz offen zum Gesprächsthema zu machen. In den verschiedenen Phasen eines Gesprächs kann Metakommunikation von ganz unterschiedlicher Bedeutung sein.

Vor dem Gespräch (Einleitung):

Man klärt mit seinem Gesprächspartner, wie man miteinander reden will.

> **Beispiel:**
> »Wir werden offen unsere Einwände zur Sprache bringen.«
> »Wir sollten bis zur Mittagspause so weit sein, dass wir ein Zwischenergebnis formulieren können.«

Während des Gesprächs (Problemdarlegung, Analyse, Abschluss):

Um sich einen Überblick über den Stand des Gesprächs zu machen, entfernt man sich vom Inhalt und kommentiert, wie das Gespräch verläuft und wie man miteinander umgeht. Das kann von Zeit zu Zeit geschehen oder dann, wenn das Gespräch stagniert.

> **Beispiel:**
> »Unser Gespräch dreht sich im Kreis.«
> »Bislang haben wir nur um den heißen Brei herumgeredet.«
> »Jeder von uns schiebt dem anderen die Schuld zu. So kommen wir nicht weiter.«
> »Was hindert uns daran, eine Entscheidung zu treffen?«

Nach dem Gespräch:

Metakommunikation wird jetzt zur »Manöverkritik«; man erörtert, wie das Gespräch verlaufen ist.

> **Beispiel:**
> »Wir haben uns lange Zeit im Kreis gedreht.«
> »Wir hatten, glaube ich, einen sehr sachlichen und sachdien-
> lichen Gedankenaustausch.«
> »Der Schlagabtausch hat zwar kein Ergebnis zutage gefördert,
> aber wir haben uns unsere Position verständlich machen kön-
> nen.«

Metakommunikation muss sich, gleichgültig in welche sprachliche
Form sie eingebettet ist, immer sachlich auf das Gespräch und seinen
atmosphärischen Verlauf beziehen.

Die Ich-Botschaft

Ich-Botschaften
können Störungen
auf der Beziehungs-
ebene klären

Eingangs wurde festgestellt, dass sich jedes Gespräch auf einer Sach-
und einer Beziehungsebene entwickelt. Die Beziehung wird von beiden Gesprächspartnern bestimmt. Mit den Kommunikationsmitteln
Ermunterung, Frage, Reflektieren kann man dafür sorgen, dass die
Beziehung zum Gesprächspartner nicht gestört wird. Geht eine Störung der Beziehung vom Gesprächspartner aus, wird sein Verhalten
als negative Beeinflussung des eigenen Wohlbefindens empfunden,
dann sollte dies auch zum Thema gemacht und gesagt werden. Dazu
dient die Ich-Botschaft. Ein Beispiel:

Durch Unsachlichkeiten des Gesprächspartners ist man in Wut geraten. Wie kann man reagieren?

Variante 1
Man reagiert sich am Gesprächspartner ab.
Man beschimpft, erniedrigt ihn.
Man wird ironisch.
Man sendet Du-Botschaften.

Wie fühlt man sich danach?
– Besser
– Man empfindet ein Gefühl der Stärke

Wie reagiert der andere?
– Er fühlt sich für die (heftige) Reaktion verantwortlich
– Er entwickelt Schuldgefühle oder wird ebenfalls wütend

Was folgt daraus für das Gespräch?
- Es ist fraglich, ob das Gesprächsziel noch erreicht werden kann
- Es kann zum offenen Streit oder zum Abbruch des Gesprächs kom-   Du-Botschaften
  men. Auf jeden Fall geht wertvolle Zeit verloren   vermitteln
      Schuldgefühle

Häufig greifen die Gesprächspartner in solchen Situationen zu »Du-Botschaften«, machen den anderen für ihre Gefühle verantwortlich (»Du machst mich rasend!«). Der Empfänger soll dazu gebracht wer-den, Schuldgefühle zu entwickeln. Damit wird jedoch nichts er-reicht. Denn der Empfänger der Du-Botschaft wehrt ab, schiebt die Schuld von sich, mimt den Gleichgültigen oder empfindet die Schuldzuweisung als Zumutung.

Im Übrigen verbietet sich die Verhaltensvariante 1 aber meist schon aus Gründen des Anstands und des guten Benehmens.

Variante 2
Man verbirgt seine Wut.
Man redet einfach weiter zur Sache.

Wie fühlt man sich?
- Der Ärger frisst in einem weiter
- Man überlegt, wie man es dem anderen heimzahlen könnte
- Man kann sich schlecht auf die Sache konzentrieren

Wie reagiert der andere?
- Er merkt, dass etwas nicht stimmt, weiß aber nicht, was
- Er ist verunsichert, weiß nicht, wie er sich verhalten soll
- Er akzeptiert den anderen nicht mehr als vollwertigen Partner
- Er merkt nichts

Was folgt daraus für das Gespräch?
- Das Gesprächsziel kann evtl. doch erreicht werden
- Da die Empörung nicht abgebaut werden konnte, ist ein zukünf-tiges Gespräch mit demselben Gesprächspartner auf der Bezie-hungsebene vorbelastet, auch wenn der eigentliche Anlass hier-für längst vergessen ist
- Die Erregung wird in einem Gespräch mit anderen an diesen ab-reagiert

Variante 3

Man teilt seine Gefühle mit.

Man wählt das Kommunikationsmittel Ich-Botschaft.

Man sagt: »Ich bin wütend über die Unsachlichkeiten.«

Wie fühlt man sich?

– Besser

– Man hat seine Erregung kanalisiert und ist innerlich befreit

– Man ist überzeugt, den Anstand gewahrt zu haben

Wie reagiert der andere?

– Er hat Kenntnis vom Problem

– Er muss begründen, warum er sich so verhält

– Er kann seinen Anteil an der Schuld akzeptieren, da ihm die Schuld nicht direkt zugewiesen wird

Was folgt daraus für das Gespräch?

– Eine sachliche Klärung des Problems bleibt möglich, da die Erregung abgebaut wurde

– Der Zeitverlust bleibt gering

– Missverständnisse können behoben werden

– Das beiderseitige Wohlbefinden kann wieder hergestellt werden

Eine vollständige Ich-Botschaft besteht immer aus drei Teilen:

1. Die Information über das als störend empfundene Verhalten: »Du wischst ständig alle meine Bedenken vom Tisch.«

2. Die Wirkung des Verhaltens auf das Ich: »Das macht mich ärgerlich.«

3. Die Gefühle, die sich beim Ich entwickeln: »Ich habe keine Lust, meine Zeit hier mit dir zu vertun.«

Ein produktives Gespräch erfordert eine klare Beziehungsebene

Die Ich-Botschaft als Mittel zu Darstellung der emotionalen Befindlichkeit dient der Klärung von Kommunikationsstörungen und fördert damit erheblich die Herbeiführung eines positiven Gesprächsergebnisses auf der Sachebene.

Die Ich-Botschaft ist eine Reaktion auf starke Emotionen, die sich in jedem Gespräch entwickeln können: Wut, Freude, Angst usw. Emotionen können den Gesprächsverlauf so beeinträchtigen, dass beispielsweise

- die Vorsicht wächst
- das Vertrauen sinkt
- die Spannung steigt
- die Produktivität des Gesprächs verloren geht

Starke Emotionen beeinflussen das Denken so sehr, dass nicht mehr produktiv zur Sache gedacht werden kann. Klare Gedankengänge werden blockiert. Starke Affekte lassen sich auch nur schlecht verbergen, da sie mit vegetativen Reaktionen einhergehen (Rotwerden, Bewegen des Adamsapfels, Zittern, Verkrampfungen, usw.). Doch dazu mehr im Kapitel »Nicht sprachliche Kommunikation«.

Der Versuch jedoch, seine Gefühle vollständig zu verbergen, ist eine der entscheidenden Ursachen für ineffektive Kommunikation. Handlungen, die nur dem Gefühl entspringen, sind irrational; Handlungen, die Gefühle nicht berücksichtigen, sind auch irrational.

Bisher wurden die rein sprachlichen Kommunikationsmittel erläutert. Im Folgenden soll auf die in der Sprache enthaltenen Zusatzinformationen und die nicht sprachlichen Mittel eingegangen werden, die eine mindestens ebenso große Rolle bei der Kommunikation spielen wie das gesprochene Wort.

Prosodische Verständigungssignale

Prosodische Verständigungssignale (= sprachlich-artikulatorische Erscheinungen) machen gewissermaßen die Begleitmelodie des gesprochenen Wortes aus und gehören somit zur gesendeten Nachricht. Sie geben dem, was gesagt wird, eine bestimmte Färbung, die ihrerseits entscheidend dafür ist, wie eine Nachricht beim Empfänger ankommt.

Zusatzinformationen im Gespräch

Eine Nachricht ist ein Ganzes, das sich zusammensetzt aus einem verbalen Teil (aus dem, was gesagt wird), einem stimmlichen, intonierten Teil (dem Tonfall, in dem etwas gesagt wird) und einem visuellen Teil (dem, was man am Verhalten, Aussehen des Sprechers ablesen kann). Für das Verstehen einer Nachricht ist ihre verbale Komponente, ihr Wortlaut, nur zu 9 % ausschlaggebend. Viel wichtiger ist da schon die Art, in der etwas gesagt wird. Der Tonfall schlägt mit 37 % zu Buche. Entscheidend aber für den Empfänger ist der visuelle Teil der Nachricht (54 %).

Dieses Ergebnis soll jedoch nicht zu der Annahme verleiten, dass die sprachlichen Gestaltungsmittel unbedeutend seien. Im Gegenteil:

Stimmlich-intonatorische und visuelle Botschaften sind meist viel schwieriger zu interpretieren als verbale; die Gefahr, sie misszuverstehen, ist also größer. Außerdem ist zu bedenken, dass z. B. beim Telefonieren die visuellen Botschaften wegfallen und dennoch eine Kommunikation zustande kommt. Die prozentuale Gewichtung verdeutlicht vor allem, dass nicht sprachliche Kommunikationsmittel einen wesentlichen Teil der Kommunikation ausmachen und, wenn sie der verbalen Botschaft widersprechen, beim Empfänger eine höhere Glaubwürdigkeit genießen als die verbale Botschaft selbst. Ein noch so ernst gemeintes und klar formuliertes Lob wird bedeutungslos oder verkehrt sich in sein Gegenteil, wenn es in einem ironischen Tonfall gesprochen wird.

Bei den in einer Nachricht enthaltenen prosodischen Verständigungssignalen lassen sich acht Arten unterscheiden. Die folgende Darstellung soll nicht erschöpfend sein, sondern vielmehr zu eigenen Beobachtungen anregen.

Klare Aussprache –
klare Gedanken

Die Aussprache

Wie die Kleidung ist die Aussprache entscheidend für den ersten Eindruck, den ein Sprecher beim anderen weckt (das gilt auch für die nächsten drei Punkte). Bei einer klaren Aussprache sind Gesprächspartner auch geneigt, Klarheit der Gedanken zu unterstellen. Je nachlässiger die Aussprache, desto weniger scheint der Sprecher an seinem Thema und seinem Gesprächspartner interessiert zu sein.

Überdies weckt ein Sprecher mit undeutlicher Aussprache Unwillen beim Hörer, weil dieser viel Energie dafür aufbringen muss, sich auf den Klang der Wörter zu konzentrieren statt auf deren Inhalt. Bei einer überpointierten Aussprache wird der Hörer ebenfalls vom Inhalt der Aussage abgelenkt.

Eine dialektgefärbte Aussprache kann zwar unter Umständen eine gewisse Vertraulichkeit zwischen den Gesprächspartnern schaffen, weckt aber leicht (negative) Vorurteile und lässt Zweifel an der Sachkompetenz des Sprechers aufkommen, wenn das Gespräch nicht gerade in einem vertrauten, familiären Kreis stattfindet.

Tonfall und Stimmlage

An seiner Stimmlage kann man nicht viel ändern. Frauen mit einer mittleren Stimmlage (etwa hoher Alt, Mezzosopran) und Männer mit einer Baritonlage sind schlicht von der Natur begünstigt, da diese Stimmlagen dem Ohr angenehm sind. Allerdings verändert sich die Stimmlage nicht nur beim Stimmbruch (auch bei Frauen gibt es einen Stimmbruch, der aber weniger einschneidend ist), sondern auch mit dem Alter und der Reife eines Menschen. Generell gilt: Je ruhiger ein Mensch ist, desto sonorer, tiefer klingt seine Stimme. Je aufgeregter er ist, desto höher, schriller wird sie. Klingt eine Stimme höher als normal, kann der Sprecher noch so oft versichern, er sei ganz ruhig – man wird der Stimme mehr glauben als seinen Worten. Umgekehrt ist es genauso: Ist ein Mensch in einer Sache verbal sehr engagiert, behält aber seinen sonoren Tonfall bei, entwertet er damit sein Engagement in den Augen bzw. Ohren seines Gesprächspartners. Ist schließlich die Stimme zeitweise gepresst und angestrengt, deutet das darauf hin, dass der Sprecher sich unwohl, unbehaglich fühlt. Ist sie chronisch gepresst, angestrengt, dünn, deutet das auf innere Verspannungen hin. (Für Menschen, die viel reden müssen, ist das sehr strapaziös. Schaffen auch Entspannungsübungen keine Abhilfe, sollten sie einen Stimmtherapeuten aufsuchen.)

Der Ton macht die Musik

Die Lautstärke

Gewöhnlich ist es so, dass ein Sprecher seine Stimme dämpft, wenn er in einem Gespräch sehr persönliche Dinge anspricht. Je persönlicher er diese einschätzt, desto leiser spricht er. Dies ist oft ganz unabhängig davon, ob Unbefugte mithören können oder nicht. Je nachdrücklicher ein Sprecher aber eine Sache vertritt, desto lauter wird seine Stimme. Das gilt natürlich auch bei einem wachsenden Zuhörerkreis.

Die Lautstärke verändert den Charakter einer Nachricht

Ein Beispiel kann leicht verdeutlichen, was die Lautstärke zur Färbung einer Nachricht beiträgt. Der Satz »Haben Sie schon gehört, dass Herr Z. krank ist?« ist, wenn er in normaler Lautstärke gesprochen wird, eine schlichte Mitteilung in Frageform; wird er aber gedämpft gesprochen, bekommt er den Charakter einer brisanten oder geheimnisvollen oder vertraulichen Nachricht.

Die Lautstärke ist auch von einigen äußeren Bedingungen abhängig. Hierzu gehören:

- das Temperament des Einzelnen: Extrovertierte Menschen z. B. neigen zu größerer Lautstärke als introvertierte
- die Konventionen, die vorschreiben, wie man sich an einem bestimmten Ort benimmt: In der Kneipe kann man lauter sprechen (oder muss man lauter sprechen) als in einem gepflegten Restaurant, auf der Straße lauter als in der Kirche usw.
- die Verhaltensmaßregeln, die sich aus dem sozialen Rang der Gesprächspartner ergeben: Eine gedämpfte, disziplinierte Sprechweise zeugt – trotz abweichender Entwicklungen – immer noch von einer gewissen Vornehmheit
- der kulturelle Rahmen, in dem ein Gespräch stattfindet: Japaner beispielsweise meiden möglichst jedes laute Wort, während Südländer sprichwörtlich bekannt sind für lebhaftes Sprechen. Ein kluger, einfühlsamer Gesprächspartner wird sich darauf einstellen.

Die Sprechgeschwindigkeit

Ein sehr rasches Sprechtempo vermittelt den Eindruck von Aufgeregtheit, Fahrigkeit oder übertriebener Mitteilsamkeit, ein sehr langsames Tempo erweckt das Gefühl mangelnden Engagements, übergroßer Bedachtsamkeit. Beide Extreme lassen Zweifel an der Souveränität des Sprechers aufkommen. Ein abgehackter Sprechrhythmus deutet auf mangelndes Vertrauen in die vorgetragene Sache hin. Vor einem völlig gleich bleibenden Sprechtempo ist allerdings auch zu warnen; es weckt Langeweile. Angemessene Variation ist nicht nur günstiger, sondern auch natürlicher: Durch Verlangsamung gibt der Sprecher seinen Worten mehr Gewicht, durch Beschleunigung größere Intensität.

Die Betonung

Die richtige Betonung lenkt die Aufmerksamkeit des Hörers auf das, worauf der Sprecher besonderes Gewicht legt. Sie hilft dem Hörer, sich in den Ausführungen des Sprechers zurechtzufinden, und erhöht seine Bereitschaft, ihm zu folgen. Mangelnde Betonung erzeugt nicht nur Monotonie, sondern erweckt auch den Eindruck, als denke der Sprecher nur laut vor sich hin.

Variieren Sie durch Betonung, Intonation und Sprechpausen

Die Satzmelodie

Durch die Intonation, die nicht immer ganz strikt von der Betonung getrennt betrachtet werden kann, wird die Nachricht stark moduliert. Hebt der Sprecher die Stimme am Ende eines Aussagesatzes, wird dieser automatisch vom Hörer als Frage interpretiert; senkt er die Stimme am Ende eines Fragesatzes, ist dieser als eine Aussage zu werten. Welchen Charakter eine Nachricht trägt, hängt entscheidend von der Satzmelodie ab.

Der Satz »Er hätte auch früher kommen können« kann je nach Intonation und Betonung bedeuten:

- Es hätte mir nichts ausgemacht, wenn er auch früher gekommen wäre. Er hätte auch früher kommen *dürfen*.
  »Er hätte auch *früher* kommen können.«
- Die anderen Gäste sind alle da. Warum kommt er nicht auch früher (Vorwurf)?
  »Er hätte *auch* früher kommen können!«

Sprechpausen

Für die Sprechpausen gilt mutatis mutandis dasselbe wie für Betonung, Sprechgeschwindigkeit und Intonation. Auch sie haben die Funktion, den Redefluss interessant zu gestalten. Eine Redepause sollte maximal nicht länger als 5 Sekunden dauern.

Lautäußerungen

Lautäußerungen aller Art wie »äh«, »hm« usw. lassen sich beim freien Sprechen nie ganz vermeiden. In großer Zahl jedoch wirken sie unnatürlich, strahlen Unsicherheit aus oder lenken vom Kern der Aussage ab.

Nicht sprachliche Kommunikationsmittel

Zu den nicht sprachlichen, den nonverbalen Kommunikationsmitteln gehört alles, was man mit dem Begriff Körpersprache zu umschreiben versucht. Die Körpersprache ist die ursprünglichste Form gegenseitiger Verständigung. Bei Tieren ist sie sehr ausgeprägt, man denke zum Beispiel nur an die Katzen, die mit gesträubtem Nacken-

haar und dem berühmten Katzenbuckel Abwehrbereitschaft signalisieren. Der Mensch hat die verbale Verständigung, den Austausch
von Mitteilungen durch das Wort, so sehr perfektioniert, dass ihm
die Fähigkeit zur Körpersprache, abgesehen einmal von einigen stark
konventionalisierten Gesten, weitgehend abhanden gekommen ist.

Allein über die Körpersprache kann sich der Mensch kaum noch
mitteilen. Ebenso kann er rein körpersprachliche Signale nur in mehr
oder weniger eindeutigen Kontexten verstehen (z. B. »Autofahrer-
grüße«). Und trotzdem können die wenigen körpersprachlichen Möglichkeiten, über die der Mensch noch verfügt, wesentlich zu einer ef-
fektiven Gesprächsgestaltung beitragen. Weiter oben wurde ja schon
gezeigt, dass Botschaften den Empfänger zu 9 % verbal, aber zu 54 %
visuell beeinflussen. D. h. auch, dass bei einem Konflikt zwischen
sprachlicher und nicht sprachlicher Botschaft das, was der Empfänger
sieht, fünfmal stärker auf sein Urteil wirkt als das, was er hört.

Körpersprache ist eine unterbewusste Reaktion des Körpers auf
Mitteilungen. Der Körper reagiert spontan und drückt insbesondere
Gefühle ganz direkt aus. Selbst wenn man die Körpersprache bewusst
beherrscht, bleiben Signale erhalten, die weder gesteuert noch beeinflusst werden können. Körpersprachliche Signale sind deshalb
eine wichtige Informationsquelle für den Empfänger einer Nachricht.
Sie erleichtern es ihm, sich in die Person des Senders hineinzuversetzen.

Visuelle Botschaften haben großen Einfluss

Die Mimik

Zur Mimik zählen der Gesichtsausdruck ganz allgemein, das Mienenspiel, Bewegungen im Bereich der Mundwinkel und der Augen
sowie die Blickrichtung.

Am Ausdruck, z. B. an den Gesichtsfalten, an der Lippenstellung,
dem bewegten Mienenspiel usw., lassen sich Hinweise über die
Grundhaltung eines Menschen, auch über seine emotionale, gefühlsmäßige Grundbefindlichkeit ablesen, die allerdings, wie alle
nicht sprachlichen Informationen, vorsichtig gedeutet werden müssen. Waagerechte oder senkrechte Stirnfalten, leicht nach oben ge-
krümmte oder hängende Lippen, ein mit den Worten im Einklang
stehendes Mienenspiel oder ein unbewegter Gesichtsausdruck lassen
auf eine aufgeschlossene, optimistische, kreative oder auf eine ernste, kritische, nachdenkliche Grundeinstellung des Angesprochenen
schließen.

Gesichtsmimik erlaubt Rückschlüsse auf die Grundein-stellung

Als Reaktion auf das, was gesagt wird, oder als Begleitung der eigenen Worte bewegen sich eine Vielzahl von kleinen Gesichtsmuskeln. Sie können verraten, wie das Gesagte gemeint ist oder wie es aufgenommen wird. Auch hier gilt, dass der Mensch dem mehr glaubt, was er sieht, als dem, was er hört. Wird also Kritik mit einem freundlichen, aufgeschlossenen, lächelnden Gesichtsausdruck vorgetragen, wird sie als konstruktiv und nicht persönlich gemeint empfunden werden. Wird eine milde, kritische Bemerkung mit hartem, angespanntem Gesichtsausdruck geäußert, wird sie viel schärfer wirken, als es vielleicht beabsichtigt ist.

Von den Reaktionen sind Stirnrunzeln als Zeichen von Skepsis, Verziehen der Lippen als Zeichen von Ablehnung, Hochziehen der Augenbrauen als Zeichen von Erstaunen und Veränderungen der Hautfarbe – man wird rot vor Zorn, rot, wenn einem etwas peinlich ist, blass vor Erregung oder Schreck – am deutlichsten zu erkennen. Viele andere bedürfen sehr genauer Beobachtung.

Im Zusammenhang mit der Mimik spielen die Augen eine besondere Rolle. Die Augen sind der Spiegel der Seele. Im Allgemeinen kann es der Mensch nicht verhindern, dass über den Ausdruck in seinen Augen sein Innerstes offenbar wird. Augen geben beispielsweise Signale bei

Die Augen sind Spiegel der Seele

- Zustimmung   (freundlicher, positiver Blick)
- Freude, Glück   (strahlender Blick)
- Interesse, Erstaunen   (große Augen)
- Verärgerung   (halb zugekniffene Augen)
- Ablehnung, Abneigung   (ablehnender Blick)
- Müdigkeit, Abwesenheit   (stumpfer, leerer Blick)

Angenehme Gefühle vergrößern die Pupillen, unangenehme verengen sie. Dies wird vom vegetativen Nervensystem gesteuert.

Mit den Augen wird Blickkontakt aufgenommen. Die Fähigkeit zum Blickkontakt und seine Dauer enthalten wichtige Hinweise auf den Gesprächspartner. Der normale Blickkontakt zwischen Menschen, die sich nicht kennen, dauert nur zwei bis vier Sekunden. Danach wählt man zumindest für kurze Zeit eine andere Blickrichtung. Ein angemessener Blickkontakt kann Sicherheit oder Verständnis vermitteln, kann auffordern, kann anerkennen und ermutigen. Das Wort »respektieren« kommt aus dem Lateinischen und bedeutet ursprünglich »zurückblicken, den Blick erwidern«. So kann man auch jemandem zeigen, dass man ihn nicht respektiert, indem man ihn keines Blickes würdigt. Der angemessene Blickkontakt fällt somit auch in die Klasse der (ermunternden) Aufmerksamkeitsreaktionen.

Reagiert der Angesprochene nicht mit mimischen Zeichen, bleibt sein Gesicht unbewegt, sein Blick starr, kann er damit beim Sprecher erhebliche Unruhe auslösen. Das zeigt, wie wichtig Mimik für die Beziehungsebene eines Gesprächs ist, wie sehr Kommunikation ein Austausch verbaler und nonverbaler Zeichen ist.

Die Gestik

Die Gestik, d. h. die Ausdrucksbewegungen des Körpers, sollte der Mitteilungsabsicht immer angemessen sein. Weder eine wilde noch eine sehr sparsame Gestik sind unbedingt richtig. Die Gestik ist – im Gegensatz zur Mimik – ein gröberes, weniger differenziertes Kommunikationsmittel, aber auch ein Mittel, das man bewusster einsetzen kann zur Unterstreichung einer Aussage. Dabei spielen Intonation und Betonung, Satzbau und größere Sinneinheiten eine bedeutendere Rolle als die Wörter im Einzelnen. Für eine angemessene Gestik sind maßgebend:
- der Inhalt des Gesagten und der Charakter der Aussage
- die Persönlichkeit des Sprechers (Alter, Temperament, Körpergröße)
- die äußeren Rahmenbedingungen (der Sprecher sitzt oder steht ggf. an einem Tisch oder hinter einem Pult; er hält Hilfsmaterial in den Händen o. Ä.)

Als Grundregeln kann man sich merken:

Eine angemessene Gestik unterstreicht die Aussage

1. Wer etwas Wichtiges zu sagen hat, kann seine Aussage getrost auch durch eine entsprechende Gestik unterstreichen. Gewarnt sei jedoch vor Übertreibungen. Sie können die mit einer Mitteilung verbundene Absicht in ihr Gegenteil verkehren.
2. Positiv wirkt es auf den Gesprächspartner, wenn sich die Hände des Sprechers oberhalb der Gürtellinie offen bewegen. Das heißt, die Arme sind leicht angewinkelt und locker. Das Gestikulieren unterhalb oder an der Gürtellinie wirkt dagegen eher abschreckend.
3. Heute gilt nicht mehr uneingeschränkt die Regel, dass während eines Gesprächs die Hände nichts in den Hosentaschen zu suchen haben. Nur für die Begrüßung trifft das noch immer zu. Beim

freien Reden kann es den Eindruck von innerer Gelöstheit und
Souveränität vermitteln, wenn der Sprecher eine Hand in der Tasche hat. Wichtig ist, dass die Hand nicht verkrampft darin vergraben wird und dass die Kleidung entsprechend leger ist.

Die Körperhaltung

Zur Körperhaltung zählt man gewöhnlich auch den Gang und das
Muskelspiel. Die Bewegungen des Körpers sind keineswegs bedeutungslos. Sie drücken sehr viel über die Empfindungen einer Person
aus.

Wenn man dem Sprecher gegenüber Aufmerksamkeit signalisieren möchte, sollte der Körper – und nicht nur einfach der Kopf über
die Schulter – dem Sprechenden zugewandt sein. Ein gesteigertes
Interesse für das Gesagte wird dadurch angezeigt, dass der sitzende
Zuhörer nicht ein Bein auf das andere legt. Es zeugt von einer gewissen Souveränität, wenn man bei einem Gespräch nicht auf dem
Stuhlrand sitzt, sondern die gesamte Sitzfläche nutzt. Ein aufrechter
Gang demonstriert, dass man zu seiner Persönlichkeit steht. Starkes
Muskelspiel verrät im Allgemeinen Unzufriedenheit oder Nervosität.

Die äußere Erscheinung

Kleidung, Frisur, Körperpflege und -hygiene, Körperhaltung und
Umgangsformen bestimmen die äußere Erscheinung einer Person.
Das Zusammenspiel dieser Merkmale entscheidet über den ersten
Eindruck, den sie auf Kommunikationspartner macht, und der erste
Eindruck entscheidet über Sympathie oder Antipathie. Darum sollte
man einige Sorgfalt auf sein Äußeres verwenden. So lässt sich das
Bild, das sich der Kommunikationspartner von einem machen soll,
positiv beeinflussen.

*Der erste Eindruck
ist entscheidend*

Auch die Umgangsformen gehören hierher! Zwar sind die Zeiten
vorbei, in denen Anstandsregeln schon in der Kinderstube gedrillt
wurden, und man tut diese Regeln heute vielfach als überflüssig ab.
Doch gelten gepflegte Umgangsformen nach wie vor als Zeichen einer ausgebildeten Persönlichkeit. Sie signalisieren die Bereitschaft zu
zivilisiertem Umgang miteinander und bezeugen Respekt und Achtung vor der Person des anderen. Aber ihre positive Wirkung ent

falten sie erst dann in vollem Maße, wenn sie nicht mehr als das Ergebnis eines Dressurakts erscheinen, sondern einer menschlichen, respektvollen Grundeinstellung entspringen.

Distanzzonen

Mit Distanz ist der Abstand gemeint, den Menschen im Gespräch zueinander halten. An der Distanz kann man ablesen, welchen Vertrautheitsgrad die Gesprächspartner haben und welcher Art das Gesprächsthema ist.

Die Distanzzone ist abhängig vom Gesprächspartner

Im europäischen Kulturkreis ist folgende Staffelung üblich:
- *Berührung bis 0,50 m = intime Distanzzone*
In dieser Zone bewegen sich nur Partner, die sich sehr vertraut sind. Dringt ein Fremder hier ein, führt das dazu, dass sich der Betroffene versteift oder gar aggressiv wird, z. B. in einer vollen Straßenbahn.

- *0,50 m bis 1,50 m = persönliche Distanzzone*
Man nennt sie auch die »Cocktailpartydistanz«, da sie eine nähere Kontaktaufnahme voraussetzt. Es ist der Abstand, der sich für Unterhaltungen eignet. Extrovertierte Menschen halten diesen Abstand kleiner als introvertierte.

- *1,50 m bis 3,0 m = sachliche Distanz*
Es ist die Distanz, die im Geschäftsleben gewahrt wird. In vielen geschäftlichen Situationen schafft sie der Tisch, der zwischen den Gesprächspartnern steht, auf ganz natürliche Weise.

- *mehr als 3,0 m = öffentliche Distanz*
Sie wird z. B. bei Reden vor vielen Menschen eingehalten.

Vorsicht bei der Beurteilung nicht sprachlicher Merkmale!

Abschließend seien noch drei Punkte genannt, die grundsätzlich im Zusammenhang mit der Körpersprache, aber auch mit den sprachlichen Mitteln und nebensprachlichen Verständigungssignalen Beachtung verdienen:
1. Nicht sprachliche Reaktionen sind mehrdeutig und bedürfen einer vorsichtigen Interpretation im Zusammenhang mit dem, was gesagt wird, und der Situation, in der etwas gesagt wird. Aber auch dann sollte man damit rechnen, dass sie mehr vermuten als sicher wissen lassen.

2. Die Gestaltungsmittel der Kommunikationsführung erschöpfen sich nicht in der Verhaltenskosmetik, sondern sind auf die Entwicklung der Person und ihrer Fähigkeiten zur Kommunikation hin angelegt. Denn nur, wer über seine Fähigkeiten wie selbstverständlich verfügt und nicht mehr sich selber genau beobachten muss, ist offen dafür, andere zu beobachten. Zudem empfängt derjenige, der zu sehr mit sich selbst beschäftigt ist, vom Gesprächspartner nur verstümmelte Botschaften.

3. Jeder Mensch ist eine individuelle Persönlichkeit. Jeder Mensch hat seine eigene Körpersprache. Je genauer man eine Person kennt, desto leichter fällt es, die kleinen Signale seiner Körpersprache zu verstehen.

Wie gestaltet man ein Gespräch?

Nachdem im Vorausgehenden die verschiedenen Kommunikationsmittel beschrieben wurden, soll nun erläutert werden, wie sie im Gespräch zum Tragen kommen, wie sie ein Gespräch gestalten helfen.

Dazu wurde aus der Fülle möglicher Gesprächsverläufe, die die Sprachwissenschaft analysiert und beschrieben hat, ein Typ ausgewählt, der zwar keine Allgemeingültigkeit für sich beanspruchen kann, an dem sich aber doch vieles verdeutlichen lässt.

Als Modell dient ein Gespräch, das sich formal in 4 Phasen einteilen lässt, wie es mit leichten Abwandlungen im beruflichen Alltag ständig vorkommt. Der Gesprächsverlauf dient dem aus der Rhetorik bekannten vierteiligen Gliederungsschema für eine Rede. Die 4 Phasen sind:

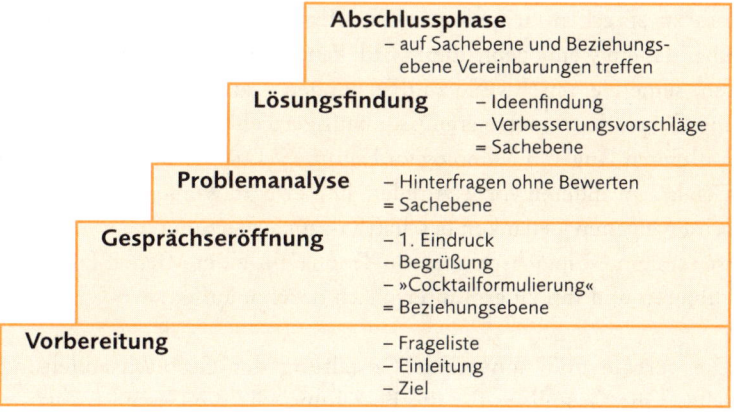

Abschlussphase
– auf Sachebene und Beziehungsebene Vereinbarungen treffen

Lösungsfindung
– Ideenfindung
– Verbesserungsvorschläge
= Sachebene

Problemanalyse
– Hinterfragen ohne Bewerten
= Sachebene

Gesprächseröffnung
– 1. Eindruck
– Begrüßung
– »Cocktailformulierung«
= Beziehungsebene

Vorbereitung
– Frageliste
– Einleitung
– Ziel

Vorbereitung

Dem eigentlichen Gespräch vorgeschaltet ist immer eine Phasenull, die Gesprächsvorbereitung. Die Vorbereitung dient zum einen dem Ziel, sich über die Sichtweisen des Gesprächspartners klar zu werden, und zum anderen, sich die eigene Lösung des eventuell existierenden Problems zu überlegen. Man legt sich im Kopf eine Strategie parat nach dem Motto »Wie sag ich's meinem Kinde?«. Man überlegt sich konkret eigene Standpunkte und wichtige Fragen, die der Sache dienen.

Wichtig ist auch die Überlegung, welche Informationen man vom Gesprächspartner benötigt.

Günstig ist es auch, sich im Vorfeld einen optimalen Einstieg ins Gespräch zu überlegen. Dabei ist es wichtig, sich zu fragen, ob es einen sachlichen oder einen beziehungsorientierten Anlass für das Gespräch gibt. Auch organisatorische Fragen sind im Vorfeld wichtig zu überlegen, wie der erforderliche Zeitbedarf, die Schaffung einer störungsfreien Umgebung, der Ort, die beste Sitzordnung und das ganze Ambiente des Gesprächs.

Vorbereitung schafft Selbstsicherheit

Alle diese Überlegungen helfen dabei, sich optimal vorzubereiten und mit einer gewissen Sicherheit ins Gespräch zu gehen. Unsere späteren praktischen Beispiele enthalten konkrete Aspekte der Vorbereitung.

Gesprächseröffnung

Je nach der beabsichtigten Dauer des Gesprächs und den Zielsetzungen kann es vorteilhaft sein, nicht sofort auf den eigentlichen Anlass zu sprechen zu kommen. Ein allgemein interessantes Thema, über das ein wenig geplaudert wird, kann dem Gesprächspartner helfen, seine Hemmschwelle zu überwinden und sich für das eigentliche Gespräch zu motivieren. Ein häufiger Fehler dagegen ist, sofort mit einem längeren Monolog zu beginnen. Dabei besteht immer die Gefahr, am anderen vorbeizureden. Dieser wird womöglich mehr mit seinen eigenen Gedanken beschäftigt sein als zuzuhören. Viel besser ist es, dem Gesprächspartner ein Thema mit einer offenen Frage anzubieten und ihn zu ermuntern, sich dazu zu äußern.

Die verbale und nonverbale Gestaltung der Gesprächseinleitung schafft die Grundlage für die Beziehung, die die Gesprächspartner miteinander eingehen. Während des ganzen Gesprächs muss drauf geachtet werden, dass diese Beziehung nicht gestört wird.

Ein Gespräch entwickelt sich auf der Sach- und der Beziehungsebene. Letztere muss zu Beginn eines jeden Gesprächs hergestellt werden. Wie das im Einzelnen geschieht, hängt vom Vertrautheitsgrad der Gesprächspartner, aber auch von der Situation und von den Zielen, die sich die Gesprächspartner gestellt haben, ab. Je nachdem, wie das Gespräch begonnen wird, gestaltet sich das Klima, in dem die Unterredung dann verläuft. Aus den einleitenden Worten ergibt sich, ob zwischen den Gesprächspartnern ein gleichberechtigtes Verhältnis besteht oder ob der eine dem anderen überlegen sein will.

Bestimmen Sie die Qualität der Beziehung

Man sollte deshalb immer schon vor dem Gespräch entscheiden, welche Beziehung man zu seinem Gesprächspartner herstellen möchte. Ein effektives Gespräch zeichnet sich stets durch ein Klima der Gleichberechtigung und Partnerschaft aus. So erst erreicht man, dass sich die Gesprächspartner öffnen und ein größtmöglicher Informationsfluss gewährleistet ist, der zudem die Gefahr von Missverständnissen verringert.

Deswegen muss jedoch nicht darauf verzichtet werden, dass einer das Gespräch in die eine oder andere Richtung lenkt. Es muss aber darauf geachtet werden, ob die Gesprächspartner die Autorität eines Einzelnen und mit ihr seine Spielregeln für das Gespräch akzeptieren, sonst wird die Beziehungsebene immer wieder gestört. Solche Störungen kosten Energie, die dann bei der Lösungsfindung auf der Sachebene fehlt.

Gerade bei der Gesprächseröffnung sollten die verbalen und nonverbalen Kommunikationsmittel in ihrer ganzen Bandbreite genutzt werden; denn die Gesprächseröffnung ist entscheidend für den ersten Eindruck, den die Gesprächspartner voneinander gewinnen. Wichtig ist also gerade hier, dass die äußere Erscheinung positiv wirkt. Hierzu tragen auch eine aufrechte, dem Partner zugewandte Körperhaltung, ein offener, ruhiger Blick und ein gewinnendes sympathisches Lächeln bei. Durch die nicht sprachlichen Mittel kann man sich den Kopf freihalten für die einleitenden Worte. Fängt man nicht sofort an zu reden, gewinnt man auch einen Moment Zeit, die Wirkung des eigenen Bildes auf das Gegenüber zu beobachten. Das ist besonders wichtig, wenn sich die Gesprächspartner noch überhaupt nicht kennen.

Umgangsformen und Körpersprache intergrieren

Nach dem ersten stummen Gegenübertreten folgt die Begrüßung in Abhängigkeit vom Charakter des Gesprächs, des Themas, vom Grad der Vertrautheit der Partner.

Auf jeden Fall spielen auch und gerade hier gepflegte Umgangsformen und nicht sprachliche Aspekte eine große Rolle. Die Begrüßung erfolgt meist im Stehen, indem der Gastgeber sich dem Partner zuwendet und die Distanzzone verringert. Die Wahl der Distanz beeinflusst die Gestaltung des Gesprächs auf der Beziehungsebene. Das gilt ebenfalls für das räumliche Arrangement. Es bleibt nicht ohne Wirkung, ob die Unterredung im Stehen, im Sitzen, am Schreibtisch, in der Clubecke, mit größerer oder geringerer Distanz stattfindet.

Problemanalyse

Nach der Einleitung des Gesprächs folgt die sachliche Eröffnung: Man kommt zum Thema. In dieser Phase ist es wichtig, wie das zu besprechende Problem dargestellt wird. Es kommt darauf an, die Problemstellung so zu formulieren, dass sie auch für den Gesprächspartner zum Thema wird. Es nützt wenig, wenn es den Gesprächspartnern erst nach einiger (verlorener) Zeit bewusst wird, dass ihre Erwartungshaltungen, mit denen sie in das Gespräch gegangen sind, völlig voneinander abweichen. Zur Ergründung des gemeinsamen Nenners bietet sich eine Frage oder das Reflektieren an.

Stellt man dadurch voneinander abweichende Ansichten zum Thema fest, ist immer noch Zeit für Richtigstellungen und die Schaffung einer gemeinsamen Gesprächsgrundlage, ohne die eine effektive Verständigung ohnehin nur sehr schwer möglich ist. Frage und Reflexion sind übrigens auch eine wichtige Hilfe, wenn man überraschend mit einem Thema konfrontiert wird, zu dem man sich noch keine eigene Meinung bilden konnte. Durch Fragen gewinnt man Zeit und erhält Informationen, die helfen, angemessen Stellung zu beziehen.

Der Darstellung des Problems folgt die Analyse, das heißt die Beleuchtung aller Umstände, Bedingungen, Voraussetzungen usw., die für eine Problemlösung von Bedeutung sein könnten. Taktisch klug ist es, wenn der Initiator des Gesprächs diese Analyse nicht selbst vornimmt, sondern den Gesprächspartner dazu animiert, dies zu tun. Er erfährt so etwas über die Sicht, die sein Gegenüber vom Thema hat, und hat die Möglichkeit, ihn von Aspekten abzulenken, über die ohnehin Konsens besteht. Ideal – auch für die folgende Diskussion – ist es freilich, wenn sich die Partner nicht nur die Bälle zuspielen, sondern das Gespräch auch lenken und auf bestimmte Punkte hinführen. Damit wird in einem Klima der Gleichberechtigung ein annähernd gleicher Informationsstand erreicht, von dem aus man wirklich gemeinsam und mithin umso konstruktiver eine Lösung des Problems anstreben kann.

Problemdiskussion und Lösungsfindung

Manche Probleme bedürfen nur einer Verständigung darüber, worin sie bestehen, und schon zeichnet sich eine Lösung ab. Andere muss man in Ruhe durchsprechen.

Der Einstieg in die Auseinandersetzung mit dem Thema kann mit den Kommunikationsmitteln Frage und Reflexion erreicht werden. Die Aufgabe des Gesprächs ist es dann, dass z. B. Ideen gesammelt, Vorschläge entwickelt, Alternativen aufgestellt und bewertet werden. Die Maßstäbe, nach denen bewertet wird, sollten sich schon im Laufe der Analyse herausgeschält haben. Konsequenterweise setzt dies aber auch voraus, dass man zumindest ein allgemeines, gemeinsames Ziel formuliert und sich darüber verständigt hat, was mit der Lösung des Problems im Idealfall erreicht werden sollte.

Hat man sich in diesem Punkt nicht geeinigt und verfolgt jeder seine eigenen Ziele in der Diskussion, muss dies offen gelegt werden, wenn man Missverständnisse ausschließen will.

Doch sollte man auf der Meinung, die man ins Gespräch mitgebracht hat, nicht beharren, sondern stets dem Gesprächspartner gegenüber Bereitschaft signalisieren, bessere Argumente anzuerkennen und ggf. von seiner vorgefassten Meinung abzurücken. Andernfalls ist das Gespräch ein Schlagabtausch, mit dem man zwar die Positionen klären kann, aber einer Problemlösung nicht unbedingt näher kommt.

Überhaupt sollte man seine Position so offen formulieren, dass Raum dafür bleibt, auch Ideen, die zunächst ganz abwegig erscheinen, einmal durchzuspielen. Kreativität entfaltet sich nicht, wenn die Bahnen, auf denen sich die Diskussion bewegt, von Anfang an durch einen der Gesprächspartner festgelegt sind, wenn ein ungleiches Verhältnis zwischen den Partnern herrscht, wenn einer darauf pocht, dass er letztendlich doch das Sagen hat, oder nur das gelten lässt, was seiner Meinung entspricht.

Formulieren Sie Ihre Position offen

Denn dadurch wird der andere demotiviert, verliert das Interesse, die Sache, über die gesprochen wird, zu seiner Sache zu machen, verliert die Bereitschaft mitzudenken, verschließt sich und hält sich bedeckt.

Gerade bei der Problemdiskussion muss sichergestellt sein, dass die Kommunikation auf der Sach- und auf der Beziehungsebene nicht gestört wird.

Beachten Sie Sach-
und Beziehungs-
ebene

Dem ersten Ziel dienen
- die Ermunterungsmittel, mit denen die Bereitschaft angezeigt wird, sorgfältig zuzuhören und mitzudenken
- die Fragen, mit denen man sich zu orientieren und Klarheit zu verschaffen versucht
- das Reflektieren, um die Aussagen, Vorschläge, Ideen, Bewertungen auch von ihren Hintergründen und Motiven her verstehen zu können

Dem zweiten Ziel dienen
- das Reflektieren (insbesondere Stufe B), das erkennen lässt, was beim Gegenüber die Nachrichtenübermittlung verzerrt
- die Ich-Botschaften, die das persönliche Wohlbefinden wiederherstellen helfen
- die Metakommunikation, mit deren Hilfe man sich über die Spielregeln des Gesprächs verständigen und den Gesprächsverlauf im Einvernehmen lenken, ggf. korrigieren kann

Die Abschlussphase

Wenn es in der Einleitungsphase darum geht, auf der Beziehungsebene die Voraussetzungen für ein erfolgreiches Gespräch zu schaffen, dann kommt es in der Abschlussphase, nachdem die Verständigung auf der Sachebene erfolgt ist, darauf an, den Beziehungsaspekt noch einmal zu unterstreichen.

Zwischen den Gesprächspartnern muss Übereinkunft erzielt werden über das, was gesprochen wurde, und darüber, wie beide dazu stehen. Zu Beginn der Abschlussphase wird man sich also über den Stand der Sache verständigen. Man wird das Ergebnis festhalten, das weitere Vorgehen klären, die Gemeinsamkeiten herausstellen und unterschiedliche Auffassungen benennen sowie die wichtigsten Argumente zusammenfassen. Dies kann man auf dem Weg des Reflektierens tun. So kann man in aller Kürze und Prägnanz den Ablauf und den Stand des Gesprächs verdeutlichen und sich noch einmal gegen Missverständnisse absichern.

Auf der Beziehungsebene kommen wieder viele Aspekte ins Spiel, die schon im Zusammenhang mit der Einleitungsphase erläutert wurden. Alle sprachlichen und nicht sprachlichen Kommunikationsmittel sollten, kombiniert mit den Möglichkeiten der Metakommunikation, der Ich-Botschaften und des Reflektierens, zu einer positiven Abrundung des Gesprächs eingesetzt werden. Denn selbst wenn in der Sache noch kein Einvernehmen erreicht werden konnte, kann das Klima, die Beziehung, für ein späteres erneutes Gespräch günstig beeinflusst bleiben.

Das am Anfang dieses Kapitels präsentierte Kommunikationsmodell wird im Zusammenhang mit der Gesprächsgestaltung zu einem Stufenmodell. Die unterste Stufe ist die wichtigste. Auf ihr ruhen alle übrigen. Es ist die Stufe der Beziehungsgestaltung. Je sorgfältiger ein Gespräch auf dieser Stufe gestaltet wird, desto effektiver wird es sein.

Das Ende ist der Anfang des Neuen

Verschiedene Gesprächstypen

I. Telefongespräch

Das Telefon ist das effektivste Kommunikationsinstrument, wenn es richtig und gezielt genutzt wird. Egal, ob man jemanden anruft, um ihn über wichtige Dinge zu informieren, oder ob sich jemand bei uns meldet, weil er ein Problem hat – das Telefonat sollte in jedem Falle professionell geführt werden.

Wenn man über eine erfolgreiche Gesprächsführung am Telefon redet, vergisst man zuweilen, dass sich die Kommunikation am Telefon von einem Vier-Augen-Gespräch in einem Punkt deutlich unterscheidet – die Körpersprache kann nicht wahrgenommen werden. Das wäre nicht weiter schlimm, wenn körpersprachliche Signale nicht wesentlich dazu beitragen würden, eine tragfähige Beziehung zwi-

Telefonieren, als ob man Sie sieht

schen den Menschen aufzubauen. Jeder Mensch freut sich, wenn sein Gesprächspartner lächelnd auf ihn zugeht, mit freundlichem Gesicht und offener Körperhaltung. Solche Signale können am Telefon nur durch die Stimme, den Tonfall und die gewählten Formulierungen vermittelt werden.

Gutes Telefonieren ist nicht leicht, weil man schnell zur Sache kommen, sich klar und präzise ausdrücken und auf den Gesprächspartner eingehen muss.

Ein qualitativ hochwertiges Gespräch wird erreicht, wenn einige Besonderheiten berücksichtigt werden.

Eine deutliche Aussprache, angemessene Lautstärke und ein verständliches Sprechtempo geben dem Gesprächspartner am anderen Ende der Leitung die Chance, sich akustisch auf das Gespräch einzustellen.

Die sympathische und angenehme Stimme erreicht man durch das Lächeln am Telefon, denn der Tonfall wird dadurch weicher.

Eine freundliche und einladende Begrüßung, das Ansprechen des Gesprächspartners mit Namen – als verbaler Handschlag – ebnen den Weg zur positiven Gestaltung der Beziehungsebene.

Akustische Aufmerksamkeitsreaktionen müssen die Körpersprache ersetzen

Gutes Zuhören, unterstützt durch akustische Aufmerksamkeitsreaktionen, geben dem Gesprächspartner das Gefühl der ungeteilten Aufmerksamkeit.

Ein eingehendes Telefonat kann als qualitativ hochwertig angesehen werden, wenn dem Anrufer bei seinem Anliegen fachlich kompetent und freundlich weitergeholfen wird.

Für ausgehende Telefonate ist eine professionelle Vorbereitung die Garantie für eine erfolgreiche Gesprächsführung.

Als Beispiel steht hierfür die Gesprächsstruktur eines Verkaufsgesprächs am Telefon. Der Gesprächsleitfaden, der als Basis für die Gesprächsvorbereitung dient, wird entsprechend der vier Phasen des Gesprächsverlaufes aufgebaut.

1. Gesprächsvorbereitung

Bevor das Gespräch beginnt, sollte man sich überlegen,

- was das Ziel ist:
  Weshalb rufe ich im Unternehmen xy an?
  Was habe ich konkret zu bieten?

- wer der Gesprächspartner ist:
  Wer ist wofür zuständig im Unternehmen?
  Was weiß ich über die betreffende Person?
- welche bisherigen Geschäftsverbindungen existieren;
- welche Unterlagen man benötigt;
- welche Gesprächsstrategie man nutzt.

2. Gesprächseröffnung

Begrüßung:
Prüfen Sie zunächst, ob Sie mit der Person sprechen, die auch über Ihr Anliegen entscheiden kann.

> *»Gehe ich recht in der Annahme, dass Sie zuständig sind für ...«*
> *»Spreche ich mit Herrn ... persönlich«*

Haben Sie den kompetenten Gesprächspartner am Apparat, so stellen Sie sich vor mit Ihrem Namen, dem Unternehmen, welches Sie vertreten, und Ihrer Funktion bzw. Kompetenz.

> *»Guten Tag, mein Name ist ... Ich bin Marketingbeauftragter des Unternehmens ...«*

Aufhänger:
Wählen Sie einen offenen, interessanten und freundlichen Gesprächseinstieg.
Überlegen Sie vor dem Gesprächsbeginn, womit sie gerade diesen Gesprächspartner motivieren können, Ihnen zuzuhören. Wecken Sie die Neugier für Ihr Ziel.
Sparen Sie nicht mit Streicheleinheiten. Das ebnet den Weg auf der Beziehungsebene.

> *»Ihre Firma ist eines der führenden Unternehmen im Bereich .... In diesem Zusammenhang benötigen Sie sicher preiswerte und zuverlässige Partner ...«*

Wählen Sie eine Formulierung, die der Gesprächspartner kaum mit einem Nein beantworten kann.

3. Problemanalyse:

Angebotsunterbreitung:
Begründen Sie den Anruf und erläutern Sie kurz und präzise, welche Vorteile das Angebot für den Kunden bedeutet. Bieten Sie dem

Kunden Argumente und zeigen Sie vor allem auf, welchen Nutzen der Kunde von Ihrem Angebot hat.

Meine Argumente – was hat dieser Kunde für Vorteile/Nutzen? Reden Sie in der Sprache des Kunden, wählen Sie verständliche Formulierungen. Durch geeignete Fragen und gutes Zuhören können Sie das Interesse des Kunden filtern und Ihre geeigneten Argumente unterbreiten.

4. Lösungsfindungsphase

Vermutete Einwände:
Überlegen Sie im Voraus, mit welchen Einwänden, Gegenargumenten und Widersprüchen Sie rechnen können, und bereiten Sie sich darauf vor.

Welche Einwände habe ich zu erwarten?

Wie entkräfte ich diese Einwände?

Bieten Sie dem Gesprächspartner nützliche Informationen. Kommen Sie ihm entgegen und zeigen Sie auf, was Sie für ihn tun können.

Gerade in dieser Gesprächsphase, wo es scheinbar nur um die Sachebene geht, ist der vertrauensvolle und höfliche Umgangston besonders wichtig. Die gut überlegten Formulierungen, die das Interesse des Gesprächspartners berücksichtigen, sowie eine wohl dosierte Anwendung von Höflichkeitsfloskeln führen zum Erfolg.

Vermeiden Sie auf jeden Fall das Streitgespräch mit dem Kunden über seine Ansichten.

Lassen Sie ihn ausreden. Zeigen Sie ihm auf, was für ihn interessant sein kann, und machen Sie Ihre Ansicht über das Angebot zu seiner Einsicht.

5. Abschlussphase

Verbale Verabschiedung:
Beenden Sie das Gespräch auf der Sach- und Beziehungsebene.

Fassen Sie eventuell getroffene Vereinbarungen, Absprachen, Terminvereinbarungen u. Ä. am Ende des Gespräches nochmals zusammen, um Fehlinterpretationen zu vermeiden.

Auch wenn Sie in diesem Telefonat ohne eine konkrete Vereinbarung verbleiben, halten Sie sich immer eine Hintertür offen.

Bedanken Sie sich für das Gespräch. Nennen Sie den Gesprächspartner beim Namen und reichen Sie ihm noch ein paar ehrlich wirkende

Höflichkeitsfloskeln am Ende des Gesprächs.

»Vielen Dank für das angenehme Telefonat. Auf Wiederhören, Herr ... Eine angenehme Zeit bis zu unserem vereinbarten Termin.«

»Danke, dass Sie mir zugehört haben. Schade, dass es mit uns beiden nicht klappt. Vielleicht ein anderes Mal, Herr ...«

»Danke für das Gespräch, Herr ..., vielleicht ergibt sich ein späterer Kontakt. Ich wünsche Ihnen weiter gute Geschäftserfolge.«

Wählen Sie eine Grußformel, die zur Gesprächssituation passt.

II. Diskussion

Eine zielgerichtete Diskussion erfordert Diskussionsfähigkeit, und diese erfordert Sachverstand. Ansonsten wird eine Diskussion zum leeren Geschwätz.

Diskutieren bedeutet, dass man einen Diskussionsgegenstand nach allen Seiten auf Herz und Nieren prüft

Wichtig ist auch ein Diskussionsleiter, da sonst keine Linie im Gespräch ist und derartige Diskussionen in der Regel zum Scheitern verurteilt sind.

Wichtig ist die Fähigkeit des Leiters der Diskussion, sich auf die Gesprächsteilnehmer einstellen zu können, mit Geduld, Takt und Humor, aber auch mit Zielstrebigkeit und Beharrlichkeit.

1. Vorbereitung

Überlegen sollte man sich

- das Ziel der Diskussion:
  Was soll die Diskussion zur Sache bringen?
  Zu welchem Sachverhalt ist Klärungsbedarf notwendig?
- die Diskussionsteilnehmer:
  Wer ist beteiligt und über welchen Sachverstand verfügen die Einzelnen?
  Was weiß man als Diskussionsleiter über die einzelnen Personen?
  Welche persönlichen und beruflichen Beziehungen bestehen zwischen den Diskussionsteilnehmer(inne)n?
- welche bisherigen Aspekte zur Sache bestehen;
- welche Unterlagen/Arbeitsmaterialien man benötigt:
- welche Gesprächsstrategie man einschlägt.

2. Gesprächseröffnung

Begrüßung:
Der Diskussionsleiter begrüßt und kündigt an, worüber diskutiert werden soll. In größeren Gruppen eignet es sich, einen Assistenten zu benennen, der die Reihenfolge der Wortmeldungen überwacht.

>*Ich habe Sie alle heute eingeladen, um mit Ihnen über den Sachverhalt ... zu diskutieren.*«

>*Ich freue mich, dass Sie sich bereit erklärt haben, gemeinsam über den Sachverhalt ... zu diskutieren.*«

Regeln der Diskussion vereinbaren:
Der Diskussionsleiter einigt sich mit der Gruppe über die Verfahrensweisen; z. B. wie bzw. ob die Redezeit eingeschränkt werden sollte, wenn ja, wie lange usw.

Das Wort sollte grundsätzlich nach der Reihenfolge der Wortmeldungen gegeben werden, außer wenn es sich um ergänzende Fragen handelt. Wenn es Wortmeldungen zur Geschäftsordnung gibt, dann sollten diese immer vorrangig behandelt werden.

Änderungen der Höchstredezeit oder das Ende der Diskussion darf nur von jemandem beantragt werden, der noch nicht zur Sache gesprochen hat.

Redebeiträge, die von der Sache abweichen, sollte man mit einem »zur Sache« unterbrechen können.

Wählen Sie einen offenen, interessanten und motivierenden Gesprächseinstieg.

Überlegen Sie vor dem Gesprächsbeginn, womit Sie die Diskussionsteilnehmer motivieren können, sich aktiv an der Diskussion zu beteiligen. Wecken Sie die Neugier für Ihr Ziel.

3. Problemanalyse

Der Diskussionsleiter stellt den Sachverhalt dar und bittet die Teilnehmer um Diskussionsbeiträge. Der Diskussionsleiter bzw. der Assistent überwacht die Einhaltung der vereinbarten Spielregeln. Er sollte zurückhaltende Teilnehmer aktivieren, sie zu Wortbeiträgen animieren und insbesondere Schweiger durch gezielte Fragen in die Diskussion einbeziehen. Er muss Dauerredner stoppen und Reibereien unter den Teilnehmern vorbeugen.

Der Diskussionsleiter hat trotz neutraler Haltung viele Aufgaben

Der Diskussionsleiter verhält sich grundsätzlich sachneutral und hält sich mit eigenen Beiträgen zur Sache zurück.

Er nimmt keine Beurteilung oder Bewertung einzelner Diskussionsbeiträge vor.

Lediglich wenn die Diskussion nicht in Gang kommt oder stockt, darf der Leiter zur Sache sprechen.

Wenn der Diskussionsleiter durch seine Führungsrolle gleichzeitig auch sachinteressiert oder sachbefasst ist, sollte er sich trotzdem mit seiner eigenen Meinung so lange es möglich ist zurückhalten, um eine Beeinflussung der Teilnehmer zu vermeiden. Zu langes Schweigen könnte zu dem Eindruck führen, dass die Diskussionsteilnehmer sich ausgehorcht fühlen.

Es empfiehlt sich, den Diskussionsteilnehmern mitzuteilen, dass man im Interesse eines offenen Meinungsaustausches im ersten Teil der Diskussion sachlich noch nicht Stellung nimmt.

4. Lösungsfindungsphase

Wenn alle Diskussionsbeiträge abgegeben wurden, fasst der Diskussionsleiter zusammen und bereitet die Abstimmung vor:

»Wer ist für diesen Antrag?«

»Wer ist dagegen?«

»Stimmenthaltungen?«

»Ich stelle fest, der Antrag ist angenommen bzw. abgelehnt!«

Wenn der Diskussionsleiter mitstimmt, dann stimmt er immer als Letzter.

Bei mehreren Anträgen wird der Reihenfolge nach abgestimmt.

4. Abschlussphase

Beenden Sie das Gespräch auf der Sach- und Beziehungsebene.

Der Diskussionsleiter fasst die Diskussionsergebnisse zusammen und dankt den Teilnehmern für die konstruktive Mitarbeit.

III. Das Bewerbungsgespräch (aus Sicht des Bewerbers)

Der Verlauf eines Bewerbungsgesprächs ist immer davon abhängig, welche Personen in welcher Situation mit welchem Ziel aufeinander treffen.

Diese Personen-, Situations- und Zielabhängigkeit kann man nicht genug betonen. Das bedeutet, es gibt nicht das Bewerbungsgespräch an sich, sondern nur typische Inhalte. Der Vergleich vieler praktischer Bewerbungsgespräche war der Ausgangspunkt, einen Algorithmus zu suchen, nach dem die meisten ablaufen.

1. Gesprächsvorbereitung

Je mehr Sie über das Unternehmen im Voraus wissen, desto geschickter können Sie im Bewerbungsgespräch vorgehen

Bevor Sie in ein Bewerbungsgespräch gehen, sollten Sie sich gründlich darauf vorbereiten. Versuchen Sie möglichst viel über das Unternehmen und das Stellenangebot zu erfahren.

Überlegen Sie vorher reiflich, ob die Stelle wirklich für Sie geeignet ist. Das hängt sicher von vielen Faktoren ab, z. B. Arbeitsinhalten, Arbeitsorten, der Arbeitszeit, dem Gehalt, dem Klima, der Verantwortung, dem Prestige.

Das Unternehmen sollte Sie für geeignet halten, das heißt, Sie sollten Ihre Fähigkeiten, Ihre Persönlichkeit herausstreichen.

Legen Sie also für sich selbst nochmals gedanklich zurecht, weshalb Sie glauben, die Anforderungen der Stelle zu erfüllen, und über welche Fähigkeiten und Fertigkeiten Sie verfügen.

Ein weiterer Punkt der Vorbereitung ist das Aussehen.

Überlegen Sie, was Sie zu diesem Anlass tragen wollen. Natürlich ist die geeignete Kleidung abhängig von der Position, die man im Unternehmen einnehmen wird.

Kleidung ist also berufsgruppenabhängig, für den Banker anders als für den Monteur.

Dennoch gelten einige Grundregeln. Man erscheint sauber und gepflegt, der Branche angemessen.

Achten Sie darauf, dass Sie pünktlich sind. Planen Sie ausreichend Zeit für den Anfahrtsweg.

Individuelle Vorbereitung heißt auch, sich gedanklich in die Situation des Gesprächs hineinzuversetzen. Bereiten Sie die Fragen vor, die Sie selbst gern stellen möchten.

2. Gesprächseröffnung

Der erste Eindruck:

Jedes Gespräch, jede Begegnung von Menschen beginnt mit dem ersten Eindruck voneinander. Sie werden wahrgenommen von dem Gesprächspartner und machen sich auch ein Bild von Ihrem Gegenüber. Es werden zunächst nur äußere Faktoren wahrgenommen wie z. B. Haltung, Aussehen, Stimme und das Verhalten allgemein.

Lächeln Sie siegessicher

Gehen Sie selbstbewusst und souverän in das Gespräch, aufrecht und kraftvoll. Seien Sie so natürlich wie möglich. Lächeln Sie und schauen Sie den Gesprächspartner an.

Generell gilt, dass der Gastgeber auch die Regeln des Kontaktes bestimmt, z. B. Handreichung bei Begrüßung, Sitzordnung u. a.

Die gegenseitige Wahrnehmung erfolgt mit allen Sinnesorganen. Ihr Partner sieht Sie, hört Sie, fühlt Sie und riecht Sie. Nur der Geschmackssinn kann hier nicht wirksam werden.

Auch der Geruchssinn sollte als Komponente für die Sympathie nicht unterschätzt werden.

Tabakgeruch, Schweißgeruch oder Alkohohlgeruch wirken eher unangenehm auf den Arbeitgeber.

Der Arbeitgeber hat Ihre Unterlagen gelesen und sich darauf hin schon einen ersten Eindruck gebildet. Nun vergleicht er mit dem persönlichen Eindruck und möchte auch noch einiges mehr über Sie erfahren.

Deshalb geht schon nach wenigen Sekunden das Gespräch in die nächste Phase über.

Der Kontakteinstieg:

Ihr Gesprächspartner wird versuchen, mit Ihnen ins Gespräch zu kommen, mit Ihnen zu plaudern.

Geben Sie gern und bereitwillig Antwort, ohne sich auf größere Kommentare einzulassen.

Sparen Sie sich ausführliche Erklärungen

Zeigen Sie sich offen und zugänglich in Mimik und Gestik, aber zurückhaltend in den Worten. Bedenken Sie immer, dass Sie einen guten Eindruck vertiefen wollen. Wenn Sie kurz antworten, achten Sie darauf, dass Sie freundlich in Gesicht und Ton wirken.

Der Inhalt Ihrer Antworten sollte stark durch das geprägt sein, was Sie als Anforderungen mit der neuen Stelle verbinden. Sie behaupten, diesen Anforderungen zu genügen. Deshalb antworten Sie diplomatisch. Seien Sie nicht beleidigt, aggressiv oder zu offen.

Ihr Ziel ist es, die Stelle zu bekommen. Durch Sympathie erreichen Sie es am schnellsten.

2./3. Problemanalyse und Lösungsfindung

Die Sachphase beginnt häufig mit der Aufforderung zur freien Rede.

»Erzählen Sie etwas über sich, Ihre Entwicklung und wie Sie zu dem Entschluss gekommen sind, sich bei uns zu bewerben.«

Jetzt heißt es, klug zu überlegen, wie Sie sich präsentieren. Basis dafür sind die Unterlagen, die Sie dem Unternehmen bereits zugesandt haben.

Legen Sie den Schwerpunkt auf die berufliche Entwicklung und beginnen Sie damit.

Verkaufen Sie Ihre Fähigkeiten

Setzen Sie zielabhängig Akzente. Was ist von Ihrer bisherigen Entwicklung relevant für ihre zukünftige Tätigkeit?

Überlegen Sie sich genau, wie Sie sich und Ihre Fähigkeiten mit wenigen konkreten Worten am besten verkaufen können.

Wichtig ist auch die Betonung, warum Sie gerade in diesem Unternehmen tätig sein wollen.

Meist schließen sich dann vertiefende Fragen seitens des Arbeitgebers an. Auch hier sind Frage- und Antwortrhythmus sehr personen-, situations-, und zielabhängig.

Sie sind auch davon abhängig, wie selbstbewusst und kompetent Sie auf Ihren Gesprächspartner wirken. Die Fragen werden einerseits zu konkreten beruflichen Anforderungen gestellt, können aber auch das Privatleben betreffen oder Fragen zu bestimmten Lebenssituationen, Ansichten u. Ä. berühren.

Antworten Sie kurz, vielleicht in Floskeln, aber unbedingt bereitwillig und höflich.

Definieren Sie Ihre beruflichen Ziele.

Die Frage nach dem Verdienst sollte niemals durch Sie gestellt werden.

Wird Ihnen die Frage zu einem geeigneten Zeitpunkt gestellt, sollten Sie sich allerdings Ihre Vorstellungen bereits überlegt haben. Natürlich haben auch Sie die Möglichkeit, Fragen zu stellen. Generell gilt, fragen Sie als Erstes zum Unternehmen, dann zur Stelle und als Letztes zu vertraglichen Konditionen.

Fragen Sie klug!

4. Abschlussphase

Das Gespräch endet häufig auch wieder mit Unverbindlichkeiten. Man sagt Ihnen, dass Sie in den nächsten Tagen über die Entscheidung informiert werden. Natürlich können auch Sie sich noch überlegen, ob die Stelle für Sie nach dem Gespräch noch infrage kommt. Geben Sie Ihre Absage aber auch erst einige Tage später bekannt. Handeln Sie nicht voreilig.

Sie werden so verabschiedet, wie Sie sich gegeben haben.

Bedanken Sie sich in jedem Falle für das Gespräch.

Bleiben Sie souverän, selbstbewusst und verlassen Sie den Raum so, wie Sie Ihn betreten haben.

Wahren Sie Haltung bis zum Ende

Für Sie endet das Gespräch erst, wenn Sie das Unternehmen verlassen haben. Denn es gibt häufig viele Beobachter.

Vorstellungsgespräch
(aus Sicht des Entscheiders)

Mittelpunkt der Personalauswahl

Das Vorstellungs-, Kontakt- oder Bewerbungsgespräch bleibt ein wichtiges Element der Personalauswahl. Assessmentcenter und andere Instrumente stellen dies zwar infrage, doch wird sich an der Priorität des Wunsches nach persönlichem Kontakt auch künftig nichts ändern. Es entspricht zeitgemäßer Personalpraxis, den Vorgesetzten dabei einzubinden. Er trägt die Handlungs- und Führungsverantwortung für seinen Bereich, vom Packer bis zum Prokuristen, und das in jeder Branche. Denn, so bestätigt Unternehmensberater Kurt Sexauer: »Nicht mangelnde Qualifikation und fehlende Einsatzbereitschaft lassen viele Karrieren scheitern, sondern allzu Menschliches, die Disharmonie zwischen Vorgesetztem und Untergebenem.«

Harmonie hat hohen Stellenwert

Vorstellungsgespräche müssen professionell zielgruppenorientiert vorbereitet sowie rhetorisch, psychologisch und taktisch richtig geführt werden. Intuition genügt nicht. Nicht nur der Profi im Personalwesen, sondern jeder Vorgesetzte muss wissen, wie vorzugehen ist: Welche Gesprächsform ist zu wählen, in welche Phasen gliedert sich vernünftigerweise der Gesprächsablauf, wie erfahre ich Wissenswertes, wie unterscheidet man Vorwände von Einwänden und manches andere?

Gesprächschancen nutzen

Im Grunde ist die Entwicklung zum Verstell- und Versteckspiel der Bewerber bedauerlich und unverständlich. Man sollte ihnen das aus- und nicht einreden, denn sie pokern mit ihrer sozialen Existenz. Mehr erscheinen wollen, als das wirkliche Sein hergibt, hat selten genutzt. So in den Hafen eines Vertrages zu segeln, ist mehr als unsicher. Die *Probezeit* ist der tägliche Test und das wirkliche Assessmentcenter. Denn noch immer kann in dieser Zeitspanne im Allgemeinen ohne Angabe von Gründen gekündigt werden, und das Arbeitsgericht ist erst nach 6-monatiger ununterbrochener Beschäftigung zuständig. Aus Imagegründen, Führungsschwäche der Vorgesetzten und um Betriebsratskonflikte zu vermeiden sind viele Unternehmen zögerlich – auch soziale Rücksichtnahmen spielen eine Rolle –, doch niemand sollte sich darauf verlassen!

Probezeit ist der Risikofaktor

Gesprächsform richtig gewählt?

So sollte Ihre erste Frage lauten, wenn Sie sich auf ein Vorstellungsgespräch vorbereiten. Welche Alternativen ergeben sich? Nun, Sie können wählen zwischen

- einem situativ frei gestalteten Interview,
- einem halbstrukturierten,
- einem strukturierten Gespräch.

Freie oder
strukturierte
Gesprächsform
bevorzugen?

Das *freie Interview* hat den Vorteil größter Individualität. Jedoch ist schon manchem die Zeit aus dem Ruder gelaufen, andere verirrten sich in Lieblingsthemen, sprachen viel und hörten wenig, viele stellten hinterher fest, dass sie vergessen hatten, das eine oder andere zu erfragen, und dass so das Bewerberbild lückenhaft blieb.

Beim *halbstrukturierten Gespräch* legen Sie sich einen Fragenkatalog beispielsweise zu Fachthemen, zur beruflichen Entwicklung oder zur persönlichen Situation zurecht, den Sie dann an geeigneter Stelle einbringen. Das bessere Gesprächsergebnis rechtfertigt den höheren Vorbereitungsaufwand. Einen solchen Bogen auf den Tisch zu legen, ist keineswegs unhöflich, sondern bringt hohes Interesse an dem Bewerber zum Ausdruck.

Je strukturierter Sie das Gespräch gestalten, desto leichter und besser wird es Ihnen möglich, Bewerber miteinander zu vergleichen. Außerdem reduzieren Sie damit Ihren Sympathie- oder Antipathieeffekt, weil Sie bei allen die gleichen Themen ansprechen: »Ihrer Bewerbung und den Zeugnissen habe ich ja viele Informationen entnommen und sie mit den Aufgaben der Stelle, die wir anbieten, verglichen. Dabei ergaben sich für mich einige Fragen, die ich mir notiert habe, um nichts zu vergessen. Können wir sie einmal miteinander durchgehen?«

Der Interview-
leitfaden als
Drehbuch

Ein *vollstrukturiertes Gespräch*, das Sie anhand eines »Interviewleitfadens« führen, wirkt leicht hölzern, baut kaum Distanz ab, sondern eher auf und kann vom Bewerber negativ als Verhör empfunden werden. Prüfen Sie die Wirkung dieser Interviewform sorgfältig. Wenn Sie den Leitfaden nach vielen Gesprächen nahezu auswendig können, reduzieren sich die Bedenken.

Es gibt eine Reihe positiver psychologischer Gutachten über voll-strukturierte Gespräche, ebenso über Erfolge der Assessmentcenter als Auswahlverfahren. Das Erstaunliche ist nur, dass diese Hilfsmittel mehr an der Basis angewendet werden als da, wo es um das große Geld geht!

Die zweite Frage nach Ihrer *Gesprächsform* verdeutlicht das Schaubild:

Wie führe ich das Gespräch?	Wissen, Können	Erfahrungen, Wünsche	Signale des Verhaltens
Direktiv	+	–	–
Nondirektiv	–	+	+

Wählen Sie die passende Gesprächsform

Ein Gespräch, in dem SIE FÜHREN, wird in hohem Maß Erkenntnisse über das Wissen und Können des Bewerbers aufzeigen. Im *direktiven Gespräch* halten Sie die Fäden leitend in der Hand: Sie fragen; der Bewerber antwortet konzentriert. Deshalb sehen Sie auch wenige Signale seines Verhaltens:
– »Seit wann sind Sie mit der Textverarbeitung vertraut?«
– »Mit welchen Systemen haben Sie bisher gearbeitet?«
– »Haben Sie Texthandbücher geschrieben und aktualisiert?«
– »Gab es Ganzbriefe und Bausteintexte?«
– »Kennen Sie die DIN 5008?«

Wollen Sie, dass sich der Bewerber ÖFFNET, dann empfiehlt sich die nicht leitende Gesprächsform. Sie stellen »öffnende Fragen«, die so genannten »W-Fragen«, und er wird Ihnen nicht nur seine Erfahrungen, Wünsche und persönlichen Einstellungen darlegen, sondern Sie werden auch Erkenntnisse aus seinem Verhalten ziehen können. Hier spricht er erkennbar zusätzlich mit seiner Mimik, Gestik und Körperhaltung (Kinesik*).

Wer gut fragt, ist besser informiert

Der Grundgedanke der *nondirektiven Gesprächsführung* ist, den Partner nicht zu gängeln, sondern ihn zum Weitersprechen zu motivieren. Dass dies die Gefahr einer gewissen Manipulation in sich birgt,

* Vgl. hierzu Molcho, Samy, Körpersprache im Beruf. München: Goldmann, 1997.

sollte man wissen und beachten. Welcher Technik bedient man sich nun bei einer nicht leitenden Gesprächsform? Also: Alles vermeiden, was den Partner einengt. Der Bewerber hat das Wort. Sie halten sich mit eigenen Äußerungen, auch in Ihrer Mimik und Gestik, zurück. Sie hören gelöst und gelassen zu. Der Gesprächspartner wird zu möglichst umfassenden Gesprächsbeiträgen ermutigt und ermuntert.

Seien Sie kein Gesprächsdirigent

Wie machen wir das?
– Zuhören, den Bewerber sprechen lassen
– Aufmunternde Bemerkungen einstreuen: aha, mmh, ach, ja, so
– Verstärkende Äußerungen einbringen:
  - »Das ist ja interessant ...«
  - »Nein so was, das ist mir neu ...«
  - »Haben Sie dafür noch ein Beispiel?«
  - »Ist Ihnen das öfter passiert?«
  - »Wie war das? Erzählen Sie doch mal ...«
– Körpersprache einsetzen, also: Kopfnicken, Augen öffnen usw.
– ECHO-Antworten geben:
  - »Sie meinen also, dass ...«
  - »Sie finden also, dass ...«
  - »Mit anderen Worten, Sie ...«
  - »Also, nach Ihren Erfahrungen, sollte ...«
  - »Ihr Ergebnis lautet daher: ...«

Nicht leitend, wie funktioniert das?

Natürlich kostet die nondirektive Gesprächsführung Zeit. Aber was wollen Sie? Erkenntnisse für eine gesicherte Entscheidung sammeln oder Zeit sparen? In manchen Lehrbüchern werden psychologische Methoden vorgestellt, wie man als Minutenmanager zu raschen Ergebnissen kommt. Ihre Frage muss lauten: Was ist mir der Bewerber als Mensch sowie eine rational, aber auch emotional für richtig empfundene Entscheidung wert? Vielleicht sollte bei allen Managementtechniken gerade an dieser Stelle noch immer ein Stückchen Humanisierung der Arbeitswelt deutlich bleiben.

Stimme offenbart Stimmung

Es wäre ratsam, würde sich Ihre dritte Frage mit der Gefühlssituation beschäftigen, weil Sie sich nun mit der Transaktionsanalyse auseinander setzen sollten. Was besagt das? Nun, jeder Austausch sozialer Kontakte ist eine Transaktion. Eric Berne begründete die Transaktionsanalyse. Thomas A. Harris* hat ihre Verbreitung in Deutschland gefördert. Was habe ich in einem Vorstellungsgespräch damit zu tun, werden Sie berechtigt fragen. Wir sehen, wir sprechen, wir hören in einem Gespräch. Und genau auf das Hören kommt es an. Denn die Transaktionsanalyse geht von drei Ichformen aus: dem Eltern-Ich (EL), dem Kindheits-Ich (K) und dem Erwachsenen-Ich (ER). Das Schaubild verdeutlicht, dass sich unterschiedliche Ichpersönlichkeiten in einem Vorstellungsgespräch gegenüberstehen können. Es geht darum, dass Sie aus der Sprechweise des Bewerbers rasch heraushören, welchem Ichtyp er zuzuordnen ist. Sie können sich dann besser auf ihn einstellen. Gleichermaßen wäre es von Nutzen, wüssten Sie, wo Sie sich selbst einzuordnen haben. Während die Fremderkenntnis durch die Sprechweise des Partners leicht festzustellen ist, bedarf es großer Selbstkritik, gleichzeitig die eigene Position zu erkennen. Denn sie bestimmt bewusst oder unbewusst Ihre Art zu sprechen.

Die Transaktionsanalyse offenbart Verhalten

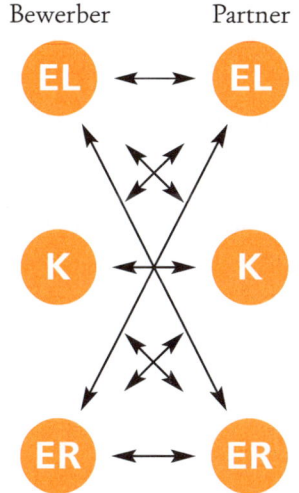

Bewerber   Partner

Durch Zuhören die »Ichform« erkennen

Lassen wir Ihre eigene Person unbeachtet. Hören Sie genau zu, wie der Bewerber spricht, damit Sie ihn einordnen können und wissen, wie Sie mit ihm umgehen sollen.

* Harris, Thomas A., Ich bin o. k., Du bist o. k., Hamburg: Rowohlt, 1997.

Das Eltern-Ich

Partner vom Typ des Eltern-Ich heben ihre Meinung beratend, belehrend, besserwissend hervor. Sie heben gern den Zeigefinger, legen die Stirn in Falten und runzeln die Augenbrauen.

Sprich, damit ich dich sehe

- »Ich rate Ihnen dringend ...«
- »Es ist doch klar ...«
- »Ich werde dafür sorgen ...«
- »Das einzig Richtige ist ...«
- »Ich an Ihrer Stelle würde ...«
- »Ich kann Ihnen nur sagen ...«

Das Kindheits-Ich

Sehr zurückhaltende, introvertierte, vielleicht auch vorsichtig bis ängstlich wirkende Bewerber sind oft dem Kindheits-Ich zuzuordnen. Erröten, Erblassen, zitternde Lippen, Schweißtropfen, rasche Rührung bis zu unterdrückten Tränen, mühsames Aussprechen von Sachverhalten (»ringt mit Worten«) in schwierigen Situationen (z. B. Gehaltsverhandlung) und hohe Stressempfindsamkeit sind visuelle Indizien. Folgende Sätze geben Hinweise:

- »Darf ich bitte kurz anmerken ...«
- »Wenn es möglich wäre, würde ich gern ...«
- »Besonders gelegen wäre mir ...«
- »Ich würde ja lieber eine andere Arbeitszeit vorziehen.«
- »Falls es sich einrichten ließe ...«
- »Könnten Sie bitte noch mal den Fahrtkostenzuschuss sagen.«
- »Das kann ich ja doch nicht ändern.«
- »Wäre es möglich, mir vielleicht Ostern Urlaub zu gewähren?«

Das Erwachsenen-Ich

Menschen, die sich nach dem Muster des Erwachsenen-Ich verhalten, müssen weder wie ein »Oberlehrer« noch wie ein »Bittsteller« – überspitzt gesagt – auftreten. Sie kennzeichnen sich als stressstabile, in sich ruhende Persönlichkeiten, die gern öffnende »W-Fragen« stellen: warum, weshalb, weswegen ...

Sie sind interessiert, wollen den Dingen auf den Grund gehen – insgesamt als extravertiert (nach außen gerichtet) zu bezeichnen. Diese

Polaritätslehre geht auf Carl Gustav Jung (1875–196) zurück. Alle *Typologien* sind bedenklich, aber man erkennt – bei aller gebotenen Vorsicht – den Choleriker, Melancholiker, Phlegmatiker und Sanguiniker. Und das ist gut so, denn dann können Sie sich in Ihrer Umgangsform rhetorisch darauf einstellen. – Einige beispielhafte Redewendungen kennzeichnen das Erwachsenen-Ich:

- »Auf welche Weise wollen Sie das lösen?«
- »Ich meine, eine Pro- und-Contra-Liste wäre nützlich!«
- »Der Preis scheint mir vergleichsweise zu hoch.«
- »Ich denke, wir sollten nach der Alternative B handeln.«
- »Ich glaube, nur eine Materialprüfung hilft weiter.«

Körpersprache – Signale ohne Worte

Mitunter verrät die Körpersprache in allen ihren Facetten mehr, als der Partner sagt und sagen will. Es liegt an uns, Mimik, Gestik und Körperbewegungen zu interpretieren. Wie die folgenden Beispiele zeigen, ist vieles doppeldeutig. Es wäre gefährlich, aus wenigen Beobachtungen ein Urteil über einen Menschen zu fällen. Dennoch ist es ratsam, nicht nur zu hören, was und wie der andere spricht, sondern auch auf seine (und die eigene) Körpersprache zu achten:

Körpersprache verrät Gedanken

Verhalten bedeutet	sowohl	als auch
Arme verschränkt	Gemütlichkeit, Zufriedenheit	Ablehnung, Aggression
Hände verschränkt	Innere Ruhe	Verkrampftheit
Hände und Füße unruhig	Temperament, Aktivität	Nervosität, Ungeduld
Füße ruhig	Selbstbeherrschung	Sturheit
Brille auf- und absetzen	Nachdenklichkeit, Zweifel	Nervosität, Ablehnung
Kinn und Nase streicheln	Überlegung	Zweifel
Hand vor den Mund halten	Erstaunen	Verlegenheit
Finger zusammenlegen	Zuversicht	Arroganz
Neigen des Kopfes	Interesse	Verlegenheit
Augenkontakte	Höflichkeit	Zurechtweisung
Kopf erhoben	Aufmerksamkeit	Trotz
Kopf gesenkt	– Konzentration, Vorsicht – Respekt/Ehrfurcht	– Beschämung, Unsicherheit – Ablehnung

Verhalten bedeutet	sowohl	als auch
Gelöste Körperhaltung	Selbstsicherheit, Zufriedenheit	Provokation, Flapsigkeit
übereinander geschlagene Beine	Sicherheit, Entspannung	(+ Wippen =) Desinteresse
Arme öffnen	Zustimmung	Aggression
Mit dem Finger deuten	Überzeugung	Drohung
Aufknöpfen der Jacke	Zuwendung	Angriff
Auf die Uhr gucken	Kontrolle	Desinteresse
Körper vorbeugen	Interesse	Beherrschung
Sich zurücklehnen	Gelöstes Hören	Abstand nehmen

Präzise Vorbereitung
fördert den Erfolg

Gute Gesprächsplanung verbessert den Gesprächserfolg

Die beste Rhetorik, Kinesik und Dialektik hilft nichts, wenn Sie unvorbereitet in ein schlecht organisiertes Vorstellungsgespräch taumeln. Rhetorische Brücken retten vielleicht die Situation, verbessern aber nicht den Eindruck, den der Bewerber mitnimmt. Eine Checkliste gibt ausreichende Hilfestellung:

	ja	nein
1. Termin, Uhrzeit geklärt?		
2. Raum festgelegt?		
3. Nimmt der Vorgesetzte teil?		
4. Einladung erledigt?		
5. Reisekosten vorbereitet?		
6. Übernachtung gebucht?		
7. Empfang geregelt?		
8. Bewirtung entschieden?		
9. Gesprächsunterlagen zusammengestellt?		
10. Informationsmaterial besorgt?		
11. Stellenbeschreibung, Organigramm vorhanden?		
12. Offene Fragen aufgelistet?		
13. Rollenverteilung mit Vorgesetztem abgestimmt?		
14. Verhandlungsspielräume ausgelotet?		

	ja	nein
15. Test, Arbeitsprobe, Fallstudie, Videoübung, Assessmentcenter vorgesehen?		
16. Kann Arbeitsplatz gezeigt werden?		
17. Gibt es Unklarheiten/kritische Punkte?		
18. Sollen Bewerbungsunterlagen ergänzt werden?		
19. Ist der Betriebsarzt einzuschalten?		
20. Kann Entscheidungszeitpunkt genannt werden?		

Der rote Faden im Gespräch

Das *Vorstellungsgespräch* hat sieben *Segmente*, die Sie nicht ungestraft durcheinander werfen sollten. Sie werden sich sonst verheddern, Wichtiges vergessen, sich im Kreis drehen und das Zeitgefühl verlieren. Am Ende sagen Sie sich: Ich hätte doch, ich wollte doch – vorbei, der Bewerber ist weg! Also gilt es, sich einen Leitfaden einzuprägen:

Gesprächsphasen beachten

1. Kontakt finden, freundlich begrüßen

Zeigen Sie Aufgeschlossenheit, Freundlichkeit, Unvoreingenommenheit, geben Sie sich gelöst und nicht verkrampft: »Schönen guten Tag, Frau Schulz. Ich freue mich, dass Sie gekommen sind. Darf ich Ihnen Herrn Müller vorstellen, in dessen Abteilung die ausgeschriebene Stelle zu besetzen ist.

Bitte nehmen Sie doch Platz. Möchten Sie einen Kaffee, einen Tee oder ein Mineralwasser. Sie können gern rauchen ... Warum ist Ihnen unsere Anzeige aufgefallen? Was hat Ihr Interesse für die Bewerbung geweckt?«

2. Informationsphase

Jetzt stellen Sie dem Bewerber kurz das Unternehmen vor. Der Vorgesetzte informiert über Art und Inhalt der zu besetzenden Stelle sowie Ihre Einordnung in den Betrieb. Damit erfüllt er zugleich die Unterrichtspflicht nach §81 Betriebsverfassungsgesetz. Gehen Sie nicht in Details, es geht um einen Überblick. Wenn Sie hier etwa

Einzelheiten notwendiger Arbeitszeitflexibilität darlegen, wird der Bewerber sich das merken und Ihnen bei der späteren Aussprache mit »ECHO-Antworten« nach dem Munde reden, herausgehörte Probleme bagatellisieren. Er will einen guten Eindruck hinterlassen, um die Stelle zu bekommen.

3. Der Bewerber berichtet

»Wir haben alles, was Sie uns an Unterlagen geschickt haben, mit großem Interesse gelesen. Bitte stellen Sie aber doch einmal die Schwerpunkte Ihres Lebenslaufes, der Ausbildung, der Berufstätigkeit und was es sonst für uns Wichtiges geben könnte, so, wie Sie die Ereignisse bewerten, dar.« – Nun keinesfalls den Bewerber unterbrechen, darauf achten, was er für »Highlights« nennt, durch nondirektive Gesprächsführung zum Weiterreden animieren. Kinesik und Transaktionsanalyse spielen bereits hier eine Rolle.

Weniger reden, mehr hören

4. Argumentieren heißt beweisen

Wer fragt, der führt

»Der Kandidat ist beweispflichtig in allen Kriterien, die seine Qualifikation berühren – und Versprechungen sind kein Beweis«, sagt Heiko Mell von der MMC-Unternehmensberatung aus Rösrath bei Köln. Sie werden also in dieser Gesprächsphase alle für Sie wichtigen Fragen stellen. Denken Sie daran: Weniger reden, mehr »öffnende« Fragen stellen! Je kompetenter, sympathischer und begeisterter der Bewerber antwortet, desto besser. Aber auch der Bewerber darf natürlich Fragen stellen. Sie zeigen sein aktives Interesse an der Stelle. Nur, wenn er »kleinkariert-krümelig« wird, seien Sie auf der Hut. Wenn Sie im Zweifel sind, machen Sie eine Fallstudie, eine Arbeitsprobe, eine Videoübung, einen Test oder ein Assessmentcenter.

5. Sie präsentieren Ihr Angebot

Hat der Bewerber die Hürde des Qualifikationsnachweises genommen und überzeugt er auch in seiner Persönlichkeit, unterbreiten Sie ihm Ihr Angebot: in groben Zügen, wenn ein zweites Gespräch mit den Kandidaten der engeren Wahl folgen soll, im Einzelnen, wenn dies nicht vorgesehen ist.

Kommt der Bewerber nicht in Betracht, dann sollten Sie ruhig und gelassen dies erklären und aus dem Gespräch aussteigen. Viele führen das Gespräch bis zum bitteren Ende, wohl wissend, dass der Bewerber von nun an keine Chance hat.

Entscheidung nicht
verschweigen

6. Aussprache

Sie beschränkt sich nicht nur auf das konkrete Vertragsangebot, sondern auch auf alles, was beide Seiten noch wissen möchten. Aber Vorsicht: sich nicht dabei im Kreise drehen!

7. Abschluss

»Meine Checkliste zur Vorbereitung auf dieses Gespräch ist erschöpft. Gibt es noch Fragen Ihrerseits? ... Wenn das nicht der Fall ist, fasse ich zusammen: ... Haben Sie Ergänzungen oder Einwände? Das weitere Vorgehen wird sich folgendermaßen gestalten: ... Können wir unser Gespräch damit abschließen? Vielen Dank, dass Sie gekommen sind. Wir haben alle wichtigen Punkte offen dargelegt. Es ist auch in Ihrem Interesse, möglichst wenig Risiken in die Probezeit zu schieben. Wir wünschen Ihnen eine gute Heimfahrt. Sie hören von uns bis zum ... Sollte Ihrerseits irgendetwas anstehen, dann rufen Sie uns bitte an. Auf Wiedersehen!«

Ein guter Schluss
wirkt sympathisch

Mitarbeiterbesprechung

Mitarbeiterbesprechungen, warum und wozu?

Für einen reibungslosen und erfolgreichen Betriebsablauf sind Mitarbeiterbesprechungen unerlässlich. Ob Sie diese Zusammenkünfte
der Mitarbeiter mit ihrem Vorgesetzten Arbeits- oder Dienstbespre-
chung, Konferenz oder Teamgespräch nennen, ändert nichts am Sinn
und Inhalt. Sie verändern nur das Etikett. Anlassgebundene oder
regelmäßige Mitarbeiterbesprechungen sind umso wichtiger, je größer die Zahl der Ihnen zugeordneten Mitarbeiter ist, je komplexer
die betrieblichen Aufgaben sind, je mehr Kompetenzen Sie auf die
Mitarbeiter delegiert und damit deren Verantwortungsfreiräume aus-
geweitet haben und je stärker die Arbeitsabläufe eine Kooperation
unter den Mitarbeitern erfordern.

Was soll eine Mitarbeiterbesprechung bewirken?
- Sie dient der gegenseitigen Information (Ziele, Pläne, Absichten,
  Veränderungen, Neuerungen, Ergebnisse, Vorfälle, Schwierigkei-
  ten, Lösungen) und soll Vorschläge, Stellungnahmen, Einwände
  sammeln.
- Sie soll Sachverhalte klären und den Vorgesetzten durch eine
  Pro- und Contra-Argumentation bei der Entscheidungsfindung
  unterstützen.
- Sie ist ein Mittel, das Ideenpotenzial der Mitarbeiter auszuschöp-
  fen und sie in die Vorgänge einzubinden.
- Sie kann Vorurteile, Missverständnisse usw. beseitigen und Kontroversen klären.
- Sie aktiviert und motiviert die Mitarbeiter. Jeder kann seine Meinung einbringen und hat die Möglichkeit, gehört zu werden.
- Sie soll – richtig angewandt – als Mittel kooperativer Führung die
  positive Einstellung der Mitarbeiter zu ihrer Arbeit und zum Betrieb ebenso fördern wie das Betriebsklima und damit das Verständnis untereinander.

Keine Kommunikation ohne Information

Informieren Sie Ihre Mitarbeiter: rechtzeitig, klar, korrekt, sachlich,
verständlich und – wenn möglich – kurz. Die Mitarbeiter brauchen

Miteinander arbeiten
heißt auch mit-
einander sprechen

Kommunikation
fördert Kooperation

Informationen, um Aufgaben zu lösen und Ziele zu erreichen. Verspätete Neuigkeiten verbreiten Unsicherheit. Spärliche Informationen fördern die »Gerüchteküche«. Neugierde ist ein elementarer Wesenszug des Menschen. Hinreichende Information stärkt die Motivation. Wer informiert ist, fühlt sich bestätigt, ist wichtig. Informierte Mitarbeiter gehen kollegialer miteinander um. Man möchte also Informationen aus sachlichen, sozialen und gefühlsmäßigen Gründen.

Wer informiert ist, ist in Form

Nun ist *Information* keineswegs einseitig, sondern zweigliedrig: als Bring- und als Holschuld – vom Vorgesetzten wie von den Mitarbeitern. So entsteht Kommunikation als Austausch von Informationen. Sie erfolgt sowohl sprachlich, nämlich mündlich und schriftlich, als auch nicht sprachlich (nonverbal) durch bestimmtes Verhalten und die Körpersprache (Kinesik). Die Mitarbeiterbesprechung gehört zu formellen Kommunikation. Daneben werden viele Informationen informell ausgetauscht. Es ist wichtig, Informationen richtig zu »dosieren« und auf ausreichendes »Feedback« zu achten. Dies lässt sich am so genannten *JOHARI-Fenster* gut verdeutlichen, das nach den Autoren Joe Luft und Harry Ingham benannt ist:

Information ist Bring- und Holschuld

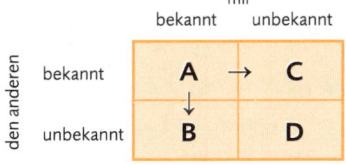

Das JOHARI-Fenster bringt den Durchblick

Was bedeuten diese vier Felder? Die Informationen im Feld A sind Ihnen und den Mitarbeitern bekannt. Sie können das Feld B verkleinern, indem Sie die Mitarbeiter mehr informieren. Das Feld C wird reduziert, wenn die Mitarbeiter Ihnen Informationen bringen, oder Sie sich Informationen durch Rückfrage bei den Mitarbeitern abholen. Je kooperativer Ihr Führungsstil ist, desto besser wird das funktionieren. Das Feld D bleibt im Wesentlichen die unbekannte Größe.

Der Betrieb ist kein Parlament

So argumentieren die Widersacher umfassender Informationen und entsprechender Diskussionen. Allerdings: Nur wer falsch damit umgeht, kann so reden! Mangelnde Bereitschaft zur Information rächt sich in sinkender Motivation, häufigen Fehlzeiten, steigender Fluktuation, höheren Fehlquoten und nicht erreichten Zielen. »Keine Ahnung, das weiß der liebe Gott, mir sagt doch keiner was, ich bin hier nur ein kleines Rädchen, der Chef hält mich doch für doof«, sind Sprüche aus der Betriebspraxis. Ergebnis: Halten Sie Informationen nicht aus Machtgehabe, Vergesslichkeit und Zeitnot zurück! Verstreuen Sie sie auch nicht wie Schrotkörner, sondern setzen Sie sie gezielt bei Ihrer Mitarbeiterbesprechung ein. Das ist ungleich besser als ein Rundschreiben, ein Aushang oder eine Aktennotiz. Sie wissen weder, ob das Ganze verstanden, ja ob es überhaupt gelesen wurde, noch, ob der Mitarbeiter einverstanden ist, schon gar nicht, was er beitragen könnte.

Mitarbeiterbesprechungen sind keine Stammtischrunden

Besprechungen sind unerlässlich, aber sie werden ohne präzise *Vorbereitung* enttäuschend enden. Beherzigen Sie die 20 Fragen der folgenden Checkliste und Sie kommen besser zum Ziel:

Vorbereitung ist das A und O

	ja	nein
1. Sind Termin und Zeitspanne (von/bis) geplant?		
2. Ist der Raum festgelegt und reserviert?		
3. Wurde die Tagesordnung aufgestellt?		
4. Habe ich den Teilnehmerkreis festgelegt?		
5. Sind die Teilnehmer eingeladen worden?		
6. Wurde die Tagesordnung bekannt gegeben?		
7. Muss ich Unterlagen anfertigen oder besorgen?		
8. Sind Unterlagen vorher zu verteilen?		
9. Sind Tischvorlagen, Folien etc. vorzubereiten?		
10. Empfiehlt sich der Einsatz von ›Hilfsmitteln‹? – Tafel – Flipchart – Projektor – Präsentationskamera – Audio-/Videokonferenz-System – Overheadprojektor – Diaprojektor – Episkop – Moderationswand – Schreibutensilien für Teilnehmer		

	ja	nein
11. Wäre eine bestimmte Raumgestaltung nützlich? – Tische in Tafelform – U-Form – 4er-, 6er-Einzeltische – Tische in Reihen – Keine Tische, Stühle in Reihen – Keine Tische, Stühle im Halbrund		
12. Ist Bewirtung sinnvoll und vorgesehen?		
13. Wurde eine Anwesenheitsliste vorbereitet?		
14. Muss der Vorgesetzte die Besprechung leiten? »Meine Damen und Herren, wer leitet heute unsere Besprechung? – Wollen Sie losen?«		
15. Ist ein Protokoll erforderlich? »Damit wir unsere Ergebnisse festhalten und nichts vergessen, brauchen wir in Stichworten ein Protokoll. Wer übernimmt das heute? Möchten Sie reihum verfahren? Was meinen Sie? Darf ich um einen Vorschlag bitten!«		
16. Berichtet ein Teilnehmer zu bestimmten Punkten? Multiplikatorenfunktion, z. B. bei Fortbildung: »Herr May hat am Seminar Zeitmanagement teil- genommen und wird uns über wichtige Punkte informieren.«		
17. Ist Störungsfreiheit (Handy!) sichergestellt?		
18. Sind kritische Punkte zu beachten?		
19. Weiß ich, wie ich mit welchen Einwänden umgehe?		
20. Habe ich mir einen positiven Abschluss überlegt?		

Leitlinien für die Mitarbeiterbesprechung

Die Besprechung kann ein Thema beinhalten oder mehrere Punkte umfassen. Regelmäßige Besprechungen sind wirkungsvoller als sporadische. »Verlegenheitsthemen« langweilen, erkannte »Pflichtübungen« frustrieren die Teilnehmer und machen sie zur schweigenden Masse. Hilfsmittel gehören zum Handwerkszeug und bauen Hemmschwellen ab. Demonstrieren spart Zeit. Denn ein Bild sagt mehr als tausend Worte! – Alle sollten sich an ein paar vereinbarte Regularien halten. Eine »Geschäftsordnung« wäre Vereinsmeierei. Je-

Gute Organisation sichert den Erfolg

doch ist Konsens über einen vernünftigen Ablauf unerlässlich: »Wer führt heute bitte die Liste über die Wortmeldungen?« – Besprechungen von über einer Stunde bedürfen einer Pause. Damit entfällt das Raucherproblem! – Getränke anzubieten wäre sinnvoll. – Schreibzeug hinzulegen ist nützlich: Notizen verhindern Vergessen! – Nun gehts los:

1. Begrüßung

»Guten Tag, meine Damen und Herren. Ich begrüße Sie zu unserer Besprechung.« (Wenn zu gratulieren ist – Geburtstag, Geburt, Heirat oder andere persönliche Anlässe –, dann jetzt: »Wir alle gratulieren Ihnen, liebe Frau Dehm, zur Geburt Ihrer Enkelin Chiara. Bitte übermitteln Sie Ihrer Tochter unsere Glückwünsche. Dieser Blumenstrauß möge sie erfreuen. Der Sinnspruch unserer Karte lautet: Mach es wie die Sonnenuhr, zähl die heiteren Stunden nur!«)

Wir kehren in den Alltag und zu unserer *Tagesordnung* zurück. Sie ist Ihnen bekannt. Ich denke, der Zeitrahmen bis ... Uhr reicht aus. Eine Teilnehmerliste läuft um. – Gibt es besondere Wünsche, Vorschläge, Einwände? – Wenn das nicht der Fall ist, bitte ich um Ihre Meinung zum letzten Protokoll. – Keine? Wer ist bereit, heute das Protokoll zu übernehmen? ... Damit ist auch dieser Punkt erledigt.

Zunächst möchte ich einführend einige Gedanken zu den beiden besonderen Punkten unserer Besprechung darlegen. Dann jedoch bitte ich – wie üblich –, dass jemand von Ihnen die Leitung der Besprechung übernimmt. Sie wissen, ich diskutiere gern mit. Gibt es einen Freiwilligen, verfahren wir reihum, wird das Los gewünscht?«

Klare Gliederung – ein gutes Erfolgsrezept

2. Ziel und Zweck der Themen nennen

»Heute haben wir keine Tagesordnung mit außerordentlichen Besprechungspunkten. Wenn wir früher fertig sind, umso besser. Andererseits wäre Gelegenheit zu allgemeiner Aussprache gegeben. Sie beklagten oft die Zeitnot hierfür.«

»Ich habe die Tagesordnung noch mal auf die Folie geschrieben (auf Flipchart notiert, mit Karten angeheftet). Wir haben zwei besondere

Punkte zu erörtern. Dazu möchte ich Ihnen vorab einige wichtige Erläuterungen geben. Für Notizen liegen Unterlagen bereit. Anschließend bitte ich um Meinungen dafür oder dagegen.«

Der »rote Faden« in vier Phasen

3. Tagesordnung abhandeln

Hier sind verschiedene Varianten zu beachten. Sie informieren ruhig und sachlich. Sie erteilen Anweisungen kurz und prägnant. Dabei bitten Sie, Stichworte zu notieren oder Sie verteilen dazu Merkblätter. Sie wollen Folgen aufzeigen: »Wenn, dann ...« Anerkennung motiviert: »Ihr Einsatz hat vollbracht, dass ...« Kritik darf nicht verletzen, sie soll Verbesserung bewirken: »Im Kundenservice gibt es unerfreuliche Reklamationen ...« Problemlösung ist angesagt: »Unsere Parkplätze reichen nicht aus. Was ist zu tun? Bitte schreiben Sie ihre Ideen auf die vor Ihnen liegenden Kärtchen« (Brainstorming).

Entscheidungen sind herbeizuführen: »Die Altregistratur kann vernichtet werden. Ich bitte um Abstimmung über folgende Termine ...« Meinungen anhören: »Was könnten wir bei unserer Urlaubsplanung verbessern?«

4. Positiver Abschluss – nachhaltige Wirkung

Fassen Sie die Ergebnisse in wenigen Worten präzise zusammen. Wiederholen Sie wichtige Anweisungen, vereinbarte Ziele oder Aufträge sowie Punkte, die vertagt wurden und erneut erörtert werden sollen.

Danken Sie für Informationen, Anregungen, Meinungen und Ideen, auch für kritische Gedanken und konträre Argumente. Ein treffender Schlusssatz, ein Bonmot, auch ein Zitat bleiben haften. Ob ernst oder humorvoll, hängt vom Inhalt der Besprechung ab. Witze sind unangebracht!

Nach der Besprechung Ergebnisse korrekt umsetzen. Künftige Besprechungen werden sonst nicht mehr ernst genommen. – Bemerkungen einzelner Teilnehmer nicht gegen den Betroffenen gegenüber Dritten belustigend oder kritisierend verwerten. Erfährt er es, wird er sich nicht nur künftig zurückhalten, sondern auch Kollegen beeinflussen.

Der letzte Satz bleibt »hängen«

Wie der Anlass, so der Besprechungsstil

Aussprache als Ideenbörse

Das ist eine ratsame Devise! Denn Sie können das Stimmungsbarometer steuern. Lockere Führung ermutigt die zurückhaltenden, eher introvertierten Mitarbeiter, Themen werden ausdiskutiert, Aufgestautes wird ausgesprochen, eine fruchtbare Ideensammlung (Brainstorming) ist möglich. Straffe Führung kostet weniger Zeit, erfordert mehr Konzentration, begünstigt extravertierte sowie durchsetzungsfähige Mitarbeiter und bedarf Ihres Eingreifens. Mancher könnte das als Manipulation empfinden: Alles steht schon fest, Themen werden nur Zustimmung erheischend verkündet, andere Meinungen und Ideen erscheinen nicht gefragt (»Es gibt leider gar keine andere Möglichkeit als ..., weil ...! Bitte haben Sie Verständnis, dass

Motivieren, nicht manipulieren

...! Sie alle wissen ...! Wir kommen nicht umhin ...! Man kann sich folgendem Sachzwang nicht verschließen ...! Es wurde sorgfältig geprüft, aber ..., da ...!«). In Wirklichkeit sind das alles ›Killerphrasen‹. Es soll gar keine Diskussion aufkommen, weil Unabänderliches im Raum steht.

Wer fragt, der führt

Ist Aussprache oder Ideenfindung gewünscht, kommt es auf Ihre *Fragetechnik* an. Sie müssen darin Meister sein, aber ein paar Grundregeln kennen. Man unterscheidet zwischen geschlossenen und offenen Fragen. Geschlossene Fragen sind mit Ja oder Nein, einer Zahl, einer Menge, einem Termin, einem Ort, einer Zeit usw. zu beantworten (»Können wir den Liefertermin einhalten?« – »Ja.«). Zu den offenen Fragen gehören die mit einem »W« beginnenden Informationsfragen: wie, was, welche, wodurch, worüber, warum, wieso, weshalb, weswegen. Weiter gebräuchliche Frageformen sind: Rückfragen (»Warum meinen Sie, dass ...?«), Kontroll- oder Bestätigungsfragen (»Können wir diesen Punkt abschließen?«), Gegenfragen (»Das wusste ich nicht! Sie haben also festgestellt, dass ...?«), Weiterführungsfragen (»Wie sollten wir vorgehen?«), Alternativfragen (»Möchten Sie Freizeitausgleich oder Überstundenabgeltung?«).

Wer spricht, hört nichts

Die Fragetechnik steht in engem Zusammenhang mit dem gewollten »*Feedback*«, der Rückmeldung. Durch Feedback der Teilnehmer können Sie die Wirkung des eigenen Verhaltens auf andere erkennen und es eventuell korrigieren. Mitunter ist es schmerzlich zu spüren, dass man anders aufgenommen wird, als man es wollte und erwartet hat.

Achten Sie auf Rollenverhalten

Die beste Rhetorik nutzt Ihnen nichts, wenn Sie nicht auch auf das *Rollenverhalten* einzelner Teilnehmer achten, also etwa:

Falsches Rollen-
verhalten fördert
Konflikte

- langatmige Schwätzer, die Gesagtes wiederholen;
- ewige Jasager;
- Pessimisten, bei denen alles doch nicht funktioniert;
- ständig Unzufriedene, die vor sich hin nörgeln;
- Wichtigtuer, die alles besser wissen;
- Überhebliche, für die alles Kleinkram ist;
- Bürokraten, die sich in Perfektionismus ergehen;
- Clowns, die Anerkennung im Teilnehmerkreis suchen;
- Dominierende, die sich hervortun wollen;
- Wankelmütige, die Entscheidungen und Verantwortung meiden;
- Zurückhaltende, die still und vorsichtig sind;
- Impulsive, die jedes Strohfeuer begeistert;
- Misstrauische, die nur Beweise überzeugen.

Rhetorische Regeln sichern Ihren Erfolg

Viele meinen fälschlich, es käme nur auf das gesprochene Wort an. Sicher ist alles verloren, wenn man nicht verstanden wird. Aber prägen Sie sich 15 gute Vorsätze ein, unter dem Motto »ICH WILL«:

Rhetorikregeln
beachten

- meine Modulation und Artikulation richtig einsetzen;
- keine Monologe halten und Vielredner taktvoll bremsen;
- meine Mimik und Gestik beachten – auch damit spricht man;
- niemanden bloßstellen, keine ›Zensuren‹ verteilen;
- Antipathie- und Sympathiebekundungen vermeiden;
- keine Streitgespräche führen und solche verhindern;
- niemanden lächerlich machen, keine Kritik vor allen üben;
- alle zu Wort kommen lassen, jeden Beitrag ernst nehmen;
- Zwiegespräche und Sonderunterhaltungen einschränken;
- gelassen bleiben, denn in der Ruhe wächst die Kraft;
- die eigene Überzeugung darlegen, nicht andere aushorchen.

Wir sprechen offen und fair miteinander

So postuliert ein treffender Satz in zahlreichen »Führungsgrund-sätzen« der Unternehmen. Da heißt es: »Die gute Zusammenarbeit

Sind Führungs-
grundsätze nur
Wunschsätze

hängt wesentlich von der Bereitschaft aller zum Gespräch ab. Der Gedankenaustausch trägt dazu bei, Aufgaben gemeinsam erfolgreich zu lösen.«

Wenn Sie sich unsere Rezepte zu Herzen nehmen, werden sich Ihre motivierenden Mitarbeiterbesprechungen auf dem Weg zu Erfolgen als nützliche Meilensteine erweisen.

Kleines Rede-Einmaleins

Zur Sicherheit überprüfen Piloten vor dem Start für den Flug wichtige Funktionen. Dieses Checklistenprinzip bewahrt auch Redner vor Pannen.

Konsequenzen	Ja	Nein
1. Klarheit über Anfahrt (Staus, Verspätungen, Umleitungen etc.)	○	○
2. Fahr- und Flugkarten	○	○
3. Pass, Visa und sonstige Dokumente	○	○
4. Kalender, Notebook, Handy	○	○
5. Geld, Valuta, Kreditkarten, Schecks	○	○
6. Manuskript, Handouts, Tischsets	○	○
7. Zeitpolster (einchecken, dekorieren, regenerieren)	○	○
8. Geordnete Folien bzw. Dias	○	○
9. Overheadprojektor und sonstiges Equipment	○	○
10. Teilnehmerliste, Terminkalender, Visitenkarten	○	○
11. Nachschlagewerke, Brille	○	○
12. Outfit für verschiedene Anlässe	○	○
13. Wäsche, Kulturbeutel, Medikamente	○	○
14. Kärtchen mit wichtigen Namen und Daten	○	○

Allgemeine Hinweise

Vor der Abreise empfiehlt sich eine Abstimmung folgender Punkte mit Veranstaltern bzw. Auftraggebern:

1. Gibt es Zeit- oder Ortsveränderungen?
2. Hat sich am Gesamtprogramm oder Ablauf etwas geändert?
3. Parkgelegenheiten?
4. Ab wann ist der Zutritt zum Veranstaltungsraum möglich?
5. Wer steht als Ansprechpartner zur Verfügung?
6. Gibt es zu berücksichtigende aktuelle Anlässe?
7. Hat sich die Zahl oder Zusammensetzung der Teilnehmer geändert?

8. Wer eröffnet und leitet die Veranstaltung?
9. Sind Ehrengäste oder Honoratioren anwesend?
10. Welche Medien sind vertreten?
11. Findet eine Pressekonferenz statt?
12. Ist es ratsam, organisatorische Details mit Hausmeistern, Hotelangestellten etc. abzustimmen (Sitzordnung, Rednerpult, Leinwand, Bedienung usw.)?

Die nachstehende Gliederung ist eine Orientierungshilfe für Einleitungsreden bei Workshops und Seminaren. Die Konzeption besteht aus einer Kombination logischer und psychologischer Formulierungen.

Markieren Sie bitte folgende Passagen bzw. Merkmale im Redetext:
- Dank und Anerkennung
- Bemühen um eine lockere und freundliche Atmosphäre
- Übereinstimmung im Hinblick auf Zielsetzung und Ablauf
- Begriffserklärung
- Aktivierung zum Mitdenken und zur Mitarbeit
- Dosierte Selbstironie
- Konstruktive Motivierung
- Gründliche Vorbereitung
- Strukturierte Vorgaben
- Dank an alle Beteiligten
- Lobende Zusammenfassung
- Positivierung konträrer Meinungen
- Würdigung des Verhaltens
- Passende Zitate
- Angebot, weiter in Verbindung zu bleiben
- Freundlich-lockerer Schluss

20 Überlegungen für den rednerischen Erfolg

1. Was will ich erreichen?
2. Geeignete Vorgehensweisen
3. Habe ich das Thema im Griff?
4. Ist die Rede wirkungsvoll gegliedert?
5. Bin ich physisch und psychisch stabil?
6. Habe ich mein Lampenfieber unter Kontrolle?
7. Habe ich Alternativen für die Anrede und den Einstieg?

8. Wie will ich Aufmerksamkeit und Sympathie gewinnen?
9. Habe ich mir die passende Wortwahl und treffende Formulierungen überlegt?
10. Wie vermeide ich Verärgerung der Zuhörer?
11. Was könnte als Stilbruch empfunden werden?
12. Bin ich auf Zwischenrufe und Einwände vorbereitet?
13. Habe ich Klarheit über mein Verhalten bei Zwischenfällen?
14. Wie finde ich gegebenenfalls den Faden wieder?
15. Wie beweise ich Schlagfertigkeit?
16. Kenne ich die zu mir passende Mimik und Gestik?
17. Wie optimiere ich die Wirkung meiner Stimme?
18. Wie beende ich meine Ausführungen?
19. Wem sage ich Dank?
20. Wie verhalte ich mich bei Diskussionen?

Extreme werten ab, Ausgewogenheit und Besonnenheit signalisieren Sicherheit und emotionale Intelligenz.

Nachfolgend eine Checkliste von **12 möglichen Fehlern**, die sich in jede Rede, aber auch in Gespräche einschleichen. Prüfen Sie selbst, ob Sie bisher alles beachtet haben.

1. Formulieren Sie zu lange Sätze?

Nicht umsonst heißt es: Nebensätze bleiben Nebensätze. Sie sind tatsächlich oft Nebensätze. Bilden Sie lieber kurze Hauptsätze. Dies gibt Ihnen die Möglichkeit, nicht außer Atem am Ende des Satzes anzukommen.

2. Benutzen Sie zu lange Wörter?

Prüfen Sie einmal Ihren Wortschatz. Für viele Wörter gibt es kürzere Begriffe, mit genau der gleichen Bedeutung.
Beispiele:
unter Zuhilfenahme von ...!
besser: mit
unter Ausnutzung von ...!
besser: durch
mit Ausnahme von ...!
besser: außer

Rückäußerung ...!
besser: Antwort
Fragestellung ...!
besser: Frage

Achten Sie jedoch darauf, dass Sie nicht zu einseitig werden und nur noch den Kurzbegriff verwenden. Die Sprache lebt. Dies sollten Sie Ihre Zuhörer fühlen lassen.

3. Sind Sie zu unpersönlich?

Beziehen Sie grundsätzlich die Zuhörer in Ihren Vortrag ein. Ersetzen Sie das unpersönliche Wort »man« möglichst oft durch das persönliche »Sie«.
Beispiele:
Man kann daraus lernen ...!
besser: Sie lernen hieraus ...
Auch wenn man noch nichts gehört hat ...!
besser: Auch wenn Sie noch nichts ...

4. Sind Sie zu unentschlossen!

Wie viele Konjunktive verwenden Sie in Ihrer Rede? Besonders bekannt ist die Formulierung: »Ich würde sagen, dass ...« Vergessen Sie diesen Vorspann ganz. Nur in Verkaufsgesprächen ist es besser zu sagen: »Ich würde sagen, dass Ihnen der Hut sehr gut steht, gnädige Frau!« Gefällt er nicht, so haben Sie sich noch nicht endgültig festgelegt.

5. Kommen Sie ohne übertriebene Höflichkeitsfloskeln aus?

In einem persönlichen Gespräch ist das »dürfen« eine Form der Höflichkeit (»Darf ich Sie zum Essen bitten?«). Es wirkt jedoch in einem Vortrag dominierend und belehrend (»Darf ich Sie um Ihre Aufmerksamkeit bitten?«). Außerdem verlängert dies - unnötig - Ihre Ausführungen.

6. Arbeiten Sie mit Modewörtern?

Überprüfen Sie, ob Sie bestimmte Begriffe nicht zu häufig anwenden. Selbst in einer kurzen Stellenanzeige tauchte gleich zweimal das Wort »echt« auf. Ist das nicht »echt gut«.

7. Sprechen Sie sehr oft in Passiv-Form?

»Es wird gebeten, die Plätze einzunehmen«. Viel schneller wird es gehen mit dem Satz: »Ich bitte Sie, die Plätze einzunehmen«.

Statt »Es wird den Teilnehmern Dank gesagt«, besser: »Wir danken den Teilnehmern«.

8. Behaupten Sie zu viel?

Wenn Sie behaupten - oder gar belehren - bieten Sie zu viele Angriffsflächen. Versuchen Sie einmal mehr, Ihre Äußerungen in Frageform zu kleiden. Sie nehmen gleichzeitig die Spitze aus Ihren Äußerungen, wenn Sie das schlichte Wörtchen »auch« einbauen.

9. Stellen Sie nur geschlossene Fragen?

Wenn ich meinen Gesprächspartner aktivieren will, so stelle ich keine Fragen, die er mit einem Wort (ja, nein, vielleicht) beantworten kann.

»Haben Sie heute Zeit?« Antwort: »Ja«.
besser:
»Was machen Sie heute Nachmittag?«
Antwort: »Ich habe noch einige Aufträge zu bearbeiten.«

Handelt es sich also um einen höflichen Menschen (und davon gehen wir immer aus!), so wird er immer mit einem vollständigen Satz antworten. Es ist die offene Frageform, die immer mit einem Fragewort (wann, wie, wo, welche etc.) beginnt

10. Verkaufen Sie sich schlecht?

Jeder Mensch glaubt, dass er der Mittelpunkt der Welt ist. Zwischenzeitlich gibt es jedoch über 6 Milliarden Mittelpunkte! Nicht, was ich kann, auch nicht, was wir leisten, sondern nur, was sie (die anderen) erhalten, interessiert.
Also: den anderen mehr in den Vordergrund schieben.

11. Sprechen Sie zu schnell und ohne Pausen?

Überprüfen Sie einmal Ihren Bekanntenkreis. Wer zu schnell spricht, strebt besonders nach Anerkennung (Ausnahme: angeborene Eigenschaft). Sie können kaum zu langsam, aber fast immer zu schnell sprechen.
In Zukunft: Je mehr Zuhörer, umso langsamer Ihre Sprechweise. Arbeiten Sie mit Pausen und überfordern Sie nicht Ihre Zuhörer. Wichtig ist, dass Sie die Pausen natürlich an die rich-

tige Stelle setzen. Wie heißt es doch bei Schillers Tell:

»Der brave Mensch denkt an sich selbst zuletzt.«
Heute klingt es meist so:
»Der brave Mensch denkt an sich ... (Pause) ... selbst zuletzt.«

12. Halten Sie Blickkontakt?

Sie werden etwas gefragt, und schon weichen Sie mit Ihrem Blick aus, um sich besser konzentrieren zu können. Falsch! Schauen Sie Ihrem Gesprächspartner unbedingt weiter ins Gesicht. Nur so strahlen Sie Sicherheit und Überzeugungskraft aus.

Fazit:

Fangen Sie heute noch an: Achten Sie jeden Tag einmal ausschließlich auf Ihren Satzbau. Den nächsten Tag korrigieren Sie nur zu lange »Wortschöpfungen«. Sie werden feststellen, dass Sie nach kurzer Zeit Ihre rhetorischen Fähigkeiten entschieden verbessert haben. Viel Spaß dabei!

10 Todsünden – die absolut sichere Methode, einen Misserfolg zu erzielen!

Wer die folgenden 10 Punkte beachtet, der braucht sich um das Scheitern seiner Rede nicht zu sorgen, und sei der Inhalt noch so brillant und tiefgründig.

1. Übertreiben durch Untertreiben

»Ich freue mich, dass Sie so zahlreich zu meinem Vortrag erschienen sind.« (Der Raum ist jedoch nur spärlich besetzt.)
»Vielen Dank, dass Sie meinem Vortrag so angeregt zugehört haben.« (Jeder Zweite im Raum konnte ein Gähnen nicht unterdrücken. Einige nickten begeistert ... ein.)
»Mit meinen bescheidenen Mitteln werde ich versuchen ...«.
(Sehr gefährlich, wenn ein Fachmann zu tief stapelt. Das weckt Aggressionen.)

2. Sprechen Sie in langen Sätzen

Je kürzer jedoch die Sätze, umso geringer die Gefahr, dass Sie sich versprechen. Außerdem werden Sie durch den kurzen Satz gezwungen, langsamer zu sprechen. Die Stimme wird am Ende eines Satzes automatisch tiefer.

3. Entschuldigen Sie sich

»Ich habe mein Konzept vergessen, deshalb können Sie mich nicht aus dem Konzept bringen« oder
»Entschuldigen Sie vielmals, dass ich mich nicht besser vorbereiten konnte«. Wenn Sie nach einer Entschuldigung hervorragend sprechen, so wirkt dies negativ auf Ihre Zuhörer.

Umgekehrt: Haben Sie Schwierigkeiten mit Ihrem Vortrag, so bestätigen Sie nur das, was jeder Zuhörer nach Ihren Anfangsworten befürchtet.

4. Benutzen Sie möglichst viele Fremdwörter

Es klingt hervorragend, wenn Sie Ihre Rede mit zahlreichen und recht ausgefallenen Fremdwörtern »garnieren«. Eine Zeit stark im Schwang - bei Politikern – »die normative Kraft des Faktischen«.

5. Setzen Sie Füllwörter ein

Das sehr beliebte Füllwort des Jahres 1976 war das Wort »echt«. Ist das nicht »echt gut?« Eine weitere Sitte ist der zu häufige Gebrauch des Konjunktivs: »Ich würde sagen, dass ...« (In Rhetorik-Seminaren murmeln die Teilnehmer nach kurzer Zeit, wenn der Satz »Ich würde sagen ...« kommt: »Nun sagen Sie es doch endlich!")

6. Führen Sie während Ihres Vortrages Privatdiskussionen

Bei Zwischenfragen und Zwischenrufen lassen Sie sich ruhig auf »Privatkrieg« ein. Konzentrieren Sie sich nur nicht auf die gesamte Zuhörerschaft.

7. Verstecken Sie sich hinter Ihrem Rednerpult

So können Sie auf keinen Fall von Ihren Zuhörern »erkannt« werden. Außerdem sehen Sie nicht so genau, was im Raum vorgeht.

8. Gestikulieren Sie mit Händen und Füßen

Nutzen Sie zusätzlich Ihr DIN-A4-Redemanuskript (rechte Hand), um Ihre Ausführungen zu unterstreichen. So können

Ihre Zuhörer unter Umständen Ihre Nervosität am Zittern des Stichwortzettels ablesen.

9. Sprechen Sie ausführlich

Halten Sie sich nicht an vorgegebene Zeiten. (Viel Wahrheit liegt in dem Satz: Sie können über alles sprechen, nur nicht über 20 Minuten.)

10. Machen Sie doppeldeutige Aussagen

»Ich vermisse viele, die nicht hier sind«, und verwenden Sie Tautologien »weißer Schimmel«, »letztes Schlusslicht«, das kann bestimmt zu einem unvorhergesehenen Heiterkeitserfolg führen. Es ist nur fraglich, ob Sie danach den Faden wieder finden.

Musterreden

Anmerkungen zu den Musterreden*

Reden werden bei ganz unterschiedlichen Anlässen gehalten. Die folgende Sammlung von Musterreden soll eine möglichst große Zahl solcher Anlässe und Gelegenheiten erfassen. Dass es sich dabei nur um eine Auswahl handeln kann, versteht sich von selbst.

Man sei also nicht enttäuscht, wenn sich zu einer ganz speziellen Situation kein Beispiel in der folgenden Sammlung findet. Auch diejenigen, die eine Rede für ihren Anlass gefunden haben, werden möglicherweise von dem Gefühl beschlichen werden, dass sie doch nicht so ganz passt. Das liegt daran, dass – wie der vorausgehende Leitfaden zeigt – Reden immer auf eine ganz bestimmte Situation, einen ganz bestimmten Redner bzw. eine Rednerin, auf einen bestimmten Zuhörerkreis abgestimmt sein sollten. Die Musterreden sollen nur beispielhaft zeigen, wie das praktisch aussehen kann.

Die Autoren, die alle Reden eigens für diese Sammlung geschrieben bzw. gründlich überarbeitet haben, folgen großenteils dem Grundsatz der individuellen Abstimmung. Welchen Redner, welche Situation, welche Zuhörer sie beim Verfassen ihrer Reden im Auge hatten, kann man an den Überschriften ablesen. Einige wenige Reden wurden so allgemein gehalten, dass sie gewissermaßen als Standardvorlagen dienen können.

Es wurde darauf verzichtet, die Musterreden zu kommentieren, d. h. ihre Stärken oder ihre Besonderheiten zu erläutern. Wer also die Musterreden gerne als Beispiele lesen möchte, an denen man lernen kann, sollte sich zunächst mit dem Leitfaden vertraut machen und sich erst danach mit dieser Sammlung beschäftigen.

Wie der aufmerksame Benutzer dieses Buches merken wird, liegen zu einer Reihe von Anlässen mehrere Reden vor – aus guten Gründen. Es gibt ältere und jüngere, nüchterne und humorvolle

* Wer für ganz spezielle Anlässe Formulierungshilfen oder eine vollständige Redekonzeption wünscht, kann sich an den Herausgeber wenden: Siegfried A. Huth, Danziger Str. 14, 35683 Dillenburg, Tel. (0 27 71) 69 55, Fax (0 27 71) 69 92, E-Mail: SiegfriedHuth@t-online.de

Redner, Redner, die traditionelle Formen und Ausdrucksweisen bevorzugen, und solche, die nach originelleren Lösungen suchen; auch reden Frauen anders als Männer, Künstler anders als Politiker, Redakteurinnen anders als Lehrer. Dem sollte Rechnung getragen werden. Andere Unterschiede ergeben sich aus dem Aufbau. Das wird besonders dort deutlich, wo Reden pro und kontra, für oder gegen etwas vorliegen. Schließlich gibt es zu einem bestimmten Anlass oder Thema meist eine Fülle von Gedanken und Argumenten, aus denen man auswählen muss. Auch um zu zeigen, dass und wie inhaltlich ausgewählt werden kann, und um den Lesern eine möglichst große Palette von Ideen für Reden zur Verfügung zu stellen, werden gelegentlich mehrere Reden zum selben Thema geboten.

Der Benutzer dieses Buches kann die Reden ganz übernehmen, wenn sie ihm gefallen. Dann wird er nur die Namen ändern müssen. Er kann das Gerüst eines Beispiels seiner eigenen Rede zugrunde legen. Dann wird er alles andere selbst formulieren. Er kann Gedanken oder Argumente übernehmen und mit Gedanken aus anderen Musterreden oder eigenen neu kombinieren und sich so seine Rede zusammenstellen. Dann empfiehlt es sich, auch unter verwandten Rubriken nachzuschlagen – manche Gedanken aus einer »privaten« Geburtstagsrede könnten ja auch in eine kleine Ansprache zum Geburtstag des Chefs passen, und in mancher Ehrung kann man Gedanken unterbringen, die ursprünglich zur Verabschiedung eines Mitarbeiters gedacht waren usw. Und es gibt schließlich die Möglichkeit, dass dem Benutzer keine der Musterreden gefällt. Dann weiß er wenigstens, wie er es nicht machen will.

Reden bei privaten Anlässen

Rede des Sohnes zum 50. Geburtstag der Mutter

Liebe Mutter!

Im Kreis deiner Verwandten und Freunde feierst du heute deinen fünfzigsten Geburtstag. Für viele Frauen ist dieses Ereignis ein Trauertag. Sie wollen nicht daran erinnert werden, dass ein halbes Jahrhundert vorüber ist. Aber du hast aus deinem Alter nie ein Problem gemacht, sondern dich immer dazu bekannt. Wegen deines Aussehens kannst du das auch, wie dir alle Anwesenden sicherlich bestätigen werden.

Wenn ich heute das Wort ergreife, dann tue ich das aus einem bestimmten Grund. Ich möchte dir nämlich in aller Öffentlichkeit danken für all das, was du mir direkt und indirekt gegeben und was du für mich durchgestanden hast. Es gilt zwar der Satz und er ist im Prinzip richtig: »Keiner kann sich seine Eltern aussuchen.« Aber hätte ich die Möglichkeit gehabt, mir meine Mutter selbst auszusuchen, ich hätte ohne Wenn und Aber dich gewählt.

Dass ich Vater nicht mit einschließen kann, werden alle verstehen, die wissen, dass ich ihn, der früh gestorben ist, kaum gekannt habe. Allerdings ist es sehr wahrscheinlich, dass ich mit dir auch ihn gewählt hätte. Ich weiß, wie sehr du ihn geliebt hast und wie schwer du daran getragen hast, als er auf so tragische Weise ums Leben kam.

Doch zurück zu dir, liebe Mutter. Du hast, ganz auf dich gestellt, nicht nur das Geschäft deines Mannes übernehmen, sondern auch deinen Jungen großziehen müssen. Beides war nicht ganz leicht. Aber du hast Erfolg gehabt. Du hast das Geschäft erhalten, es sogar beträchtlich vergrößern können. Unter Einsatz deiner ganzen Arbeitskraft und durch eine große Opferbereitschaft ist dir dieser Erfolg zuteil geworden. Du hast eigene Wünsche und Interessen zurückgestellt. Ich denke dabei an deine Leidenschaft für das Theater oder für das Reisen in ferne Länder. Aber du hast auch nie deinen Jungen vergessen, obwohl er dich zunächst mit seinen schulischen Problemen und später dann mit anderen seelischen Kümmernissen oft stark strapaziert hat. Ich weiß das erst heute richtig zu würdigen, da wir, Sabine und ich, selbst Kinder haben.

Ich sagte gerade: Kinder können sich ihre Eltern nicht aussuchen. Aber auch die Eltern müssen mit ihren Kindern leben. Vieles kann man zwar anerziehen, aber eben doch nicht alles. Ich hoffe, dass auch du mit deinem Sohn hast leben können. Mögest du deine »Wahl«, die nun einmal keine war, nicht nur bereuen, sondern heute gern bestätigen!

Ich weiß, du denkst so. Deshalb darf ich dir heute sagen: Wenn ich erreichen könnte, das Leben so zu meistern, wie du es geschafft hast, wäre ich dankbar und glücklich. Selbstverständlich hast du auch Ecken und Kanten, wie sollte es auch anders sein. Manch einer – übrigens auch ich – hat schon unter deiner Hand gestöhnt. Aber davon soll heute nicht gesprochen werden. Wichtig ist: Du bist mit deinem Einsatz und deiner Arbeitsfreude Vorbild für viele geworden. Ich glaube, auch deine Gäste wissen eine Menge davon. Nicht von selbst hat sich dein Freundeskreis so stark erweitert.

Man sagt gern: »Wes das Herz voll ist, des fließt der Mund über.« Darum höre ich auch nicht auf, ohne dir noch einmal ein herzliches Dankeschön zuzurufen.

Ich darf annehmen, dass Sie alle, verehrte Anwesende, liebe Freunde, sich mit mir zusammenschließen werden, um auf die Gesundheit meiner Mutter anzustoßen. Darum bitte ich Sie, sich von Ihren Plätzen zu erheben, Ihre Gläser zu ergreifen und einzustimmen in den Ruf: Unsere liebe Margarete M. lebe hoch!

Rede zum 70. Geburtstag eines bedeutenden Freundes

Lieber Kurt!
Herzlichen Glückwunsch zu deinem 70. Geburtstag!
Kalendarisch bist du 70, körperlich und geistig jedoch viel jünger und noch immer unzähligen Menschen ein leuchtendes Vorbild an Disziplin, Pflichterfüllung, Idealismus, Lebenskunst und Lebenserfolg.

Deine Vita wird gerühmt und deine Vitalität bewundert. Lieber Kurt, wenn man dich klonen könnte, hätten wir eine bessere Welt. Deine Familie kann sehr stolz auf dich sein, deine Vertrauten schätzen deine Freundschaft, Zuverlässigkeit und Hilfsbereitschaft. Du bist im Zuspruch klug und im Widerspruch weise, ausgewogen im Urteil, tolerant im Meinungsstreit, konsequent im Grundsätzlichen.

Kurt, man braucht dein Wissen als Professor, deine Erfahrungen als Verbandspräsident, deinen Weitblick als Unternehmer und deine Souveränität als Mensch.

Lieber Kurt, uns ist ein gesunder Egoismus eigen. Deshalb haben wir für das nächste Dezennium deine monumentale Kreativität und deinen mitreißenden Schwung bereits einkalkuliert. Damit wollen wir natürlich Gottes Güte keine Grenzen setzen.

Ich trinke jetzt mit allen Vor- und Nachrednern sowie der gesamten Gästeschar auf dein Wohl. Ad multos annos!

Rede der Enkelin zum 75. Geburtstag des Großvaters

Lieber Opa, liebe Familie, liebe Freunde!
Als Kind unserer Leistungsgesellschaft spreche ich heute über Leistungen. Ein merkwürdiges Thema für einen 75. Geburtstag? Ich glaube nicht. Und du, Opa, stehst doch schon eine Weile nicht mehr im Beruf – was kann dich an diesem Thema da wohl interessieren?

Du kommst meiner Meinung nach gar nicht umhin, dich mit Leistung, mit Leistungsansprüchen und -idealen auseinander zu setzen, denn du gehörst zu denen, die von einer jugendbesessenen Gesellschaft oftmals in die Kategorie derer eingeordnet werden, die eben nichts mehr leisten und daher auch für Politiker weniger interessant sind als junge Leute. Ich weiß, was du über solche Ansichten denkst, und ich sollte das hier wohl besser nicht wiederholen! Ich bin sehr froh, dass du nicht zu den älteren Menschen gehörst, die sich von der Wirtschaft und der Werbung ein schlechtes Gewissen einreden lassen; allzu viele ziehen sich diesen Schuh an, den sie eigentlich überhaupt nicht tragen müssten.

Du bist Teil einer Generation, die unglaublich viel geleistet hat, aber nicht so viel Aufhebens darum macht, wie es heutzutage üblich ist. Und ich glaube, du bist ganz froh, dass du dem Alter entwachsen bist, in dem man sich immer leistungswillig und leistungsfähig zeigen muss. Schon allein der Begriff »Leistung« macht viele ja blind für die Inhalte. Leistung als Selbstzweck? Da bleibt der Mensch auf der Strecke.

Ich weiß, wie wertvoll ältere Menschen sind, obwohl das ja eigentlich überhaupt keines Beweises bedarf. Du hast mich teilhaben lassen an deinen Erfahrungen und Erinnerungen. Ich habe viel von dir gelernt. Wenn das Wort »Leistung« einen Inhalt haben soll, dann gehört das doch wohl eher dazu als zum Beispiel die »Leistung« eines Unternehmers, der erfolgreich den Gewinn seines Betriebes steigert – vielleicht auf Kosten zahlreicher Arbeitsplätze.

Durch dich, lieber Opa, habe ich verstanden, dass Leistung nur dann ihren Sinn hat und behält, wenn sie auf den Menschen bezogen ist. Lebens- und Leistungsfreude haben nur Bestand, wenn der Mensch nicht Schaden leidet. Ich hoffe sehr, dass ich das in meinem weiteren Leben nicht vergessen werde. Aber du wirst mich sicher daran erinnern, wie ich dich kenne, denn ich habe noch deine Klagen über die 17-Jährigen im Ohr, die alle schon an ihre Rente denken – eine furchtbare Vorstellung!

Ich hoffe, dass ihr alle an dieser Rede deutlich gesehen habt, welch reife Leistung mein Opa allein an mir vollbracht hat!

Noch viele Jahre Freude, Gesundheit und Glück mit denen, die du gern hast, das wünsche ich dir. Ich meine, du kannst dir das leisten!

Hochzeitsrede des Brautvaters (1)

Mein liebes Brautpaar, liebe Freunde!
Eigentlich sollten wir uns ja vergnügt die Hände reiben: Die letzte Tochter, das Nesthäkchen, ist seit heute verheiratet, und wir, meine Frau und ich, sind vieler Sorgen ledig – denke ich! Ab sofort kehrt wieder Ruhe im Haus ein. Keine laute Musik, keine Fernsehfilme, die ich nicht sehen will, keine Partys. Ab sofort müssen nicht mehr wir, sondern ein anderer die Modewünsche erfüllen, die Rechnungen für verbeulte Kotflügel begleichen, über alternative Lebensformen diskutieren und sich – hoffentlich nicht – Rückständigkeit vorwerfen lassen.

Dennoch stimmt uns der Gedanke, dich, liebe Tochter, nun gewissermaßen herzugeben, aus unserer Obhut entlassen zu müssen, alles andere als froh. In mehr als tausend sehr abwechslungsreichen Wochen haben wir uns halt sehr an dich gewöhnt.

Ganz leicht haben wir es zwar nicht immer mit dir gehabt, und nachdem es uns nun gelungen ist, dich sozusagen rechtskräftig unter die Haube zu bringen, könnte ich ja – ohne Schaden anzurichten – ein wenig aus dem Nähkästchen plaudern; aber ich werde mich hüten! Hingegen fühle ich mich als alter Eheroutinier, der bereits die Silber-, die Perlen- und die Leinwandhochzeit feiern konnte, recht eigentlich verpflichtet, in meiner Eigenschaft als Brautvater euch einige gute Ratschläge, ein paar Erfolgsrezepte mit auf den Eheweg zu geben. Hier aber erhebt sich die Frage: Gibt es solche Ratschläge oder Rezepte überhaupt? Lassen sich allgemein gültige Empfehlungen finden angesichts der unleugbaren Tatsache, dass jedes Ehepaar aus zwei einmaligen, unverwechselbaren Individuen besteht? Eines lässt sich allerdings wohl sagen: Ob eine Ehe gut geht oder nicht, ist nicht nur eine Frage des Schicksals oder der Umstände, sondern auch und vor allem eine des eigenen Bemühens. Ob ihr miteinander glücklich werdet, hängt in allererster Linie von euch selber ab, von eurem guten Willen, von eurer Rücksichtnahme, von eurer Bereitschaft zur Gemeinsamkeit.

Wir alle wünschen euch das Glück und die Zufriedenheit, um derentwillen ihr euch das Jawort gegeben habt.

Und wir werden euch helfen, wann immer ihr uns braucht.

Hochzeitsrede des Brautvaters (2)

Liebe Kinder! Verehrte Gäste!
Für einen Brautvater ist dies sicherlich einer der schwersten Tage seines Lebens. Zuerst muss er seine Tochter hergeben und am Ende auch noch dafür bezahlen. Zu allem Übrigen soll er nun eine froh gestimmte Rede halten! Ist dies nicht alles ein wenig zu viel verlangt?

Aber Spaß beiseite! Liebe Tochter, lieber Schwiegersohn, zu eurer grünen Hochzeit darf ich euch unseren allerherzlichsten Glückwunsch aussprechen! Mögen Glück und Zufriedenheit euch stets auf eurem gemeinsamen Lebensweg begleiten. Und wenn auf Dauer sich noch ein kleiner Wohlstand dazugesellt, wäre das ganz sicher auch nicht verkehrt.

Zwei schöne gemeinsame Jahre liegen nun schon hinter euch, hoffentlich Zeit genug, euch gegenseitig kennen zu lernen, euch zu akzeptieren mit allen Angewohnheiten, den guten wie den nicht so guten, und zu lernen, wie ihr am besten darauf reagiert, ohne den anderen zu verletzen. Und wenn man euch so ansieht oder euch zuhört, spürt man sehr schnell, dass ihr euch gut versteht, auch ohne viel zu reden. Ihr könnt mit der Gewissheit ins Eheleben starten, dass ihr mit dem vertrauten und verlässlichen Partner alle künftigen Probleme meistern werdet. Und diese Sicherheit ist eine ganz entscheidende Säule für die Stabilität einer harmonischen Zweierbeziehung.

Ihr werdet euren Weg schon gehen! Diese Überzeugung ist es schließlich, die – um auf meine Anfangsbemerkung zurückzukommen – es einem geplagten Brautvater dann doch leicht macht, diesen Tag froh mitzufeiern.

Liebe Tochter, lieber Schwiegersohn! Dies ist ein schöner und ein wichtiger Tag in eurem gemeinsamen Leben. Lasst uns alle zusammen ein Glas darauf leeren. Mögen alle Wünsche, Hoffnungen und Träume, die ihr an diesem Tag habt, für euch in Erfüllung gehen! Wir halten euch ganz fest die Daumen!

Rede eines Freundes bei der Doppelhochzeit zweier Brüder

Liebe Andrea, lieber Jürgen!
Liebe Dorith, lieber Martin!
Liebe Elternpaare!
Sehr geehrte Gäste!

An diesem frohen Festtage stand ich leider bis jetzt in der beruflichen Fron. Nun ja, wer spät kommt, wurde dafür länger erwartet.

Eure Eltern, lieber Jürgen und lieber Martin, haben wir damals am Lago kennen gelernt. Seitdem sind viele, viele Jahre vergangen.

Zu eurer prächtigen Entwicklung konnte ich einen kleinen Beitrag leisten: Ich habe euch das Wasserskilaufen beigebracht. Ihr habt es schnell gelernt, sozusagen aus dem Stand. Heute könnt ihr es viel besser als ich. Euer Vater wollte es nicht versuchen. Eure Mutter hat wenigstens Trockenübungen gemacht. Emmi, für eine rasante Runde ist es nie zu spät. Im nächsten Urlaub bretterst du von Luino bis Laveno.

Ja, liebe Gäste, unsere Familien sind durch gemeinsame Ferien-
freuden vertraut und verbunden, und wir haben miterlebt, wie sich
die Jungs zu flotten Burschen entwickelten, umschwärmt und ange-
himmelt von den schönsten Mädchen aus vielen Nationen.

Eines Jahres sah ich dann ständig in eurer Begleitung zwei Pracht-
exemplare der Weiblichkeit. Ich konnte das gut beurteilen, denn –
wie das am und auf dem Wasser so üblich ist – sie geizten nicht mit
ihren Reizen. Und den Adlerblick fürs Wesentliche habe ich mir ja
bis heute bewahrt. Ihr, Jürgen und Martin, hattet sie an der Angel
und ich sie bald an der Leine. Der Lago ist schön, noch schöner ist
die Liebe, und am schönsten ist beides zusammen.

Und heute feiern wir in wunderbarer Atmosphäre eure riesengroße
Doppelhochzeit. Freut euch, Jürgen und Martin: besser unter der
Haube als unter Wasser. Meine Frau und ich gratulieren euch und
euren Eltern zu dieser zwiefach gebündelten Liebe ganz herzlich und
wünschen euch, dass ihr viel erlebt und wenig erleidet – einfach eine
rundherum glückliche Zukunft.

Für Reibereien, die in den besten Ehen nicht ausbleiben, habe ich ein
spezielles Rezept: das Prinzip der geteilten Meinung. Wenn Frauen
eine Meinung haben, sollen die Männer sie einfach teilen. In unserer Ehe hat das (fast) immer geklappt.

So, ihr Hochzeiter, nun seid fruchtbar und mehret euch bald, denn
edle Menschen braucht das Land.

Allen Anwesenden wünsche ich noch einen schönen Abend. Ein
so glänzender Rahmen und eine so illustre Gesellschaft beschwin-
gen die Herzen, betören die Sinne und beflügeln den Geist.

Rede zur Hochzeit der Tochter von Freunden

Liebe Corinna, lieber Axel, liebe Gastgeber, liebe Gäste,
wir sind von Dillenburg an den Durbach gereist, um Hochzeit zu
feiern.

Gerne sind wir der Einladung gefolgt, denn der Familie Kempe
sind wir seit Jahrzehnten verbunden. Am Fernsehturm in Stuttgart
ging es 1970 los.

Jochen und ich haben zusammen Bücher geschrieben, in diesem

Jahr beschäftigte uns ein neuer Duden, ein Sekretariatsduden; außerdem haben wir in ungezählten Seminaren Anfängern und Altgedienten gezeigt, wo es langgeht. Hier ist ein richtiges Aktivistennest, denn zwischen Prof. Kramer, Dr. Kador, Siegfried Klotzbücher, Jochen Schütte und dem Unternehmen Zilske gibt es ähnliche Kreuz- und Querverbindungen zum Wohle der Menschheit.

Ursel und Rösi haben alleine, ohne ihre Männer, in Rom, Neapel und auf Capri italienische Abenteuer erlebt, haben in den Alpen schwere Abfahrten bewältigt und – mehr oder weniger alkoholisiert – so manchen Hüttenzauber durch- und überstanden – unbeschadet an Leib und Seele.

So ist eine Freundschaft gewachsen – und Corinna auch. Aus einem niedlichen kleinen Mädchen ist eine wunderschöne junge Frau geworden, die heute einen sehr attraktiven Mann geheiratet hat. Ein Weilchen habt ihr euch gesucht, nun in Liebe gefunden, da spürt man Gottes Allmacht. Ein Brautpaar aus dem Bilderbuch sitzt vor uns. Corinna hat ein wunderbares Wesen – den Axel, und Axel hat ein wunderbares Wesen – die Corinna.

Das Paar ist glücklich, die Eltern sind glücklich, und die Gäste sind auch glücklich. Da brauchen wir die Frage »Ei, was haben wir denn davon?« nicht philosophisch zu zerbröseln. Wir haben heute und hier alles in der richtigen Rille, eine heile Welt, einen elysischen Zustand.

Damit es, liebe Corinna, lieber Axel, so bleibt, empfehle ich euch ein Krisenverhinderungsrezept: Es ist das Prinzip der geteilten Meinung – wenn einer eine Meinung hat, soll sie der andere teilen. Kleine verbale Weihrauchopfer bewirken eine große Beziehungsinnigkeit – mit Langzeitgarantie. Ansonsten: Seid fruchtbar und mehret euch.

Ich will Prof. Kramer nicht ins Handwerk pfuschen, doch für alle Gäste habe ich zum Schluss auch eine Empfehlung – als Unternehmensberater kann man es halt nicht lassen – nehmen Sie sich Sirach 14, 14 zu Herzen, da heißt es:

Versaget euch die Freuden des Augenblicks nicht,
und verschmähet nicht euren Anteil am Genuss.

Heute ist Feiern angesagt. Corinna, Axel, auf euer Wohl! Seid mit der Gegenwart zufrieden – und voller Zuversicht für die Zukunft.

Rede des Sohnes zur goldenen Hochzeit der Eltern

Liebe Eltern!

Ihr feiert heute das Jubiläum eurer fünfzigjährigen Ehe. Fünfzig Jahre Ehe sind fünfzigmal 365 gemeinsame Tage mit allem, was dazugehört, mit ihren Höhen und Tiefen, Hoffnungen und Enttäuschungen, mit Freud und Leid. Fünfzig Jahre Zusammenleben, das bedeutet: 18262 Tage in Liebe vereint. Bedenke ich, wie schwierig es ist, einige Tage mit Freunden zusammen zu sein, ohne dass es zu gelegentlichen Reibereien kommt, dann gestehe ich: Das ist eine Leistung.

Natürlich, ohne Schrammen und Auseinandersetzungen konnte das nicht abgehen. Aber eure Liebe hat darunter nicht gelitten, wie ich es selbst bei vielen Erlebnissen mitbekommen habe und hier vor den Ohren eurer Freunde bezeugen möchte. Ihr habt den Spruch beherzigt, den Streit zu beenden, bevor die Sonne untergeht, und das Gute wahrzunehmen, wo es sich zeigt.

Zu den guten Ereignissen in eurem Leben zähle ich die Geburt eurer Kinder, die ihr euch so sehnlich gewünscht hattet. Ob wir drei wirklich eueren Wünschen immer entsprochen haben, weiß ich nicht. Das lasse ich lieber offen. Aber wir alle waren Wunschkinder, wir merken es noch heute. Dafür möchten wir euch herzlich danken.

Dennoch blieben die Sorgen nicht aus. Wie könnte das auch anders sein? Krankheiten und nicht nur solche, die man als Kinderkrankheiten bezeichnet, haben euch in Angst versetzt, auch die üblichen Schulprobleme suchten euch heim.

Der schlimmste Einschnitt war wohl damals, als ihr ganz kurz hintereinander nach einem Autounfall auf einer gemeinsamen Ferienreise eure beiden Eltern zu Grabe tragen musstet. Das hat dich, liebe Mutter, ganz besonders mitgenommen. Lange noch hat euch dieses Ereignis seelisch zu schaffen gemacht.

Zu den schönen Seiten des Lebens, lieber Vater, gehörten sicherlich deine Erfolge im Beruf. Du hast das Ziel, das du dir gesteckt hattest, schließlich erreicht. Du bist zur Spitze vorgedrungen und hast dort mitgestalten können, was dir am Herzen lag!

Von euch beiden ist zu sagen: Jeder hat den Partner bekommen, den er gern wollte. Du, Vater, hast die Frau an deiner Seite, die mit dir gewachsen ist und in den gemeinsamen Jahren immer zu dir gehalten hat, wenn du glaubtest, du müsstest resignieren, weil die angestrebten Ziele in weite Ferne zu entschwinden schienen. Du, Mutter, darfst mit dem Lebenspartner zusammen sein, der ein großes Verständnis für deine vielen Interessen und Hobbys aufbringt. Und ihr beide konntet euch einen Freundeskreis schaffen, der sich, so glaube ich, sehen lassen kann. An den vielen Geschenken und Glückwünschen und an den fröhlichen Gesichtern am heutigen Abend ist das abzulesen.

Nach Vaters Pensionierung habt ihr ja dann noch vieles nachgeholt, was euch früher zeitlich nicht möglich war. Auch jetzt noch gehört eure Zeit euch, bald allerdings werden die vier Urenkel ihre Uroma und ihren Uropa stärker als bisher fordern.

Zu dem Wunderbaren eurer Ehe sind auch die Bereitschaft und der starke Wille zu zählen, gemeinsam älter zu werden. Eine gute Ehe, die unter dem Zeichen der lebenslangen Bindung geschlossen wurde, ist eben durch die Absicht geprägt, jederzeit zusammenzuhalten.

Stopp! Jetzt muss ich es doch wohl noch einmal betonen, damit unsere Freunde keinen falschen Eindruck bekommen. Harmonisch zugegangen ist es bei uns nicht immer. Beileibe nicht! Fast müsste ich sagen, das Gegenteil ist richtig. Denn zwischen den Eltern gab es viele Auseinandersetzungen. Vom Anzug, den der Vater anzuziehen hatte, bis zum Reiseziel war alles umstritten. Auch in politischen Fragen war man oft geteilter Meinung. Aber das war immer nur bis zur Abklärung des Problems so. Man konnte über alles miteinander reden. Es gab keine Tabus und keine übergestülpte Meinung. Die besseren Argumente sollten siegen. Das galt auch für die Einwände der Kinder! Wir Kinder sind so in einer freiheitlichen und großzügigen Atmosphäre aufgewachsen. Dafür wissen wir euch von Herzen Dank!

Liebe Freunde, bitte erhebt euch von euren Plätzen, ergreift eure Gläser und stoßt mit uns auf das Wohl unserer Eltern an!

Ein Freund der Familie zur goldenen Hochzeit

Liebe Helga, lieber Kurt!
Zuerst einmal herzlichen Dank, dass wir heute an eurem Ehrentag
hier mit euch feiern dürfen. Gastlichkeit ist bei euch – von Beginn
eurer Ehe an – stets groß geschrieben worden. Das hat wohl jeder
von uns schon mehr als einmal erfahren. Diese Gastlichkeit, die bei
euch beiden ganz spürbar von Herzen kommt, erinnert mich an die
griechische Sage von Philemon und Baucis. Es gibt zwischen euch
und diesem Paar etliche Parallelen, weshalb ich seine Geschichte kurz
erzählen will:

Der Göttervater Zeus und sein Sohn Hermes, der Götterbote, wollten die Gastfreundschaft der Menschen auf der Erde testen. Deshalb
wanderten sie, als Bedürftige verkleidet, durch viele Orte und baten
um Essen und Unterkunft. Aber überall wurde ihnen die Tür vor der
Nase zugeschlagen. Sie waren schon fast so weit, ihre Suche aufzugeben, als sie am Ende eines Dorfes einen letzten Versuch unter-
nahmen. Dort wohnten Philemon und Baucis, die, wie ihr, schon
früh geheiratet hatten und seither glücklich und auch in harten Zeiten zufrieden zusammenlebten. Diese beiden nahmen die Fremden
auf, ohne viel zu fragen. Sie bewirteten sie mit allem, was sie zu bieten hatten, ohne an sich selbst zu denken.

In der Sage sind Philemon und Baucis das ärmste Paar des Ortes, was
man von euch ja nun wirklich nicht sagen kann, aber ihre Herzlichkeit und Großzügigkeit findet man bei euch wieder. Der Sage nach
hatte die Liebe zueinander Philemon und Baucis so offen und men-
schenfreundlich gemacht, dass sie in ihren eigenen vier Wänden leben konnten wie Diener und Herrscher zugleich, und weil sie selber
miteinander so zufrieden waren, konnten sie andere an ihrem Glück
teilhaben lassen. Bei euch ist es ähnlich, und ihr habt immer ein offenes Ohr für alle, die euch brauchen. Eure Tür steht allen offen und
für jeden habt ihr einen warmen Platz für ein Pläuschchen oder Zeit
für ein Glas Wein oder zwei. Das, was ihr füreinander pflegt, gebt
ihr gemeinsam an uns weiter: das Gefühl von Ruhe und Geborgenheit in einer hektischen Zeit.

Dafür danken wir euch und wünschen, dass die Götter es mit euch ebenso gut meinen wie mit Philemon und Baucis, deren Wunsch nach dauerndem Zusammensein Zeus erfüllte. Er ließ sie am Ende ihres Lebens im gleichen Augenblick zu Bäumen werden: zu einer Eiche und zu einer Linde, die – so sagt die Legende – noch heute, mehr als tausend Jahre später, im Land Phrygien eng verschlungen dastehen als Symbol dafür, wie unzertrennlich Philemon und Baucis waren und wie fest sie zueinander gehalten hatten.

Bis es bei euch so weit ist, wollen wir aber noch viele Feste mit euch feiern, jedes so fröhlich wie dieses. Auf euer Wohl!

Rede des Paten zur Taufe

Lieber Julian!

Du bist erst einige Wochen alt und noch entsprechend klein, aber unter den vielen großen Leuten schon das zweite Mal in deinem Leben die Hauptperson.

Wir haben deine Geburt mit Spannung erwartet. Am 28. Februar, genau um 12.16 Uhr war es so weit: Ein kleiner, noch etwas zerknautschter Erdling fing an, sich mit der Welt vertraut zu machen. Das war ein großes Ereignis, und du warst – noch vor Mama und Papa – in dieser Dreierbeziehung tonangebend. Heute, am Tag deiner Taufe, bist du wieder Mittelpunkt und – nicht zu überhören – energischer Verfechter deiner Rechte; so ein Durchsetzungs- und Behauptungstraining nervt schon mal die anderen, ist aber nützlich für dich.

Bei dieser Gelegenheit wollen wir dir ganz herzlich zu deinen prächtigen Eltern gratulieren, die wir schon lange kennen und mögen; sie gehören zu unseren besten Freunden.

Wir, lieber Julian, werden nun auch bald miteinander vertraut, wir wollen deine Entwicklung erleben, uns daran erfreuen und nach Kräften zu deinem Wohlergehen beitragen. Fürsorge gehört auch zu den Pflichten der Paten, die Jutta und ich heute für dich geworden sind.

Na ja, bis du das alles so richtig erfasst und alle Menschen deiner Umwelt unterscheiden und einordnen kannst, wird noch ein Weilchen vergehen.

Später wartet dann die große weite Welt auf dich; du kannst sie mitgestalten, das Rüstzeug schlummert in dir, und viele Segenswünsche begleiten dich. Von der Zukunft wissen wir nur, dass sie kommt – darauf ist Verlass; wir wissen nicht, was sie bringt. Diese Ungewissheit ist eine große Chance, denn du und die vielen anderen deiner Generation, ihr alle, werdet einmal für unsere Erde und was darauf geschieht verantwortlich sein. Da gibt es eine Menge zu verbessern.

Aber nun sei erst einmal ein drolliges und vergnügtes Baby, werde ein fröhlicher kleiner Junge in einer möglichst friedlichen Welt. Für die weiteren Stationen deines Lebens lassen wir uns dann neue Reden einfallen.

Jetzt trinken wir auf dein Wohl und das deiner Eltern.

Zum Schönsten auf Erden gehören süße Babys und glückliche Eltern.

Rede des Paten zur Konfirmation seines Patensohnes

Lieber Patensohn, lieber Christian!
Der heutige Tag ist für dich ein Ehrentag. Du bist eingesegnet worden. Darüber und natürlich über die kleinen oder größeren Geschenke, die du zur Feier des Tages erhalten hast, wirst du dich freuen. Besonders der hohe Geldbetrag, der sich durch die Gebefreudigkeit deiner Verwandten und Freunde angesammelt hat, wird dein Herz höher schlagen lassen. Denn endlich wirst du dir nun deinen seit langem gehegten Wunsch nach einem eigenen Personalcomputer erfüllen können.

Unter pädagogischen Gesichtspunkten kann ich dazu nur sagen: Das ist eine sinnvolle Anschaffung. Denn die kommt auch deinen schulischen Leistungen zugute, auch wenn es bei dir nicht nötig ist, sich um den Erfolg im Unterricht zu sorgen. Wie man hört, gibt es keinen Anlass zur Klage. Im Gegenteil, alle freuen sich über deine Leistungen.

Da ich selbst gern und auch pflichtgemäß mit einem Computer umgehe – ein modernes Büro kommt ohne ein solches Hilfsmittel nicht aus –, werden wir vielleicht in nächster Zukunft eng zusammenarbeiten können. Bald kommen die großen Ferien, du suchst einen Ferienjob, und ich brauche eine Kraft, die mit dem PC vertraut ist. Ist das ein Angebot?

Doch zurück zu deinem heutigen Ehrentag. Deine Eltern haben dich bewusst zur Taufe geführt und dich im christlichen Glauben erzogen. Soweit wir, Tante Angelika und ich, als deine Paten daran haben Anteil nehmen können, haben wir das bewusst unterstützt. Schließlich war das auch unsere Aufgabe. Selbstverständlich ist eine solche Mitwirkung immer schwierig, zumal wenn man sich wenig trifft. Das war in der letzten Zeit wegen meiner beruflichen Verpflichtungen leider der Fall. Deine Eltern haben mit Recht oft Klage darüber geführt. Heute hast du nun deine christliche Erziehung durch dein Bekenntnis in der Kirche bejaht. Nachdem du am Abendmahl teilgenommen hast, bist du in der Gemeinschaft der erwachsenen Christen aufgenommen – mit allen Rechten und Pflichten. Wir wünschen dir bei ihrer Wahrnehmung eine glückliche Hand.

Wahrscheinlich wirst du an der Kirche, zu der du nunmehr als Vollmitglied gehörst, nicht nur Freude haben. Sie ist in ihrer organisierten Form eine von Menschen gestaltete Gemeinschaft, die sichtbar mit Schwächen behaftet ist. Du wirst enttäuscht werden von vielem Allzumenschlichen. Das geht fast jedem so. Indessen, denke daran, Kirche ist ein Geschenk. Wir dürfen zu ihr gehören. Wir dürfen an ihrem segensreichen Wirken teilnehmen. Immer wieder wird von dir gefordert, davon Zeugnis abzulegen. Ich wünsche dir dabei viel Standfestigkeit und Mut. Dann wird dir dieser Dienst auch Freude bereiten.

Nach dieser etwas ernsteren Besinnung soll die Rede in einem unbeschwerten, fröhlichen Miteinander ausklingen. Schließlich ist heute ein Tag der Freude. Wir danken euch, liebe Monika und lieber Michael, dass wir gemeinsam mit euch diesen Tag feiern dürfen. Wir sind immer gern bei euch. Jetzt lasst uns das neue Glied der erwachsenen Christenschar ehren. Bitte erhebt euch von euren Plätzen, ergreift die Gläser und stoßt mit mir auf sein Wohl an: Vivat, crescat, floreat, unser Christian möge leben, wachsen und gedeihen!

Rede des Großvaters bei einer privaten Abiturfeier

Liebe Gäste!
Und vor allem: liebe Anita!
Du hast in den letzten Tagen schon viele Reden gehört oder auch hören müssen. Ich war ja an deinem großen Abend in der Schulaula dabei und weiß, dass diese Zeit viel zu aufregend für dich ist, als dass du Belehrungen von allen Seiten annehmen möchtest. Aber ein paar Dinge möchte ich dir heute noch sagen, und ich denke, es ist etwas anderes als das, was du bisher gehört hast.

Wie es sich für einen Großvater gehört, kenne ich dich schon dein ganzes Leben lang; umgekehrt kennst du mich natürlich fast genauso lange. Also wissen wir beide, was wir voneinander zu erwarten haben, jedenfalls keine klugen Sprüche. Aber ich weiß, ich weiß: Auch »Anekdötchen«, aus dem tiefen Fundus eines erfüllten Lebens gegriffen, können auf die Dauer ganz schön lästig fallen. Deshalb sollen die merkwürdigen Ereignisse und seltsamen Begebenheiten heute beiseite bleiben. Ich erzähle dir stattdessen etwas Bemerkenswertes, was *nicht* passiert ist, nämlich das: Ich habe mich bis heute nicht gefragt, ob ich reif bin. »Reif oder nicht reif?« Kann ein Mensch sich das überhaupt sinnvoll fragen, es sei denn, er hat mit dem Leben abgeschlossen? Also möchte ich bei andern auch nicht, wie es so gerne getan wird, von Reife sprechen. Mir kam es immer so vor, als entwickelten sich Menschen nicht in festen, von außen gesetzten Bahnen, sozusagen »bis hierhin und nicht weiter«, sondern nach ihren eigenen inneren Gesetzen. Außerdem: Was heißt »reif«? Vielleicht nur reif für das Leben? Aber dafür bist du ja schon seit deiner Geburt reif, und jeder, der dich bereits als Baby kannte, weiß, dass du schon damals eine ganz eigene Persönlichkeit hattest.

Trotzdem bildet das Abitur natürlich einen Einschnitt, denn du wirst nun bald mit Menschen zusammenkommen und dich mit ihnen befreunden, die du jetzt noch gar nicht kennst. Du wirst vielleicht in eine andere Stadt ziehen, wirst in deinem Studium freier und deshalb wohl auch selbstständiger arbeiten als bisher. Du wirst eben einfach – aber was heißt das schon! – eine Welt entdecken, die anders ist als die, in der du groß geworden bist. Du wirst fortgehen, und ebendies ist die Bedeutung des Wortes »Abitur«. Das ist für die, die zurückbleiben, wahrscheinlich eher schmerzlich als schön. Besonders Eltern – und auch Großeltern – tun sich meist schwer, die Kinder, auch wenn sie schon lange keine Kinder mehr sind, weggehen zu lassen. Für dich, liebe Anita, bedeutet es vor allem Aufregung, Entdeckungsfreude und Freiheit. Aber ich weiß, dass sich bei dir in all diese Freude auch einige Wermutstropfen mischen: Das Neue ist noch nicht da und das Alte verlierst du. Und du fragst dich, ob es wohl ein guter Tausch sein wird. Diese Frage kann dir niemand beantworten, aber das ist ja auch das Spannende, dass man eben nicht schon genau weiß, was kommen wird.

So wünsche ich dir, Anita, dass du dich mutig in die Abenteuer stürzt, die da kommen mögen; dass du nach vorne schaust, nicht zurück, und dass du das Leben unvoreingenommen annimmst mit allem, was es dir zu bieten hat.

Als kleinen Mutmacher habe ich einige Zeilen aus einem Gedicht von Hermann Hesse ausgesucht, der sich vielleicht besser ausdrückt als ich:

»Es muss das Herz bei jedem Lebensrufe
Bereit zum Abschied sein und Neubeginne,
Um sich in Tapferkeit und ohne Trauern
In andre, neue Bindungen zu geben.
Und jedem Anfang wohnt ein Zauber inne,
Der uns beschützt und der uns hilft zu leben.
[...]
Des Lebens Ruf an uns wird niemals enden ...
Wohlan denn, Herz, nimm Abschied und gesunde!«

Alles Gute und viel Glück!

Rede auf einem Klassentreffen ehemaliger Schüler

Liebe Freundinnen und Freunde!
Liebe Klassenkameradinnen und Klassenkameraden!
Liebe Ehemalige!

Nach so vielen Anreden sind alle diese Anreden in der einen oder anderen Weise zutreffend. Und ob wir nun im Einzelnen Freundschaften untereinander bewahrt haben oder eben vielleicht doch nur Ehemalige sind, worauf es heute ankommt, das sind die Erinnerungen an viele gemeinsame Pennälerjahre.

Herzlich willkommen zu unserem Klassentreffen! 28 Ehemalige waren erreichbar und wurden telefonisch oder brieflich kontaktiert. 16 sind gekommen. Das sind 57,14 % – politisch gesehen ist das ein Traumergebnis. Zwölf sind nicht gekommen, davon haben sich acht entschuldigt. Das sind 66,66 % der Abwesenden – im Hinblick auf die Verbundenheit ein gutes Ergebnis. Vier haben sich nicht gerührt. Bezogen auf 28 Einladungen sind das 14,28 %. Sie haben auf unsere Einladung nicht reagiert. Wir sollten das tolerieren und beim nächsten Mal einfach ignorieren. Wir versuchen es wieder.

Insgesamt, so muss man sagen, haben wir wieder unser »Klassenziel« nicht ganz erreicht. Aber grämen müssen wir uns deswegen nicht.

Als Ehren- und besonders lieben Gast begrüße ich mit großer Freude unseren einmal energischen, dann wieder gutmütigen, jedoch stets engagierten langjährigen Begleiter unserer Schulzeit.

Lieber Herr O., dieser Formulierung werden alle zustimmen, wir haben viel bei Ihnen gelernt, das heißt, wer wollte, konnte viel lernen. Sie waren ein kompetenter Lotse in unseren Entwicklungs- und Entfaltungsjahren, weniger gefürchtet als geliebt. Es ist schön, dass Sie bei uns sind. Sie sind inzwischen noch weiser und wir ein gutes Stück reifer geworden.

Danken möchte ich an dieser Stelle S. und J., die unter hohem Zeitaufwand die Adressen ermittelt, alle angeschrieben und das Treffen organisiert haben. Ich wurde von ihnen zu dieser Begrüßungsrede verdonnert. Damit hatten sie nicht viel Mühe, ich habe mich nur ein bisschen geziert.

Seit unserem Abitur sind nun schon einige Jahre ins Land gezogen, und zum Teil haben wir uns fast aus den Augen verloren. Eigentlich wissen wir gar nicht so recht voneinander, was aus uns mittlerweile geworden ist. Wir haben uns deshalb gedacht, dass es ganz schön und interessant wäre zu erfahren, wies bei den Einzelnen nach der Prüfung weitergegangen ist. Ihr sollt daher jeder eine kurze, aber informative Rede halten, etwas von euch, aus eurem Leben erzählen. Ich habe die Reihenfolge der Informationen ein wenig strukturiert. Dann wird es leichter, geht schneller und befriedigt gezielt die Neugier. Eure Rede könnte folgende Punkte enthalten:
1. Name, wenn mittlerweile verheiratet
2. Mit wem verheiratet oder verbandelt?
3. Wo zu Hause?
4. Beruf
5. Kinder
6. Hobbys
7. Pläne

Anschließend berichten S. und J., was die Fehlenden geschrieben bzw. gesagt haben. Wenn es recht ist, fange ich mit meiner 7-Punkte-Information an.

...

Nun waren alle dran. Jetzt sind wir uns wieder ein wenig bekannter, vertrauter geworden und haben eine Menge Gesprächsstoff. Ich wünsche euch ein klasse Klassentreffen.

(Worte des Gedenkens oder aktuelle Glückwünsche können an geeigneter Stelle – Trauriges, bevor es fröhlich wird – eingebaut werden.)

1. Beispiel:

Zwei aus unseren Reihen leben nicht mehr. Wir wollen sie uns in Erinnerung rufen. Es sind:

...

...

Ihr habt euch zum Gedenken von euren Plätzen erhoben. Ich danke euch.

2. Beispiel:

K., die Magistratsmitglied und Schöffin ist und auch noch weitere Ehrenämter innehat, wurde vor einigen Tagen mit dem Bundesverdienstkreuz ausgezeichnet. Herzlichen Glückwunsch, liebe K. Deine Auszeichnung strahlt auch ein wenig auf uns ab.

Dankrede einer Teilnehmerin

Ihr Lieben alle!

Ich hatte mit der Vorbereitung nichts am Hut, habe den Nachmittag nur genossen. Er war ein nostalgischer Jungbrunnen. Nun kehren wir zurück in die Realität. Früher haben wir miteinander, heute voneinander gelernt. Wir haben erfahren, wie man Karriere macht und wie man Krisen meistert.

Freundschaften wurden heute erneuert, Trennendes wurde überbrückt. Ich danke im Namen aller allen, die dieses Treffen organisiert und gestaltet haben. Es hat einmal mehr bewiesen, dass unsere Klassengemeinschaft auch über die Zeit hinweg Bestand hat. Deshalb freue ich mich auch auf unser Wiedersehen in zwei Jahren.

Rede des Hausherrn zur Hauseinweihung

Liebe Freunde!

Habt alle zunächst herzlichen Dank, dass ihr gekommen seid. Gabi und ich freuen uns über eure Anwesenheit, natürlich auch über die vielen bunten Blumensträuße und die nützlichen Mitbringsel zum Essen, Trinken und für den Garten, die ihr zur Einweihungsfeier mitgebracht habt.

Herzlich begrüßen möchte ich in unserer Runde auch Gabis Patenonkel, der den weiten Weg aus Süddeutschland herauf zu uns Nordlichtern gefunden hat, um bei diesem Fest dabei zu sein. Danke, lieber Onkel Karl, für diese Geste der Verbundenheit. Hoffentlich gefällt dir unsere neue Behausung. Schließlich hast gerade du mit den Ausschlag gegeben, dass wir uns entschlossen haben, als Nichtfachleute und obendrein mit linken Händen begabt, diesen Schritt zum Eigenheim zu tun. Du hast uns den ersten Entwurf, der unseren Einkommensverhältnissen entsprechen sollte, gezeichnet.

Hier und vor euch allen möchte ich ein großes Dankeschön meiner Gabi sagen; ohne sie hätte ich niemals diesen schweren Schritt zu den eigenen vier Wänden gewagt. Denn das ist schon ein Abenteuer, wie viele von euch am eigenen Leib erfahren haben. Gabi hat mir immer wieder Mut gemacht, wenn ich dachte, wir schaffen es finanziell doch nicht. Sie hat die Pläne mitgestaltet. Sie hat die endgültige Größe und Lage der Zimmer bestimmt, die Kacheln ausgesucht, die Farben festgelegt und alles mit den Handwerkern besprochen. Sie war ständig auf der Baustelle zu finden.

Ich konnte nur aus der Ferne Rat erteilen. Manch ein Nachbar hat sicher gedacht: Gibt es den Mann überhaupt? Aber ihr wisst, ich musste gerade zu dieser Zeit geschäftlich nach Japan und konnte mich wirklich um gar nichts kümmern. Und obwohl ich weiß, was für eine patente Frau meine Gabi ist, habe ich mir in der Ferne doch oft Sorgen gemacht, ob sie allein mit alledem fertig werden würde. Heute aber kann ich nicht anders als mich freuen, dass alles so geworden ist, wie es jetzt vor uns steht. In den Sprüchen Salomos heißt es: »Durch weise Frauen wird das Haus erbaut.« Dieses Wort habe ich gerne beherzigt. Ihr werdet sehen: Ich tat gut daran!

Euch allen möchte ich noch einmal in besonderer Weise meinen Dank sagen. Denn durch euer Verständnis sind keine Risse in unsere Freundschaft gekommen. Über Monate hinweg haben wir keine Einladungen aussprechen können. Doch heute sollt ihr entschädigt werden. Mögen euch die aufgetischten Speisen und Getränke gut bekommen! – Das Haus steht euch zur Besichtigung offen. In diesem Sinne:

Seid willkommen, liebe Gäste,
in diesem Haus zum frohen Feste!
Erhebt das Glas! Es soll euch munden.
Habt Dank, dass ihr euch eingefunden!

Trauerreden

Nachruf eines Firmenvertreters am Grab eines verstorbenen Mitarbeiters

Verehrte Frau Schulz, sehr geehrte Trauergemeinde!
Geschäftsleitung, Betriebsrat und Mitarbeiter der Bau AG sind ergriffen vom Tod unseres Mitarbeiters Fritz Schulz.

Wir nehmen mit Ihnen Abschied von einem engagierten, pflichtbewussten und stets zuverlässigen Mitarbeiter, der sich mit seiner Arbeit und unserem Unternehmen identifizierte. Ob solche Werte und Worte modern sind, ist unwichtig – sie bleiben zeitlos!

Fast zwei Jahrzehnte war Fritz Schulz in unserem Werk III in Rummelsberg tätig. Er tat und bewegte etwas, als Meister wie als Vorbild. Seine Fachkundigkeit, sein sicheres Entscheiden und rasches Handeln wurden allseits geschätzt, gleichermaßen seine jederzeit freundliche und hilfsbereite Wesensart. Bei unseren Kunden war er ein geachteter Berater. Wir alle haben ihm zu danken!

In der Tatsache der Unabänderlichkeit dieser Stunde bleibt es uns, Ihnen, liebe Frau Schulz, und allen Angehörigen unsere aufrichtige Anteilnahme und mittrauernde Verbundenheit auszudrücken und dir, lieber Kollege Schulz, diesen Kranz als letzten Gruß zu widmen.

Für Fritz Schulz schließt sich der ewige Kreislauf des Werdens, Wachsens, Blühens und Vergehens. Ruhe in Frieden!

Rede eines Freundes am Grab eines freiwillig aus dem Leben gegangenen Fünfundzwanzigjährigen

Liebe Trauernde!
Ich möchte Ihnen mein Mitempfinden ausdrücken. Peter hat freiwillig ein anderes Leben gewählt, ein Leben, das uns noch unbekannt ist. Er hat sich oft mit diesem anderen Leben beschäftigt und sah das jetzige Leben nur als eine Übergangsstation für ein neues Leben an. Der Tod hatte für ihn keine Schrecken, denn er war sich gewiss, Leben und Tod sind eins, so wie der Fluss und das Meer eins sind.

Wir aber, die wir ihm nicht gefolgt sind, weil unsere Zeit noch nicht gekommen ist, wir können das alles nicht begreifen. Es trifft uns unvorbereitet. Wir sind fassungslos, unsere Herzen sind voller Trauer, und die Wunde des Trennungsschmerzes klafft noch weit. In dieser Stunde des Abschieds sind wir Peter am nächsten. Vielleicht wären diese Augenblicke der Nähe für ihn lebensbestimmend gewesen. Vielleicht hätte er solche Momente der Nähe öfter gebraucht. Wenn wir Sehende wären, wüssten wir es. Aber wie schwer fällt es uns schon, in unser eigenes Herz zu schauen – und wie viel schwerer ist es dann, dies bei uns nahe stehenden Menschen zu tun? Vielleicht sollten wir bewusster mit uns selbst und mit anderen Menschen umgehen.

Peter war ein außergewöhnlicher Mensch. Er gehörte immer zu den Besten. Was er anfasste, das gelang ihm mit Fleiß, Energie und dem notwendigen Talent. Umso unbegreiflicher ist es für uns, dass dieser talentierte Mensch, dem sämtliche Türen zu einem erfüllten Leben offen standen, dort nicht hindurchging. Die alten Griechen fanden dafür trostvolle Worte, indem sie sagten: »Wen die Götter lieben, den nehmen sie früh zu sich.« Ein arabischer Prophet hat gesagt, dass unsere Kinder nicht unsere Kinder sind. Sie kommen durch uns, aber nicht von uns. Wir dürfen ihren Körpern ein Haus geben, aber nicht ihren Seelen. Denn ihre Seelen wohnen im Haus von morgen, das wir nicht besuchen können, nicht einmal in unseren Träumen. Wir dürfen uns bemühen, wie sie zu sein, aber nicht versuchen, sie uns ähnlich zu machen. Denn das Leben läuft nicht rückwärts, noch verweilt es im Gestern.

Liebe Angehörige, verabschieden wir uns von Peter und ehren wir ihn in diesem Sinne als einen einzigartigen Menschen. Wir werden ihn immer jung im Gedächtnis bewahren.

Rede am Grab des Freundes

Liebe Freunde!
Er ist fortgegangen, und, was am meisten schmerzt, ohne Abschied. Wir hätten einander noch viel zu sagen gehabt, wie immer, wenn wir zusammen waren. »Wir werden noch viel miteinander sprechen«, sagt ein Gefühl in mir.

Er ist zu früh gegangen, für mich wenigstens. Wie er jetzt darüber urteilt, wissen wir nicht; wir wissen ja nichts wirklich über das Ziel seiner Reise.

»Er ist zu früh gegangen«, sagt mir mein Gefühl. Und dies zeigt mir an, wie selbstsüchtig unsere Trauer ist. Unser Leben ist nicht beständig, wie wir uns vorzugaukeln versuchen. Unsere Freunde sind bestenfalls ein Geschenk, eigentlich eher, wie alles, eine Leihgabe, die wir eines Tages wieder zurückgeben müssen.

Der Gedanke an den Tod war ihm nicht fremd. Der Tod hatte etwas Tröstliches für ihn. Darum glaube ich auch, dass er, wenn er uns an seinem Grabe sieht, wo immer seine Seele auch sein mag, lächelt. »Ach, ihr –«, würde er sagen und uns liebevoll zuzwinkern.

Sicher, er verschloss nicht die Augen vor den dunklen und selbstzerstörerischen Seiten der Menschheit; trotzdem war er ein heiterer, lebenslustiger Optimist. – Gegen das »trotzdem« würde er freilich protestieren. »Gerade deswegen«, würde er sagen, »gerade weil der Tod für mich zum Leben gehört, weil Liebe und Tod die Grenzerfahrungen sind, aus denen ich meine Maßstäbe beziehe.«

Er war ein Mensch voller skurriler Einfälle, liebevoller Spötteleien, bissiger Pointen. Er konnte mit schauspielerischer Verve reden, einen in seiner galoppierenden Begeisterung mitreißen, mit seiner fast jungenhaften Fröhlichkeit anstecken und – nachdenkliche Fragezeichen setzen, Sätze und Wörter hinterfragen, auf letzter Genauigkeit und Wahrhaftigkeit bestehen.

Er war von einem unstillbaren Wissensdurst erfüllt, war vielseitig interessiert, geradezu enzyklopädisch gebildet. Und doch – wenn man sein Wissen, seine Weisheit bewunderte, dann verwunderte er sich. »Gepflegte Halbbildung«, mehr ließ er als Prädikat nicht zu. Er nahm sich nicht gerade wichtig; bescheiden und selbstironisch trat er einem entgegen. Unduldsam und boshaft pflegte er nur gegenüber denjenigen zu werden, die, von keinem Zweifel beirrt, Halbwahrheiten und Scheinwissen für der Weisheit letzten Schluss ausgaben. Über Intoleranz, Borniertheit und Gewalttätigkeit, über die »krankhaft Gesunden« mochte er verzweifeln.

Er schrieb gern lange Briefe: jeder ein Kunstwerk, jeder so, als säße er einem gegenüber. Doch er litt darunter, dass die Antworten immer seltener wurden, immer öfter bloß mitteilten. Lebhafter Gedankenaustausch war sein Lebenselixier. Nun, da er tot ist, wird mir erst deutlich, wie sehr wir Lebenden uns im Grunde anschweigen, selbst wenn wir reden. Er aber, er prägte unendlich viele Gedanken und Sätze, ohne viel Aufhebens davon zu machen. Ich bin, glaube ich, nicht der Einzige, der ihn unablässig zitiert, ihn nicht »in Ruhe lässt«, so würde er vielleicht spöttisch sagen – vielleicht, vielleicht auch nicht. Wir vermissen seine Stimme. – Und fortwährend gehen mir die Verse von Claudius durch den Kopf:

»Friede sei um diesen Grabstein her!
Sanfter Friede Gottes! Ach, sie haben
Einen guten Mann begraben,
Und mir war er mehr.«

Rede eines Mitarbeiters bei der Trauerfeier für einen Kollegen

Hochverehrte Hinterbliebene!
Liebe Trauergemeinde!
Unter allen Grenzen, die dem Menschen in jungen Jahren ebenso wie im hohen Alter gesetzt sind, ist der Tod die endgültige. Die Nachricht vom Hinscheiden eines Menschen, der uns über lange Jahre hinweg nahe stand, wirkt wie ein plötzlicher, kalter Schatten. Man fröstelt, erschauert – und die bewusst gewordene Vergänglichkeit alles Irdischen bedrückt das Herz. Stumm und ratlos stehen wir vor diesem Ereignis, und für die unmittelbar Betroffenen finden wir nur schwer die richtigen Worte des Trostes.

Wir alle verlieren in dem Verstorbenen einen väterlichen Freund. Seine schlichte, aufrechte und von hohem Verantwortungsgefühl getragene Persönlichkeit verbarg hinter äußerer Zurückhaltung große Warmherzigkeit. Wir wussten und wissen, dass hinter seinem Tun der eine Wunsch stand: seine Kraft zum Wohle all derer einzusetzen, mit denen er sich verbunden fühlte. Wen er seiner Freundschaft für würdig hielt, der durfte ihm vertrauen. In den rund dreißig Jahren seines Wirkens als Mitbegründer und Mitinhaber unseres

Werkes hat er uns gezeigt, wie ein erfülltes Leben aussieht. Es ist ein Leben der Liebe, der Arbeit und der Fürsorge.

Und so stehe ich hier im Namen der Familie und im Namen der Mitarbeiter unseres Hauses, um ihm, der von uns gegangen ist, in dieser Stunde Worte des Dankes nachzurufen: Wir danken dir für das Vorbild der Pflichterfüllung. Wir danken dir dafür, dass du stets mit Rat und Tat zur Hilfe bereit warst. Wir danken dir für deine unerschütterliche Treue. Wir werden dich nicht vergessen – denn es bleiben Liebe und Verehrung.

Rede eines Vorgesetzten zum Tod eines älteren Mitarbeiters

Wir nehmen Abschied von unserem langjährigen Mitarbeiter, unserem Kollen und guten Freund Werner H.

Abschiednehmen ist immer schmerzlich. Ganz besonders aber tut es weh, wenn es ein Abschied für immer ist. Wenn wir einem Menschen endgültig Lebewohl sagen müssen, der uns viele Jahre, ja sogar Jahrzehnte als Kollege, Mitarbeiter und Freund nahe gestanden hat, dann ist das besonders bitter.

In den zwanzig Jahren, die Werner H. in unserer Firma tätig war, haben viele seine Hilfe in Anspruch genommen. Er war fast so etwas wie eine lebende Institution. Wer hat ihn nicht um Rat gefragt oder ihm sein Herz ausgeschüttet? Für jeden hatte er ein offenes Ohr. Oft konnte er auch ganz praktisch helfen. Zuhören, das konnte er, das war seine Stärke. Wenn Werner H. sich hinsetzte und sich einfach anhörte, was der andere zu sagen hatte, dann war das oft schon Hilfe genug. Aber er ist im Laufe seiner Betriebszugehörigkeit auch ganz konkret mit Vorschlägen gekommen und hat wesentlich zur Verbesserung des Betriebsklimas beigetragen. Verehrte, liebe Frau H., dafür schulden wir Ihrem Mann Dank, einen Dank, den wir ihm selbst nicht mehr sagen können.

Aber auch Ihnen schulden wir Dank. Sie haben im Laufe der Jahre oftmals auf Ihren Mann verzichten müssen, wenn Dringendes kurzfristig zu erledigen war. Sie haben das ohne Murren getan, und wir wussten, unser Werner H. hat ein Zuhause, das er brauchte, und eine Frau, die ihn verstand.

Sie und Ihre Familie sind durch den Tod ihres Mannes schwer getroffen. In solchen Augenblicken kann Zweifel aufkommen am Sinn allen Tuns, und es stellt sich die Frage: Ist der Einsatz, den wir im Arbeitsleben bringen, eigentlich angemessen? Ist das Dringende, das wir eben noch erledigen wollen, wirklich so dringend im Angesicht des Todes? Ist der Verzicht, den wir uns und unseren Familien um unserer Arbeit, unserer Firma willen auferlegen, gerechtfertigt angesichts dessen, dass wir dereinst aufeinander verzichten müssen, bis die Ewigkeit uns wieder vereint?

Unser Leben ist ein Geschenk, ein anvertrautes Gut, mit dem wir behutsam umgehen sollten. Allerdings sind auch die Gewissenhaftigkeit und die Zuverlässigkeit und der Eifer, mit denen wir an die Arbeit gehen, eine Gabe, die zu diesem Leben dazugehört. Und wer hätte das besser gewusst und gelebt als Werner H.?

Ich kann nur unserer (!) Trauer Ausdruck verleihen. Es wird schwer sein, die Lücke, die er im Unternehmen und bei seinen Kollegen hinterlässt, zu schließen. Doch um wie viel schwerer ist für Sie, liebe Frau H., der Verlust, Ihres Mannes?!

Wir nehmen heute von einem Menschen Abschied, der vielen von uns zum Freund geworden ist. Möge er in Frieden ruhen!

Kollegen nehmen Abschied von einer Mitarbeiterin

Lieber Herr Hoffmann!
Sie und Ihre ganze Familie stehen vor einem großen Verlust. Sie müssen Abschied nehmen von Ihrer Frau und der Mutter Ihres Kindes. Sie und Ihre Tochter bleiben allein zurück.

Fortan müssen Sie, auf sich gestellt, mit dem Haushalt und der Erziehung Ihrer Tochter fertig werden.

Ihre Michaela ist zwar ein verständiges Mädchen von dreizehn Jahren, das manches auch schon selbstständig meistern kann, und außerdem steht, wie ich gehört habe, die Großmutter als letzte Rettung im Hintergrund; dennoch wird es für Sie beide nicht leicht sein, ohne Frau und Mutter auskommen zu müssen.

Unser Unternehmen, speziell die Verwaltungsabteilung, verliert durch den Tod Ihrer Frau eine treue, fleißige und tüchtige Kraft. Seit acht Jahren war sie in unserem Hause tätig, um zusammen mit ihren Kolleginnen und Kollegen im Servicedienst nach dem Rechten zu sehen. Ohne die zuverlässige Arbeit und das Pflichtbewusstsein aller unserer Mitarbeiter liefe, wie man gern sagt, nichts; der Verlust ist dann besonders schwer, wenn eine zuverlässige und eifrige Kraft aus der Gemeinschaft herausgerissen wird. Auf unsere Frau Hoffmann, das wussten wir, konnten wir uns stets verlassen.

Es stimmt, wir alle waren auf das Ende vorbereitet. Dass es keine Heilung mehr gab, wussten wir. Zuerst hatten noch alle mit ihr gehofft, dass die Krankheit gut ausgehen würde. Aber sehr bald schon wurde es zur Gewissheit, dass keine Hoffnung mehr bestand. Und doch ist es, wenn der Tag gekommen ist, immer viel zu früh! Gern wird als Trost gesagt: »Die Zeit heilt alle Wunden.« So ganz stimmt das nicht. Manche Wunden heilen nicht, sie vernarben nur, und der Schmerz bleibt. Aber richtig an diesem Wort ist, dass man sich vom Schmerz nicht überwältigen lassen darf. Denn das Leben geht weiter und fordert uns. Auch Sie werden bald wieder in die Pflicht genommen und müssen für sich und Ihre Tochter sorgen. Sie werden ihr nun auch noch die Mutter ersetzen müssen. Seien Sie ihr trotz all Ihrem Schmerz und aller Verletzlichkeit ein verständiger Vater. Wir wünschen Ihnen die Kraft dazu und werden Ihnen mit allem, was wir vermögen, zur Seite stehen, wenn Sie unserer Hilfe bedürfen. Ihre Tochter, die verständlicherweise nicht mitkommen wollte, grüßen Sie bitte, und sagen Sie ihr, wir werden ihre Mutter in dankbarer Erinnerung behalten!

Rede zum Tod eines Vereinskameraden

Liebe Jutta!
Liebe Vereinskameraden!
Wir trauern. Unser geehrter und geliebter Vereinskamerad, unser Michael G., wurde nach langer, schwerer Krankheit aus unserer Mitte gerissen. Wir trauern mit dir und deiner Familie, liebe Jutta, und sprechen dir und den Deinen unser Beileid aus. Im wahren Sinn des Wortes leiden wir mit euch! Auch uns trifft dieser Verlust schwer.

Und doch sollten wir trotz des endgültigen Abschiedes eigentlich nicht von Trauer sprechen. Unser Michael hätte davon nichts wissen wollen. Er sprach so offen von seinem Tode, dass wir alle ohne Befremden mit ihm über dieses Thema reden konnten. Er wollte heim, wie er es nannte. Es war sein Glaube, der ihn mit dieser Kraft zum Sterben ausrüstete. Es wäre darum auch ganz verkehrt, würden wir in dieser Abschiedsstunde von dem Schmerz sprechen, der ihn heimgesucht hat. Vielmehr müssen wir jetzt damit fertig werden, dass unser lebenslustiger Michael nicht mehr unter uns ist. Zu lernen haben wir auch von ihm, wie man eine schmerzhafte Krankheit erträgt. Er hatte keinen Grund, lustig und fröhlich zu sein. Und wie sehr war er es trotz allem!

Viel ist ihm im Leben zerschlagen worden, und doch hat er ein Leben voller Hoffnung geführt. Vorzeitig aus dem Zweiten Weltkrieg als Verwundeter heimgekehrt, hat er seine pommerische Heimat beim Einmarsch der Roten Armee verlassen müssen. Auf der Flucht verlor er seine erste Frau und auch seine beiden Kinder durch Typhus. Mit nur einem Koffer kam er dann Ende 45 bei Verwandten im Westen an. Hier musste er buchstäblich von vorn beginnen. Er baute seinen Handwerksbetrieb mit seiner Hände Arbeit, mit Fleiß und Hingabe auf. Obwohl ihm die Arbeit sehr viel bedeutete, war sie ihm nicht alles. Denn seine Lebenswerte suchte er woanders. Er fand sie im Kreis von Gleichgesinnten, auf die er in seiner evangelisch-lutherischen Kirche am Orte stieß. Hier fand er auch seine Frau, dich nämlich, liebe Jutta.

Zugleich gehörtet ihr *auch* zu uns, zu unserem Kleingartenverein. Wenn wir es richtig gesehen haben, wart ihr ein glückliches Paar. Das haben wir besonders in der Zeit gemerkt, als du, Jutta, eine viele Monate dauernde Krankheit durchzustehen hattest. Damals wurdest du allein von deinem Mann gepflegt, man muss wohl sagen, gesund gepflegt.

Unser Michael war ein Mann, der mit seiner Fröhlichkeit andere anstecken konnte – sogar als er auf dem Krankenbett lag und wir ihn besuchten. Er war es, der uns – und sich selbst – seelisch aufrichtete. Wir gingen heiter gestimmt nach Hause. Wo und wann werden wir so etwas je wieder erleben?

Was können wir tun? Wir werden ihn in ehrendem Andenken behalten, das ist eine Selbstverständlichkeit, und wir wollen ihm danken für alles, was er uns gegeben hat, danken vielleicht auch, indem wir ihm nacheifern. Das ist zwar nicht immer leicht möglich; jeder hat seinen eigenen Glauben; dennoch, den Sinn des Lebens nicht allein in materiellen Werten, sondern auch im Einsatz für andere zu sehen, das könnten wir gut von ihm lernen.

In diesem Sinne wollen wir des Toten gedenken. Möge er in Frieden ruhen.

Reden bei betrieblichen, beruflichen, geschäftlichen Anlässen

Rede des Geschäftsführers zum Betriebsjubiläum

Liebe Mitarbeiterinnen!
Liebe Mitarbeiter!
Feiern wollen wir heute miteinander, nicht aber Reden halten – darüber sind wir uns einig. Dass dennoch am Anfang dieses Abends, dessen Gelingen kaum noch etwas im Wege steht, ein paar Rückblick- und Geleitworte gesagt werden, das muss wohl so sein. Und wenn es »nur« aus Tradition wäre! Aber was heißt »nur«?

Natürlich mussten wir, mussten Ihre Vorgänger auf dem langen Weg durch die letzten 25 Jahre immer wieder neue Ideen entwickeln; kreativ sein heißt das heute. Aber haben wir nicht auch sehr viel Bewährtes von Jahr zu Jahr mitgenommen und zu einer Art Grundausstattung unseres kleinen Unternehmens werden lassen?
Das letzte Jahrzehnt stand in der Wirtschaft, Sie wissen es alle, zunehmend unter dem Stern, manchmal auch Unstern, der Unternehmensphilosophie, der Unternehmenskultur, der Corporate-Identity-Konzepte und -Rezepte. Dass da nicht alles Gold war, was glänzte, und Gold ist, was vielleicht noch glänzt, wem wäre das entgangen?! Doch das ändert nichts daran, dass die Grundidee nicht schlecht ist. Mehr noch, ich halte sie für eine Notwendigkeit, allerdings nicht in der begrenzten Ausgestaltung, wie sich das einige vorzustellen belieben.

Was macht denn die Identität, das Unverwechselbare, das Charakteristische eines Unternehmens aus? Das Bild des Briefbogens? Die Größe und Farbe der Leuchtreklame? Die Gestaltung von Werbeanzeigen? Der repräsentative Stil von Büro- und Ausstellungsräumen? Das alles und noch mancherlei andere Äußerlichkeiten gehören dazu, das ist wohl wahr. Aber wenn dergleichen schon alles wäre, dann hätten wir es nur mit einer Masche, mit einer Mode zu tun. Das Wichtigste in einer Konzeption für die Gestaltung des Unternehmens sind die Mitarbeiterinnen und Mitarbeiter. Und darunter verstehe ich in dieser Firma unsere Sekretärinnen, unsere Fachkräfte für die Textprogrammierung, für Fachliteratur, für PC-Beratung, unsere Referentinnen und Referenten für Korrespondenz, Rhetorik, Personalführung und – natürlich auch die beiden Geschäftsführer, Herrn Krüger und mich.

Bitte glauben Sie nicht, dass ich dies alles nur so dahinsage, gut klingend und unverbindlich. Nein, ich meine damit sehr handfest die Einstellung und das Verhalten aller bei uns Mitarbeitenden. Ganz bestimmte Eigenschaften werden uns ja – zu unserem Glück – nachgesagt:

- solides Fachwissen
- Zuverlässigkeit
- Ehrlichkeit
- Sinn für Zusammenarbeit
- Freundlichkeit

Sie können stattdessen auch andere Ausdrücke benutzen, die heute moderner klingen:

- Kompetenz
- Fairness
- Kooperationsbereitschaft
- soziale Attraktivität

Mir hat einmal ein Philosoph gesagt: »Wenn ich in einem Unternehmen zwanzig Minuten im Vorzimmer des Chefs gesessen habe, dann habe ich bereits ein ziemlich gutes Bild vom ›Gesicht‹ dieser Firma.« Das ist es, was ich meine. Alle Mitarbeiterinnen und Mitarbeiter prägen zusammen den Stil eines Hauses und lassen ihn – ob sie wollen oder nicht – bei jeder Gelegenheit bewusst oder unbewusst nach außen hin sichtbar werden.

Jeder, der mit irgendeinem von uns zu tun hat, jeder unserer Kunden weiß, dass er zuvorkommend behandelt wird, auch wenn bei uns gerade einmal dicke Luft herrschen sollte, auch wenn der Gesprächsanlass unerfreulich ist; jeder weiß, dass unsere Zusagen gelten, dass es keine unsauberen Hintertürentricks gibt, sondern dafür umso mehr offene Aussprache; jeder weiß auch, dass er bei uns stets mit zumindest ordentlicher – ich meine meistens mit vorzüglicher – Arbeit rechnen kann. Sehen Sie, das ist Unternehmenskultur, und zwar Unternehmenskultur ohne Anführungsstriche.

Für eine solche Kultur des Arbeitens und Zusammenarbeitens können und müssen die Unternehmensleiter einstehen und Vorbild sein. Keine Frage. Dennoch, sie allein wären nicht in der Lage, dieses Bild firmenintern durchzusetzen und nach außen glaubwürdig zu vermitteln. Das ist nur möglich, wenn alle an dem gemeinsamen Unternehmenszweck Beteiligten dieses Bild aufgeschlossen annehmen und mit verwirklichen.

Dass dies in den vergangenen 25 Jahren, bei allen Meinungsverschiedenheiten und Schwankungen insgesamt gelungen ist, das ist Ihr Verdienst. – Ich danke Ihnen herzlich.

Rede eines Vorstandsmitglieds zum 40-jährigen Dienstjubiläum eines Abteilungsleiters

Lieber Herr Gerhard!
Verehrte Damen! Meine Herren!
Ich freue mich, dass Sie alle hier zu Ehren unseres Kollegen und Mitarbeiters, Herrn Gerhard, zusammengekommen sind.

Vierzig Jahre umfasst der Zeitraum, den Sie, Herr Gerhard, in unserem Hause Dienst getan haben, und Sie waren, wenn es nötig war, immer einsatzbereit. Keiner kann das, glaube ich, so gut beurteilen wie ich als Ihr langjähriger Kollege.

Wissen Sie noch, wie das war, als wir Anfang der Fünfzigerjahre gemeinsam unsere Abteilung, der Sie jetzt vorstehen, aufbauten? Niemand hat damals gedacht, dass wir einmal eine derart große, hoch technisierte Marketingabteilung werden würden! Wir malten unsere Tabellen und Entwürfe mit Blei- und Farbstiften für unsern damaligen Vorstand. Es stand uns nur *eine* Schreibmaschine zur Verfügung, die wegen des löcherigen Farbbandes die Buchstaben regelrecht aus dem Papier stanzte. Wir waren froh, unsere Abteilung, die viele neue Theorien aus Amerika verarbeiten musste, auch technisch langsam und stetig ausbauen zu können. Aber nicht nur die Mangelhaftigkeit unserer Ausstattung ärgerte uns und schweißte uns zusammen. Wir haben auch gemeinsam den Schmerz getragen, wenn unsere Ergebnisse bei »denen da oben« nicht recht ankamen. Ich hoffe, dass sich das heute geändert hat! Oder?

Unsere Wege haben sich dann getrennt. Ich ging nach Bonn, und Sie mussten allein für die Abteilung geradestehen. Damit verloren wir uns aus den Augen. Ich kann heute – gleichsam »nach Hause« zurückgekehrt – nur aus den Erzählungen der anderen erkennen, dass Sie in Ihrer Pflichterfüllung, im Fleiß und in der Geradlinigkeit Ihres Denkens und Handelns der »Alte« geblieben sind. Ihnen heute zu gratulieren und den Dank der Firmenleitung auszusprechen ist mir eine besondere Freude. Ohne Ihren Einsatz und Ihren Fleiß wären wir in unserem Unternehmen mit der Erschließung neuer Märkte im nationalen und internationalen Rahmen nicht vorangekommen.

Ich möchte auch noch einige ganz persönliche Worte hinzufügen. Sie haben es im Leben nicht immer ganz leicht gehabt. Schon in jungen Jahren mussten Sie Ihre Heimat, die Sie sehr liebten, verlassen. Sie mussten sich zusammen mit Ihrer Mutter in einem neuen Land und in einer neuen Umgebung eingewöhnen. Ihren Vater, der Sie wohl durch seine moralische Haltung und seine Art zu denken stark geprägt hat, hatten Sie unmittelbar nach dem Krieg durch eine heimtückische Krankheit verloren.

Sie haben jetzt zusammen mit Ihrer Frau eine schöne Wohnung. Wir denken deshalb, dass Sie ein geeignetes Plätzchen für diese Erinnerung an vergangene Zeiten finden werden. Es ist ein alter Stich mit einer Stadtansicht von Königsberg, den ich Ihnen als Dank für Ihre geleisteten Dienste heute im Namen der Geschäftsleitung und der ganzen Belegschaft überreichen möchte.

Ich komme zum Schluss meiner Rede, möchte aber zuvor auch Ihrer Frau unseren Dank ausdrücken. Sie war es, die oftmals am Abend auf ihren Mann warten musste, weil er geschäftlich noch so viel zu tun hatte. Sie hat Ihre Arbeit und Ihren Dienst in unserer Firma immer verständnisvoll und interessiert begleitet.

Ihnen selbst wünsche ich, dass Sie uns noch viele Jahre bei guter Gesundheit erhalten bleiben.

Nun, meine Damen und Herren, bitte ich Sie, Ihre Gläser zu ergreifen und mit mir auf das Wohl unseres Jubilars anzustoßen.

**Rede eines Vorgesetzten zur Verabschiedung
einer Mitarbeiterin**

Liebe Frau Woltau!

Sechs Jahre gemeinsamer Arbeit liegen hinter uns. Rund 8 000 Bürostunden Tisch an Tisch, Wand an Wand, jedenfalls unter einem Dach, vermitteln einen individuellen Erfahrungstatbestand, der in der persönlichen Bilanz subjektiv zu Buche schlägt.

Einzelne haben Eigenarten, Gemeinschaften Eigengesetzlichkeiten. Solche Besonderheiten beinflussen die Beziehungen, summieren sich zum Gemeinschaftsgeist und prägen das Teamimage. Sie, liebe Frau Woltau, profilierten sich durch viele Teamtugenden, die auch lesbar in Ihrem Zeugnis dokumentiert sind: Höflichkeit, Zuverlässigkeit, Fachwissen, Fleiß, Loyalität und Kollegialität. Für diesen Beitrag zur Beziehungspflege und Erfolgsförderung danke ich Ihnen auch im Namen des gesamten Vorstandes.

Mit dem Buch über die Provence wollen wir an die von Ihnen geschätzte Landschaft und mit der Widmung an die von uns geschätzte Verbindung mit Ihnen erinnern.

Alles Gute für die Zukunft.

**Rede einer Personalrätin zur Verabschiedung
einer Mitarbeiterin**

Liebe Kollegin Woltau!

Das Unternehmen verliert eine qualifizierte Mitarbeiterin, wir vom Betriebsrat eine versierte Arbeitskollegin, die über ihre berufliche Pflichten hinaus auch noch vorbildliche Arbeit im Betriebsrat geleistet hat.

Liebe Waltraud, ich verliere eine vertrauenswürdige und verständnisvolle, aber auch kritische und kompetente Ratgeberin. Wir haben uns speziell für die Belange der Frauen eingesetzt und dabei eine ganze Menge erreicht: Die Arbeitszeiten sind für Frauen flexibler, ihre Arbeitsplätze sicherer und die Einstufung bei den Gehältern gerechter geworden. Manches haben wir angeschoben, was erst noch so richtig ins Rollen kommen muss. Ich denke an die Pausenregelung und die Kindertagesstätte.

Auf dich war immer Verlass, dafür danke ich dir im Namen aller

Kolleginnen und Kollegen. Zum Abschied wollen wir dir eine Kette überreichen, und wir haben dabei Symbolik im Sinn: Bleibe uns immer verbunden.

Jedes Ende ist ein neuer Anfang: Für den wünschen wir dir viel Glück.

Dankrede der ausscheidenden Mitarbeiterin

Lieber Herr Hauptrecht!
Liebe Sabine!
Liebe Kolleginnen und Kollegen!
Herzlichen Dank für die offiziellen und persönlichen Abschiedsworte.

Der Abschied fällt mir nicht leicht, denn in sechs Jahren schlägt man Wurzeln. »Panta rhei«, sagten schon die alten Griechen. Alles fließt, nur der Wechsel ist beständig.

Ich wünsche der Firma weiteres Gedeihen. Ihnen und euch gutes Gelingen aller Pläne.

Die Welt ist klein, wahrscheinlich werden sich irgendwo und irgendwann unsere Wege wieder kreuzen. Eine sehr angenehme Vorstellung, wenn man immer so gut miteinander ausgekommen ist wie wir.

Danke für alles, was uns verbindet, auch vielen Dank für die Geschenke. Buch und Kette sind sinnreiche Erinnerungen, über die ich mich sehr freue.

Weihnachtsansprache eines Vorgesetzten

Liebe Mitarbeiterinnen, liebe Mitarbeiter!
Nach altem Brauch setzen wir uns in der Adventszeit am letzten Freitag vor Heiligabend zusammen, um uns im festlich geschmückten Rahmen bei Kerzenlicht zu unterhalten. Diese Stunden als Weihnachtsfeier bezeichnen zu wollen wäre etwas anmaßend und wohl auch ein wenig übertrieben. Denn mit der christlichen Weihnachtsbotschaft hat unsere Zusammenkunft kaum etwas zu tun. Dennoch schwingt schon die Vorfreude auf das bevorstehende Fest mit. Sie erleichtert es uns, abzuschalten von der Hast und Hetze des Alltags. Sie versetzt uns in die richtige Stimmung, Besinnlichkeit nicht nur in der eigenen Familie, sondern auch in der Betriebsgemeinschaft zu erleben.

Ich, der ich eine besondere Verantwortung für diese Gemeinschaft trage, möchte die Gelegenheit, die sich heute bietet, dazu benutzen, Ihnen für die ausgezeichnete Zusammenarbeit im abgelaufenen Jahr sehr herzlich zu danken. Es war, wie Sie alle wissen, kein leichtes Jahr. Besondere Anstrengungen waren nötig, um uns behaupten zu können. Wir wurden mit Herausforderungen konfrontiert, mit denen wir nicht gerechnet hatten und wohl auch nicht rechnen konnten. Viel wurde uns abverlangt; manches davon zehrte nicht nur an unseren Nerven, sondern überstieg schon fast unsere Kräfte.

Dennoch haben wir es geschafft, und wir dürfen mit Recht stolz darauf sein. Der Erfolg war das Werk Einzelner, nicht weniger, aber auch die Leistung der Gemeinschaft. Unsere Fähigkeit und Bereitschaft zur Arbeit im Team hat sich einmal mehr unter Beweis gestellt. Auch dafür danke ich Ihnen allen, spreche ich jedem Einzelnen von Ihnen meine Anerkennung aus.

Es ist schon ein sehr angenehmes Gefühl, die Geschicke einer Abteilung leiten zu dürfen, die so pflicht- und verantwortungsbewusste Mitarbeiter hat. Die Selbstständigkeit, mit der Sie zu Werke gehen, und die Selbstverständlichkeit, mit der Sie Eigeninitiative entfalten, vermitteln Ihnen andererseits wohl auch das Empfinden, persönlich gefordert zu werden und das, was in Ihnen steckt, einbringen zu können. Nur so kann Zufriedenheit am Arbeitsplatz entstehen, die jedem zu wünschen, aber nicht allen vergönnt ist.

Diesen Stil der Zusammenarbeit, der das Wort »zusammen« und das Wort »Arbeit« gleichermaßen betont, sollten wir beibehalten. Ich verspreche Ihnen, meinen Teil dazu beizutragen, und ich bitte auch Sie, so weiterzumachen wie bisher. Gemeinsam sollte es uns gelingen, an die schönen Erfolge der Vergangenheit anzuknüpfen und die Schwierigkeiten, die die Zukunft womöglich für uns bereithält, zu bewältigen.

Noch ist es aber nicht so weit. Freuen wir uns darüber, dass die Weihnachtsfeiertage und der Jahreswechsel vor der Tür stehen. Sie verhelfen uns zu einer Verschnaufpause, zum Innehalten, zu ein wenig Entspannung. Wir sollten diese Zeit nutzen, um unsere körperlichen und geistigen Kräfte wieder herzustellen, um uns der Familie zu widmen, um wieder einmal festzustellen, dass Arbeit zwar ein wichtiger Teil des Lebens ist, keinesfalls jedoch der Lebensinhalt schlechthin sein muss.

Abschließend darf ich Ihnen, meine Freunde, nochmals sehr herzlich danken für Ihren Einsatz, für Ihren Fleiß, für Ihr Engagement.

Mein besonderer Dank gilt auch jenen Damen und Herren, die mit viel Geschick in diesem Raum einen so geschmackvollen Rahmen für unsere kleine Feier gezaubert haben.

Ich wünsche Ihnen allen und Ihren Familien ein frohes und friedliches Weihnachtsfest und hoffe, Sie nach den Festtagen erholt, wenn auch vielleicht um einige Pfunde schwerer, wiederzusehen. Den Glücklichen, die noch einen Urlaub über den Jahreswechsel hinaus anschließen, wünsche ich schon heute ein gutes, ein glückliches und vor allem ein gesundes neues Jahr.

Rede bei einer Pensionärsfeier

Liebe Damen und Herren!
Herzlich willkommen zur diesjährigen Pensionärsfeier!
Ein mittelalterlicher Kirchenvater erzählte einmal folgende Anekdote: Er sei über eine Großbaustelle gegangen und habe dort die Arbeiter nach ihrer Tätigkeit gefragt. Der erste habe auf seine Frage erwidert, er bearbeite Steine. Der zweite habe gesagt, er verdiene hier sein Geld. Der dritte aber habe geantwortet, er baue einen Dom.

Würde man uns fragen, warum wir in unserem Unternehmen gearbeitet haben, würden wir ähnliche Antworten geben wie diese Bauleute: Der eine hat »Steine« behauen. Der andere hat sich auf das Geld gefreut, das er verdiente, um damit sich und seine Familie zu ernähren und Freizeit, Urlaub und Hobby zu genießen. Es gibt auch den dritten Typ, der an seine Aufgabe, an das Ziel seiner Arbeit gedacht hat.

Es steckt vielleicht etwas von allen drei Typen in jedem von uns. Sicher war die Motivation zur Arbeit im Lauf unseres Lebens bei jedem verschieden. Keiner war in seinem Arbeitsleben jeden Tag gleich an seiner Tätigkeit interessiert; darum mag wohl jeder von uns zeitweilig zum ersten, zu andren Zeiten zum zweiten oder auch zum dritten Typ gehört haben.

Doch das ist heute nicht mehr von Belang. Als Pensionäre sind wir in diesem Jahr wieder zusammengekommen und freuen uns über unser Wiedersehen. Wir werden wieder Erinnerungen austauschen und alte Freundschaften erneuern. Wir werden auch von alten Zeiten und unseren – vielleicht längst gestorbenen – Kolleginnen und

Kollegen erzählen. Vielleicht wird auch wieder dem einen oder anderen bewusst, dass er gar nicht so einsam zu sein braucht, wie er immer denkt.

Mit unserem jährlichen Treffen wollen wir die Verbundenheit untereinander stärken und ein bisschen Abwechslung in unseren Alltag bringen. Dazu dienen auch die kleinen Geschenke, für die es bei uns einen Fonds gibt.

Dass alles reibungslos vor sich geht, haben sich die Helferinnen und Helfer, die Sie um uns versammelt sehen, zur Aufgabe gemacht. Ich möchte diesen vielen jungen Damen und Herren – sicherlich auch in Ihrem Namen – herzlich danken. Sie tun es nämlich freiwillig und ohne Entgelt!

Auch der Küche schulde ich Dank. Ich spreche dem Küchenpersonal meine herzliche Anerkennung aus. Denn Jahr für Jahr stellen Sie sich bis spätabends zur Verfügung, um uns zu verköstigen!

Sie alle, liebe Pensionäre, haben, um das Bild vom Anfang noch einmal aufzugreifen, bereits am Bau des Domes mitgearbeitet. Helfen Sie nun weiter mit, dass unser Dom, unser Unternehmen und auch unsere Unternehmensfamilie ihren guten Ruf behalten.

Für heute wünsch ich Ihnen – uns allen – schöne Stunden und viel Vergnügen!

Konzeptions- und Motivationsrede eines GmbH-Geschäftsführers vor leitenden Mitarbeiterinnen und Mitarbeitern

Meine Damen und Herren!
Die ersten hundert Tage in diesem Unternehmen habe ich nun hinter mir. Meine Schonzeit ist vorbei. Das hat auch Auswirkungen auf Sie, die Führungskräfte dieses Hauses. Denn wenn ich Ihnen meine Gedanken darüber darlege, wie ich diese wichtigsten meiner Aufgaben hier zu lösen gedenke, und dazu gehören die Aufgaben der Personalführung, so müssen Sie dazu Stellung beziehen.

Lassen Sie mich einen bedenkenswerten Satz des Schriftstellers Manfred Bieler voranschicken, der Ihnen vielleicht zunächst etwas merkwürdig erscheinen mag, dessen Sinn für unseren Zusammenhang sich aber, wie ich hoffe, noch erschließen wird. Bieler schrieb in Bezug auf »Karriere«:
»Wer ununterbrochen vorwärts marschiert,

steht die Hälfte seines Lebens
auf einem Bein.«

Erlauben Sie mir noch eine Vorbemerkung, bei der ich in den Bereich der Politik ziele.

Vermutlich hat sich jeder von uns schon des Öfteren darüber geärgert, dass unsere Politikerinnen und Politiker oft nicht tun, was die Sache erfordert, was notwendig ist, sondern das, was einen Zuwachs an Wählerstimmen verspricht oder den möglichen Verlust von Wählerstimmen verhindert. Dies wird ganz offen zugegeben, wenn es etwa heißt: »Das können wir unseren Wählern nicht zumuten.« – »Damit würden wir unsere Wählerinnen und Wähler geradezu provozieren.«

»So ist das Leben«, könnte man sagen, »so ist nun mal die Welt.« Oder: »Irgendwo und irgendwann gleicht sich alles aus.« So mag und darf man durchaus denken, wenn man die Dinge philosophisch betrachtet. So darf man jedoch nicht sprechen und handeln, wenn man politisch verantwortlich ist. Haben die gewählten Parlamentarier nicht hoch und heilig versprochen, nach bestem Wissen und Gewissen zum Wohle des Volkes zu handeln?

Was hat das aber mit uns zu tun, mit unserer Arbeit, mit dem Verhalten von Führungskräften in der Wirtschaft? Ein Beispiel soll es zeigen. Und Sie können sicher sein, es ist nicht aus der Luft gegriffen:

Die Abteilungen A und B eines großen Unternehmens müssen ihre Arbeit an einem bestimmten Projekt aufeinander abstimmen. Abteilung B kann ihre Leistung erst erbringen, wenn Abteilung A gewisse Vorleistungen geliefert hat. Für diese Vorleistungen gibt es einen festen Termin, und dieser Termin ist ein Eckpfeiler der ganzen Planung. Während der Vorarbeiten in Abteilung A wird klar, dass der vereinbarte Termin auch bei härtestem Einsatz nicht zu halten ist. Dazu kam es, weil es einfach nicht möglich war, am Anfang schon zu überblicken, welche Schwierigkeiten sich ergeben würden.

Was wäre nun zu tun? Sehr einfach: Die Fachkräfte der Abteilungen A und B setzen sich zusammen, diskutieren die Lage, suchen einen Ausweg, treffen neue Vereinbarungen.

Und was tut man wirklich? In Abteilung B wird eine Sitzung einberufen, in der es um die Frage geht: Wie verhalten wir uns jetzt am günstigsten? Das Resultat: Man erinnert die Leute aus der Abteilung

A schriftlich an den gemeinsam festgelegten Termin und seine Wichtigkeit für das Projekt. Scheinheilig gibt man damit vor, von den Schwierigkeiten, welche die Termineinhaltung unmöglich machen, nichts zu wissen.

Aufgeschreckt durch den Warnschuss, finden sich die Angesprochenen der Abteilung A zusammen. Sie beraten eingehend darüber, wie möglichst abteilungsschonend auf die Erinnerung zu reagieren sei. Daraufhin entwirft man einen Brief an die Abteilung B, aus dem hervorgeht, dass der Termin nicht einzuhalten sei, weil die Datenvorgaben aus der Abteilung B in einigen Punkten ungenau und in anderen unvollständig gewesen seien. Man müsse sich schleunigst zusammensetzen, um die zutage getretenen Lücken zu füllen.

Was macht daraufhin die Leitung der Abteilung B? Sie haben es erraten: Sie hält einfach die nächste Sitzung ab, in der darüber beraten wird, wie der Vorwurf aus der Abteilung A behandelt, wie er abgewehrt werden könne.

Während dieser aufwendigen Vorgänge laufen – Sie kennen das – Vieraugengespräche zwischen einzelnen Leitenden der einen und der anderen Abteilung ab, in denen lang und breit darüber diskutiert wird und die vielleicht auch zu kleinen Nebenabsprachen über zukünftiges Verhalten in dieser Sache führen, etwa bei abteilungsinternen Abstimmungen.

Dass auch auf den unteren Ebenen beider Abteilungen fleißig gemutmaßt und getuschelt wird, vielleicht sogar Wetten über den Ausgang abgeschlossen werden, ist nicht abwegig. Denn alles hängt ja mit allem irgendwie zusammen.

Können Sie mir sagen, liebe Kolleginnen und Kollegen, was dieses ganze Kasperletheater mit sinnvoller Arbeit zu schaffen hat?

Ein führender Mitarbeiter eines namhaften Unternehmens hat einmal resignierend bemerkt: »Unsere Leitenden verwenden mindestens die Hälfte ihrer Arbeitszeit für die eigene Karriereplanung und -verfolgung sowie für die alltäglichen Schuldabweisungs- und Vorteilgewinnungsgefechte, die im Interesse der Abteilung und im individuellen Interesse zu führen sind.« Ob er mit dieser Einschätzung Recht hat oder nicht, braucht uns nicht zu beschäftigen. Dass er die Dinge beschreibt, wie sie vielfach sind, daran können wir wohl kaum vorbeisehen.

Was bei all diesen »Spielchen« geschieht, ist genau genommen Vertragsbruch. Alle haben sich nämlich verpflichtet, ihr Können und ihre Arbeitskraft zum Wohl des Unternehmens einzusetzen. Eben das aber tun manche häufig nicht, wenn sie das vermeintliche Wohl ihrer Abteilung oder ihres Chefs und damit natürlich auch die eigenen Interessen über den Gesamterfolg des Unternehmens stellen. Ich höre Sie schon sagen: »Soll man denn nicht strebsam seine eigene Karriere verfolgen dürfen?« Ich bin nicht so blind oder so naiv zu glauben, dass auch nur irgendeiner von uns seine Position und seine Karriere außer Acht lassen könnte. Und ich weiß auch, dass Karrierestreben ein nicht zu unterschätzender Selbstanreiz zur Leistung ist. Es geht aber nicht darum, sinnvolle Eigenschaften und Einstellungen dieser Art einfach zu unterdrücken, sondern allein darum, sie in vernünftige Bahnen zu lenken.

Genau darüber habe ich mir Gedanken machen müssen, und ich werde das auch weiterhin immer wieder zu tun haben. Das Dilemma, in das der Einzelne oft gerät, ist nur durch klare Prinzipien der obersten Leitung zu überwinden. Wenn es jedem bewusst ist, dass sich Verschwendung von Unternehmenskapazität nicht auszahlt, sondern zu unangenehmen Nachteilen für die »Veranstaltung Unternehmen X« führen kann und meistens führt, wird sich jeder dreimal überlegen, ob er aufwendige »Kampfspielchen«, wie beispielhaft geschildert, anzettelt oder mitmacht oder ob er ihnen lieber mit Vernunft nach Kräften entgegenwirkt.

Wenn ich »nach Kräften« sage, so meine ich: Niemandem ist »Aufopferung« oder »Heldentum« oder »berufliches Harakiri« zugunsten der Sache zuzumuten. Zuzumuten ist aber jedem, zu fordern ist von jedem, dass er sich entsprechend seinen persönliche Möglichkeiten gegen übertriebene, unternehmensschädigende Karriereverfolgung und abteilungsseitige Eigenbrötelei entschlossen zur Wehr setzt.

Ich komme auf das anfangs zitierte Bieler-Wort zurück, indem ich es zur Verdeutlichung ein wenig abwandle: Wer immer nur – vorwärts marschierend – an seine Karriere denkt, befindet sich zu lange in seinem Leben auf einem Bein, und auf einem Bein hat man bekanntlich nicht gerade einen festen Stand.

In solchen Punkten zeigt sich übrigens, wie es um die so oft zitierte »Unternehmenskultur« bestellt ist. Wo berechtigte Eigeninteressen und ebenso berechtigte Unternehmensinteressen in Einklang gebracht werden, geht es bergauf. Wo die Unternehmensunkultur des Catch-as-catch-can vorherrscht, geht es bergab.

Was Unternehmenskultur, entgegen gängigen Praktiken, in Wirklichkeit sein müsste und könnte, das ist nach der Überzeugung des Philosophen Gerd B. Achenbach die Kultur des Einzelnen. Und worin drückt sie sich, auf die Arbeit in einem Unternehmen bezogen, aus? In teilweise vergessenen, teilweise als veraltet eingeschätzten Wesensmerkmalen wie »Loyalität«, »Zuverlässigkeit«, »Verträglichkeit«, »Anständigkeit« (heute sagt man Fairness), »Ehrlichkeit«, »Hilfsbereitschaft«. Wo solche Werte noch oder wieder gelten – wenigstens im Wollen, ohne Anspruch auf Perfektion –, da ist das modisch herausgeputzte Leitbild der Unternehmenskultur mehr als Fassade, nur dort kann sie das Unternehmensgeschehen human gestalten und die Unternehmensleistung wesentlich fördern.

Sie kennen nun meine Überzeugung, und Sie werden sicherlich Verständnis dafür haben, wenn ich in meiner Personalpolitik auch danach handele. Ich bitte Sie, mich bei meinen Bemühungen zu unterstützen: zum Wohl unseres Unternehmens, aber auch zu Ihrem eigenen Wohl.

Mit einem Zitat habe ich angefangen, mit einem Zitat möchte ich auch enden:
»Von drückenden Pflichten kann uns
nur die gewissenhafteste Ausübung befreien.«
Von wem mag dieser Satz stammen? Von Goethe natürlich.

Rede eines Vorstandsmitglieds vor Abteilungsleitern zur Umstrukturierung des Außendienstes

Meine Damen, meine Herren!
Auch ich darf Sie zu dieser Abteilungsleiterkonferenz sehr herzlich begrüßen. Ich danke dem Herrn Personaldirektor für die Vorstellung unserer neuen Kollegen. Ich wünsche Ihnen einen guten Start in unserem Unternehmen und uns allen eine gedeihliche Zusammenarbeit. Schließlich danke ich Ihnen allen für ihr vollzähliges Erscheinen.

Die Einstellung neuer Führungskräfte signalisiert bereits die Expansion unseres Unternehmens. Wir haben eine bundesweite Präsenz erreicht. Darauf sind wir stolz. Diese Präsenz macht aber auch die Umstrukturierung unseres Unternehmens, insbesondere im Bereich des Außendienstes, nötig. Diese Umstrukturierung geht einher mit einer personellen Aufstockung des Führungsteams in diesem Bereich. Solche Veränderungen schaffen anfangs Reibungsflächen. Damit es nicht zu größeren Reibungsverlusten kommt, erlauben Sie mir einige Bemerkungen allgemeiner Art.

Die Aufgabe und Verantwortung der zuständigen Führungskraft, also Ihre Aufgabe, besteht darin, den selbstständigen Mitarbeiter in die Spielregeln Ihres, unseres Unternehmens einzuführen. Das setzt voraus, dass die Unternehmensleitung eindeutige, verständliche, erklärbare und in sich widerspruchsfreie Aussagen zur Politik des Unternehmens vorlegt und für verbindlich erklärt. Wir haben uns dieser Anforderung unterzogen. Dazu wird im Anschluss unser kaufmännischer Direktor, Herr Dr. Müller-Hagen, referieren.

Weiter gehört es zu Ihren Aufgaben, mit den Mitarbeitern Wege zur Erfüllung der Zielvorgaben zu erarbeiten. Ferner obliegt es Ihnen, die Leistungsergebnisse zu kontrollieren und den Arbeitsstil zu überprüfen, unabhängig davon, wie die Selbstständigkeit der Mitarbeiter vertraglich gestaltet ist. Oberster Leitsatz ist dabei für Sie: Die Kontrolle dient als Hilfe.

Sie wissen, dass nur die wenigsten Menschen selbstständiges Arbeiten gelernt haben. Der Berater im Außendienst arbeitet allein und kann in der Regel nicht, wie etwa eine Bürokraft, mit der direkten Unterstützung eines Kollegen rechnen. Nur im Team kann sich so etwas wie ein Gefühl der Geborgenheit entwickeln. Sie als »Teamchef« müssen einen besonderen Gruppengeist fördern.

Halten Sie gerade mit dem Anfänger sehr engen Kontakt. Lassen Sie sich von ihm erläutern, wo er Schwierigkeiten hat. Orientieren Sie sich an dem Grundsatz, dass jeder Mensch seine eigenen Probleme nur selbst lösen kann. Sie werden in Ihrer Führungsrolle schon von Anfang an quasi als Entwicklungshelfer gebraucht. Dabei helfen Sie dem neuen Mitarbeiter nicht dadurch, dass Sie ihm sagen, was er zu tun und zu lassen hat. Autoritärer Führungsstil ist hier völlig fehl am Platz. Veranlassen Sie Ihren Mitarbeiter vielmehr dazu, durch eigenes Nachdenken Lösungsansätze für seine Probleme zu finden, indem Sie präzise und problemorientiert fragen und vor allem geduldig zuhören.

Der intensive Kontakt zu Ihren Mitarbeitern ermöglicht diesen, mit der Isolation vor Ort, beim Kunden, emotional besser fertig zu werden, auch und gerade dann, wenn am Anfang Misserfolge überwiegen sollten. Umgekehrt bewirken Erfolge auch oft, dass Geduld und selbstkritische Einstellung im Stellenwert sinken. Das gilt nicht zuletzt auch für Sie. Bedenken Sie das! Denn Sie sind gezwungen, Vertrauen und Autorität immer wieder neu durch Leistung zu legitimieren. Das heißt hier insbesondere:

- Der Mitarbeiter will als Mensch akzeptiert und ernst genommen werden.
- Er braucht für seine Funktionserfüllung die notwendige Information.
- Er benötigt konkrete Orientierungshilfen.
- Er muss diese Orientierungshilfen verstehen, damit sie den Erfolg beim Kunden mehren.
- Der Mitarbeiter erwartet ferner Anerkennung und konstruktive Kritik. Kritik, die ihm hilft, sein Leistungsverhalten zu korrigieren. Er möchte mitdenken und mitwirken können bei allen Fragen, die seine individuelle Arbeitssituation betreffen.

Seine Karriere wird durch Sie mitbestimmt. Dieses Faktum lädt Ihnen eine große Verantwortung auf!

Vertrauen und Autorität, Misstrauen und Ablehnung hängen wesentlich von Ihnen ab. Selbstbewusste und selbstständige Mitarbeiter – unverzichtbare Garanten für unseren unternehmerischen Erfolg – verzeihen unseriöse und unehrliche Arbeitsweisen nicht. Förderlich dagegen ist ihre Bereitschaft, Probleme offen an- und auszusprechen, auch wenn das nicht immer sofort und erkennbar honoriert wird.

Führung hat etwas mit Verlässlichkeit, Aufrichtigkeit und Glaubwürdigkeit zu tun. Denn Führung ist nichts Abstraktes, sondern etwas Lebendiges. Führung trägt ihren Sinn nicht in sich selbst. Führung erhält ihren Sinn erst im Miteinander von Menschen, die einer gemeinsamen Sache verpflichtet sind.

Ich danke Ihnen für Ihre Aufmerksamkeit und stehe nun für Fragen zur Verfügung.

Rede einer leitenden Mitarbeiterin zu
einer bevorstehenden Umorganisation

Liebe Mitarbeiterinnen!

Am besten, ich lasse Sie nicht lange im Ungewissen und komme sofort zur Sache. Ich sage es, wie es ist: Ihren Arbeitsplatz, so wie er jetzt ist, wird es in einigen Monaten nicht mehr geben. Das ist die Lage. Sie wird besser, wenn wir sie hinter uns haben. Deshalb jetzt bitte keine Angst, keine voreiligen Schlüsse! Es geht ja weiter.

Zuerst dies: Wir – damit meine ich die Geschäftsleitung und auch mich selbst –, wir möchten keine von Ihnen verlieren. Ob Sie auch unter den neuen Bedingungen hier arbeiten wollen, sollen Sie selbst entscheiden. Damit Sie eine zuverlässige Grundlage für Ihre Entscheidung haben, werde ich jetzt versuchen, Ihnen die neue Situation und die Möglichkeiten, die sich für Sie hieraus ergeben, zu schildern.

Durch sehr ins Einzelne gehende Untersuchungen wurde festgestellt, dass wir in den Bereichen der Textverarbeitung – im weitesten Sinn – und in Teilen der Sachbearbeitung nicht gerade rationell arbeiten, und dass dort viele tätig sind, ohne so recht zufrieden zu sein.

Manch eine von Ihnen kann sich heute positiv als »Perle« oder als »Seele des Büros« bezeichnen lassen, aber auch als »Mädchen für alles«. Viele von Ihnen leisten Sachbearbeitung, Textverarbeitung, Kaffeekochen, ein wenig Sekretärinnentätigkeit und so fort, von allem ein bisschen. Und natürlich wird die Erledigung einer Aufgabe oft durch die einer anderen gestört. Man kann sich nur selten richtig auf einen Bereich konzentrieren. Und das bedeutet, man wird es auch kaum schaffen, in einem der Bereiche, den man betreut, wirklich erstklassig zu sein. Nennen Sie es meinetwegen »Spitze sein«. Vom Spitzesein hängen jedoch Anerkennung, Gehalt, Vorwärtskommen und natürlich die eigene Zufriedenheit ab. Wie lässt sich das ändern? Mit dieser Frage hat sich die Geschäftsleitung auseinander gesetzt und kam zu folgendem Ergebnis:

Die Textverarbeitung ist inzwischen zu einer so umfangreichen und hoch qualifizierten Tätigkeit geworden, dass es sinnvoll erscheint, sie als selbstständige Arbeit von anderen Aufgaben wie z. B. der Sachbearbeitung zu trennen.

Es gibt unter Ihnen, das weiß ich, eine ganze Reihe von Mitarbeiterinnen, die früher gern Schreibmaschine geschrieben haben und heute noch lieber mit einem modernen PC umgehen, man kann schon sagen zaubern. Dazu gehören bestimmte Fertigkeiten, aber auch logisches Denkvermögen, Sinn für gute Gestaltung und vor allem sehr viel Sprachwissen und Sprachgefühl.

Andere wiederum neigen deutlich zur Sachbearbeitung und könnten dort sicherlich sehr viel mehr leisten, wenn sie Gelegenheit dazu hätten. Also haben wir uns gesagt: »Versuchen wir es doch!« Unsere zukünftigen »Nursachbearbeiterinnen« und unsere Textverarbeitungsspezialistinnen sollen unter den besten Bedingungen arbeiten. Das ist eine wichtige Voraussetzung dafür, dass sie Freude an ihrer Arbeit haben, dass sie gut verdienen, auf dem Arbeitsmarkt konkurrenzfähig sind und – nicht zuletzt – für unser Unternehmen, von dessen Erfolgen wir alle leben, Gutes leisten.

Wie ein vollwertiger Sachbearbeitungsplatz in unserem Hause aussieht, das wissen Sie ungefähr. Wie ein vollwertiger Textverarbeitungsplatz bei uns aussieht, das können Sie noch nicht wissen, weil es ihn noch nicht gibt. Deshalb lade ich diejenigen, die sich für eine Tätigkeit in der Textverarbeitung interessieren, zu Einzelgesprächen ein, in denen ich ihnen gerne im Detail Rede und Antwort stehe, ob es nun um Bezahlung, Freizeit, Zentralisation und Dezentralisation oder sonst etwas geht. Mit denjenigen, die sich dann immer noch dafür interessieren, möchte ich einen Ausflug zu einer Firma machen, deren Organisation in dieser Richtung in mancherlei Beziehung für uns als Vorbild dienen kann. Denn was man in der Praxis sieht, vermittelt natürlich einen besseren Eindruck als das, was man erzählt bekommt.

Sie merken schon an meinem Informationsangebot und meinem Engagement, dass ich meine bisherigen Erkenntnisse erweitert habe, weil ich diese Textverarbeitungsorganisation leiten soll – und mit großer Freude leiten werde. Aber bevor es so weit ist, wollen wir jetzt die Gelegenheit nutzen, das Ganze freimütig zu diskutieren.

Lassen Sie mich mit dem schließen, was einmal ein Organisationsberater geschrieben hat: »Die großen Anläufe vieler Unternehmen mit dem Ziel ›Moderne Textverarbeitung‹ – bleiben große Anläufe.« Und lassen Sie mich für unser Unternehmen hinzufügen: Wir werden nicht nur einen großen Anlauf nehmen, wir werden auch einen großen Sprung machen. – Ich danke Ihnen.

Rede eines Betriebsvorstands bei einer Betriebsversammlung zum Thema »Löhne«

Meine Damen und Herren!
Liebe Mitarbeiterinnen und Mitarbeiter!
Es ist wieder einmal ein Rück- und Ausblick, eine Situationsbetrachtung fällig. Seit der letzten Versammlung hat sich der Markt verändert, konkret gesagt, verschlechtert. Es kriselt in unserer Branche, zum Glück noch nicht in unserem Betrieb, aber die Auswirkungen der Rezession sind auch bei uns spürbar.

Die Folien, die ich Ihnen zeige, machen die Fakten deutlich. Die Kosten steigen, der Ertrag sinkt.

Ein nahe liegendes Regulativ ist die Preisanhebung; behutsam machen wir davon Gebrauch. Aber ich höre, wie es im Vertrieb grummelt. Wir haben nämlich Konkurrenten, die einen ruinösen Verdrängungswettbewerb nicht scheuen würden, weil sie sich aufgrund ihrer speziellen Struktur mehr Un- als Sachverstand erlauben können. Verantwortung für einen gesunden Wettbewerb geht diesen Leuten ab. Ihnen entstehende Nachteile könnten sie jetzt noch bagatellisieren. Später würden sie dann ihre Steinzeitstrategie bedauern. Diese Reue sollte uns nicht grämen, aber eine Fehlentwicklung wäre auch uns unangenehm.

Einigen unserer Rivalen geht es so schlecht, dass ihnen in ihrer Bedrängnis die Fähigkeit zu vernünftigen Entscheidungen immer mehr verloren geht. Damit beschleunigen sie zwar ihren Konkurs, schädigen aber vorher die gesamte Branche.

Wir wissen es eigentlich alle: Überzogene Preis- und Lohnkämpfe machen Betriebe kaputt und zerstören Arbeitsplätze. Dagegen müssen wir etwas tun. Wir müssen die Kosten senken und den Ertrag steigern.

Vor allem dürfen wir über unserem Land nicht die Welt aus den Augen verlieren. Wenn wir uns international weiter als Hochlohnland profilieren, haben wir schnell einen Exportrückgang, eine Rezession, eine galoppierende Inflation, und die bedeutet dann Strafe, Heimsuchung und wachsende Armut.

Es ist leider wahr: Die restriktive Geldpolitik macht uns zu schaffen. Aber besser wenig gutes Geld, als viel schlechtes. Die Währungsstabilität ist die Grundlage unseres Wohlstands. Das gilt für Unternehmer und Arbeitnehmer. Wir können auf Dauer nur ausgeben, was wir erwirtschaften, oder wir gefährden die eigene Existenz.

Die Lebensfähigkeit unserer Unternehmen, die Stabilität unserer Währung geht uns alle an; deshalb müssen wir alle Verantwortung übernehmen und vernünftig handeln. Meine Bitte: Stellen Sie keine unrealistischen Lohnforderungen; verhindern Sie, dass unsere harte Währung weich und aus unseren Geldscheinen Makulatur wird.

Die Diskussion leitet heute Herr Steigmann.

Rede des Betriebsratsvorsitzenden bei einer Betriebsversammlung zum Thema »Löhne«

Sehr geehrter Herr Vormann!
Liebe Kolleginnen, liebe Kollegen!
Herr Vormann, Sie haben eine rhetorisch vorbildliche Rede gehalten, mein Kompliment. Sie haben die schlechte Situation in unserer Branche mit Fakten belegt. Sie haben deutlich gemacht, dass es unserer Firma noch ganz gut geht.

Ich will die Verdienste der Geschäftsleitung nicht schmälern, aber die Leistungen aller Kolleginnen und Kollegen, die mit ihrem Fleiß und mit ihrem Können den Firmenerfolg erarbeitet haben, hier einmal deutlich hervorheben. Ihnen gebührt dafür Dank und Anerkennung. Ohne eine gute Mannschaft bewirkt die beste Führung nichts.

Sie, Herr Vormann, sind der Kapital- und Risikoträger. Da steht Ihnen ein anständiger Gewinn zu, den wir Ihnen auch gönnen.

Etwas, was außer dem Gewinn von uns allen gemeinsam erarbeitet werden muss, ist der soziale Friede. Wir brauchen den sozialen Frieden. Er kommt nicht zuletzt auch den Reichen zugute. Frieden hat etwas mit Zufriedenheit zu tun. Wir sind zufrieden, wenn wir gerecht bezahlt und gut behandelt werden. Wir wollen dabei nicht mehr als einen gebührenden Anteil an Lebensqualität und Sicherheit.

Wenn wir Arbeitnehmer unsere gerechten Forderungen nicht stellen würden, hätten wir heute noch Verhältnisse wie anno dazumal. Vor jedem Zugeständnis gab es Zetergeschrei, und es wurde der Zusammenbruch der Wirtschaft prophezeit. Merkwürdigerweise ging es mit ihr aber immer aufwärts. Dabei wurde aus dem Satz »Wir leben, um zu arbeiten« die Losung »Wir arbeiten, um zu leben«. So soll es bleiben.

Rede eines Managers zum Thema »Management menschlich«

Meine sehr verehrten Damen und Herren!
Manager sind Menschen, die etwas handhaben. In »Manager« steckt das lateinische Wort »manus« und »manus« bedeutet »Hand«.

Manager bewegen und bewirken etwas. Sie sind kreative Menschen mit großen Meriten und kleinen Macken. Manchmal müssen die Adjektive andersherum angeordnet werden. Das macht dann den Unterschied zwischen markanten Erfolgen und schlimmen Misserfolgen aus.

Die Begriffe »Manager« und »Manege« sind über das italienische »maneggiare« (handhaben) stammverwandt. Das lässt an Zirkus denken, an Jongleure, Dompteure, Feuerschlucker, Eisenbieger, Schlangenbeschwörer und andere. Artisten sind Showkünstler mit oft halsbrecherischer Geschicklichkeit, und so sichern auch manche Manager ihre Existenz. Manchmal sind sie mehr Verwandlungs- als Verhandlungskünstler.

Nach Beifall und Barem heischen alle, und jeder pflegt sein Image mit mehr oder weniger Sensibilität. Einige Manager triezen ihre Mitmenschen zum Erbarmen, um sich zum Erfolg zu tricksen. Wer sein Ego über Gebühr puscht, sollte wissen, dass das mit einer Bauchlandung enden kann und dass dann kein Innerlichkeitsgewinsel aus der Patsche hilft.

Vertrauen und Geduld sind oft schnell abgefackelt. Danach wird mit Konsequenzen nicht lange gefackelt. So manch abgehalfterter Entscheidungsträger leidet dann am Imageverlust, läuft mit »verstauchter« Seele herum und leckt larmoyant selbst verschuldete Wunden.

Aber gar nicht so selten ernten Versager von Disteln Datteln. Solche Wunder bewirkt nicht Gottes Güte, sondern Seilschaften eskamotieren allen Frust, mildern zunächst den Sturz und katapultieren die Stümper nach kurzer Rollenreduktion wieder in eine attraktive Position.

In der Wirtschaft sind solche Abläufe selten, weil funktionierender Realitätsbezug ausfernde Philanthropie bremst. In der Politik sind sie dagegen gang und gäbe, denn Pannen und Pleiten finanzieren die Steuerzahler.

Sind Manager sehr mächtig, ziehen sie Marionetten an wie Licht die Motten. Sind Manager Mäzene, bringt man ihnen verbale Weihrauchopfer dar, vorausgesetzt, die Mittel gehen an die Mission oder andere hehre Institutionen. Bei Zuwendungen an Organisationen im vorpolitischen Raum gibt es seit geraumer Zeit Verdruss und Kritik. Alle Manager streben nach Macht und Moneten. Diese utilitaristische Ethik sichert unseren Wohlstand. Manager wollen Opinionleader sein, gelegentlich sogar »Visionen vermitteln«. Wenn die Welt dadurch friedlicher und lebenswerter wird, sind das anerkennenswerte und förderungswürdige Unterfangen.

Jeder Berufsstand hat Leute mit einer von der Norm abweichenden Werteorientierung, die, geblendet vom Gewinn, ihr Gewissen suspendieren. Profitgierige Egoisten, die Vernunft ignorieren, Gesetze umgehen, Gift und Waffen illegal verhökern und dadurch Diktatoren Kriege ermöglichen, gehören an den Pranger und müssen hart bestraft werden. Manager tragen besondere Verantwortung, sie sollten stets das Gute wollen und tun. Vielleicht wäre das öfter der Fall, wenn mehr Frauen das Berufsziel Managerin hätten. Es gibt da wunderbare Vorbilder, Frauen mit Format, in der Wirtschaft wie in der Politik. Die Barrieren im Karrierebereich sollten weiter abgebaut werden. Mehr feminine Präsenz wäre ein echter Gewinn.

Wie wird man Manager, und wie muss man managen? Wer nicht spürt, worauf es ankommt, und nicht schon in der Jugend durch Organisationstalent und erfolgreiches Handeln geglänzt hat, lernt es auch auf den renommiertesten Managerschulen nur unzulänglich. Das Gespür für Gegebenheiten und der Impetus für Initiativen lassen sich nur schlecht vermitteln. Es reicht dann nur zum sterilen Routinier mit funktionierendem »Verwaltungsmechanismus«, angereichert mit permanenter Identitätsunsicherheit, ohne Charisma und Fortune. Selbst hochkarätige Spezialisten werden allein durch Fachwissen keine Manager, sondern nur ausführende Verantwortungsträger mit zustehenden Statussymbolen.

Erfolgreiche Manager dagegen
- entwickeln Strategien und beherrschen Taktiken
- sind einsame Wölfe und respektierte Vorbilder
- haben den Adlerblick für das Wesentliche

- geben gelegentlich nach, aber nie auf
- sind tolerant, aber tolerieren nicht alles und jeden
- sind kluge Diplomaten, aber lassen sich nicht vereinnahmen
- ordnen sich ein, aber nicht unter
- sind souverän in ihrer Weltanschauung
- sind Hammer, nicht Amboss

Wer das berücksichtigt, kann das Beste erwarten, wird aus Niederlagen lernen und Erfolge verkraften.

Theorien bekommt man für Geld, der Schwung, sie zu realisieren, steckt in den Genen. Da kann er auch verkümmern. Wer das verhindert, hat schon eine Menge bewegt und bewirkt. Ich danke für Ihre Aufmerksamkeit.

Workshop
»Aktives Zuhören«

Guten Abend, meine sehr geehrten ... – nein, ich möchte Sie heute nicht als Damen und Herren oder Gäste begrüßen, auch wenn dies sicherlich so ist, sondern ganz im Sinne meines heutigen Themas.

Guten Abend, meine sehr geehrten Aktiv-Zuhörerinnen und Aktiv-Zuhörer!

Noch zu keiner Zeit ist täglich eine solche Informationsflut über jeden von uns hereingebrochen wie heute: Nachrichten, Fernsehen, Zeitungen, Medien ..., die uns schnell und ausführlich informieren. Noch nie waren wir so erreichbar, ständig verfügbar und im Austausch wie in diesem Jahrzehnt. Handy, Fax und Internet ermöglichen einen schnellen und unkomplizierten Kontakt.

Noch nie wurden Kommunikation, Austausch und Sprache für so wichtig empfunden wie heutzutage. Wir stehen mit allen gleichzeitig und möglichst global im Gespräch.

Wir reden, reden, reden ... ununterbrochen.

Kein Wunder, dass es vielen zu viel wird.

Kein Wunder, dass sich unsere Ohren verschließen.

Kein Wunder, dass niemand mehr zuhört.

Und dabei ist es wichtiger denn je, zuzuhören, und zwar nicht nur zu »hören«, sondern aktiv zuzuhören. Aktiv zuhören, was wirklich wichtig ist, und sich dadurch über vieles Überflüssige hinwegzusetzen und die wirklich wichtigen Dinge wahrzunehmen.

Aktiv zuhören – Sie fragen sich jetzt sicher, was ist daran das Besondere? Ich höre doch den ganzen Tag zu – sogar in diesem Moment!

Aktiv zuhören – das ist eine Technik, eine Grundhaltung, die, wenn man sie beherrscht, einem oft Tür und Tor, und vor allem so manches Ohr öffnet.

Aber kommen wir nochmals kurz auf die heutige Realität zurück. Oft beobachten wir, dass unser Gesprächspartner uns in die Augen blickt, zustimmend mit dem Kopf nickt und durch Lautäußerung wie »mmh«, »ja, ja«, »so, so« zu erkennen gibt, dass er uns zuhört und wir ruhig weitersprechen sollen.

Kurze Zeit später erkennen wir aber, dass er nichts oder nicht viel aufgenommen hat von dem, was wir zu sagen hatten.

Und manchmal geht es uns selbst so. Wir hören zu, wir hören viele Worte und wenn wir dann darauf antworten, meldet der Gesprächspartner zurück, dass er es ganz anders gemeint hat!

Was ist passiert? Der angeblich Zuhörende hat sich mit seinen eigenen Gedanken beschäftigt, hat seine Antwort formuliert – hat sich innerlich bereits einen Schritt im Gespräch weiterbegeben, wenn er nicht sogar schon fast davongerannt ist. Dadurch hat er vielfältige Aussagen, Stimmungen und Hinweise des Sprechenden nicht wahrnehmen können.

Seine Antwort wird sicher nicht den Kern der Sache treffen. Das Gegenüber ist enttäuscht, fühlt sich missverstanden, und je länger das Gespräch andauert, desto schleppender wird es, und oft haben am Ende beide Gesprächspartner den Eindruck, dass keiner den anderen verstanden hat und das Gespräch vergebens war.

Nicht gerade eine gute Voraussetzung für weitere Gespräche.

Nun interessiert Sie sicher, wie ein aktives Zuhören praktiziert wird.

Beim aktiven Zuhören melden Sie mit Ihren eigenen Worten zurück, wie Sie das Gesagte verstanden haben. Solch eine Formulierung kann z. B. beginnen mit:

»Sie meinen also ...«

oder

»Verstehe ich Sie richtig, ...«

oder

»Ich habe den Eindruck, dass Sie sagen wollten ...«

Sollte nun Ihre Aussage etwas anderes beinhalten, als Ihr Gesprächspartner es verstanden haben wollte, so wird er dies sicher sofort zurückmelden.

Die Vorteile liegen klar auf der Hand: Es können keine Missverständnisse entstehen.

Was aber vor allem wichtig ist: Ihr Gesprächspartner hat den Eindruck, dass Sie ihm wirklich zugehört haben. Er fühlt sich ernst genommen und verstanden. Dies bewirkt gleichzeitig, dass er sich aufgefordert fühlt, auch weiterzusprechen. Das Gespräch kommt dadurch immer mehr in Schwung und die Informationen werden reichhaltiger und intensiver.

Nun werden Sie sich vielleicht denken, dass diese Form zu antworten doch sehr ungewöhnlich ist. Ich sage: Es ist nicht ungewöhnlich, sondern ungewohnt. Ja, es verlangt etwas Übung. Die Erfolge aber, die Sie dadurch erzielen, gleichen dies um ein Vielfaches aus.

Mein Tipp an Sie: Verwenden Sie bewusst Satzanfänge wie

»Ich glaube, Sie meinen ...«

oder

»Heißt das, dass Sie ...«

oder

»Ich habe das Gefühl, dass ...«

Schreiben Sie sich diese Sätze vielleicht sogar auf. Und bei den nächsten Gesprächen benutzen Sie ganz bewusst den einen oder anderen Satzanfang und beobachten die Reaktion Ihres Gesprächspartners.

Es wird wahrscheinlich zu Beginn etwas ungewohnt sein. Sie werden es auch nicht während des gesamten Gesprächs praktizieren können. Mit der Zeit wird es Ihnen aber immer leichter fallen, und die positiven Reaktionen Ihres Gegenübers werden Sie außerdem überzeugen.

Sie können diese Kommunikationsform anfangs ja ganz bewusst im privaten Bereich üben. Später, nach einer gewissen Gewöhnungsphase, werden Sie sie auch automatisch im beruflichen Bereich anwenden. Die positiven Ergebnisse, die Sie dabei z. B. bei Besprechungen erleben, werden Sie erstaunen. Sie werden Ihr Gegenüber schneller verstehen, und dadurch werden die Gespräche kürzer und effizienter.

Lassen Sie mich am Ende meiner Rede nochmals kurz die wesentlichen Vorteile des aktiven Zuhörens aufzählen:

1. Unnötige Gesprächszeiten werden vermieden.
2. Unwichtige Gesprächsinhalte und Informationen werden auf ein Minimum reduziert.
3. Das Gegenüber wird besser verstanden.
4. Der Gesprächspartner ist zufriedener und aufgeschlossener.
5. Sie selbst werden diese Gespräche angenehmer erleben.

Ich bedanke mich für Ihre Aufmerksamkeit und wünsche Ihnen viel Erfolg mit der Gesprächsmethode des aktiven Zuhörens.

Workshop Reklamationsbehandlung:
»Jede Beschwerde bietet uns eine zweite Chance«

Sehr geehrte Damen und Herren,
ich spreche heute über ein Thema, über das keiner gerne spricht.

Sie allerdings wollen darüber etwas hören und ich hoffe, dass Sie nach meinen Worten auch darüber sprechen und vor allem etwas tun wollen.

Es geht um das Thema »Beschwerden«.

Schon bei dem Wort »Beschwerde« läuft den meisten Menschen ein kalter Schauer über den Rücken. Ein kalter Schauer, der sie daran erinnert, wie entweder ein enttäuschter und unzufriedener Gesprächspartner oder ein wütender und lautstarker Kunde sich bei ihnen beschwert hat. Die Aussagen, die Vorwürfe werden vorgetragen, gelegentlich sogar in einer Art und Weise, dass man sich nicht nur betroffen, sondern schlichtweg verletzt fühlt. Und mit jedem Satz wird man selbst entweder immer hilfloser oder wütender.

Aber auch ein kalter Schauer, der an die Situation erinnert, in der man selbst über ein Produkt völlig unzufrieden ist, und dies gegenüber dem Verkäufer anspricht. Einige Verkäufer begegnen einem in dieser Situation mit einem Verhaltensspektrum, das von ironischen Bemerkungen über Desinteresse bis hin zu unverschämten Angriffen reicht und uns das Gefühl vermittelt, dass man dumm sei oder möglichst schnell das Geschäft verlassen sollte. Dieses Gefühl von Hilflosigkeit oder Wut, das dann in uns aufsteigt, ist Ihnen sicher bekannt.

Nun, wer denkt schon gerne an solche Situationen, will darüber sprechen oder sie sogar erleben.

Ich sage: Beschwerden sind durchaus positiv. Ja, sie können sogar in gewisser Weise Lust machen! Lust in der Form, dass sie uns eine zweite Chance bieten und wir sie nutzen sollten.

Versetzen Sie sich einmal selbst in die Situation, dass Sie einem Kunden einen Gegenstand verkauft haben. Natürlich sind Sie zufrieden, der Kunde kam, entschied sich, kaufte und ging. Sie haben ihn gut beraten, und Sie haben Ihren Umsatz erreicht.

Aber werden Sie auch morgen Ihren Umsatz erreichen? Wird der Kunde morgen wieder kommen und einen weiteren Gegenstand kaufen? Wird vielleicht morgen sogar ein Bekannter Ihres Kunden vorbeikommen und sich auch diesen Gegenstand kaufen?

Ja, werden Sie mir antworten, denn ich habe ja ein gutes Produkt verkauft.

Doch die Realität sieht anders aus: Egal, wie gut Ihr Produkt ist – egal, wie sehr Sie sich bemüht haben –, es gibt unzufriedene Kunden!

Und wenn diese unzufriedenen Kunden kommen und sich beschweren, dann beginnt Ihre zweite Chance!

Warum Ihre zweite Chance, fragen Sie sich? Kommt der unzufriedene Kunde nicht, so wird er zu Hause sitzen und beschließen, nie wieder Ihr Geschäft zu besuchen, nie wieder etwas bei Ihnen zu kaufen, und wenn es ganz schlimm kommt, so wird er anderen Personen gegenüber erwähnen, wie unzufrieden er mit Ihrer Leistung war. Sie verlieren nicht nur diesen Kunden und die damit verbundenen weiteren Geschäftsmöglichkeiten – sie verlieren auch potenzielle Neukunden.

Ihre zweite Chance beginnt also in dem Moment, wo Ihr unzufriedener Kunde zurückkommt. Denn damit signalisiert er schon grundsätzlich sein Interesse – sein Interesse an diesem Produkt und Ihrer Leistung.

Natürlich hört sich dieses »Interesse« zu Beginn nicht sehr angenehm an. Der Kunde kommt und drückt seinen Unmut aus, er ist verärgert und will von Ihnen zusätzliche Arbeitsleistung – aber dies ist Ihre Chance, ja es ist eine Herausforderung, und im weitesten Sinne ist es wie ein Spiel. Ich appelliere jetzt an Ihren sportlichen Ehrgeiz, ein Spiel zu gewinnen. Gewinnen Sie auch dieses Spiel – das Spiel, das »Beschwerde« heißt!

Lassen Sie sich herausfordern, spielen Sie fair, und bringen Sie all Ihre Möglichkeiten ein, um dieses Spiel zu gewinnen!

Womit beginnt Ihr Spiel?

Ihr Kunde kommt und beschwert sich. Er sagt Ihnen, dass er unzufrieden ist.

Für Sie ist oberstes Gebot – egal wie laut und heftig Ihr Kunde reagiert –: Bleiben Sie ruhig! Heben Sie Ihre Stimme nicht und behalten Sie die innere Ruhe.

Im zweiten Schritt versuchen Sie zu erfahren, worüber Ihr Kunde wirklich verärgert ist. Sammeln Sie alle Fakten. Fragen Sie so lange nach, bis Sie einen detaillierten Überblick haben. Und geben Sie auch Ihrem Kunden die Zeit zu antworten.

Das ist oft nicht leicht. Denn manchmal ist der eigentliche Grund der Unzufriedenheit sehr versteckt. Da kommt ein Kunde und sein erster Beschwerdesatz lautet: »Dieser Gegenstand ist so schlecht, dass Sie ihn gleich auf den Müll werfen können.«

Erst nach längerem Nachfragen stellt sich heraus, dass dieses Gerät hervorragend funktioniert, der Kunde aber eigentlich ein anderes Produkt mit weiteren Funktionen benötigt, und dies hat er beim Kauf überhaupt nicht bedacht. Wenn es nun ganz kompliziert wird, dann beschuldigt der Kunde auch noch Sie, dass Sie ihn beim Kauf nicht richtig beraten hätten und ihn übers Ohr hauen wollten. Also ein direkter Angriff gegen Sie persönlich.

Wie gesagt: Lassen Sie sich nicht aus der Ruhe bringen! Fragen Sie nach und klären Sie Punkt für Punkt gemeinsam mit dem Kunden. Fragen Sie so lange, bis Sie wissen, welche Funktionen das Gerät erfüllen soll, damit der Kunde damit zufrieden ist. Wiederholen Sie die Aussagen des Kunden und fragen Sie nach, ob Sie ihn richtig verstanden haben.

Anschließend können Sie Ihrem Kunden ein ganz gezieltes Angebot für ein Produkt machen, womit er letztendlich zufrieden ist. Er wird Ihre Bemühungen und Ihren Wunsch, ihn zufrieden zu stellen, wahrnehmen. Das trägt entscheidend dazu bei, dass er wieder das Vertrauen zu Ihnen aufbaut.

Oft aber muss bei Beschwerden eine dritte Person mit einbezogen werden, z. B. der Reparaturdienst oder die Herstellerfirma. Der Kunde kommt zwar zu Ihnen und beschwert sich, aber Sie sind eigentlich nicht der Verursacher – Sie werden vielmehr zum Vermittler.

Versetzen Sie sich in diese Situation – was würden Sie sich wünschen?

Einen Verkäufer mit einem langen Gesicht, der Sie mürrisch anblickt und Ihnen signalisiert, dass er froh wäre, Sie hätten den Raum schon wieder verlassen? Einen Verkäufer, der gelangweilt und uninteressiert wirkt?

Oder wünschen Sie sich einen Verkäufer, der an Ihren Problemen interessiert ist, der Ihnen neue Vorschläge und Angebote macht? Einen Verkäufer, der, sollte das ideale Produkt nicht vorhanden sein, Ihnen aufzeigt, welche Alternativen möglich sind? Wünschen Sie sich nicht einen Verkäufer, bei dem Sie spüren, dass er sich ernsthaft bemüht und Interesse hat, Sie zufrieden zu stellen?

Und genau das, was Sie sich wünschen, wünscht sich jeder andere Kunde auch.

- Verkäufer mit Interesse, Aufmerksamkeit, Freundlichkeit und festem Willen.
- Verkäufer, die das Spiel »Beschwerde« spielen und gewinnen wollen, und dies nicht nur aus Eigennutz und Gewinnsucht.

Damit wir uns nicht missverstehen – auf die Beschwerden des Kunden einzugehen heißt für mich nicht, dass Sie sich zum Sklaven oder Prellbock Ihres Kunden machen lassen. Es heißt nicht, dass Sie sich beschimpfen und ausnutzen lassen sollten.

Vielmehr geht es um einen ehrlichen, fairen und partnerschaftlichen Umgang mit Ihrem Gegenüber, dem Kunden – der Kundin.

Es geht darum, als Verkäufer die zweite Chance zu sehen und die Beschwerde so lange zu bearbeiten, bis ein zufriedener Kunde das Geschäft verlässt.

Ich hoffe, dass die nächste Beschwerde bei Ihnen keinen kalten Schauer mehr erzeugt, sondern die Freude an diesem »Spiel« weckt und Sie Ihre zweite Chance erkennen und gut zu nutzen wissen.

In diesem Sinne möchte ich mich bei Ihnen, liebe Zuhörerinnen und Zuhörer, bedanken, denn bei so viel Aufmerksamkeit Ihrerseits kann ich mich wirklich nicht beschweren.

Rede des Geschäftsführers eines Telekommunikationsunternehmens zum Wandel des Berufsbildes von Trainern und Beratern: Teletraining und Teleconsulting

Sehr geehrte Damen und Herren, liebe Kollegen,
Sie alle wissen und konnten sich auf den Fachausstellungen und Messen überzeugen, dass die Weiterbildung ohne die Lehr- und Lernmittel der Zukunft nicht mehr auskommt: Es gibt inzwischen Softwares auf CD-ROM für PC, die eine neue Dimension des Lernens darstellen. Einige von Ihnen werden auch schon Fortbildungsprogramme über das Internet kennen.

Eines ist sicher: Die Aus- und Weiterbildung der Zukunft wird ohne computerbasierte und multimediale Unterstützung nicht mehr denkbar sein. Das bedeutet für Sie, dass Sie sich auf die neuen Medien intensiv einzustellen haben, denn Sie sind es, die die »Schnittstelle« des computerisierten Wissens zum späteren Lerner/Anwender/User betreuen müssen. Sie werden nicht nur lehren, sondern auch coachen und per Distanz zum Teletutor werden. Das bedeutet Umstellung von Strukturen und Methoden, die auch zur Veränderung Ihrer eigenen Verhaltensweisen führen werden.

Es wäre nun verfehlt, zu behaupten, dass die bisherigen Medien überholt seien und in Zukunft nur noch digitalisierte Didaktik im Vordergrund stünde. Sie sollten sich vielmehr auf den Standpunkt stellen, dass es nun eine willkommene und überzeugende Bereicherung auf dem Aus- und Weiterbildungssektor gibt. Wir meinen, dass eine Kombination der verschiedenen Medien auf die Dauer bei der Aus- und Weiterbildung eine erfolgreiche Methode sein wird.

Beim betrieblichen Einsatz multimedialer Programme müssen Sie davon ausgehen, dass die heranwachsende Generation keine ablehnende Haltung mehr gegen multimediale Medien einnehmen wird, während die »altgedienten« Mitarbeiter kritisch oder mit innerer Ablehnung der neuen Art des Lernens gegenüberstehen.

Der Begriff »computer-based training« sollte als Oberbegriff dienen. Es wird weiterhin zu unterscheiden sein, ob es sich um die Vermittlung von kognitiven, also berufsbezogenen, oder affektiven, das heißt auf Verhaltensweisen bezogenen Lehrstoffen handelt. Gerade im technischen Bereich, wo es ständig Neu- und Weiterentwicklungen gibt, ist die Vermittlung des neuen Fachwissens über multimediale Lehrmittel sehr angebracht.

Aber gerade hier beginnt eigentlich schon bei der Vorbereitung und Einführung eine verantwortungsvolle Aufgabe für Sie als Trainer und Berater: Wenn diese innovativen multimedialen Systeme eingesetzt werden, bedeutet das für die meisten Nutzer, dass sie eine Menge lernen müssen.

Der Begriff des lebenslangen Lernens ist ja nun schon seit Jahren eingebürgert, aber der Wille dazu durchaus noch nicht Selbstverständlichkeit. Deshalb müssen multimediale Lernprogramme durch Trainer und Berater eingeführt werden, die nicht nur den Aufbau der Lernstruktur erläutern und die Bedienung erklären, sondern auch die Lernmotivation mit diesem neuen Medium wecken.

Die erste Stufe für den Lerner besteht darin, die Grundmotivation zu haben, nämlich mehr wissen und können zu wollen. Daran schließt sich die Arbeitsmotivation beim Lernen an: Das Arbeiten mit Medium und Lehrstoff wird positiv angesehen und gern akzeptiert. Vor allem bei erwachsenen Einsteigern in dieses Lernmedium, die noch nicht mit dem PC aufgewachsen sind, ist diese positive Einstellung Voraussetzung.

Die dritte Stufe bedeutet, den Lernerfolg zu erkennen. Der Lernende stellt fest: Ich weiß, ich verstehe jetzt mehr! Nach dieser Erkenntnis ergibt sich der Lerntransfer fast von selbst: Man kann Gelerntes anwenden mit dem Erfolgserlebnis, jetzt auch besser arbeiten zu können. Ist das nicht schon ein Erfolg an sich? Wer dann diese Stufe erreicht hat, ist bereits bei der intrinsischen Leistungsmotivation angekommen: Er hat den Erfolg des Lernens erkannt und merkt, dass es sich auch lohnt zu lernen. Daraus ist dann schließlich auch die vorletzte Stufe abzuleiten, nämlich die Einsicht zum lebenslangen Lernen. Hier wird dann der Entschluss ausgelöst: »Ich bleibe dran!« Damit ist auch die höchste Stufe für das kontinuierliche Weiterlernen erklommen. Es verfestigt sich die Einstellung, dass ein ständiges Weiterlernen zum Erfolgreichsein und -bleiben gehört.

Dieses Motivieren wird eine der Hauptaufgaben für Sie als Trainer und Berater sein, wenn Gruppen von jungen Berufseinsteigern nach der schulischen Ausbildung anzulernen sind. Eine Umfrage des Instituts der deutschen Wirtschaft Anfang 1999 bei 800 ausbildenden Unternehmen hat nämlich belegt, dass die Qualifikationen der künftigen Azubis und die tatsächlichen Anforderungen häufig weit auseinander klaffen. Zwar können die ›Kids‹ mit dem PC oft besser umgehen als ihre Ausbilder, aber die Arbeitseinstellung ist oft mangelhaft. Deutliche Schwächen wurden bei folgenden Schlüsselqualifikationen festgestellt.

Das beginnt bei der Einstellung zur Arbeit (44 %), und das selbstständige Lernen (41,4 %) steht gleich an zweiter Stelle! Da besteht also erheblicher Ausbildungsbedarf, denn das Verantwortungsbewusstsein (39,5 %), die Belastbarkeit (37,6 %) und die Motivation (36,9 %) lassen auch zu wünschen übrig. Zur Ausbildung der zu schwach vorhandenen Schlüsselqualifikationen wie logisches Denken (36 %), Konzentrationsfähigkeit (34,9 %) und Leistungsbereitschaft (27,7 %) haben Sie wohl mancherorts noch eine gehörige Portion Vorarbeit zu leisten, ehe Sie mit der multimedialen Weiterbildung beginnen können.

Zweifellos wird multimediales Lernen im Wissensbereich eine bedeutende Rolle spielen. Aber es gibt Lerninhalte, bei denen man zwar die Grundlagen des Wissens medial vermitteln kann, das wirkliche Verhalten, intuitiv oder gesteuert, lässt sich aber nur in sozialer Gemeinschaft trainieren. Hier wird man nun die klassischen Seminare mit Ihnen als Verhaltenstrainern nicht entbehren können. Es ist ja schließlich schlecht vorstellbar, dass man am Bildschirm Verhandlungsgeschick im Dialog, Eigen- oder Fremdmotivation, Teamfähigkeit, Sozialkompetenz oder Toleranz erlernen kann.

Die Weiterbildung der Zukunft wird von Ihnen, meine Damen und Herren, sehr fortgeschrittene Kenntnisse im Umgang mit der Software verlangen. Das bedeutet für Sie, dass Sie sich selbst orientieren müssen über das Angebot externer Anbieter, Sie müssen diese Angebote prüfen und zunächst einmal selbst durcharbeiten, bevor sie eingesetzt werden. Schließlich ist dann später auch die Akzeptanz bei den Mitarbeitern, die mit diesen Programmen arbeiten werden, zu kontrollieren. Die Bewertung der Weiterbildungsmaßnahmen wird zeigen, ob Sie auf dem richtigen Weg sind.

Und noch eine Empfehlung: Werden Programme im eigenen Hause erarbeitet, sollten Sie das Feld nicht den DV-Spezialisten allein überlassen, sondern die Strukturierung selbst mitgestalten. Schon bei dem üblichen Testlauf der Beta-Version durch eine Pilotgruppe werden Sie erkennen, wo Verbesserungsmöglichkeiten sind. Erst dann sollen alle vorgesehenen Mitarbeiter mit dem Lernprogramm vertraut gemacht werden. Schon bei der Entwicklung im Vorfeld werden Sie erkannt haben, dass leichte Bedienbarkeit und klare Strukturierung für die spätere Akzeptanz durch die Mitarbeiter von ausschlaggebender Bedeutung sind.

Gerade bei Programmen, die für den Außendienst zur Verkäuferunterstützung beim Kundengespräch konzipiert sind, ist der wichtigste Teil das Training des fertigen Programms mit den späteren Anwendern. Hier müssen Sie Ihren ›Führerschein‹ machen: Sie sollten das System perfekt beherrschen, wenn Sie bei Kundengesprächen davon Gebrauch machen müssen. Wer dies aber kann, wird dann auch souverän seine Verkaufsgespräche steuern und seine persönliche Erfolgsquote erheblich steigern. Die Motivation zum Einsatz ergibt sich dann von selbst.

Die neuen Medientechnologien beschleunigen das Zusammenwachsen von Arbeiten, Lernen und Freizeitaktivitäten enorm. Immer häufiger hört man von Arbeitsplätzen, die in das häusliche Lebensumfeld verlegt worden sind. Die Telearbeit wird dann mitunter auch mit Lernen und Weiterbildung (Telelearning) verbunden.

Achten Sie aber bitte besonders darauf, dass man sich über die Ziele und Aufgaben eines Telelearning-Programms klar wird, denn es geht dabei um eine dauerhafte Speicherung der Informationen sowie die Gewährleistung des Transfers. Der Einbau von interaktiven Übungen verlangt vom Lernenden, sich intensiver mit dem Stoff zu beschäftigen und damit auch den Lernerfolg zu sichern. Bei einfach zu vermittelnden Lehrinhalten ergeben sich kaum Probleme. Etwas anders sieht es aber bei anspruchsvolleren Stoffen aus:

Das Problem aus der Sicht der Autoren heißt hier, sie müssen die Einfühlsamkeit in Lernprobleme und didaktische Erfahrungen besitzen. Auf der anderen Seite ist das Problem aus der Sicht der Lernenden, dass sie lernen sollen, wie der Autor vorgedacht hat. Für Querdenker gibt es keine Alternativen. Wenn Sie also Programme mitgestalten, denken Sie daran, dass der Lernerfolg von verschiedenen Variablen der Lerner mitbestimmt wird: Alter, Geschlecht und Schulabschluss, Interesse am Programmthema, Einstellung und Erfahrung im Hinblick auf Weiterbildung, Einstellung und Vorwissen im Hinblick auf den Computer und die Motivation aus eigenem Antrieb durch Interesse an der Sache.

Die Vorteilsargumentation aus Sicht der Vertreiber multimedialer Lernprogramme lautet: Der Lernende bestimmt selbst die Lerngeschwindigkeit, den Inhalt, die jeweils zu verarbeitende Menge und die Wissenstiefe. Das Programm ist geduldig, und die Lerngeschwindigkeit wird durch den Mausklick des Nutzers bestimmt. Die Gefahr liegt beim zu schnellen Weiterklicken: Aus der Information des Lernprogramms wird kein im Langzeitgedächtnis gespeichertes Wissen.

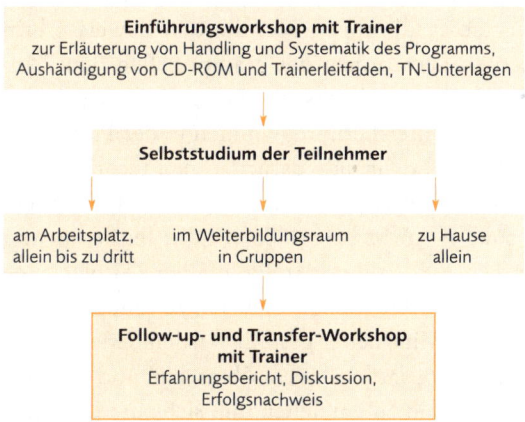

Die Vorteilsargumentation bezüglich der Lerngeschwindigkeit, des selektiv ausgewählten Inhalts und der zu lernenden Menge ist nicht multimediaspezifisch. Sie konnte bisher auch für die Printmedien gelten. Aber die starken visuellen und möglicherweise auch auditiven Eindrücke erleichtern die bildhafte Erinnerung.

Namhafte Verlage aus dem Weiterbildungsbereich haben inzwischen multimediale Trainingsprogramme auf den Markt gebracht, die in ihrer Struktur und ihrem Inhalt sowohl für den kognitiven als auch für den affektiven Bereich einsetzbar sind. Diese gut strukturierten Programme sollen Sie, meine Damen und Herren, als Trainer nicht etwa arbeitslos machen, Ihre Arbeitsweise wird sich jedoch ändern müssen. In jedem Fall sind Einführungsworkshops mit Ihnen zur Erläuterung von Handling und Systematik des Programms erforderlich. Erst dann sollen die CD-ROMs und Teilnehmerunterlagen ausgehändigt werden. Für das Selbststudium der Teilnehmer ist eine angemessene Zeit anzusetzen, wobei die Gegebenheiten darüber entscheiden, ob am Arbeitsplatz allein, zu zweit oder zu dritt vor dem Bildschirm, im Weiterbildungsraum in Gruppen oder zu Hause allein gelernt werden soll. Die individuelle Lerngeschwindigkeit und -intensität findet dabei Berücksichtigung. Ganz wichtig ist allerdings der abschließende Follow-up- und Transfer-Workshop mit dem Trainer. Hier geht es darum, dass Sie nach einer Diskussion mit den Teilnehmern einen Erfolgsnachweis führen können und auch einen Erfahrungsbericht weitergeben.

Noch liegen keine wissenschaftlich untermauerten Ergebnisse von groß angelegten Feldgruppen vor, die den Beweis erbringen, dass diese modernen Lernformen den traditionellen deutlich überlegen sind. Es gibt lediglich Untersuchungen, die belegen, dass die Akzeptanz von Computer-Lernprogrammen in der Praxis nur zögerlich vorankommt. Ob die Gründe dafür bei den technischen Voraussetzungen und örtlichen Gegebenheiten oder bei den Lernenden selbst zu suchen sind, ist nicht belegt. Sofern die Teilnehmer zum Selbststudium zu Hause nach ihrem individuellen Zeitplan angeregt sind, muss aber auch die Frage nach dem Freizeitbudget der heutzutage noch engagierten Mitarbeiter gestellt werden. Jeder weiß, dass es erheblicher Energie bedarf, sich den Wünschen und Verlockungen aus dem sozialen Umfeld zu entziehen und sich zum Lernen vor den PC oder das Notebook zu setzen. Das bedeutet vielfach, sich von Partnern und Familie abzusondern und auch eigene Freizeitinteressen hintanzustellen.

Hier wird sich als nützlich erweisen, bereits den Schritt zum Tele-tutoring zu tun, dass Sie nämlich als Trainer den Fortschritt der Lern-arbeit verfolgen und Ihrerseits die Leistungsmotivation wach halten. Das Teletutoring betont stärker den Aspekt des (aktiven) Lernens als den des Lehrens. Es handelt sich dabei um ein betreutes Fern-studium unter Nutzung moderner Telekommunikationsmittel, bei dem sich die Lernenden mithilfe ihres Tutors das aktuelle Thema on-line (oder offline) unter Anleitung des Trainers erarbeiten. Hier be-steht die Möglichkeit der direkten Kommunikation untereinander und auch die Möglichkeit zur Bildung von Lernteams. Dem Trainer kommt dabei die Rolle des Wissensvermittlers und Moderators zu.

Eine weitere Variante zum bisherigen Frontalunterricht durch Trainer besteht im künftigen Distance-Teaching/-Learning, bei dem das bisherige strukturierte und evtl. multimedial aufbereitete Lehr-material aus Datenbanken verwendet werden kann. Es ist ein nicht moderiertes, oft arbeitsplatznahes »learning on demand«. Eine be-darfsgerechte Betreuung der Lernenden durch Tutoren mithilfe eines Mailboxsystems sollte dabei gewährleistet sein.

Eine dritte Möglichkeit ist das Tele-Teaching/-Learning, bei dem die Wissensvermittlung durch einen Dozenten und Trainer im Vordergrund steht. Dabei nehmen die Lernenden aber räumlich vom Lehrenden getrennt in erster Linie Informationen auf. Eine typische Anwendung wäre etwa die Übertragung einer Vorlesung, eines Vor-trages oder eines Kongresses in den Seminarraum eines Unterneh-mens oder einer Weiterbildungseinrichtung. Hierbei handelt es sich um reine Wissensvermittlung ohne Diskussion oder Interaktion. Es wird jedoch bei Großunternehmen auch Fälle geben, wo dieses Tele-teaching sinnvoll ist. Wenn aber die unmittelbare, persönliche Kom-munikation fehlt, taucht das Problem des Auseinanderbrechens vir-tueller Lerngemeinschaften auf, weil auch das Feedback auf einzelne Lernschritte fehlt oder erst stark zeitverzögert auftritt.

Sie sehen, meine Damen und Herren, dass das Berufsbild der Trai-ner und Berater verschiedene neue Facetten bekommen hat, mit de-nen Sie sich vertraut machen müssen. Der traditionelle Frontal-unterricht als alleinige Methode hat ausgedient. Aber man darf die Lernenden auch mit den Programmen nicht allein lassen und darauf vertrauen, dass der Lehrstoff im gewünschten Maße aufgenommen wird. So ergibt sich aber auch eine essenzielle Frage für die Verhal-tenstrainer: Mit welcher Qualifikation werden die künftigen Teletutoren und Telecoaches ihren Aufgaben nachkommen? Werden sie es sein, die aus dem Verhaltensbereich kommen und sich inzwischen selbst dieser Medien zur Vorbereitung, Strukturierung und Visualisierung ihrer Trainingsinhalte bedienen? Oder werden die aus einer anderen Berufssparte kommenden DV-Trainer diese Aufgabe übernehmen? In jedem Falle sind andragogische Fähigkeiten erforderlich, denn mit Erwachsenen umzugehen ist etwas anderes als mit Schülern. Die persönliche Aura der Tutor(inn)en wird die Lernmotivation und Gruppendynamik entscheidend beeinflussen.

Bei der immer weiter fortschreitenden Vernetzung von Unternehmen kommt auch den Beratern die Aufgabe zu, die Kommunikationskanäle so zu gestalten, dass mehr Lust als Frust für die Neueinsteiger entsteht. Noch sind wir nicht so weit, dass jeder mit Selbstverständlichkeit sich am PC und in Datennetzen bewegt.

Gerade hier sehe ich die Aufgabe von Beratern, den deutschen Perfektionsdrang an manchen Stellen zu bremsen und nur das aufzubauen und anzubieten, was wirklich erforderlich und nützlich ist. Berater, die selbst perfekt in den Datennetzen operieren, sollten ihre vornehmliche Aufgabe darin sehen, das Wissensmanagement so zu gestalten, dass jeder damit umgehen kann.

Sie sehen, meine Damen und Herren, dass der Paradigmenwechsel in der Aus- und Weiterbildung bereits stattgefunden hat. Das computerunterstützte Training ist nicht mehr wegzudenken. Sorgen Sie mit Ihrem umfangreichen Wissen und Ihrer Erfahrung dafür, dass der Übergang zu den neuen Lernmethoden von den Ihnen anvertrauten Mitarbeitern Ihrer Unternehmen mit positiver Motivation aufgenommen wird.

Rede eines Kommunikationsberaters zu den neuen Perspektiven des Mediums Internet mit Electronic Commerce

Die Dinosaurier sind ausgestorben, weil sie sich nicht an die Veränderungen der Zeit anpassen konnten. Ein ähnliches Phänomen zeichnet sich heute in der deutschen Wirtschaft ab. Deutsche Unternehmen wollen sich nicht auf die Veränderungen, die das Internet mit sich bringt, einstellen. Obwohl diese Unternehmen es im Gegensatz zu den Dinosauriern tun könnten.

Ein harter, aber wahrer Einstieg für diese Rede, meine Damen und Herren. Ich bin »Vorname, Name« und bin entsetzt über die neuesten

Ergebnisse einer Befragung der META-Group. Über 70% der deutschen Unternehmen lehnen die Einführung von Electronic Commerce ab. Ich freue mich darüber, dass Sie sich von der Trägheit dieser breiten Masse abheben und sich heute die Zeit genommen haben, um sich hier über die neuen Perspektiven des Internets zu informieren.

Bitte beachten Sie aktuelle Ergebnisse von Befragungen, da sich die Zahlen stetig ändern

Was erwartet Sie heute in diesem Vortrag? Zunächst gebe ich Ihnen jetzt einen kurzen Überblick über die Themen, die mir wichtig sind. Sie werden von mir erfahren, wie sich das Internet generell entwickelt mit einem Blick in die Vereinigten Staaten von Amerika. Die Vorteile der Kommunikation über Internet gehören genauso zu meiner Rede wie einige Tipps zum professionellen Internetmarketing. In diesem Zusammenhang zeige ich Ihnen auf, welchen Einfluss Electronic Commerce auf Ihre gesamte Unternehmenskommunikation hat. Abschließend gebe ich Ihnen einige Ratschläge mit auf den Weg zur generellen Vorgehensweise bei der Verwirklichung Ihrer Internetpräsentation mit Electronic Commerce.

Themen und Gliederung mit Folie oder Datenprojektor anschaulich präsentieren

Liebe Zuhörerinnen und Zuhörer, Kommunikation unterliegt dem Wandel der Zeit wie alle Dinge auf dieser Welt. Das Internet verbindet heute weltweit Menschen und Unternehmen weit über unsere Landesgrenzen hinweg und überwindet durch mehrsprachige Internetseiten die bisherigen Sprachbarrieren. Ursprünglich ist das Internet aus militärischen Gründen entwickelt worden. Optimiert wurde die Kommunikation über Datenautobahnen von Wissenschaftlern, die einen weltweiten Datenaustausch ermöglichen wollten. Heute haben wir ein noch nie da gewesenes Medium, das Information, Kommunikation und Transaktion verbindet. Jeder von uns kann heute über Internet Informationen jeglicher Art abrufen und bereitstellen, per E-Mail Nachrichten versenden und empfangen, Waren und Dienstleistungen bestellen oder auch Bankgeschäfte abwickeln.

Zeigen Sie drei Kreise auf für Information, Kommunikation und Transaktion. Deren Schnittmenge hinterlegen Sie bitte farbig und bezeichnen diese als Internet

Wer von Ihnen wundert sich da noch, dass dieses Medium ein gewaltiges Wachstum hat? Bei weltweit 200 Millionen Internetnutzern ist meiner Meinung nach die Bezeichnung »Internet-Gemeinde« nicht mehr ganz zutreffend. In der Bundesrepublik Deutschland sprechen wir derzeit von über 10 Millionen Nutzern. Diese Zahl wird laut Schätzungen bis ins Jahr 2000 auf 20 Millionen Anwender ansteigen. Das sind Potenziale, die enorm weiter wachsen. In den letzten 5 Jahren sind in den USA mehr als 1 Million Arbeitsplätze entstanden, womit 1998 sage und schreibe ein Umsatz von über 300 Milli-

Verwenden Sie Folien oder einen Datenprojektor und stellen Sie die Zahlen grafisch dar. Achten Sie darauf, dass sich die Zahlen ständig verändern, und suchen Sie aktuelle Zahlen im Internet

arden Dollar erzielt wurde. Lassen Sie sich diese Zahl auf der Zunge zergehen und stellen Sie sich vor, dass wir von einem Marktpotenzial sprechen, das genauso groß ist wie das der amerikanischen Automobilindustrie.

Jetzt können Sie mir als Unternehmer entgegenhalten: »Schön, dass Sie und die Multimedia-Industrie mit dem Internet ein gutes Geschäft machen. Aber mein Unternehmen bewegt sich in einer Branche, für die das Internet uninteressant ist; wodurch mehr Kosten als Einnahmen entstehen würden.«

Diese Einstellung ist hinsichtlich bestehender Werbebudgets verständlich, aber zugleich gefährlich. Denn wir können, wie die Geschichte gezeigt hat, den Strukturwandel nicht aufhalten. Die Kommunikation über Internet mit Kunden, Zulieferern und Geschäftspartnern wird heute immer mehr gefordert und zukünftig eine Selbstverständlichkeit sein. Deshalb sichern Sie sich heute schon die Marktvorteile von morgen und heben sich damit von Ihren Mitbewerbern ab. Denn wer von Ihnen unterhält noch Geschäftsverbindungen zu Unternehmen, die nicht einmal ein Faxgerät besitzen?

Die Vorteile des Internets liegen auf der Hand und bedeuten nicht unbedingt nur unmittelbaren Zugewinn für die Unternehmen. Der Nutzen kann sich auch durch andere Faktoren positiv auf das Unternehmen auswirken, wie z. B. durch schnellere und einfachere Aktualisierbarkeit der Homepage gegenüber Printmedien; Erschließung von neuen Kundenpotenzialen auf nationaler und internationaler Ebene, ohne dabei aktive Distribution der Informationen zu betreiben; schnellerer Informationsaustausch durch den Einsatz von E-Mail im Internet und im Intranet; Service- und Supportleistungen für Ihre Kunden rund um die Uhr; Einsatz von Electronic Commerce zum Verkauf Ihrer Produkte und Dienstleistungen.

Wenn Sie die Möglichkeiten der Online-Kommunikation richtig ausschöpfen, erreichen Sie eine stärkere Kundenbindung, schnellere Auftragsabwicklung, Verstärkung des Innen- und Außendiensts und viele weitere Vorteile, die in einer individuellen Online-Strategie festgelegt werden. Hierfür ist professionelle Planung und ein gezieltes Internetmarketing gefragt, denn das Internet verändert nicht nur unsere Gesellschaft, sondern beeinflusst den Marketingmix und die Arbeitsabläufe eines Unternehmens. Betrachten Sie hierbei genau die Gegebenheiten Ihres Unternehmens wie Zielgruppen, Branche, Anforderungen der Kunden, und legen Sie Ihre Ziele für einen eigenen Internetauftritt genau fest.

Führen Sie diese Punkte auf einer Folie oder mit einem Datenprojektor anschaulich auf

Führen Sie diese Punkte auf einer Folie oder mit einem Datenprojektor anschaulich auf

Grundsätzlich gilt: »Der Wurm muss dem Fisch schmecken und nicht dem Angler.«

Die Anwender entscheiden nach dem Aufrufen Ihrer Homepage in den ersten 10 Sekunden über Sein oder Nichtsein im World Wide Web. Vermeiden Sie unbedingt lange Texte mit superlativen Werbesprüchen. Viel effektiver sind knallharte Fakten, die mit Aufzählungszeichen, Tabellen und Absätzen hervorgehoben werden. Laut Anwenderbeobachtungen werden zu 79 % die Texte nur überflogen, denn langes Lesen am Bildschirm ermüdet und kostet zudem Zeit und Geld. Vertiefende Informationen sollten Sie auf einer weiteren Seite zur Verfügung stellen, damit die Ladezeiten der Übersichtsseiten so kurz wie möglich gehalten werden. Wer von Ihnen wartet denn gerne auf Informationen, bei denen Sie gar nicht wissen, ob es überhaupt interessant ist? Wenn Sie dann noch feststellen müssen, dass überzogene Grafiken und Animationen der Grund für die lange Wartezeit sind, werden Sie verärgert diese Internetadresse verlassen. Bei relativ hohen Kosten in Deutschland im Vergleich zu den USA gilt bei uns noch »Zeit ist Geld«. Generell gesehen zeichnet sich ein steigender Konservatismus bei den deutschen Websurfern ab. Immer unbeliebter wird die Verwendung von Animation, Musik und neuartiger Navigation auf Internetseiten von Unternehmen.

> *Zeigen Sie eine überladene Seite mit Fließtext und viel bunter Grafik zur Abschreckung*

Viele Internetnutzer decken sogar eine Animation mit der Hand ab, um sich besser auf den Text konzentrieren zu können. Begeistern Sie lieber Ihre Kunden mit aktuellen Informationen, Dateien zum Runterladen, Serviceangeboten, und bieten Sie die Möglichkeit zur Registrierung an. So erreichen Sie beispielsweise durch die Registrierung für eine Mailingliste oder einen Newsletter eine Personalisierung, die dazu führt, dass die registrierten Benutzer 3-mal mehr Zeit auf Ihren Internetseiten als auf anderen verbringen.

Unterschätzen Sie in diesem Zusammenhang nicht die Bedeutung von Electronic Commerce. Stellen Sie sich einmal vor, Sie haben nach langem Suchen im Internet endlich das Produkt Ihrer Wünsche gefunden und können es jetzt nicht gleich online bestellen. Der Verkaufsprozess wird jetzt abrupt unterbrochen aufgrund von althergebrachten Hemmnissen, wie zum Beispiel Ladenöffnungszeiten, die sich dann im Internet widerspiegeln. Was denken Sie: Wie hoch ist die Wahrscheinlichkeit, dass der potenzielle Internetkunde ein bis zwei Tage später wieder telefonisch Kontakt aufnimmt oder selbst eine Bestellung schreibt und diese dann per Fax übermittelt, um dann

> *Stellen Sie bei den Fragen Blickkontakt mit dem Publikum her*

wieder telefonisch nachzufragen, ob die Bestellung so in Ordnung ist? Ich frage Sie: Wer würde das Geschäft machen? Die Internetanwendung, die ein Produkt zu günstigen Konditionen anbietet, aber ohne Online-Bestellmöglichkeit, oder der Anbieter mit etwas höheren Preisen mit einem Online-Shop? Die Antworten auf diese Fragen, meine Damen und Herren, liegen nahe. Machen Sie es Ihren Kunden so einfach wie nur möglich. Eine Bestellmöglichkeit über Internet ist ein entscheidender Mehrwert, der bei besonderen, schwer erhältlichen Produkten auch einen höheren Preis rechtfertigt. Bei Produkten und Dienstleistungen, die überall zu haben sind, sind günstigere Preise, einfache Bestellabwicklung und schnelle Lieferzeiten die Verkaufsargumente, die Internetnutzer überzeugen. Sicher ist dies nicht auf alle Produkte, Dienstleistungen und Branchen übertragbar. Besonders interessant sind Artikel, die sehr leicht transportierbar sind. Paradebeispiele für erfolgreiche E-Commerce-Lösungen gibt es haufenweise. Amazon ist beispielsweise zu einer der weltweit größten Buchhandlungen geworden. Durch geringere Vertriebskosten können wesentlich niedrigere Preise realisiert werden. Amazon wurde durch die reichhaltigeren Angebote gegenüber den Buchhandlungen und durch das Anbieten von Leseproben zu dem, was Amazon heute ist.

Eine andere E-Commerce-Lösung bietet auch Fleurop. Hier wurde ein Extranet aufgebaut, das Händlern aus dem Ladengeschäft und gleichzeitig Nutzern des Internets zugänglich ist, um Blumengrüße weltweit zu versenden. Hiermit wurde erfolgreich E-Commerce zur Senkung der Kosten, zur Erhöhung der Flexibilität und zur Verbesserung des Service gegenüber den Kunden und Floristen eingesetzt. Diese Aufzählung von Erfolgsbeispielen lässt sich beliebig durch nahezu alle Bereiche der Wirtschaft fortsetzen. Meine Damen und Herren, bitte erinnern Sie sich an das Sprichwort: »Wer zu spät kommt, den bestraft das Leben.« Firmen in den USA machen uns das bereits seit längerem vor und haben damit weltweit 1998 sage und schreibe 6 Milliarden US-$ Umsatz erzielt. Auch die Untersuchung der GfK-Medienforschung hat herausgefunden, dass in den letzten 12 Monaten 2,2 Millionen Deutsche ein Produkt online bestellt haben. Dienstleistungsangebote wurden sogar durch 2,8 Millionen Online-User in Anspruch genommen.

Diese stark wachsenden Zahlen belegen: Am Electronic Commerce kommt heute kein Unternehmen mehr vorbei. Dabei ist nicht

Zeigen Sie online Beispiele, die zu dem Besucherkreis passen

Verwenden Sie Folien oder einen Datenprojektor und stellen Sie die Zahlen grafisch dar. Achten Sie darauf, dass sich die Zahlen ständig verändern, und suchen Sie aktuelle Zahlen im Internet

nur allein der Vertrieb über Internet interessant, sondern auch die Auswirkungen auf die Abläufe eines Unternehmens. Ich nenne es das Eisbergprinzip.

E-Commerce, der über der Wasseroberfläche für die Benutzer sichtbar ist, macht bei professionellen Lösungen nur einen kleinen Teil der Gesamtlösung aus. Viel umfangreicher hingegen ist der Teil, der unsichtbar unter der Wasseroberfläche verborgen bleibt. Dieser Teil des verborgenen E-Commerce bringt den Unternehmen gerade im Business-to-Business-Bereich einen enormen Nutzen, in dem interne und externe Abläufe rationalisiert und automatisiert werden. Electronic Commerce greift also unmittelbar in das Marketingmix und in den Workflow Ihres Unternehmens ein. Dies führt zu weit tragenden Veränderungen in der Unternehmensstruktur. Ich denke, uns ist allen klar, dass Veränderungen in dieser Größenordnung sehr genau geplant und stetig umgesetzt werden müssen. Hierzu gebe ich Ihnen gerne einige generelle Ratschläge für die Verwirklichung Ihrer individuellen E-Commerce-Lösung.

> Zeigen Sie eine Grafik oder ein Foto von einem Eisberg

Bilden Sie zunächst für dieses Vorhaben eine separate Unternehmenseinheit, die auch für Gewinne und Verluste selbst verantwortlich ist. Übertragen Sie die Verantwortung an Mitarbeiter aus dem Topmanagement. Integrieren Sie die nachgelagerten Geschäftsprozesse wie Kundenservice, Warenwirtschaft, Logistik und Rechnungswesen in Ihren Internetauftritt. Bitte stimmen Sie die Internetaktivitäten genau mit Marketing und Vertrieb sowie mit Geschäftspartnern ab. Bieten Sie Ihren Benutzern klare Vorteile gegenüber Ihren stationären Angeboten. Garantieren Sie eine gute Funktionalität durch übersichtliche Struktur und einfache Benutzerführung bei akzeptabler Geschwindigkeit. Vermarkten Sie den Internetauftritt auch mit allen anderen Medien, die Ihnen zur Verfügung stehen.

> Führen Sie diese Punkte auf einer Folie oder mit einem Datenprojektor anschaulich auf

Diese Fülle von Aktivitäten braucht Zeit, meine Damen und Herren. Deshalb möchte ich diesen Vortrag mit einer Frage schließen, die Ihnen zu denken geben sollte.

Wann wollen Sie in den Zug einsteigen? Wenn der Zug noch am Bahnhof steht, ist es bei weitem einfacher, als wenn der Zug mit 180 km/h durch den Bahnhof donnert.

> Zeigen Sie eine Grafik oder ein Foto, das Geschwindigkeit darstellt, z. B. einen fahrenden Zug

Verlieren Sie nicht den Anschluss. Die Zukunft im Online-Geschäft hat bereits begonnen.

Ich danke Ihnen für Ihr Interesse und Ihre Aufmerksamkeit und stehe gerne anschließend für Fragen zur Verfügung.

Einführungsrede anlässlich eines Seminars der IHK zum Thema »Mit Online-Marketing zum Geschäftserfolg – Elektronischer Handel im Internet«

Wer nicht mit der Zeit geht, geht mit der Zeit ...

Dieser Grundsatz gilt besonders für das heutige Seminar »Mit Online-Marketing zum Geschäftserfolg – Elektronischer Handel im Internet«. Und dazu, meine Damen und Herren, begrüße ich Sie recht herzlich im Namen der IHK.

Vielen Dank, dass Sie sich die Zeit genommen haben, um sich mit diesem wichtigen Thema auseinander zu setzen. Wie wichtig es ist, sich mit diesem Thema zu beschäftigen, zeigen uns erfolgreiche Firmen auf, die mit der Zeit gehen. Ein Paradebeispiel ist die Firma Amazon, die durch das Internet zu einem der größten Buchläden der Welt geworden ist.

Ich bin »Vorname, Name« und freue mich, Ihnen eine kurze Einführung für das anschließende Seminar zu geben. Ich werde Ihnen aufzeigen, welchen Stellenwert und welchen Einfluss das Internet heute auf die Geschäftswelt hat. Weiterhin erfahren Sie etwas über die derzeitigen Trends und die Konsequenzen für Ihre Unternehmen. Und abschließend werde ich Ihnen mit auf den Weg geben, dass Ihr Online-Projekt ganzheitlich geplant und professionell realisiert werden muss.

Internet ist schon lange keine Trenderscheinung mehr. Heute gehört die Kommunikation über weltweite Datenautobahnen zum Alltag jedes modernen Unternehmens. In Deutschland haben wir bereits über 10 Millionen Internetnutzer, und weltweit gesehen sind über 200 Millionen Menschen online. Diese Potenziale zu erreichen, sinnvoll zu bedienen und letztendlich damit Geld zu verdienen ist die Kunst des professionellen Online-Marketings.

Zurzeit erleben wir viele Veränderungen. Globalisierung, Internationalisierung, Umbruch der Informationsgesellschaft zur Wissensgesellschaft sowie der Strukturwandel in den Märkten werden durch das Internet enorm beschleunigt. Damit übernimmt das Internet eine Schlüsselfunktion für die weltweiten Veränderungen.

Dieser gesellschaftliche Hintergrund führt zu vordergründigen Motiven mit konkreten Vorteilen, die wir heute in dem anschließenden Seminar nutzbar machen werden.

Vorab will ich Ihnen nur einige Gründe für professionelles On-

Aktuelles Beispiel aufgreifen

Gliederung kurz mit Folien aufzeigen

line-Marketing und E-Commerce nennen wie: weltweites Bereitstellen und Abrufen von Informationen; Bestellung von Waren und Dienstleistungen rund um die Uhr; Kundenbindung durch Service- und Supportleistungen bis hin zur Optimierung von internen und externen Arbeitsabläufen und Organisationsstrukturen mit Kunden und Lieferanten.

Finden Sie es nicht auch faszinierend, welche Umsatzzahlen schon heute über Internet generiert werden? Lassen Sie uns in diesem Zusammenhang in die Vereinigten Staaten schauen. Wissen Sie, dass in den USA bereits der Großteil der Unternehmen sich im Internet präsentiert und damit Umsätze in Höhe von 6 Mrd. US-$ erzielt werden?

Erfahrungsgemäß können wir uns darauf freuen, dass auch diese Entwicklung mit großen Schritten über den »großen Teich« nach Europa kommt. Weiter vorangetrieben werden die steigenden Benutzerzahlen durch immer interessantere Inhalte, Zusammenwachsen von TV und Internet sowie auch durch immer kostengünstigere Internet-PCs, die schon ab 800 DM im Handel zu haben sind.

Die Verbreitung von Informationen sowie Kommunikation und Transaktionen über Internet sind heute schon so weit fortgeschritten, dass der Verzicht auf eine eigene Homepage dem Verzicht auf ein Faxgerät gleichkommen würde.

Heute stellt sich nicht mehr die Frage, ob, sondern wie sich ein Unternehmen im Internet präsentieren soll.

Ich bin mir sicher, dass Sie schon gespannt auf unser aktuelles IHK-Seminar warten, um Antworten auf folgende Fragen zu bekommen:

Wie können Sie am Online-Markt erfolgreich teilnehmen?

Was für Ziele kann ein Unternehmen damit verfolgen?

Wie geht ein Unternehmen auf individuelle Kundenbedürfnisse und branchenspezifische Anforderungen ein?

Hier sind individuelle Konzepte mit weitsichtiger Planung gefordert.

Denn eine konsequente Einführung von E-Commerce hat weit tragende Auswirkungen auf viele Unternehmens- und Geschäftsbereiche. Ich nenne es das Eisbergprinzip.

E-Commerce, der über der Wasseroberfläche für die Benutzer sichtbar ist, macht bei professionellen Lösungen nur einen kleinen Teil der Gesamtlösung aus. Viel umfangreicher hingegen ist der Teil, der unsichtbar unter der Wasseroberfläche verborgen bleibt. Dieser

Marginalien:

Führen Sie diese Punkte auf einer Folie oder mit einem Datenprojektor anschaulich auf

Aktuelle Zahlen mit Diagrammen auf Folien darstellen

Folie mit einem Eisberg zur Visualisierung einsetzen

Teil des verborgenen E-Commerce bringt den Unternehmen gerade im Business-to-Business-Bereich einen enormen Nutzen, in dem interne und externe Abläufe rationalisiert und automatisiert werden.

Online-Marketing und E-Commerce greifen also unmittelbar in das Marketingmix und in den Workflow Ihres Unternehmens ein und führen damit zu weit tragenden Veränderungen.

Deshalb darf die Umsetzung Ihrer Online-Aktivitäten nur nach individuellen Anforderungen des Markts, der Kunden, Zulieferer und Ihres Unternehmens erfolgen.

Professionalität ist hier gefragt. Mit diesem Seminar werden wir Ihnen helfen, das richtige Paar Schuhe für Ihr Unternehmen zu finden, damit Sie später nicht ins Straucheln geraten.

Mit Ihrer Teilnahme an diesem Seminar zeigen Sie, dass Sie mit der Zeit gehen.

Wie schon Erich Kästner sagte: »Es gibt nichts Gutes, außer man tut es.«

Stellen Sie einen Dialog mit dem nächsten Referenten her

In diesem Sinne lassen Sie uns beginnen mit unserem Seminar »Mit Online-Marketing zum Geschäftserfolg – Elektronischer Handel im Internet«. Ich bin auch schon ganz gespannt auf das, was jetzt kommt. Frau/Herr »Vorname und Name Referent(in)«, was erwartet uns jetzt in Ihrem Seminar?

Rede anlässlich einer Informationsveranstaltung des Arbeitsamtes für Berufsanfänger

Die beruflichen Aufgaben einer Sekretärin – Voraussetzungen und Chancen

Sehr geehrter Herr Dr. Fleischmann, sehr geehrte Damen und Herren, liebe Kolleginnen und Kollegen in spe,
ich freue mich über die Einladung des Arbeitsamtes Niedernhausen. Ich werde jetzt zum Themenpunkt 3 der Tagesordnung,
  »Die beruflichen Aufgaben einer Sekretärin – Voraussetzungen und Chancen«
sprechen.

Die große Zahl der Interessenten macht deutlich, dass Sekretärin zu sein immer noch oder wieder attraktiv ist.

Ich sage bewusst »wieder«, da sich das Berufsbild der Sekretärin in den letzten Jahren grundlegend gewandelt hat und eine Sekretärin heute mit ganz anderen Aufgaben, als es noch vor fünf Jahren der Fall war, konfrontiert wird. Ganz entscheidend zu dieser Umstrukturierung im Sekretariat haben die neuen Arbeitstechniken und Technologien beigetragen, die sich rasant weiterentwickeln. Computer beherrschen die Arbeitswelt im Sekretariat, aber Sekretärinnen beherrschen die Computer. Werden die beruflichen Ansprüche erfüllt, entwickelt sich die Sekretärin zur Office-Managerin und damit steigen

a) ihr Stellenwert
b) ihr Ansehen
c) ihr Einfluss
d) ihre Aufstiegsmöglichkeiten
e) ihre Einkommenschancen

Genügten im vergangenen Jahrzehnt für eine klassische Sekretärin noch perfekte Orthographie-, Stenografie- und Schreibmaschinenkenntnisse sowie eine fundierte Allgemeinbildung und gepflegte Umgangsformen, so runden diese Eigenschaften heute das Anforderungsprofil lediglich ab.

Aufgrund der mit dem digitalen Zeitalter verbundenen technischen Entwicklung sind die Anforderungen an Sekretärinnen gewaltig gestiegen. Neben den persönlichen Merkmalen wie Ausdauer, Diskretion, Diplomatie, Kreativität, Durchsetzungsvermögen, Flexibilität und Einsatzbereitschaft gehören auch analytisches Denkvermögen, rationelles Arbeiten und last but not least Organisationstalent zu ihrem Handwerkszeug. Darüber hinaus wird von einer Sekretärin – also auch von Ihnen, falls Sie sich für diesen Beruf entscheiden – erwartet, dass sie mindestens eine Fremdsprache in Wort und Schrift beherrscht, dass sie mit sämtlichen, in ihrem Unternehmen eingesetzten Informationstechnologien vertraut ist, um die entsprechende Hard- und Software bedienen und anwenden zu können.

Sie sehen, das Berufsbild einer Sekretärin bietet ein breit gefächertes, vielseitiges und damit interessantes Spektrum. Langeweile wird mit Sicherheit nie aufkommen, da Sie es selbst in der Hand haben, Ihren Arbeitsplatz zu gestalten.

Hiermit komme ich zum zweiten Teil meines Vortrages, nämlich zu Ihren Aufgaben, die Sie mit dem bereits erwähnten Anforderungsprofil meistern müssen:

Zu den Standardaufgaben im Sekretariat gehören nach wie vor Schreibarbeiten, seien sie nach Diktat, Stichwörtern oder völlig selbstständig formuliert nach inhaltlichen und sachbezogenen Vorgaben. Dazu gehören weiter Postbearbeitung, Ablage, Terminüberwachung, Reise- und eventuell Messeplanung, das Organisieren von Sitzungen, Tagungen und sonstigen Veranstaltungen. Kurz – es wird von Ihnen ein reibungsloser Ablauf im Vorzimmer erwartet. Alle darüber hinausgehenden Aufgaben bzw. arbeitsplatzbezogenen Einzelheiten müssen Sie mit Ihrem Vorgesetzten abstimmen. Hier können Sie selbst aktiv werden und Eigeninitiative entwickeln. Scheuen Sie sich nicht, auf besondere Vorzüge und Fähigkeiten Ihrer Person hinzuweisen. Bescheidenheit ist gut, aber falsche Bescheidenheit bringt nicht weiter!

Wie in fast allen qualifizierten Berufen ist Heute morgen schon Gestern. Um auch künftig bestehen und vorwärts kommen zu können, müssen Sie vielseitig kompetent sein und nach folgendem Grundsatz handeln:

Nutzen Sie sämtliche Vorteile, die Ihnen die neuen Technologien und Kommunikationsmittel bieten, bilden Sie sich permanent fort und vertiefen Sie Ihr Fachwissen, denn wer nicht mit der Zeit geht, der geht mit der Zeit. Das Geheimnis des Erfolges liegt darin, am Ball zu bleiben und den anderen immer eine Nasenspitze voraus zu sein.

Unerlässlich ist es zudem, ein enges Vertrauensverhältnis zu Ihrem direkten Vorgesetzten aufzubauen. Gegenseitiger Respekt ist unumstritten als maßgeblicher Faktor für ein funktionierendes Zusammenarbeiten von Chef und Sekretärin anzusehen. Absolute Loyalität und Diskretion in beide Richtungen sind dabei selbstverständlich. Ihr Chef muss sich in allen Situationen auf Sie verlassen können. Er wird es zu schätzen wissen, wenn Sie besonders in Krisensituationen gleich welcher Art zu ihm stehen und damit auch für das Unternehmen erfolgreich agieren.

Auch wenn Fortschritt und Technik unaufhaltsam weiterschreiten, Ihre Position wird nicht gefährdet; ein Computer wird Sie nie ersetzen können, denn Ihre soziale Kompetenz ist mindestens so wichtig wie Ihre fachliche – Sie sind Vertraute, Mitarbeiterin, Fachfrau, Seelsorgerin, Diplomatin und Strategin in einer Person. Nutzen Sie diese Stärken zu Ihrem Vorteil! Kein noch so ausgeklügeltes EDV-System der Welt wird je dazu in der Lage sein.

Bevor ich meinen Vortrag beende, weise ich noch auf eines hin.

Bis dato war der Sekretariatsberuf eine ausschließliche Frauendomäne. Auch heute wird die Tätigkeit überwiegend von Frauen durchgeführt, aber keine Regel ohne Ausnahme. Sie sind auf dem Vormarsch – die Sekretäre! Ich selbst habe einen männlichen Kollegen, der seiner akademischen Karriere den Laufpass und der Abwechslung und Hektik im Chefsekretariat den Vorzug gab.

Sehr geehrte Damen und Herren, dies war nur ein kurzer Abriss des Sekretärinnen- oder Sekretärberufes. Ich hoffe, ich habe Ihnen einen ersten Eindruck vermitteln können und Ihr Interesse geweckt.

Nach der Veranstaltung stehe ich für spezielle Fragen noch ca. eine halbe Stunde draußen im Foyer am Stand 4c zur Verfügung. Ich habe dort eine Broschüre ausgelegt, die Sie sich gerne mitnehmen können. Darin finden Sie eine detaillierte Beschreibung des Berufsbildes »Sekretärin« sowie einige Anschriften von Sekretärinnenverbänden, an die Sie sich ebenfalls wenden können.

Der Sekretariatsberuf hat Zukunft, es kann auch Ihre sein!

Ich kann Ihnen den Weg zum Ziel zeigen, gehen müssen Sie ihn selbst!

Vortrag zum Thema Zeitmanagement vor einem Arbeitskreis:

Zeit lässt sich nicht vermehren, aber besser nutzen

Liebe Kolleginnen, liebe Kollegen, sehr geehrte Gäste!
Die einzige Gerechtigkeit auf Erden ist die einheitliche Portionierung der täglichen Zeitration von 24 Stunden. Dieser kostbare Rohstoff steht allen pünktlich zur Verfügung. Diese Beständigkeit ist das beste Beispiel lebenslanger Verlässlichkeit. Mit der Präzision der Natur können wir nicht konkurrieren, jedoch die private und geschäftliche Zeitnutzung besser organisieren. Aktivität ist gut, Effektivität ist besser.

Wer ständig mehr Arbeit als Zeit hat, belastet Beziehungen, verursacht Pannen und verhunzt seine Gesundheit. Zur Vermeidung solcher Misslichkeiten wird neuerdings mehr Langsamkeit empfohlen. Diese Prophylaxe ist jedoch so wirksam wie Salbe für ein Holzbein. Langsamkeit weckt Ungeduld, macht kribbelig und wird kritisiert. Langsamkeit ist in der Produktion und im Handel existenzgefährdende Zeit- und Geldvergeudung. Unsere Konkurrenzfähigkeit hängt von der Nutzung der schnellen Multimedia- und Electronic-

Commerce-Systeme ab. Wir sind nicht durch Langsamkeit, sondern durch Schnelligkeit erfolgreich. Wir werden auch künftig durch forcierte Abwicklung von Arbeitsvorgängen Zeit gewinnen und kapitalisieren.

Unsere Ziele sind
- Optimierung der Qualität
- Erhöhung der Marktanteile
- Vereinfachung der Verwaltung
- Kostensenkung
- Ertragssteigerung
- Arbeitsplatzsicherung
- Verbesserung der Arbeitsbedingungen

Diese Vorhaben erreichen wir durch Computerisierung, Automatisierung, Rationalisierung, Priorisierung, Perfektionierung und Simplifizierung. Welche Ansatzpunkte sich aus diesem Mix ergeben, wird von der Expertengruppe, die sich nach der Pause vorstellen wird, in den nächsten Wochen abteilungsweise analysiert und koordiniert.

Der richtige Umgang mit der Zeit ermöglicht auch die Lösung und Vermeidung privater Probleme. Hier hat Langsamkeit im Hinblick auf Besinnung und Beschaulichkeit, Ruhe und Regeneration einen konstruktiven und durchaus aktuellen Stellenwert. Hektik und Harmonie sind feindliche Schwestern. Wer alle Erwartungen der Menschen in seinem Umfeld erfüllen will und sich darüber hinaus zu viel vorgenommen hat, schlafft in der hausgemachten Tretmühle schnell ab.

Wenn der Ausgleich zwischen beruflicher Spannung und privater Entspannung nicht funktioniert, gefährdet der physische und psychische Dauerverschleiß das Wohlbefinden und Leistungsvermögen. Die Spannkraft lässt nach, die positive Ausstrahlung verfliegt, und die persönliche Attraktivität verblasst. Um das zu verhindern, braucht man als Regulativ einen funktionierenden Selbsterhaltungsegoismus. Wer kein Empfinden für Prioritäten hat und nicht Nein sagen kann, ärgert sich über Fehlentscheidungen, mangelnde Konsequenz und leidet an den Folgen dieser Defizite. Opfer von Fremdbestimmungen verzetteln sich und verzichten aus Gutmütigkeit oder Ehrgeiz auf eine ihnen genehme und bekömmliche Zeitnutzung.

Die allen vorliegende Matrix sehen Sie jetzt im Großformat auf

Persönliche Bedeutung der Lebensbereiche und Strebungen	Ist der tatsächliche Zeitaufwand der Bedeutung angemessen?									Sind Änderungen erforderlich?			Was soll geschehen?
	1	2	3	4	1	2	3	4	5	ja	nein	gelegentl.	
Partnerschaft	○	○	○	○	○	○	○	○	○	○	○	○	
Beziehungen zu den Kindern	○	○	○	○	○	○	○	○	○	○	○	○	
Beziehungen zu den Eltern	○	○	○	○	○	○	○	○	○	○	○	○	
Beziehungen zu sonstigen Verwandten	○	○	○	○	○	○	○	○	○	○	○	○	
Freundschaften/ Geselligkeit	○	○	○	○	○	○	○	○	○	○	○	○	
Beruf	○	○	○	○	○	○	○	○	○	○	○	○	
Geschäftliche Beziehungen	○	○	○	○	○	○	○	○	○	○	○	○	
Karriere/Weiterbildung	○	○	○	○	○	○	○	○	○	○	○	○	
Weltanschauliche Aktivitäten	○	○	○	○	○	○	○	○	○	○	○	○	
Sportliche Aktivitäten	○	○	○	○	○	○	○	○	○	○	○	○	
Kulturelle Aktivitäten	○	○	○	○	○	○	○	○	○	○	○	○	
Freiräume zur Selbstfindung	○	○	○	○	○	○	○	○	○	○	○	○	

1 = unwichtig	1 = nein	Wenn Sie täglich eine
2 = wenig bedeutsam	2 = selten	bisher falsch verplante
3 = recht bedeutsam	3 = einigermaßen	oder unsinnig vertrödel-
4 = sehr wichtig	4 = ziemlich ausgewogen	te Stunde effektivieren,
	5 = ausgewogen	haben Sie ca. 15 positive
	60 Punkte bedeuten	Jahrestage gewonnen,
	optimale individuelle	die Ihre Zufriedenheits-
	Zeitökonomie	und Erfolgsbilanz erheb-
		lich verbessern.

der Leinwand. Die Beschäftigung damit ist hilfreich bei der Bilanzierung des persönlichen Zeitkapitals.

Falls pauschale Wertungen zu allgemein sind, muss die Bedeutung von Gruppierungen oder Personen gesondert gewichtet werden.

Markieren Sie bitte zunächst von 1 (unwichtig) bis 4 (sehr wichtig), welche temporäre Bedeutung die links aufgeführten Bereiche für Sie haben.

Markieren Sie danach von 1 bis 5, ob Ihr Zeitaufwand nach den augenblicklichen Gegebenheiten und Erfordernissen angemessen ist. 5 (ausgewogen) bedeutet, dass Sie in der aktuellen Situation aus Ihrer Sicht die angebrachte Zeitmenge investieren. Ob sich Ihr Standpunkt mit den Erwartungen der Betroffenen deckt, ist Ansichtssache. Bei Vorwürfen oder Protesten liegt es in Ihrem Ermessen, ob und wie Sie darauf reagieren. Dabei spielen utilitaristische und psychologische Überlegungen eine Rolle. Wenn Sie nichts ändern wollen, kreuzen Sie das unter »nein« an, andernfalls haben Sie die Wahl zwischen »ja« und »gelegentlich«. Was geschehen soll, bestimmen Sie allein oder beraten es mit den involvierten Personen. Es lohnt sich, von den 96 Viertelstunden des Tages eine für solche Überlegungen zu investieren.

Zielbewusste Menschen wollen leben und nicht gelebt werden, wollen ihre Entscheidungen selbst treffen, auch und vor allem im privaten Bereich. Wer das mit Augenmaß tut,

- steigert seine Leistungskraft,
- vermehrt seine Erfolgserlebnisse,
- erhöht seine Lebensqualität,
- optimiert seine Zufriedenheit.

Alles zusammen ergibt das beste Lebenselixier.

Diskussionsbeitrag zum Thema »Langsamkeit«

Lieber Herr ...,
was Langsamkeit im Produktionsbereich betrifft, muss ich Ihnen etwas die Brille putzen, weil Sie die Realität vernebelt sehen. Die Befürworter der Langsamkeit empfehlen nicht Bequemlichkeit oder gar Faulheit, vielmehr dachten sie an den Hinweis unserer Altvorderen: *»Gut Ding will Weile haben.«* Wer gegen dieses Prinzip verstößt, jede Aufgabenstellung mit dem Vermerk »absolute Priorität« etikettiert, produziert zwangsläufig Probleme, die Ärger bereiten, das Prestige schädigen und nur mit beträchtlichen Kosten zu beheben sind.

Beispiele:
- Rückrufaktionen der Automobilindustrie
- Unzulänglich vorbereitete rednerische Auftritte
- Unausgereifte Werbeaktionen

- Editionale Schnellschüsse
- Konfuse Regierungsentscheidung

Der Schriftsteller Sten Nadolny hat mit seinem Bestseller »Die Entdeckung der Langsamkeit« das Übel unserer Zeit, den Schnelligkeitswahn, bloßgestellt. Einpeitschertypen, die Führungskräfte und Entwicklungsingenieure mit unrealistischen Zeitvorgaben traktieren, richten mehr an als aus. Die Hybris dieser Betriebsbarrakudas kostet die Volkswirtschaft Milliarden, sehr viele Menschen die Gesundheit und viele das Leben.

Der Schnelligkeitswahn ist das Krebsgeschwür unserer Zeit. Wir brauchen im Hinblick auf Forschung und Technik keine Hektik. Vernunft, Besonnenheit und Solidität sind besser für jede Art von Qualität.

Rede anlässlich einer Kick-off-Veranstaltung

Liebe Mitarbeiterinnen und Mitarbeiter,
was wir anbieten, ist gut und seinen Preis wert. Das nehmen auch unsere Mitbewerber für sich in Anspruch. Doch Behauptungen sind noch keine Beweise. Entscheidend ist nicht die Selbstdarstellung der Unternehmen, sondern die Erfahrung der Kunden. Auf unsere Aus- und Zusagen ist Verlass. Wir wecken Erwartungen und erfüllen sie, denn wir sind fortschrittlich und fair, korrekt und kulant.

Damit es so bleibt, nenne ich 30 Orientierungshilfen zur Identifikation bzw. selbstkritischen Reaktion. Wer Defizite an sich entdeckt, soll sie beseitigen, wer Mängel am System feststellt, soll Korrekturen vorschlagen. Die 30-Punkte-Checkliste wird jetzt verteilt. Erkennen und korrigieren Sie sich, indem Sie ja, nein oder verbesserungsbedürftig ankreuzen.

1. Habe ich das erforderliche Fachwissen?
2. Kann ich überzeugend informieren und beraten?
3. Ist meine Körperpflege o.k.?
4. Ist mein Outfit situationsgerecht?
5. Wirke ich vital und engagiert?
6. Ist meine Stimme sympathisch?
7. Reicht mein Wortschatz für anspruchsvolle Formulierungen?
8. Begrüße ich Kunden höflich und engagiert?

9. Vermittle ich Kunden das Gefühl der Wertschätzung?
10. Spreche ich bekannte Kunden namentlich, ggf. mit dem Titel an?
11. Stelle ich zielorientierte und problemlösende Fragen?
12. Höre ich aufmerksam zu?
13. Gehe ich auf spezielle Anliegen der Kunden ein?
14. Ist meine Körpersprache korrekt?
15. Signalisiere ich durch Mimik und Gestik Interesse?
16. Stelle ich mich auf die Individualität der Kunden ein?
17. Ästimiere und respektiere ich auch Begleitpersonen?
18. Gehe ich auf Bedenken und Einwände der Kunden verständnisvoll ein?
19. Behandle ich Reklamationen sachlich und zukunftsorientiert?
20. Sorge ich dafür, dass Kunden ihr Gesicht wahren können?
21. Optimiere ich die Zufriedenheit der Kunden durch zusätzliche Angebote?
22. Beachte ich die Grenze zwischen eindringlich und aufdringlich?
23. Beherrsche ich die wichtigsten Abschlusstechniken?
24. Mache ich Kunden in richtiger Dosierung Komplimente?
25. Vermeide ich, Kunden mit eigenen Angelegenheiten zu behelligen?
26. Kümmere ich mich um die Einhaltung von Zusagen?
27. Bin ich diskret?
28. Toleriere ich Eigenarten der Kunden?
29. Vermeide ich Themen, die Kunden verletzen oder zum Widerspruch reizen?
30. Beachte ich die Bedeutung der Verabschiedung?

Wer diese Voraussetzungen akzeptiert und praktiziert, gewinnt und behält das Vertrauen der Kunden, trägt zum Erfolg des Unternehmens und zur Sicherheit der eigenen Existenz bei.

Die Geschäftsleitung fördert durch Führungsverhalten, Arbeitsbedingungen, Prämiensysteme, Schulungen, Aufstiegsmöglichkeiten und Umfeldverbesserungen die Einsatzbereitschaft und Zufriedenheit aller und damit das gesamte Betriebsklima. Mitdenken ist erwünscht, Verbesserungsvorschläge sind willkommen. Was nützlich und machbar ist, wird umgesetzt und eingeführt.

In diesem Zusammenhang auch Anerkennung und Dank dem Betriebsrat. Wir sind nicht immer einer Meinung, aber stets konstruktiv um vernünftige Kompromisse bemüht.

Die Zeiten sind nicht leicht, aber der Zeitgeist schreckt uns nicht, denn wir haben Zeit und Geist. Gemeinsam werden wir alle Herausforderungen meistern.

Workshop über Persönlichkeitsbildung und Ethik

Liebe anwesende Personen,
diese Anrede ist etwas ungewöhnlich, aber keine Kränkung, denn jeder Mensch ist eine Person und vor dem Gesetz gleich, zumindest de jure. »Person«, synonymisch gebraucht, kann aber auch eine gewollte Abwertung sein. Beispiel: Diese Person weiß gar nicht, was sie angerichtet hat.

Wenn ich jetzt fortfahren würde: »Ich freue mich, dass viele Persönlichkeiten unter uns weilen.«, wäre das Anlass zur Überlegung, wer wohl gemeint sein könnte und wäre Beweis dafür, dass jede Persönlichkeit eine Person, aber nicht jede Person eine Persönlichkeit ist.

1. Wird man zur Persönlichkeit geboren?
2. Kann man sich selbst als Persönlichkeit bezeichnen?
3. Was unterscheidet Persönlichkeiten von Personen?

Wir bilden jetzt drei Gruppen, die sich jeweils 20 Minuten mit einer der Fragen beschäftigen und anschließend ausführlich begründete Anworten vortragen.

Nachdem Sie die Ergebnisse unter der Moderation von Frau Dr. Hellgang diskutiert haben, möchte ich aus meiner Sicht zusammenfassend und ergänzend noch einige Gesichtspunkte beisteuern:

- Persönlichkeit ist Person + x, und x ist der Summand, der die Person zur Persönlichkeit ergänzt.
- Niemand wird als Persönlichkeit geboren.
- Prominenz fördert die Popularität, aber nicht zwingend die Entwicklung zur Persönlichkeit.
- Nicht die Herkunft ist entscheidend, sondern die Lebensgestaltung.
- Es gibt auch eine Nach- und Spätreife, die Makel kompensieren.
- Andererseits gibt es Entwicklungen vom Vorbild zum Verfemten, das ist der Fall, wenn sich Verehrung in Verachtung wandelt.

Beispiele für Redeübungen gibt es genug:
- Vom Volkshelden zum Volksverführer.
- Vom Kirchenmann zum Kinderschänder.
- Vom Baulöwen zum Betrüger.
- Vom Abgeordneten zum Abstauber.
- Vom Vorbild zum Versager.

Häufig stellt sich erst nach dem Ableben von Honoratioren heraus, inwieweit die Bewunderung berechtigt und die Verehrung verdient war. Umgekehrte Beispiele gibt es auch.

Die Messlatte für Honorigkeit liegt heute tiefer. Spezielle Persönlichkeitsmerkmale wie Moral und Treue unterliegen einem Wertewandel, der mal beklagt, mal begrüßt wird. Was früher tabuisiert war, wird heute toleriert. Libertinage und Laxheit verursachen nur Karrierekratzer. Eine Erosion der Ethik ist nicht zu übersehen. Man kann den Leuten weder ins Herz noch ins Hirn schauen. Das Ganze beim Menschen ist halt mehr als die Summe der einzelnen Teile. So erklären sich auch die peinlichen Pannen renommierter Experten, die im Gestrüpp grauer Theorien ihre Gutachten verstolpern.

Im Hinblick auf Korrektheit werden allgemein gültige Normen und Maximen immer mehr individuell gehandhabt.
- Das eigene Wohl ist wichtiger als das Gemeinwohl.
- Egoismus verdrängt Idealismus.
- Macht rangiert vor Moral.
- Statt Versprechen halten Politiker schöne Reden.

Dieser negative Trend soll uns aber nicht entmutigen, unsere Ideale von Anstand und Fairness, Großmut und Hilfsbereitschaft, Verständnis und Versöhnung in allen Lebensbereichen zu praktizieren und zu kultivieren. Damit sind wir Vorbild und leisten unseren Beitrag für eine bessere Welt. Wer das tut, ist eine Persönlichkeit: bewährt, begehrt und beliebt. Und das ist allemal besser, als erst berühmt und dann berüchtigt zu sein.

Nach der Pause beginnen wir mit Rollenspielen. Jeder kann dann anhand der Aufzeichnungen sein Verhalten reflektieren, gemeinsam werden wir die Ergebnisse diskutieren.

Rede eines Betriebspsychologen zum Thema Kritik

Meine Damen und Herren,
in unserem heutigen Workshop wollen wir uns kritisch mit Kritik beschäftigen. Der Fachterminus heißt Metakritik. Zur Einstimmung will ich zunächst einiges an- und aussprechen.

Gegen Kritik ist kein Kraut gewachsen. In allen Lebensbereichen wird unser Tun und Lassen beobachtet, subjektiv beurteilt und bei Nichtgefallen bemängelt. Dieser Vorgang beruht auf Gegenseitigkeit. Ohne ihn wären wir unglücklich, denn Nichtbeachtung kränkt mehr als Hass. Es hängt von Positionen und Situationen ab, ob man mehr Kritisierer oder Kritisierter ist.

Mir geht es zunächst um Kritik in der Arbeitswelt. In diesen Bereichen wird in der Regel mehr von oben nach unten kritisiert. Wer Führungskraft sein will, muss auch Führungskraft haben. Dazu gehört die Fähigkeit der konstruktiven Kritik. Sie ist nicht nur ein humanes Korrektiv von Missständen, sondern ebenso eine Pannen verhindernde Prävention. Kritikkultur ist auch eine bedeutsame Komponente der Firmenkultur, sie bietet einigen Spielraum. Wurde das gewünschte Resultat erreicht, war die Vorgehensweise richtig, andernfalls gab es Ungeschicklichkeiten. Kritik soll sachlich, gerecht, motivierend, überzeugend und hilfreich sein. Wird sie so von Kritisierten empfunden, wurden diese Voraussetzungen erfüllt. Es kommt nicht nur auf die Nennung und den Nachweis der Kritikursachen an, auch die Art und Weise der Darstellung beeinflusst die Reaktion und das künftige Verhalten der Kritisierten. Selbst wenn Fehler eingesehen und die Anlässe zur Kritik anerkannt werden, hinterlassen die Szenarien oft einen Stachel. Kritik sollte möglichst unter vier Augen und zeitlich so erfolgen, dass der Kritisierte nicht vor Konzentration fordernden Arbeiten deprimiert bzw. demotiviert wird. In Ausnahmefällen kann ein kleiner Schock auch großen Schwung auslösen.

Falsch gehandhabte Kritik ist kontraproduktiv und hat die Konsequenz, dass die Kritisierer Leistungslähmer und die Kritisierten Leistungsverweigerer werden. Strategische Entscheidungsfehler beschädigen die Märkte der Unternehmen, psychologische Führungsfehler die Motivation ihrer Mitarbeiter.

Für die richtige Handhabung der Kritik ist die Beherrschung der Metakommunikation eine wichtige Voraussetzung, sie bündelt die Segmente Rhetorik (Redegewandtheit), Didaktik (Wissensvermittlung), Phonognomik (stimmliche Wirkung), Soziolekt (Klassensprache), Technolekt (Fachsprache), Logik (folgerichtiges Denken). Bei schriftlicher Kritik kommt es noch speziell auf die Formulierungen an, denn Briefe sind bleibende Belege. Schreibzeug reicht nicht, man braucht auch das Zeug zum Schreiben. Wer in den vorgenannten Bereichen fit und zusätzlich psychologisch gut drauf ist, hat Kritikkompetenz und wird zum Vorbild für die Umgangsqualität am Arbeitsplatz.

Die Kritik-Klaviatur bietet viele Möglichkeiten – von pianissimo bis fortissimo. An Orientierungshilfen bieten sich an:

- Mimisch signalisiertes Bemerken
- Stillschweigende Korrektur durch den Kritiker
- Verbale Hinweise, klärende Gespräche
- Belehrung durch erneute An- und Einweisung
- Ankündigung von Konsequenzen

Gespräche sollten möglichst harmonisch, aber mit zukunftsbezogener Konsequenz beendet werden.

Wer vorwiegend zur Kategorie der Kritisierten gehört, sollte sich über die Kausalitäten Gedanken machen und die Anlässe zumindest reduzieren. Erreicht wird das durch klärende Gespräche und Beachtung der Ergebnisse. Solche Verständigung klappt, wenn beide Seiten normal und fair reagieren. Jedem Menschen sollte man die Maxime zubilligen: Ich kann auf die Achtung anderer verzichten, nur nicht auf meine Selbstachtung. Kompliziert wird es, wenn Vorgesetzte nervende Macken haben.
Beispielsweise

- penibel, kleinkariert und engstirnig ihren Standpunkt durchsetzen
- cholerisch oder hysterisch reagieren
- immer jemanden auf dem Kieker haben
- sich als Schwätzer und Sch(l)auspieler entpuppen

- brutal und primitiv sind
- ungerecht und hochfahrend keine anderen Meinungen gelten lassen
- arrogant und flapsig Gefühle verletzen
- als nörgelnde Nieselprieme alles bekritteln
- Manieren, aber keine Moral haben
- dauernd Hilfe für private Zwecke erwarten

Nützlich sind bewährte Denk- und Verhaltensweisen zum Schutz gegen knüppeldicke Kritik. Von Bismarck stammt: »Ich bin dankbar für die schärfste Kritik, wenn sie nur sachlich bleibt.« Nun ja, aber wo ist die Grenze zwischen Schärfe und Schmähung? Das kann jeweils nur im konkreten Fall entschieden werden. Wenn es um die Wahrung eigener Interessen geht und eine Polarisierung unvermeidbar ist, muss man schon alle Reaktionsregister ziehen, um sich zu behaupten. Wehner war in Auseinandersetzungen immer kantig und ruppig, oft ordinär. Strauß klotzte mit intellektuellen Wortkeulen. Auch bei den hitzigsten Wortgefechten ist jedoch keiner ausgerastet, beide hatten ihre Emotionen stets unter Kontrolle. Sie wussten: Wutgickel sind per se Verlierer.

Empfindsame Gemüter wehren sich gegen überrumpelnde Impertinenz am besten mit dem Hinweis: »Ich komme darauf zurück.« Wenn Infamien die sachlichen Abwehrmechanismen blockieren, braucht man Zeit zum Berappeln. Gegebenenfalls empfiehlt sich eine schriftliche Reaktion, dabei kann man sich taktisch und textlich beraten lassen.

Ständig unsachliche Bemeckerung stößt ab. Wenn die Betroffenen geschlossen mit Kritikresistenz reagieren, sind die Nörgler und Räsonierer bald isoliert. Barsche Beziehungen lassen sich durch Geschmeidigkeitsroutine glätten. Jedes Umfeld hat Eigengesetzlichkeiten, die zu beachten sind. Karriere beginnt im Kopf, Klugheit vermeidet Komplikationen. Manchmal verschafft man sich auch durch Frechheit Respekt. Außenminister Fischer hat als Abgeordneter zum damaligen Bundestagspräsidenten gesagt: »Mit Verlaub, Herr Präsident, Sie sind ein Arschloch.« Seiner Karriere hat es nicht geschadet. Zum Chef sollte man es nicht sagen. Der könnte antworten: »Sie haben Recht, deshalb sind Sie entlassen.« Wem große Impulsivität eigen ist, empfehle ich für den Schreibtisch oder die Werkbank den gerahmten Bibelspruch: »Gib eine Wache, Herr, meinem Mund, eine schützende Tür meinen Lippen.«

In der normalen Arbeitswelt sind wirklich schlimme Zustände selten. Was grämt und nervt, sind die kleinen Klebrigkeiten des Alltags, die nicht sein müssten, wenn alle Kollegen und Kolleginnen so wären, wie man selbst zu sein glaubt.

So, jetzt haben wir den richtigen Einstieg für die erste Diskussionsrunde.

Tagung von Führungskräften –
Einführungsrede zum Thema »Führung«

Meine Damen und Herren,
über Führung wird viel geredet und geschrieben. Ich gehöre auch zu den Leuten, die sich mit diesem Thema verbal und schriftlich beschäftigen. Einige meiner Publikationen liegen vor Ihnen. Aber jetzt

Kompenz
beweisen

bitte nicht lesen, sondern zuhören. Seit Olims Zeiten will die Obrigkeit der »Untrigkeit« oder diese der Obrigkeit zeigen, wo es langgeht. Durchsetzungs- und Machtstreben haben viele Motive, die gefährlichsten sind:

● Verbreitung von politischen und religiösen Weltanschauungen
● Herrschsucht und Ausbeutung

Zustimmung
erlangen

Aus diesem Grunde wurden und werden Menschen verfolgt, vertrieben, gefoltert und getötet. In jeder Generation gibt es ein Reservoir latenter Büttel und Sadisten, die zu jeder Grausamkeit bereit sind, wenn sie dazu verleitet oder aufgefordert werden. Jede Verführung ist eine Folge der Führung. Wir wollen uns aber jetzt nicht mit Despoten und Diktatoren auseinander setzen. Ihre Untaten sind aus der Geschichte und eigenem Erlebten hinreichend bekannt.

Thema
eingrenzen

Heute geht es um die Bedeutung der Führung in der Berufswelt. Da wird oft mehr an- als ausgerichtet, zwar nicht in apokalyptischen Dimensionen, aber in existenzgefährdenden Ausmaßen. Das ist immer dann der Fall, wenn ungeeignete Leute Führungsaufgaben und damit sich selbst übernommen haben. Manche Vorgesetzte verstehen eine Menge vom Fach, aber wenig von Führung. Die Folgen sind bekannt: Bewährtes wird beseitigt, Vernünftiges vermasselt, Vertrauen verspielt.

Praxisbezogene Beispiele bringen

Es gibt keine gute oder schlechte Führung, sondern nur gute oder schlechte Folgen der Führung. Konsequenz, die zum Erfolg führt, ist wichtiger als Kulanz, die ihn verhindert. Unpopuläre Zumutungen müssen durch Erfolge gerechtfertigt werden. Der Führungsstil wird auch vom Führungsanspruch und -bedarf bestimmt. Bei idealen kollegialen Voraussetzungen besteht Führung lediglich aus Information, Motivation und Kooperation.

Plakativ formulieren

Interessant sind einige Meinungen über Führung:
- Seeleute bringen sie kurz und bündig auf den Punkt: »*Auf jedem Schiff, das dampft und segelt, ist einer, der die Sache regelt.*«

Zitate sind Zeugen

- Unser Dichterfürst Goethe spottet: »*Das Wunderlichste im Leben ist das Vertrauen, dass andere uns führen werden. Haben wirs nicht, so tappen und tölpeln wir unseren eigenen Weg hin; haben wirs, so sind wir auch, eh wirs uns versehen, auf das Schlechteste geführt.*« Anlässe zum Sarkasmus hätte der große Meister auch in unserer Zeit.
- Friedrich der Große sieht die Situation sarkastisch und staatsmännisch zugleich: »*Vorurteile nach Frauenweise, Zank und Händel der Einzelnen, kleinliche Sonderzwecke und Belanglosigkeiten dürfen niemals den Blick eines Mannes trüben, der ganzen Völkern ein Führer ist.*« Nach Frauen stand ihm nicht sonderlich der Sinn, vor dem Untergang bewahrte ihn allerdings die politische Entscheidung einer Frau. Er schrammt mit seiner Politik haarscharf am Abgrund vorbei.
- Auch die Bibel gibt zum Thema Führung Lebenshilfe: »*Des Menschen Herz denkt sich einen Weg aus, aber der Herr lenkt seine Schritte.*« (Spr. 16,9). In der Praxis läuft es darauf hinaus: Der Mensch denkt, Gott lenkt, die Führungskraft entscheidet.

Ich träume manchmal von einer Welt ohne Führung, in der Humanität und Rationalität von selbst funktionieren, Normen akzeptiert und Regeln respektiert werden. Das wäre gewaltfreier, ethisch fundierter Anarchismus, der seit Jahrhunderten propagiert wird, aber noch nie funktioniert hat. Solche Theorien bleiben Illusion. Wir müssen realistisch denken und handeln.

Visionen vermitteln

Wenn ich Sie, meine Damen und Herren, nach Ihrem Führungsstil fragen würde, wäre die Antwort von vielen »kooperativ«. Es wird
koordiniert und organisiert, vernünftig und zweckmäßig, gewinn-
und erfolgsorientiert zusammengearbeitet. Leider läuft es nicht immer so gut, wie es sich anhört. Betriebe haben Eigengesetzlichkeiten
und Menschen Eigenarten, deshalb gibt es keinen allgemein gülti-
gen Führungsstil und keine allgemein gültige Führungspersönlich-
keit. Es hängt von den Umständen ab, ob Führung am kurzen oder
langen Zügel angebracht ist.

Das Prinzip »Befehl und Gehorsam« ist jedenfalls passé. »Führung by
Frust« erzeugt Furcht und wird zum Flop. Je individueller Fakten erklärt und Unklarheiten geklärt werden, umso besser ist das Betriebsklima und sind die damit verbundenen ideellen und materiellen Wertschöpfungen. Dieser Führungsstil hebt auf emotio und ratio ab. Der Erfolg hängt von der Ausgewogenheit zwischen Rücksicht
auf die Individualität der Mitarbeiter und den betrieblichen Erfordernissen ab. Hier beginnt die Führungskunst. Die Voraussetzung

**Konkrete
Hinweise**

hierfür ist eine aus Wissen, Leistung und Vorbild resultierende
Autorität, die mehrheitlich respektiert wird, denn Autorität braucht
auch Majorität.

**Kompakter
Schluss**

Es gibt keinen Fortschritt ohne kompetente Führung. Ich wünsche
Ihnen hierzu im Verlauf der Tagung noch viele Erkenntnisse und die
Erfüllung aller Erwartungen.

Einstiegsrede zu einem Telefontrainingstag

Meine Damen und Herren,
herzlich willkommen im Seminar »Der gute Ton am Telefon«. Wenn
Sie glauben, das ist unser erster wissentlicher Kontakt im Leben,
stimmt das nicht.

Aufgrund der schriftlichen Anmeldung war es mir möglich, Sie anzu-
rufen. Das habe ich vor einigen Tagen getan. Vielleicht kommt Ihnen
meine Stimme deshalb bekannt vor. Meinen richtigen Namen habe
ich ja nicht genannt, weil ich Sie ohne »Vorwarnung« in Ihrem beruflichen Alltag erleben wollte. Dazu musste ich mir jeweils einen
Vorwand ausdenken. Hätte ich gesagt: »Guten Tag, mein Name ist

Siegfried Huth, ich bin der Mann, mit dem Sie am Samstag das Telefonseminar haben«, hätten Sie sich vermutlich bewusst von Ihrer telefonischen Schokoladenseite gezeigt.

Keine Sorge, hier wird kein Mensch vorgeführt oder gar abgekanzelt. Dazu gab niemand Anlass. Selbst wenn es der Fall gewesen wäre, es gäbe hier keine Bloßstellungen.

Mein Auftrag ist, Ihnen zu helfen, wie man Kunden findet und Kunden bindet. Heute geht es speziell um das Verhalten am Telefon. Sie sollen sicher und überzeugend reagieren und das Unternehmen professionell repräsentieren. Das ist telefonisch manchmal schwieriger als bei einer persönlichen Begegnung, zumal flankierende nonverbale Signale wegfallen. Telefonische Gespräche finden sozusagen mit verbundenen Augen statt. Es ist anzunehmen, dass Bildschirmtelefone dieses Problem bald lösen werden oder vielleicht auch andere schaffen. Bei manchen wird die neue Technik Freude, bei anderen Frust auslösen. Wenn es so weit ist, werden wir uns mit der Nutzung der Vor- und Vermeidung der Nachteile beschäftigen. Bestimmt wird es auch einen Knopf zum Abschalten des Bildschirms geben. Um glaubwürdige Begründung müssen wir uns heute noch nicht grämen.

Vorerst überzeugen wir per Telefon noch mit 14 Segmenten, die unser Image beeinflussen und die Gesprächspartner beeindrucken. Ich habe bei unseren Telefonaten darauf geachtet, ob und wie Sie diese Sympathiebringer nutzen. Meine Eindrücke pendeln zwischen »zufrieden stellend« und »sehr gut«.

Ich weiß:
   a) Momentaufnahmen, ob positive oder negative, darf man nicht unkritisch verallgemeinern.
   b) Es ist ein Unterschied, ob man ein vorbereiteter Anrufer oder unvorbereiteter Angerufener ist.

Beurteilen Sie bitte selbst, ob Sie diese Voraussetzungen in allen Situationen erfüllen.

(Handouts verteilen)

	ja	teilweise	nein
Schnelle Reaktion	○	○	○
Höflichkeit	○	○	○
Engagement	○	○	○
Zuhörbereitschaft	○	○	○
Fragetechnik	○	○	○
Fachwissen	○	○	○
Informationsbereitschaft	○	○	○
Problemlösungen	○	○	○
Stimmliche Wirkung	○	○	○
Deutliche Sprache	○	○	○
Wortschatz	○	○	○
Disziplinierte Formulierungen	○	○	○
Gewandtheit	○	○	○
Souveränität	○	○	○

Wenn Sie mit gutem Gewissen vorwiegend »ja« angekreuzt haben, werden Sie auch bei folgendem Test gut abschneiden:

Das kann ich	gut	mäßig	nicht praktizieren
Kontaktanbahnung	○	○	○
Angebote	○	○	○
Abschlüsse	○	○	○
Bedarfsweckung	○	○	○
Selektion	○	○	○
Terminabsprachen	○	○	○
Informationen (Weitergabe oder Einholung)	○	○	○
Klärung von Fakten	○	○	○
Erinnerungen	○	○	○
Einladungen	○	○	○
Nachfassaktionen	○	○	○
Rückfragen	○	○	○
Reklamationserledigungen	○	○	○
Entschuldigungen	○	○	○
Bestätigungen	○	○	○
Glückwünsche	○	○	○
(Ergänzen Sie bitte weitere Aufgaben)			
_____	○	○	○
_____	○	○	○
_____	○	○	○

Sollten Sie Defizite feststellen, freuen Sie sich, dass Sie hier sind. Haben Sie den Eindruck, alles zu beherrschen, lassen Sie uns am Wohlstand Ihres Wissens teilhaben und sich selbst von neuen Erkenntnissen überraschen.

Jetzt gehen wir ins Detail und beginnen mit praktischen Übungen.

Sie bekommen noch viele Handouts zur Selbstkontrolle, ein persönliches Feedback und individuelle Tipps.

Reden in Vereinen und Verbänden

Rede vor einem Verbraucherverband (1)

Meine sehr verehrten Damen und Herren!
Die Krisen auf unserem Raumschiff Erde nehmen zu. Menschen hungern und leiden Not. Sie hassen und töten einander. Unschuldige Kinder sterben.

In Westeuropa leben wir in einem Konsumrausch, schwelgen im Wohlstand, erliegen verführerischer Werbung und erheben Nichtigkeiten zu Lebensinhalten, und so nebenbei machen wir noch die Umwelt kaputt.

Diese Ungerechtigkeit wird für uns böse Folgen haben, Folgen, die zum Teil schon jetzt sichtbar werden. Wir müssen deshalb unseren Materialismus drosseln, unseren Konsum reduzieren, bescheidener werden, wenn wir schlimmes Unglück von unseren Kindern und Kindeskindern abwenden wollen.

Mit den Entwicklungskosten für immer neue Produkte, mit den Ausgaben für raffinierte Mode, mit den Milliarden, die in die Werbung investiert werden, könnten wir das Elend der Welt beseitigen.

Verzicht ist die Notwendigkeit und Teilen das Gebot der Stunde. Wer das nicht einsieht, versündigt sich.

Helfen Sie uns und schützen Sie sich selbst durch schriftliche Verpflichtung, Opfer zu bringen, sonst werden sich die Menschen aus der Dritten Welt eines Tages gewaltsam holen, was wir nicht freiwillig zu geben bereit sind.

Rede vor einem Verbraucherverband (2)

Sehr geehrte Damen und Herren!
Uns wurde drohend und mit verbaler Wucht das Elend der Welt angelastet. Diese Schuldzuweisung ist jedoch ungerecht. Wir haben uns nach dem 2. Weltkrieg aus tiefster Not heraus unter großen Opfern unseren heutigen Wohlstand erarbeitet. Dabei bekamen wir Hilfe zur Selbsthilfe. Wir haben sie dankbar angenommen und ge-

nutzt. Als es uns gut ging, haben auch wir den darbenden Völkern geholfen. Aber Auswüchse und Ungerechtigkeiten gibt es nicht nur bei uns. Oft wurde Entwicklungshilfe von den Mächtigen vor Ort vergeudet und verpulvert.

Ein schwer kranker Patient wird nicht dadurch gesund, dass auch der Arzt seinen Zustand anstrebt. Helfer müssen stark sein. Und wenn Entwicklungshilfe nicht in ein Fass ohne Boden fließen und versickern soll, müssen die Hilfesuchenden die wirtschaftlichen Systeme in ihren Ländern ändern. Effektive Hilfe kann immer nur Hilfe zur Selbsthilfe sein. Nur so können sich auch die armen Länder dieser Erde ihre Eigenständigkeit und Unabhängigkeit bewahren.

Damit wir auch künftig helfen können, müssen wir unser Wirtschaftssystem bewahren. Lasst uns vernünftig denken und handeln und verteidigen, was wir haben, damit wir leistungs- und zur Hilfe fähig bleiben können.

Wir haben kritische Töne über Konsumentenverführung durch Werbung und unseriöse Verkaufsmethoden gehört. Ich fühle mich nicht als Advocatus Diaboli, sondern als Sprecher aller Befürworter einer funktionierenden Marktwirtschaft. Deshalb sage ich: Werbung ist ein wesentliches Moment der freien Marktwirtschaft. Werbung belebt die Konkurrenz, regt zu neuen Entwicklungen an und ist damit fast schon ein kreatives Element. Der Verbraucher ist der Werbung nicht schutzlos ausgesetzt. Unlautere Methoden sind schnell aufgedeckt. Da passen die Verbraucherverbände auf, und auch die Medien lauern auf Missstände, die sie in ihren Verbrauchermagazinen thematisieren können. Seit dem 7. Juni 1909 gibt es das Gesetz gegen den unlauteren Wettbewerb. Auch der Gesetzgeber tritt also energisch für Wahrheit und Klarheit im Handel ein.

Werbung an sich ist nichts Schlechtes. Eine Gesellschaft ohne Werbung ist wie eine Wanne ohne Wasser, wie Bedarf ohne Befriedigung. Massenwerbung bringt Massenumsatz und massengerechte Preise. Davon profitieren alle – Produzenten und Konsumenten, Arbeitgeber und Arbeitnehmer.

Wenn Produzenten, Händler und sonstige Anbieter mit ihren Rohstoffen, Waren oder Dienstleistungen Kunden täuschen, betrügen, gesundheitlich schädigen und auch noch die Natur verhunzen, sind Aufklärung und Verhinderung sozialethische Pflicht. Es geht aber nicht an, dass wegen einzelner schwarzer Schafe ganze Branchen in Misskredit gebracht und die Verbraucher allgemein verunsichert werden.

Lassen wir uns nicht durch apokalyptische Endzeitprediger die Konsumbejahung vermiesen. Zivilisation funktioniert, wenn die Wirtschaft prosperiert, der Wohlstand blüht, Leistung bejaht und Verantwortung praktiziert wird. Wenn diese Faktoren stimmen, dann bedarf es keiner Bevormundung der Konsumenten, dann werden zufriedene Verbraucher bewusster verbrauchen und gleichzeitig bereit sein, zu teilen und zu helfen.

Rede anlässlich der Mitgliederversammlung eines Sportvereins

Liebe Sportkameradinnen und -kameraden!
Seid alle herzlich willkommen zu unserer diesjährigen Mitgliederversammlung. Es ist schön, so viele bekannte Gesichter wiederzusehen und dadurch die Bestätigung zu erhalten, dass ihr unserem Verein die Treue bewahrt.

Ein Jahr ist um. Der Vorstand muss wieder einmal einen Rechenschaftsbericht vorlegen. Er tut das gern. Aber in diesem Jahr muss er euch doch auch einige Tatsachen mitteilen, die sicher nicht alle froh stimmen werden. Der Gesamtvorstand hat seinen Vorsitzenden beauftragt, die Probleme ganz allgemein auf der heutigen Mitgliederversammlung anzusprechen. Zu den einzelnen Sparten werden dann die jeweiligen Fachleute detaillierter Stellung nehmen.

Zunächst soll über das Gute des vergangenen Jahres berichtet werden. Unsere sportlichen Erfolge haben allgemein bei unseren Freunden Anerkennung gefunden und waren für unseren Verein vielversprechend. Aber ich mache keinen Hehl daraus, dass sich der Vorstand gerade bei den aktiven Herren- und Damenmannschaften noch mehr erhofft hatte. Immerhin – wir konnten unsere Plätze in der A- und B-Liga halten, wenn auch keinen Platz dazugewinnen.

Dafür waren die Leistungen unserer Mädchen und Jungen hervorragend. Die Platzierungen lagen weit über dem Ergebnis des Vorjahres. Das hat seinen Grund sicher darin, dass wir die Zusammenarbeit mit den Schulen noch aktiver betreiben als in der Vergangenheit. Ich will jedoch nicht vorgreifen, denn unser Sportwart wird Näheres hierzu berichten.

Nichts Gutes habe ich über unsere finanzielle Situation zu sagen. Infolge des Umbaus der Sportanlagen sind alle unsere finanziellen Polster, die wir uns im Laufe der vergangenen Jahre zugelegt haben, aufgebraucht. Wir haben die Entscheidung zur Renovierung der Sportanlage im letzten Jahr getroffen und müssen nun dazu stehen. Der Umbau hat viel mehr Geld gekostet, als wir zunächst dachten. Das kommt daher, dass wir unseren ursprünglichen Entwurf nachbessern mussten, als schon ein Teil des Umbaus fertig war. Das war zwar weitestgehend Schuld des Bauunternehmers. Ein Teil der Mehrkosten jedoch bleibt trotzdem an uns hängen. Aber zulasten unserer Aktiven und unseres Wettkampfprogramms darf der Umbau nicht gehen.

Die Kasse ist zwar leer, aber wir brauchen Geld, um unsere Bauschulden abzutragen, unsere Wettkämpfe durchzuführen, Trainer zu bestellen und Fahrtkostenzuschüsse gewähren zu können. Darum hat sich der Vorstand schweren Herzens dazu entschlossen, den Antrag auf eine Erhöhung der Mitgliedsbeiträge zu stellen. Ohne eine Erhöhung der Jahresbeiträge werden wir unser Defizit nicht ausgleichen können. Die Einzelheiten wird euch nachher unser Vereinskamerad D. W. erläutern. Er ist Wirtschaftsprüfer und kennt sich aus.

Da ich schon einmal beim Klagen bin, schließe ich einen weiteren Punkt an, der den Vorstand seit langem beschäftigt. Ich tue das deshalb heute, weil ich endlich einmal wieder viele unserer jungen Mitglieder begrüßen kann. Seit Jahren haben wir bei Vorstandswahlen keine Bereitschaft bei unseren jüngeren Vereinsmitgliedern gefunden, Ämter zu übernehmen. Aber wir brauchen junge, engagierte Mitglieder für den Posten des Schriftführers, des Schatzmeisters, des Sportwarts und für die Bewältigung anderer Aufgaben. Ich spreche darum besonders unsere Jugend an. Bitte, kommt und stellt euch für diese Aufgaben zu Verfügung, sei es im Vorstand oder in den anderen Gremien, vom Festausschuss bis zur Betreuung unserer Kinder- und Jugendabteilungen.

Entnehmt meinen Worten bitte nicht, dass sich eine dramatische

Situation anbahnt. Noch ist alles in Ordnung. Aber bei der nächsten Vorstandswahl, in der fast alle Positionen neu besetzt werden müssen, brauchen wir eure Bereitschaft, Verantwortung zu übernehmen. Engagiert euch und lasst den Verein nicht im Stich! Wir leugnen nicht, dass die Übernahme solcher Tätigkeiten Zeit kostet. Aber alle unsere Opfer kommen letztlich der guten Sache unseres Vereins zugute, den wir über uns hinaus für unsere Kinder und Kindeskinder erhalten wollen. Denn unser Sportverein gehört seit Jahrzehnten zu unserer Gemeinde wie der Gesangverein oder die Schule auch.

Macht euch klar: Dies ist auch euer Verein. Darum verschließt euch nicht, gebraucht euren Verstand und nehmt die Chance wahr!

Rede vor einem Seniorenklub

Liebe Freunde!
Im Spanischen heißen Menschen, die sich vom Arbeitsleben zurückziehen, Jubilierende. Ist dies nicht eine schöne Umschreibung? In unseren Breiten sieht man im Ausscheiden aus dem Beruf nicht unbedingt einen Grund zum Jubeln. Wir nehmen eher mit einer gewissen Traurigkeit Abschied von der Arbeit und trauern dem allmorgendlichen Gang ins Geschäft nach, den wir nun nicht mehr zu gehen brauchen. In Spanien dagegen jubeln die Pensionäre. Sie sind dem Stress des Arbeitsalltags entronnen.

Als solche Jubilierende begrüße ich Sie heute hier in unserem Klub. Sie sind zum Teil schon einige Zeit bei uns und haben gesehen, was wir zu bieten haben. Doch freue ich mich, dass auf unseren Rundbrief hin eine ganze Reihe neuer Gesichter unter uns sind. Ihnen ein ganz besonders herzliches Willkommen! Sie werden erleben, dass wir kein Feierabendklub sind. Denn bei dem Wort Feierabend liegt der Ton viel zu sehr auf dem Ende. »Nun ist Feierabend, jetzt ist Schluss« wäre dann das Motto.

Das eben wollen wir nicht. Wir sind ein Kreis aktiver Menschen des »troisième âge«, wie es in Frankreich heißt, also des dritten Lebensabschnitts. Wann dieser beginnt, ist bei jedem einzelnen Menschen verschieden. Er selbst entscheidet, wann er zum »Jubilieren« bereit ist. Selbstverständlich können es auch die Umstände sein, die ihn dahin bringen.

Ich brauche nicht zu betonen, dass wir keine Partei oder parteiähnliche Organisation sind. Noch ist der Klub völlig lose organisiert. Aber das könnte sich mit der Zeit ändern, wenn er größer wird und einer strafferen Form bedürfen sollte.

Unser Ziel ist es, ältere Menschen aus ihrer Vereinzelung oder Einsamkeit herauszuholen und ihnen eine Abwechslung mindestens zweimal in der Woche zu bieten. Im Augenblick sind zwei Nachmittage und Abende – am Mittwoch und Freitag – für gemeinsame Unternehmungen vorgesehen. An diesen Tagen ist von 17 bis 22 Uhr, wie Sie wissen, hier im Restaurant eine Art Kommunikationszentrum geöffnet. Wir wollen miteinander reden, ein wenig trinken oder zu Abend essen, sofern jemand Lust dazu hat. Wer will, mag sich auch zu einer Partie Schach oder zum Kartenspiel einfinden. Da wir im Augenblick nur das zu bezahlen haben, was wir bestellen, liegt es an uns, uns diesen Raum zu erhalten. Denn wenn das Restaurant nicht auf seine Kosten kommen sollte, werden wir Miete zu entrichten haben.

Wir haben auch bereits angekündigt, dass wir einen Unkostenbeitrag von jedem eingeschriebenen Mitglied erbitten, denn wir möchten allmählich unabhängig werden und die entstehenden Kosten für Porto, Druck etc. durch diese Pauschale abdecken. Da wir alles auf freiwilliger Basis organisieren wollen, sind wir für jede Mithilfe bei unseren Veranstaltungen und auch für jeden Beitrag dankbar.

Wir werden mit unseren Bestrebungen nur Erfolg haben, wenn wir genügend Jubilierende sind. Bitte unterstützen Sie uns bei unseren Werbeaktivitäten und machen Sie uns bekannt. Wir sind aber nicht an Laufkundschaft interessiert, sondern suchen Menschen, die aktiv und kreativ unser Ziel mittragen. Täten das viele Menschen, könnten wir mit der Zeit unser Angebot erweitern.

Bitte, meine Damen und Herren, lassen Sie sich begeistern und begeistern Sie andere. Vielen Dank.

Rede des Leiters eines Jugendhauses zu schwerwiegenden Problemen mit randalierenden Jugendlichen

Guten Abend, sehr geehrte Eltern!
Ich habe Sie heute aus einem sehr ernsten Grund zu einem außerordentlichen Treffen hierher gebeten und danke Ihnen für Ihr zahl-

reiches Erscheinen. In diesem Haus herrscht leider zurzeit der Vandalismus. Einige Jugendliche haben kürzlich das Mobiliar in einem der Aufenthaltsräume kurz und klein geschlagen. Außerdem habe ich in der Toilette ein gebrauchtes Heroinbesteck gefunden. Schließlich ist ein 16-jähriges Mädchen schwanger. Sie hat mir das anvertraut, will mir aber den Vater ihres Kindes nicht nennen. Ich vermute, es ist einer unserer Jugendlichen.

Ich weiß, dieses Jugendhaus müsste eigentlich »Brennpunkthaus« heißen. Es wurde vor vielen Jahren in einem Stadtteil errichtet, der damals noch nicht vermuten ließ, dass er zum Szenetreff für junge und alte Aussteiger, für Fixer und Junkies werden würde. In unser öffentliches Jugendhaus kommen leider nicht nur »harmlose Jugendliche«, die hier in Ruhe Billard oder Schach spielen oder einfach miteinander reden wollen. Hier geht stattdessen tagtäglich der Punk ab, wie es in der Jugendsprache heißt.
    Da wir personell völlig unterbesetzt sind, gibt es kaum die Möglichkeit, intensive Gespräche mit den Jugendlichen und insbesondere den Störenfrieden zu führen, um den Ausschreitungen so Einhalt zu gebieten. Solche Gespräche wären aber dringend nötig, denn die äußere Gewalt ist doch in vielen Fällen nur ein Zeichen verdrängter Probleme.

Ich kenne einige der Randalierer näher und weiß auch um ihr persönliches Umfeld. Ich weiß, dass es Eltern gibt, die diesen Namen überhaupt nicht verdienen, die sich viel zu wenig um ihre heranwachsenden Kinder kümmern. Aber wie dem auch sei, so wie jetzt kann es nicht weitergehen. Daher haben wir uns Folgendes ausgedacht: Jeden Tag abwechselnd kommt ein Elternteil hier ins Haus und arbeitet mit uns zusammen und sieht so, was hier abläuft. Vielleicht muss die oder der Betreffende auch erkennen, dass vielleicht der eigene Sprössling unter den Randalierern ist. Wir haben die Einstellung einer Familientherapeutin vor Ort durchsetzen können. Es gibt daher die Möglichkeit, ganztags mit dieser Frau zu reden, allein oder zusammen mit dem Partner und dem Sohn oder der Tochter. Ich bin Sozialarbeiter. Ich kann und will nicht tatenlos mit ansehen, wie hier viele junge Leute kaputtgemacht werden. Bei einigen zweifle ich, ob sie noch zu retten sind. Man kann seine Erziehungspflicht und Aufsichtspflicht nicht an den Nagel hängen wie einen alten

Lumpen! Deshalb wollen wir auch den Eltern helfen, das aus dem Ruder geratene Verhältnis zu ihren eigenen Kindern wieder hinzubiegen.

Zum Schluss möchte ich Sie um Spenden bitten, damit das Mobiliar wieder ersetzt werden kann. Auch der Plattenspieler ist kaputt. Mit den wenigen städtischen Mitteln, über die wir verfügen, sind die Verluste leider nicht wieder zu ersetzen. Danke.

Antwort auf die Rede des Jugendhausleiters

Liebe Anwesende!

Auch wenn die Beschreibung der hier im Hause herrschenden Zustände ein wenig überspitzt sein mag, so ist der Vorschlag des Hausleiters, eine Art »Arbeitsgemeinschaft« zu gründen, letztlich nicht schlecht. Die Anstellung einer Familientherapeutin halte ich für eine hervorragende Idee, denn Probleme mit unseren Kindern haben wir doch alle mehr oder weniger. Die Großstadt allein ist ja schon ein Problem, das täglich bewältigt werden muss. Der Verkehr, der Lärm, der Dreck, die Hetze, zu wenig Arbeitsplätze für die Jugendlichen und zu Hause Enge – ja, wo soll denn da die große Freundlichkeit herkommen? Es darf einen nicht wundern, wenn alles zusammen dazu führt, dass die jungen Leute über die Stränge schlagen und aus dem Rahmen fallen. Wenn man gerade auch an die berufliche Perspektivlosigkeit vieler Jugendlicher denkt, dann darf man sich schon gar nicht mehr wundern. Da Menschen wie unser Hausleiter, die sich so einsetzen und nach Lösungen suchen, auch selten sind, sollten wir ihn im Interesse unserer Kinder und des Erhalts des Jugendhauses unterstützen. Danke.

Rede zur Ehrung eines verdienten Vereinsmitglieds

Lieber Fritz! Liebe Sangesfreunde!

Ja, so offiziell kann ich werden, wenn ich als Chorvorstand jemanden ehren soll. Doch was heißt hier jemanden? Dich wollen wir ehren, lieber Fritz!

Auf den Tag vierzig Jahre singst du nun im Liederkranz den ersten Bass. Als du hier anfingst zu singen, konnte ich gerade mal sprechen. Mein Wortschatz hat sich zwar seitdem kräftig erweitert, aber ich muss mich trotzdem ordentlich anstrengen, wenn ich eine Rede auf einen so großartigen Sangesbruder wie dich halten will.

Vierzig Jahre immer dabei – da mag wohl, wenn man das zusammenrechnet, ein halbes Jahr Dauersingen herauskommen. Man stelle sich das vor: vierzig Jahre – und kein bisschen heiser!

Fritz ist so etwas wie der gute Geist des Liederkranzes. Nicht weil er immer wieder für geistvolle Getränke aus der eigenen Brennerei sorgt, sondern weil er mit allen gut kann und auch schon mal die Chorstunde in die Hand nimmt. Erinnern wir uns an damals, als unser Dirigent Karl-Heinz nach einem Autounfall fast ein Jahr lang ausfiel.

Nichts kann ihn beeindrucken, unseren Fritz. Schon gar nicht die feinen Herren, die unseren Dorfkrug zu einer Nobelherberge umbauen wollten. Unseren Saal wären wir dann los gewesen. Fritz, gar nicht faul und noch dazu damals Bürgermeister, setzte sich erst mit den Herren an den Tisch und soff sie einfach unter denselben. Dann setzte er sich durch und die Herren ins Taxi Richtung Stadt. Ein Hoch auf Fritz – der Krug und wir bleiben »up ewig ungedeelt«!

Nun liegen hier neben mir auf dem Tisch etwas Flaches und ein Kästchen. Das Flache ist die Ehrenurkunde für dich, lieber Sangesbruder, und in dem Kästchen ist die goldene Ehrennadel. Lass sie dir ans Revers stecken! Nicht die Urkunde, die Nadel natürlich!

Fritz ist wirklich »unser Fritz«. Denn wir brauchen ihn nur mit seinem Hof, seiner Familie und seiner Sportschau zu teilen. Sonst ist er immer für uns da. Und das nicht nur als Sänger, sondern auch als Freund.

Und weil wir alle darin übereinstimmen, stimmen wir alle nun ein »Hoch soll er leben!« an. Aus voller Kehle! Und wenn die leer gesungen ist, füllen wir Flüssiges nach – auf dein Wohl!

Rede eines Feuerwehrkommandanten
auf dem Feuerwehrjubiläum

Sehr geehrte Ehren- und Festgäste!
Liebe Kameradinnen und Kameraden!
Herzlich willkommen zu unserer Jubiläumsveranstaltung.

Heute ist ein Festtag für die freiwillige Feuerwehr unserer Gemeinde, aber auch für die gesamte Bevölkerung, denn ihre Feuerwehr feiert heute einen runden Geburtstag, sie feiert ihr 50-jähriges Bestehen.

Ich könnte jetzt die Chronik unserer Wehr verlesen und den derzeitigen technischen Standard aufzeigen, dazu verdiente Persönlichkeiten würdigen, die unsere Wehr im Laufe der Jahrzehnte geprägt oder gefördert haben. Das alles, meine Damen und Herren, können Sie ausführlich und bebildert in der Festschrift nachlesen. Auch die Namen der Autoren dieser Dokumentation sind darin der Nachwelt erhalten. Hervorheben möchte ich nur, dass wir seit 19.. eine einsatzfreudige Jugendgruppe haben, der auch Mädchen angehören, die den Jungen an Können und Mut absolut ebenbürtig sind.

Ich habe zu danken:
- meinen Vorstandskameraden und allen Chargen, die besondere Verantwortung tragen
- allen Mitgliedern, Alt und Jung, die in treuer Pflichterfüllung der Gemeinschaft dienen
- allen Förderern, die uns finanziell unterstützen
- der Gemeindevertretung und der Gemeindeverwaltung für die vertrauensvolle Zusammenarbeit (einige Mandatsträger sind als aktive Mitglieder uniformiert unter uns)
- befreundeten Organisationen und Verbänden – der Polizei, dem Technischen Hilfswerk, dem Roten Kreuz
- und nicht zuletzt allen benachbarten Wehren – für die ausgezeichnete Zusammenarbeit und Verlässlichkeit bei gefährlichen Einsätzen

Mein Dank gilt auch allen Wehren und Vereinen von hier und aus der Nachbarschaft, die mit uns feiern und uns durch Darbietungen informieren oder unterhalten und uns dadurch in die richtige Stimmung versetzen, ebenso allen offiziellen Repräsentanten der Parteien, Kommunen, Kirchen, Wirtschaft, überhaupt allen Menschen, die hier sind, sich mit uns verbunden fühlen und unserem Fest Bedeutung geben.

Einen ganz speziellen Dank, liebe Kameraden, sage ich unseren Frauen, die für unseren Dienst immer Verständnis und somit auch Anteil an unserer Ausbildung und Leistung haben. Diesem Dank folgt nun ein schlichtes Versprechen: Wir werden weiterhin Gesundheit und Leben aller Bürger, ihr Hab und Gut schützen und erhalten helfen, bergen und retten, soweit es in unserer Macht steht.

Damit wir dieses Versprechen halten können, appelliere ich an die Jugend, aktiv bei uns mitzuarbeiten, an alle aktiven Kameraden, weiterhin in treuer Feuerwehrkameradschaft zusammenzustehen, an alle Mitbürger, die Macht, Einfluss und Möglichkeiten haben, uns zu unterstützen, dies auch zu tun.

Und nun, meine Damen und Herren, bitte ich Sie, sich zu erheben. Wir wollen aller verstorbenen Kameraden gedenken; diejenigen, die ihr Leben im Einsatz geopfert haben, nenn ich namentlich:
…

(Hier kann getragen »Ich hatt' einen Kameraden« intoniert werden.)

Sie sind nicht mehr bei uns, aber im Geiste unter uns. Wir werden sie nie vergessen. Ich danke Ihnen, meine Damen und Herren.

Bei einer Festrede soll man sich nicht festreden, deshalb will ich uns allen nur noch einen harmonischen Verlauf unserer Jubiläumsfeier wünschen und den nächsten Programmpunkt ansagen.

(Variante: … und einer besonders angenehmen Pflicht nachkommen: Orden zu verleihen und Beförderungen auszusprechen.)

Rede des Kommandanten einer befreundeten Wehr

Liebe Kameraden!
Meine Damen und Herren!
Im Programm sind noch weitere Redner angekündigt, deshalb fasse ich mich kurz.

Wir danken für die Einladung und sind gerne gekommen, um

euch zu gratulieren, das Beste für die Zukunft zu wünschen, unser Geschenk zu überreichen, im Festzug mitzumarschieren und fröhlich mit euch zu feiern.

Das sind viele gute Gründe. Es gibt noch einen: In 3 Jahren feiern wir unser eigenes Jubiläum. Vielleicht können wir euch einiges abgucken; haltet euch den Termin schon mal frei, denn wir rechnen fest mit eurer Mitwirkung.

Danken möchte ich euch bei der Gelegenheit für stets kameradschaftlichen Umgang. Gemeinsame Einsätze verbinden uns. Ich weiß, dass wir uns auch in Zukunft aufeinander verlassen können. Eine leistungsfördernde Rivalität soll jedoch nicht verschwiegen werden. Jede Wehr möchte die modernste Ausstattung haben und den besten Ausbildungsstand aufweisen können. Vergleichswettkämpfe machen deshalb Spaß, spornen an, fördern das Wir-Gefühl und beweisen ihren Nutzen im Ernstfall.

Feuerwehrleuten ist Fairness eigen, das allein ist schon ein Grund zum Feiern. Dieser Wimpel soll eure Sammlung der Freundschaftsbeweise ergänzen und an diesen bedeutsamen Tag erinnern.

Bleibt uns, wie wir euch, gute Kameraden.

Ansprache nach einem Sieg

Freunde!

Man soll sich die Schwächen der Gegner nicht als Verdienst anrechnen, aber man kann sie zum Sieg nutzen. Wir haben es getan und gewonnen. Das kann zur Gewohnheit werden, wenn wir auch künftig

- intensiv trainieren
- geschickt taktieren
- uns respektieren

und vor allen Dingen kapieren, dass es leichter ist, Niederlagen zu verschulden als Siege zu verdienen. Wenn jeder seine Verantwortung spürt und sein Bestes gibt, werden wir unseren Platz in der Tabelle behaupten und ausbauen können.

Jetzt wollen wir uns freuen und feiern, aber wir flippen nicht aus und heben nicht ab, denn wir haben Format im Kampf und in der Kneipe.

In unserem Verein ist jeder Vorbild, deshalb bin ich so stolz auf euch. Lasst uns unser Lied singen.

Ansprache nach einer Niederlage

Freunde!

Nur die Brauereien können sich auch über Niederlagen freuen, denn sie liefern Bier für Siegesfeiern und zum Wegspülen von Enttäuschungen. Wir gehören heute zu den Wegspülern.

Aber gute Verlierer gewinnen, diese Chance werden wir nicht verspielen. Dem heutigen Sieger gratulieren wir und kündigen für das nächste Mal einen Rollentausch an. Wir wissen, dass wir noch weiter an uns arbeiten müssen. Für den Augenblick aber soll gelten: Der Trost der Verlierer ist die Vorfreude auf den nächsten Sieg.

Rede auf einer Vereinsweihnachtsfeier

Liebe Vereinsfreunde!

In einem bekannten Weihnachtslied heißt es: »Alle Jahre wieder kommt das Christuskind auf die Erde nieder, wo wir Menschen sind.«

In der zweiten Strophe wird dann weiter gesungen: »Kehrt mit seinem Segen ein in jedes Haus, geht auf allen Wegen mit uns ein und aus.«

In unserem Verein feiern wir alle Jahre wieder das Christfest. Alles freut sich in der Adventszeit auf dieses Ereignis, ganz besonders natürlich die Kinder, aber auch die Erwachsenen. Kein Fest ist so von Herzlichkeit und innerer Verbundenheit unter unseren Mitgliedern gekennzeichnet wie gerade diese Feier. Liegt das daran, dass wir alle ein wenig zurückdenken an die Zeit unserer Kindheit? Oder hat das vielleicht seinen Grund darin, dass unsere Weihnachtsfeier besonders durch das familiäre Zusammengehörigkeitsgefühl geprägt ist? Unser Verein ist nichts anderes als eine große Familie. Wir spüren das, wenn wir uns alljährlich um den Tannenbaum scharen und die alten Weihnachtslieder singen.

Aber Weihnachten ist mehr als dieses Fest der Verbundenheit! Zu Weihnachten wird die Menschheit beschenkt durch die Christgeburt, so klang es ja auch in dem zitierten Lied an. Die Menschen erhalten den göttlichen Frieden. Wir sind freilich weit entfernt von einem Frieden auf Erden zwischen allen Völkern. Aber das Geschenk des göttlichen Friedens wird den Menschen in jedem Jahr wieder in

Erinnerung gerufen. Daraus ist die Sitte entstanden, dass auch wir Menschen uns gegenseitig beschenken und kleine Aufmerksamkeiten austauschen.

Leider haben wir das Schenken als etwas missverstanden, was man zum Weihnachtsfest pflichtmäßig vornimmt. Nach dem Fest bleibt dann alles beim Alten. Aber man könnte sich auch vornehmen, es nicht bei diesem Zustand zu belassen. Man könnte den anderen aus freien Stücken beschenken, weil man ihm Liebe zeigen oder Verbundenheit mit ihm ausdrücken möchte. Unser Geschenk braucht nicht einmal einen materiellen Wert zu besitzen. Es reicht schon, dem anderen sein freundschaftliches Wohlwollen zuzusichern. So könnten wir es bei uns im Verein auch handhaben.

Indessen bin ich der Meinung, dass wir untereinander immer eine recht gute Kameradschaft gepflegt haben. Das lässt sich auch daran ablesen, dass wir in den letzten zwölf Monaten keinen Austritt zu verzeichnen hatten. Und das will bei einem Verein unserer Größe schon etwas heißen!

Heute lasst uns miteinander feiern und fröhlich sein. Draußen hat sich bereits der Weihnachtsmann angemeldet, und die Kinder sind schon ganz kribbelig. Die Erwachsenen vielleicht auch?

Ich habe mit dem alten Weihnachtslied »Alle Jahre wieder« begonnen. Ich schließe meine Ansprache mit einem noch älteren Lied, das besonders gern in der Adventszeit gesungen wird. Wieder einmal heißt es: »Macht hoch die Tür, die Tor macht weit! Es kommt der Herr der Herrlichkeit!«

Fröhliche und besinnliche Stunden uns allen!

Reden bei öffentlichen Anlässen

Rede eines Schulleiters zur Abiturfeier

Liebe Abiturientinnen und Abiturienten!
Liebe Eltern!
Liebe Kolleginnen und Kollegen!
»Non scholae, sed vitae discimus.« – Nicht für die Schule, fürs Leben lernen wir.

Sie erinnern sich vielleicht: Irgendwo im Lateinbuch steht dieser Spruch, unten auf der Seite, klein gedruckt, altväterisch und überhaupt nicht zu begreifen, wenn man sich bis zum Ende ebendieser Seite durch die konsonantische Konjugation gequält hat. »discere« rauf und runter zu beugen – bei solcherart Sport kann man nun wirklich nicht erkennen, was Schule und Leben miteinander gemein haben sollen, zumal sich schon bei der 1. Person Singular – »disco« – bei den meisten heute wenig schulische Assoziationen einstellen dürften.

Was Sie, liebe Abiturientinnen und Abiturienten, im Einzelnen aus diesen Mauern mitnehmen – »fürs Leben«, wie man so sagt, als hätte es für Sie bislang kein Leben gegeben –, was Sie also mitnehmen, mitgenommen haben, hängt und hing nicht zuletzt von Ihnen selbst ab. »Was man schwarz auf weiß besitzt, kann man getrost nach Hause tragen.« – Vorsicht, Klassikzitat! Aber schauen Sie genau hin: Goethe legt die Worte Mephisto in den Mund! – Das also kanns nicht sein. Nicht das, was Sie in Dutzenden von Heften stehen haben, ist das Wesentliche. Bildung oder – backen wir kleinere Brötchen – Wissen gibt es nicht als Besitz; käuflich ist es nicht, und kaufen können Sie sich zunächst auch nichts dafür. – Ja, um Himmels willen, alles für die Katz oder vielmehr nur für die Schule und jedenfalls doch nicht fürs Leben?

Wenn also das, was in den Heften steht, nicht das ist, worauf es in den vergangenen dreizehn Jahren angekommen ist, was ist es dann? Haben Sie Ihre Zeit bislang nur mit Spielereien verbracht? Spielerei. Ein Instrument spielt man. Theater spielt man. In der Literatur spielt man mit Wörtern. Beim Schach spielt man mit Figuren.

Und dann sehe ich, welche Begeisterung, welches Engagement, welche Aktivität unser Chor, unser Orchester, unsere Theater-AG, unsere Schach-AG, unsere Sportmannschaften selbst bei eher lethargischen Gemütern wachrufen. Und ich denke an den glänzenden, fantasievollen »Sommernachtstraum« vom Winterhalbjahr, mit Schrecken auch daran, wie viele nun abiturshalber die Theatertruppe verlassen werden. Ich denke an die enorm ertragreichen Projekttage zum Thema »Deutschland, einig Vaterland«, denke an die wackeren Erfolge bei den Wettkämpfen mit den Nachbarschulen und an vieles mehr. Das alles ist auch Schule, ist Leben an, mit, in unserer Schule! *Unsere* Schule – auch das ist wichtig, sagen zu können! Wenn Sie es recht bedenken, werden Sie vielleicht auch zu dem Schluss kommen, dass die genannten Aktivitäten neben Mathematik und Deutsch, naturwissenschaftlichem und sprachlichem Unterricht in all seiner Fächervielfalt, ihren gerechten Platz haben.

Zugegeben: Berufsbezogen sind sie auf den ersten Blick nicht. Gemessen am so genannten »Ernst des Lebens« ist das alles Spiel; Spiel in dem Sinne, dass all das ohne zwingende Notwendigkeit geschieht, aber dafür voller Ernsthaftigkeit, Hingabe und Begeisterung. Bedeutsam ist, dass diese vermeintlichen Spielereien auf den ganzen Menschen zielen. Die Parzellierung des Menschseins nach den Zwängen des Berufs- und Wirtschaftslebens findet in der Schule noch nicht statt. Und auf die Ausbildung des Menschen als Ganzes kommt es an – in der Schule wie anderswo. Denn: »... der Mensch spielt nur, wo er in voller Bedeutung des Wortes Mensch ist, und er ist nur da ganz Mensch, wo er spielt.« Diese Worte stammen nun aber nicht mehr von mir, sondern aus Schillers »Briefen über die ästhetische Erziehung des Menschen«. Auch so'n Klassiker – aber wer Schiller bei mir im Unterricht gelesen hat, wird sich wohl erinnern, wie aktuell diese Briefe sind!

Ich wünsche mir, dass Sie auch diese Erfahrungen für Ihr Leben mitnehmen. Behalten und bewahren Sie einen kritischen Sinn für die Realitäten, aber vergessen Sie nicht, dass die Welt nicht nur aus Zählbarem, Messbarem, Wägbarem besteht, sondern auch aus dem, was Sie in sich tragen, aus Träumen, Utopien, Idealen.

Jetzt kann ich es Ihnen ja sagen: Vergessen Sie ruhig Metternich, aber behalten Sie etwas von der spitzen, kritischen Feder Heines. Vergessen Sie die Herleitungen der Integralrechnung, aber halten Sie stets der Logik die Stange und mit ihr der Vernunft. Vergessen Sie den Blankvers, aber leben Sie mit Lessings »Nathan«, mit den Idealen der Toleranz und Menschlichkeit.

Wenn dies geschieht, könnte es sein, dass Sie nicht, wenigstens nicht nur, für die Schule gelernt haben, sondern tatsächlich fürs Leben. Alles Gute!

Rede eines Kreishandwerksmeisters anlässlich der Freisprechung von Auszubildenden

Liebe Junghandwerkerinnen und Junghandwerker!
Für Sie ist heute ein Tag besonderer Genugtuung und Freude. Sie haben die Lehre hinter und neue Chancen vor sich.

Wer die nicht immer leichte Zeit der Ausbildung durchgestanden und genutzt hat, bekommt im Rahmen dieser Freisprechungsfeier die schriftliche Bestätigung der bestandenen Prüfung und damit viele Möglichkeiten, seine Zukunft zu gestalten. Sie sind jetzt qualifizierte und damit in unserer Wirtschaft begehrte Fachkräfte.

Die Bedeutung dieser entscheidenden Etappe im Berufsleben unterstreicht die Anwesenheit einiger Obermeister der Innungen und des Vorsitzenden der Gesellenprüfungskommission. Verehrte Kollegen! Wir begrüßen Sie herzlich. Ihr Hiersein ehrt uns.

Handwerker sind so wertvoll wie Wasser in der Wüste. Ein Land ohne Handwerker könnte nicht existieren. Handwerker tragen den Staat, sorgen für Lebensqualität, sorgen dafür, dass alles funktioniert. Deshalb herzlichen Glückwunsch zu Ihrer Berufswahl. Wer sein Handwerk versteht, besteht auch in schlechten Zeiten.

Heute stehen bisher typisch männliche Handwerksberufe auch Frauen offen. Frauen leisten beste Arbeit in Werkstätten und beim Wohnungsbau, sie reparieren Kraftfahrzeuge und bedienen Kräne, sind Spezialistinnen als Facharbeiterinnen und Fachverkäuferinnen, sie sind patent und handeln praktisch. Immer mehr Mädchen denken fortschrittlich und machen sich auch in so genannten Männerberufen unentbehrlich. Sie büßen damit weder ihren Charme noch ihre Weiblichkeit ein. Im Gegenteil, sie gewinnen durch ihren Beruf noch an Attraktivität. Ich hoffe, diese begrüßenswerte Emanzipation wird immer mehr zur Selbstverständlichkeit. Auf das Können kommt es an, nicht auf das Geschlecht.

Spezielle Erwähnung und besonderes Lob verdienen die jungen Kolleginnen und Kollegen, die sich am »Praktischen Leistungswettbewerb der Handwerksjugend« beteiligt haben. Wir sind stolz auf unsere Kammer-, Landes- und Bundessieger. Auch in diesem Jahr lassen Teilnehmerinnen und Teilnehmer aus verschiedenen Innungen auf Erfolge hoffen.

Alle Ergebnisse, von der bestandenen Prüfung bis zum Sieg im Wettbewerb, verdanken Sie Ihrem Fleiß, Ihrem Talent und Ihrer Lernbereitschaft, aber auch Ihren Ausbildern am Arbeitsplatz und in den Schulen, Meistern, Gesellen und Lehrern. Ihnen sagen wir für die Vermittlung von Wissen und Erfahrungen, aber auch für pädagogische Geduld und menschliche Nachsicht, durch die sicher manche Krisen vermieden oder gelöst wurden, herzlichen Dank. Jawohl, hier ist Beifall angebracht. Und jetzt klatschen Sie gleich noch einmal als Dank an Ihre Eltern, die Sie umsorgt haben und sich jetzt mit Ihnen freuen und stolz auf Sie sind.

So, liebe Prüflinge, jetzt bitte ich Sie, sich von Ihren Plätzen zu erheben. Sie haben die Gesellen- bzw. Abschlussprüfungen ordnungsgemäß hinter sich gebracht: Ich spreche Sie hiermit von der Bindung an die Ausbildungszeit frei.

Im Namen des Vorstands der Kreishandwerkerschaft, der Herren Innungsobermeister sowie der Damen und Herren der Prüfungskommissionen gratuliere ich Ihnen herzlich zum neuen beruflichen Status. Ihre Lehrzeit ist zu Ende, Ihre Junghandwerkerzeit beginnt.

Jedes Ende ist ein neuer Anfang. Die Zukunft liegt vor Ihnen. Was Sie daraus machen, liegt bei Ihnen. Ich wünsche Ihnen alles Gute und besonders den notwendigen Ehrgeiz, weiter an sich zu arbeiten, denn Auszubildender ist man nur kurze Zeit, Weiterzubildender ein Leben lang.

Nehmen Sie bitte wieder Platz.

Die nächsten Schritte, die Sie jetzt machen, sind kurz, aber wichtig. Sie holen sich Ihre Gesellenbriefe bzw. die vergleichbaren Urkunden hier bei mir ab.

Ich bitte zur Überreichung zu mir: Frau M., die Herren P. und H. Sie machen den Anfang, weil Sie die besten Prüfungsergebnisse erzielt haben. Als Zeichen besonderer Anerkennung bekommen Sie dafür ein Buchgeschenk.

Rede anlässlich einer Meisterfeier

Sehr geehrte Damen und Herren!
Ich heiße Sie in dieser bedeutenden Feierstunde herzlich willkommen.

Viele Anlässe zum Feiern wiederholen sich und ergeben sich fast von selbst. Um alljährlich Geburtstag zu feiern, muss man lediglich geboren werden, und auch das geschieht noch ohne eigenes Zutun.

Die Meisterwürde erwirbt man in der Regel nur einmal im Leben, und dafür muss man eine ganze Menge tun. Sie, liebe Jungmeisterinnen und Jungmeister, haben es geschafft. Deshalb sind Sie heute Mittelpunkt aller Ansprachen und Darbietungen. Dies ist Ihre Feier und Ihr Programm. Herzlichen Glückwunsch zu Ihrer großartigen Qualifikation.

Viele Menschen sind stolz auf Sie, Ihre Partnerinnen und Partner, Ihre Eltern, alle, die Sie weitergebildet und gefördert haben. Und auch Sie selbst können stolz auf sich sein. Mit Ihnen hat unser Gemeinwesen neue Korsettstangen bekommen, denn Handwerksmeister bejahen die Leistung und übernehmen Verantwortung, sie sind stabilisierende Vorbilder in unserer Gesellschaft. Ohne Frauen und Männer wie Sie kann keine Wirtschaft bestehen.

Was nützen aber aller Schwung und der Wille zum Erfolg, wenn die politisch Verantwortlichen Gesetze verabschieden, die Leistung bestrafen und den Wettbewerb behindern? Wenn wir da resignieren, schaden wir uns nur selbst. Handwerksmeister gehören in stärkerem Maße in die Parlamente, damit die Rahmenbedingungen von der örtlichen Gewerbesteuer bis zur europäischen Gesetzgebung stimmen. Gegebenenfalls müssen wir uns auch im politischen Raum eine eigene mittelständische Interessenvertretung schaffen.

Wir haben etwas zu bieten als Steuerzahler, als Arbeitgeber und als Ausbilder. Das Handwerk ist die Basis einer funktionierenden Infrastruktur in den Gemeinden, Ländern und im Bund. Das kann man nicht oft genug sagen. Und das müssen auch die Verantwortlichen zugeben.

Wir sind sehr für europäische Gemeinsamkeiten, aber gegen Experimente, die unsere Existenz gefährden, Traditionen zerstören, gewachsene Strukturen vernichten und Ordnungsprinzipien beseitigen. Wir begrüßen unsere ausländischen Mitbürger, die hier arbeiten und Steuern zahlen. Sie stellen beruflichen Nachwuchs, sind unsere Kunden und tragen zum Wohlstand aller bei. Partnerschaft hat im Handwerk einen hohen Stellenwert. Internationalität entspricht unserer modernen Denkweise.

In unseren berufsständischen Organisationen bieten wir Hilfe zur Eigenhilfe und damit zielgerichtete Voraussetzungen für den persönlichen Erfolg. Machen Sie von diesem Angebot Gebrauch. Es umfasst Weiterbildungskurse, Betriebsberatungen, Standortanalysen, Existenzgründungshilfen, Bürgschaften u. a. m.

Die nächste gemeinsame Aktivität, bei der sich niemand ausschließen wird, ist die Überreichung der Meisterbriefe.

Ich wünsche Ihnen noch einen wunderschönen Tag und einen glücklichen Start ins neue, ins Meisterleben.

Rede zum Auftakt des Tags der offenen Tür
bei der »Lebenshilfe – Beschützende Werkstätten«

Liebe Eltern! Liebe Gäste!
Es freut mich, dass Sie zu unserem diesjährigen Tag der offenen Tür gekommen sind. Wie in jedem Jahr verbinden wir diesen Tag mit einem Sommerfest und einer Tombola. Der Erlös der Tombola wie auch die Einnahmen, die wir hoffentlich durch den Verkauf von Kaffee und Kuchen, von Grillwürstchen und kalten Getränken erzielen werden, ist für Anschaffungen der »Lebenshilfe« gedacht. Wir haben für dieses Jahr den Ankauf eines Schreibcomputers mit Spezialtastatur geplant. Selbstverständlich nehmen wir auch gerne die eine oder andere Spende entgegen. Sie wissen ja, dass wir diese quittieren und Sie diesen Betrag steuerlich absetzen können. So weit dies.

Nun aber zum Eigentlichen. Ich schlage zunächst eine Besichtigung unserer Werkstätten vor, damit Sie sich ein Bild von dem machen können, was Menschen, die von der Gesellschaft als »behindert« bezeichnet werden, alles leisten und vollbringen können. Es bedarf zu diesen Arbeiten anderer Geräte, und es muss auch ein bisschen mehr Zeit investiert werden, als es sonst üblich ist. Unser Credo heißt deshalb nicht »Wachstum«, sondern »Geduld«. Geduld ist ein Begriff, den sich auch viele Menschen außerhalb unserer »Beschützenden

Werkstätten« zu Eigen machen sollten! Zur Geduld geben wir eine Prise Humor und würzen dies alles mit einer großzügigen und individuellen Portion Liebe und Verständnis. Denn, meine Damen und Herren, für uns gibt es ihn nicht, den Behinderten! In diesem gesellschaftlich geprägten, lieblosen Sammelbegriff geht die Individualität des Einzelnen völlig verloren. Jeder unserer Schützlinge hat sein eigenes Schicksal. Wir bauen auf den vorhandenen Möglichkeiten auf und trainieren dort mit aller Behutsamkeit, wo Fortschritte absehbar und erreichbar sind.

In unserer maschinisierten Industriegesellschaft scheint es nicht der Rede wert, wenn ein Mensch seine zehn Finger bewegen kann. Es ist nur der Rede wert, wenn er sie besonders schnell, besonders geschickt oder eben überhaupt nicht bewegen kann. Wir hier denken in völlig anderen Kategorien, die zeigen, dass Leben etwas ganz anderes, etwas weitaus Vielfältigeres, Kostbareres ist, als es »draußen« oft scheinen will: Jeder einzelne Muskel, der wieder in Gang gesetzt werden kann, ist ein riesiges Erfolgserlebnis, ein »Ganzheitserlebnis«. Alle sind begeistert, dass zum Beispiel T., die ohne Arme zur Welt kam und wegen Sauerstoffmangels bei der Geburt eine leichte geistige Beeinträchtigung hat, sich jetzt mit dem Spezialstift, der an ihrer Stirn angebracht wird, auf der Schreibmaschine ausdrücken kann.

Wir haben festgestellt, dass T. viel lernfähiger ist, als es in der Klinik vermutet worden war. Dies ist nur ein Beispiel von ungezählten. T. ist ein fröhliches Kind, lacht, ist vergnügt. Sie werden im Verlauf dieses Wochenendes überrascht sein, welche Lebensfreude Sie hier beobachten können, und damit wird dann auch hoffentlich manches Vorurteil über Bord geworfen. Manche Eltern meinen, den Anblick ihrer Kinder nicht ertragen zu können. Sie lassen sich hier nur sehr selten blicken, weil sie der Ansicht sind, ihr Kind »merke« dies wegen seiner »Behinderung« ja nicht. Das ist ein großer Irrtum. Die Sensibilität gerade dieser Kranken, wenn man sie einmal so bezeichnen will, ist überdurchschnittlich. Sie drücken ihre Gefühle nur anders aus, als wir es gewohnt sind, eben mit den Mitteln, die ihnen zur Verfügung stehen, und das erschreckt manche Eltern. Aber gerade nach einem solchen Tag der offenen Tür bauen Eltern auch ihre Ängste, ihre Scheu – ja manchmal sogar Abscheu! – ab, und ein neues Verhältnis zu ihren Kindern beginnt. Davon profitieren dann beide,

Eltern und Kinder. Bei einem solchen Anlass können die Eltern leichter begreifen, dass es kein Makel ist, ein »behindertes« Kind zu haben. Vielen Dank für Ihre Aufmerksamkeit.

Antwort und Dank der Eltern

Sehr geehrter Herr Michaelsen!
Vielen Dank für Ihre einfühlsamen Worte.

Sie haben die eine oder andere Wunde berührt, ohne zu verletzen. Im Zeitalter eines allseits zu beobachtenden Hangs zur »Perfektion« stellt eben der »unperfekte« Mensch, der mit einem Handicap zur Welt kam, für manche Familie eine große seelische Belastung dar. Es ist uns bekannt, dass Familien deswegen auch schon zerbrochen sind. Sie haben Recht, es ist vor allem Demut, die wir Eltern von einem wie auch immer behinderten Kind wieder erlernen müssen, und die von Ihnen zitierte Geduld. Und wenn wir heute bei Ihnen sind, dann sehen wir auch, dass wir dankbar dafür sein müssen, dass es solche Einrichtungen wie die »Lebenshilfe« gibt, denn die Gefahr, dass unsere »Behinderten« ganz verdrängt, in die Ecke geschoben und als »unwertes Leben« betrachtet werden, scheint nie so ganz gebannt. Faszinierend ist auch, was mit »Training«, also dem entsprechenden Personal und den entsprechenden Geräten, alles machbar ist. Am wichtigsten ist aber die Liebe, die Sie wie auch wir unseren Schützlingen entgegenbringen. Bitte geben Sie nicht auf, werden Sie auch nicht müde, uns Eltern anzusprechen, wenn wir es mit den Besuchen wieder einmal auf die lange Bank geschoben haben. Einfach ist es trotz allem nicht. Vielen Dank auch für die Ausrichtung dieses schönen Festes. Danke.

Rede des Vorsitzenden des Kirchengemeinderats zur Verabschiedung des Pfarrers

Liebe Frau Zapf, lieber Herr Zapf!
Meine Damen und Herren!
Endlich ist es so weit! Ich sage das nicht aus der Perspektive unserer Gemeinde. Es ist Ihr eigener Stoßseufzer, Herr Zapf, angesichts des nahenden Ruhestands und der bestechenden Möglichkeit, denselben in einen Unruhestand zu verwandeln. Die pastorale Sechzigstundenwoche bot bislang reichlich wenig Freiräume für einen Menschen mit so vielen Interessen und Liebhabereien, wie Sie es sind.

Fast dreißig Jahre lang waren Sie in dieser Gemeinde unterwegs – ein eher klein gewachsener Mann in Hut und Mantel mit leicht federndem, fast beschwingtem Schritt und mit einem freundlichen, gewinnenden Lächeln, das stets zu einem Gespräch einzuladen schien. Wenn es einen Nenner für Ihr Dasein gibt, dann, dass Sie stets unterwegs sind sowohl in den Straßen unserer Gemeinde und geleitet von Ihrem Adressenverzeichnis als auch auf den Pfaden des Geistes, geführt von den Büchern Ihrer stets wachsenden Bibliothek. »Herr Zapf scheint«, so ein früherer Kollege von Ihnen, »von seinem Schöpfer die Gabe der Allgegenwart mitbekommen zu haben. Mir kommt er oft vor wie ein unwiderstehlicher Handlungsreisender Gottes.« Ihr quirliger Einfallsreichtum, mit dem Sie Mitarbeiter und Kirchengemeinderat zu überraschen wussten, wird uns ebenso fehlen wie die aufmunternde, liebenswürdige Überredungskunst, mit der Sie uns die Ausführung Ihrer Einfälle anvertrauten. Ein jeder wuchert eben mit seinen Talenten, und zu den Ihren gehört es, die Talente anderer zum Wuchern zu bringen.

Die Kirche hat Sie also nun pensioniert. Nur, so frage ich mich, wer wird Frau Zapf pensionieren? Auch Sie, verehrte Frau Zapf, zeichnet eine gewisse Allgegenwart und rastlose Tätigkeit aus, die zu den tragenden Elementen unserer Gemeinde gehörten. Mir scheint, lieber Herr Zapf, es soll eine Ihrer letzten Amtshandlungen sein, Ihre Frau zu pensionieren. Wie kann das geschehen? Nun, ich meine weniger durch Entlassung als durch Entlastung. Von einer ideenreichen Neuorganisation Ihres Haushalts würde ich freilich abraten. Stattdessen könnten Sie Ihre bislang leicht vernachlässigten praktischen Fähigkeiten erblühen lassen. Ich schlage vor, Sie fangen mit ein paar einfachen Tätigkeiten an. Dazu sei Ihnen dieses Staubtuch überreicht. Sie können nach dieser Lektion dann zu fortgeschreiteneren Tätigkeiten übergehen. Ich denke da ans Staubsaugen oder Abtrocknen. Aber auch zu derlei Aufgaben gehört die angemessene Berufskleidung. In so vielen Dienstjahren haben Sie sich an den Talar gewöhnt. Mögen Ihnen viele Jahre beschert sein, um sich an die Schürze zu gewöhnen! Schließlich aber, um den häuslichen Frieden zu fördern und Ihrer Frau ein wenig Ruhe angesichts Ihrer bevorstehenden unbändigen Aktivitäten zu gönnen, überreiche ich Ihnen im Namen des Kirchengemeinderats diese fünf bändige Kunstgeschichte. Es gibt, wie Sie sehen, »vielseitige« Beschäftigungen auf den verschiedensten Feldern. Ich wünsche Ihnen beiden reichlich Muße, die neu gewonnene Freiheit auszukosten, und dabei Gottes Segen.

Rede zur Amtseinführung eines neuen Pfarrers

Herr Dekan!
Liebe Gemeindemitglieder!
Meine Damen und Herren!
Im Namen des Pfarrgemeinderats heiße ich Sie herzlich willkommen zu diesem festlichen Anlass. Durch Ihre Anwesenheit geben Sie der offiziellen Einführung unseres neuen Pfarrers einen würdigen Rahmen. Es ist schön, dass unsere Kirche bis auf den letzten Platz besetzt ist, obwohl heute ja nicht Weihnachten ist.

Lieber Herr Pfarrer! Sie sehen, schon zu Beginn Ihrer Tätigkeit haben Sie viel bewegt und bewirkt. Nehmen Sie diesen Anfang als ein gutes Omen. Wir freuen uns, dass Sie uns Ihre Dienste angeboten und wir uns für Sie entschieden haben. Wir wünschen Ihnen persönlich und für Ihre Arbeit Gottes Segen.

Wir freuen uns auch, dass Ihre Frau und Ihre beiden Kinder, die wir auch ganz herzlich willkommen heißen, Sie bei Ihrer Tätigkeit unterstützen werden.

Erlauben Sie mir einige Worte zu Ihrer Person: Ihr beeindruckender Werdegang wurde ja schon in den Lokalzeitungen geschildert, deshalb will ich nur die letzten 6 Jahre, die Sie in A. verbrachten, aufgreifen. Man hat Sie ungern gehen lassen, das zeigte sich auch in der großartigen Abschiedsfeier. Sie waren sehr beliebt bei der gesamten Bevölkerung durch Ihre Volkstümlichkeit, Jugendarbeit, Kranken- und Altenbetreuung, durch Ihre musikalische und sportliche Betätigung. Die aktiven Mitglieder der Gemeinde schätzten Ihre Glaubensfestigkeit, die Art der Verkündung und die persönliche Seelsorge. Abgerundet und ergänzt wurde Ihr Wirken durch den Einsatz Ihrer Frau, speziell bei betreuenden Aufgaben im sozialen Bereich sowie in der Frauen- und Jugendarbeit.
Ihren Kindern, die sich sportlich und musisch in der Schule und in Vereinen hervorgetan und bewährt haben, fiel der Abschied von A. besonders schwer. Aber hier bei uns gibt es auch viele – wenn nicht noch mehr – Möglichkeiten, Hobbys nachzugehen und Freundschaften zu schließen.

Ihr Vorgänger hat in unserer Gemeinde gute Arbeit geleistet, die bei anderer Gelegenheit gewürdigt wurde. Sie werden manches fortsetzen, aber auch neue Akzente setzen.

In unserer pluralistischen Gesellschaft gibt es viele Standpunkte und Strömungen, auch manche Seltsamkeiten und Schwierigkeiten, die nur mit Geduld und Toleranz zu meistern sind. Herr Pfarrer, Sie übernehmen hier Aufgaben, die nicht immer leicht sind, aber auch keine Langeweile aufkommen lassen.

Sie sind ein erfahrener Seelsorger, und Ihnen zur Seite stehen glaubensstarke und lebenserfahrene Männer und Frauen, engagierte Jugendliche, ein Kreis vielseitig gepräger Christen. In der Bibel heißt es: »Suchet der Stadt Bestes.« Das wollen wir gemeinsam tun. Wir werden uns stützen und ergänzen, wir werden, wenn es sein muss, um richtige Entscheidungen ringen, uns aber stets aufeinander verlassen können.

Vertrauen zueinander soll unser festes Band sein, unser Glaube Kraftquelle und Gottes Fügung Wegweiser. Sein Segen möge unser Tun begleiten, uns trösten, wenn wir traurig sind, uns ermuntern, wenn wir schwach werden, uns versöhnen, wenn wir streiten. Wir wollen so arbeiten und dienen, dass wir sagen können: »Der Herr hat Großes an uns getan, des sind wir fröhlich.«

Rede anlässlich der Grundsteinlegung für ein neues Wohn- und Geschäftszentrum

Meine sehr verehrten Damen und Herren!
Wir sind heute hier zusammengekommen, um den Startschuss zu geben für den Bau des neuen Wohn- und Geschäftszentrums auf dem Areal der ehemaligen Zigarrenfabrik. Warum verwende ich den Begriff »Startschuss«? Den Startschuss kennen wir aus der Leichtathletik. Welche Verbindung hat die Leichtathletik zu einer Grundsteinlegung? Experten werden antworten, dass es in der Leichtathletik die Disziplin des Steinstoßens gibt. Doch keine Angst. Wir wollen hier nicht die neue Wettkampfsportart des Grundsteinstoßens kreieren, das wäre selbst für diejenigen unter Ihnen, die Träger des goldenen Sportabzeichens sind, ein wenig zu anstrengend. Nein, Startschuss deshalb, weil es von diesem Moment an gilt, eine Strecke von A nach B in der kürzesten Zeit zurückzulegen. A ist der Anfang, der erste Stein, und B ist der vollendete Bau mit allen Schikanen, und zwar denen, über die man sich als Bauherr freut.

Über diesem Grundstein werden sich, wie wir hoffen, in naher Zukunft 80 neue Wohnungen und 200 Geschäfts- und Büroräume erheben. Es handelt sich bei diesem Unternehmen nicht um ein x-beliebiges Bauvorhaben, sondern um ein Projekt von herausragender städtebaulicher, wirtschaftlicher und wohnungspolitischer Bedeutung für unsere Stadt. Einerseits trägt es dazu bei, die wirtschaftliche Infrastruktur zu verbessern, und zum anderen mildert es die schwierige Situation auf dem städtischen Wohnungsmarkt. Trotz aller Bemühungen der letzten Jahre lässt sich derzeit der hiesige Bedarf an Wohnungen nicht mehr decken. Jede zusätzliche Wohnung ist also willkommen.

Wir wissen heute, dass der Mangel an geeignetem Wohnraum bereits zu den größten Hindernissen bei neuen Industrieansiedlungen oder auch bei der Erweiterung öffentlicher Dienstleistungseinrichtungen, die personalintensiv sind, zählt. Mit 80 neuen Wohnungen wird Wohnraum für etwa 250 Menschen geschaffen, und die Geschäfte und Büros werden viele neue Arbeitsplätze bringen.

Weil dies alles nicht nur für die Bauträger, sondern auch für unsere Stadt und die Menschen in dieser Region wichtig ist, wollen wir möglichst rasch von A nach B kommen. Und für einen guten Start, da verrate ich kein Geheimnis, ist entscheidend, dass die Planungen, die Baukonzepte, die Ausschreibungen und die Auftragsvergaben optimal sind. Dass dies so ist, das verdanken wir vor allem Herrn Richter, dem Architekten, aber auch der guten Zusammenarbeit mit der Stadtverwaltung und den Grundstückseigentümern. Ihnen allen gilt mein besonderer Dank. Wir freuen uns natürlich auch, dass dieses nicht gerade kleine Bauvorhaben ohne zusätzlichen Landschaftsverbrauch möglich ist, weil vorhandene Baulücken systematisch erschlossen und genutzt werden.

Doch bei aller Bescheidenheit, im Mittelpunkt steht heute natürlich die Firma Jürgens als Bauherrin. Ihre Vorstandsmitglieder, die hier vollständig vertreten sind, haben allen Grund, stolz zu sein. Ich danke allen Mitgliedern des Vorstands für den Fleiß, den Mut und für die Umsicht, die sie von Anbeginn bei der Projektierung dieses Vorhabens bewiesen haben. Ich bin sicher, dass ihr Einsatz und das Engagement aller Beteiligten in der Konzeptphase sich in den vor uns liegenden Wochen und Monaten noch in barer Münze auszahlen wird. Denn nun beginnt die Zeit der Werkleute, der Maurer und

Zimmerleute, Installateure und Elektriker, um nur einige zu nennen, und je weiter sie vorankommen, desto weniger kann fehlende Planung nachgeholt, unzureichende Planung nachgebessert werden.

Meine Damen und Herren! Jedes neue Bauvorhaben ist ein Schritt in die Zukunft und damit auch ein Schritt ins Ungewisse. Der Grundstein, der heute gelegt wird, gibt uns dabei ein Stück Solidität und Sicherheit. Dieser Stein ist ein Symbol für die Beständigkeit, die wir dem Bauwerk wünschen. Er ist, ich glaube, der Vergleich ist nicht überzogen, wie die Kastanie, aus der mit der Zeit ein mächtiger Kastanienbaum wächst. Wie der Kastanienbaum immer wieder blüht und Früchte trägt, so möge die Zufriedenheit der Menschen, die das neue Gebäude bewohnen, die hier arbeiten, die hier einkaufen werden, auf Dauer die immer wiederkehrende Belohnung sein für alle, die an der Planung und an der Ausführung dieses Werks Anteil haben. In diesem Sinne wünsche ich dem Bau ein gutes Gelingen. Start frei!

**Rede des Bürgermeisters
bei der Einweihung einer Mehrzweckhalle**

Meine sehr verehrten Damen und Herren!
Liebe Mitbürgerinnen und Mitbürger!
Für unsere Stadt erfüllt sich heute ein lang gehegter Wunsch. Endlich haben wir unsere neue Mehrzweckhalle, und wir sind hier zusammengekommen, um sie feierlich ihrer Bestimmung zu übergeben.

Ich sehe Ihren Gesichtern an, dass Sie nun eine durch und durch feierliche Rede erwarten. Ich will diese Erwartung nicht enttäuschen. Bei einer feierlichen Rede gehört es sich, möglichst am Anfang irgendeinen Bezug zu den alten Griechen herzustellen. Trotz anhaltender Bemühungen habe ich aber kein Zitat eines alten Griechen gefunden, das auch nur in einem entfernten Zusammenhang steht mit einer Mehrzweckhalle. Nach diesen enttäuschenden Nachforschungen keimte in mir zeitweise sogar der Verdacht, dass es im alten Hellas keine Mehrzweckhallen gegeben haben könnte. Ich habe diesen Verdacht aber schnell wieder verworfen, denn wie hätten die alten Griechen ihre anerkannt guten Kulturleistungen ohne Mehrzweckhallen je zustande bringen können? Wenn also gilt, dass be-

sondere kulturelle Leistungen das Vorhandensein von Mehrzweckhallen voraussetzen, und wenn gilt, dass im antiken Griechenland
herausragende kulturelle Leistungen erbracht worden sind, dann gilt
auch, dass die alten Griechen Mehrzweckhallen hatten. »Quod erat
demonstrandum«, wie der Lateiner sagt.

Die Griechen hatten das Theater, sie hatten die Agora, den Markt,
auf dem jeder jeden traf, wo die Bürgerversammlungen stattfanden
und die Großveranstaltungen abliefen, sie besaßen ein Stadion für
nationale und internationale Sportwettkämpfe und – last, not least –
eine Volkshochschule mit dem renommierten VHS-Direktor Platon.
Alles, und das ist das Entscheidende, alles fand unter freiem Himmel statt. Griechische Mehrzweckhallen hatten offenbar beachtliche
Ausmaße, aber vor allem brauchten sie kein Dach. Und damit sind
wir beim Thema Wetter in Deutschland. Hier bei uns regnet es oft.
Da man nicht gerne im Regen beieinander steht, blieben die alten
Germanen häufig in ihren Häusern sitzen. Weil es viel regnete, gab
es keine Großveranstaltungen auf dem Marktplatz, nur selten Theater unter freiem Himmel, und im Stadion war auch nichts los, weil
der Platz oft nicht bespielbar war. Wegen des Wetters hätte bei den
Germanen alles im Saale stattfinden müssen. Säle, die Vorläufer der
Mehrzweckhallen, gab es bei ihnen nicht. Also blieben ihre kulturellen Leistungen hinter denen der Griechen zurück. Damit es uns
nicht wie den alten Germanen geht und damit wir es wie die alten
Griechen halten können, brauchen wir ein Dach, das feuchtigkeits-
abweisend ist. Ansonsten ist in unserer neuen Mehrzweckhalle alles
genauso wie im alten Athen.

Ich kann den feierlichen Teil meiner Rede an dieser Stelle beenden
und komme nun zum sachlichen Teil. Aber auch der beschäftigt sich
nicht zuletzt mit Kultur.

Zunächst möchte ich allen danken, die zum guten Gelingen unserer neuen Mehrzweckhalle beigetragen haben, vor allem aber den
Architekten, Herrn Rudolf und Herrn Heiler, den Vertretern der
bauausführenden Firmen und natürlich dem Gemeinderat und den
Mitarbeitern der Verwaltung, die gezeigt haben, dass sie für die Bürger da sind. Dies ist aber auch eine große Stunde für diejenigen, die
sich für dieses Bauvorhaben engagiert haben in den Vereinen, in den
Kulturinitiativen und in allen anderen bürgerschaftlichen Vereinigungen. Sie alle dürfen heute mit berechtigtem Stolz den gelunge-

nen Abschluss dieses Werkes feiern. Ermöglicht wurde der Bau nicht zuletzt durch den Zuschuss des Landes von 5,4 Millionen Mark. Aber ohne die gewachsene Finanzpolitik der letzten Jahre wäre das Vorhaben trotzdem nicht finanzierbar gewesen.

Ich bin überzeugt, dass die neue Mehrzweckhalle zu einem Ort vielfältiger sportlicher und kultureller Aktivitäten, aber auch zu einer Stätte geselligen Beisammenseins der Bürger werden wird. Ich wünsche und hoffe, dass das neue Raumangebot dazu beitragen wird, noch mehr als bisher attraktive kulturelle Ereignisse und wichtige Sportveranstaltungen in unsere Stadt zu holen. Ich bin sicher: Die neue Halle wird einen wichtigen Beitrag dazu leisten, dass sich unsere Bürgerinnen und Bürger noch stärker mit ihrer Gemeinde identifizieren. Immer mehr Menschen wollen heute in ihrer Heimatgemeinde mehr sehen als nur ihren Wohn- und Arbeitsort oder ihre Schlafstätte. Also brauchen wir für unsere Bürger Identifikationspunkte im gesellschaftlichen, kulturellen und sportlichen Umfeld. Dies ist auch das wichtigste Merkmal eines neuen Heimatgefühls, das seinen Schwerpunkt weniger in einem über Generationen gewachsenen Sozialgefüge hat, sondern sich in konkreten Gemeinschaftserlebnissen ausdrückt. Für solche Gemeinschaftserlebnisse soll die neue Mehrzweckhalle den Rahmen geben.

Vor allem die Vereine, die Volkshochschule und die Kulturinitiativen werden sie künftig mit Leben erfüllen. Die Mehrzweckhalle wird zunehmend Menschen von außen in unsere Stadt locken und – vergessen wir es nicht – die kulturelle Infrastruktur ist heute ein so genannter weicher Standortfaktor, der Entscheidungen über den Standort von Industrieansiedlungen wesentlich beeinflusst. Die neue Halle ist also auch eine Investition in unsere wirtschaftliche Zukunft. Es muss unser aller Interesse sein, dieser schönen Halle mit qualitativ hoch stehenden Veranstaltungen die nötige Attraktivität zu geben. Der Erfolg unserer neuen Mehrzweckhalle wird auch der Erfolg unserer Bürgerinnen und Bürger sein, weil alle daran mitwirken müssen.

So wünsche ich uns allen, dass die neue Mehrzweckhalle zu einem Mittelpunkt unseres gesellschaftlichen, kulturellen und sportlichen Lebens wird und sie unsere Stadt in jeder Beziehung bereichert.

Rede des städtischen Kulturdezernenten zur Fertigstellung des Erweiterungsbaus einer Stadtbücherei

Sehr geehrter Herr Minister, sehr verehrter Herr Oberbürgermeister, liebe Gäste!

Knowledge is power – Wissen ist Macht. So stand es in unübersehbaren Lettern über dem Haupteingang der monumentalen Stadtbibliothek der amerikanischen Autometropole Detroit zu lesen, als ich diese vor ca. 30 Jahren zum ersten Mal besuchte. Noch heute kann ich mich gut erinnern, dass mich damals ein etwas beklemmendes Gefühl beschlich, das durch die wuchtige Architektur des Gebäudes verstärkt wurde. Unsere von Macht-, ja Weltmachtstreben so leidvoll geprägte deutsche Geschichte hat diesen Satz so belastet, dass ihn – zu Recht – wohl keine öffentliche Bücherei hierzulande zu ihrem Wahlspruch machen würde.

Und doch gilt der Satz heute mehr denn je, sind wir schließlich – am Ende dieses so sehr von der Technik geprägten Jahrhunderts und an der Schwelle zum dritten Jahrtausend – Teil einer globalen Wissens- und Informationsgesellschaft, wie es sie noch nie in der Menschheitsgeschichte gegeben hat. Nicht zufällig ist – wahrscheinlich auch ein Novum – der mit Abstand reichste Mann der Welt nicht etwa jemand, der über einen riesigen Besitz an Land, Rohstoffen oder Produktionsanlagen verfügt, sondern ein Kopfarbeiter – Bill Gates. Ohne ihn wären die rasanten Fortschritte im Bereich der Informationstechnologie wohl kaum möglich und vielleicht auch die Erweiterung unserer Stadtbücherei nicht notwendig gewesen.

Ich freue mich daher, dass unsere neue vergrößerte Stadtbibliothek diesen Entwicklungen Rechnung trägt und ihren Benutzern alle Dienstleistungen einer traditionellen öffentlichen Bücherei wie auch alle Vorteile der modernen Informations- und Kommunikationstechnik bietet. Sie spiegelt damit das Erscheinungsbild unserer Stadt wider, der es – ich weiß, wir haben es nicht allen recht machen können – insgesamt nach dem Wiederaufbau doch gelungen ist, Altes und Neues zu einer harmonischen Einheit zu verbinden.

Trotz knapper Kassen werden wir so weiterhin bemüht sein, den Buchbestand durch die Anschaffung wichtiger Neuerscheinungen und Standardwerke zu erweitern. Denn wenn – frei nach Wilhelm Hauff – die Leihbibliotheken auf den Geist eines Volkes schließen lassen, so ist die Ausstattung einer öffentlichen Bücherei sicherlich ein verlässliches Indiz für den Stellenwert, den eine Stadt den kulturellen Werten beimisst.

Diese kulturellen Werte aber müssen heute zwangsläufig neben dem herkömmlichen Buch die neuen Medien umfassen, und wir sind schon etwas stolz darauf, dass die Generosität mancher Sponsoren eine überdurchschnittlich großzügige Ausstattung mit Computerarbeitsplätzen gewährleistet hat.

Damit wird möglichst vielen Interessenten die Gelegenheit gegeben, im Internet Informationen abzurufen und, sollte etwa ein Standardwerk gerade von einem anderen Leser in Beschlag genommen sein, sich über eine entsprechende CD-ROM kundig zu machen. So ergänzen sich Buch und Computer zum Nutzen aller, und es werden alle diejenigen Lügen gestraft, die bereits den Untergang des Buches oder zumindest der Lesekultur vorhergesagt haben.

Ganz im Gegenteil, meine Damen und Herren, wie Sie wissen – Totgesagte leben eben länger –, entdecken gerade jugendliche Benutzer durch Internet und CD-ROM möglicherweise jene Lust am Lesen, die in Elternhaus und Umwelt durch exzessiven Konsum von Fernsehen und Video nicht geweckt werden konnte bzw. abhanden gekommen war. Wenn der Engländer John Lubbock vor ca. 100 Jahren davon schwärmte, dass zu den größten und dankenswertesten Errungenschaften des 19. Jahrhunderts entschieden die erleichterte Zugänglichkeit der Bücher gehörte, so käme er heute gar nicht aus dem Staunen heraus, um wie viel mehr die moderne Informationstechnik den Zugang zu Büchern erleichtert hat.

So leistet unsere alte und nun auch so moderne Stadtbücherei einen entscheidenden Beitrag dazu, nicht zuletzt der heranwachsenden Generation das Wissen sowie die dazugehörigen Fertigkeiten und Techniken zu vermitteln, die zu ihrer Existenzsicherung wie zu ihrer Persönlichkeitsbildung heute nahezu unerlässlich sind. Nach allen in nationalstaatlichem Denken befangenen kollektiven Machtträumen und -ansprüchen wird das Wissen des Einzelnen zu einer Macht, durch die er gerade gegen jede Verführung zu nationalem Machtwahn gefeit ist.

Vor einer solchen individuellen Power braucht niemand Angst zu haben, und in diesem Sinne möge unsere vergrößerte Stadtbücherei sich segensreich für ihre Benutzer – sowohl innerhalb als auch außerhalb der Stadtgrenzen – auswirken. Im Namen der Stadt wünsche ich jenen, dass sie sich – frei nach Goethe – in unserer neuen Bibliothek wie in Gegenwart eines großen Kapitals fühlen, das geräuschlos unberechenbare Zinsen abwirft.

Rede eines Bezirksabgeordneten auf einer Bürgerversammlung zu einer Planfeststellung für den Bau eines Wohnkomplexes für Aussiedler

Liebe Mitbürgerinnen und Mitbürger!
Aus Ihren Reihen kam der Wunsch, eine Bürgerversammlung zum geplanten Wohnungsneubau einzuberufen. Wir sind diesem Wunsch durch Beschluss der Bezirksversammlung vom 14. Februar gefolgt, denn wir halten es für außerordentlich wichtig, dass, gerade wenn es um die Unterbringung von Aussiedlern geht, Spannungen und Verstimmtheiten möglichst früh abgebaut werden. Es geht schließlich um mehr als nur um einige neue Wohnungen. Es geht darum, dass sich mit dem geplanten Bau und mit den Menschen, die darin wohnen werden, die über viele Jahrzehnte gewachsenen Lebensverhältnisse in diesem Stadtteil verändern könnten. Diese Befürchtungen sind geäußert worden. Und darum sollten Sie, liebe Mitbürgerinnen und Mitbürger, Gelegenheit erhalten – und die Gelegenheit nutzen! –, Ihre Sorgen und Befürchtungen, Ihre Bedenken und Vorschläge sowie Anregungen zur Sprache zu bringen. Andererseits soll aber auch dem Vertreter der Baubehörde die Möglichkeit gegeben werden zu erklären, warum dieses Bauvorhaben hier vorgesehen ist. Ich möchte Sie bitten, diese Dinge sachorientiert, diszipliniert und so nüchtern wie möglich zu diskutieren. Nur so gelangen wir zu gegenseitigem Verständnis, nur so ist es möglich, Ihre Anregungen aufzugreifen und das Projekt gegebenenfalls zu verbessern. Diskutieren wir in der typischen Atmosphäre, die diesen Stadtteil so liebens- und lebenswert macht.

Ich schlage vor, wir sollten zuallererst hören, was der Vertreter der Baubehörde zu sagen hat. Im Anschluss daran sollen dann Sie, meine Damen und Herren, Gelegenheit haben, sich zu äußern. Das Wort hat Herr Schmitt.

Rede des Baudezernenten

Ich danke Ihnen, Herr Kraus, für Ihre Begrüßung.

Verehrte Damen und Herren!

Sie alle wissen aus dem Fernsehen und aus der Zeitung um die Probleme, mit denen wir zu tun haben. Die Zahl der Menschen, die in unserer Stadt leben, steigt unaufhörlich. Das hängt damit zusammen, dass sie als Wirtschaftsstandort seit ungefähr fünf oder sechs Jahren an Attraktivität gewonnen hat und weiter gewinnt. Darüber sind wir sehr froh. Denn das bedeutet Arbeitsplätze, bedeutet wachsenden Wohlstand und erlaubt ein viel optimistischeres Lebensgefühl, als wir es noch zu Beginn der Achtzigerjahre haben konnten. Wir sind im Aufwind! Diese Stadt und ihre Bürger haben eine Zukunft!

Der Aufschwung bringt die Notwendigkeit mit sich, ständig neuen Wohnraum für die wachsende Zahl von Einwohnern schaffen zu müssen, obwohl es kaum noch unbebaute Grundstücke oder erschließbares Bauland gibt und obwohl nur wenige Privatleute oder Gesellschaften dazu zu bewegen sind, Wohnungen zu bauen.

In den letzten Jahren war immer wieder von der »Stunde null« die Rede, der Zeit nach dem Krieg, in der wir, in der viele von Ihnen, liebe Mitbürgerinnen und Mitbürger, zusammenstanden, gemeinsam zupackten, um aus den Trümmern neues Leben, Wohlstand, Zuversicht erstehen zu lassen. Tüchtigkeit und Hilfsbereitschaft, nüchterner Sinn für das Notwendige und Mögliche und vor allem Solidarität mit den Mitmenschen haben das alles geschafft. Viele waren damals Flüchtlinge. Sie haben hier bei uns eine neue Heimat gefunden. Einige von Ihnen, meine Damen und Herren, haben es selbst erlebt und werden sich erinnern. Einige andere von Ihnen werden es vom Hörensagen wissen.

In den Monaten vor der Öffnung der Mauer und erst recht, seitdem die innerdeutsche Grenze gefallen ist, sind wieder viele, viele Menschen aus dem Osten Deutschlands in unsere Stadt gekommen. Wer wollte es ihnen verdenken? Sie wollten der Not, der Unsicherheit, der Aussichtslosigkeit entfliehen, wollen hier leben und arbeiten, sich hier etwas aufbauen, was sie sich früher in der alten DDR nicht schaffen konnten.

Wie viel mehr noch gilt das für die Deutschstämmigen aus Polen, Rumänien und den Ländern der ehemaligen Sowjetunion! Auch sie wünschen sich eine Perspektive für eine bessere Zukunft! Es sind Menschen, die hart arbeiten, wenn man sie lässt, Menschen, die in ihrem Lebenskreis oft Kenntnisse bewahrt haben, die uns schon lange abhanden gekommen sind, Menschen, die als Deutsche, als Minderheit in einer fremden, oft feindseligen Umgebung die Tugenden der Nachbarschaft, der Gastfreundschaft, der Hilfsbereitschaft pflegten. Ich weiß, wovon ich rede. Ich habe das selbst erleben dürfen auf Reisen nach Siebenbürgen oder Russland.

Diese Menschen haben viel aufgegeben, als sie fortgingen, fortgehen mussten aus Ländern, in denen das Leben für sie immer schwieriger wurde. Aber sie bringen auch etwas mit. Fast nichts Materielles, dafür aber Erfahrungen, Kenntnisse, Tugenden. Sie kommen voller Hoffnung hierher. Sie kommen, um hier noch einmal von vorne zu beginnen, ob sie nun fünfzehn oder fünfzig oder fünfundsiebzig Jahre alt sind. Sie sind auf unsere Hilfe angewiesen. Wir wollen sie ihnen nicht versagen!

Eine der Hilfen, die wir als Stadt leisten müssen, ist, diesen Menschen ein Dach über dem Kopf zu beschaffen. Doch wie es auf dem Wohnungsmarkt aussieht, wissen Sie selbst aus der Zeitung. Es bleibt der Gemeinde angesichts der allgemeinen Lage gar nichts anderes übrig, als selbst Wohnungen zu bauen. In dieser angespannten Situation geht das nicht ohne die Mithilfe aller Bürgerinnen und Bürger. An Ihre Bereitschaft mitzuhelfen appelliere ich, denn ich weiß sehr wohl, dass das für viele persönliche Einschränkungen bedeutet, ja für einige auch kein kleines Opfer, wenn wir zum Beispiel die Pachtverträge der Schrebergärten nicht verlängern.

Doch tun wir das nicht, weil wir Ihnen übel wollen, sondern weil wir die Nöte unserer neuen Mitbürger sehen, weil wir diese Nöte lindern möchten. Wir wollen uns auch nicht aus unserer Verantwortung für sie stehlen.

In diesem Stadtteil glauben wir, den richtigen Standort für eine neue Wohnanlage gefunden zu haben. An anderer Stelle mussten rasch Baracken entstehen. Hier können wir wenigstens die alten Bäume retten und ein Wohnhaus bauen, das sich architektonisch in seine Umgebung einfügt.

Darum bin ich doch sehr zuversichtlich, dass es Ihnen leichter fal-

len wird als anderen, unser Bauvorhaben zu akzeptieren, liebe Mitbürgerinnen und Mitbürger. Und ich bin zuversichtlich, dass Sie –
besser als irgendwer sonst – dazu in der Lage sind, den Menschen,
die jetzt zu uns kommen, mit dem Ihnen eigenen Sinn fürs Wesentliche, mit Ihrer Hilfsbereitschaft und Ihrem Gemeinsinn zu begegnen und sie in Ihrer Nachbarschaft anzunehmen.

Rede der Leiterin einer Bürgerversammlung für die Umwandlung einer Wohnstraße in eine verkehrsberuhigte Zone

Sehr geehrte Damen und Herren!
Ich freue mich, Sie so zahlreich in unserem Bürgerhaus begrüßen zu
können. Auf dem Podium darf ich vorstellen: Herrn Geiger, Leiter
der örtlichen Verkehrsbehörde, Herrn Kraus vom Innenministerium
und Herrn Irmscher, unseren Bürgermeister; des Weiteren Herrn
Westfal, der freundlicherweise die Diskussionsleitung übernehmen
wird, obwohl es ihn als Sprecher unserer Bürgerinitiative genauso
drängt, sich zur Sache zu äußern. Und schließlich darf ich mich selbst
vorstellen: Mein Name ist Mertens. Ich habe diese Bürgerinitiative
für die Umwandlung unserer Straße in eine verkehrsberuhigte Zone
ins Leben gerufen und gehöre nun, wenn man so will, zu deren Vorstand.

Meine Damen und Herren! Worum geht es? Es geht um nicht mehr
und nicht weniger als um die Sicherheit unserer Kinder und unserer
älteren Mitmenschen. Die Freiligrathstraße ist eine reine Wohn-
straße: Einfamilienhäuser, ein Kindergarten, eine Grundschule und
sogar ein Spielplatz für die Kleinen. Eine Idylle, könnte man sagten.
Wie jedoch alle wissen, dient die Freiligrathstraße zunehmend als
Abkürzung, als Schleichweg für die Berufsfahrer, die den Verkehr
der Hauptstraße auf ihrem Weg zum Arbeitsplatz und zurück oder
zum Autobahnzubringer aus Gründen der Zeitersparnis umgehen
wollen. Frühmorgens, gerade dann, wenn unsere Grundschüler auf
dem Weg zur Schule oder die Kleinsten auf dem kurzen Weg in ihren Kindergarten sind, braust der Verkehr durch unsere Straße, als
sei sie eine Rennstrecke. Natürlich gibt es keine einzige Ampel, die
die Raser bremsen könnte, andere Blockaden gleich gar nicht. Die
Schilder »Schule« und »Kindergarten« haben sich als ebenso wir-

kungslos erwiesen wie die Zebrastreifen vor Schule und Kindergarten. Das Überqueren der Straße wird für unsere Kinder zu einer Frage von Leben und Tod. Und unsere älteren Nachbarn getrauen sich kaum noch nach draußen.

So kann es nicht weitergehen! Wir fordern Tempo 30 für die Freiligrathstraße und/oder ein Durchfahrtsverbot für Nichtanlieger! Wir fordern Einrichtungen auf der Straße, die die Autofahrer generell zum Langsamfahren zwingen, beispielsweise Betonblumenkübel und Straßenschwellen, die die rasante Durchfahrt erschweren.
   Damit bitte ich Herrn Westfal, die Diskussion zu eröffnen.
   Vielen Dank.

Rede eines Vertreters der Baubehörde zur Umwandlung einer Wohnstraße in eine verkehrsberuhigte Zone

Meine Damen und Herren!
Die von Ihnen vorgebrachten Beschwerden über die Zunahme des Stoßverkehrs in der Freiligrathstraße sind natürlich nicht unberechtigt. Sie sind gegenüber der Stadtverwaltung auch nicht zum ersten Mal zum Ausdruck gebracht worden. Wenn bislang von Seiten der Stadt noch keine Schritte in Richtung einer Verkehrsberuhigung unternommen worden sind, dann gibt es hierfür Gründe, die ich Ihnen gerne vortragen möchte.

Verkehrsberuhigende Maßnahmen, meine Damen und Herren, können niemals isoliert vorgenommen werden. Sie müssen in ein Gesamtkonzept eingebettet sein, das die Verkehrsführung in einem Stadtviertel oder auch in der ganzen Stadt umfassen muss. Die Erfahrung hat gezeigt, dass einzelne Maßnahmen oft dazu geführt haben, dass die Vorteile für die Anwohner einer Straße zum Nachteil für die Anwohner anderer Straßen wurden. Meine Vorrednerin hat dies in ihrem Beitrag ja eigentlich auch schon angedeutet: Der Verkehr weicht aus. Ein solches Gesamtkonzept für verkehrsberuhigende Maßnahmen in reinen Wohnvierteln unserer Stadt ist vom Gemeinderat schon vor längerer Zeit in Auftrag gegeben worden. Es soll noch im Herbst dieses Jahres zur Verabschiedung vorgelegt werden.
   Verkehrsberuhigende Maßnahmen sind außerdem im Allgemeinen sehr kostenintensiv. Mit dem Aufstellen von einigen Pflan-

zenkübeln ist es ja in der Regel nicht getan. Auch auf die Kosten wirkt sich ein ausgewogenes Gesamtkonzept günstig aus, sodass die Stadtverwaltung auch aus diesem Grund keinen »Schnellschuss« unternehmen will.

Das soll nicht heißen, dass wir Ihre Argumente, die auf eine schnelle Lösung des Verkehrsproblems in der Freiligrathstraße drängen, übergehen wollen. Bis der Gemeinderat über Art und Ausmaß verkehrsberuhigender Maßnahmen in unserer Stadt entscheiden wird, können wir in jedem Falle schon einmal dafür sorgen, dass zumindest die Verkehrskontrollen in Ihrer Straße entscheidend vermehrt werden, damit zwar nicht das Verkehrsaufkommen selbst vermindert, aber doch wenigstens das Rasen verhindert werden kann.

Rede zur 1000-Jahr-Feier einer Stadt

Sehr verehrter Herr Landrat!
Verehrte Frau Bürgermeister!
Meine Damen und Herren vom Gemeinderat!
Liebe Mitbürgerinnen und Mitbürger!
Eine Stadt wird nur einmal 1000 Jahre alt. Und deshalb ist es mir eine Freude, der Stadt S. anlässlich der tausendsten Wiederkehr der Ausfertigung ihrer Gründungsurkunde alle guten Wünsche für die Zukunft zu bringen.

Wer, weil das Festprogramm es so vorsieht, eine Rede hält, kommt meist nicht mit leeren Händen. Zumindest erwartet man von ihm ein zum festlichen Anlass passendes Zitat. Bei der Suche danach bin ich sehr erschrocken, als ich auf folgenden Ausspruch des französischen Schriftstellers Joseph Roux stieß. Er lautet wie folgt: »Ein gutes Zitat ist ein Diamant am Finger eines geistreichen Menschen und ein Pflasterstein in der Hand eines Narren.« Sie werden verstehen, meine lieben Zuhörer, dass ich auf dieser Feier nicht mit Pflastersteinen werfen wollte.

Die Vergangenheit ist sicher, weil sie nicht mehr geändert werden kann. Aber sicher wissen wir von der Vergangenheit oft genauso wenig wie von der Zukunft. Deshalb sei mir ein Blick zurück gestattet. S. wurde an der Schwelle des ersten Jahrtausends nach Christus zur Stadt erhoben. Zu dieser Zeit regierte im Kaiserreich Otto III., und die Hauptstadt seines Reiches war nicht Bonn, auch nicht Berlin, sondern Rom. Hier hat sich also inzwischen etwas geändert. In 1000 Jahren Stadtgeschichte hat sich aber auch fast alles andere geändert. Die ersten Einwohner lebten noch als Bauern in einfachen Holz- oder Fachwerkhütten. Dafür lag der Mietspiegel noch erheblich niedriger als heute. Vielleicht war man deshalb damals nicht einmal unzufrieden. Die Bautechnik schritt voran, und so brachte schon das Mittelalter repräsentative Bauwerke hervor, die zum Teil noch heute im historischen Stadtkern zu bewundern sind.

Gerade in jüngster Zeit hat die Stadt große Anstrengungen im Denkmalschutz und bei der Stadterneuerung unternommen. S. hat allerdings nicht nur die Tradition gepflegt, sondern auch bedeutsame Entwicklungen eingeleitet. Es wurden große neue Wohngebiete erschlossen, kulturelle Begegnungsstätten geschaffen und viele sinnvolle Freizeiteinrichtungen auf die Beine gestellt. Von Anfang an hat die Stadt das Alte mit dem Neuen konsequent verbunden. Dadurch ist die Lebensqualität hoch, und die Bürger sind mit der Stadt, in der sie leben, sicher rundum zufrieden. Dabei spielt eine wichtige Rolle, dass viele neue Arbeitsplätze geschaffen wurden, ohne dass darunter die intakte Umwelt leiden musste. Innerhalb von 5 Jahren stieg die Zahl der Arbeitsplätze überproportional um 17 %, während andere Städte der Region lediglich eine Zunahme um 8 % erreichten. Dass die Stadt ein attraktiver Wohnort ist, zeigt sich auch am enormen Einwohnerzuwachs der letzten Jahre.

So wichtig es ist, auf 1000 Jahre zurückzublicken und vor allem auch auf die jüngere Vergangenheit, die heute unser Leben bestimmt, so entscheidend ist doch für uns auch der Blick nach vorn, vielleicht nicht gleich auf die nächsten 1000 Jahre, aber doch auf die kommenden Jahrzehnte. Wir alle wissen, dass viele Probleme in unserer modernen Gesellschaft komplexer geworden sind, dass wir mit höheren Risiken fertig werden müssen als vielleicht noch unsere Vätergeneration. Dies gilt für den Energiebereich, für die Lösung unserer Verkehrsprobleme, für Rohstoff sparendes Wirtschaften und für humane Arbeitsplätze. Dazu gehört auch der pflegliche Umgang mit dem Rohstoff »Umwelt«. Die Entscheidungen für unsere Zukunft fallen nicht nur auf der Ebene der großen Politik des Bundes und des Landes, sondern gerade auch in den Gemeinden.

So werden wir uns zum Beispiel anstrengen müssen, um für die

Ausbildung und Qualifikation unserer Jugend bestmögliche Voraussetzungen zu schaffen. Gleichzeitig brauchen wir angemessene und bedarfsgerechte Wohn- und Betreuungsmöglichkeiten für die in den nächsten Jahrzehnten stark zunehmende Zahl der älteren Menschen. Ich bin sicher, dass sich die Stadt diesen Zukunftsaufgaben ebenso mutig stellen wird, wie sie die ersten 1000 Jahre ihrer Geschichte bewältigt hat.

Das Stadtjubiläum findet in einer Zeit statt, in der das Bewusstsein gewachsen ist, dass uns das Schicksal unserer Gemeinden, unseres Staates und unserer Gesellschaft vor gemeinsame Aufgaben stellt. In der Konkurrenz der Städte und Gemeinden Europas wird S. auch künftig seinen Platz behaupten. Unsere langjährige Partnerschaft mit dem französischen M., die uns viele freundschaftliche Beziehungen und wichtige europäische Erfahrungen gebracht hat, wird dabei von großem Nutzen sein.

Ich wünsche den Festlichkeiten zum tausendjährigen Jubiläum Ihrer schönen Stadt S. einen frohen und harmonischen Verlauf und rufe Ihnen zu: »Glück auf für die nächsten tausend Jahre!«

Rede zum 1. Mai

Liebe Kolleginnen und Kollegen!
Seit auf dem ersten europäischen Arbeiterkongress 1889 in Paris beschlossen wurde, an jedem 1. Mai für die Rechte der Arbeiterschaft zu demonstrieren, hat dieser Tag eine Tradition. Gerade die Maidemonstrationen haben dazu geführt, dass die Devise »Der Mensch lebt, um zu arbeiten« stetig humanisiert wurde. Heute muss es heißen: »Der Mensch arbeitet, um zu leben.«

Dass diese Einstellung mit allen daraus resultierenden Konsequenzen selbstverständlich geworden ist, rechtfertigt schon allein unser alljährliches Zusammenkommen, denn kein anderer Anlass zum Feiern ist in seiner Bedeutung für arbeitende Menschen so überprüf-, beweis- und nachvollziehbar wie die Befreiung aus der völligen Abhängigkeit vom Arbeitgeber.

Es wäre schön, wenn nur nostalgische Emotionen und Freude am Erreichten Anlass unserer Kundgebung wären. Aber es gibt leider genug aktuelle Probleme, die mit unserem Lebensstandard, dem Wohlergehen unserer Familien, unserer Arbeitskraft und mit Gerechtigkeit zu tun haben. Wir vermissen noch immer den uns zustehenden gerechten Anteil an dem von uns erarbeiteten Bruttosozialprodukt. Wir wollen nicht vegetieren, sondern existieren. Wenn geteilt und finanziert werden muss, dann gerecht. Es gibt leider immer mehr Menschen in unserem Land, die so wenig haben, dass sie nicht mehr teilen können. Bei manchen bedeutet Verzicht ein großes Opfer, denn 5% mehr Lohn auf 2700,– DM sichern die Armut, 5% auf 10 000,– DM immerhin den Wohlstand. Wenn also Einsparungen vorgenommen werden müssen, dann sollte man zunächst im öffentlichen Dienst mit einer vernünftigen Abkappung beginnen.

Wir setzen uns auch mit den Argumenten der Arbeitgeber auseinander. Wir wissen, dass Unternehmer Kapital- und Risikoträger sind, aber in der derzeitigen Diskussion über die wirtschaftliche Lage glauben wir ihren Argumenten nicht.

Sie werfen uns unvernünftige Lohnforderungen vor und drohen mit Rationalisierung und Roboterisierung. Einige Konzerne wollen die Produktion verstärkt ins Ausland verlegen. Haben die schlauen Bosse bedacht, dass Verzicht auf Arbeitskraft auch Verzicht auf Kaufkraft bedeutet? Wenn wir kein Geld verdienen, können wir an den Staat keine Steuern zahlen. Er hat aber seinen Bürgerinnen und Bürgern gegenüber eine Unterhaltspflicht. Das hierfür nötige Geld holt er sich von den Unternehmern, egal wie und wo sie produzieren.

Arbeitgeber brauchen Arbeitnehmer und umgekehrt. Aber wer uns unterdrücken will, wird von uns erdrückt. Wir sind die Basis, ohne uns bricht alles zusammen.

Kolleginnen und Kollegen! Wir bleiben dem gewerkschaftlichen Gedanken weiter verpflichtet. Wir werden uns auch in Zukunft energisch für das Wohl der Arbeitnehmer einsetzen, denn ohne unsere Solidarität würden viele im Strudel unserer rüden Ellenbogengesellschaft untergehen. Wir stehen für Leistung, aber sie muss gerecht bezahlt werden. Wir sind stark, und deshalb kümmern wir uns gerade um die Schwachen.

Vieles wird veralten und verschwinden. Wir stellen uns dem Wandel und den Erfordernissen der Gegenwart, aber unser Ziel bleibt unverändert: soziale Gerechtigkeit für alle Menschen in einer Arbeitswelt, die auch noch lebenswert ist.

**Rede einer Lehrerin zum Gedenken
an den 9. November 1938 (Pogromnacht)**

Liebe Schülerinnen und Schüler!

Liebe Kolleginnen und Kollegen!

Im Deutschunterricht der Klasse 8 haben wir in den letzten Wochen versucht, uns an den Begriff Gerechtigkeit heranzutasten. Eine Schülerin zitierte in diesem Zusammenhang einen Satz, dessen Inhalt sie – wie sie offen zugab – nicht voll verstand, dessen Wortlaut sie aber angerührt und betroffen hat. Es war der Satz: »Die Würde des Menschen ist unantastbar.« Viele haben in jener Deutschstunde die Bedeutung und Wesentlichkeit dieses Satzes empfunden, der für uns die Grundlage menschlichen und staatlichen Handelns ausdrückt: Die Würde des Menschen – jedes Menschen – ist unantastbar.

Das war nicht immer so. Wir denken heute an einen Tag, dessen Schrecken nun fünfzig Jahre zurückliegen.

Ich war damals noch ein kleines Mädchen, ging in die 3. Klasse der Grundschule und habe keine eigenen Erinnerungen an diesen besonderen Tag. Selbst das, was an Schrecklichem danach kam, der Krieg, die Bombenangriffe, Not und Tod, der Hunger und die Kälte der Nachkriegszeit, ist weit weggerückt und durch freundliche Erinnerungen späterer Jahre weitgehend verdrängt worden.

Warum dann, werden sicherlich einige von euch fragen, warum dann eine solche Feier? Wer will sie? Wer will sich erinnern? Wer will uns erinnern? Ich verstehe solche Fragen, und manches Mal möchte ich selbst nur zu gern alles vergessen, was Menschen anderen Menschen antun, wie viel Leid und Kummer Menschen verursachen können, wie viel Schuld Menschen immer wieder auf sich laden. Vergessen, wegschieben und übersehen ändert aber nichts an den Tatsachen, ändert nichts daran, dass auch in unserer Zeit, jetzt und hier und unter uns, Unrecht geschieht, Unrecht, das wir nicht verhindern, das wir möglicherweise mit verursachen. Darin liegt, glaube ich, der Sinn einer solchen Erinnerungsstunde, wie wir sie heute miteinander verbringen, dass wir uns besinnen, dass wir in unserer täglichen Anspannung und bei allen unseren Ablenkungen innehalten und uns mit geschärftem Blick selbst betrachten.

Das Pogrom gegen jüdische Mitbürger in der Nacht des 9. November 1938 steht am Beginn einer schrecklichen Entwicklung, die schließlich zu Auschwitz führte. Und Auschwitz liegt nach meiner Meinung nicht irgendwo weit weg in einer anderen Zeit und an einem anderen Ort. Auschwitz ist überall da, wo wir – jeder von uns – intolerant sind gegen fremdes Aussehen, fremde Sprache, andere Religion, anderes Denken, wo Herzlosigkeit, Ablehnung und Diffamierung sich unter uns wieder breit machen.

Wenn wir aus dieser Stunde des stillen Beisammenseins die Erkenntnis mitnehmen, dass es nicht genügt, die Schrecken dieses unheilvollen Tages zu beklagen, dass es nicht genügt, sich selbstgerecht dagegen abzusetzen, sondern dass es unsere Aufgabe ist, menschliche Begegnungen anders zu gestalten – verständnisvoll, hilfsbereit, rücksichtsvoll –, dann war dies sicher keine verschwendete Zeit.

Wenn sich darüber hinaus jeder von uns in seinem Umkreis um Menschlichkeit und Toleranz bemüht, auch wenn er dafür nicht besonders beachtet und gelobt wird, wenn jeder die Würde des anderen als unantastbar achtet und verteidigt, dann haben wir eine Chance, die Zukunft, unsere Zukunft, lebenswerter zu gestalten.

Rede und Laudatio eines Ministeriumsvertreters zur Verleihung des Bundesverdienstkreuzes an eine Journalistin

Sehr geehrte Frau Griese! Sehr geehrte Damen und Herren!
Als Vertreter des Ministers für Bildung, Wissenschaft und Kunst habe ich die Ehre, Frau Griese im Rahmen dieser kleinen Feierstunde im Blauen Saal des Schlosses das Große Verdienstkreuz der Bundesrepublik Deutschland am Bande zu verleihen. Frau Griese, die in der letzten Woche ihren 75. Geburtstag feiern konnte, hat sich im Rahmen ihrer journalistischen Tätigkeit einen Namen als unbestechliche Autorin und als – ja, es ist gar nicht so selbstverständlich – als Humanistin gemacht. In Zeiten, da alle Welt gern Vergangenes verdrängt, hat sich Frau Griese zäh, gewissenhaft, konsequent – aber nie laut – in ihren Beiträgen um die Aufarbeitung der deutschen Vergangenheit im Nationalsozialismus bemüht. Sie wurde dabei niemals zur Richterin. Stattdessen ist es ihr in beeindruckender Weise ge-

lungen, die Banalität der Grausamkeit aufzuzeigen. Ich sage Banalität, weil Grausamkeit Gedankenlosigkeit voraussetzt und zuweilen wie ein Automatismus funktioniert.

Gegen diese Gedankenlosigkeit schreibt Frau Griese und plädiert damit für ein offenes, tolerantes, liebevolles Miteinander. Auch heute, längst im so genannten Ruhestand, schreibt Frau Griese noch für verschiedene namhafte Blätter und macht kein Hehl aus ihrem Entsetzen, ihrem Erschrecken angesichts neuer Gräueltaten, die in unserem Lande begangen werden. Ich spiele damit auf die Attentate an, denen Asylbewerber gerade im letzten Jahr schutzlos und gnadenlos ausgeliefert waren. Aber auch hier erhebt Frau Griese nicht den Zeigefinger, sondern sie versucht, die Gründe für das gedankenlose Verhalten der Randalierer zu analysieren. »Schafft ein Bewusstsein für die Menschlichkeit jedes Menschen, und derartige Attentate müssten ein Ende finden« ist ihr Glaubensbekenntnis. Und damit meint sie: »Schafft keine Außenseiter. Versucht, auch in den Gettos, im Dickicht der Städte Jugendheime mit gut ausgebildeten Sozialarbeitern einzurichten. Lasst jene jungen Leute, die vielleicht ohne Ausbildung und Arbeitsplatz sind, nicht allein. Gebt ihnen die Möglichkeit, in beruflichen Sonderprogrammen Fuß zu fassen, lasst sie Gäste im Ausland sein, damit sie erkennen, dass es nur geographische Grenzen sind, die Menschen voneinander trennen.«

Diese Geisteshaltung macht Frau Griese nicht nur zu einer Humanistin, sondern auch zu einem politischen Menschen, obwohl sie nie Mitglied einer Partei gewesen ist. Sie zeigt uns auf, was zu tun ist. Sie weist Perspektiven auf, Lösungsansätze. Sie stiftet mit ihrer Feder keinen Krawall, sondern sucht nach Frieden.

Für ihre Arbeiten wurde Frau Griese bereits mit zahlreichen Autoren- und Journalistenpreisen ausgezeichnet. Mit der Verleihung des Bundesverdienstkreuzes der Bundesrepublik Deutschland ehren wir eine mutige, unerschrockene und gütige Frau und Journalistin. Gleichzeitig setzen wir damit ein Zeichen. Die Verleihung ist auch die Anerkennung eines Journalismus, der sich nicht auf die schnelle, schräge Schlagzeile ohne Hintergrund beschränkt, sondern der das ist, was Journalismus im besten Sinne des Wortes sein sollte: Berichterstattung über den Tag hinaus, wegweisend für Geist und Gemüt.

Dankrede der mit dem Bundesverdienstkreuz ausgezeichneten Journalistin

Sehr geehrter Herr Ministerialdirigent!
Meine Damen und Herren!
Ich möchte mich für die mir hier in dieser Feierstunde zuteil gewordene Ehrung bedanken. Journalisten reden ja nur ungern über
sich selbst. Ihre Aufgabe besteht im Berichten über andere. Dennoch
möchte ich meiner großen Freude Ausdruck verleihen. Ich freue
mich, dass meine Arbeit offenbar richtig verstanden worden ist. Dies
soll nicht heißen, dass ich für einen Preis oder eine Ehrung der eigenen Person geschrieben hätte oder je schreiben werde. Doch freut
es jeden Autor, wenn er in einer Rede über ihn selbst dann merkt,
dass die Botschaft, die er mitteilen wollte, nicht einfach verhallt ist.

Ich danke Ihnen, Herr Ministerialdirigent, für die Worte, die Sie
für meine Arbeit gefunden haben. Ich fühle mich in diesem Sinn
auch weiterhin verpflichtet und sehe mit Genugtuung, dass es viele
junge Kolleginnen und Kollegen gibt, die meiner Art des Berichtens
nacheifern, ohne dass ich von einer Beeinflussung sprechen möchte.
Ich glaube, sie teilen einfach meine Sicht der Dinge.

Es kann dem Journalismus insgesamt nicht schaden, wenn seriöse
Berichterstatter mit einer öffentlichen Ehrung ausgezeichnet werden.
Das wertet unsere Arbeit nicht nur auf, sondern zeigt vielmehr,
welchen Stellenwert sie in der Gesellschaft hat und wie verpflichtet
wir dieser Arbeit sein sollten. Ich jedenfalls werde mich noch lange
nicht in den Lehnstuhl setzen, sondern nach wie vor meine Schreibmaschine malträtieren. In diesem Sinne ist mir die heutige Ehrung
sozusagen noch ein zusätzlicher Ansporn.

Rede zum Thema »Asylanten brauchen Hilfe – nicht Hass«

Meine Damen und Herren!
Thomas Mann war ein Asylant. Auch Bertolt Brecht war ein Asylant, ebenso wie Albert Einstein und viele andere. Ich will mit dieser Feststellung zu Beginn meiner Ausführungen keineswegs provozieren oder schockieren, sondern nur daran erinnern, dass auch
deutsche Staatsbürger einmal – vor und während der Zeit des Nationalsozialismus nämlich – »Asylanten« waren, Menschen also, die
als direkt oder indirekt politisch Verfolgte gezwungen waren, ins

Ausland zu gehen. Es waren Tausende, die damals ihre geistige und reale Heimat Deutschland verließen, und Thomas Mann oder Bertolt Brecht waren unter all den Namenlosen nur die Berühmtheiten und Prominenten. Sie gingen als »Emigranten« ins »Exil«, ins Ausland, in ein Gastland, in dem sie als Asylsuchende demnach zugleich »Immigranten« waren. So gesehen sind doch auch die heutigen »Asylanten« in unserem Land Immigranten, Menschen, die nach Deutschland kommen und hier auf die Anerkennung ihrer Asylanträge und damit die Linderung ihrer Not hoffen.

Weshalb nun stoßen diese Menschen hierzulande weithin auf so viel Ablehnung, Abneigung und sogar in Gewalttätigkeit ausartenden Hass?

Meine Damen und Herren! Die »Asylanten«, die uns auf der Straße, in der U-Bahn, bei Behörden oder auch im Supermarkt begegnen, sind Menschen. Viele unserer Landsleute haben das offenbar vergessen, oder sie sehen einfach über diese Tatsache hinweg. Diesen beschämenden Eindruck vermitteln jedenfalls die Berichte in den Medien über Ausschreitungen und Gewalttätigkeiten gegenüber den Asylsuchenden.

Die meisten dieser Menschen sind zu uns gekommen, weil sie die politische Lage oder die Not in ihren Heimatländern dazu zwang. Man verlässt seine angestammte Heimat gewöhnlich nicht ohne Grund. Politische Verfolgung, Angst vor Folter und Mord sind solche Gründe. Aber auch wirtschaftliche Not zwingt Menschen seit alters, in die Fremde zu ziehen, in der Hoffnung, dort das zum Überleben Nötige zu finden. Der Bischof der Diözese Rottenburg-Stuttgart, Walter Kasper, hat sich gegen den pauschalen Begriff »Wirtschaftsflüchtlinge« ausgesprochen und darauf hingewiesen, dass es doch eher »Armutsflüchtlinge« seien, Hilfe suchende Menschen, die wir zumindest menschenwürdig behandeln sollten. Dieser Auffassung schließe ich mich an.

Sie sind geflohen aus ihrem Heimatland, in dem sie vor dem materiellen Nichts standen, was in den meisten Herkunftsländern gleichbedeutend mit der konkreten Gefahr des Verhungerns sein kann. Dennoch ist es leider eine unumstößliche Tatsache, dass wir auch solche Armutsflüchtlinge auf Dauer nicht in unbegrenzter Zahl aufnehmen können, weil die Aufnahmefähigkeit, die Mittel und Möglichkeiten selbst eines so reichen Industrielandes, wie es die Bundesrepublik Deutschland ist, nicht unerschöpflich sind.

Dass es unter den Asylsuchenden »schwarze Schafe« und gelegentlich auch Straftäter gibt, soll hier überhaupt nicht bestritten werden. Gibt es die in unserer Wohlstandsgesellschaft nicht? Hüten wir uns vor Pauschalverurteilungen. Sie sind keinesfalls gerechtfertigt.

Meinungsforscher haben festgestellt, dass das »Asylantenproblem« in der Bevölkerung inzwischen zum ›Thema Nummer 1‹ geworden ist. Sieht man dieses Problem und seine wahren Ursachen einmal wirklich ganz sachlich, kommt man, so meine ich, zu einer ebenso einfachen wie demaskierenden Erkenntnis. Ich behaupte jedenfalls, dass dieses Problem zu einem großen Teil in mangelnder Toleranz begründet ist. Vielen von uns geht es wirtschaftlich gut. Wir sind stolz auf unsere wirtschaftlichen und sozialen Leistungen. Wir schätzen unsere Sauberkeit, unseren Fleiß, unsere Kultur und Lebensart.

An allen diesen Werten aber messen wir unwillkürlich und vielleicht auch unbewusst jeden Fremden, der uns begegnet, der sich in unserer Umgebung oder in direkter Nachbarschaft niederlässt. Bei der Ablehnung und Abneigung gegenüber den Asylsuchenden spielen noch weitere Faktoren eine Rolle, die die Entstehung von Pauschalurteilen begünstigen. Der Asylsuchende ist oft Sozialhilfeempfänger ohne Arbeitserlaubnis (»Der tut nichts und lebt von unserem Geld«), er wird in leer stehende Wohnungen eingewiesen, für die Sozialämter die Mietzahlungen übernehmen oder Mietzuschüsse zahlen (»Wir suchen schon seit Jahren vergeblich eine Wohnung, und der kriegt sie gleich!«), er sieht anders aus und spricht schließlich oft auch kein oder nur schlecht Deutsch.

Der Asylsuchende muss sich bemühen, die deutsche Sprache zu erlernen, um sich besser zu assimilieren und integrieren zu können. Aber auch wir haben zu lernen: Toleranz, Nachsicht und Hilfsbereitschaft, weniger Voreingenommenheit, mehr Sachlichkeit und Nüchternheit heißen unsere Lernstoffe.

Meine Damen und Herren. Angesichts der vielfach schon überbordenden Emotionen, Gewalttaten und Hasstiraden gegen Asylsuchende müssen wir uns auch um des sozialen Friedens in unserem Lande willen endlich darauf besinnen, dass wir hier in den wirklich überwiegenden Fällen Menschen in Not vor uns haben und keine Schmarotzer. Der »Asylant«, den Sie vielleicht auch einmal persönlich kennen lernen, ist jemand, der Hilfe, Zuwendung und möglichst auch freundliche Aufmerksamkeit braucht. Er ist ein Mensch, der hier bei uns zu finden hofft, was ihm das Wort »Asyl« in seiner lateinisch-griechischen Bedeutung verheißt: »Zufluchtsstätte«. Wir alle sollten den Asylsuchenden gegenüber nicht gleichgültig bleiben. Sie sind in unserem Land vielfach auch deshalb zum Problem geworden, weil, wie ich meine, die Lösung des Problems insgesamt fast ausschließlich Behörden, Kommunalverwaltungen und staatlichen Stellen überlassen bleibt. Es fehlt an genügend privaten Initiativen. Lassen Sie sich, meine Damen und Herren, zu eigenen Initiativen anregen. Suchen Sie Kontakt zu Asylbewerbern, übernehmen Sie Patenschaften, lernen Sie sie kennen und zeigen Sie damit denjenigen, die nur Gewalt kennen, was ein aufgeklärter Bürgersinn vermag. Ich danke Ihnen.

Rede des Oberbürgermeisters vor dem Stadtparlament zur Verbesserung der Bürgernähe durch Einrichtung eines virtuellen Rathauses

Als vor Jahren in dieser Runde die Diskussion darüber geführt wurde, einen Bürgertag mit verlängerten Öffnungszeiten im Rathaus und auf den Ämtern zu schaffen, da wurde hier manch heftiges Wort gewechselt. Am Ende waren wir uns jedoch alle einig: Unsere Bürger brauchen diesen Tag und es ist an uns, unsere Strukturen an die Bedürfnisse unserer Bürger anzupassen.

Liebe Weggefährten, wenn ich nun die Diskussion über die Einführung eines virtuellen Rathauses anstoße, so bin ich sicher, wir werden auch heute hier in unserem Stadtparlament heftige Wortwechsel zu hören bekommen, aber ich bin genauso sicher, dass wir wieder eine Entscheidung treffen werden, die im Sinne unserer Bürger ist.

Braucht unsere Stadt ein virtuelles Rathaus? Ich sage ja! Ich sage ja, und ich werde dies anhand der folgenden Punkte erläutern:
1. Wie sieht die aktuelle Situation für unsere Bürger aus?
2. Was verändert sich für unsere Bürger, wenn wir ihnen ein virtuelles Rathaus anbieten können?
3. Was bedeutet das virtuelle Rathaus für uns?

Wie sieht die aktuelle Situation für unsere Bürger aus?

Stellen Sie sich einmal vor, Sie kämen abends von der Arbeit nach Hause und planen mit Ihrem Partner den nächsten Urlaub. Plötzlich fällt Ihnen ein, dass Ihre Reisepässe abgelaufen sind. Da sowohl Sie als auch Ihr Partner berufstätig sind, haben Sie keine Möglichkeit, während der üblichen Amtsöffnungszeiten auf das Rathaus zu gehen. Auch der Bürgertag hilft Ihnen nicht weiter, war dieser doch gestern, und Sie müssten nun eine Woche warten. Eine kurze Woche nur, jedoch eine, die Ihren pünktlichen Reiseantritt gefährden könnte.

Das ist die aktuelle Situation. Unsere Ämter sind zwar für die Bürger da, jedoch in vielen Fällen noch immer nicht während der Zeiten, zu denen die Bürger unsere Ämter benötigen.

Oder wählen wir ein anderes Beispiel. Der Wohnort wird gewechselt. Der Gang aufs Amt wird notwendig. Die Formulare müssen geholt, ausgefüllt und wieder abgegeben werden. Dabei heißt es nicht gerade selten anstehen und warten.

Auch das ist die aktuelle Situation: Die Bürger verbringen ihre Zeit auf ihren Wegen zum Amt und dort mit Wartezeiten, nur um Formulare abzuholen und sie ausgefüllt wieder abzugeben.

Ich könnte noch einige Beispiele dieser Art anführen und immer würden wir, die wir verantwortlich sind für die Verwaltung, nicht gerade in glänzendem Licht erscheinen. Wenn wir eine bürgernahe Stadt sein wollen, dann müssen wir uns verändern und wie, das will ich Ihnen mit meinem zweiten Punkt, meiner Vision von einem virtuellen Rathaus, verdeutlichen.

Was verändert sich für unsere Bürger, wenn wir ihnen ein virtuelles Rathaus anbieten können?

Wenn Sie im Internet in Suchmaschinen den Begriff »virtuelles Rathaus« eingeben, so werden Ihnen nach kurzer Zeit einige Gemeinden angezeigt, die bereits jetzt über ein virtuelles Rathaus verfügen. Wenn Sie sich dann die Zeit nehmen, sich die einzelnen Angebote anzusehen, so werden Sie schnell feststellen, dass in den meisten Fällen ein gedrucktes Ämterverzeichnis dieselben Dienste leistet wie die bereits existierenden virtuellen Rathäuser. Lediglich die Links, also Verweise auf andere Einrichtungen, auf Kinos oder

Theater mit den dort stets aktuellen Programminformationen, machen die Internetseiten informativer und aktueller als deren gedruckte Pendants. Eine echte Erweiterung des Dienstleistungsangebots der Rathäuser sind diese virtuellen Rathäuser derzeit noch nicht. Schlägt man im Lexikon nach, so findet sich unter dem Begriff »virtuell« folgende Eintragung: *der Anlage nach als Möglichkeit vorhanden, nicht wirklich, scheinbar.* Scheinbar sind sie vorhanden, die Rathäuser im Internet, in der Realität fehlen ihnen in weiten Bereichen jedoch die wichtigsten Komponenten:

- Dem Bürger muss es möglich sein, Amtsgeschäfte außerhalb der Öffnungszeiten von zu Hause aus zu erledigen.
- Dem Bürger müssen Formulare zur Verfügung gestellt werden, die er online, das heißt am heimischen PC, bearbeiten und direkt abschicken kann.
- Der Bürger muss sich Informationen abholen können, ohne dabei auf eine freie Telefonleitung oder gar den Gang zum Amt angewiesen zu sein.
- Schließlich muss über das virtuelle Rathaus auch der Kontakt zum Mitarbeiter möglich sein, und damit meine ich nicht nur per E-Mail, sondern live per Chat oder Videokonferenz über das Netz.

Diese Auflistung macht aber auch deutlich, was ein funktionierendes – und ich verwende den Begriff trotz seiner inhaltlichen Schwächen weiter – virtuelles Rathaus für den Bürger bedeutet: mehr Freiheit, mehr Service und nicht zuletzt ein enger Kontakt zur Stadtverwaltung.

Ich will die genannten Punkte nochmals anhand eines Beispiels verdeutlichen: Wenn Sie im Internet die Seiten der Stadt Esslingen unter www.esslingen.de anklicken, so können Sie sich dort beim Landratsamt Ihr Wunschkennzeichen reservieren lassen. Sie geben dazu die gewünschten Daten in ein entsprechendes Formular ein, und mit einem Mausklick senden Sie sie an das Landratsamt. Ähnliches bietet auch die Stadt Mannheim an. In diesen beiden Städten – bei einer intensiven Recherche im Internet ließen sich sicherlich noch weitere finden – wurde in ersten Ansätzen das virtuelle Rathaus so realisiert, wie ich mir dies für unsere Stadt wünsche.

Meine Damen, meine Herren, vor meinem inneren Auge sehe ich meinen Nachbarn am Bildschirm sitzen. Ich sehe ihn Formulare ausfüllen, seine aus der Stadtbibliothek ausgeliehenen Bücher verlängern und damit Strafgebühren vermeiden, ich sehe, wie er genauso selbstverständlich die Öffnungszeiten der städtischen Mülldeponie abfragt, wie er seine Wünsche bezüglich der Umgestaltung des Innenstadtbereichs per E-Mail an das Baudezernat schickt. Die Vision, die sich vor meinem inneren Auge aufbaut, die ich anhand dieser wenigen Beispiele angedeutet habe, ist die Vision einer Stadtverwaltung, die ihren festen Platz im Wohnzimmer meiner Nachbarn gefunden hat, die sich nicht im Elfenbeinturm Rathaus aufhält, sonder nahe beim Bürger ist – und zwar immer dann, wenn dieser es möchte.

Alle, die wir heute hier sitzen, sind verantwortlich für unsere Stadt und unsere Bürger. Wir alle wissen, was es bedeutet, Entscheidungen zu treffen, die unsere Mitbürger im Augenblick hart treffen, um unserer Stadt den Weg in die Zukunft zu ebnen. Heute dürfen wir eine angenehme Entscheidung treffen, wir dürfen den Einwohnern unserer Stadt den »Weg zum Amt« erleichtern. Wenn ich Sie daher auffordere, »ja« zu unserem virtuellen Rathaus zu sagen, so bin ich sicher, Sie werden an unsere Bürger denken und meiner Aufforderung folgen.

Doch will ich Ihnen diese Entscheidung nicht zumuten, bevor ich Ihnen meinen dritten Punkt vorgestellt habe:

Was bedeutet das virtuelle Rathaus für uns?

In erster Linie bedeutet es eine Veränderung in unseren Köpfen. So ist es nicht mehr der Bürger, der zu uns kommt, vielmehr sind wir es, die zum Bürger kommen. Da wir die Bürger jedoch nicht direkt, sondern über das Medium Internet ansprechen, so müssen wir dafür sorgen, dass die Internetseiten unserer Stadt für die Bürger einen echten Anreiz darstellen, sie aufzurufen. Dazu gehört neben der bereits angesprochenen Verfügbarkeit von elektronischen Formularen auch ein attraktives Informationsangebot über die in unserer Stadt und von unserer Stadt angebotenen Aktivitäts- und Freizeitmöglichkeiten. Informationen über den Nahverkehr müssen ebenso offeriert werden wie Informationen über die Geschichte unserer Stadt. Um jetzt nicht in eine endlose Aufzählung zu verfallen, werde ich es abkürzen: Ein Anreiz für den Aufruf unserer Internetseiten besteht nur dann, wenn die Seiten einen deutlichen Mehrwert bieten, einen, der sie von jeder Tageszeitung und jedem gedruckten Kulturprogramm abhebt.

Gelingt es uns, ein solches Angebot ins Netz zu stellen – und ich bin der Meinung, wenn wir uns Profis für die Gestaltung der Seiten an Bord holen, dann gelingt es uns – so haben wir damit den ersten Schritt zu mehr Bürgernähe bereits getan. Doch ich will nicht verleugnen, dass ich die Bürgernähe über das Internet auch aus egoistischen Motiven suche: So bedeutet jedes Formular, welches von einem Bürger bereits elektronisch erfasst wurde, für uns einen geringeren Nachbereitungsaufwand. Das heißt, unsere Mitarbeiterinnen und Mitarbeiter im Amt gewinnen Zeit, die sie den Bürgern zur Verfügung stellen können, die nicht über einen Internetzugang verfügen, beispielsweise unseren Seniorinnen und Senioren.

Meine Damen und Herren, das Internet und somit auch das virtuelle Rathaus bieten uns die Möglichkeit, unseren Kontakt zum Bürger auf eine breitere und langfristig positivere Basis zu stellen. Um dies zu erreichen, fordere ich von uns allen, von uns hier und von unseren Mitarbeitern auf den Ämtern, die Bereitschaft ein, sich mit dem neuen Medium Internet auseinander zu setzen. Wenn uns künftig die E-Mail eines Bürgers erreicht – etliche von uns sind ja bereits an das Internet angeschlossen –, so muss diese für uns dieselbe Wichtigkeit besitzen wie ein Einschreiben. Das Internet bietet uns die Chance der schnellen und direkten Kommunikation, wenn wir diese Chance nützen, dann sind wir näher am Bürger, als es je in der Geschichte unserer Stadt die Mitarbeiter der Stadtverwaltung waren. Wir haben damit die Möglichkeit, den Bürger enger an die Stadtentwicklung anzubinden, wir schaffen Identifikation und Stolz auf unsere Stadt. Der Bürger, der von sich sagen kann: »Diese verkehrsberuhigte Zone habe ich mitgestaltet«, der wird nicht nur einmal, sondern immer wieder lobend über seine Stadt und sein Stadtparlament sprechen.

Technisch sind wir heute in der Lage, das virtuelle Rathaus zu realisieren. Die letzten rechtlichen Hürden, was beispielsweise die Gültigkeit über das Internet gesendeter Formulare angeht, werden bald aus dem Weg geräumt sein. Somit sind es nur noch unsere Köpfe, in denen das virtuelle Rathaus seinen Platz finden muss. Nur wir sind es, die dem Fortschritt im Augenblick noch im Wege stehen.

Meine Damen und Herren, soll ich die einzelnen Punkte nochmals zusammenfassen? Soll ich Sie nochmals darauf hinweisen, wie praktisch es ist, direkt von zu Hause aus mit dem Rathaus in Kontakt zu stehen? Muss ich noch einmal anführen, dass auch für unsere

Mitarbeiter Zeit zu gewinnen ist, Zeit, die wir für Bürgerkontakte verwenden können? Ich glaube nicht. Denn ich bin mir sicher, so sehr, wie mir ein »Rathaus zum Anfassen« am Herzen liegt, genauso liegt es Ihnen am Herzen. Und deshalb fordere ich Sie nun auf, gemeinsam mit mir das virtuelle Rathaus unserer Stadt zu errichten!

Rede zum Thema »Stadtmarketing«

Sehr geehrte Damen und Herren,
herzlich willkommen im Seminar »Stadtmarketing«.
Wie ich aus der Teilnehmerliste ersehen konnte, sind Sie durch Ihre Position bzw. Funktion unmittelbar für dieses Fachgebiet zuständig. Im gesamten Bundesgebiet stehen 2062 Städte und 14 308 Gemeinden im ständigen Wettbewerb. In diesem Wettstreit sind Sie persönlich aufgerufen, eine Konzeption zu entwickeln und zu vertreten, um Ihre Stadt oder Gemeinde individuell zu profilieren und überzeugend zu präsentieren.

Damit wir einen optimalen Nutzen aus dem heutigen Tag erzielen, bitte ich Sie, folgende Spielregeln zu beachten:
1. Das ist Ihr Seminar. Der Erfolg hängt weitgehend von Ihrer aktiven Mitarbeit ab. Bringen Sie Ihre Erfahrungen, Ideen, Lösungs- und Finanzierungsvorschläge ein. Niemand allein weiß so viel wie wir alle zusammen.
2. Füllen Sie die Seiten der auf Ihren Plätzen liegenden Arbeitsmappen aus, dann haben Sie einen Leitfaden für die Verwirklichung aller Vorhaben und gleichzeitig ein Seminarprotokoll. Bringen Sie eventuelle Unklarheiten sofort zur Sprache. Vermeiden Sie persönliche Angriffe, die das Seminarklima beeinträchtigen. Fairness verhindert Frust.
3. Notieren Sie Einfälle sofort und gewichten Sie die Dringlichkeit von Maßnahmen. Zehn Ideen sind gut, eine verwirklichte ist besser! Ob die Umsetzung kurz-, mittel- oder langfristig erfolgt, muss unter Berücksichtigung aller Belange entschieden werden. Manchmal ist die Mahnung angebracht *»die Zeit zum Handeln jedes Mal verpassen, nennt ihr, die Dinge sich entwickeln lassen«.*

Damit wir für unsere Zusammenarbeit eine einheitliche Ausgangsbasis und Übereinstimmung in der Zielsetzung haben, möchte ich den Begriff »*Stadtmarketing*« zunächst definieren. Marketing allgemein ist die Summe aller den Erfolg fördernden Maßnahmen. Stadtmarketing ist erfolgreich, wenn die Aufgaben der Verwaltung, die Interessen der Gewerbetreibenden und die Wünsche der Bürger koordiniert und alle Interessengruppen zum Wohle der gesamten Stadt aktiviert werden.

Hierfür ein Leitfaden:
1. Unsere Stadt ist unser Lebensraum.
   - Was gefällt?
   - Was gefällt nicht?
   - Was müssen wir tolerieren?
   - Was soll gefördert, was verhindert werden?
2. Wie können wir uns durch geeignete Werbe- und PR-Maßnahmen als Einkaufsstadt profilieren?
3. Mit welchen Maßnahmen kann der Fremdenverkehr gefördert werden?
4. Damit eine konstruktive und effektive Zusammenarbeit entsteht, sollte ein Arbeitskreis gebildet werden. Er hat die Aufgabe, Beschlüsse zu realisieren, Abläufe zu koordinieren und Ergebnisse zu kontrollieren. Die Planungshoheit liegt bei der Verwaltung. In der Praxis kommen die Impulse für Veränderungen und Verbesserungen oft von Gewerbetreibenden, Bürgerinitiativen, Verkehrs- und anderen Vereinen. Speziell der Einzelhandel prägt durch seine Geschäftsaktivitäten und Gestaltung der Fußgängerzonen weitgehend das Stadtbild. Vorteilhafte Angebote, Bequemlichkeit und Gemütlichkeit, Sauberkeit und Sicherheit ziehen die Passanten an und kommen dem Image der Stadt und ihrem Steueraufkommen zugute.

Für Stadtmarketing gibt es keine Einheitsrezepte. Nachteile müssen akzeptiert, wenn möglich kaschiert, und Vorteile propagiert werden. Nietzsche hat es auf den Punkt gebracht: »Es gibt deinen Weg und es gibt meinen Weg, aber den Weg gibt es nicht!« Allgemein wirksam und förderlich ist jedoch Lokalpatriotismus gepaart mit Idealismus. Das Wirgefühl wird gestärkt, wenn alle Beteiligten
   a) frühzeitig, verständlich und ausreichend informiert werden;
   b) durch Übertragung von Verantwortung aktiviert und durch Anerkennung der Ergebnisse motiviert werden;

c) bei Schwierigkeiten beraten und unterstützt werden.
Stadtmarketing funktioniert, wenn sich alle an Zusagen halten, übernommene Pflichten korrekt erfüllen, Zersplitterung, Zuständigkeitsgerangel und Kompetenzstreitigkeiten vermeiden.

Wenn Industrie, Handel, Handwerk, Dienstleistungsunternehmen, Finanzinstitute und freie Berufe, die ja alle von einer florierenden Wirtschaft profitieren, ihre Interessen in einer Stadtmarketing-Gesellschaft koordinieren und ihre Ressourcen konzentrieren, kann der Erfolg nicht ausbleiben.
Wichtige flankierende Maßnahmen sind funktionierende Beziehungen zu den Medien, speziell zur lokalen Presse.
Mit einem guten Draht zum Magistrat, zum Parlament und zur Verwaltung kann man das Beste erwarten und das Schlimmste verhindern.

Jetzt wollen wir kleine Arbeitsgruppen bilden, die sich intensiv mit folgenden Bereichen beschäftigen:
- Befragungsaktionen
- Sauberkeit und Sicherheit
- Verkehrsverbindungen und Verkehrsfluss
- Parkmöglichkeiten
- Öffnungszeiten der Geschäfte und Behörden
- Unser Krankenhaus
- Stadtentwicklung
- Stadtpläne und Informationen
- Stadtfeste und Veranstaltungen
- Gewerbeschauen
- Tag der offenen Tür
- Tradition und Fortschritt
- Kulturförderung
- Sportförderung
- Senioren und Jugendliche
- Fremdenverkehr
- Ausländische Mitbürger

Lassen Sie sich zu diesen Stichworten etwas einfallen und schreiben Sie die Ergebnisse kurz und bündig auf die vorbereiteten Bogen. Die Auswertungen werden nach der Mittagspause bekannt gegeben. Ihre Überlegungen sind Anregungen für künftige Aktivitäten.

Das bisher Gesagte möchte ich zusammenfassen:

1. Die Vergangenheit schenkt uns die Erfahrung.

2. Die Zukunft erfordert die Planung.

3. Die Gegenwart verpflichtet zur Tat.

**Informationsveranstaltung
Euro – Fluch oder Segen?**

Meine Damen und Herren,

sehr geehrte Euro-Überzeugte, Euro-Zweifler, Euro-Gegner, Euro – Fluch oder Segen?

Wer diese Formulierung als Provokation empfindet, liegt richtig. Provokation bringt Publikation, die wiederum sorgt für Publikum. Der Saal ist voll.

Aufmerksamkeit weckende Einleitung

Ich befürchte, in der gegebenen Situation kann keiner die Frage definitiv beantworten. Glaube ersetzt keine Gewissheit, und jede Prognose gleicht einem Orakel. Zumal die Verlässlichkeit von Verträgen ungewiss ist. Vermutlich gibt es à la longue eine Stipulation, die weder Befürworter noch Gegner froh macht, jedoch Zweifler partiell bestätigt.

Ich habe die Ehre und das Vergnügen, vier prominente Expertinnen und Experten vorzustellen. Sie sind durch ihren Status und die Medien bereits bekannt. Ich begrüße in alphabetischer Reihenfolge:

Würdigung der Gäste

....

....

....

....

Ihre Meinungen zum Euro sind unterschiedlich, unsere sind es auch. Die Erwartungen im Hinblick auf den Informationswert der nächsten Stunden sind groß. Unsere Gäste werden zunächst jeweils 15 Minuten die jetzige und künftige Euro-Situation aus ihrer Sicht darstellen, Fakten und Folgen analysieren und anschließend Fragen beantworten.

Klarstellung der Ausgangslage

Hinweise zum Ablauf

[Dank nach den vier Reden]

Meine Damen, meine Herren, das waren 70 hochinteressante Minuten, Sie haben in sympathischer Lockerheit über Ihre Euro-Erfahrungen und Euro-Erwartungen gesprochen, gewarnt und ermuntert.

Ausgewogene Anerkennung

Je nach Standpunkt gab es im Saal Akzeptanz und Distanz, aber auch den wohlverdienten Applaus für Eloquenz und Engagement. Sie sind noch nicht aus dem Obligo, jetzt werden Sie vermutlich mit Fragen eingedeckt. Ich bitte um Wortmeldungen. Erwünscht sind kurze Fragen, keine langen Statements.

Dämpfer für Vielredner

[Schlusswort]

Meine Damen und Herren, es gab kluge Fragen und weise Antworten. Ob uns der Euro vorwiegend Freude oder Frust bereiten wird, bleibt jedoch vorerst noch Spekulation. Im Moment läuft der Streifen »Weicher Euro versus harter Dollar«.

Probleme bereiten zunächst immer noch
1. vielfältige personelle, technische, organisatorische und finanzielle Konsequenzen betrieblicher Anpassungen und Umstellungen;
2. Termin- und Investitionsdispositionen;
3. neue grenzüberschreitende Konkurrenzsituationen;
4. allgemeine weltweite Kundenorientierungen.

Experten können beraten, Bedenken anmelden und Empfehlungen aussprechen, aber keine Verantwortung für Entscheidungsfehler übernehmen. Bergleute wissen: Vor der Schippe ist es duster. Diese Erkenntnis gilt auch für die Euro-Situation.

Dank und Lob für alle

Nochmals herzlichen Dank unseren Gästen *[namentliche Nennung]*. Sie haben uns die Brillen geputzt, für die richtige Sicht ist jeder selbst verantwortlich. Dank auch den Fragestellern und allen, die durch Anwesenheit zum Erfolg der Veranstaltung beigetragen haben. Speziellen Dank den Damen und Herren der Presse. Ihre Berichte sind stets konstruktiv kritisch, sie verpassen uns schon mal Dämpfer und machen uns Dampf. Das geht in Ordnung. Wenn wir ihre Beiträge

Gute Beziehungen zur Presse pflegen

nicht billigen und murren, sind sie uns auch nicht böse. So soll es bleiben.

Zusammenfassung

Ich fasse die Standpunkte der Redner zusammen:
- Die propagierte Zuversicht, dass alle künftigen Euro-Länder die Konvergenzkriterien erfüllen werden, ähnelt einer Gesundbeterei. Motto: Das Wunder ist der Hoffnung liebstes Kind.
- Konkrete Zusagen werden erschwert, weil arme und reiche Län-

der mit unterschiedlichen stabilitätspolitischen Standpunkten in einem Währungsboot sitzen.

- Optimistische Prognosen der Politiker haben sich schon oft als peinliche Pannen entpuppt.
- Die Vorteile des Maastricht-Vertrages dürfen sich nicht durch zu spät erkannte Nachteile als zu teuer erkauft erweisen.
- Die Euro-Länder werden mittelfristig beste Chancen gegen den Rest der Welt haben, die Lage wird sich zum Segen für alle entwickeln.

Nun, Letzteres soll uns recht sein, in diesem Sinne schließe ich die Versammlung.

Konstruktiver Schluss

New Age – Heil oder Unheil?

Rede eines älteren Pädagogen, der das Wochenendseminar eines Jugendklubs moderiert.

Zunächst herzlichen Dank, lieber Jan Jäger, für die freundliche Begrüßung und Vorstellung.
Liebe Freunde und natürlich auch Freundinnen, ich denke, diese Anrede passt zum Anlass und zur lockeren Atmosphäre. Durch Ihre Klubaktivitäten sind Sie in der Region in kurzer Zeit zu einem Begriff für konstruktive Jugendarbeit geworden. Ich bin gerne zu Ihnen gekommen.

Es geht in diesen beiden Tagen um die Beantwortung der Frage »New Age – Heil oder Unheil?« Wir wollen gruppenweise Antworten suchen und diese anschließend gemeinsam diskutieren. Ich soll den Ablauf regulieren und die Diskussion moderieren.

New Age betrifft alle Generationen. Die Vor- und Nachteile dieser Heilslehren wirken sich auf junge Leute jedoch besonders nachhaltig aus, weil Freude oder Frust länger anhalten. Es gibt auch junge Aus- und späte Einsteiger.

Zunächst zwei Begriffsbestimmungen:
New Age: Ein von verschiedenen Forschungsrichtungen und alternativen Bewegungen vertretenes neues Weltbild, das die Menschheit erleuchten und beglücken soll, zumindest die Protagonisten.
Moderation: Moderatoren wirken mäßigend und ausgleichend bei

Meinungsverschiedenheiten, lenken und leiten Diskussionen, erläutern und kommentieren Fakten und Standpunkte. Moderatoren sind keine Schiedsrichter, die bestimmen und entscheiden, sie haben die Aufgabe, Zuhörern und Zuschauern unparteiisch den Durchblick und die persönliche Urteilsfindung zu erleichtern.

Sollte Ihnen eine andere oder ergänzende Interpretation vorschweben, schlage ich vor, wir bemühen uns gleich um Klärung und Übereinstimmung.

Ich stelle fest, wir haben geklärt und sind uns einig.

Jetzt noch ein paar Worte über mich:

Aus Ihrer Sicht wirke ich wohl nicht mehr so ganz knusprig, bin aber weder verspießt noch verzopft. Ich hoffe, zu dieser Einschätzung werden Sie heute und morgen selbst kommen.

Wenn alle dazu beitragen, können wir uns am Schluss bestätigen, dass wir fleißig, fröhlich und fair zwei interessante Tage erfolgreich gestaltet haben. Die Tagespläne und das Programm für den heutigen Abend liegen vor. Gibt es zum Ablauf noch Fragen oder Hinweise?

Wir haben Klarheit, die Weichen sind gestellt.

Jetzt wiederhole ich noch einmal die sechs vorgegebenen Themen für die Arbeitsgruppen:

1. Lassen sich mit esoterischer Hilfe Probleme lösen?
2. Gibt es astrologische Einflüsse und unverkennbare Verhaltensweisen der Tierkreistypen?
3. Wie beurteilen Sie die Ziele und Methoden von Scientology?
4. Was wissen Sie von Shoko Asahara und seiner die Weltherrschaft anstrebenden AUM-Sekte?
5. Sind Begegnungen mit Ufos Spinnerei oder Realität?
6. Was halten Sie von Gurus und ihrer Anhängerschaft?

Soweit für die Beantwortung der Fragen noch Informationsbedarf besteht, liegt hier Material bereit.

Nun bilden wir die sechs Teams von jeweils 4 Personen. Jede Gruppe wählt ein Mitglied als Berichterstatter, die Darstellung der Gruppenergebnisse kann auch aufgeteilt werden.

Schlusswort des Moderators.

Zunächst möchte ich feststellen: Wir waren fleißig, fröhlich und fair.

Herzlichen Dank Jan Jäger und allen, die an der Vorbereitung und dem organisatorischen Ablauf beteiligt waren (eventuell Einzelwürdigung). Dank aber auch allen, die durch ihre Beteiligung erst die Voraussetzung für dieses gelungene Treffen geschaffen haben.

Jeder konnte zum Schluss etwas über seine persönliche Wertung sagen und Vorschläge für künftige Tagungen machen. So haben wir miteinander, voneinander und füreinander gelernt. Mich hat besonders die Toleranz bei gegensätzlichen Auffassungen beeindruckt. Diese Kommunikationskultur hat eine Vorbildfunktion in privaten und öffentlichen Bereichen. Heinrich Heine hat Recht: »Die Freiheit der Meinung setzt voraus, dass man eine eigene Meinung hat.«

William Shakespeare lässt auch grüßen: »Es gibt mehr Dinge im Himmel und auf Erden, als Eure Schulweisheit sich träumen lässt.«

Falls Sie mal das Bedürfnis haben, mich zu kontaktieren, wissen Sie, wo, wann und wie ich zu erreichen bin.

Ich wünsche allen eine komplikationslose Heimfahrt und einen guten Start in die neue Woche. Bleibt heil und happy!

Ansprache über den Patientenfunk

Liebe Patientinnen und Patienten!
Wissen Sie, dass unser beliebter Hausfunk, der Sie zweimal täglich informiert und unterhält, vom »Förderkreis Krankenhaus« finanziert wird? Das gilt auch für den neuen Gemeinschaftsraum und die Erweiterung des Parkplatzes. Alle Investitionen werden durch Mitgliedsbeiträge und Spenden finanziert, auch die laufenden Kosten.

Es gibt in sämtlichen medizinischen Bereichen ständig Neuerungen, die Diagnosen, Prognosen und Therapien verbessern. Alles, was Krankheiten verhindert oder schneller und besser heilt, soll unseren Ärzten und dem Pflegedienst zur Verfügung stehen. Wir können auf die technische und räumliche Ausstattung unseres Krankenhauses und die Leistungen aller Fachkräfte stolz sein. Um diesen Standard zu halten, sind jedoch immer wieder Anschaffungen erforderlich.

Für die Erhaltung und Wiederherstellung der Gesundheit ist das Beste gerade gut genug. Wer diesen Standpunkt teilt, kann durch Mitgliedschaft im Förderkreis sein Scherflein zur Sicherstellung dieses Anspruchs beitragen. Die Bereitschaft hierzu ist auch Anerkennung und Ansporn für das gesamte Team, das sich hier im Haus um die Gesundheit und das Wohlbefinden aller bemüht.

Unser Verein ist als gemeinnützig anerkannt, der Jahresbeitrag von 30,– DM und Spenden können von der Steuer abgesetzt werden. Machen Sie bitte auch andere Menschen in Ihrem Umfeld auf den Förderkreis und seine Ziele aufmerksam.

Beitrittsformulare werden im Laufe des Tages verteilt. Wer noch Fragen hat oder Hinweise geben möchte, erreicht unter Telefonnummer … Herrn/Frau …

Vielen Dank fürs Zuhören, wir wünschen Ihnen einen angenehmen Tag und überhaupt alles Gute.

Rede des Fachhochschulpräsidenten zur Eröffnung einer Bildungseinrichtung (Fachhochschule), die neue Wege geht

Sehr verehrte Frau Ministerin, sehr geehrter Herr Bürgermeister, liebe Gäste!

Ich kann das Wort ›Globalisierung‹ bald nicht mehr hören, sagte mir unlängst ein emeritierter Universitätsprofessor – alles und damit nichts Konkretes werde heute mit dem Hinweis auf Globalisierung begründet.

Man mag darüber streiten, ob der Begriff Globalisierung tatsächlich eine glückliche Wahl darstellt oder heute überstrapaziert wird. Fest steht aber, dass die Globalisierung – ein Wort, das übrigens in seiner ursprünglichen englischen Fassung schon zwischen 1940 und 1945 belegt ist – inzwischen zu weiten Teilen das moderne Leben bestimmt. Das gilt insbesondere – ich nenne hier exemplarisch nur transnationale Megafusionen, Internet und E-Mail – für die Bereiche der Wirtschaft und Technik, mit denen sich traditionell namentlich die europäischen Universitäten schwer getan haben.

Trotz ihres hohen, in mehrfacher Hinsicht globalen Anspruchs, der schon im Wort »Universität« deutlich wird, haben jene die entsprechenden Studiengänge teilweise stiefmütterlich behandelt und sie gerne nicht universitären Institutionen überlassen. Sie folgten damit konsequent dem herkömmlichen Bildungsideal des Gymnasiums, dem bis heute gehuldigt wird und das trotz der massiven Kritik, etwa von Vertretern der deutschen Industrie, immer noch allenfalls einen Nischenplatz für die Fächer Wirtschaft und Technik übrig hat.

Doch während bereits an manchen Universitäten die Studenten-
zahlen stagnieren oder sogar zurückgehen, platzen die Fachhochschulen an nicht wenigen Standorten aus allen Nähten, und es ist mir
eine besondere Freude, heute an dieser Stelle durch die Eröffnung
einer weiteren Fachhochschule mit dazu beizutragen, dass Angebot
und Nachfrage nicht weiter auseinander klaffen.

Ich wähle bewusst diese beiden Schlüsselbegriffe der Marktwirtschaft, da die neue Fachhochschule zunächst speziell als Hochschule
für Wirtschaft und Technik konzipiert ist und von dieser Seite schon
lange kritisiert wird, dass die deutschen Hochschulen zu wenig Ab-
solventen anbieten, die den Erfordernissen einer global operierenden
Wirtschaft entsprechen. Dazu gehören aber an der Schwelle zu einem
neuen Jahrtausend nicht nur fest ins Studium integrierte fachspezi-
fische Fremdsprachenausbildung und Praxissemester, sosehr sich dadurch auch bislang schon die Fachhochschulen wohltuend von den
Universitäten abgehoben haben.

Nein, meine Damen und Herren, machen wir uns nichts vor – so
wenig, wie die Welt Deutsch spricht, so wenig transparent sind international die traditionellen deutschen Abschlüsse wie Diplom oder
Staatsexamen. Entsprechend dem Rang des Englischen als der zu der
einen Welt unverzichtbar gehörenden *einen* Weltsprache sind bei den
akademischen Graden die angelsächsischen Bachelor- und Master-
Abschlüsse die internationale Währung, und so können neben dem
traditionellen deutschen Diplom bei uns auch die entsprechenden angelsächsischen Abschlüsse erworben werden.

Doch werden wir dabei nicht stehen bleiben – für alle Bachelor-
und Master-Studiengänge wird jede Lehrveranstaltung nicht nur in
deutscher, sondern auch in englischer Sprache angeboten, wobei
deutsche Studenten, welche die angelsächsischen Abschlüsse anstreben, mindestens die Hälfte ihres Pflichtprogramms in englischer
Sprache zu absolvieren sowie zusätzlich ein Praxissemester im englischsprachigen Ausland nachzuweisen und ihre Abschlussarbeit in
englischer Sprache anzufertigen haben.

Denn, meine Damen und Herren, es wäre Etikettenschwindel,
wenn wir angelsächsische Titel verliehen – und mittlerweile dürfen
alle deutschen Fachhochschulen sich auch amtlich University of
Applied Sciences nennen –, ohne englischsprachige Lehrveranstal-
tungen anzubieten. So wird der souveräne tägliche Umgang mit der
englischen Sprache gepflegt – eine auf absehbare Zeit unverzichtbare

Kulturtechnik für alle Führungskräfte im kaufmännischen wie im technischen Bereich. Gleichzeitig wird das englischsprachige Angebot es möglich machen, dass immer mehr ausländische Studenten den Weg zu unserer Fachhochschule finden, ohne wegen fehlender Deutschkenntnisse abgeschreckt zu werden.

Das Klischee vom Provinzimage, das der Fachhochschule insgesamt immer noch anhaftet, wird damit, so hoffe ich, endgültig der Vergangenheit angehören. Und letztlich knüpfen wir auf diese Weise an die Tradition der frühen europäischen Universitäten an, wo vorwiegend in lateinischer Sprache gelehrt und studiert wurde. Wenn das Wort selbst damals auch nicht benutzt wurde, so war dies doch – zumindest im europäischen Rahmen – eine frühe Form der Globalisierung, die es ermöglichte, dass die hellsten Köpfe aus aller Herren Länder sich an den jeweiligen Universitäten zusammenfanden.

So wünsche ich, dass auch diese neue Fachhochschule ein Ort werde, der in bester universitärer Tradition ein Magnet wird für alle diejenigen, die in einer immer mehr zusamenwachsenden und vernetzten Welt die Zukunft von Wirtschaft und Technik bestimmen werden.

Rede eines Vertreters des Elternbeirats zum Dienstjubiläum eines Gymnasiallehrers

Sehr verehrter Herr Direktor, sehr geehrter Jubilar, liebe Gäste! *He who can, does – he who cannot, teaches.* So hat einmal George Bernard Shaw sich satirisch über die Tätigkeit oder vielleicht besser Untätigkeit der Lehrer geäußert – frei übersetzt: *Wer etwas kann, tut etwas – wer nichts kann, unterrichtet.*

Sicherlich kennt jeder von uns – und ich trete hoffentlich niemandem der Anwesenden damit auf die Füße – aus seiner eigenen Schulzeit den einen oder anderen Lehrer, auf den dieses böse Wort Shaws zutrifft. Und vor noch nicht allzu langer Zeit waren die Schule im Allgemeinen und das Gymnasium im Besonderen zweifellos insgesamt von einer gewissen Weltfremdheit gekennzeichnet, mit der gelegentlich sogar kokettiert wurde. Ich selbst kann mich noch gut an einen meiner Lehrer erinnern, der in seinen Unterrichtsstunden in regelmäßiger Wiederkehr die Schule als eine »Oase der Ruhe und des Friedens« pries.

Aber schon er hätte eigentlich wissen müssen – vielleicht ahnte er es auch schon –, dass die Schule niemals isoliert dasteht, sosehr sie auch auf den ersten Blick der Hektik des Alltags in der modernen Leistungsgesellschaft entzogen scheint. Denn diejenigen, die nun hauptsächlich die Schule bevölkern – die Schüler –, sind selbst ein Produkt ebenjener Welt und Gesellschaft, als deren fester Bestandteil sich jede Schule doch sehen sollte.

Dass aber diese Integration von Schule und Gesellschaft im Allgemeinen sowie Gymnasium und Gesellschaft im Besonderen gelingen kann, haben Sie, verehrter Jubilar, in den 25 Jahren Ihrer Tätigkeit eindrucksvoll unter Beweis gestellt. Vielleicht hat Ihre Fächerkombination Deutsch und Englisch, die aufgrund der enormen Korrekturbelastung alleine schon das üble Wort von den Lehrern als »faulen Säcken« widerlegt, jene Integration in besonderem Maße begünstigt, da die kommunikative Kompetenz für Sie nie ein bloßes Schlagwort, sondern stets ein Herzensanliegen war.

Und diese Kommunikation kann in einer zu einem *global village* schrumpfenden Welt keine rein deutsche, sondern nur eine interkulturelle Kommunikation sein. Dabei haben Sie stets das Gemeinsame von Mutter- und Fremdsprache betont und waren immer bemüht, der Fremdsprache das Fremde zu nehmen und über die Sprache hinaus den Fremden in seiner Andersartigkeit als nahe Stehenden zu sehen.

Sie waren es, der ganz entscheidend den Schüleraustausch mit englischen und amerikanischen Schulen vorangetrieben hat, Sie waren es, der die Schüler ermuntert hat, die modernen Medien wie Internet und E-Mail auch zur englischsprachigen Kommunikation zu nutzen.

Und die leuchtenden Augen meiner eigenen Kinder nach ihrem von Ihnen, verehrter Jubilar, organisierten England- bzw. USA-Aufenthalt und deren Begeisterung über die erste E-Mail von einem australischen Brieffreund bzw. einer amerikanischen Brieffreundin werde ich wohl nie vergessen.

Sie waren es auch, der als Deutschlehrer neue Wege ging und Besuche bei Werbe- und Nachrichtenagenturen wie auch Zeitungsredaktionen und Übersetzungsbüros sorgfältig vorbereitete und selbst mit ansteckendem Enthusiasmus durchführte. Sie machten den Schülern so in Schule und Arbeitswelt bewusst, welche Schlüsselfunktion der Kommunikation zukommt, aber auch welche Möglichkeiten zur Manipulation die Sprache bietet.

Ich verschweige nicht, dass ich bei Ihrem Unterricht manches Mal das Gefühl hatte, Sie verlangten zu viel von den Schülern; dass Sie Ihr fachliches Können und die hohen Maßstäbe, die Sie sich selbst setzten, auch zur Richtschnur für Ihre Schüler machten und diese damit überforderten.

Immer wieder jedoch bewiesen Sie auch, dass Ihr hoher Anspruch einherging mit einer ausgeprägten Fähigkeit zur Selbstkritik und, was vielleicht noch wichtiger ist, mit einem schon fast undeutschen Sinn für Humor, so als wollten Sie Mark Twain widerlegen, der ja einmal bissig gesagt hat, bei einem deutschen Witz gebe es nichts zu lachen. Manchmal frage ich mich, ob Sie jenen Spruch von George Bernard Shaw kannten, bevor Sie Ihr Lehramtsstudium aufnahmen. Möglicherweise hätte er Sie ja abgeschreckt, und Sie wären Journalist, Übersetzer oder Leiter einer großen Werbeagentur geworden.

Vielleicht aber waren Sie mit dem Spruch sehr wohl vertraut und sind angetreten, ihn quasi umzudrehen: *He who can, teaches – he who cannot, doesn't teach.* Frei übersetzt: *Wer etwas kann, unterrichtet – wer nichts kann, unterrichtet (eben) nicht.*

In diesem Sinne wünsche ich als Vertreter des Elternbeirats Ihnen weiterhin Energie und Schaffensfreude und spreche Ihnen im Namen aller Eltern und insbesondere der Eltern, deren Kinder Sie zu ebenso kritischen wie sprachgewandten jungen Menschen geformt haben, unseren Dank für Ihre hervorragende pädagogische Arbeit aus.

Zitatenschatz

Aberglaube

Das einzige Mittel gegen den Aberglauben ist Wissenschaft.
Henry Thomas Buckle

Eigentlich ergreift der Aberglaube nur falsche Mittel, um
ein wahres Bedürfnis zu befriedigen.
Goethe

Der Aberglaube ist die Poesie des Lebens; deswegen schadets dem
Dichter nicht, abergläubisch zu sein.
Goethe

Der Aberglaub', in dem wir aufgewachsen, verliert, auch wenn wir
ihn erkennen, darum doch seine Macht nicht über uns.
Gotthold Ephraim Lessing

Der Aberglauben schlimmster ist, den seinen für den erträglichen
zu halten.
Gotthold Ephraim Lessing

Mit dem Aberglauben ist es auch so eine Sache. Ich habe noch
keinen Menschen getroffen, der sein 13. Monatsgehalt
zurückgegeben hat.
Fritz Muliar

Je weniger Aberglaube, desto weniger Fanatismus, und je weniger
Fanatismus, desto weniger Unheil.
Voltaire

Abhängigkeit

Man ist nur Herr, sich den ersten Becher zu versagen, nicht den
zweiten.
Ludwig Börne

Die glücklichen Sklaven sind die erbittertsten Feinde
der Freiheit.
Marie von Ebner-Eschenbach

Gerade, was wir am sehnlichsten gewünscht haben, muss uns
schließlich versklaven.
John Galsworthy

Das Erste steht uns frei, beim Zweiten sind wir Knechte.
Goethe

Bei den wenigsten Gefängnissen sieht man die Gitter.
Oliver Hassencamp

Die so genannte Freiheit des Menschen läuft darauf hinaus, dass er seine Abhängigkeit von den allgemeinen Gesetzen nicht kennt.
Friedrich Hebbel

Marionetten lassen sich sehr leicht in Gehenkte verwandeln.
Die Stricke sind schon da.
Stanisław Jerzy Lec

Das Geld, das man besitzt, ist das Mittel zur Freiheit, dasjenige, dem man nachjagt, das Mittel zur Knechtschaft.
Jean-Jacques Rousseau

Ablehnung

Ablehnung ist eine Antwort; sie ist möglicherweise oft eine ehrlichere Antwort als der Beifall, der rein ästhetisch wertet und Vogel-Strauß-Politik treibt.
Alfred Döblin

Man spricht vergebens viel, um zu versagen; der andre hört von allem nur das Nein.
Goethe

Abmagerungskur

Das Erste, was man bei einer Abmagerungskur verliert, ist die gute Laune.
Gert Fröbe

Morgen nennt man den Tag, an dem die meisten Fastenkuren beginnen.
Gustav Knuth

Abneigung

Abneigung – das Gefühl, das man für einen Teller empfindet, nachdem man ihn geleert hat, Madame.
Ambrose Bierce

Antipathie – jenes Gefühl, das einem der Freund eines Freundes einflößt.
Ambrose Bierce

Alles, was wir denken, ist entweder Zuneigung oder Abneigung.
Robert Musil

Abrüstung

Der einzige Gewaltverzicht sind leere Kasernen.
Sigmund Graff

Die Abrüstung der Geister muss der Abrüstung der Waffen
vorausgehen.
Robert Schuman

Abschied

Man muss manchmal von einem Menschen fortgehen, um ihn zu
finden.
Heimito von Doderer

Abschied nehmen bedeutet immer ein wenig sterben.
Französisches Sprichwort (französisch: Partir, c'est mourir un peu)

Abschied ist die innigste Form menschlichen Zusammenseins.
Hans Kudszus

Ein Abschied schmerzt immer, auch wenn man sich schon lange
darauf freut.
Arthur Schnitzler

Kein Abschied auf der Welt fällt schwerer als der Abschied von
der Macht.
Charles Maurice de Talleyrand

Abstand → Distanz

Abstinenz

Enthaltsamkeit ist das Vergnügen an Sachen, welche wir nicht kriegen.
Wilhelm Busch

Enthaltsamkeit rächt sich immer. Bei dem einen erzeugt sie Pusteln, beim andern Sexualgesetze.
Karl Kraus

Für die Toten Wein, für die Lebenden Wasser: Das ist eine Vorschrift für Fische.
Martin Luther

Absurdität

Wer sich an das Absurde gewöhnt hat, findet sich in unserer Zeit gut zurecht.
Eugène Ionesco

Achtung

Wertschätzung – Grad freundlicher Achtung, den einer verdient, der uns einen Dienst erweisen könnte und sich noch nicht geweigert hat.
Ambrose Bierce

Ohne Achtung gibt es keine wahre Liebe.
Immanuel Kant

Es ist viel mehr wert, jederzeit die Achtung der Menschen zu haben als gelegentlich ihre Bewunderung.
Jean-Jacques Rousseau

Agitator → Demagoge

Aids

Aids macht uns bewusst, dass wir nicht unsterblich sind. Aids entlarvt den Jugendkult, der nur gesunde, produktive und kräftige Menschen zuließ, als Absurdität.
Rosa von Praunheim

Alkohol

Alkohol konserviert alles, ausgenommen Würde und Geheimnisse.
Robert Lembke

Alkohol löst Zungen, aber keine Probleme.
Werner Mitsch

Sorgen ertrinken nicht in Alkohol. Sie können schwimmen.
Heinz Rühmann

Alkohol zieht den Horizont auf den Umfang eines Bierdeckels zusammen.
Peter Tille

Alleinsein

Ich sehne mich immer nach dem Alleinsein, aber bin ich allein, bin ich der unglücklichste Mensch.
Thomas Bernhard

Wer sich der Einsamkeit ergibt, ach, der ist bald allein.
Goethe

Der Mensch für sich allein, überhaupt jedes Wesen abgesondert, ist unglücklich.
Wilhelm Heinse

Allein sein müssen ist das Schwerste, allein sein können das Schönste.
Hans Krailsheimer

Die Welt ist ein Gefängnis, in dem Einzelhaft vorzuziehen ist.
Karl Kraus

Allein ist der Mensch ein unvollkommenes Ding; er muss einen zweiten finden, um glücklich zu sein.
Blaise Pascal

Viele Frauen heiraten, weil sie des Alleinseins müde sind.
Und viele Frauen lassen sich scheiden, weil sie des Alleinseins müde sind.
Hanne Wieder

Alltag

Geben wir zu, wir sind auf jede Überraschung vorbereitet, nur die alltäglichen Dinge brechen über uns herein wie Katastrophen.
Stanisław Jerzy Lec

Die kleinen Alltagsleistungen setzen viel mehr Energie in die Welt als die seltenen heroischen Taten.
Robert Musil

Alter

Alt sein ist eine herrliche Sache, wenn man nicht verlernt hat, was anfangen heißt.
Martin Buber

Alter schützt vor Liebe nicht, aber Liebe vor dem Altern.
Coco Chanel

Das Alter verklärt oder versteinert.
Marie von Ebner-Eschenbach

Unser Respekt gilt in Wahrheit nie dem Alter, sondern ausdrücklich dem Gegenteil: dass jemand trotz seiner Jahre noch nicht senil sei.
Max Frisch

Das Alter als Abstieg betrachten ist genauso ungehörig, wie in der Jugend nur ein Versprechen sehen. Jedes Alter ist einer besonderen Vollkommenheit fähig.
André Gide

Keine Kunst ists, alt zu werden, es ist Kunst, es zu ertragen.
Goethe

Ein alter Mann, eine alte Frau sollten uns verehrungswürdig sein wie Kathedralen. Wo keine Ehrfurcht vor dem Alter ist, ist überhaupt keine Religion.
Friedrich Georg Jünger

Das Alter ist ein Aussichtsturm.
Hans Kasper

Solange man neugierig ist, kann einem das Alter nichts anhaben.
Burt Lancaster

Nichts macht schneller alt als der immer vorschwebende Gedanke, dass man älter wird.
Georg Christoph Lichtenberg

Das Alter ist beschwerlich: noch mehr für die Jüngeren, die mit ihm zu tun bekommen.
Heinrich Mann

Im Alter versteht man besser, die Unglücksfälle zu verhüten, in der Jugend, sie zu ertragen.
Arthur Schopenhauer

In der Jugend herrscht die Anschauung, im Alter das Denken vor. Daher ist jene die Zeit für Poesie, dieses mehr für Philosophie.
Arthur Schopenhauer

Alter schützt vor Torheit nicht.
Shakespeare

Kein kluger Mensch hat jemals gewünscht, jünger zu sein.
Jonathan Swift

Das Leben wird gegen Abend, wie die Träume gegen Morgen, immer klarer.
Karl Julius Weber

Die Tragödie des Alters beruht nicht darin, dass man alt ist, sondern dass man jung ist.
Oscar Wilde

Man sollte nie einer Frau trauen, die einem ihr wirkliches Alter verrät. Eine Frau, die einem das erzählt, würde einem auch alles andere erzählen.
Oscar Wilde

Altern

Es ist ein Vorteil des Altwerdens, dass man gegen Hass, Beleidigungen, Verleumdungen gleichgültig wird, während die Empfänglichkeit für Liebe und Wohlwollen stärker wird.
Otto von Bismarck

Einen Menschen zu lieben heißt einzuwilligen, mit ihm alt zu werden.
Albert Camus

Alt werden heißt sehend werden.
Marie von Ebner-Eschenbach

Sorge macht alt vor der Zeit.
Jesus Sirach 30, 26

Alt werden heißt sich selbst ertragen lernen.
Hans Kudszus

Es gibt eine Möglichkeit, dem Alter zu entkommen, aber sie ist
tödlich.
Robert Lembke

Altern ist eine schlechte Gewohnheit, die ein beschäftigter Mann
gar nicht erst aufkommen lässt.
André Maurois

Altwerden ist das Geschenk der Möglichkeit zu späten
Einsichten.
Max Mell

Es kommt nicht darauf an, wie alt man wird, sondern wie man alt
wird.
Werner Mitsch

Viele möchten leben, ohne zu altern, und sie altern in
Wirklichkeit, ohne zu leben.
Alexander Mitscherlich

Alternde Menschen sind wie Museen: nicht auf die Fassade kommt
es an, sondern auf die Schätze im Innern.
Jeanne Moreau

Lang leben will halt alles, aber alt werden will kein Mensch.
Johann Nestroy

Wie man, auf einem Schiffe befindlich, sein Vorwärtskommen
nur am Zurückweichen und demnach Kleinerwerden der
Gegenstände auf dem Ufer bemerkt, so wird man sein Alt- und
Älterwerden daran inne, dass Leute von immer höhern Jahren
einem jung vorkommen.
Arthur Schopenhauer

Jeder möchte lange leben, aber keiner will alt werden.
Jonathan Swift

Altersstufen

Wie alt man gerade geworden ist, sieht man an den Gesichtern
derer, die man jung gekannt hat.
Heinrich Böll

Im zwanzigsten Lebensjahr regiert der Wille, im dreißigsten das Wissen, im vierzigsten das Urteil.
Benjamin Franklin

Jedes Jahrzehnt des Menschen hat sein eigenes Glück, seine eigenen Hoffnungen und Aussichten.
Goethe

Die Jugend ist trotz ihrer Frechheiten schüchterner, das Greisen-alter trotz seiner Würde frecher, als man glaubt.
Sigmund Graff

Vierzig Jahre sind das Alter der Jugend, fünfzig die Jugend des Alters.
Victor Hugo

In jedes Lebensalter treten wir als Neulinge und ermangeln darin der Erfahrung.
François de La Rochefoucauld

Jede Generation lächelt über die Väter, lacht über die Großväter und bewundert die Urgroßväter.
William Somerset Maugham

Um heute so alt zu werden, wie heute die 20-Jährigen sind, hätte ein Mensch früher dreihundert Jahre gebraucht.
Wolfgang Pohrt

Altruismus

Der brave Mann denkt an sich selbst zuletzt.
Schiller

Vernünftiger Altruismus hat größeren Wert als verrückte Selbst-aufopferung.
Aleksander Świętochowski

Amt

Es ist leichter, der Ämter würdig zu erscheinen, die man nicht besitzt, als derer, die man bekleidet.
François de La Rochefoucauld

Ich hab hier bloß ein Amt und keine Meinung.
Schiller

Was deines Amtes nicht ist, da lass deinen Vorwitz; denn dir ist schon mehr befohlen, als du kannst ausrichten.
Jesus Sirach 3, 24–25

anders Denkende

Wer anders denkt als seine Zeit, muss nicht von gestern sein; wer denkt wie sie, ist es.
Karlheinz Deschner

Bisweilen macht es Freude, einen Menschen dadurch in Erstaunen zu setzen, dass man ihm nicht ähnelt und anders denkt als er.
Maxim Gorki

Freiheit ist immer Freiheit der anders Denkenden.
Rosa Luxemburg

In schlimmen Zeiten sind Denkende anders Denkende.
Werner Mitsch

Anders als sonst in Menschenköpfen malt sich in diesem Kopf die Welt.
Schiller

Anerkennung auch → Lob

Anerkennung ist eine Pflanze, die vorwiegend auf Gräbern wächst.
Robert Lembke

Der Tadel des Feindes ist das schönste Lob, die Verleumdungen des Feindes die schmeichelhafteste Anerkennung.
Wilhelm Liebknecht

Um fremden Wert willig und frei anzuerkennen und gelten zu lassen, muss man eigenen haben.
Arthur Schopenhauer

Was ist aller Beifall des Modehaufens gegen den stilleren des echten Künstlers.
Robert Schumann

Es ist besser, Ehrungen zu verdienen und nicht geehrt zu sein, als geehrt zu sein und es nicht zu verdienen.
Mark Twain

Anfang

Man darf niemals »zu spät« sagen. Auch in der Politik ist es niemals zu spät. Es ist immer Zeit für einen neuen Anfang.
Konrad Adenauer

Und doch ist der Anfang von etwas seit je dazu geeignet, zu verführen wie nichts sonst. Er ist das Versprechen schlechthin und der Trost gegen das Abgestandene, dass es nicht bleiben muss.
Ernst Bloch

Mit sich beginnen, aber nicht bei sich enden, bei sich anfangen, aber sich nicht selbst zum Ziel haben.
Martin Buber

Jedem Anfang wohnt ein Zauber inne, der uns beschützt und der uns hilft zu leben.
Hermann Hesse

Wer begonnen hat, der hat schon halb vollendet.
Horaz

Das Letzte, was man findet, wenn man ein Werk schreibt, ist, zu wissen, was man an den Anfang stellen soll.
Blaise Pascal

Alle Dinge enden, wenn ihre Anfänge nicht intakt gehalten werden. Lasst uns nicht Blumen züchten, sondern Knospen.
Charlotte Wolff

Anführer → Führer

Angabe

Manche Menschen wollen immer glänzen, obwohl sie keinen Schimmer haben.
Heinz Erhardt

Um in der Gesellschaft etwas zu gelten, setzt man alles daran, so zu tun, als gelte man dort schon etwas.
François de La Rochefoucauld

Angeber sind Sprachriesen, in denen sich Denkzwerge verstecken.
Werner Mitsch

Viele Menschen benutzen das Geld, das sie nicht haben, für den Einkauf von Dingen, die sie nicht brauchen, um damit Leuten zu imponieren, die sie nicht mögen.
Walter Slezak

Mit dem Wind, den man selber macht, lassen sich die Segel nicht füllen.
Karl Heinrich Waggerl

Angst

Nachdem er die Angst erfuhr, hatte er nur mehr Angst vor der Angst.
Hans Arndt

Es gibt keine Grenzen. Nicht für den Gedanken, nicht für die Gefühle. Die Angst setzt die Grenzen.
Ingmar Bergman

Es ist nichts zu fürchten als die Furcht.
Ludwig Börne

Wenn das Leben beginnt, hätte man Grund genug zur Angst, hat aber keine; wenn es endet, hat man Angst genug, aber keinen Grund.
Karlheinz Deschner

Wir sind voller Angst – allerdings vor den falschen Problemen.
Hoimar von Ditfurth

Es gehört Mut dazu, sich einer Angst zu stellen und sie auszuhalten.
Hoimar von Ditfurth

Furcht besiegt mehr Menschen als irgendetwas anderes auf der Welt.
Ralph Waldo Emerson

Fürchtet einer das Feuer, so riecht er allenthalben Rauch.
Jeremias Gotthelf

Man hat nur Angst, wenn man mit sich selber nicht einig ist.
Hermann Hesse

Ein bisschen Furcht vor etwas Bestimmtem ist gut. Sie dämpft die viel größere Furcht vor etwas Unbestimmtem.
Robert Musil

Der Grad der Furchtsamkeit ist ein Gradmesser der Intelligenz.
Friedrich Nietzsche

Die Furcht des Herrn ist der Weisheit Anfang.
Psalm 111, 10

Angst ist die Hauptquelle des Aberglaubens und eine der Hauptquellen der Grausamkeit.
Bertrand Russell

Keine durch Furcht veranlasste Einrichtung kann auf die Dauer leben. Hoffnung, nicht Furcht, ist das schöpferische Prinzip in menschlichen Dingen.
Bertrand Russell

Wo das Leben keinen anderen Inhalt kennt als entfremdete Arbeit, Erwerb und Konsum, also eigentlich ständig verpasst wird, nehmen notwendig auch die kollektiven Verpassensängste zu, deren extremste Form die Todesangst ist.
Michael Schneider

Wer nichts fürchtet, kann leicht ein Bösewicht werden, aber wer zu viel fürchtet, wird sicher ein Sklave.
Johann Gottfried Seume

Die Welt nötigt uns zur Angst. Angst ist nicht eine Schwäche des Urteils, sondern sie ist eine zutreffende Erkenntnis.
Carl Friedrich von Weizsäcker

Anlage → Talent

Anmaßung

Bei manchen Leuten muss Anmaßung die Größe,
Unmenschlichkeit die Festigkeit des Charakters,
Arglist den Geist ersetzen.
Jean de La Bruyère

Die Forderung, geliebt zu werden, ist die größte der Anmaßungen.
Friedrich Nietzsche

Anpassung

Anpassung ist die Stärke der Schwachen.
Wolfgang Herbst

Wer sich gezwungen sieht, mit den Wölfen zu heulen, mag sich
in reinster Notwehr befinden. Aber ist das ein Grund, hinterher
auch mit den Schafen zu blöken?
Martin Kessel

Im Leben lernt der Mensch zuerst das Gehen und Sprechen. Später
lernt er dann, still zu sitzen und den Mund zu halten.
Marcel Pagnol

Der vernünftige Mensch passt sich der Welt an, der Unvernünftige
versucht beharrlich, die Welt sich anzupassen. Deshalb hängt aller
Fortschritt vom Unvernünftigen ab.
George Bernard Shaw

Wer mit dem Strom schwimmt, erreicht die Quelle nie.
Peter Tille

Ansehen

Machen Sie sich erst einmal unbeliebt, dann werden Sie auch ernst
genommen.
Konrad Adenauer

Image ist eine maßgeschneiderte Zwangsjacke.
Robert Lembke

Es ist viel mehr wert, jederzeit die Achtung der Menschen zu
haben als gelegentlich ihre Bewunderung.
Jean-Jacques Rousseau

Anspruchslosigkeit

Schrecklich sind die Anspruchslosen. Die nichts fordern, gewähren
auch nichts.
Peter Hille

Anständigkeit

Von allen Lastern ist Anstand das kostspieligste.
Lion Feuchtwanger

Anständigkeit ist die Verschwörung der Unanständigkeit mit dem Schweigen.
George Bernard Shaw

Anstrengung

Frag nicht, was das Leben dir gibt, frag, was du gibst.
Alfred Adler

Es gibt kein Bergab, ohne dass vor ihm ein Bergan ist.
Arabisches Sprichwort

Wer nicht über den Bergkamm steigt, gelangt nicht in die Ebene.
Chinesisches Sprichwort

Die Katze in Handschuhen fängt keine Mäuse.
Benjamin Franklin

Vor den Erfolg haben die Götter den Schweiß gesetzt.
Hesiod

Anteilnahme

Je mehr man in sich erlebt hat, desto mehr Teil nimmt man an andern und weniger an sich selbst.
Ernst von Feuchtersleben

Anteilnahme: das ist die gesellschaftliche Form der Zudringlichkeit.
Hans Lohberger

Der beste Weg, andere an uns zu interessieren, ist der, an ihnen interessiert zu sein.
Emil Oesch

Antike

Die Geisteswelt der griechischen Antike und des Roms der klassischen Epoche bildet die viel zitierte Wurzel unserer Kultur. Wer davon nie etwas hörte, ist ärmer dran.
Hoimar von Ditfurth

Die alten Sprachen sind die Scheiden, darin das Messer des Geistes steckt.
Goethe

Antipathie → Abneigung

Antisemitismus

Die meisten Antisemiten sagen viel mehr über sich selbst aus als über ihren Gegner, den sie nicht kennen.
Kurt Tucholsky

Antwort

Die Welt ist für uns stets eine Antwort, die von der Frage abhängt, die wir an sie stellen.
Stanisław Brzozowski

Die eigentliche Antwort ist immer der Tod.
Günter Eich

Man hört in der Welt leichter ein Echo als eine Antwort.
Jean Paul

Appetit

Der Appetit hat die Eigentümlichkeit anzustecken.
Martin Andersen-Nexø

Der Appetit kommt mit dem Essen, aber noch häufiger mit dem Fasten.
Willy Millowitsch

Der Appetit kommt beim Essen.
François Rabelais

Arbeit

Arbeit heißt Steigerung zu geistigen Formen.
Gottfried Benn

Meine Arbeit ist meine eigene Psychotherapie, für die ich obendrein noch Geld bekomme.
Paul Flora

Zwanghaftes Arbeiten allein würde die Menschen ebenso verrückt machen wie absolutes Nichtstun. Erst durch die Kombination beider Komponenten wird das Leben erträglich.
Erich Fromm

Arbeit schändet nicht.
Hesiod

Das Arbeiten ist meinem Gefühl nach dem Menschen so gut ein
Bedürfnis als Essen und Schlafen.
Wilhelm von Humboldt

Die Arbeit, die tüchtige, intensive Arbeit, die einen ganz in
Anspruch nimmt mit Hirn und Nerven, ist doch der größte
Genuss im Leben.
Rosa Luxemburg

Arbeit bloß um der »Beschäftigung« willen wäre Arbeit um ihrer
selbst willen. Zur Arbeit gehört ein Sinn oder Ziel, um
dessentwillen man arbeitet. Andernfalls ist es keine Arbeit.
Oswald von Nell-Breuning

Alles gackert, aber wer will noch still auf dem Nest sitzen und
Eier brüten?
Friedrich Nietzsche

Es gibt nichts, was die Arbeit mehr entwertet als an den Erfolg
denken.
Hans Erich Nossack

Arbeit bedeutet atmen für mich; wenn ich nicht arbeiten kann,
kann ich nicht atmen!
Pablo Picasso

Arbeiten ist demzufolge eine unerlässliche Pflicht des sich in der
Gesellschaft bewegenden Menschen. Ob reich oder arm, ob
mächtig oder schwach, jeder müßige Bürger ist ein Spitzbube.
Jean-Jacques Rousseau

Architektur

Die Krankheit unserer heutigen Städte und Siedlungen ist
das traurige Resultat unseres Versagens, menschliche
Grundbedürfnisse über wirtschaftliche und industrielle
Forderungen zu stellen.
Walter Gropius

Moderne Architektur ist das aus der richtigen Erkenntnis einer
fehlenden Notwendigkeit erschaffene Überflüssige.
Karl Kraus

Zeige mir, wie du baust, und ich sage dir, wer du bist.
Christian Morgenstern

Architektur ist erstarrte Musik.
Friedrich Wilhelm Joseph von Schelling

Ärger

Ärger ist die Unfähigkeit, Wut in Aktion umzusetzen.
Wolfgang Herbst

Wie der Mensch sich ärgert, so ist er.
Arthur Schnitzler

Argument

Du sollst nicht vor einem Argument in die Knie brechen.
Vielleicht überzeugt es nur, beweist aber nichts.
Ludwig Marcuse

Argumente nützen gegen Vorurteile so wenig wie
Schokoladeplätzchen gegen Stuhlverstopfung.
Max Pallenberg

Armut

Es werden so viele schöne Worte über Freiheit geredet, aber nichts
in der Welt macht so unfrei wie Armut.
Martin Andersen-Nexø

In der Armut liegt ein Glanz verborgen, der Glanz des
Authentischen.
Ernesto Cardenal

Für einen leeren Sack ist es schwer, aufrecht zu stehen.
Benjamin Franklin

Das ist das Verdammte an den kleinen Verhältnissen, dass sie die
Seele klein machen.
Henrik Ibsen

Wenn eine freie Gesellschaft den vielen, die arm sind, nicht helfen
kann, kann sie auch die wenigen nicht retten, die reich sind.
John F. Kennedy

Man kann den Armen nicht helfen, indem man die Reichen vernichtet.
Abraham Lincoln

Es gibt nur eine Gesellschaftsklasse, die mehr an Geld denkt als die Reichen, und das sind die Armen.
Oscar Wilde

Arroganz

Wer ist so gebildet, dass er nicht seine Vorzüge gegen andre manchmal auf eine grausame Weise geltend machte?
Goethe

Arzt

Ein Arzt kann die Krankheit, nicht jedoch das Schicksal bessern.
Chinesisches Sprichwort

Die Ärzte verzeihen uns jeden Lebenswandel, der in ihr Wartezimmer führt.
Sigmund Graff

Ein armer Mensch ist, wer von der Hilfe der Ärzte abhängig ist.
Martin Luther

Was bringt den Doktor um sein Brot?:
a) die Gesundheit, b) der Tod.
Eugen Roth

Askese auch → Abstinenz, Entsagung

Radikale Askese, das bedeutet immer und überall nur Charakterschwäche.
Thomas Mann

Atheismus

Einen Gottlosen habe ich noch nie gesehen; nur Ruhelose sind mir begegnet.
Fjodor M. Dostojewski

Wer Gott definiert, ist schon Atheist.
Oswald Spengler

Atom

Erst haben die Menschen das Atom gespalten, jetzt spaltet das
Atom die Menschen.
Gerd Uhlenbruck

Aufgabe

Jeder ist berufen, etwas in der Welt zur Vollendung zu bringen.
Martin Buber

Wenn man das Dasein als eine Aufgabe betrachtet, dann vermag
man es immer zu ertragen.
Marie von Ebner-Eschenbach

Jede Aufgabe, die ein Mensch im Rahmen der Gemeinschaft haben
kann, ist im tiefsten Grunde Dienst.
Emil Oesch

Der Begriff der Aufgabe ist ein Wesensbestandteil des
Menschseins: Den Menschen gibt es nicht ohne die Aufgabe.
José Ortega y Gasset

Eine Daueraufgabe ist in der Praxis eine Aufgabe, die dauernd
nicht erledigt wird.
Manfred Rommel

Wer sich zu groß fühlt, um kleine Aufgaben zu erfüllen, ist zu
klein, um mit großen Aufgaben betraut zu werden.
Jacques Tati

Aufklärung

Aufklärung ist Ärgernis; wer die Welt erhellt, macht ihren Dreck
deutlicher.
Karlheinz Deschner

Aufklärung der Ausgang des Menschen aus seiner selbst
verschuldeten Unmündigkeit. Unmündigkeit ist das Unvermögen,
sich seines Verstandes ohne Leitung eines anderen zu bedienen.
Immanuel Kant

Die Maxime, jederzeit selbst zu denken, ist die Aufklärung.
Immanuel Kant

Aufrichtigkeit

Niemand hat mehr Feinde in der Welt als ein aufrechter, stolzer, gefühlvoller Mann, der Personen und Dinge nimmt, wie sie sind, und nicht, wie sie sein wollen.
Chamfort

Aufrichtig sein kann ich versprechen, unparteiisch zu sein aber nicht.
Goethe

Aufrichtigkeit ist wahrscheinlich die verwegenste Form der Tapferkeit.
William Somerset Maugham

Keinen Anlass zur Lüge haben heißt noch nicht aufrichtig sein.
Arthur Schnitzler

Augenblick

Was glänzt, ist für den Augenblick geboren; das Echte bleibt der Nachwelt unverloren.
Goethe

Was man von der Minute ausgeschlagen, gibt keine Ewigkeit zurück.
Schiller

Bereit sein ist viel, warten können ist mehr, doch erst den rechten Augenblick nützen ist alles.
Arthur Schnitzler

Ein einz'ger Augenblick kann alles umgestalten.
Christoph Martin Wieland

Ausbildung auch → Bildung, Schule

Am gefährlichsten ist die Dummheit, die nicht der Ausdruck von Unbildung, sondern von Ausbildung ist.
Helmut Arntzen

Ausdauer

Courage ist gut. Ausdauer ist besser.
Theodor Fontane

Alles gackert, aber wer will noch still auf dem Neste sitzen und
Eier brüten?
Friedrich Nietzsche

Nur Beharrung führt zum Ziel.
Schiller

Ausländerfeindlichkeit

Jede Nation ist im Ausland hauptsächlich durch ihre Untugenden
bekannt.
Joseph Conrad

Ausnahme

Ausnahmen sind nicht immer Bestätigung der alten Regel. Sie
können auch Vorboten einer neuen Regel sein.
Marie von Ebner-Eschenbach

Ausrede

Wie angenehm ist es doch, ein vernünftiges Geschöpf zu sein, das
einen annehmbaren Vorwand für alle seine Gelüste zu finden oder
zu erfinden weiß.
Benjamin Franklin

Wer überlegt, sucht Bewegungsgründe, nicht zu dürfen.
Gotthold Ephraim Lessing

Nichtwollen ist der Grund, Nichtkönnen der Vorwand.
Seneca

Besser als durch ihre Reden lernt man die Menschen durch ihre
Ausreden kennen.
Peter Tille

Ausflüchte sind schlimmer als Zweifel.
Thornton Wilder

Aussehen

In jedes Menschen Gesichte steht seine Geschichte.
Friedrich von Bodenstedt

Der Körper ist der Übersetzer der Seele ins Sichtbare.
Christian Morgenstern

Durch Nachteile seiner äußeren Erscheinung darf man sich nicht
beirren lassen.
Aristoteles Onassis

Mit zwanzig Jahren hat jeder das Gesicht, das Gott ihm gegeben
hat, mit vierzig das Gesicht, das ihm das Leben gegeben hat, und
mit sechzig das Gesicht, das er verdient.
Albert Schweitzer

Äußerlichkeit

Die Fassung der Edelsteine erhöht ihren Preis, nicht ihren Wert.
Ludwig Börne

Die Form ist die Physiognomie des Gehaltes.
Martin Kessel

Lasst euch nicht vom Glanz blenden. Hat jemals eine Perle eine
Muschel hervorgebracht?
Werner Mitsch

Ausweglosigkeit

Zur Summe meines Lebens gehört im Übrigen, dass es
Ausweglosigkeit nicht gibt.
Willy Brandt

Auszeichnung

Sie steinigten ihn mit einem Denkmal.
Stanisław Jerczy Lec

Auto

Am Auto kann man beobachten, wie für jeden skandalösen Zustand ein Beschönigungswort gefunden wird: die Blechlawine, die unsere Städte zerfrisst und unsere Straßen zu Todesbahnen macht, heißt »Individualverkehr«.
Sigmund Graff

Mit dem Auto ist ja die Kunst des Ankommens verloren gegangen.
Erhart Kästner

Die größte Gefahr im Straßenverkehr sind Autos, die schneller fahren, als ihr Fahrer denken kann.
Robert Lembke

Früher war man pünktlich. Heute kommen die Leute im Auto und meistens zu spät.
Kurt Marti

Die schwächste Stelle am Auto ist oft der Fahrer.
Werner Mitsch

Das Auto ist ein Gerät, das es dem Menschen ermöglicht, rascher zur Arbeit zu kommen, deren Ertrag ihm ermöglicht, sich ein Auto zu kaufen.
Werner Schneyder

Ein Auto ist an und für sich schon ein Delikt.
Werner Schneyder

Schnell fahren kann zwar schön sein, aber Rasen geht auf Kosten der Nerven, der Gesundheit, der Seele und der mitmenschlichen Vernunft.
Richard von Weizsäcker

Autobahn

Autobahn – Deutschlands größte Psychiatrie.
Henning Venske

Autobiographie → Memoiren

Autorität

Der springende Punkt ist, ob man Autorität hat oder eine Autorität ist.
Erich Fromm

Wer wirklich Autorität hat, wird sich nicht scheuen, Fehler zuzugeben.
Bertrand Russell

Bankier

Wenn ein Bankier auf einen Vorschlag »nein« sagt, meint er »vielleicht«, sagt er »vielleicht«, meint er »ja«, sagt er aber spontan »ja«, dann ist er kein guter Bankier.
André Kostolany

Ein Bankier ist ein Bursche, der Ihnen seinen Schirm leiht, wenn die Sonne scheint, und ihn in der Minute zurückverlangt, wo es zu regnen beginnt.
Mark Twain

Barbarei

Vom Fanatismus zur Barbarei ist es nur ein Schritt.
Denis Diderot

Die Kultur der Hässlichkeit heißt Barbarei.
Hans Lohberger

Baum

Bäume – natürliche Feinde der Autos.
Henning Venske

Befehl

Jeder Befehl besteht aus einem Antrieb und einem Stachel. Der Antrieb zwingt den Empfänger zur Ausführung, und zwar so, wie es dem Inhalt des Befehls gemäß ist. Der Stachel bleibt in dem zurück, der den Befehl ausführt.
Elias Canetti

Begegnung

Alles wirkliche Leben ist Begegnung.
Martin Buber

Es sind die Begegnungen mit Menschen, die das Leben lebenswert machen.
Guy de Maupassant

Begehren

Genieße den Reiz, ohne ihn zu begehren, dann bleibst du sein Meister.
Hans Arndt

Das Verlangen lässt alle Dinge blühen, der Besitz zieht alle Dinge in den Staub.
Marcel Proust

Die Tugend besteht nicht im Verzicht auf das Laster, sondern darin, dass man es nicht begehrt.
George Bernard Shaw

Begeisterung

Die Begeisterung ist das tägliche Brot der Jugend, die Skepsis ist der tägliche Wein des Alters.
Pearl S. Buck

Ehrliche, herzliche Begeisterung ist einer der wirksamsten Erfolgsfaktoren.
Dale Carnegie

Begeist'rung ist keine Heringsware, die man einpökelt auf einige Jahre.
Goethe

Begeisterung aber ist die Mutter alles Großen.
Franz Grillparzer

Enthusiasmus ist das schönste Wort der Erde.
Christian Morgenstern

Keine Begeisterung sollte größer sein als die nüchterne Leidenschaft zur praktischen Vernunft.
Helmut Schmidt

Ohne Enthusiasmus wird nichts Rechtes in der Kunst zuwege
gebracht.
Robert Schumann

Begriff

Denn eben, wo Begriffe fehlen, da stellt ein Wort zur rechten Zeit
sich ein.
Goethe

Beherrschtheit

Wenn du im Recht bist, kannst du dir leisten, die Ruhe zu
bewahren, und wenn du im Unrecht bist, kannst du dir nicht
leisten, sie zu verlieren.
Mahatma Gandhi

Der Mensch wird wie der Stahl hart – durch öfteres Abkühlen
nach Erhitzung.
Jean Paul

Beifall → Anerkennung, Lob

Beleidigung

Wir sagen und ich meinen ist eine von den ausgesuchtesten
Kränkungen.
Theodor W. Adorno

Eine Wunde, von Worten geschlagen, ist schlimmer als eine
Wunde, die das Schwert schlägt.
Arabisches Sprichwort

Beleidigungen sind die Argumente jener, die über keine Argumente verfügen.
Jean-Jacques Rousseau

Auch Kränkungen wollen gelernt sein. Je freundlicher, desto tiefer triffts.
Martin Walser

Beredsamkeit

Beredsamkeit ist Macht, denn sie ist anscheinende Klugheit.
Thomas Hobbes

Die wahre Beredsamkeit besteht darin, das zu sagen, was zur Sache gehört, und eben nur das.
François de La Rochefoucauld

Beruf

Ein Beruf ist das Rückgrat des Lebens.
Friedrich Nietzsche

Die Größe eines Berufes besteht vielleicht vor allem darin, dass er Menschen zusammenbringt.
Antoine de Saint-Exupéry

Man kann seinen Beruf auch verfehlen, indem man ihn ausübt.
Karl Heinrich Waggerl

Berufung

Jeder ist dazu berufen, etwas in der Welt zur Vollendung zu bringen.
Martin Buber

Viele sind berufen, aber wenige sind auserwählt.
Matthäus 20, 16

Berühmtheit

Mit der Berühmtheit ist es wie mit einer Lawine, die bekommt der am heftigsten zu spüren, der druntergerät.
Hermann Hesse

Wenn man erst einmal einen Namen hat, ist es ganz egal, wie man heißt.
Werner Mitsch

Es gibt zwei von Grund auf verschiedene Arten berühmter Leute: solche, die man kennt, und solche, die man kennen soll.
Robert Musil

Bescheidenheit

Bescheidenheit ist der Anfang aller Vernunft.
Ludwig Anzengruber

Die Bescheidenheit ist eine Eigenschaft, die vom Bewusstsein der eigenen Macht herrührt.
Paul Cézanne

Unter den nützlichen Tugenden steht die falsche Bescheidenheit obenan.
Johannes Gross

Bescheiden können nur die Menschen sein, die genug Selbstbewusstsein haben.
Gabriel Laub

Alle großen Männer sind bescheiden.
Gotthold Ephraim Lessing

Bescheidenheit ist mehr eine Konsequenz des Denkens als des guten Willens.
Ludwig Marcuse

Bescheidenheit ist weniger Unterschätzung unserer selbst als Hochschätzung anderer.
Hans Margolius

Wenn alle erste Violine spielen wollten, würden wir kein Orchester zusammenbekommen.
Robert Schumann

Bescheidenheit ist die ungesündeste Form der Selbstbewertung.
Peter Ustinov

Beschränktheit

Jeder Mensch hat ein Brett vor dem Kopf – es kommt nur auf die Entfernung an.
Marie von Ebner-Eschenbach

Die Menschheit würde unbeschränkte Möglichkeiten haben, wenn sie die Möglichkeit hätte, die Macht der Beschränkten zu beschränken.
Gabriel Laub

Besitz

Sich mit wenigem begnügen ist schwer, sich mit vielem begnügen ist noch schwerer.
Marie von Ebner-Eschenbach

Was du ererbt von deinen Vätern hast, erwirb es, um es zu besitzen.
Goethe

Der Besitz besitzt, er macht die Menschen kaum unabhängiger.
Friedrich Nietzsche

Besitzender ist jeder, der abends beim Zubettgehen etwas für den nächsten Tag übrig behalten hat.
Albert Schweitzer

Aller Besitz ist vom Schicksal geborgt.
Seneca

Wir haben nur, was wir nicht halten.
Thornton Wilder

Besonnenheit

Sage nicht alles, was du weißt, aber wisse immer, was du sagst!
Matthias Claudius

Man muss wissen, wie weit man zu weit gehen kann.
Jean Cocteau

Siege, aber triumphiere nicht!
Marie von Ebner-Eschenbach

Was du tust, bedenke das Ende.
Jesus Sirach 7, 40

Es ist besser, ein Problem zu erörtern, ohne es zu entscheiden,
als zu entscheiden, ohne es erörtert zu haben.
Joseph Joubert

Ein volles Herz kann die Worte nicht wägen.
Gotthold Ephraim Lessing

Der Geist der Mäßigung muss der Geist des Gesetzgebers sein.
Montesquieu

Besserung

Wer sich gar zu leicht bereit findet, seine Fehler einzusehen,
ist selten der Besserung fähig.
Marie von Ebner-Eschenbach

Umändern kann sich niemand, bessern jeder.
Ernst von Feuchtersleben

Wer einen Menschen bessern will, muss ihn erst einmal
respektieren.
Romano Guardini

Der Mensch, der es unternimmt, andere zu bessern, verschwendet
seine Zeit, wenn er nicht bei sich selbst beginnt.
Ignatius von Loyola

Beten

Beten können heißt zuerst danken können.
Albert Schweitzer

Sage mir, zu wem du betest, wenn es dir gut geht, und ich will dir
sagen, wie fromm du bist.
Kurt Tucholsky

Erbitte Gottes Segen für deine Arbeit, aber verlange nicht auch
noch, dass er sie tut.
Karl Heinrich Waggerl

Betrug

Man wird nie betrogen, man betrügt sich selbst.
Goethe

Die Menschen sind so einfältig und hängen so sehr vom Eindrucke des Augenblickes ab, dass einer, der sie täuschen will, stets jemanden findet, der sich täuschen lässt.
Niccolò Machiavelli

Bewährung

Je schlimmer seine Lage ist, desto besser zeigt sich der gute Mensch.
Bertolt Brecht

Die Mühen der Gebirge liegen hinter uns. Vor uns liegen die Mühen der Ebenen.
Bertolt Brecht

Nur der verdient sich Freiheit wie das Leben, der täglich sie erobern muss.
Goethe

Es wächst der Mensch mit seinen größern Zwecken.
Schiller

Beziehungen

Zu guten Beziehungen gelangt man am schnellsten, wenn man den Eindruck erweckt, sie zu besitzen.
Sigmund Graff

Es ist häufig nützlicher, viele zu kennen als viel zu wissen.
Robert Lembke

Bibel

Die Schrift hat Stellen genug, um alle Stände zu trösten und alle Stände zu erschrecken.
Blaise Pascal

Bildung

Es ist ein Beweis hoher Bildung, die größten Dinge auf die einfachste Art zu sagen.
Ralph Waldo Emerson

Die beste Bildung findet ein gescheiter Mensch auf Reisen.
Goethe

Gebildet ist, wer Parallelen zu sehen vermag. Dummköpfe sehen immer wieder etwas ganz Neues.
Sigmund Graff

Der Ungebildete sieht überall nur Einzelnes, der Halbgebildete die Regel, der Gebildete die Ausnahme.
Franz Grillparzer

Bildung ist ein durchaus relativer Begriff. Gebildet ist jeder, der das hat, was er für seinen Lebenskreis braucht. Was darüber, das ist vom Übel.
Friedrich Hebbel

Der Mensch ist, was er als Mensch sein soll, erst durch Bildung.
Georg Wilhelm Friedrich Hegel

So ein bisschen Bildung ziert den ganzen Menschen.
Heinrich Heine

Bildung kommt von Bildschirm und nicht von Buch, sonst hieße es ja Buchung.
Dieter Hildebrandt

Es gibt nur eins, was auf Dauer teurer ist als Bildung: keine Bildung.
John F. Kennedy

Bildung ist nicht Wissen, sondern Interesse am Wissen.
Hans Margolius

Bildung macht frei.
Joseph Meyer

Nichts macht durchschnittlicher als eine gute Allgemeinbildung.
Werner Mitsch

Jede Stufe der Bildung fängt mit Kindheit an. Daher ist der am meisten gebildete, irdische Mensch dem Kinde so ähnlich.
Novalis

Erst durch lesen lernt man, wie viel man ungelesen lassen kann.
Wilhelm Raabe

Die Schulbildung sollte nicht nach einer passiven Kenntnisnahme toter Ereignisse streben, sondern nach einer Aktivität, gerichtet auf die Welt, die unsere Bemühungen schaffen sollen.
Bertrand Russell

Vermöge seiner Bildung sagt der Mensch nicht, was er denkt, sondern was andere gedacht haben und was er gelernt hat.
Arthur Schopenhauer

Bildung ist etwas Wunderbares. Doch sollte man sich von Zeit zu Zeit daran erinnern, dass wirklich Wissenswertes nicht gelehrt werden kann.
Oscar Wilde

Borgen auch → Kredit

Wenn du den Wert des Geldes kennen lernen willst, versuche, dir welches zu borgen!
Benjamin Franklin

Borniertheit → Beschränktheit, Dummheit

Das Böse

Die schönste List des Teufels ist es, uns zu überzeugen, dass es ihn nicht gibt.
Charles Baudelaire

Das Gute – dieser Satz steht fest – ist stets das Böse, was man lässt.
Wilhelm Busch

Die Liebe ist ein Wunder, das immer wieder möglich, das Böse eine Tatsache, die immer vorhanden ist.
Friedrich Dürrenmatt

Das Böse wird am unauffälligsten und häufigsten durch die Sanftmütigen gefördert, die sich dagegen blind und taub stellen.
Sigmund Graff

Es gibt Leute, denen man nichts Böses zutraut, wenn man es nicht erlebt hat; aber es gibt niemanden, bei dem es uns überraschen sollte, wenn er Böses tut.
François de La Rochefoucauld

Das Böse hat wirklich keine andere Macht als die Ohnmacht des Guten.
Gertrud von Le Fort

Niemals tut man so vollständig und so gut das Böse, als wenn man es mit gutem Gewissen tut.
Blaise Pascal

Das eben ist der Fluch der bösen Tat, dass sie, fortzeugend, immer Böses muss gebären.
Schiller

Das Böse ist das Fehlen des Guten.
Leo Tolstoi

Wer nichts Böses tut, hat damit noch nichts Gutes getan.
Karl Heinrich Waggerl

Bosheit

Man muss in den Dreck hineingeschlagen haben, um zu wissen, wie weit er spritzt.
Wilhelm Raabe

Die Bosheit wird durch Tat erst ganz gestaltet.
Shakespeare

Buch

Ein Buch ist wie ein Garten, den man in der Tasche trägt.
Arabisches Sprichwort

Hungriger, greif nach dem Buch: Es ist eine Waffe.
Bertolt Brecht

Bücher haben Ehrgefühl. Wenn man sie verleiht, kommen sie nicht mehr zurück.
Theodor Fontane

Gewisse Bücher scheinen geschrieben zu sein, nicht damit man daraus lerne, sondern damit man wisse, dass der Verfasser etwas gewusst hat.
Goethe

Dort, wo man Bücher verbrennt, verbrennt man am Ende auch Menschen.
Heinrich Heine

Jedes gute Buch schreibt sich von selbst, man darf es nur nicht dabei stören.
Patricia Highsmith

Ein Buch muss die Axt sein für das gefrorene Meer in uns.
Franz Kafka

Das Buch, das in der Welt am ersten verboten zu werden verdiente, wäre ein Katalogus von verbotenen Büchern.
Georg Christoph Lichtenberg

Ein Buch ist ein Spiegel, wenn ein Affe hineinsieht, so kann kein Apostel herausgucken.
Georg Christoph Lichtenberg

Die Bekanntschaft mit einem einzigen guten Buch kann ein Leben ändern.
Marcel Prévost

Ein Buch ist für mich eine Art Schaufel, mit der ich mich umgrabe.
Martin Walser

So etwas wie moralische oder unmoralische Bücher gibt es nicht. Bücher sind gut oder schlecht geschrieben. Weiter nichts.
Oscar Wilde

Buchdruck

Mehr als das Gold hat das Blei in der Welt verändert.
Und mehr als das Blei in der Flinte das im Setzkasten.
Georg Christoph Lichtenberg

Bürger

Keine Regierung und keine Bataillone vermögen Recht und Freiheit zu schützen, wo der Bürger nicht imstande ist, selber vor die Haustüre zu treten und nachzusehen, was es gibt.
Gottfried Keller

Bürgerrecht

Bürgerrechte sind Teilnahmechancen.
Ralf Dahrendorf

Bürokratie

Wir brauchen Bürokratien, um unsere Probleme zu lösen. Aber wenn wir sie erst haben, hindern sie uns, das zu tun, wofür wir sie brauchen.
Ralf Dahrendorf

Das Formular ist, neben dem Schalter, das wirksamste Mittel, dem Bürger Respekt abzunötigen.
Werner Finck

Chance

Man darf niemals »zu spät« sagen. Auch in der Politik ist es niemals zu spät. Es ist immer Zeit für einen neuen Anfang.
Konrad Adenauer

Das »Zu spät« ist die große Totenglocke der Geschichte.
Rudolf Augstein

Doch der den Augenblick ergreift, das ist der rechte Mann.
Goethe

Wer zu spät kommt, den bestraft das Leben.
Michail Gorbatschow

An einem offenen Paradiesgärtchen geht der Mensch gleichgültig vorbei und wird erst traurig, wenn es verschlossen ist.
Gottfried Keller

Was man von der Minute ausgeschlagen, gibt keine Ewigkeit zurück.
Schiller

Bereit sein ist viel, warten können ist mehr, doch erst den rechten
Augenblick nützen ist alles.
Arthur Schnitzler

Charakter auch → Persönlichkeit

Eine Kleinigkeit verrät oft mehr von dem Charakter eines
Menschen als eine große Tat.
Friedl Beutelrock

Bäume sterben aufrecht.
Alejandro Casona

Durch nichts bezeichnen die Menschen mehr ihren Charakter als
durch das, was sie lächerlich finden.
Goethe

Auf der Rückseite unserer positiven Eigenschaften klebt ein
Preiszettelchen. Darauf steht, mit welchen negativen wir sie
bezahlt haben.
Sigmund Graff

»Vor seinem Tode«, sagt Solon, »ist niemand glücklich zu schätzen.«
Wir dürfen auch sagen: Vor seinem Tode ist niemand als Charakter
zu preisen.
Heinrich Heine

Ein Talent können wir nach einer einzigen Manifestation
anerkennen. Für die Anerkennung eines Charakters bedürfen
wir eines langen Zeitraumes.
Heinrich Heine

Charaktere sind unzerbrechlich – aber dehnbar.
Stanisław Jerzy Lec

Es gibt Leute, die als charaktervoll gelten, nur weil sie zu bequem
sind, ihre Ansichten zu ändern.
Robert Lembke

Die meisten Menschen sind Münzen, nur wenige sind Prägestöcke.
Wilhelm Raabe

Stärke des Charakters ist oft nichts anderes als eine Schwäche des
Gefühls.
Arthur Schnitzler

Charakter ist in der moralischen Welt, was in der physischen das Knochengebäude.
Karl Julius Weber

Charme

Charme: die Art, wie ein Mensch »ja« sagt, ohne dass ihm eine bestimmte Frage gestellt worden war.
Albert Camus

Charme ist der »unsichtbare« Teil der Schönheit, ohne den niemand wirklich schön sein kann.
Sophia Loren

Chauvinismus → Nationalismus

Chef → Vorgesetzter

Christentum

Es sind nicht die Gottlosen, es sind die Frommen seiner Zeit gewesen, die Christus ans Kreuz schlugen.
Gertrud von Le Fort

Als Christus die Menschen lehrte, einander zu lieben, erregte er eine solche Empörung, dass die Menge schrie: »Kreuzige ihn!« Von jeher sind die Christen eher der Masse gefolgt als dem Stifter ihrer Religion.
Bertrand Russell

Wer glaubt, ein Christ zu sein, weil er die Kirche besucht, irrt sich. Man wird ja auch kein Auto, wenn man in eine Garage geht.
Albert Schweitzer

Das Christentum ist eine gewaltige Macht. Dass zum Beispiel protestantische Missionare aus Asien unbekehrt wieder nach Hause kommen – das ist eine große Leistung.
Kurt Tucholsky

Clown

Jeder Mensch ist ein Clown, aber nur wenige haben den Mut,
es zu zeigen.
Charlie Rivel

Computer

Eines Tages werden Maschinen vielleicht denken können, aber sie
werden niemals Fantasie haben.
Theodor Heuss

Der Computer ist ein Rechner, kein Denker.
Werner Mitsch

Der Computer ist die logische Weiterentwicklung des Menschen:
Intelligenz ohne Moral.
John Osborne

Dank, Dankbarkeit

Wir sind für nichts so dankbar wie für Dankbarkeit.
Marie von Ebner-Eschenbach

Dankbarkeit ist eine gar wunderliche Pflanze; sobald man ihr
Wachstum erzwingen will, verdorrt sie.
Jeremias Gotthelf

Dankbarkeit ist bei den meisten nichts als ein geheimes Verlangen,
noch größere Wohltaten zu empfangen.
François de La Rochefoucauld

Demagoge

Das Geheimnis des Agitators ist, sich so dumm zu machen, wie
seine Zuhörer sind, damit sie glauben, sie seien so gescheit wie er.
Karl Kraus

Demagogen sind Leute, die in den Wind sprechen, den sie selbst
gemacht haben.
Helmut Qualtinger

Dementi

Unter einem Dementi versteht man in der Diplomatie die verneinende Bestätigung einer Nachricht, die bisher lediglich ein Gerücht gewesen ist.
John B. Priestley

Demokratie

So, wie die Freiheit eine Voraussetzung für die Demokratie ist, so schafft mehr Demokratie erst den Raum, in dem Freiheit praktiziert werden kann.
Willy Brandt

Die Demokratie ist keine Frage der Zweckmäßigkeit, sondern der Sittlichkeit.
Willy Brandt

Den zwangsläufigen und den geraden Weg zu rationalem Handeln und humanem Fortschritt gibt es nicht. Ihm nahe zu kommen bleibt die der Demokratie innewohnende Möglichkeit.
Willy Brandt

Demokratie ist die Kunst, dem Volk im Namen des Volkes feierlich das Fell über die Ohren zu ziehn.
Karlheinz Deschner

Die Demokratie ... muss dem Schwächsten die gleichen Chancen zusichern wie dem Stärksten.
Mahatma Gandhi

Jede demokratische Gesellschaft, die ihre Konflikte nicht austrägt, sondern durch Verbotserlasse konserviert, hört auf, demokratisch zu sein, bevor sie beginnt, Demokratie zu begreifen.
Günter Grass

Demokratie heißt: die Spielregeln einhalten, auch wenn kein Schiedsrichter zusieht.
Manfred Hausmann

Ohne Unterschied macht Gleichheit keinen Spaß.
Dieter Hildebrandt

Die Demokratie setzt die Vernunft im Volk voraus, die sie erst hervorbringen muss.
Karl Jaspers

Eine ernsthafte Schwäche der Demokratie ist, dass sie sich ziemlich danach richten muss, was der Bürger denkt, ehe die Gewissheit besteht, ob er es überhaupt tut.
Hans Kasper

Demokratie ist im Grunde die Anerkennung, dass wir, sozial genommen, alle füreinander verantwortlich sind.
Heinrich Mann

Demokratie, das bedeutet Herrschaft der Politik; Politik, das bedeutet ein Minimum von Sachlichkeit.
Thomas Mann

Demokratie beruht auf drei Prinzipien: auf der Freiheit des Gewissens, auf der Freiheit der Rede und auf der Klugheit, keine der beiden in Anspruch zu nehmen.
Mark Twain

Wenn Freiheit und Demokratie auch keine äquivalenten Begriffe sind, so sind sie doch komplementär: Ohne Freiheit ist die Demokratie Despotie, ohne Demokratie ist die Freiheit eine Schimäre.
Octavio Paz

Demokratie ist Volksherrschaft nur in den Händen eines politischen Volkes, in den Händen eines unerzogenen und unpolitischen Volkes ist sie Vereinsmeierei und kleinbürgerlicher Stammtischkram.
Walther Rathenau

Wenn die Demokratie arbeitsfähig sein soll, muss die Bevölkerung so weit wie möglich frei von Hass und Zerstörungslust und ebenso von Furcht und Unterwürfigkeit sein.
Bertrand Russell

Die Demokratie ist ein Verfahren, das garantiert, dass wir nicht besser regiert werden, als wir es verdienen.
George Bernard Shaw

Demut

Gewaltlosigkeit ist unmöglich ohne Demut.
Mahatma Gandhi

Demut soll nie etwas anderes sein als die Verneinung von Hochmut. Sonst wird sie Kleinmut.
Ludwig Marcuse

Denken auch → Nachdenken

Das Denken gehört zu den größten Vergnügungen der menschlichen Rasse.
Bertolt Brecht

Es liegt in der menschlichen Natur, vernünftig zu denken und unvernünftig zu handeln.
Anatole France

Man muss nicht denken, damit etwas dabei herauskommt.
Es genügt, wenn etwas drinnen bleibt.
Oliver Hassencamp

Denken ist die Arbeit des Intellekts, Träumen sein Vergnügen.
Victor Hugo

Wer nur denkt, was er weiß, der denkt noch gar nicht.
Friedrich Georg Jünger

Denken ist Reden mit sich selbst.
Immanuel Kant

Jeder neue Gedanke ist ein Widerspruch. Denken heißt widersprechen können.
Hans Lohberger

Es gibt keinen Boden, auf dem Theorie und Praxis, Denken und Handeln zusammenkommen.
Herbert Marcuse

Das logische Denken ist das Muster einer vollständigen Fiktion.
Friedrich Nietzsche

Der Mensch beginnt nicht leicht zu denken. Sobald er aber erst einmal den Anfang damit gemacht hat, hört er nicht mehr auf.
Jean-Jacques Rousseau

Das Denken ist groß, kühn und frei, das Licht der Welt und der höchste Ruhm des Menschen.
Bertrand Russell

Man muss denken wie die wenigsten und reden wie die meisten.
Arthur Schopenhauer

Verzicht auf das Denken ist geistige Bankrotterklärung.
Albert Schweitzer

An sich ist nichts weder gut noch böse, das Denken macht es erst dazu.
Shakespeare

Innerhalb eines von Mechanismus und Zufall beherrschten Kosmos hat das Denken, dieses furchtbare Phänomen, welches die Erde von Grund auf verändert hat und sich mit dem Weltall misst, immer den Charakter einer unerklärlichen Anomalie.
Pierre Teilhard de Chardin

Denkmal

Viele Denkmäler sind steingewordene Geschichtsfälschungen.
Werner Mitsch

Was nützen Denkmäler des Unbekannten Soldaten den Gefallenen? Erst muss der Mensch leben, dann kann seine Ehre geschützt werden!
Carl von Ossietzky

Einem bei Lebzeiten ein Monument setzen heißt die Erklärung ablegen, dass hinsichtlich seiner der Nachwelt nicht zu trauen sei.
Arthur Schopenhauer

Deutsch (das)

Im Deutschen lügt man, wenn man höflich ist.
Goethe

Dialektik

Dialektik ist die Kunst (oder der Trick), zu zwei Seiten das Ding zu erdenken, das sie hat.
Hans Kudszus

Dichten

Stücke schreiben ist wie Schach: Bei der Eröffnung ist man frei; dann bekommt die Partie ihre eigene Logik.
Friedrich Dürrenmatt

Dichten heißt: Abspiegeln der Welt auf individuellem Grunde.
Friedrich Hebbel

Dichter

Der Dichter ist das Auge der Menschheit bei der Betrachtung des Kleinen.
Martin Andersen-Nexø

Der Dichter steht auf einer höhern Warte als auf den Zinnen der Partei.
Ferdinand Freiligrath

Sowie ein Dichter politisch wirken will, muss er sich einer Partei hingeben, und sowie er dieses tut, ist er als Poet verloren.
Goethe

Ein Journalist wird man umso leichter, je leichter man schreibt, ein Dichter, je schwerer man schreibt.
Sigmund Graff

Das Amt des Dichters ist nicht das Zeigen der Wege, sondern vor allem das Wecken der Sehnsucht.
Hermann Hesse

Was bleibet aber, stiften die Dichter.
Friedrich Hölderlin

Der Dichter ist das Sprachrohr der Ratlosigkeit seiner Zeit.
Marie Luise Kaschnitz

Die meisten Poeten kommen erst nach ihrem Tode zur Welt.
Georg Christoph Lichtenberg

Viel von sich selbst zu reden gilt als dumm. Dieses Verbot wird von der Menschheit auf eigentümliche Weise umgangen: durch den Dichter.
Robert Musil

Dichter: Seher, die uns etwas von dem Möglichen erzählen.
Friedrich Nietzsche

Dichtung auch → Poesie

Die Dichtung bessert nicht, aber sie tut etwas viel Entscheidenderes: Sie verändert.
Gottfried Benn

Das eigentliche Ergebnis aller Dichtung: dass keine Zeit existiert.
Günter Eich

Die Dichtung schafft einen magischen Raum, in dem das sonst
Unvereinbare vereinbar, das sonst Unmögliche wirklich wird.
Hermann Hesse

Dichtung ist immer nur eine Expedition nach der Wahrheit.
Franz Kafka

Dichtung ist keine Arbeit neben dem Leben, sondern eine Form
des Lebens.
Gertrud von Le Fort

Liebe und Dichtung sind eigentlich dasselbe: der Wunsch, sich zu
äußern.
Cesare Pavese

Es ist das Eigentümliche der Dichtung, dass sie eine ständige
Schöpfung ist und uns so aus uns selbst heraustreibt, uns aus uns
vertreibt und uns zu unseren äußersten Möglichkeiten führt.
Octavio Paz

Ein Text ist nicht dann vollkommen, wenn man nichts mehr hinzufügen, sondern nichts mehr weglassen kann.
Antoine de Saint-Exupéry

Dienst

Wer sein Leben auf Dienst aufbaut, hat nie umsonst gelebt.
Emil Oesch

Jede Aufgabe, die ein Mensch im Rahmen der Gemeinschaft haben
kann, ist im tiefsten Grunde Dienst.
Emil Oesch

Diktatur

Niemand vermag sich zum Diktator aufzuschwingen, wenn die
Menschen nicht verängstigte, verschüchterte Feiglinge sind.
Oriana Fallaci

Zu den wenigen Vorzügen der Diktatur gehört es, dass sie den Freiheitssinn lebendig erhält.
Sigmund Graff

Das öffentliche Leben der Staaten mit beschränkter Freiheit ist eben deshalb so dürftig, so armselig, so schematisch, so unfruchtbar, weil es sich durch Ausschließung der Demokratie die lebendigen Quellen allen geistigen Reichtums und Fortschritts absperrt.
Rosa Luxemburg

Eine Diktatur ist ein Staat, in dem sich alle vor einem fürchten und einer vor allen.
Alberto Moravia

Dilettant

Dilettanten kommen am häufigsten durch den Beifall der Laien, Künstler gegen den Widerspruch der Fachleute hoch.
Sigmund Graff

Dilettant sein, das heißt: seiner eigenen Einfälle nicht wert, aber auf sie stolz sein.
Arthur Schnitzler

Dilettantismus

Genialität, die von etwas anderem ausgeht als den Mitteln, die ihr sich auszudrücken zur Verfügung stehen, ist Dilettantismus.
Gottfried Benn

Diplomat

Wenn man sagt, dass man einer Sache grundsätzlich zustimmt, so bedeutet dies, dass man nicht die geringste Absicht hat, sie in der Praxis durchzuführen.
Otto von Bismarck

Ein wahrer Diplomat ist ein Mann, der zweimal nachdenkt, bevor er nichts sagt.
Winston Churchill

Männer sind in fremder, Frauen in eigener Sache die besseren Diplomaten.
Sigmund Graff

Ein Diplomat ist ein Mensch, der offen ausspricht, was er nicht denkt.
Giovanni Guareschi

Ein Diplomat ist ein Mann, der die Paukenschläge der Staatsmänner in Harfenklänge verwandeln soll.
Eugene O'Neill

Diplomatie

Diplomatie ist ein Schachspiel, bei dem die Völker matt gesetzt werden.
Karl Kraus

Diplomatie ist die Kunst, mit hundert Worten zu verschweigen, was man mit einem Wort sagen könnte.
Saint-John Perse

Diskussion

Nicht Sieg sollte der Zweck der Diskussion sein, sondern Gewinn.
Joseph Joubert

Das Schwierigste am Diskutieren ist nicht, den eigenen Standpunkt zu verteidigen, sondern ihn zu kennen.
André Maurois

Eine Diskussion ist unmöglich mit jemandem, der vorgibt, die Wahrheit nicht zu suchen, sondern schon zu besitzen.
Romain Rolland

Distanz

Um etwas richtig zu beurteilen, muss man ein wenig Abstand davon nehmen, nachdem man es geliebt hat. Das gilt für Länder, für Lebewesen und für uns selbst.
André Gide

Die Freundschaft ist eine Kunst der Distanz, so wie die Liebe eine Kunst der Nähe ist.
Sigmund Graff

Wir verlieren Zeit und Kraft, wenn wir alles, was passiert, alles, was man an uns heranträgt, bis auf die nackte Haut, ja bis auf die Seele kommen lassen.
Emil Oesch

Wer keinen Zaun um seinen inneren Garten hat, bei dem trampeln alle herein.
Emil Oesch

Wenn mich jemand zwingt, Abstand zu wahren, habe ich den Trost, dass er ihn gleichfalls wahrt.
Jonathan Swift

Alles Großzügige vermögen wir nur aus einem gehörigen Abstand zu ihm zu erkennen. Wer an einen Berg mit der Lupe geht, bemerkt nur Sandkörner und Insekten.
Frank Thiess

Was mich betrifft: Je weiter der Nächste von mir entfernt ist, desto lieber liebe ich ihn.
Karl Heinrich Waggerl

Doping

Doping ist der Kunstdünger der menschlichen Leistungskraft.
Werner Schneyder

Droge

Die beste Droge ist ein klarer Kopf.
Herbert Hegenbarth

Drohung

Man erschrickt nur vor Drohungen; mit vollendeten Tatsachen findet sich der Mensch schnell ab.
Oswald Spengler

Dummheit

Am gefährlichsten ist die Dummheit, die nicht der Ausdruck von Unbildung, sondern von Ausbildung ist.
Helmut Arntzen

Wenn einer noch so klug ist, so ist er oft doch nicht klug genug, um den Dummen zu begreifen.
Friedl Beutelrock

Dummheit, die man bei andern sieht, wirkt meist erhebend aufs Gemüt.
Wilhelm Busch

Grausamkeit empört, Dummheit entmutigt.
Albert Camus

Der Gescheitere gibt nach! Ein unsterbliches Wort. Es begründet die Weltherrschaft der Dummheit.
Marie von Ebner-Eschenbach

Geduld mit der Streitsucht der Einfältigen! Es ist nicht leicht zu begreifen, dass man nicht begreift.
Marie von Ebner-Eschenbach

Zwei Dinge sind unendlich: das Universum und die menschliche Dummheit. Aber bei dem Universum bin ich mir noch nicht ganz sicher.
Albert Einstein

Auch die Bretter, die man vor dem Kopf hat, können die Welt bedeuten.
Werner Finck

Wenn fünfzig Millionen Menschen etwas Dummes sagen, bleibt es trotzdem eine Dummheit.
Anatole France

Einen Gescheiten kann man überzeugen, einen Dummen muss man überreden.
Curt Goetz

Dummheit nützt häufiger, als sie schadet. Darum pflegen sich die Allerschlauesten dumm zu stellen.
Sigmund Graff

Ein Kluger bemerkt alles. Ein Dummer macht über alles eine Bemerkung.
Heinrich Heine

Der Mensch bringt sogar die Wüsten zum Blühen. Die einzige Wüste, die ihm noch Widerstand bietet, befindet sich in seinem Kopf.
Ephraim Kishon

Das Schlimme ist, dass die Unfähigkeit zu denken so oft mit der Unfähigkeit zu schweigen Hand in Hand geht.
Hans Krailsheimer

In einen hohlen Kopf geht viel Wissen.
Karl Kraus

Es gibt keine lästigeren Dummköpfe als die witzigen.
François de La Rochefoucauld

Der Wunsch, klug zu erscheinen, verhindert oft, es zu werden.
François de La Rochefoucauld

Ein gebildeter Dummkopf ist noch unerträglicher als ein ungebildeter.
Robert Lembke

Die größte Mehrzahl der Dummen wird von denen gebildet, die durch die böse Gewohnheit, ihr Denkvermögen niemals anzustrengen, die Fähigkeit dazu verloren haben.
John Locke

Das Recht auf Dummheit gehört zur Garantie der freien Entfaltung der Persönlichkeit.
Mark Twain

An die dumme Stirne gehört als Argument von Rechts wegen die geballte Faust.
Friedrich Nietzsche

Die, die sich dumm stellen, sind gefährlicher als die, die dumm sind.
Manfred Rommel

Man soll keine Dummheit zweimal begehen, die Auswahl ist schließlich groß genug.
Jean-Paul Sartre

Mit der Dummheit kämpfen Götter selbst vergebens.
Schiller

Die Dummheit ist die sonderbarste aller Krankheiten. Der Kranke leidet niemals unter ihr. Aber die anderen leiden.
Paul-Henri Spaak

Wenn ein wirklich großer Geist in der Welt erscheint, kann man ihn untrüglich daran erkennen, dass sich alle Dummköpfe gegen ihn verbünden.
Jonathan Swift

Am auffälligsten unterscheiden sich die Leute darin, dass die Törichten immer wieder dieselben Fehler machen, die Gescheiten immer wieder neue.
Karl Heinrich Waggerl

Es gibt keine Sünde außer der Dummheit.
Oscar Wilde

Dünkel

Manche Menschen wollen immer glänzen, obwohl sie keinen Schimmer haben.
Heinz Erhardt

Manche Hähne glauben, dass die Sonne ihretwegen aufgeht.
Theodor Fontane

Erfolg steigt nur zu Kopf, wenn dort der erforderliche Hohlraum vorhanden ist.
Manfred Hinrich

Für nichts lernt ein Mensch sich leichter halten als für einen Großen, sobald er die erforderlichen Leute dafür um sich hat.
Jean Paul

Egoismus

Egoistisches Leben erntet, was es vermeiden will: Einsamkeit und Leere.
Helmut Gollwitzer

Nur an sich und an das Gegenwärtige denken ist die Quelle der Fehlgriffe in der Staatskunst.
Jean de La Bruyère

Zum Thema Egoismus: Wir lieben nur die Bilder von allem als etwas in uns selbst, nie das andere selbst.
Christian Morgenstern

Egoismus besteht nicht darin, dass man sein Leben nach seinen Wünschen lebt, sondern darin, dass man von anderen verlangt, dass sie so leben, wie man es wünscht.
Oscar Wilde

Egoist

Egoist – Person minderen Geschmacks; mehr an sich interessiert als an mir.
Ambrose Bierce

Ehe auch → Heirat

Die Ehe ist der Versuch, zu zweit mit den Problemen fertig zu werden, die man alleine niemals gehabt hätte.
Woody Allen

Die Ehe ist die exemplarische Bindung, sie trägt uns in die große Gebundenheit, und nur als Gebundene können wir in die Freiheit der Kinder Gottes gelangen.
Martin Buber

Die meisten Differenzen in der Ehe beginnen damit, dass eine Frau zu viel redet und ein Mann zu wenig zuhört.
Curt Goetz

Gewisse Ehen halten nur in der Weise zusammen wie ineinander verbissene Tiere.
Gerhart Hauptmann

Richtig verheiratet ist der Mann, der jedes Wort versteht, das seine Frau nicht gesagt hat.
Alfred Hitchcock

Heute ist eine Ehe schon glücklich, wenn man dreimal die Scheidung verschiebt.
Danny Kaye

Hinter einer langen Ehe steht immer eine sehr kluge Frau.
Ephraim Kishon

Manche Frau weint, weil sie den Mann ihrer Träume nicht bekommen hat, und manche weint, weil sie ihn bekommen hat.
Annette Kolb

Die Ehe ist ein Bauwerk, das jeden Tag neu errichtet werden muss.
André Maurois

Das große Geheimnis jeder guten Ehe ist, jeden Unglücksfall als Zwischenfall und keinen Zwischenfall als Unglücksfall zu behandeln.
Harold George Nicolson

Eine gute Ehe beruht auf dem Talent zur Freundschaft.
Friedrich Nietzsche

Gute Ehen wären häufiger, wenn die Ehegatten nicht immer beisammen wären.
Friedrich Nietzsche

Wollen wir das Licht in der Ehe bewahren, so müssen wir auch den Schatten akzeptieren.
Emil Oesch

Es ist das Geheimnis einer guten Ehe, dass einer Serienaufführung immer wieder Premierenstimmung gegeben wird.
Max Ophüls

Viele, von denen man glaubt, sie seien gestorben, sind bloß verheiratet.
Françoise Sagan

Die Ehe bleibt deshalb so beliebt, weil sie das Maximum an Versuchung mit dem Maximum an Gelegenheit verbindet.
George Bernard Shaw

Wer die Einsamkeit fürchtet, sollte nicht heiraten.
Anton Tschechow

Drum binde sich, wer nicht ewig prüfen will.
Gerd Uhlenbruck

Das Drama einer Ehe, das ist nicht die ganz große Erschütterung –
das sind die vielen kleinen Irritationen, die sich summieren.
Liv Ullmann

Für eine gute Ehe gibt es einen sehr einfachen Maßstab: Man ist
dann glücklich verheiratet, wenn man lieber heimkommt als
fortfährt.
Luise Ullrich

Eheleute

Es ist schlimm, wenn zwei Eheleute einander langweilen. Viel
schlimmer jedoch ist es, wenn nur einer von ihnen den andern
langweilt.
Marie von Ebner-Eschenbach

Der Mann erträgt die Ehe aus Liebe zur Frau. Die Frau erträgt den
Mann aus Liebe zur Ehe.
Gabriel Laub

Männer, die behaupten, sie seien die uneingeschränkten Herren im
Haus, lügen auch bei anderer Gelegenheit.
Mark Twain

Ein heiteres Ehepaar ist das Beste, was sich in der Liebe erreichen
lässt.
Thomas Niederreuther

Ehre

Es ist besser, Ehrungen zu verdienen und nicht geehrt zu sein, als
geehrt zu sein und es nicht zu verdienen.
Mark Twain

Es ist leichter, ein Held zu sein als ein Ehrenmann. Ein Held muss man nur einmal sein, ein Ehrenmann immer.
Luigi Pirandello

Die Ehre ist, objektiv, die Meinung anderer von unserem Wert und, subjektiv, unsere Furcht vor dieser Meinung.
Arthur Schopenhauer

Ehrfurcht

Die wahre Ehrfurcht geht niemals aus der Furcht hervor.
Marie von Ebner-Eschenbach

Bescheidenheit ist weniger Unterschätzung unserer selbst als Hochschätzung anderer. Der Bescheidene ist der Ehrfürchtige.
Hans Margolius

Die Ehrfurcht vor dem Leben ist die höchste Instanz. Was sie gebietet, hat seine Bedeutung auch dann, wenn es töricht oder vergeblich scheint.
Albert Schweitzer

Ehrgeiz

Ehrgeiz – überwältigende Sehnsucht danach, im Leben von Feinden verleumdet und im Tod von Freunden verhöhnt zu werden.
Ambrose Bierce

Ehrgeiz fängt die kleinen Seelen leichter als die großen, wie Stroh und Hütten leichter Feuer fangen als Paläste.
Chamfort

Der Ehrgeiz treibt die Menschen oft, die niedrigsten Dienste zu tun; so geschieht das Klettern in derselben Haltung wie das Kriechen.
Jonathan Swift

Ehrlichkeit → Aufrichtigkeit

Eifersucht

Eifersucht ist Angst vor dem Vergleich.
Max Frisch

Eifersucht ist ein Hundegebell, das die Diebe anlockt.
Karl Kraus

Eifersucht enthält mehr Eigenliebe als Liebe.
François de La Rochefoucauld

Eifersucht ist eine Leidenschaft, die mit Eifer sucht, was Leiden schafft.
Miguel de Cervantes Saavedra

○ Eigeninitiative auch → Engagement

Es wird einem nichts erlaubt. Man muss es nur sich selber erlauben. Dann lassen sichs die andern gefallen oder nicht.
Goethe

Ein gutes Mittel, dass etwas ohne Zögern aus Liebe und ohne ein Wort der Widerrede geschehe, ist, dass man es – selber macht.
Jean Paul

Wo kämen wir hin, wenn alle sagten, wo kämen wir hin, und niemand ginge, um einmal zu schauen, wohin man käme, wenn man ginge.
Kurt Marti

○ Eigenlob

Mit dem Wind, den man selber macht, lassen sich die Segel nicht füllen.
Karl Heinrich Waggerl

○ Eigensinn

Die Willenskraft der Schwachen heißt Eigensinn.
Marie von Ebner-Eschenbach

○ Eigentum auch → Besitz

Eigentum ist Diebstahl.
Pierre Joseph Proudhon

Einfall

Der Einfall ist ein Schritt mit Siebenmeilenstiefeln, die Ausführung der Weg zurück zu Fuß.
Peter Tille

Ein guter Einfall ist wie ein Hahn am Morgen. Gleich krähen andere Hähne mit.
Karl Heinrich Waggerl

Einfalt

Nichts ist so vielfältig wie das Einfältige.
Werner Mitsch

Einigkeit

Einigkeit macht stark, aber meistens auch blind.
Sigmund Graff

Verbunden werden auch die Schwachen mächtig.
Schiller

Einsamkeit → Alleinsein

Einsicht → Vernunft

Eitelkeit

Die meisten Menschen hassen die Eitelkeit an anderen, sosehr sie auch selbst damit behaftet sein mögen.
Benjamin Franklin

Wir sind so eitel, dass uns sogar an der Meinung der Leute, an denen uns nichts liegt, etwas gelegen ist.
Marie von Ebner-Eschenbach

Manche Menschen glauben, dass sie sich weiterentwickelt haben, und von allen ihren Eigenschaften ist es nur die Eitelkeit, auf die ihre Einbildung zutrifft.
Arthur Schnitzler

Im Menschen sitzt ein Verräter, der Eitelkeit heißt und die
Geheimnisse gegen Schmeichelei preisgibt.
Paul Valéry

Die Eitelkeit ist der Stolz des Schwachen.
Karl Julius Weber

Elite

Die Gesellschaft ist immer eine dynamische Einheit zweier
Faktoren, der Eliten und der Massen.
José Ortega y Gasset

Auslese kann nur wirken, wenn sie von unten herauf beginnt.
Walther Rathenau

Eltern

Des Vaters Segen baut den Kindern Häuser; aber der Mutter Fluch
reißt sie nieder.
Jesus Sirach 3, 11

Jeder junge Mensch macht früher oder später die verblüffende
Entdeckung, dass auch Eltern gelegentlich Recht haben könnten.
André Malraux

Es gibt kein problematisches Kind, es gibt nur problematische
Eltern.
Alexander S. Neill

Welches Kind hätte nicht Grund, über seine Eltern zu weinen?
Friedrich Nietzsche

Eltern, die Respekt verlangen, haben auch nicht mehr verdient.
Peter Tille

Zuerst lieben die Kinder ihre Eltern. Nach einer gewissen Zeit
fällen sie ihr Urteil über sie. Und selten, wenn überhaupt je,
verzeihen sie ihnen.
Oscar Wilde

Emanzipation

Früher haben die Frauen auf ihrem eigenen Boden gekämpft. Da war jede Niederlage ein Sieg. Heute kämpfen sie auf dem Boden der Männer. Da ist jeder Sieg eine Niederlage.
Coco Chanel

Frauen, die die gleichen Rechte wie Männer fordern, sind auf jeden Fall bemerkenswert genügsam.
Henning Venske

Engagement

Eine bedingte Unterstützung ist wie verdorbener Zement, der nicht bindet.
Mahatma Gandhi

Einer, der sich heute nur betrachtend verhielte, bewiese eine unmenschliche Philosophie oder eine ungeheuerliche Blindheit.
André Gide

Alles Große in unserer Welt geschieht nur, weil jemand mehr tut, als er muss.
Hermann Gmeiner

Damit das Mögliche entsteht, muss immer wieder das Unmögliche versucht werden.
Hermann Hesse

Nur wer sich seiner Zeit widmet, der gehört auch den späteren Zeiten an.
Karl Gutzkow

Es hilft nichts, das Unvollkommene heutiger Wirklichkeit zu höhnen oder das Absolute als Tagesprogramm zu predigen. Lasst uns stattdessen durch Kritik und Mitarbeit die Verhältnisse Schritt für Schritt ändern.
Gustav Heinemann

Jeder Vorgesetzte, der etwas taugt, hat es lieber mit Leuten zu tun, die sich zu viel zumuten, als mit solchen, die zu wenig in Angriff nehmen.
Lee Iacocca

Jeder Mensch, der sich für etwas engagiert, hat eine bessere
Lebensqualität als andere, die nur so dahinvegetieren.
Bruno Kreisky

Wichtige Dinge nur halb zu tun ist nahezu wertlos; denn meistens
ist es die andere Hälfte, die zählt.
Emil Oesch

Nichts halb zu tun ist edler Geister Art.
Christoph Martin Wieland

Man muss Partei ergreifen. Neutralität hilft dem Unterdrücker,
niemals dem Opfer, Stillschweigen bestärkt den Peiniger, niemals
den Gepeinigten.
Elie Wiesel

Entdeckung

So ist es in allen Fällen naturwissenschaftlicher Entdeckungen:
Sie verändern die Art und Weise, in der die Welt sich in unseren
Köpfen spiegelt.
Hoimar von Ditfurth

Jeder subtile Witz ist eine boshafte Entdeckung, und viele große
Entdeckungen der Wissenschaft sind umgekehrt mit brüllendem
Gelächter begrüßt worden.
Arthur Koestler

Enthaltsamkeit → Abstinenz

Enthusiasmus → Begeisterung

Entrüstung

Moralische Entrüstung ist der Heiligenschein der Scheinheiligen.
Helmut Qualtinger

Entrüstung ist Bekenntnis der Hilflosigkeit.
Walther Rathenau

Entsagung

Das Geheimnis eines glücklichen Lebens liegt in der Entsagung.
Mahatma Gandhi

Entscheidung

Du kannst nicht zwei Pferde mit einem Hintern reiten.
Woody Allen

Es ist besser, ein Problem zu erörtern, ohne es zu entscheiden, als
zu entscheiden, ohne es erörtert zu haben.
Joseph Joubert

Alles ist richtig, auch das Gegenteil. Nur: »Zwar … aber…« – das ist
nie richtig.
Kurt Tucholsky

Entschlossenheit

Greif nicht in ein Wespennest, doch wenn du greifst, so greife fest.
Matthias Claudius

Doch der den Augenblick ergreift, das ist der rechte Mann.
Goethe

Ein entschlossener Mensch wird mit einem Schraubenschlüssel
mehr anzufangen wissen als ein unentschlossener mit einem Werk-
zeugladen.
Emil Oesch

Ob wir erreichen, was wir uns vornehmen, hängt vom Glücke ab,
aber das Wollen ist einzig Sache unseres Herzens.
José Ortega y Gasset

Entschlossenheit im Unglück ist immer der halbe Weg zur
Rettung.
Johann Heinrich Pestalozzi

Epigone, Epigonentum

Wie viele Nachtigallen muss eine Bestie fressen, um selbst zu
singen?
Stanisław Jerzy Lec

Man kann niemanden überholen, wenn man in seine Fußstapfen tritt.
François Truffaut

Erbarmen auch → Mitleid

Erbarmen kann Grausamkeit sein.
Jüdisches Sprichwort

Erfahrung

Die Maske des Erwachsenen heißt »Erfahrung«.
Walter Benjamin

Erfahrung ist der beste Lehrmeister, aber das Schulgeld ist hoch.
Thomas Carlyle

Man leidet im Alter weniger an Erfahrungen, die man macht, als an denen, die man nicht mehr machen kann.
Karlheinz Deschner

Vieles erfahren haben heißt noch nicht Erfahrung besitzen.
Marie von Ebner-Eschenbach

Erfahrung ist nicht das, was einem zustößt. Erfahrung ist das, was man aus dem macht, was einem zustößt.
Aldous Huxley

Wir glauben, Erfahrungen zu machen, aber die Erfahrungen machen uns.
Eugène Ionesco

Die Erfahrung läuft dem Menschen nach – vergebens –, er ist schneller.
Robert Lembke

Wenn man genug Erfahrung gesammelt hat, ist man zu alt, um sie auszunutzen.
William Somerset Maugham

Wenn die Geschichte sich wiederholt und immer das Unerwartete geschieht, wie unfähig muss der Mensch sein, durch Erfahrung klug zu werden.
George Bernard Shaw

Es gibt keine unnützen Erfahrungen, nur ungenutzte.
Peter Tille

Erfahrung heißt gar nichts. Man kann eine Sache auch 35 Jahre
schlecht machen.
Kurt Tucholsky

Erfahrungen wären nur dann von Wert, wenn man sie hätte, ehe
man sie machen muss.
Karl Heinrich Waggerl

Erfahrung ist der Name, den die Menschen ihren Irrtümern geben.
Oscar Wilde

Erfindung

Nichts, was die Menschen erfinden, ist schlecht: nur das, was sie
daraus machen.
Sigmund Graff

Alle großen Erfindungen, alle großen Werke sind das Resultat
einer Befreiung, der Befreiung von der Routine des Denkens und
Tuns.
Arthur Koestler

Erfolg

Der Erfolg ist keiner der Namen Gottes.
Martin Buber

Das Geheimnis des Erfolges ist die Beständigkeit des Ziels.
Benjamin Disraeli

Erfolg ist die beste Rache.
Michael Douglas

Ein Geheimnis des Erfolgs ist, den Standpunkt des anderen zu
verstehen.
Henry Ford

Erfolg verändert den Menschen nicht. Er entlarvt ihn.
Max Frisch

Das Doping der Erfolgreichen ist das Risiko.
Sigmund Graff

Vor den Erfolg haben die Götter den Schweiß gesetzt.
Hesiod

Erfolg steigt nur zu Kopf, wenn dort der erforderliche Hohlraum vorhanden ist.
Manfred Hinrich

Sicher verdanken einige Millionäre ihren Erfolg ihren Frauen. Aber die meisten verdanken ihre Frauen dem Erfolg.
Danny Kaye

Alle Kunst praktischer Erfolge besteht darin, alle Kraft zu jeder Zeit auf einen Punkt – auf den wichtigsten Punkt – zu konzentrieren und nicht nach rechts noch links zu sehen.
Ferdinand Lassalle

Es gibt keinen wirklichen Erfolg ohne eine auf das Gemeinschaftswohl gerichtete Gesinnung.
Emil Oesch

Siege werden bald erfochten; ihre Erfolge befestigen, das ist schwer.
Leopold von Ranke

Er hat großen Erfolg. Für einen Schriftsteller eine niederschmetternde Feststellung. Besagt sie doch, er hat auch nur zu beantworten gewusst, was ohnehin schon gefragt war.
Wolfdietrich Schnurre

Der Erfolg hat viele Väter. Der Misserfolg ist ein Waisenkind.
Sprichwort

Auch Erfolg wird bestraft. Die Strafe liegt darin, dass man mit Leuten zusammenkommt, die man früher meiden durfte.
John Updike

Das größte Verbrechen in der Welt ist – keinen Erfolg zu haben.
Friedrich Wolf

Erfüllung

Gäbe es Wesen, die den Menschen alle Wünsche erfüllen, so wären das keine Götter, sondern Dämonen.
Friedrich Georg Jünger

Erfüllung ist der Feind der Sehnsucht.
Erich Maria Remarque

In dieser Welt gibt es nur zwei Tragödien. Die eine ist, nicht zu
bekommen, was man möchte, und die andere ist, es zu bekommen.
Oscar Wilde

Erholung

Die Natur des Geistes ist so geartet, dass uns der Wechsel meist
mehr Erholung schafft als die Ruhe.
Ernst von Feuchtersleben

Nirgends strapaziert sich der Mensch mehr als bei der Jagd nach
Erholung.
Laurence Sterne

Erholung besteht weder in Untätigkeit noch in bloßem Sinnen-
genuss, sondern im Wechselgebrauch unserer Körper- und Geisteskräfte.
Karl Julius Weber

Erinnerung

Erinnern heißt auswählen.
Günter Grass

Die Erinnerung ist das einzige Paradies, woraus wir nicht
vertrieben werden können.
Jean Paul

Das Vergessenwollen verlängert das Exil, und das Geheimnis der
Erlösung heißt Erinnerung.
Jüdische Weisheit

Vor der Wirklichkeit kann man seine Augen verschließen, aber
nicht vor der Erinnerung.
Stanisław Jerzy Lec

Vergessen können ist das Geheimnis ewiger Jugend. Wir werden
alt durch Erinnerung.
Erich Maria Remarque

Erinnerungen sind ein goldener Rahmen, der jedes Bild
freundlicher macht.
Carl Zuckmayer

Erkenntnis

Es gibt keinen erkennbaren Weg vor uns, sondern nur hinter uns.
Waldemar Bonsels

Wer A sagt, der muss nicht B sagen. Er kann auch erkennen, dass
A falsch war.
Bertolt Brecht

Eigentlich sehen wir nur das, woran wir zu glauben fähig sind,
allein das, was nicht allzu sehr die Grenzen unserer eigenen Natur
überschreitet.
Stanisław Brzozowski

Wir haben verlernt, die Augen auf etwas ruhen zu lassen. Deshalb
erkennen wir so wenig.
Jean Giono

Wer nicht weiß, was ist, wie will er voraussagen, was werden soll,
oder erkennen, was einmal gewesen ist?
Gerhart Hauptmann

Es gibt zwei Möglichkeiten, zur Erkenntnis zu gelangen, die
meditative, worauf wohl weitgehend die frühen Kulturen beruht
haben, und die empirische, in der Europa es bis zur Atombombe
gebracht hat.
Jürgen Lemke

Der wirklichen Erkenntnis ist Naturforschung der Weg zum Geist
und Geistesforschung die Augenöffnung für die Naturgeheimnisse.
Rudolf Steiner

Erlebnis

Es gibt keine Leute, die nichts erleben, es gibt nur Leute, die
nichts davon merken.
Curt Goetz

Die alltäglichen Menschenerlebnisse sind die tiefsten, wenn man sie von der Gewohnheit befreit.
Robert Musil

Denken ist wundervoll, aber noch wundervoller ist das Erlebnis.
Oscar Wilde

Erotik

Der Egoismus – ich brauche den anderen für mich, für mein Glück – ist die Kraft des Eros; die Erkenntnis, ich werde nur glücklich durch das Glück des anderen, ist die Weisheit des Eros.
Helmut Gollwitzer

Erotik ist Überwindung von Hindernissen. Das verlockendste und populärste Hindernis ist die Moral.
Karl Kraus

Die Erotik ist sozialisierte Sexualität.
Octavio Paz

Erwachsensein

Erwachsensein heißt: vergessen, wie untröstlich wir als Kinder oft gewesen sind.
Heinrich Böll

Erziehung

Der modische Irrtum ist, dass wir durch Erziehung jemand etwas geben können, das wir nicht haben.
Gilbert K. Chesterton

Erziehung: einen Kopf drehen, bis er verdreht ist – natürlich auf den neuesten Stand.
Karlheinz Deschner

Eine großzügige Erziehung sollte ein ehrfürchtiges Studium aller Religionen mit einschließen.
Mahatma Gandhi

Denn wir können die Kinder nach unserm Sinne nicht formen.
Goethe

Das wichtigste Zimmer im Leben lässt sich weder verleugnen noch
vortäuschen – die Kinderstube.
Oliver Hassencamp

Es ist die Strafe unserer eignen Jugendsünden, dass wir gegen die
unserer Kinder nachsichtig sein müssen.
Friedrich Hebbel

Kinder und Uhren dürfen nicht beständig aufgezogen werden.
Man muss sie auch gehen lassen.
Jean Paul

Auf Kinder wirkt nichts so schwach als eine Drohung und
Hoffnung, die nicht noch vor abends in Erfüllung geht.
Jean Paul

Der Mensch ist das einzige Geschöpf, das erzogen werden muss.
Immanuel Kant

Ich glaube, dass Erziehung Liebe zum Ziel haben muss,
Zuneigung.
Astrid Lindgren

Erziehung ist organisierte Verteidigung der Erwachsenen gegen die
Jugend.
Mark Twain

Alle Erziehung, ja alle geistige Beeinflussung beruht vornehmlich
auf Bestärken und Schwächen. Man kann niemanden zu etwas
bringen, der nicht schon dunkel auf dem Wege dahin ist, und
niemanden von etwas abbringen, der nicht schon geneigt ist, sich
ihm zu entfremden.
Christian Morgenstern

Ihr müsst die Menschen lieben, wenn ihr sie ändern wollt.
Johann Heinrich Pestalozzi

Erst wenn man genau weiß, wie die Enkel ausgefallen sind, kann
man beurteilen, ob man seine Kinder gut erzogen hat.
Erich Maria Remarque

In dem ersten Weinen der Kinder liegt eine Bitte; sowie man aber die Vorsicht außer Acht lässt, verwandelt sie sich in einen Befehl.
Jean-Jacques Rousseau

Eine einzige offenkundige Lüge des Lehrers gegen seinen Zögling kann den ganzen Ertrag der Erziehung zunichte machen.
Jean-Jacques Rousseau

Freies Fragen wird verhindert werden, solange es Ziel der Erziehung ist, Überzeugung statt Denken hervorzubringen.
Bertrand Russell

Manche Eltern und Schulen beginnen mit dem Versuch, den Kindern völligen Gehorsam beizubringen, ein Versuch, der entweder einen Sklaven oder einen Empörer hervorbringen muss.
Bertrand Russell

Viele Kinder sind deshalb so verzogen, weil man Großmütter nicht übers Knie legen kann.
Adele Sandrock

Ein Kind zu erziehen ist leicht. Schwer ist nur, das Ergebnis zu lieben.
Werner Schneyder

Die besterzogenen Kinder sind jene, die gelernt haben, ihre Eltern zu sehen, wie sie wirklich sind; Heuchelei ist nicht die erste Pflicht der Eltern.
George Bernard Shaw

Zum Erzieher muß man eigentlich geboren sein wie zum Künstler.
Karl Julius Weber

Erziehung ist eine wunderbare Sache, doch muss man sich von Zeit zu Zeit besinnen, dass nichts, was von Wert ist, gelehrt werden kann.
Oscar Wilde

Eselsbrücke

Die Eselsbrücke ist die ideale Verbindung zwischen zwei Gedächtnislücken.
Werner Mitsch

Essen

Und weil der Mensch ein Mensch ist, drum will er was zu essen,
bitte sehr!
Bertolt Brecht

Der Mensch ist, was er isst.
Ludwig Feuerbach

Ethik

Ethik ist ins Grenzenlose erweiterte Verantwortung gegen alles,
was lebt.
Albert Schweitzer

In Wahrheit nützt mir nicht, was mir allein nützt, sondern was
dem Mitmenschen, der Gemeinschaft, der Gesellschaft nützt.
Carl Friedrich von Weizsäcker

Europa

Europa ist kein geographischer, sondern ein kultureller Weltteil.
Oskar Kokoschka

Einzig der Entschluss, aus den Völkergruppen des Erdteils eine
große Nation zu errichten, könnte den Puls Europas wieder
befeuern.
José Ortega y Gasset

Ewigkeit

Nur durch die Tiefen unserer Erde, nur durch die Stürme eines
Menschengewissens hindurch eröffnet sich der Blick auf die
Ewigkeit.
Dietrich Bonhoeffer

Das Bleibende zu kennen bedeutet Einsicht. Das Ewige zu
erkennen klärt den Sinn.
Laotse

Fachmann → Spezialist

Falschheit

Der Falschheit ohne List zu begegnen ist nicht ehrenhaft, sondern leichtsinnig.
Hans Kasper

Das einzig Echte an manchen Menschen ist ihre Falschheit.
Werner Mitsch

Fälschung

Die Fälschung unterscheidet sich vom Original dadurch, dass sie echter aussieht.
Ernst Bloch

Familie

Im Namen der Familie verübt man die meisten Gemeinheiten. Sie liefert Rechtfertigungen en masse.
Stanisław Brzozowski

Von all den großen Begrenzungen und Rahmenbedingungen, welche die Poesie und Vielfalt des Lebens bilden und schaffen, ist die entschiedenste und wichtigste die Familie.
Gilbert K. Chesterton

Ganz aufgehen in der Familie heißt ganz untergehen.
Marie von Ebner-Eschenbach

Das Familienleben ist ein Eingriff in das Privatleben.
Karl Kraus

Fanatiker

Geistlose kann man nicht begeistern, aber fanatisieren kann man sie.
Marie von Ebner-Eschenbach

Die Verbrecherregime wurden nicht von Verbrechern, sondern von Fanatikern geschaffen, die überzeugt waren, den einzigen Weg zum Paradies gefunden zu haben.
Milan Kundera

Fanatismus

Vom Fanatismus zur Barbarei ist es nur ein Schritt.
Denis Diderot

Fanatismus findet sich nur bei solchen, die einen inneren Zweifel zu übertönen suchen.
Carl Gustav Jung

Wo Fanatismus ist, ist keine Heiterkeit. Gelächter vielleicht, der gemeine Lärm des Zynismus, aber kein Lachen.
Hans Kasper

Fanatismus besteht im Verdoppeln der Anstrengung, wenn das Ziel vergessen ist.
George Santayana

Fantasie

Fantasie ist etwas, was sich manche Leute gar nicht vorstellen können.
Gabriel Laub

Fantasie ist das eigentlich Schöpferische im Menschen, der Überfluss, der die Schönheit des Lebens ausmacht.
Walter Muschg

Fasching → Karneval

Fasten

Der Appetit kommt mit dem Essen, aber noch häufiger mit dem Fasten.
Willy Millowitsch

Faulheit

Der größte Feind des Fortschritts ist nicht der Irrtum, sondern die Trägheit.
Henry Thomas Buckle

Ohne Faulheit kein Fortschritt! Weil der Mensch zu faul war zu rudern, erfand er das Dampfschiff; weil er zu faul war, zu Fuß zu gehen, erfand er das Auto; weil er zu faul war, abends die Augen zuzumachen, erfand er das Fernsehen.
Manfred Hausmann

Die Faulheit ist der Fleiß der Träumer.
Werner Schneyder

Fehler

Fehler – eines meiner Vergehen, im Unterschied zu einem von deinen, bei dem es sich um ein Verbrechen handelt.
Ambrose Bierce

Das Schlimmste ist nicht: Fehler haben, nicht einmal sie nicht bekämpfen, ist schlimm. Schlimm ist, sie zu verstecken.
Bertolt Brecht

Es ist von großem Vorteil, die Fehler, aus denen man lernen kann, recht frühzeitig zu machen.
Winston Churchill

Der kluge Mann macht nicht alle Fehler selber. Er gibt anderen auch eine Chance.
Winston Churchill

Viele Leute glauben, wenn sie einen Fehler erst eingestanden haben, brauchen sie ihn nicht mehr abzulegen.
Marie von Ebner-Eschenbach

Die meisten unserer Fehler erkennen und legen wir erst dann ab, wenn wir sie an anderen entdeckt haben.
Karl Gutzkow

Verlass dich nicht auf andere. Mach deine eigenen Fehler.
Manfred Hinrich

Die schlimmsten Fehler werden gemacht in der Absicht, einen begangenen Fehler wieder gutzumachen.
Jean Paul

Kleine Fehler geben wir gern zu, um den Eindruck zu erwecken, wir hätten keine großen.
François de La Rochefoucauld

Jeder Fehler erscheint unglaublich dumm, wenn andre ihn begehen.
Georg Christoph Lichtenberg

Wer in der falschen Richtung geht, dem hilft auch Galoppieren nichts.
Emil Oesch

Man muss die Fehler, die man nicht ablegen kann, in Tugenden verwandeln.
Cesare Pavese

Man fällt nicht über seine Fehler. Man fällt immer über seine Feinde, die diese Fehler ausnützen.
Kurt Tucholsky

Am auffälligsten unterscheiden sich die Leute darin, dass die Törichten immer wieder dieselben Fehler machen, die Gescheiten immer wieder neue.
Karl Heinrich Waggerl

Feigheit

Feigling – einer, der in gefährlichen Notlagen mit den Beinen denkt.
Ambrose Bierce

Feig, wirklich feig ist nur, wer sich vor seinen Erinnerungen fürchtet.
Elias Canetti

Die Feigheit tarnt sich am liebsten als Vorsicht oder Rücksicht.
Sigmund Graff

Feigheit ist der wirksamste Schutz gegen die Versuchung.
Mark Twain

Feind

Die Feinde meines Feindes sind meine Freunde.
Arabisches Sprichwort

Ein schwacher Feind in der Festung ist fürchterlicher als der stärkste von außen.
Wilhelm Heinse

Lieber aus ganzem Holz eine Feindschaft als eine geleimte Freundschaft.
Friedrich Nietzsche

Nur der Gesinnungslose hat auf dieser Welt keine Feinde. Es sind
geradezu die Besten, die zu Lebzeiten am meisten gehasst werden.
Emil Oesch

Man kann sich keine Feinde machen. Sie sind immer schon da.
Werner Schneyder

Die Freunde nennen sich aufrichtig. Die Feinde sind es.
Arthur Schopenhauer

Der besiegte Feind gleicht selten jenem, den es zu besiegen galt.
Er erinnert einen an das Elend, das man selber erlitten hat.
Manès Sperber

Mache dir niemanden zum Feind, wenn er nicht würdig wäre, dein
Freund zu sein.
Karl Heinrich Waggerl

Ein Mann kann nie zu vorsichtig in der Wahl seiner Feinde sein.
Oscar Wilde

Fernsehen

Das Heimtückische am Fernsehen ist: Es unterdrückt die Einsamkeit.
Woody Allen

Das Fernsehen unterhält die Leute, indem es verhindert, dass sie
sich miteinander unterhalten.
Sigmund Graff

Dem Fernsehen verdanken wir das Phänomen, dass jeden Abend
unzählige Menschen aufwachen, bevor sie ins Bett gehen.
Robert Lembke

Fest

Ein Leben ohne Feste ist eine weite Reise ohne Gasthaus.
Demokrit

Film

Früher zeigte man im Film die Dame ohne Unterleib. Heute zeigt man den Unterleib der Dame.
Ida Ehre

Der Film ist vielleicht die einzige Branche, in der sich mancher als Meister fühlt, bevor seine Lehrzeit überhaupt begonnen hat.
Alfred Hitchcock

Wenn ein Film Erfolg hat, ist er ein Geschäft. Wenn er keinen Erfolg hat, ist er Kunst.
Carlo Ponti

Fleiß

Genie ist Fleiß.
Theodor Fontane

Ohne Fleiß kein Preis.
Hesiod

Ihre Entstehung verdanken die Meisterwerke dem Genie, ihre Vollendung dem Fleiß.
Joseph Joubert

Flirt

Der Flirt ist die Kunst, einer Frau in die Arme zu sinken, ohne ihr in die Hände zu fallen.
Sacha Guitry

Fortschritt

Der größte Feind des Fortschritts ist nicht der Irrtum, sondern die Trägheit.
Henry Thomas Buckle

Fortschritt besteht nicht darin, dass wir in einer bestimmten Richtung unendlich weiterlaufen, sondern dass wir einen Platz finden, auf dem wir wieder eine Zeit lang stehen bleiben können.
Gilbert K. Chesterton

Die Grundvoraussetzung jeden Fortschritts ist die Überzeugung, dass das Nötige möglich ist.
Norman Cousins

Alles Alte, soweit es Anspruch darauf hat, sollen wir lieben, aber für das Neue sollen wir recht eigentlich leben.
Theodor Fontane

Die Menschheit verzichtet auf keinen Fortschritt, der ihr schadet.
Sigmund Graff

Wie groß sind die Fortschritte der Menschheit, wenn wir auf den Punkt sehen, von dem sie ausging; und wie klein, betrachten wir den Punkt, wo sie hin will.
Franz Grillparzer

Ohne Faulheit kein Fortschritt! Weil der Mensch zu faul war zu rudern, erfand er das Dampfschiff; weil er zu faul war, zu Fuß zu gehen, erfand er das Auto; weil er zu faul war, abends die Augen zuzumachen, erfand er das Fernsehen.
Manfred Hausmann

An Fortschritt glauben heißt nicht glauben, dass ein Fortschritt schon geschehen ist. Das wäre kein Glauben.
Franz Kafka

Die menschliche Misere ist selten so genüsslich kultiviert worden wie jetzt, da uns der Fortschritt genügend Freizeit beschert, ihn ausgiebig zu bejammern.
Hans Kasper

Wenn geschrien wird: »Es lebe der Fortschritt!« –, frage stets: »Fortschritt wessen?«
Stanisław Jerzy Lec

Fortschritt bedeutet, dass wir immer mehr wissen und immer weniger davon haben.
Josef Meinrad

Wir dürfen uns von einem erfindungswütigen Zeitalter nicht einreden lassen, es gebe nur eine Art des Fortschritts, nämlich den technischen.
Alexander Mitscherlich

Aus dem Wort »Fortschritt« hören die meisten Menschen »weniger Arbeit« heraus.
Thomas Niederreuther

Jetzt ist es der Mensch, der scheitert, weil er mit dem Fortschritt seiner eigenen Zivilisation nicht Schritt halten kann.
José Ortega y Gasset

Gesellschaftlicher Fortschritt ist nur über Minderheiten möglich, Mehrheiten zementieren das Bestehende.
Bertrand Russell

Der letzte Tod wird der Tod des Fortschritts sein.
Aleksander Świętochowski

Die großen Fortschritte in der Wissenschaft beruhen oft, vielleicht stets, darauf, dass man eine zuvor nicht gestellte Frage doch, und zwar mit Erfolg, stellt.
Carl Friedrich von Weizsäcker

Tradition ist bewahrter Fortschritt, Fortschritt ist weitergeführte Tradition.
Carl Friedrich von Weizsäcker

Fortschritt ist die Verwirklichung von Utopien.
Oscar Wilde

Fragen

Wer fragt, ist ein Narr für fünf Minuten. Wer nicht fragt, bleibt ein Narr für immer.
Chinesisches Sprichwort

Das Fragezeichen ist der Ausweis der Gebildeten, wie der Punkt der des Halbgebildeten.
Hans Kudszus

Fragen sind nie indiskret. Antworten bisweilen.
Oscar Wilde

Frau

Die Männer, die mit den Frauen am besten auskommen, sind dieselben, die wissen, wie man ohne sie auskommt.
Charles Baudelaire

Frauen kommen langsam, aber gewaltig.
Ina Deter

Für viele Frauen ist der Geliebte ein Spiegel, in dem sie sich selbst
bewundern.
Fernandel

Ich mache keinen Unterschied zwischen Mann und Frau. Die Frau
soll sich genauso unabhängig fühlen wie der Mann.
Mahatma Gandhi

Männer sind in fremder, Frauen in eigener Sache die besseren
Diplomaten.
Sigmund Graff

Man sagt fast jeder Frau etwas Hübsches, wenn man eine andere
Frau kritisiert.
Sigmund Graff

Der Mann ist leicht zu erforschen, die Frau verrät ihr Geheimnis
nicht.
Immanuel Kant

Sicher verdanken einige Millionäre ihren Erfolg ihren Frauen. Aber
die meisten verdanken ihre Frauen dem Erfolg.
Danny Kaye

Es ist nicht wahr, dass man ohne eine Frau nicht leben kann. Man
kann bloß ohne eine Frau nicht gelebt haben.
Karl Kraus

Im Leben jeder Frau gibt es zwei Männer: den, den sie geheiratet,
und den, den sie nicht geheiratet hat.
Robert Lembke

Eine Frau ist der beste Gefährte fürs Leben.
Martin Luther

Der viel gerühmte weibliche Instinkt gleicht einem Seismogra-
phen, der den Sturz eines Blumentopfs anzeigt, aber beim Aus-
bruch des Ätna versagt.
Anna Magnani

Alle Aphorismen über Frauen sind notgedrungen boshaft. Um das Gute an den Frauen zu schildern, benötigt man viele Seiten.
André Maurois

Eine Frau kann jederzeit hundert Männer täuschen, aber nicht eine einzige Frau.
Michèle Morgan

Es gibt ja den schönen Spruch: Hinter jedem Mann, der erfolgreich ist, steht eine Frau, die ihn stützt. Und hinter jeder Frau, die erfolgreich ist, stehen drei Männer, die sie zurückhalten wollen.
Waltraud Schoppe

Ob die Weiber so viel Vernunft haben wie die Männer, mag ich nicht entscheiden, aber sie haben ganz gewiss nicht so viel Unvernunft.
Johann Gottfried Seume

Dass die Frauen das letzte Wort haben, beruht hauptsächlich darauf, dass den Männern nichts mehr einfällt.
Hanne Wieder

Man sollte nie einer Frau trauen, die einem ihr wirkliches Alter verrät. Eine Frau, die einem das erzählt, würde einem auch alles andere erzählen.
Oscar Wilde

Freiheit

Freiheit ohne Gerechtigkeit ist Willkür.
Jean Anouilh

Freiheit – eines der kostbarsten Güter der Einbildungskraft.
Ambrose Bierce

Das Freisein von etwas erfährt seine Erfüllung erst in dem Freisein für etwas. Freisein allein um des Freiseins willen aber führt zur Anarchie.
Dietrich Bonhoeffer

So, wie die Freiheit eine Voraussetzung für die Demokratie ist, so schafft mehr Demokratie erst den Raum, in dem Freiheit praktiziert werden kann.
Willy Brandt

Wo die Freiheit nicht beizeiten verteidigt wird, ist sie nur um den Preis schrecklich großer Opfer zurückzugewinnen. Hierin liegt die Lehre des Jahrhunderts.
Willy Brandt

Satte Menschen sind nicht notwendigerweise frei, hungernde Völker sind es in jedem Falle nicht.
Willy Brandt

Viele denken, sie sind frei, weil sie machen können, was sie wollen, und merken doch nicht, dass sie ihre Diktatur in sich tragen.
Ernesto Cardenal

Niemand ist frei, der nicht über sich selbst Herr ist.
Matthias Claudius

Wer an die Freiheit des menschlichen Willens glaubt, hat nie geliebt und nie gehasst.
Marie von Ebner-Eschenbach

Freiheit ist Einsicht in die Notwendigkeit.
Friedrich Engels

Es geht uns mit der Freiheit wie mit der Gesundheit: Erst wenn man sie nicht mehr hat, weiß man, was man an ihr hatte.
Werner Finck

Der Wert eines Menschen bestimmt sich nach seiner Freiheit – nach der, die er hat, und nach der, die er bewilligt.
Otto Flake

Nur der verdient sich Freiheit wie das Leben, der täglich sie erobern muss.
Goethe

Nicht alle, die die Freiheit zu schätzen behaupten, schätzen auch den Widerspruch, obwohl er nichts anderes als die erste und natürlichste Folge der Freiheit ist.
Sigmund Graff

Die so genannte Freiheit des Menschen läuft darauf hinaus, dass er seine Abhängigkeit von den allgemeinen Gesetzen nicht kennt.
Friedrich Hebbel

Die Nöte des Menschen sind ohne Zahl. Und doch kann ihm
nichts Schlimmeres zustoßen als der Verlust der Freiheit.
Ho Chi Minh

Es darf keine Freiheit geben zur Zerstörung der Freiheit.
Karl Jaspers

Freiheit ist ein Gut, dessen Dasein weniger Vergnügen bringt als
seine Abwesenheit Schmerzen.
Jean Paul

Die Freiheit eines jeden hat als logische Grenzen die Freiheit der
anderen.
Alphonse Karr

Man darf nicht warten, bis der Freiheitskampf Landesverrat
genannt wird.
Erich Kästner

Ein freier Mensch ist einer, der sich wenigstens seiner Unfreiheit
bewusst geworden ist.
Gabriel Laub

Die Grenze der Freiheit bestimmen die Anrainer.
Stanisław Jerzy Lec

Es sind nicht alle frei, die ihrer Ketten spotten.
Gotthold Ephraim Lessing

Freiheit ist immer Freiheit der anders Denkenden.
Rosa Luxemburg

Die Ungeübten sind gar nicht fähig, frei zu sein; aber das berech-
tigt niemand, ihnen Freiheit vorzuenthalten. Man wird frei im
Gebrauch der Freiheit.
Ludwig Marcuse

Je weniger ich benötige, um frei zu sein, umso freier bin ich.
Werner Mitsch

Die Freiheit ist nicht in die Welt gekommen, um dem gesunden
Menschenverstand den Garaus zu machen.
José Ortega y Gasset

Negative Freiheit ist das Gegeneinander. Ich werde letztlich von der Rücksichtslosigkeit des anderen beherrscht. Eine solche Feiheit ist fremdbestimmt. Positive Freiheit ist das Miteinander und erfordert meine volle Zustimmung.
Hans A. Pestalozzi

Wer Lust hat, über Sklaven zu herrschen, ist selbst ein entlaufener Sklave. Frei ist, wem Freie willig folgen und wer Freien willig dient.
Walther Rathenau

Der Mensch ist frei geboren, und dennoch ist er überall in Ketten.
Jean-Jacques Rousseau

Mir ist die gefährliche Freiheit lieber als eine ruhige Knechtschaft.
Jean-Jacques Rousseau

Der Mensch ist frei geschaffen, ist frei, und würd er in Ketten geboren.
Schiller

Freiheit ist nur möglich, wenn man bereit ist, ein Risiko einzugehen, und ohne dieses Risiko der Freiheit gibt es keine lebendige Demokratie.
Carlo Schmid

Wo keine Gerechtigkeit ist, ist keine Freiheit, und wo keine Freiheit ist, ist keine Gerechtigkeit.
Johann Gottfried Seume

Freiheit bedeutet Verantwortlichkeit; das ist der Grund, weshalb die meisten Menschen sich vor ihr fürchten.
George Bernard Shaw

Wer politische Freiheit mit persönlicher Freiheit verwechselt und politische Gleichheit mit persönlicher Gleichheit, hat niemals auch nur fünf Minuten lang über Freiheit und Gleichheit nachgedacht.
George Bernard Shaw

Unsere Taten müssen vor allem ein Ausdruck der Freiheit sein, sonst gleichen wir Rädern, die sich drehen, weil sie von außen dazu gezwungen werden.
Rabindranath Tagoree

Wer die Freiheit nicht im Blut hat, wer nicht fühlt, was das ist: Freiheit – der wird sie nie erringen.
Kurt Tucholsky

Nichts, nicht einmal die modernste Waffe, nicht einmal die auf brutalste Weise schlagkräftige Polizei, nein, überhaupt gar nichts wird die Menschen aufhalten können, wenn sie erst einmal entschlossen sind, ihre Freiheit und ihr Menschenrecht zu erringen.
Desmond Tutu

Die Freiheit ist nicht die Willkür, beliebig zu handeln, sondern die Fähigkeit, vernünftig zu handeln.
Rudolf Virchow

Freiheit ist ein Zwang, den wir als Zwang nicht erkennen.
Karl Heinrich Waggerl

Freiheit ist ein Gut, das durch Gebrauch wächst, durch Nichtgebrauch dahinschwindet.
Carl Friedrich von Weizsäcker

Die Geschichte der Freiheit ist die Geschichte des Widerspruches.
Thomas Woodrow Wilson

Freizeit

Früher sind die Menschen für die Freiheit auf die Barrikaden gestiegen. Jetzt tun sie es für die Freizeit.
Werner Finck

Viel Freizeit kann ermüdend wirken, wenn die Menschen sich nicht vernünftig und interessant beschäftigen können.
Bertrand Russell

Freude

An eine ungetrübte Freude glaubt nur der Neider.
Hans Arndt

Und ich habe mich so gefreut!, sagst du vorwurfsvoll, wenn dir eine Hoffnung zerstört wurde. Du hast dich gefreut – ist das nichts?
Marie von Ebner-Eschenbach

Der beste Weg, sich selbst eine Freude zu machen, ist: zu versuchen, einem andern eine Freude zu bereiten.
Mark Twain

Hast du eine große Freude an etwas gehabt, so nimm Abschied! Nie kommt es zum zweiten Male.
Friedrich Nietzsche

Freund

Die Feinde meines Feindes sind meine Freunde.
Arabisches Sprichwort

Es gibt wenig aufrichtige Freunde. Die Nachfrage ist auch gering.
Marie von Ebner-Eschenbach

Der Freund braucht kein guter Gesellschafter zu sein. Man erkennt ihn daran, dass es auch schön ist, mit ihm zu schweigen.
Sigmund Graff

Mein Vater sagte immer, wenn man bei seinem Tod fünf echte Freunde hat, dann kann man mit seinem Leben zufrieden sein.
Lee Iacocca

Was unsere Freunde uns antun, das auszuhalten und zu verzeihen kostet oft mehr an Kraft als jeder Kampf mit unversöhnlichen Gegnern.
Martin Kessel

Ehe man anfängt, seine Feinde zu lieben, sollte man seine Freunde besser behandeln.
Mark Twain

Am leichtesten fällt es einem, des anderen Herr oder Diener zu sein, am schwersten – dessen Bruder oder Freund.
Aleksander Świętochowski

Freundlichkeit

Gesegnet, wer etwas Freundliches sagt, dreimal gesegnet, wer es wiederholt.
Arabisches Sprichwort

Ein freundlich Wort findet immer guten Boden.
Jeremias Gotthelf

Freundschaft

Die Freundschaft ist eine Kunst der Distanz, so wie die Liebe eine
Kunst der Nähe ist.
Sigmund Graff

Bei der Freundschaft fängts erst an, interessant zu werden.
Sich paaren können auch Hunde.
Hildegard Knef

Wie zart empfindend man auch in der Liebe sei, so verzeiht man
bei ihr doch leichter Fehler als bei der Freundschaft.
Jean de La Bruyère

Frieden

Nur Menschen, die selbst friedlich sind, können auch politischen
Frieden bewirken.
Franz Alt

Wenn du Frieden willst, bereite den Frieden vor; wer Krieg
vorbereitet, wird Krieg bekommen.
Franz Alt

Mit dem Frieden ist es wie mit der Freiheit: So wie Freiheit immer
auch die Freiheit des anderen ist, so ist Frieden immer auch der
Frieden des anderen.
Franz Alt

Wer einen Sieg verewigen will, muss ihn vergessen machen.
Hans Kasper

Es kann der Frömmste nicht in Frieden leben, wenn es dem bösen
Nachbarn nicht gefällt.
Schiller

Frieden ist die Fortsetzung des Krieges mit anderen Mitteln.
Oswald Spengler

Frohsinn

Wer schaffen will, muss fröhlich sein.
Theodor Fontane

Ein fröhlich Herz ist des Menschen Leben, und seine Freude ist ein
langes Leben.
Jesus Sirach 30, 23

Was kann der Schöpfer lieber sehen als ein fröhliches Geschöpf.
Gotthold Ephraim Lessing

Frömmigkeit

Die meisten Freunde verleiden einem die Freundschaft, die
meisten Frommen die Frömmigkeit.
François de La Rochefoucauld

Frömmigkeit ist eine Art der Klugheit, sie ist Gottesklugheit.
Thomas Mann

Wenn ich von jemand höre, er sei sehr fromm, so nehme ich mich
sogleich sehr vor seiner Gottlosigkeit in Acht.
Johann Gottfried Seume

Führer

Wer die Laterne trägt, stolpert leichter, als wer ihr folgt.
Jean Paul

Ein Führer entsteht nur, wenn eine Gefolgschaft bereits da ist.
Ludwig Marcuse

Ein Führer, das ist einer, der die anderen unendlich nötig hat.
Antoine de Saint-Exupéry

Zu den Pflichten der Anführer gehört nicht nur, ihre Befehls-
gewalt gewissenhaft auszuüben, sondern auch, rechtzeitig abzutre-
ten.
Aleksander Świętochowski

Furcht → Angst

Fußball

Wenn es die Ballkunst wäre, was die Fußballanhänger begeistert,
müsste jedes Trainingsspiel überlaufen und manches Meisterschafts-
spiel uninteressant, wenn nicht abstoßend sein.
Sigmund Graff

Der Fußballfanatismus ist eine europäische und sogar weltum-
spannende Geisteskrankheit.
Dieter Hildebrandt

Eines der Probleme beim Fußball ist, dass die einzigen Leute, die
wissen, wie man spielen sollte, hinter einem Mikrofon sitzen.
Robert Lembke

Futurismus

Der reaktionäre Versuch, technisch bedingte Formen, das heißt
abhängige Variable zu Konstanten zu machen, tritt ähnlich wie
im Jugendstil im Futurismus auf.
Walter Benjamin

Geburt

Nichts zu machen: Man muss sich durchsetzen können, von
Geburt an. Die Geburt selbst ist ein Akt der Durchsetzung,
der erste und folgenreichste von vielen.
Kurt Marti

Gedächtnis

Das Gedächtnis ist ein sonderbares Sieb: Es behält alles Gute von
uns und alles Üble von den anderen.
Wiesław Brudziński

Ein Lügner muss ein gutes Gedächtnis haben.
Pierre Corneille

Jedermann klagt über sein Gedächtnis, niemand über seinen
Verstand.
François de La Rochefoucauld

Ein gutes Gedächtnis ist ein Fluch, der einem Segen ähnlich sieht.
Harold Pinter

Man hat es so leicht, seine Erinnerungen zu schreiben, wenn man ein schlechtes Gedächtnis hat.
Arthur Schnitzler

Das Gedächtnis ist der Diener unserer Interessen.
Thornton Wilder

Gedanke

Wahr sind nur die Gedanken, die sich selber nicht verstehen.
Theodor W. Adorno

Gedanken sind nicht stets parat, man schreibt auch, wenn man keine hat.
Wilhelm Busch

Weise erdenken die neuen Gedanken, und Narren verbreiten sie.
Heinrich Heine

Ein wirklich eigener Gedanke ist immer noch so selten wie ein Goldstück im Rinnstein.
Christian Morgenstern

Große Gedanken kommen aus dem Herzen.
Vauvenargues

Gedankenlosigkeit

Nichts ist gefährlicher als der Gedanke – ausgenommen Gedankenlosigkeit.
Karlheinz Deschner

Geduld

Geduld ist die halbe Liebe schon, und manchmal denke ich, sie sei die ganze.
Otto Flake

Es gibt keine einfachen Lösungen für sehr komplizierte Probleme.
Man muss den Faden geduldig entwirren, damit er nicht reißt.
Michail Gorbatschow

Es bedarf großer Geduld, um sie zu lernen.
Stanisław Jerzy Lec

Auf dieser Welt muss entweder bald gestorben oder geduldig
gelebt werden.
Martin Luther

Geduld ist die Tugend der Revolutionäre.
Rosa Luxemburg

Man braucht viel Geduld, ehe man Geduld mit sich hat.
Wolfdietrich Schnurre

Predigt nur immer brav Geduld, so ist die Sklaverei fertig! Denn
von der Geduld zum Beweise, dass ihr alles dulden müsst, hat die
Gaunerei einen leichten Übergang.
Johann Gottfried Seume

Gefahr

Gefahren warten nur auf jene, die nicht auf das Leben reagieren.
Michail Gorbatschow

Wo aber Gefahr ist, da wächst das Rettende auch.
Friedrich Hölderlin

Wer sich in Gefahr begibt, kommt darin um.
Jesus Sirach 3, 27

Gefängnis

Bei den wenigsten Gefängnissen sieht man die Gitter.
Oliver Hassencamp

Um einen Staat zu beurteilen, muss man sich seine Gefängnisse
von innen ansehen.
Leo Tolstoi

Gefühl

Verstand ohne Gefühl ist unmenschlich, Gefühl ohne Verstand ist Dummheit.
Egon Bahr

Wenn ein Mensch unter der Wirkung seiner Gefühle steht, kommt sein wirkliches Selbst zum Vorschein.
Dale Carnegie

Das Herz gibt allem, was der Mensch sieht und hört und weiß, die Farbe.
Johann Heinrich Pestalozzi

Die Vernunft formt den Menschen, das Gefühl leitet ihn.
Jean-Jacques Rousseau

Gefühlsarmut

Wenn ihrs nicht fühlt, ihr werdets nicht erjagen.
Goethe

Was nicht im Menschen ist, kommt auch nicht von außen in ihn hinein.
Wilhelm von Humboldt

Gegenwart

Alle Zauber der Vergangenheit können nicht eine Berührung mit der Gegenwart ersetzen.
Romain Rolland

Das Merkwürdigste an der Zukunft ist wohl die Vorstellung, dass man unsere Zeit später die gute alte Zeit nennen wird.
John Steinbeck

Erwarte nichts. Heute: Das ist das Leben.
Kurt Tucholsky

Gegner auch → Feind

Auch in der Kunst, immer mehr Gegner zu gewinnen, kann man es zur Virtuosität bringen.
Adolf Nowaczyński

Sage mir, wie ein Land mit seinen schlimmsten politischen Gegnern umgeht, und ich will dir sagen, was es für einen Kulturstandard hat.
Kurt Tucholsky

Geheimnis

Wer den kleinsten Teil seines Geheimnisses hingibt, hat den anderen nicht mehr in seiner Gewalt.
Jean Paul

Es gibt Geheimnisse, von denen man nicht wüsste, wenn sie keine Geheimnisse wären.
Jüdisches Sprichwort

Auch Frauen können Geheimnisse verschweigen. Aber sie können nicht verschweigen, dass sie Geheimnisse verschweigen.
William Somerset Maugham

Gehorsam

Wenn nur noch Gehorsam gefragt ist und nicht mehr Charakter, dann g eht die Wahrheit, und die Lüge kommt.
Ödön von Horvath

Unbedingter Gehorsam setzt bei den Gehorchenden Unwissenheit voraus.
Montesquieu

Manche Eltern und Schulen beginnen mit dem Versuch, den Kindern völligen Gehorsam beizubringen, ein Versuch, der entweder einen Sklaven oder einen Empörer hervorbringen muss.
Bertrand Russell

Der Gehorsam heuchelt Unterordnung, so wie die Angst vor der Polizei Anständigkeit heuchelt.
George Bernard Shaw

Geist

Um großes zu vollbringen, muss der Geist weit und gelassen sein.
Ho Chi Minh

Der Geist muss als Ganzes durch das Reduktionsventil des Gehirns hindurchfließen. Was übrig bleibt, ist ein spärliches Rinnsal von Bewusstsein.
Aldous Huxley

Geist und Talent verhalten sich zueinander wie das Ganze zu seinem Teile.
Jean de La Bruyère

Es ist der Geist, der sich den Körper baut.
Schiller

Der Stil ist die Physiognomie des Geistes.
Arthur Schopenhauer

Der Geist ist demselben Gesetz unterworfen wie der Körper: Beide können sich nur durch beständige Nahrung erhalten.
Vauvenargues

Geiz

Geiz ist Grausamkeit gegen die Dürftigen, und die Verschwendung ist es nicht weniger.
Christian Fürchtegott Gellert

Geiz ist die Armut der Reichen.
Werner Mitsch

Gelassenheit

Die Gelassenheit ist eine anmutige Form des Selbstbewusstseins.
Marie von Ebner-Eschenbach

Gib mir die Gelassenheit, Dinge hinzunehmen, die ich nicht ändern kann. Gib mir den Mut, Dinge zu ändern, die ich ändern kann. Und gib mir die Weisheit, das eine vom anderen zu unterscheiden.
Friedrich Christoph Oetinger

Geld

Die Fähigkeit, auf welche die Menschen den meisten Wert legen, ist die Zahlungsfähigkeit.
Oskar Blumenthal

Ist das nötige Geld vorhanden, ist das Ende meistens gut.
Bertolt Brecht

Mit dem Bezahlen wird man das meiste Geld los.
Wilhelm Busch

Wenn du den Wert des Geldes kennen lernen willst, versuche, dir welches zu borgen.
Benjamin Franklin

Wer Geld schenkt, schenkt immer ein bisschen Freiheit mit.
Sigmund Graff

Die meisten tragen ihr Geld zur Bank, um es vor sich selbst in Sicherheit zu bringen.
Sigmund Graff

Das Geld ist notwendig, aber nicht ausreichend. Es ist aber notwendig, dass es ausreichend ist, damit es nicht mehr notwendig ist.
Manfred Hinrich

Wenn man das Geld richtig behandelt, ist es wie ein folgsamer Hund, der einem nachläuft.
Howard R. Hughes

Wer Geld lieb hat, der bleibt nicht ohne Sünde.
Jesus Sirach 31, 5

Das Geld ist ganz bestimmt kein Übel. Sonst könnten wir es ja nicht so leicht loswerden.
Alex Möller

Dem Geld darf man nicht nachlaufen. Man muss ihm entgegengehen.
Aristoteles Onassis

Das Geld, das man besitzt, ist das Mittel zur Freiheit, dasjenige, dem man nachjagt, das Mittel zur Knechtschaft.
Jean-Jacques Rousseau

Viele Menschen benutzen das Geld, das sie nicht haben, für den Einkauf von Dingen, die sie nicht brauchen, um damit Leuten zu imponieren, die sie nicht mögen.
Walter Slezak

Geld stinkt nicht.
Vespasian

Gemeinnutz

Gemeinnutz geht vor Eigennutz.
Montesquieu

Gemeinsamkeit

Nichts bist du, nichts ohne die andern. Der verbissenste
Misanthrop braucht die Menschen doch, wenn auch nur,
um sie zu verachten.
Marie von Ebner-Eschenbach

Nur andere Menschen können unser Leben erfüllen. Hat es nur
uns selbst zum Inhalt, so bleibt es leer.
Helmut Gollwitzer

Schönes, allein gekostet, tut weh. Ohne das »Weißt du noch?«
im Gepäck kommen wir von den meisten Reisen arm zurück.
Sigmund Graff

Ich bin nur mit dem anderen, allein bin ich nichts.
Karl Jaspers

Gemeinschaft

Der Mensch für sich allein vermag gar wenig und ist ein
verlassener Robinson; nur in der Gemeinschaft mit den
andern ist und vermag er viel.
Arthur Schopenhauer

Gemeinwohl

Das Wohl des Ganzen ist das erste Gesetz, wie bei jedem
lebendigen Dinge; und jede Staatsverfassung, wo nur ein Teil sich
wohl befindet oder gar abgesondert wäre, ist ein Ungeheuer, eine
Missgeburt.
Wilhelm Heinse

Die Summe der Einzelinteressen ergibt nicht Gemeinwohl,
sondern Chaos.
Manfred Rommel

Gemüt

Wer glaubt, aus dem Gemüt zu schöpfen, schöpft gelegentlich aus
der trüben Quelle des Vorurteils.
Manfred Rommel

Generation

Die Probleme, die die eine Generation erregen, erlöschen für die
folgende Generation nicht, weil sie gelöst wären, sondern weil die
allgemeine Gleichgültigkeit von ihnen absieht.
Cesare Pavese

Genialität

Genialität, die von etwas anderem ausgeht als den Mitteln, die ihr
sich auszudrücken zur Verfügung stehen, ist Dilettantismus.
Gottfried Benn

Genie

Genie ist ein Prozent Inspiration und neunundneunzig Prozent
Transpiration.
Thomas Alva Edison

Genie ist Fleiß.
Theodor Fontane

Ohne den Staub, worin er aufleuchtet, wäre der Strahl nicht
sichtbar.
André Gide

Ihre Entstehung verdanken die Meisterwerke dem Genie, ihre
Vollendung dem Fleiß.
Joseph Joubert

Raffael wäre ein großer Maler geworden, selbst wenn er ohne Hände auf die Welt gekommen wäre.
Gotthold Ephraim Lessing

Der geniale Mensch ist der, der Augen hat für das, was ihm vor den Füßen liegt.
Johann Jakob Mohr

Ein Gelehrter ist, wer viel gelernt hat; ein Genie der, von dem die Menschheit lernt, was er von keinem gelernt hat.
Arthur Schopenhauer

Wenn ein wirklich großer Geist in der Welt erscheint, kann man ihn untrüglich daran erkennen, dass sich alle Dummköpfe gegen ihn verbünden.
Jonathan Swift

Genuss

Zu allem Genuss sind zwei Herzen notwendig, die sich lieben.
Wilhelm Heinse

Genuss kann unmöglich das Ziel des Lebens sein. Genuss ohne etwas darüber ist etwas Gemeines.
Christian Morgenstern

Wer nicht genießt, wird ungenießbar.
Konstantin Wecker

Gerechtigkeit

Gerechtigkeit ohne Gnade ist nicht viel mehr als Unmenschlichkeit.
Albert Camus

Von allen Tugenden die schwerste und seltenste ist die Gerechtigkeit. Man findet zehn Großmütige gegen einen Gerechten.
Franz Grillparzer

Eine Welt, worin ein Hund auch nur ein einziges Mal Prügel bekommen kann, ohne sie verdient zu haben, kann keine vollkommene Welt sein.
Friedrich Hebbel

Bei der Gerechtigkeit, die wir anderen schuldig sind, besteht ein wesentlicher Umstand darin, dass wir sie schnell und ohne Verzug ausüben; wenn man darauf warten lässt, so ist dies schon Ungerechtigkeit.
Jean de La Bruyère

Wenn der Hass feige wird, geht er maskiert in Gesellschaft und nennt sich Gerechtigkeit.
Arthur Schnitzler

Wer den ersten Gedanken der Gerechtigkeit hatte, war ein göttlicher Mensch; aber noch göttlicher wird der sein, der ihn wirklich ausführt.
Johann Gottfried Seume

Wo keine Gerechtigkeit ist, ist keine Freiheit, und wo keine Freiheit ist, ist keine Gerechtigkeit.
Johann Gottfried Seume

Es gibt ein unfehlbares Rezept, eine Sache gerecht unter zwei Menschen aufzuteilen: Einer von ihnen darf die Portionen bestimmen, und der andere hat die Wahl.
Gustav Stresemann

Gerücht

Wo Nachrichten fehlen, wachsen die Gerüchte.
Alberto Moravia

Gesang

Es gibt kein Leben ohne Gesang, wie es kein Leben ohne Sonne gibt.
Julius Fučik

Der Mensch ... kann ohne Gesang ebenso wenig auskommen wie ohne Brot.
Romain Rolland

Geschäfte

Geschäft ist mehr als Geld. Ein Geschäft, das nichts als Geld verdient, ist kein gutes Geschäft.
Henry Ford

Wenn die eine Hand die andere wäscht, pflegen beide schmutzig zu werden.
Sigmund Graff

Geschenke auch → Schenken

Wie wir von manchen Menschen verkannt werden, beweisen uns nicht selten ihre Geschenke.
Sigmund Graff

Das Rechte nach Bedarf zu schenken macht immer nötig, scharf zu denken.
Eugen Roth

Ein Geschenk von zwei bis drei Blumen sagt mehr als ein ganzer Tragkorb.
Robert Schumann

Geschichte

Die Geschichte kennt kein letztes Wort.
Willy Brandt

Aus der Geschichte lernen? So ein Volk es tut, geht es ohne Schmerz nicht ab.
Willy Brandt

Nicht selten wird die Geschichte gleich von denen gefälscht, die sie machen.
Wiesław Brudziński

Geschichte ist machbar.
Rudolf (Rudi) Dutschke

Heute muss man Geschichte mit dem Bleistift schreiben; es lässt sich leichter radieren.
Pierre Gaxotte

Der heutige Tag ist ein Resultat des gestrigen. Was dieser gewollt hat, müssen wir erforschen, wenn wir zu wissen wünschen, was jener will.
Heinrich Heine

Daher sind die Tatsachen der Geschichte in ihren einzelnen verknüpfenden Umständen wenig mehr als die Resultate der Überlieferung und Forschung, die man übereingekommen ist, für wahr anzunehmen.
Wilhelm v. Humboldt

Die Geschichte belehrt fast niemand als die Gelehrten, die sie lehren, selten die Gewaltigen, welche die Geschichte selber regieren und erzeugen helfen.
Jean Paul

Nicht die Gewehrkugeln und Generäle machen Geschichte, sondern die Massen.
Nelson R. Mandela

Die Geschichte aller bisherigen Gesellschaft ist die Geschichte von Klassenkämpfen.
Karl Marx

Viele Denkmäler sind Stein gewordene Geschichtsfälschungen.
Werner Mitsch

Ich weiß nicht, ob die Geschichte sich wiederholt: Ich weiß nur, dass die Menschen sich wenig ändern.
Octavio Paz

Wenn die Geschichte sich wiederholt und immer das Unerwartete geschieht, wie unfähig muss der Mensch sein, durch Erfahrung klug zu werden.
George Bernard Shaw

Wer die Enge seiner Heimat ermessen will, reise. Wer die Enge seiner Zeit ermessen will, studiere Geschichte.
Kurt Tucholsky

Was den Menschen auszeichnet, ist nicht, dass er Geschichte hat, sondern dass er etwas von seiner Geschichte begreift.
Carl Friedrich von Weizsäcker

Geschmack

Der einzige Geschmack, der einem Menschen wirkliche Befriedigung geben kann, ist sein eigener.
Philip Rosenthal

Mit dem guten Geschmack ist es ganz einfach: Man nehme von allem nur das Beste.
Oscar Wilde

Gesellschaft

Nur dort, wo das Privateste und das Gesellschaftliche sich lebendig und schmerzhaft überschneiden, kann ein Mensch politisch produktiv werden.
Wolf Biermann

Gesellschaften unterscheiden sich nicht darin, dass es in einigen Konflikte gibt und in anderen nicht; Gesellschaften unterscheiden sich in der Gewaltsamkeit und der Intensität von Konflikten.
Ralf Dahrendorf

Ehre und Konvention sind die Bausteine der Gesellschaft, die Lüge der Kitt.
Hans Kasper

Man kann nicht zugleich in der Gesellschaft leben und frei von ihr sein.
Wladimir Iljitsch Lenin

Die Gesellschaft ist immer eine dynamische Einheit zweier Faktoren, der Eliten und der Massen.
José Ortega y Gasset

Gesetz

Wer Gesetze schafft, muss streng, wer Gesetze handhabt, milde sein.
Chinesisches Sprichwort

Wenn man alle Gesetze studieren sollte, so hätte man gar keine Zeit, sie zu übertreten.
Goethe

Die Unkenntnis des Gesetzes befreit nicht von der Verantwortung. Aber die Kenntnis oft.
Stanisław Jerzy Lec

○ Gesicht → Aussehen

○ Gespräch

Die Debatten der Staatenvertreter von heute haben mit einem Menschengespräch nichts mehr gemeinsam: Man redet nicht zueinander.
Martin Buber

Das echte Gespräch bedeutet: aus dem Ich heraustreten und an die Türe des Du klopfen.
Albert Camus

Ich spreche nicht gern mit Leuten, die stets meiner Meinung sind. Eine Zeit lang macht es Spaß, mit dem Echo zu spielen, auf die Dauer aber ermüdet es.
Thomas Carlyle

Ein gutes Gespräch ist ein Kompromiss zwischen Reden und Zuhören.
Ernst Jünger

Die Leute wünschen nicht, dass man zu ihnen redet. Sie wünschen, dass man mit ihnen redet.
Emil Oesch

○ Gesundheit

Wenn wir uns über unsere Gesundheit nur halb so freuen könnten, wie wir uns über jede Krankheit grämen und Sorgen machen, wären wir maßlos glücklich.
Sigmund Graff

Überhaupt aber beruhen neun Zehntel unseres Glücks allein auf der Gesundheit. Mit ihr wird alles eine Quelle des Genusses, hingegen ist ohne sie kein äußeres Gut, welcher Art es auch sei, genießbar.
Arthur Schopenhauer

○ Gewalt

Was mit Gewalt erlangt worden ist, kann man nur mit Gewalt behalten.
Mahatma Gandhi

Von der Gewalt, die alle Menschen bindet, befreit der Mensch sich, der sich überwindet.
Goethe

Der Gewalt auszuweichen ist Stärke.
Laotse

Was ist Gewalt anderes als Vernunft, die verzweifelt; als Ultima Ratio?
José Ortega y Gasset

Gewaltlosigkeit

Ausübung von Gewaltlosigkeit erfordert weit größeren Mut als den des Kämpfers. Feigheit und Gewaltlosigkeit passen nicht zusammen.
Mahatma Gandhi

Wir haben nicht mehr die Wahl zwischen Gewalt und Nichtgewalt. Wir haben nur die Wahl zwischen Nichtgewalt und Nichtsein.
Martin Luther King

Nie kommt man durch Gewalt zur Gewaltlosigkeit.
Gustav Landauer

Gewinn

Gewinn ist so notwendig wie die Luft zum Atmen, aber es wäre schlimm, wenn wir nur wirtschaften würden, um Gewinne zu machen, wie es schlimm wäre, wenn wir nur leben würden, um zu atmen.
Hermann Josef Abs

Nach Meinung der Sozialisten ist es ein Laster, Gewinne zu erzielen. Ich bin dagegen der Ansicht, dass es ein Laster ist, Verluste zu machen.
Winston Churchill

Ich bin für die Aufteilung der Gewinne – solange ein Unternehmen Gewinne macht.
Lee Iacocca

Wer nur um Gewinn kämpft, erntet nichts, wofür es sich lohnt zu leben.
Antoine de Saint-Exupéry

Viel kann verlieren, wer gewinnt.
August Wilhelm von Schlegel

Gewissen

Die innere Stimme muss schon vorlaut werden, damit wir ihr folgen.
Hans Arndt

Gewissenlosigkeit ist nicht Mangel des Gewissens, sondern der Hang, sich an dessen Urteil nicht zu kehren.
Immanuel Kant

Sein Gewissen war rein. Er benutzte es nie.
Stanisław Jerzy Lec

Gewissen: die innere Stimme, die uns warnt, weil jemand zuschauen könnte.
Henry Louis Mencken

Wer kein schlechtes Gewissen hat, hat überhaupt keins.
Thomas Niederreuther

Die beste Voraussetzung für eine gute Tat ist ein schlechtes Gewissen.
Gerd Uhlenbruck

Gewohnheit auch → Routine

Große Dinge setzen in Erstaunen, der kleinen wird man überdrüssig; durch die Gewohnheit werden wir mit beiden vertraut.
Jean de La Bruyère

Die Macht, unter der sich Menschen am wohlsten fühlen, ist die Macht der Gewohnheit.
Robert Lembke

Die Gewohnheit ist ein Seil. Wir weben jeden Tag einen Faden, und schließlich können wir es nicht mehr zerreißen.
Heinrich Mann

Die Gewohnheit ist eine zweite Natur; sie hindert uns, die erste kennen zu lernen, deren Grausamkeiten und deren Zauber sie nicht hat.
Marcel Proust

Denn aus Gemeinem ist der Mensch gemacht, und die Gewohnheit nennt er seine Amme.
Schiller

Glaube

Glaube ist Gewissheit ohne Beweise.
Henri Frédéric Amiel

Wo das Wissen aufhört, fängt der Glaube an.
Aurelius Augustinus

Es wachsen Glaube und Unschuld nur am Baume der Kindheit noch; jedoch sie währen nicht.
Dante Alighieri

Hat eigentlich die Skepsis auf die Schlachtfelder geführt oder der Glaube?
Karlheinz Deschner

Religiöser Glaube ist nicht gleichbedeutend mit dem Für-wahr-Halten von Absurditäten, sondern Ausdruck einer bestimmten Lebenshaltung.
Hoimar von Ditfurth

Glaube ist der Motor des Wissens.
Friedrich Dürrenmatt

Wenn es einen Glauben gibt, der Berge versetzen kann, so ist es der Glaube an die eigene Kraft.
Marie von Ebner-Eschenbach

Der Glaube geht nicht durch den Verstand, so wenig wie die Liebe.
Hermann Hesse

Glaube und Zweifel verhalten sich zueinander wie Regierung und Opposition in einem parlamentarischen Gemeinwesen.
Hans Egon Holthusen

Den Glauben an den Schöpfer aufgeben, das hieße, den Urgrund des Lebens verlassen – es hieße das Leben selbst aufgeben.
Gertrud von Le Fort

Wo der Glaube ist, da ist auch Lachen.
Martin Luther

Es ist aber das Herz, das Gott spürt, und nicht die Vernunft. Das aber ist der Glaube: Gott im Herzen spüren und nicht in der Vernunft.
Blaise Pascal

Der Glaube eines Menschen kann durch kein Glaubensbekenntnis, sondern nur durch die Beweggründe seiner gewöhnlichen Handlungen festgestellt werden.
George Bernard Shaw

Wenn der Glaube stark ist, kann er Berge versetzen. Aber ist er auch noch blind, dann begräbt er das Beste darunter.
Karl Heinrich Waggerl

Glaube ist ein sich stets erweiternder Teich von Klarheit, von Quellen gespeist, die jenseits des Bewusstseinsrands entspringen. Wir alle wissen mehr als das, wovon wir wissen, dass wir es wissen.
Thornton Wilder

Glauben

Unmöglich ists, drum eben glaubenswert.
Goethe

Nur was wir selber glauben, glaubt man uns.
Karl Gutzkow

Glauben ist Vertrauen, nicht Wissenwollen.
Hermann Hesse

Denken ist eine Anstrengung, Glauben ein Komfort.
Ludwig Marcuse

Wissenschaft ist nur eine Hälfte. Glauben ist die andere.
Novalis

Die Naturwissenschaft braucht der Mensch zum Erkennen, den Glauben zum Handeln.
Max Planck

Es kommt nicht darauf an, was man glaubt, sondern wie man es glaubt.
Bertrand Russell

Glauben und Wissen verhalten sich wie die zwei Schalen einer Waage: in dem Maße, als die eine steigt, sinkt die andere.
Arthur Schopenhauer

Es ist selten, dass ein Mensch weiß, was er eigentlich glaubt.
Oswald Spengler

Gläubiger

Gläubiger haben ein besseres Gedächtnis als Schuldner.
Benjamin Franklin

Es gibt bestimmt Menschen, die froh darüber sind, nicht ihre eigenen Gläubiger zu sein.
André Kostolany

Gleichgültigkeit

Gleichgültigkeit jeder Art ist verwerflich, sogar die Gleichgültigkeit gegen uns selbst.
Marie von Ebner-Eschenbach

Gleichgültigkeit ist die mildeste Form der Intoleranz.
Karl Jaspers

Wie glücklich viele Menschen wären, wenn sie sich genauso wenig um die Angelegenheiten anderer bekümmerten wie um ihre eigenen!
Georg Christoph Lichtenberg

Das größte Übel, das wir unseren Mitmenschen antun können, ist nicht, sie zu hassen, sondern ihnen gegenüber gleichgültig zu sein. Das ist absolute Unmenschlichkeit.
George Bernard Shaw

Gleichgültigkeit ist die sicherste Stütze aller Gewaltherrschaft.
Manès Sperber

Die Gleichgültigkeit gegenüber dem anderen ist der Anfang allen Übels.
Erika Weinzierl

Gleichheit

Ich kann mir nichts Besseres denken als ein bescheidenes, einfaches und freies Leben in einer egalitären Gesellschaft.
Karl R. Popper

Gleichheit ist immer der Probestein der Gerechtigkeit, und beide machen das Wesen der Freiheit.
Johann Gottfried Seume

Glück

Das Glück besteht darin, zu leben wie alle Welt und doch wie kein anderer zu sein.
Simone de Beauvoir

Glücklich sein heißt ohne Schrecken seiner selbst innewerden können.
Walter Benjamin

Sich glücklich fühlen zu können, auch ohne Glück – das ist Glück.
Marie von Ebner-Eschenbach

Glücklich machen ist das höchste Glück.
Theodor Fontane

Das Geheimnis eines glücklichen Lebens liegt in der Entsagung.
Mahatma Gandhi

In den meisten Fällen ist Glück kein Geschenk, sondern ein Darlehen.
Albrecht Goes

Das wahre Glück ist die Genügsamkeit.
Goethe

Glücklich allein ist die Seele, die liebt.
Goethe

Ein ganzes Unglück verdrießt uns nicht so sehr wie ein nur zur Hälfte eingetroffenes Glück.
Karl Gutzkow

Glücklich und zufrieden ist, wer weiß, was er nicht braucht.
Wolfgang Herbst

Sich wegwerfen können für einen Augenblick, Jahre opfern können für das Lächeln einer Frau, das ist Glück.
Hermann Hesse

Die meisten Menschen sind, um glücklich zu sein, entweder nicht gescheit oder nicht dumm genug.
Hans Krailsheimer

Es gibt kein Licht, das nur sich selber leuchtet. Ein jedes Glück erhellt die Welt.
Hans Margolius

Das Glück im Leben hängt von den guten Gedanken ab, die man hat.
Mark Aurel

Glück kann man nur festhalten, indem man es weitergibt.
Werner Mitsch

Glück hat auf die Dauer nur der Tüchtige.
Helmuth Graf von Moltke

Glück heißt seine Grenzen kennen und sie lieben.
Romain Rolland

Wenn ich mit intellektuellen Freunden spreche, festigt sich in mir die Überzeugung, vollkommenes Glück sei ein unerreichbarer Wunschtraum. Spreche ich dagegen mit meinem Gärtner, bin ich vom Gegenteil überzeugt.
Bertrand Russell

Schlimmer betrogen, wer aus Angst vor Enttäuschung immer wieder sein Glück versäumte, als wer jede Möglichkeit eines Glücks ergriff, selbst auf die Gefahr hin, es könnte wieder nicht das wahre gewesen sein.
Arthur Schnitzler

Das Glück ist das Einzige, was sich verdoppelt, wenn man es teilt.
Albert Schweitzer

Nicht alles, was glücklich macht, ist gesund, aber alles, was unglücklich macht, ist ungesund.
Gerd Uhlenbruck

Gold

Nach Golde drängt, am Golde hängt doch alles.
Goethe

Es ist nicht alles Gold, was glänzt. Aber es glänzt auch nicht alles, was Gold ist.
Friedrich Hebbel

Gott

Alle Menschen haben Zugang zu Gott, aber jeder einen andern.
Martin Buber

Gott ist der einzige Herr der Welt, der weniger zu sagen hat als seine Diener.
Karlheinz Deschner

Es gibt unzählige Definitionen von Gott. Doch ich bete Gott nur als Wahrheit an.
Mahatma Gandhi

Gott? Jener Große, Verrückte, der noch immer an Menschen glaubt.
Kurt Marti

Wer Gott aufgibt, der löscht die Sonne aus, um mit einer Laterne weiterzuwandeln.
Christian Morgenstern

Gottesdienst

Wer glaubt, ein Christ zu sein, weil er die Kirche besucht, irrt sich. Man wird ja auch kein Auto, wenn man in eine Garage geht.
Albert Schweitzer

Grausamkeit

Erbarmen kann Grausamkeit sein.
Jüdisches Sprichwort

Kein grausames Tier oder grausamer Mensch verkörpert in sich alle Grausamkeit, die der Mensch kennt.
Herbert Marcuse

Mehr oder weniger sind wir alle verführbar, den Mitmenschen zu quälen. Auch die sind es, die solches weit von sich weisen. Sie wissen nur nicht, was sie tun.
Alexander Mitscherlich

Grobheit

So wie es selten Komplimente gibt ohne alle Lügen, so finden sich auch selten Grobheiten ohne alle Wahrheit.
Gotthold Ephraim Lessing

Größe

Macht besitzen und nicht ausüben ist wahre Größe.
Friedl Beutelrock

Groß ist nicht alles, was ein großer Mann tut.
Bertolt Brecht

Der Preis der Größe heißt Verantwortung.
Winston Churchill

Merkmal großer Menschen ist, dass sie an andere weit geringere Anforderungen stellen als an sich selbst.
Marie von Ebner-Eschenbach

Größe besitzt, wer uns nie an andere erinnert.
Ralph Waldo Emerson

Die Größe ist des Großen Schmuck. Nur Kleines putzt sich gern.
Franz Grillparzer

Alles Große braucht einen Dolmetscher bei der Menge; die Mittelmäßigkeit wird gleich verstanden.
Isolde Kurz

Das deutlichste Kennzeichen angeborener Größe ist angeborene Neidlosigkeit.
François de La Rochefoucauld

Denn nichts ist groß, was nicht wahr ist.
Gotthold Ephraim Lessing

Alle großen Männer sind bescheiden.
Gotthold Ephraim Lessing

Die Größe eines Menschen muss man nicht nach seinen außergewöhnlichen Bemühungen, sondern nach seinem alltäglichen Benehmen bemessen.
Blaise Pascal

Große Seelen dulden still.
Schiller

Niemand ist vor den anderen ausgezeichnet groß, wo die andern nicht sehr klein sind.
Johann Gottfried Seume

Alles Große vermögen wir nur aus einem gehörigen Abstand zu ihm zu erkennen. Wer an einen Berg mit der Lupe geht, bemerkt nur Sandkörner und Insekten.
Frank Thiess

Großzügig ist ein Mensch, der nach seinem Tod die anderen in Verlegenheit lässt.
Paul Valéry

Großmut

Wenn die Großmut vollkommen sein soll, muss sie eine kleine Dosis Leichtsinn enthalten.
Marie von Ebner-Eschenbach

Großmut findet immer Bewunderer, selten Nachahmer, denn sie ist eine zu kostspielige Tugend.
Johann Nestroy

Grundsatz → Prinzip

Das Gute

Es gibt nichts Gutes außer: Man tut es.
Erich Kästner

Der Himmel scheint uns schön, weil es Hässliches gibt. Das Gute scheint uns gut, weil es Böses gibt.
Laotse

Gut sein ist edel. Andere lehren, gut zu sein, ist noch edler. Und leichter.
Mark Twain

Alles, was den Menschen groß gemacht hat, ist aus dem Versuch entstanden, das Gute zu festigen, und nicht aus dem Kampf, das Schlechte zu verhüten.
Bertrand Russell

Wer sich vornimmt, Gutes zu wirken, darf nicht erwarten, dass die Menschen ihm deswegen Steine aus dem Wege räumen, sondern muss auf das Schicksalhafte gefasst sein, dass sie ihm welche darauf rollen.
Albert Schweitzer

Die allerwichtigste Sache ist: Gutes tun, weil nur dafür der Mensch lebt.
Leo Tolstoi

Das Bessere ist der Feind des Guten.
Voltaire

Das Böse, das wir tun, wird uns vielleicht verziehen werden. Aber unverziehen bleibt das Gute, das wir nicht getan haben.
Karl Heinrich Waggerl

Güte

Güte ist, wenn man das leise tut, was die anderen laut sagen.
Friedl Beutelrock

Ein Tropfen Güte ist mehr als ein Fass Wissen.
Friedrich Georg Jünger

Halbbildung

Halbgebildete sind Menschen, die von immer mehr Sachen nichts verstehen.
Robert Lembke

Halbwahrheit

Das Halbwahre ist verderblicher als das Falsche.
Ernst von Feuchtersleben

Das Gefährlichste an den Halbwahrheiten ist, dass fast immer die falsche Hälfte geglaubt wird.
Hans Krailsheimer

Die gefährlichsten Unwahrheiten sind die Wahrheiten, mäßig entstellt.
Georg Christoph Lichtenberg

Halb richtig ist meistens ganz falsch.
Manfred Rommel

Eine halbe Wahrheit ist nie die Hälfte einer ganzen.
Karl Heinrich Waggerl

Handeln

Um sich selbst zu erkennen, muss man handeln.
Albert Camus

Für das Können gibt es nur einen Beweis, das Tun.
Marie von Ebner-Eschenbach

Der Handelnde ist immer gewissenlos; es hat niemand Gewissen als der Betrachtende.
Goethe

Es ist nicht genug zu wissen, man muss auch anwenden; es ist nicht genug zu wollen, man muss auch tun.
Goethe

Nicht was der Mensch ist, nur was er tut, ist sein unverlierbares Eigentum.
Friedrich Hebbel

Handle so, dass die Maxime deines Willens jederzeit zugleich als Prinzip einer allgemeinen Gesetzgebung gelten kann.
Immanuel Kant

Handeln. Dem Schicksal eine Richtung geben.
Werner Mitsch

Sicherlich ist es leichter zu schreien, dass das Feld vom Unkraut bewachsen ist; konsequenter ist es, das Feld umzupflügen und mit nützlichem Korn zu bebauen.
Aleksander Świętochowski

Nichts halb zu tun ist edler Geister Art.
Christoph Martin Wieland

Hass

Die euch Hass predigen, erlösen euch nicht.
Marie von Ebner-Eschenbach

Wenn man etwas recht gründlich hasst, ohne zu wissen, warum, so kann man überzeugt sein, dass man davon einen Zug in seiner eigenen Natur hat.
Friedrich Hebbel

Der Hass ist die Liebe, die gescheitert ist.
Sören Kierkegaard

Jeden Ort, welchen die Liebe verlässt, den gewinnt der Hass.
Gertrud von Le Fort

Wenn der Hass feige wird, geht er maskiert in Gesellschaft und nennt sich Gerechtigkeit.
Arthur Schnitzler

Heimat

Heimat ist nicht dort, wo man wohnt, sondern wo man liebt und geliebt wird.
Karlheinz Deschner

Der ist in tiefster Seele treu, wer die Heimat liebt wie du.
Theodor Fontane

Man muss viel Ferne getrunken haben, um den Zauber des Nächsten zu fassen.
Martin Kessel

Nicht da ist man daheim, wo man seinen Wohnsitz hat, sondern wo man verstanden wird.
Christian Morgenstern

Heirat

Die Heirat ist die einzige lebenslängliche Verurteilung, bei der man aufgrund schlechter Führung begnadigt werden kann.
Alfred Hitchcock

In unserem monogamischen Weltteile heißt heiraten seine Rechte halbieren und seine Pflichten verdoppeln.
Arthur Schopenhauer

Drum prüfe, wer sich ewig bindet, ob sich das Herz zum Herzen findet.
Schiller

Heiterkeit

Heiterkeit und Lachen sind untrügliche Zeichen, die nur die Menschlichkeit setzt.
Hans Kasper

Der Heiterkeit sollen wir, wann immer sie sich einstellt, Tür und Tor öffnen; denn sie kommt nie zur unrechten Zeit.
Arthur Schopenhauer

Held

Die wahren Helden der Geschichte sind nicht die großen Eroberer gewesen, sondern jene, die im Kampf gegen das Unrecht führten.
Martin Andersen-Nexø

Unglücklich das Land, das Helden nötig hat!
Bertolt Brecht

Es ist leichter, ein Held zu sein, als ein Ehrenmann. Ein Held muss man nur einmal sein, ein Ehrenmann immer.
Luigi Pirandello

Ein Held ist jemand, der tut, was er kann! Die anderen tun dies nicht.
Romain Rolland

Heldentum

Historiker wissen, wie viele Heldentaten auf einen Mangel an Alternativen zurückzuführen sind.
Robert Lembke

Welch ein tragischer Irrtum, für eine Sache zu sterben, statt für sie zu leben!
Karl Heinrich Waggerl

Herausforderung

Gebeugt erst zeigt der Bogen seine Kraft.
Franz Grillparzer

Es gibt Menschen, die sich immer angegriffen fühlen, wenn jemand eine Meinung ausspricht.
Christian Morgenstern

Herrschaft

Wo Herrschaft ist, da ist auch Unbehagen.
Theodor Eschenburg

Kein Mensch ist gut genug, einen anderen Menschen ohne dessen Zustimmung zu regieren.
Abraham Lincoln

Herz

Der Verstand kann uns sagen, was wir unterlassen sollen. Aber das Herz kann uns sagen, was wir tun müssen.
Joseph Joubert

Das Herz gibt allem, was der Mensch sieht und hört und weiß, die Farbe.
Johann Heinrich Pestalozzi

Man sieht nur mit den Augen des Herzens gut. Das Wesentliche ist für die Augen unsichtbar.
Antoine de Saint-Exupéry

Heuchelei

Die Welt ist voll von Leuten, die Wasser predigen und Wein trinken.
Giovanni Guareschi

Heuchelei ist das schwierigste und anstrengendste aller Laster. Man kann ihr, wie dem Ehebruch oder der Fresssucht, nicht nur gelegentlich frönen, es ist eine Aufgabe rund um die Uhr.
William Somerset Maugham

Gar nicht von sich reden ist eine sehr vornehme Heuchelei.
Friedrich Nietzsche

Hierarchie

Oben wird immer geleitet, aber unten wird meistens gelitten.
Martin Kessel

Der Gegensatz zur Hierarchie ist nicht das Chaos, sondern die Autonomie.
Hans A. Pestalozzi

In hierarchischen Strukturen kommt das Gute nie von oben. Oben-auf schwimmt der Abschaum. Das Wertvolle ist der Bodensatz.
Hans A. Pestalozzi

Hilfe

Die großen Flüsse brauchen die kleinen Wässer.
Albert Schweitzer

Gott will nicht, dass du ihn für den Nächsten um Hilfe anflehst,
sondern dass du hingehst und hilfst.
Karl Heinrich Waggerl

Hingabe

Wo in irgendeiner Weise mein Leben sich an Leben hingibt, erlebt
mein endlicher Wille zum Leben das Einswerden mit dem Unendlichen, in dem alles Leben eins ist.
Albert Schweitzer

Historiker

Historiker sind unter den Akademikern die Krebse. Sie schreiten
rückwärts vorwärts.
Oliver Hassencamp

Hochmut

Keiner will mehr Pferd sein, jeder Reiter.
Bertolt Brecht

Ein stolzer Mensch verlangt von sich das Außerordentliche,
ein hochmütiger schreibt es sich zu.
Marie von Ebner-Eschenbach

Der Hochmut ist ein Ansinnen an andere, sich selbst im Vergleich
mit uns gering zu schätzen.
Immanuel Kant

Herrenmenschen sind in der Regel weder Herren noch Menschen.
Werner Mitsch

Manche Menschen machen sich vor anderen so klein wie möglich,
um größer als diese zu bleiben.
Christian Morgenstern

Hochmut kommt vor dem Fall.
Sprüche Salomos 16, 18

Hochzeit → Heirat

Hoffnung

Wer heut noch hoffen macht, der lügt! Doch wer die Hoffnung
tötet, ist ein Schweinehund.
Wolf Biermann

Es kommt darauf an, das Hoffen zu lernen.
Ernst Bloch

Ohne die Kälte und Trostlosigkeit des Winters gäbe es die Wärme
und die Pracht des Frühlings nicht.
Ho Chi Minh

Die größten Menschen sind jene, die anderen Hoffnung geben
können.
Jean Jaurès

Der Himmel hat den Menschen als Gegengewicht zu den vielen
Mühseligkeiten des Lebens drei Dinge gegeben: die Hoffnung, den
Schlaf und das Lachen.
Immanuel Kant

Hoffen heißt: die Möglichkeit des Guten erwarten; die Möglichkeit des Guten ist das Ewige.
Sören Kierkegaard

Die Hoffnung ist der Streit zwischen der Lebenslust und den
Erfahrungen.
Gabriel Laub

Die Hoffnung ist ein umgekehrter Don Quichotte, der feindliche
Schwerbewaffnete zu Windmühlen erklärt.
Gabriel Laub

Die Hoffnung ist der Regenbogen über den herabstürzenden Bach
des Lebens.
Friedrich Nietzsche

Doch der Mensch hofft immer Verbesserung.
Schiller

Wir stärken, solange wir jung sind, unsere Seelen mit Hoffnung; die Stärke, die wir so erwerben, befähigt uns später, Verzweiflung zu ertragen.
Thornton Wilder

Hoffnungslosigkeit

Ich habe auch die Erfahrung bestätigt gesehen, dass es hoffnungslose Situationen kaum gibt, solange man sie nicht als solche akzeptiert.
Willy Brandt

Freiheit von allen Illusionen ist das Glück der Hoffnungslosen.
Ludwig Marcuse

Mit der Hoffnungslosigkeit beginnt der wahre Optimismus.
Jean-Paul Sartre

Höflichkeit

Im Deutschen lügt man, wenn man höflich ist.
Goethe

Es gibt ein Minimum von Unaufrichtigkeit, das von jedem verlangt werden kann: Höflichkeit.
Hans Krailsheimer

Die wahre Höflichkeit besteht darin, dass man einander mit Wohlwollen entgegenkommt. Sobald es uns an diesem nicht gebricht, tritt sie ohne Mühe hervor.
Jean-Jacques Rousseau

Eine schwere Aufgabe ist freilich die Höflichkeit insofern, dass sie verlangt, dass wir allen Leuten die größte Achtung bezeugen, während die allermeisten keine verdienen.
Arthur Schopenhauer

Hölle

Hölle ist eine Welt, in der nie verziehen wird.
Milan Kundera

Die Hölle, das sind die anderen.
Jean-Paul Sartre

Humanität

Eine weise Humanität erwächst nur aus der Besinnung darauf, dass selbst die größten Gruppen aus Einzelnen bestehen, dass der Einzelne glücklich oder traurig sein kann und dass jedes leidende Individuum ein Zeuge für das Versagen menschlicher Weisheit und allgemeiner Menschlichkeit ist.
Bertrand Russell

Humanität besteht darin, dass niemals ein Mensch einem Zweck geopfert wird.
Albert Schweitzer

Humor

Humor ist, wenn man trotzdem lacht.
Otto Julius Bierbaum

Humor ist keine Gabe des Geistes, er ist eine Gabe des Herzens.
Ludwig Börne

Es ist schlimm, in einem Lande zu leben, in dem es keinen Humor gibt. Aber noch schlimmer ist es, in einem Lande zu leben, in dem man Humor braucht.
Bertolt Brecht

Die Fantasie tröstet die Menschen über das hinweg, was sie nicht sein können, und der Humor über das, was sie tatsächlich sind.
Albert Camus

Gibt es schließlich eine bessere Form, mit dem Leben fertig zu werden, als mit Liebe und Humor?
Charles Dickens

An dem Punkt, wo der Spaß aufhört, beginnt der Humor.
Werner Finck

Die schwierigste Turnübung ist immer noch, sich selbst auf den Arm zu nehmen.
Werner Finck

Wer sich nicht selbst zum Besten haben kann, der ist gewiss nicht von den Besten.
Goethe

Humor ist die Kunst, sich ohne Spiegel selber ins Gesicht zu lachen.
Paul Hörbiger

Humor ist der Knopf, der verhindert, dass uns der Kragen platzt.
Joachim Ringelnatz

Das ist Humor: durch die Dinge durchsehen, wie wenn sie aus Glas wären.
Kurt Tucholsky

Humor – eine Göttergabe, doch was der eine zu viel hat, hat der andere zu wenig.
Carl Zuckmayer

Hunger

Wo Hunger herrscht, kann Friede nicht Bestand haben.
Willy Brandt

Satte Menschen sind nicht notwendigerweise frei, hungernde Völker sind es in jedem Falle nicht.
Willy Brandt

Wo der Hunger anfängt, hört der Verstand auf.
Theodor Eschenburg

Für einen leeren Sack ist es schwer, aufrecht zu stehen.
Benjamin Franklin

Wie sollte ich vor den Millionen, die keine zwei Mahlzeiten am Tage haben, über Gott sprechen? Ihnen kann Gott nur als Brot und Butter erscheinen.
Mahatma Gandhi

Der Hunger der Menschen in verschiedenen Teilen der Welt rührt daher, dass viele von uns viel mehr nehmen als sie brauchen.
Mahatma Gandhi

Ich

Wir sagen und ich meinen ist eine von den ausgesuchtesten Kränkungen.
Theodor W. Adorno

Bei vielen Menschen ist es bereits eine Unverschämtheit, wenn sie ich sagen.
Theodor W. Adorno

Der Mensch wird am Du zum Ich.
Martin Buber

Schließlich ist der einzige Grund, warum man immer ans eigene Ich denkt, der, dass wir mit unserm Ich weit beständiger zusammen sein müssen als mit jedem beliebigen andern.
Cesare Pavese

Ichsucht → Egoismus

Ideal

Die großen Ideale der Vergangenheit haben sich nicht überlebt; sie wurden nicht genug gelebt. Keineswegs wurde das christliche Ideal erprobt und als unzulänglich erkannt; man fand es schwierig und ließ es unerprobt.
Gilbert K. Chesterton

Ideale haben merkwürdige Eigenschaften, unter anderem die, dass sie in ihr Gegenteil umschlagen, sobald man sie verwirklicht.
Robert Musil

Die Ideale sind das, was unsere vitalen Geisteskräfte anregt, biologische Sprungfedern, Zündstoff für explosive Energieentladungen.
José Ortega y Gasset

Es gibt etwas Traurigeres als das Zusammenbrechen der eigenen Ideale: dass wir sie erreicht haben.
Cesare Pavese

Idealismus

Idealismus ist die Fähigkeit, die Menschen so zu sehen, wie sie sein könnten, wenn sie nicht so wären, wie sie sind.
Curt Goetz

Idealist

»Idealisten« nennt man die, welche erst der Macht weichen – aber noch nicht der Logik.
Ludwig Marcuse

Wenn man im Leben keinen Erfolg hat, braucht man sich deshalb nicht ohne weiteres für einen Idealisten zu halten.
Henry Miller

Idee

Ich bin ein guter Schwamm, denn ich sauge Ideen auf und mache sie dann nutzbar. Die meisten meiner Ideen gehörten ursprünglich anderen Leuten, die sich nicht die Mühe gemacht haben, sie weiterzuentwickeln.
Thomas Alva Edison

Jede neue Idee, die man vorbringt, muss auf Widerstand stoßen. Der Widerstand beweist übrigens nicht, dass die Idee richtig ist.
André Gide

Eine Idee ist das, was noch nicht genügt.
Manfred Hinrich

Nichts auf der Welt ist so mächtig wie eine Idee, deren Zeit gekommen ist.
Victor Hugo

Der Sinn einer Idee ist ihre Verwirklichung, und taugt die Verwirklichung nichts, war die Idee für die Katz.
Hans Kasper

Die herrschenden Ideen einer Zeit waren stets nur die Ideen der herrschenden Klasse.
Karl Marx

Ideen sind keine Schmetterlinge, sie sind Fazit einer Schwerarbeit.
Rudolf Rolfs

Jeder Versuch, eine Idee praktisch bis in ihre letzte Konsequenz durchzuführen, ist ein Beweis, dass man sie selber nicht ganz verstanden hat.
Arthur Schnitzler

Nichts auf der Welt ist so unmöglich aufzuhalten wie das Vordringen einer Idee.
Pierre Teilhard de Chardin

Wenn eine neue Idee geboren wird, so ist auch hier nur die Mutter sicher, nämlich der eigene Kopf. Der geistige Vater wird selten angegeben.
Gerd Uhlenbruck

Neue Ideen begeistern jene am meisten, die auch mit den alten nichts anzufangen wussten.
Karl Heinrich Waggerl

Eine Idee, die nicht gefährlich ist, verdient es nicht, überhaupt eine Idee genannt zu werden.
Oscar Wilde

Ideologie

Ideologie ist Ordnung auf Kosten des Weiterdenkens.
Friedrich Dürrenmatt

Ideologien sind Monokulturen – marktbeherrschend auf Zeit, verkümmern sie mit dem ermüdenden Boden.
Hans Kasper

Idol

Alle Idole werden früher oder später zum Moloch, der nach Menschenopfer schreit.
Aldous Huxley

Ignoranz

Die Ignoranz bleibt nicht hinter der Wissenschaft zurück. Sie wächst genauso atemberaubend wie diese.
Stanisław Jerzy Lec

Ignorieren ist der Königsweg des Tabuierens.
Ludwig Marcuse

Illusion

Wer keine Illusion hat – hat diese.
Karl Heinz Deschner

Die Menschen verlieren zuerst ihre Illusionen, dann ihre Zähne
und ganz zuletzt ihre Laster.
Hans Moser

Image

Image – Persönlichkeit in Pulverform (instant personality). Sofort
fertig, sofort vergessen.
Oliver Hassencamp

Image ist eine maßgeschneiderte Zwangsjacke.
Robert Lembke

Imponiergehabe

Imponiergehabe ist die Kosmetik des Mannes.
Gerd Uhlenbruck

Individualität

In jedermann ist etwas Kostbares, das in keinem anderen ist.
Martin Buber

Jeder sollte Schrullen haben. Schrullen sind ein hervorragender
Schutz gegen Vermassung.
Salvador Dalí

Jedenfalls ist es besser, ein eckiges Etwas zu sein als ein rundes
Nichts.
Friedrich Hebbel

Die Menschen aber, die ihren eigenen Weg zu gehen fähig sind, sind
selten. Die große Zahl will nur in der Herde gehen, und sie weigert
die Anerkennung denen, die ihre eigenen Wege gehen wollen.
Blaise Pascal

Individualismus ohne Solidarität ist Feigheit. Individualismus ohne
Engagement ist Flucht.
Hans A. Pestalozzi

Gegen den Strom der Zeit kann zwar der Einzelne nicht schwimmen, aber wer Kraft hat, hält sich und lässt sich von demselben nicht mit fortreißen.
Johann Gottfried Seume

In dieser kollektivistischen Zeit so individualistisch wie möglich zu leben ist der einzig echte Luxus, den es noch gibt.
Orson Welles

Inflation

Wenn die Regierung das Geld verschlechtert, um alle Gläubiger zu betrügen, so gibt man diesem Verfahren den höflichen Namen Inflation.
George Bernard Shaw

Information

Alle Information dient gegenwärtig dazu, Antwort auf nicht gestellte Fragen zu geben und Angst zu machen vor zu stellenden.
Helmut Arntzen

Wo Nachrichten fehlen, wachsen die Gerüchte.
Alberto Moravia

Mut ist oft Mangel an Einsicht, während Feigheit nicht selten auf guten Informationen beruht.
Peter Ustinov

Intellektuelle

Der intellektuell Erzogene scheint mir in allzu hohem Maße von dem Buch und dem, was ihm vorgetragen wurde, abhängig zu sein, er ist also zu passiv.
Martin Andersen-Nexø

Intellektuelle sind seltener wohlwollend gegeneinander als Einheimische gegen Gastarbeiter.
Ludwig Marcuse

Intelligenz

Intelligenz ist die Fähigkeit, seine Umgebung zu akzeptieren.
William Faulkner

Die Delphine haben mindestens die Intelligenz der Menschen, doch keine Arme und Hände, deswegen haben sie die Welt nie erobert und deswegen zerstören sie die Welt nicht.
Max Frisch

Der Grad der Furchtsamkeit ist ein Gradmesser der Intelligenz.
Friedrich Nietzsche

Der Nachteil der Intelligenz besteht darin, dass man ununterbrochen gezwungen ist dazuzulernen.
George Bernard Shaw

Interpretation

Geistvolle Aussprüche kommentieren hieße Schmetterlinge mit Hufeisen beschweren.
Martin Kessel

Die Philosophen haben die Welt nur verschieden interpretiert; es kommt aber darauf an, sie zu verändern.
Karl Marx

Intoleranz

Manche meinen, sie seien liberal geworden, nur weil sie die Richtung ihrer Intoleranz geändert haben.
Wiesław Brudziński

Das Laster, mit dem wir selbst liebäugeln, pflegen wir am unnachsichtigsten zu verurteilen.
Sigmund Graff

Wir sind gegen keine Fehler an anderen intoleranter, als welche die Karikatur unserer eigenen sind.
Franz Grillparzer

Hätten wir selbst keine Fehler, machte es uns nicht so viel Vergnügen, bei anderen solche zu bemerken.
François de La Rochefoucauld

Wir lieben Menschen, die frisch heraus sagen, was sie denken. Vorausgesetzt, sie denken dasselbe wie wir.
Mark Twain

Intuition

Unter Intuition versteht man die Fähigkeit gewisser Leute, eine Lage in Sekundenschnelle falsch zu beurteilen.
Friedrich Dürrenmatt

Ironie

Ironie ist unglückliche Liebe zum Leben; der Versuch des Kopfes, sich des Herzens zu erwehren.
Karlheinz Deschner

Ironie ist keine Waffe, eher ein Trost der Ohnmächtigen.
Ludwig Marcuse

Irrtum

Eine Hauptursache der Armut in den Wissenschaften ist meist eingebildeter Reichtum. Es ist nicht ihr Ziel, der unendlichen Weisheit eine Tür zu öffnen, sondern eine Grenze zu setzen dem unendlichen Irrtum.
Bertolt Brecht

So manche Wahrheit ging von einem Irrtum aus.
Marie von Ebner-Eschenbach

Erst wenn wir unsere Irrtümer nicht mehr brauchen, wenn sie wirklich »aufgetragen« sind, entsteht in uns die Kraft, sie abzulegen.
Egon Friedell

Unverzeihlicher, als einen politischen Irrtum zu begehen, ist es, keine Konsequenzen aus ihm zu ziehen.
Ralph Giordano

Wenn weise Männer nicht irrten, müssten die Narren verzweifeln.
Goethe

Wer tiefer irrt, der wird auch tiefer weise.
Gerhart Hauptmann

Die Menschheit lässt sich keinen Irrtum nehmen, der ihr nützt. Sie würde an Unsterblichkeit glauben, und wenn sie das Gegenteil wüsste.
Friedrich Hebbel

Die Stärke des Irrtums und der Lüge liegt gerade darin, dass sie ebenso klar sein können wie Wahrheiten; weshalb das Falsche ebenso einleuchtend sein mag wie das Richtige.
Ludwig Marcuse

Das einzige Mittel, den Irrtum zu vermeiden, ist die Unwissenheit.
Jean-Jacques Rousseau

Nur der Irrtum ist das Leben, und das Wissen ist der Tod.
Schiller

Journalist

Ein Journalist wird man umso leichter, je leichter man schreibt, ein Dichter, je schwerer man schreibt.
Sigmund Graff

Der Journalist ist immer einer, der nachher alles vorher gewusst hat.
Karl Kraus

Journalisten klopfen einem ständig auf die Schulter – auf der Suche nach der Stelle, wo das Messer am leichtesten eindringt.
Robert Lembke

Jeder kennt einen Journalisten, auf dessen Indiskretion er sich verlassen kann.
Robert Lembke

Jugend

Was für eine lasterhafte Jugend! Statt auf die Alten zu hören, ahmt sie die Alten nach!
Wiesław Brudziński

Jeden Menschen rührt einmal, noch so kurz, noch so dämmerhaft, das Wirken des Unbedingten an; die Zeit des Lebens, in der dies an allen geschieht, nennen wir die Jugend.
Martin Buber

Was bei der Jugend wie Grausamkeit aussieht, ist meistens Ehrlichkeit.
Jean Cocteau

Jugend ist Trunkenheit ohne Wein.
Goethe

Der Jugend wird oft der Vorwurf gemacht, sie glaube, dass die Welt mit ihr erst anfange. Aber das Alter glaubt noch öfter, dass mit ihm die Welt aufhöre.
Friedrich Hebbel

Jugend ist etwas sehr Wertvolles, nur weiß man es nicht, wenn man jung ist.
André Maurois

Die Jugend will, dass man ihr befiehlt, damit sie die Möglichkeit hat, nicht zu gehorchen.
Jean-Paul Sartre

Schnell fertig ist die Jugend mit dem Wort.
Schiller

In der Jugend herrscht die Anschauung, im Alter das Denken vor. Daher ist jene die Zeit für Poesie, dieses mehr für Philosophie.
Arthur Schopenhauer

Die Jugend ist etwas Wundervolles. Es ist eine Schande, dass man sie an die Kinder vergeudet.
George Bernard Shaw

Jung

Man bleibt jung, solange man noch lernen, neue Gewohnheiten annehmen und Widerspruch ertragen kann.
Marie von Ebner-Eschenbach

Die Jungen haben nicht die Aufgabe, uns Vorgänger zu rechtfertigen, sondern sich selber durchzusetzen und sich von allem zu befreien, was Altes, Faules, Hemmendes da war.
Hermann Hesse

Junggeselle

Junggesellen wissen mehr über Frauen als Ehemänner. Wenn das nicht so wäre, wären sie auch verheiratet.
Robert Lembke

Eine Junggesellin ist eine Frau, die einmal zu oft Nein gesagt hat.
Inge Meysel

Jurist

Juristen sind Leute, die die Gerechtigkeit mit dem Recht betrügen.
Harold Pinter

Justiz

Das Paragraphenzeichen allein sieht aus wie ein Folterwerkzeug.
Stanisław Jerzy Lec

Das Strafrecht beruht auf der irrigen Annahme, dass jeder Mensch
verantwortlich und fähig ist, das Schlechte oder das Gute zu wollen.
Alexander S. Neill

Wenn der Rechtsprecher nur endlich einmal mit dem Geheimnis
der Zellenhaft vertraut würde, wie anders müssten selbst die
Urteile der bürgerlichen Justiz aussehen!
Carl von Ossietzky

Kabarett

Das Kabarett ist wie ein Streichholz: Es zündet nicht, wenn es sich
nicht an etwas reiben kann.
Werner Finck

Kampf

Das, was die Menschen den Kampf ums Dasein nennen, ist nichts
anderes als der Kampf um den Aufstieg.
Bertrand Russell

Kein größeres Verbrechen gibt es als nicht kämpfen wollen, wo
man kämpfen muss.
Friedrich Wolf

Kapitalismus

Es ist ein Schönheitsfehler des Kapitalismus, dass er zwar allen die
gleiche Chance gibt, geschäftstüchtig zu sein, es aber unterlassen
hat, dafür zu sorgen, dass alle auch die gleiche Geschäftstüchtigkeit
besitzen, um sie wahrzunehmen.
Sigmund Graff

Das hatten Kapitalisten und Kommunisten immer gemein: die vorbeugende Verdammung eines dritten Weges.
Günter Grass

Karneval

Das missliche am Karneval ist, dass er im Kalender steht, d. h., abgejubelt werden muss.
Sigmund Graff

Karriere

Der Gipfel zwingt erst zur Bewährung beim Blick in die Tiefe.
Hans Arndt

Was man ist, das blieb man anderen schuldig.
Goethe

Unentbehrlich für den Karrieremann: sich den richtigen Vorgänger zu suchen.
Johannes Gross

Beim gesellschaftlichen Aufstieg empfiehlt es sich, freundlich zu den Überholten zu sein. Man begegnet ihnen beim Abstieg wieder.
Jo Herbst

Es gibt zwei Möglichkeiten, Karriere zu machen: Entweder man leistet wirklich etwas oder man behauptet, etwas zu leisten. Ich rate zu der ersten Methode, denn hier ist die Konkurrenz bei weitem nicht so groß!
Danny Kaye

Am sichersten macht man Karriere, wenn man anderen den Eindruck vermittelt, es sei für sie von Nutzen, einem zu helfen.
Jean de La Bruyère

Es gibt hohe Stellungen, die man am leichtesten in gebückter Haltung erreicht.
Robert Lembke

Wenn Karrieren schwindelnde Höhen erreichen, ist der Schwindel häufig nicht mehr nachzuweisen.
Werner Schneyder

Hüte deine Seele vor dem Karrieremachen.
Theodor Storm

Die Menschen haben eine Barriere zwischen sich aufgebaut.
Ihr Name: Karriere.
Gerd Uhlenbruck

Kind

Die Zweige geben Kunde von der Wurzel.
Arabisches Sprichwort

Wir müssen wie die Kinder reden, wenn wir überleben wollen.
Die Blauäugigen waren es seit je, die neue Wege fanden, nicht
die Verblendeten.
Wolf Biermann

Kinder, die man nicht liebt, werden Erwachsene, die nicht lieben.
Pearl S. Buck

Kinder sind Hoffnungen, die man verliert, und Ängste, die man
nie loswird.
Karlheinz Deschner

Denn wir können die Kinder nach unserem Sinne nicht formen.
Goethe

Wer nicht einmal ein vollkommenes Kind war, der wird schwerlich
ein vollkommener Mann.
Friedrich Hölderlin

Erst bei den Enkeln ist man dann so weit, dass man die Kinder
ungefähr verstehen kann.
Erich Kästner

Es gibt kein problematisches Kind, es gibt nur problematische
Eltern.
Alexander S. Neill

Wer die Lebenslaufbahn seiner Kinder zu verpfuschen gedenkt,
der räume ihnen alle Hindernisse weg.
Emil Oesch

Kinder sind Menschen, die mit Lügen erzogen werden, die Wahrheit zu sagen.
Rudolf Rolfs

Ein Kind ist ein Buch, aus dem wir lesen und in das wir schreiben sollen.
Peter Rosegger

Glücklicher Säugling! Dir ist ein unendlicher Raum noch die Wiege. Werde Mann, und dir wird eng die unendliche Welt!
Schiller

Zuerst lieben die Kinder ihre Eltern. Nach einer gewissen Zeit fällen sie ihr Urteil über sie. Und selten, wenn überhaupt je, verzeihen sie ihnen.
Oscar Wilde

Kindererziehung → Erziehung

Kindheit

Mit einer Kindheit voll Liebe aber kann man ein halbes Leben hindurch für die kalte Welt haushalten.
Jean Paul

Die meisten Menschen legen ihre Kindheit ab wie einen alten Hut. Sie vergessen sie wie eine Telefonnummer, die nicht mehr gilt.
Erich Kästner

Kirche

Da Gott verschiedene Kostgänger hat, musste er auch Diätkoch werden. Seine Schonkost wird vornehmlich in Kirchen serviert.
Kurt Marti

Die Kirche ist ständig in Versuchung, sich an die Welt anzupassen, nach Einfluss zu streben, der aus der Macht, dem Privileg und dem Prestige erwächst, und sie vergisst unterdessen, dass ihr Herr und Meister in einem Stall zur Welt kam.
Desmond Tutu

Die Kirche hat nicht den Auftrag, die Welt zu verändern. Wenn sie aber ihren Auftrag erfüllt, verändert sich die Welt.
Carl Friedrich von Weizsäcker

Klassiker

Ein großer Klassiker ist heutzutage ein Mann, den man loben kann, ohne ihn gelesen zu haben.
Gilbert K. Chesterton

Klassiker: einer der uns nicht mehr davon in Kenntnis setzen kann, dass er die Ansichten, auf die wir uns berufen, längst geändert hat.
Gabriel Laub

Klatsch

Die beste Informationsquelle sind Leute, die versprochen haben, nichts weiterzuerzählen.
Axel von Ambesser

Was zwischen zwei Zungen gerät, gerät zwischen tausend.
Arabisches Sprichwort

Klatschen heißt: anderer Leute Sünden beichten.
Wilhelm Busch

Es gibt Geheimnisse, von denen man nicht wüsste, wenn sie keine Geheimnisse wären.
Jüdisches Sprichwort

Geht man unter die Leute, erfährt man, was sich zu Hause tut.
Jüdisches Sprichwort

Ich verzeihe meinen Freunden, die Schlechtes über mich sagen, aber nicht denen, die es mir überbringen.
André Malraux

Kleingeist

Die gefährlichste Waffe sind die Menschen kleinen Kalibers.
Wiesław Brudziński

Aber was kommt schon dabei heraus, wenn sie alle in fremde Länder zu reisen anfangen! Nichts; sie tragen ja doch wie die Zinnsoldaten ihr bisschen Standort mit sich herum.
Erhart Kästner

Wer sich zu viel mit Kleinem abgibt, wird gewöhnlich unfähig zum Großen.
François de La Rochefoucauld

Klugheit

Es ist ein Zeichen von Klugheit, wenn man verhandelt, statt zu kämpfen.
Ho Chi Minh

Der Vorteil der Klugheit besteht darin, dass man sich dumm stellen kann. Das Gegenteil ist schon schwerer.
Kurt Tucholsky

Koalition

In einer Koalition ist es ganz natürlich, dass der Schwanz mit dem Hund zu wedeln versucht. Es kommt nur darauf an, ob der Hund sich das gefallen lässt.
Amintore Fanfani

Komiker

Ein Komiker ist ein Mensch, der nichts ernst nimmt außer sich selbst.
Danny Kaye

Jeder Mensch ist ein Clown, aber nur wenige haben den Mut, es zu zeigen.
Charlie Rivel

Kommunikation

Es gibt lediglich vier Möglichkeiten des Kontakts mit unserer Umwelt. Man schätzt uns danach ein, wie wir diese vier Kontaktmöglichkeiten nutzen: was wir tun, wie wir aussehen, was wir sagen und wie wir es sagen.
Dale Carnegie

Zu viele Menschen machen sich nicht klar, dass wirkliche Kommunikation eine wechselseitige Sache ist.
Lee Iacocca

Kommunismus

Das hatten Kapitalisten und Kommunisten immer gemein: die vorbeugende Verdammung eines dritten Weges.
Günter Grass

Kompliment

Ein Kompliment unterscheidet sich von einer Schmeichelei durch den größeren Wahrheitsgehalt. Und je weniger man persönlich an einer Dame interessiert ist, desto aufrichtiger sind Komplimente.
Vadim Glowna

Mit Komplimenten kann man eine Frau zwar erfreuen, aber nicht überraschen.
Robert Lembke

Wenn mir Kollegen Komplimente machen, habe ich immer das Gefühl, etwas falsch gemacht zu haben.
Robert Lembke

Kompromiss

Ein Kompromiss, das ist die Kunst, einen Kuchen so zu teilen, dass jeder meint, er habe das größte Stück bekommen.
Ludwig Erhardt

Kompromiss – die einzigen zwei Halbheiten, die nicht ein Ganzes ergeben. Mathematisch unmöglich, aber demokratisch.
Oliver Hassencamp

Konferenz

Eine Konferenz ist eine Sitzung, bei der viele hineingehen und wenig herauskommt.
Werner Finck

Können

Für das Können gibt es nur einen Beweis, das Tun.
Marie von Ebner-Eschenbach

Man muss schon sehr viel können, um nur zu merken, wie wenig man kann.
Karl Heinrich Waggerl

Konservati[vi]smus

Konservativer – Staatsmann, der in existierende Missstände vernarrt ist; im Gegensatz zum Liberalen, der sie durch neue ersetzen möchte.
Ambrose Bierce

Wer will, dass die Welt so bleibt, wie sie ist, der will nicht, dass sie bleibt.
Erich Fried

Wer nichts verändern will, wird auch das verlieren, was er bewahren möchte.
Gustav Heinemann

Seltsam, wie konservativ die Menschen werden, wenn sie das Geringste zu verlieren haben!
Thomas Niederreuther

Der Wunsch, die Vergangenheit festzuhalten, beherrscht diejenigen, die die Erziehung der Jugend leiten, mehr als die Hoffnung, die Zukunft zu schaffen.
Bertrand Russell

Konsumgesellschaft

Unbestreitbar ist, dass wir ... auf Kosten der unterentwickelten Völker leben, dass unser Überverbrauch ihre Verbrauchsmöglichkeiten schmälert, weil sich so viel, wie wir für uns allein in Anspruch nehmen, für alle nicht verfügbar machen lässt.
Oswald von Nell-Breuning

Konsumgesellschaft: der Verzicht auf den Verzicht.
Gerd Uhlenbruck

Kopf

Das gefährlichste Organ am Menschen ist der Kopf.
Alfred Döblin

Der Kopf ist jener Teil unseres Körpers, der uns am häufigsten im Wege steht.
Gabriel Laub

Körper

Der Körper ist der Übersetzer der Seele ins Sichtbare.
Christian Morgenstern

Leib und Seele sind nicht zwei Substanzen, sondern eine. Sie sind der Mensch, der sich selbst in verschiedener Weise kennen lernt.
Carl Friedrich von Weizsäcker

Kraft

Kraft kommt nicht aus körperlichen Fähigkeiten. Sie entspringt einem unbeugsamen Willen.
Mahatma Gandhi

Unvergleichlich nachhaltiger als Gewalt und Abgefeimtheit ist die echte Kraft. Die echte Kraft aber reift im Kampf.
Heinrich Mann

Krankheit

Von Leiden einmal abgesehen, sind Krankheiten als Wegweiser durchaus gesund.
Oliver Hassencamp

Eine der verbreitetsten Krankheiten ist die Diagnose.
Karl Kraus

Eine Gesellschaft, in der das Geschäft mit der Krankheit zu einem der volkswirtschaftlich aufwendigsten und individuell einträglichsten hat werden können, ist selber krank.
Kurt Marti

Zwei Dinge trüben sich beim Kranken: a) der Urin,
b) die Gedanken.
Eugen Roth

Kränkung → Beleidigung

Kreativität

Wer zu spät an die Kosten denkt, ruiniert sein Unternehmen.
Wer immer zu früh an die Kosten denkt, tötet die Kreativität.
Philip Rosenthal

Ganz neue Zusammenhänge entdeckt nicht das Auge, das über ein Werkstück gebeugt ist, sondern das Auge, das in Muße den Horizont absucht.
Carl Friedrich von Weizsäcker

Kredit auch → Borgen

Kredite wirken wie Drogen. Die Dosen erhöhen sich, die Wirkung lässt nach. Man kommt schwer davon los. Die Entziehungskur ist schmerzlich.
Hartmut Perschau

Jede Wirtschaft beruht auf dem Kreditsystem, das heißt auf der irrtümlichen Annahme, der andre werde gepumptes Geld zurückzahlen.
Kurt Tucholsky

Krieg

Das große Karthago führte drei Kriege. Es war noch mächtig nach dem ersten, noch bewohnbar nach dem zweiten. Es war nicht mehr auffindbar nach dem dritten.
Bertolt Brecht

Kriege werden um ihrer selbst willen geführt. Solange man sich das nicht zugibt, werden sie nie wirklich zu bekämpfen sein.
Elias Canetti

Der Krieg ist die Fortsetzung der Politik mit anderen Mitteln.
Carl von Clausewitz

Was zuerst geächtet werden muss, sind die gerechten Kriege: Es gibt zwar keine, aber dennoch sind sie der Grund, aus dem es immer wieder andere gibt.
Sigmund Graff

Erkennt den Krieg nicht als von außen, sondern von euch selbst geschaffen und gewollt, so habt ihr den Weg zum Frieden vor euch.
Hermann Hesse

Nicht der Krieg ist revolutionär, der Friede ist revolutionär.
Jean Jaurès

Wer seine Schwiegermutter totschlägt, wird geköpft. Das ist ein uralter, verständlicher Brauch. Wer aber Hunderttausende umbringt, erhält ein Denkmal.
Erich Kästner

Einen Krieg beginnen heißt nichts weiter als einen Knoten zerhauen, statt ihn auflösen.
Christian Morgenstern

Kriege sind Rückfälle ins Kannibalentum.
Rudolf Rolfs

Wenn die Welt ein paar Generationen lang ohne Krieg auskommen könnte, würde ihr schließlich der Krieg genauso absurd erscheinen, wie das Duell uns heute erscheint.
Bertrand Russell

Wir haben nur die Wahl, im nächsten Krieg als Mitschuldige oder als Unschuldige umzukommen. Wem da die Wahl schwer fällt, der mag seine dumme Hoffnung auf Atomwaffen bauen.
Martin Walser

Solange man den Krieg als etwas Böses ansieht, wird er seine Anziehungskraft behalten. Erst wenn man ihn als Niedertracht erkennt, wird er seine Popularität verlieren.
Oscar Wilde

Kriminalität

Seit dreißig Jahren versuche ich nachzuweisen, dass es keine Kriminellen gibt, sondern normale Menschen, die kriminell werden.
Georges Simenon

Kritik

Dass so vielen Kritik als Mäkelei erscheint, ist verständlich: Sie halten ihre Mäkelei für Kritik.
Helmut Arntzen

Ich kann mir nicht vorstellen, wie es ohne Kritik Demokratie geben kann. Damit fängt sie an.
Michail Gorbatschow

Schlechte Kritik ist gar nicht so schädlich, wie oft behauptet wird. Sie ist sogar sehr verkaufsfördernd, wenn ein anderer Kritiker dagegenhält und damit die so genannte Plus-Minus-Spannung entsteht.
Marcel Reich-Ranicki

Manche Menschen lesen überhaupt keine Bücher, sondern kritisieren sie.
Kurt Tucholsky

Nur wenige Menschen sind bescheiden genug, um zu ertragen, dass man sie richtig einschätzt.
Vauvenargues

○ Kritiker

Kritiker: ein Mensch, der zuerst das Unkraut jätet, um danach umso ungehinderter die Blumen zertreten zu können.
Wiesław Brudziński

Ein Kritiker ist eine Henne, die gackert, wenn andere legen.
Giovanni Guareschi

Es gibt Leute, die vom Weihrauchstreuen, und andre, die vom Niederreißen von Denkmälern leben. Wir sollen beide Arten des Typus Gernegroß nicht ernst nehmen.
Hermann Hesse

Es gibt Theaterkritiker, die unterscheiden sich nur darin vom Publikum, dass sie das, was auch sie nicht sehen, ausdrücken können.
Ludwig Marcuse

Zum Beruf des Kritikers gehört Mut, vor allem Mut zum Irrtum. Wer keinen Mut hat, soll Buchhalter oder Steuerberater werden.
Marcel Reich-Ranicki

Man soll die Kritiker nicht für Mörder halten; sie stellen nur den Totenschein aus.
Marcel Reich-Ranicki

Im Übrigen gilt ja hier derjenige, der auf den Schmutz hinweist, für viel gefährlicher als der, der den Schmutz macht.
Kurt Tucholsky

○ Kultur

Die Geisteswelt der griechischen Antike und des Roms der klassischen Epoche bildet die viel zitierte Wurzel unserer Kultur. Wer davon nie etwas hörte, ist ärmer dran.
Hoimar von Ditfurth

Mit Politik kann man keine Kultur machen, aber vielleicht kann man mit Kultur Politik machen.
Theodor Heuss

Auch die Kultur hat ihre konzessionierte Prostitution: die Festspiele.
Martin Kessel

Im besten Fall ist Kultur Anweisung zur Harmonisierung unserer Bedürfnisse.
Alexander Mitscherlich

Kultur, verstanden als Lebensweise, ist vielleicht die glaubwürdigste Politik.
Richard von Weizsäcker

Kunst

Kunst ist, was übrig bleibt, ohne zu altern.
Karlheinz Deschner

Kunst ist Weglassen.
Leonhard Frank

Die Kunst ist eine Vermittlerin des Unaussprechlichen.
Goethe

In der Kunst ist die Form alles, der Stoff gilt nichts.
Heinrich Heine

Wo große Kräfte reifen und in ihrer höchsten Gewalt sich äußern, da sind die Zeiten der Kunst.
Wilhelm Heinse

Die Kunst ist zwar nicht das Brot, wohl aber der Wein des Lebens.
Jean Paul

Die Kunst gibt nicht das Sichtbare wieder, sondern macht sichtbar.
Paul Klee

Liebe und Kunst umarmen nicht, was schön ist, sondern, was eben dadurch schön wird.
Karl Kraus

Die Kunst ist – im Verhältnis zum Leben – immer ein Trotzdem.
George Lukács

Kunst ist, wenn mans nicht kann, denn wenn mans kann, ists keine Kunst.
Johann Nestroy

Kunst wäscht den Staub des Alltags von der Seele.
Pablo Picasso

Kunst ist eine Lüge, die uns die Wahrheit erkennen lässt.
Pablo Picasso

Ernst ist das Leben, heiter ist die Kunst.
Schiller

Kunst ist schön, macht aber viel Arbeit.
Karl Valentin

Künstler

Der Künstler war immer vollkommen in die Gesellschaft integriert, aber nicht in die Gesellschaft seiner Zeit, sondern in jene der Zukunft.
Ernesto Cardenal

Uneinig sein mit seiner Zeit – das gibt dem Künstler seine Daseinsberechtigung.
André Gide

Jeder große Künstler hat auch etwas von einem Forscher an sich.
Arthur Koestler

Licht senden in die Tiefe des menschlichen Herzens – des Künstlers Beruf!
Robert Schumann

Kunststoff

Kunststoff herzustellen ist keine Kunst mehr, aber diesen Stoff zu beseitigen, ist eine Kunst, denn Kunststoff ist nicht von Pappe.
Gerd Uhlenbruck

Kunstwerk

Kunstwerke sind phänomenal, historisch unwirksam, praktisch folgenlos. Das ist ihre Größe.
Gottfried Benn

Jedes Kunstwerk ist eigentlich eine Skizze, die erst durch unsere Fantasie vollendet wird.
Sigmund Graff

Ihre Entstehung verdanken die Meisterwerke dem Genie, ihre Vollendung dem Fleiß.
Joseph Joubert

Das Kunstwerk ist als Ding nicht ewig. Doch die Künstler vergessen oft, dass ihr Werk im Besitz des Geheimnisses der wahren Zeit ist: nicht der leeren Ewigkeit, sondern der Lebendigkeit des Augenblicks.
Octavio Paz

Kuss

Zehn Küsse werden leichter vergessen als ein Kuss.
Jean Paul

Ein Kuss ist eine Sache, für die man beide Hände braucht.
Mark Twain

Lächeln

Lächeln ist die eleganteste Art, seinen Gegnern die Zähne zu zeigen.
Werner Finck

Lachen

In seinem Lachen liegt der Schlüssel, mit dem wir den ganzen Menschen entziffern.
Thomas Carlyle

Der verlorenste aller Tage ist der, an dem man nicht gelacht hat.
Chamfort

Nichts in der Welt wirkt so ansteckend wie Lachen und gute Laune.
Charles Dickens

Der Himmel hat den Menschen als Gegengewicht zu den vielen Mühseligkeiten des Lebens drei Dinge gegeben: die Hoffnung, den Schlaf und das Lachen.
Immanuel Kant

Lachen ist insofern ein einzigartiger Reflex, als er keinen augenscheinlichen biologischen Nutzen hat.
Arthur Koestler

Langeweile

Menschen, an denen nichts auszusetzen ist, haben nur einen, allerdings entscheidenden Fehler: Sie sind uninteressant.
Zsa Zsa Gabor

Nicht Mangel an Ideen – denn man hat immer welche –, sondern an neuen macht Langeweile.
Jean Paul

Wir verzeihen oft Leuten, die uns langweilen, aber nicht denen, die wir langweilen.
François de La Rochefoucauld

Was Rednern an Tiefe fehlt, ersetzen sie durch Länge.
Montesquieu

Das Geheimnis zu langweilen besteht darin, alles zu sagen.
Voltaire

Lärm

Der eigene Hund macht keinen Lärm – er bellt nur.
Kurt Tucholsky

Laster

Der Mensch möchte vor den Folgen seiner Laster bewahrt werden, aber nicht vor den Lastern selbst.
Ralph Waldo Emerson

Leben

Alles wirkliche Leben ist Begegnung.
Martin Buber

Jeder Augenblick im Leben ist ein Schritt zum Tode hin.
Pierre Corneille

Lebe, wie du, wenn du stirbst, wünschen wirst, gelebt zu haben.
Christian Fürchtegott Gellert

Grau, teurer Freund, ist alle Theorie und grün des Lebens goldner
Baum.
Goethe

Wir verlangen, das Leben müsse einen Sinn haben – aber es hat
nur ganz genau so viel Sinn, als wir selber ihm zu geben imstande
sind.
Hermann Hesse

Wie wenig ist am Ende der Lebensbahn daran gelegen, was wir
erlebten, und wie unendlich viel, was wir daraus machten.
Wilhelm von Humboldt

Das Leben gleicht einem Buche. Toren durchblättern es flüchtig;
der Weise liest es mit Bedacht, weil er weiß, dass er es nur einmal
lesen kann.
Jean Paul

Am Ende ist das Leben nur eine Summe aus wenigen Stunden, auf
die man zulebte. Sie sind; alles andere ist nur ein langes Warten
gewesen.
Erhart Kästner

Das Leben kann nur in der Schau nach rückwärts verstanden, aber
nur in der Schau nach vorwärts gelebt werden.
Sören Kierkegaard

Das Leben ist ein Zeichnen ohne die Korrekturmöglichkeiten des
Radiergummis.
Oskar Kokoschka

Das Leben ist wie ein Schulaufsatz. Meist wird das Thema verfehlt.
Werner Mitsch

Das Leben ist die Suche des Nichts nach dem Etwas.
Christian Morgenstern

Es ist eine einfache Wahrheit, dass wir mit unseren Fernsehgeräten
und Düsenflugzeugen weiter vom wirklichen Leben entfernt sind
als Eingeborene im afrikanischen Busch.
Alexander S. Neill

Leben ist der Anfang des Todes.
Novalis

Leben ist nichts anderes als der Umgang mit der Welt.
José Ortega y Gasset

Das Leben ist nicht allein der Anfang. Der Anfang ist nur
das Jetzt, und das Leben ist Dauer, Fortbestehen im nächsten
Augenblick, der auf das Jetzt folgt.
José Ortega y Gasset

Für den Optimisten ist das Leben kein Problem, sondern bereits
die Lösung.
Marcel Pagnol

Die Politik ist die Kunst des Möglichen. Das ganze Leben ist
Politik.
Cesare Pavese

Es tötet nichts so sicher als das Leben.
Wilhelm Raabe

Das Leben ist kurz, weniger wegen der kurzen Zeit, die es dauert,
sondern weil uns von dieser kurzen Zeit fast keine bleibt, es zu
genießen.
Jean-Jacques Rousseau

Das Leben ist der Güter höchstes nicht.
Schiller

Tätigkeit ist der wahre Genuss des Lebens, ja das Leben selbst.
August Wilhelm von Schlegel

Am Ende gilt doch nur, was wir getan und gelebt – und nicht, was
wir ersehnt haben.
Arthur Schnitzler

Halte fest: Du hast vom Leben doch am Ende nur dich selber.
Theodor Storm

Dass ich bin, erfüllt mich mit immer neuem Staunen. Und dies bedeutet Leben.
Rabindranath Tagore

Wer nur mit dem Verstand lebt, hat das Leben nicht verstanden!
Gerd Uhlenbruck

Nicht wir leben unser Leben: Gott lebt uns.
Thornton Wilder

Lebensbejahung

Wir sollen die Liebe, welche wir den Toten mit ins Grab geben, nicht den Lebenden entziehen.
Wilhelm Raabe

Wir sind in diese Welt gekommen nicht nur, dass wir sie kennen, sondern dass wir sie bejahen.
Rabindranath Tagore

Lebenserfahrung

Die Welt ist die wahre Schule, denn da lernt man alles von selbst.
Johann Nestroy

Die meisten Menschen brauchen sehr lang, um jung zu werden.
Pablo Picasso

Nur wer Helles und Dunkles, Aufstieg und Niedergang erfahren, nur der hat wahrhaft gelebt.
Stefan Zweig

Lebensfreude

Ein Leben ohne Feste ist eine weite Reise ohne Gasthaus.
Demokrit

Wer nicht genießt, wird ungenießbar.
Konstantin Wecker

Lebensklugheit

Lieber ein Narr und glücklich, als ein weiser Mann und unglücklich.
Horst Wolfram Geissler

Lebensklugheit bedeutet: alle Dinge möglichst wichtig, aber keines völlig ernst nehmen.
Arthur Schnitzler

Lebenskunst

Die wahren Lebenskünstler sind bereits glücklich, wenn sie nicht unglücklich sind.
Jean Anouilh

Es ist Lebenskunst, die schönen Dinge im Leben nicht aufhören, sondern ausklingen zu lassen.
Elisabeth Bergner

Wir alle müssen das Leben meistern. Aber die einzige Art, es zu meistern, besteht darin, es zu lieben.
Georges Bernanos

Die wahre Lebenskunst besteht darin, im Alltäglichen das Wunderbare zu sehen.
Pearl S. Buck

Lebenskunst besteht zu neunzig Prozent aus der Fähigkeit, mit Menschen auszukommen, die man nicht leiden kann.
Samuel Goldwyn

Lebenskünstler verstehen es, um Dinge gebeten zu werden, die sie gerne machen.
Robert Lembke

Lebenslüge

Wer eine Hintertür in sein Leben einbaut, gebraucht sie eines Tages als Hauptportal.
Hans Arndt

Eine Lebenswahrheit lautet, dass wir ohne Lebenslüge nicht auskommen.
Gerd Uhlenbruck

Lebensweise

Leben funktioniert nach dem Lustprinzip. Allein der Mensch schafft es, nach dem Unlustprinzip zu vegetieren. Für Lohn und Pension.
Oliver Hassencamp

Die meisten Menschen wären glücklich, wenn sie sich das Leben leisten könnten, das sie sich leisten.
Danny Kaye

Nicht der Mensch hat am meisten gelebt, welcher die höchsten Jahre zählt, sondern der, welcher sein Leben am meisten empfunden hat.
Jean-Jacques Rousseau

Genau genommen leben nur wenige Menschen wirklich in der Gegenwart, die meisten haben nur vor, einmal richtig zu leben.
Jonathan Swift

Lebensweisheit

Die Dinge sind nie so, wie sie sind. Sie sind immer das, was man aus ihnen macht.
Jean Anouilh

Auch in den Tümpeln, den Lachen, den Mistpfützen spiegeln sich Sterne. Vergiss das nicht!
Friedrich Georg Jünger

Die goldene Regel ist, dass es keine goldenen Regeln gibt.
George Bernard Shaw

Legende

Legenden sind Lügen mit Heiligenschein.
Karlheinz Deschner

Lehren

Lehren heißt: die Dinge zweimal lernen.
Joseph Joubert

Man lernt am schnellsten und am besten, indem man andere lehrt.
Rosa Luxemburg

Der wahre Unterricht beschränkt sich letztlich auf diejenigen, die darauf bestehen, etwas zu lernen; das Übrige ist bloßes Viehtreiben.
Ezra Pound

Erziehung ist eine wunderbare Sache, doch muss man sich von Zeit zu Zeit besinnen, dass nichts, was von Wert ist, gelehrt werden kann.
Oscar Wilde

Lehrer

Jeder Lehrer muss lernen, mit dem Lehren aufzuhören, wenn es Zeit ist. Das ist eine schwere Kunst.
Bertolt Brecht

Es kann nicht früh genug darauf hingewiesen werden, dass man die Kinder nur dann vernünftig erziehen kann, wenn man zuvor die Lehrer vernünftig erzieht.
Erich Kästner

Ein Lehrer, der nicht von seinen Schülern lernt, versagt in seinem Beruf.
Charlotte Wolff

Leib → Körper

Leid

Leiden sind Lehren.
Äsop

Nicht nur die Tat, auch das Leiden ist ein Weg zur Freiheit.
Dietrich Bonhoeffer

Ein Mensch kann viel ertragen, solange er sich selbst ertragen kann.
Axel Munthe

Wer nicht ein kleines Leid zu ertragen versteht, muss sich darauf gefasst machen, viele Leiden über sich ergehen zu lassen.
Jean-Jacques Rousseau

Leiden ist wie Geld. Es kursiert von Hand zu Hand. Wir geben weiter, was wir empfangen.
Thornton Wilder

Leidenschaft

Alle Leidenschaften übertreiben und wären keine Leidenschaften, wenn sie nicht übertrieben.
Chamfort

Feuer läutert, verdeckte Glut frisst an.
Marie von Ebner-Eschenbach

Wer die Leidenschaft als Jugendsünde abtut, degradiert die Vernunft zur Alterserscheinung.
Hans Kasper

Das Gewissen ist die Stimme der Seele. Die Leidenschaften sind die Stimme des Körpers.
Jean-Jacques Rousseau

Leistung

Wenn der Mensch alles leisten soll, was man von ihm fordert, so muss er sich für mehr halten, als er ist.
Goethe

Es kommt viel weniger darauf an, was man leistet, als viel mehr darauf, wo man es leistet.
Johann Nestroy

Leistungsgesellschaft

Unsere Leistungsgesellschaft ist nicht eine Gesellschaft, in der nur Leistung gilt, sondern eine, welche bestimmt, was Leistung ist und wer sie leisten darf.
Gerd Uhlenbruck

Lernen

Lernen ist wie Rudern gegen den Strom. Sobald man aufhört, treibt man zurück.
Benjamin Britten

Bis ins späteste Alter lernen (nicht auswendig, sondern inwendig), das ist Genießen, das ist Leben. Da wächst die Seele, in konzentrischen Kreisen, göttlichen Sphären zu.
Ernst von Feuchtersleben

Jeder, der aufhört zu lernen, ist alt, mag er zwanzig oder achtzig Jahre zählen. Jeder, der weiterlernt, ist jung, mag er zwanzig oder achtzig Jahre zählen.
Henry Ford

Der Mensch soll lernen. Nur die Ochsen büffeln.
Erich Kästner

Man lernt am schnellsten und am besten, indem man andere lehrt.
Rosa Luxemburg

Es ist des Lernens kein Ende.
Robert Schumann

Lesen

Lesen, ein Buch lesen – für mich ist das das Erforschen eines Universums.
Marguerite Duras

Wer zu lesen versteht, besitzt den Schlüssel zu großen Taten, zu ungeträumten Möglichkeiten, zu einem berauschend schönen, sinnerfüllten und glücklichen Leben.
Aldous Huxley

Man sollte niemals ein Buch lesen, bloß weil es auf irgendeiner Bestsellerliste steht oder weil es einem zeitgenössischen Trend entspricht. Richtiges Lesen ist Bürsten gegen den Strich.
Doris Lessing

Erst durch Lesen lernt man, wie viel man ungelesen lassen kann.
Wilhelm Raabe

Leser

Der einzelne Leser ist meistens wortärmer, aber viel gescheiter als jene öffentliche Meinung, die von einer Schicht substanzloser Intellektualität gebildet wird und zum Glück nicht so mächtig ist, wie sie zu sein glaubt.
Hermann Hesse

Der Leser hats gut: Er kann sich seine Schriftsteller aussuchen.
Kurt Tucholsky

Liberalismus

Manche meinen, sie seien liberal geworden, nur weil sie die Richtung ihrer Intoleranz geändert haben.
Wiesław Brudziński

Liberalismus ist durch Vorsicht gemäßigtes Vertrauen, Konservatismus ist durch Furcht gemildertes Misstrauen der Menschen.
William Gladstone

Liebe

Liebe ist der Wunsch, etwas zu geben, nicht zu erhalten.
Bertolt Brecht

Einen Menschen zu lieben heißt einzuwilligen, mit ihm alt zu werden.
Albert Camus

Liebe ist stets der Anfang des Wissens, so wie Feuer der Anfang des Lichts ist.
Thomas Carlyle

Liebe ist kein Solo. Liebe ist ein Duett. Schwindet sie bei einem, verstummt das Lied.
Adelbert von Chamisso

Alter schützt vor Liebe nicht, aber Liebe vor dem Altern.
Coco Chanel

Liebe: an jemand denken, ohne nachzudenken.
Karlheinz Deschner

Die Liebe ist ein Wunder, das immer wieder möglich, das Böse eine Tatsache, die immer vorhanden ist.
Friedrich Dürrenmatt

Liebe ist der Entschluss, das Ganze eines Menschen zu bejahen, die Einzelheiten mögen sein, wie sie wollen.
Otto Flake

Eben darin besteht ja die Liebe, dass sie uns in der Schwebe des Lebendigen hält, in der Bereitschaft, einem Menschen zu folgen in allen seinen möglichen Entfaltungen.
Max Frisch

Das ist das Eigentümliche an der Liebe, dass sie sich niemals gleich bleiben kann; sie muss unaufhörlich wachsen, wenn sie nicht abnehmen soll.
André Gide

Die Liebe ist eine Gemütskrankheit, die durch die Ehe oft schnell geheilt werden kann.
Sacha Guitry

Liebe ist das Einzige, was nicht weniger wird, wenn wir es verschwenden.
Ricarda Huch

Die Liebe ist so unproblematisch wie ein Fahrzeug. Problematisch sind nur die Lenker, die Fahrgäste und die Straße.
Franz Kafka

Liebe ist ganz aus Freiheit gemacht, kein Muss richtet da etwas aus.
Hans Kasper

Ewige Liebe: die Ewigkeit in ihrer vergänglichsten Form.
Hans Krailsheimer

Liebe ist gemeinsame Freude an der wechselseitigen Unvollkommenheit.
Hans Kudszus

Wie zart empfindend man auch in der Liebe sei, so verzeiht man bei ihr doch leichter Fehler als bei der Freundschaft.
Jean de La Bruyère

Wenn die Menschen sagen, sie hätten ihr Herz verloren, ist es meistens nur der Verstand.
Robert Lembke

Lieben bedeutet, zu einem Menschen zu halten. Liebe ist Anerkennung.
Alexander S. Neill

Die Liebe ist der Versuch der Natur, den Verstand aus dem Weg zu räumen.
Thomas Niederreuther

Das Verlangen nach Gegenliebe ist nicht das Verlangen der Liebe, sondern der Eitelkeit.
Friedrich Nietzsche

Die Liebe ist vielleicht der höchste Versuch, den die Natur macht, um das Individuum aus sich heraus- und zu dem anderen hinzuführen.
José Ortega y Gasset

Liebe und Dichtung sind eigentlich dasselbe: der Wunsch, sich zu äußern.
Cesare Pavese

Die Liebe ist der Liebe Preis.
Schiller

Liebe auf den ersten Blick ist ungefähr so zuverlässig wie Diagnose auf den ersten Händedruck.
George Bernard Shaw

Die Liebe beruht auf einer starken Übertreibung des Unterschiedes zwischen einer Person und allen anderen.
George Bernard Shaw

Der Mensch ist sich tief bewusst, dass im Grunde seines Wesens ein Zwiespalt ist, er sehnt sich, ihn zu überbrücken, und irgendetwas sagt ihm, dass es die Liebe ist, die ihn zur endgültigen Versöhnung führen kann.
Rabindranath Tagore

Macht können wir durch Wissen erlangen, aber zur Vollendung gelangen wir nur durch die Liebe.
Rabindranath Tagore

Aus Liebe lernt man alles, aus der Liebe lernt man nichts.
Gerd Uhlenbruck

Die Liebe besiegt alles.
Vergil

Lieben

Man liebt einen Menschen nicht wegen seiner Stärke, sondern wegen seiner Schwächen.
Tilla Durieux

Glücklich allein ist die Seele, die liebt.
Goethe

Wer liebt, hat ein großes Geschenk zu verwalten.
Martin Kessel

Geliebt zu werden kann eine Strafe sein. Nicht wissen, ob man geliebt wird, ist Folter.
Robert Lembke

Jemanden lieben heißt als Einziger ein für die anderen unsichtbares Wunder sehen.
François Mauriac

Es gibt vielleicht auf der ganzen Welt kein anderes Mittel, ein Ding oder Wesen schön zu machen, als es zu lieben.
Robert Musil

Die Forderung, geliebt zu werden, ist die größte der Anmaßungen.
Friedrich Nietzsche

Liebhaber

Wenn man einen Liebhaber hat, dann hat man auch mehrere.
Marguerite Duras

Die meisten Männer, die Kluges über Frauen gesagt haben, waren schlechte Liebhaber. Die großen Praktiker reden nicht, sondern handeln.
Jeanne Moreau

Lieblosigkeit

Liebe ist Qual, Lieblosigkeit ist Tod.
Marie von Ebner-Eschenbach

Der wildeste Hass ist noch lange nicht so hässlich wie Lieblosigkeit.
Isolde Kurz

Liedermacher

Liedermacher, das wurde für die Kulturschickeria einer, der zwar schlecht Gitarre spielt, aber dafür auch keine Stimme hat.
Wolf Biermann

Literatur

Es gibt keine alte und moderne Literatur, sondern nur eine ewige und eine vergängliche.
Ernst von Feuchtersleben

Dadurch, dass das Buch das Gedächtnis objektiviert und verstofflicht, wird dieses im Prinzip zu etwas Unbegrenztem, und die Aussagen der Jahrhunderte stehen jedermann zur Verfügung.
José Ortega y Gasset

Die Unsterblichkeit der Literaturen ist abstrakt und heißt Bibliothek.
Octavio Paz

Es ist das Schicksal aller Literaturen, eines Tages in toten Sprachen geschriebene lebendige Werke zu sein.
Octavio Paz

Große Literatur ist einfach Sprache, die bis zur Grenze des Möglichen mit Sinn geladen ist.
Ezra Pound

Lob auch → Anerkennung

Lobt dich der Gegner, dann ist das bedenklich; schimpft er, dann bist du in der Regel auf dem richtigen Weg.
August Bebel

Was unsere Epoche kennzeichnet, ist die Angst, für dumm zu
gelten, wenn man etwas lobt, und die Gewissheit, für gescheit
zu gelten, wenn man etwas tadelt.
Jean Cocteau

Irren ist menschlich. Nur wer uns lobt, ist unfehlbar.
Oliver Hassencamp

Wer ein Lob zurückweist, will nochmals gelobt werden.
François de La Rochefoucauld

Im Lobe ist mehr Zudringlichkeit als im Tadel.
Friedrich Nietzsche

Die einen werden durch großes Lob schamhaft, die anderen frech.
Friedrich Nietzsche

Den Tadel der Menschen nahm ich so lange gerne an, bis ich
einmal darauf achtete, wen sie lobten.
Walther Rathenau

Es kann einem nichts Schlimmeres passieren, als von einem Halun-
ken gelobt zu werden.
Robert Schumann

Losung

Losungen sind das Gegenteil von Lösungen.
Gabriel Laub

Lüge

Die hinterhältigste Lüge ist die Auslassung.
Simone de Beauvoir

Ein halb leeres Glas Wein ist zwar auch ein halb volles, aber eine
halbe Lüge ist mitnichten eine halbe Wahrheit.
Jean Cocteau

Dass Papageien sprechen können, macht sie noch nicht menschen-
ähnlich; sie müssen erst einmal lernen zu lügen.
Robert Lembke

Eine Lüge ist wie ein Schneeball; je länger man ihn wälzt, je größer wird er.
Martin Luther

Die Stärke des Irrtums und der Lüge liegt gerade darin, dass sie ebenso klar sein können wie Wahrheiten; weshalb das Falsche ebenso einleuchtend sein mag wie das Richtige.
Ludwig Marcuse

Das Kind lügt selten früher, als bis es bei anderen die Lüge entdeckt hat.
Peter Rosegger

Das Lügen lässt sich überhaupt nicht vermeiden, am ehesten noch die Gelegenheit dazu.
Karl Heinrich Waggerl

Lügner

Ein Lügner muss ein gutes Gedächtnis haben.
Pierre Corneille

Die Strafe für den Lügner besteht nicht darin, dass man ihm nicht glaubt, sondern darin, dass er selber niemandem mehr glauben kann.
George Bernard Shaw

Lust

Jedem Vorhaben ist ein Stück kreatürlicher Lust eingegeben, ohne die dem Willen keine Flügel wachsen.
Hans Kasper

Lust steigert sich an Lust.
Kurt Tucholsky

Macht

Unsere Macht ist zerstörerisch. Wir können zwar die Schöpfung beenden und alle Menschen töten, aber wir können keinen einzigen Menschen erschaffen.
Franz Alt

Macht besitzen und nicht ausüben ist wahre Größe.
Friedl Beutelrock

Keiner weiß, was in ihm steckt, bevor er von der Macht gekostet hat.
Otto Flake

Macht hat ihre Legitimität nur im Dienst der Vernunft. Allein von hier bezieht sie ihren Sinn. An sich ist sie böse.
Karl Jaspers

Die Macht ist böse, schrieb ein Philosoph, und die Tugend fiel gläubig in Ohnmacht, statt Gedanken gegen die Gewalt zu mobilisieren.
Hans Kasper

Wie sehr Macht der Wahrheit im Wege steht, ergibt sich schon daraus, dass zur Macht die Angst gehört.
Hans A. Pestalozzi

Der hat die Macht, an den die Menge glaubt.
Ernst Raupach

Ich glaube nicht, dass Männer von Natur aus aggressiv sind. Was sie aggressiv werden lässt, ist Macht, zu viel Macht. Diese Macht korrumpiert, nicht das Geschlecht.
Alice Schwarzer

Kein Abschied auf der Welt fällt schwerer als der Abschied von der Macht.
Charles Maurice de Talleyrand

Machtausübung

Kein Mensch ist gut genug, einen anderen Menschen ohne dessen Zustimmung zu regieren.
Abraham Lincoln

Es ist eine ewige Erfahrung, dass jeder Mensch, der Macht in Händen hat, geneigt ist, sie zu missbrauchen. Er geht so weit, bis er Schranken findet.
Montesquieu

Machtausübung ist ja ein direkter Gegensatz zur Wahrheitsfindung.
Hans A. Pestalozzi

Malerei

Malen ist nicht schwierig, solange man nichts davon versteht. Wenn man diese Kunst aber begriffen hat, dann wird man gefordert.
Edgar Degas

Es gibt Maler, die die Sonne in einen gelben Fleck verwandeln. Es gibt aber andere, die dank ihrer Kunst und Intelligenz einen gelben Fleck in die Sonne verwandeln.
Pablo Picasso

Jedes Porträt, das mit Gefühl gemalt wurde, ist ein Porträt des Künstlers, nicht dessen, der ihm dafür gesessen hat.
Oscar Wilde

Management

Management ist nichts anderes als die Kunst, andere Menschen zu motivieren.
Lee Iacocca

Wer zu spät an die Kosten denkt, ruiniert sein Unternehmen. Wer immer zu früh an die Kosten denkt, tötet die Kreativität.
Philip Rosenthal

Manager

Manchmal gleicht selbst der beste Manager einem kleinen Jungen, der einen großen Hund an der Leine hat und darauf wartet, wo der Hund hin will, damit er ihn dorthin führen kann.
Lee Iacocca

Das Ideal eines Managers ist der Mann, der genau weiß, was er nicht kann, und der sich dafür die richtigen Leute sucht.
Philip Rosenthal

Manieren → Umgangsformen

Mann

Die Behauptung, ein Mann könne nicht immer die gleiche Frau lieben, ist so unsinnig wie die Behauptung, ein Geigenspieler brauche für dasselbe Musikstück mehrere Violinen.
Honoré de Balzac

Die Frauen machen sich nur deshalb schön, weil das Auge des Mannes besser entwickelt ist als sein Verstand.
Doris Day

Die moderne Frau kennt den Unterschied zwischen einem Autoreifen und einem Mann: Ein Autoreifen muss mindestens einen Millimeter Profil haben.
Lisa Fitz

Ich glaube nicht, dass Männer von Natur aus aggressiv sind. Was sie aggressiv werden lässt, ist Macht, zu viel Macht. Diese Macht korrumpiert, nicht das Geschlecht.
Alice Schwarzer

Männer brauchen Frauen um sich, sonst verfallen sie unaufhaltsam der Barbarei.
Orson Welles

Alle Männer sind ichbezogene Kinder.
Christa Wolf

Marktwirtschaft

Eine reine Marktgesellschaft, in der einzig die ökonomische Position des Menschen über seinen Zugang zu Erziehung, Arbeit, Freizeit, Anerkennung und sozialer Sicherheit entscheidet, ist ebenso Tyrannei wie die Herrschaft einer bürokratischen Nomenklatura.
Peter Glotz

Mit der Marktwirtschaft ist es wie mit dem Schwimmen. Ohne Wasser kann man es nicht lernen.
Otto Graf Lambsdorff

Das wichtigste Produkt einer jeden Marktwirtschaft ist der Konsument.
Werner Mitsch

Marxismus

Der Marxismus ist weder etwas Endgültiges noch etwas Unantastbares.
Michail Gorbatschow

Die Kritik am Marxismus als Ideologie ist die unerlässliche Voraussetzung für die Wiedergeburt des marxistischen Denkens.
Octavio Paz

Aus allen großen Ideen machen wir das Falsche, alles pervertieren wir, das Christentum wie den Marxismus!
Luise Rinser

Maske

Wer nicht weiß, dass er eine Maske trägt, trägt sie am vollkommensten.
Theodor Fontane

Maske: der einzige Teil des Gesichts, den sich der Mensch selber aussucht.
Gabriel Laub

Die raffinierteste Maske ist das nackte Gesicht.
Peter Tille

Masse

Masse ist eine Gesellschaft mit recht beschränkter Haftung.
Hans Kasper

Die Menschen aber, die ihren eigenen Weg zu gehen fähig sind, sind selten. Die große Zahl will nur in der Herde gehen, und sie weigert die Anerkennung denen, die ihre eigenen Wege gehen wollen.
Blaise Pascal

Materialismus

In der Zeit der Romantiker liebte man in der Blume nur den Duft – in unserer Zeit liebt man in ihr die keimende Frucht.
Heinrich Heine

Es ist die Aufgabe des historischen Materialismus zu zeigen, wie alles kommen muss – und wenn es nicht so kommt, zu zeigen, warum es nicht so kommen konnte.
Kurt Tucholsky

Mathematik

Die Mathematik gehört zu jenen Äußerungen menschlichen Verstandes, die am wenigsten von Klima, Sprache oder Traditionen abhängen.
Ilja Ehrenburg

Medizin

Es ist die Medizin für den, der ihrer bedarf, eine heimliche, fast zauberische Kunst. Auf dem Glauben beruht immer ein guter Teil ihrer Kraft.
Adelbert von Chamisso

Drei Zehntel heilt Medizin, sieben Zehntel heilt Diät.
Chinesisches Sprichwort

Mehrheit

Gesellschaftlicher Fortschritt ist nur über Minderheiten möglich, Mehrheiten zementieren das Bestehende.
Bertrand Russell

Wer das Mehrheitsprinzip auflösen und durch die Herrschaft der absoluten Wahrheit ersetzen will, der löst die freiheitliche Demokratie auf.
Richard von Weizsäcker

Meinung

Nie tritt man andern so auf die Füße, wie wenn man den eignen Standpunkt vertritt.
Karlheinz Deschner

Eine Meinung braucht, um originell zu sein, nicht unbedingt vom allgemein Anerkannten abzuweichen; wichtig ist nur, dass sie sich ihm nicht anpasst.
André Gide

Die öffentliche Meinung gleicht einem Schlossgespenst: Niemand hat es gesehen, aber alle lassen sich von ihm tyrannisieren.
Sigmund Graff

Jeder hat das Recht auf seine eigene Meinung, aber er hat keinen Anspruch darauf, dass andere sie teilen.
Manfred Rommel

Auch wenn alle einer Meinung sind, können alle Unrecht haben.
Bertrand Russell

Wie viel Leute, so viel Meinungen.
Terenz

Es kann standhafter sein, seine Meinung zu ändern, als sie beizubehalten.
Peter Tille

Um populär zu werden, kann man seine eigene Meinung behalten. Um populär zu bleiben, weniger.
Kurt Tucholsky

Memoiren

Durch eine Autobiographie verliert man gewöhnlich den Rest seiner Freunde.
Robert Neumann

Man hat es so leicht, seine Erinnerungen zu schreiben, wenn man ein schlechtes Gedächtnis hat.
Arthur Schnitzler

Mensch

Der Mensch ist ein Wesen, dessen Schöpfung nur ein halber Erfolg war. Er ist nur ein Entwurf von etwas.
Gottfried Benn

Die Welt ist voller Rätsel, für diese Rätsel aber ist der Mensch die Lösung.
Joseph Beuys

Ich bin nicht so verrückt, an Gott zu glauben: Ich bin verrückter, denn ich glaub an sein Geschöpf.
Wolf Biermann

Das Schicksal des Menschen ist der Mensch.
Bertolt Brecht

Jeder Mensch ist ein Abgrund
Georg Büchner

Das menschliche Wesen ist dem menschlichen Tun davongelaufen, das ist unsere Tragik. Trotz aller unserer Kenntnisse verhalten wir uns immer noch wie die Höhlenmenschen von einst.
Friedrich Dürrenmatt

Es gab einmal ein Zeitalter – es war das griechische – da war der Mensch das Maß aller Dinge. Heute sind die Dinge das Maß aller Menschen.
Werner Finck

Je höher der Mensch steht, umso stärkere Schranken hat er nötig, welche die Willkür seines Wesens bändigen.
Gustav Freytag

Der Mensch ist Mensch, weil er Selbstbeherrschung üben kann, und nur insoweit, als er Selbstbeherrschung übt.
Mahatma Gandhi

Der Mensch ist im Gegensatz zu allen höheren Säugern hauptsächlich durch Mängel bestimmt.
Arnold Gehlen

Das eigentliche Studium der Menschheit ist der Mensch.
Goethe

Ich glaube an den Menschen als eine wunderbare Möglichkeit, die auch im größten Dreck nicht erlischt und ihm aus der größten Entartung zurückzuhelfen vermag, und ich glaube, diese Möglichkeit ist so stark und so verlockend, dass sie immer wieder als Hoffnung und als Forderung spürbar wird.
Hermann Hesse

Der Mensch ist ein zeitliches Wesen, das nur lebt, indem es seine Welt um sich wandelt.
Karl Jaspers

Nur wer erwachsen wird und ein Kind bleibt, ist ein Mensch!
Erich Kästner

Der Homo sapiens ist kein Tier mehr. Er ist schon fähig, sich selbst als Gattung zu vernichten.
Gabriel Laub

Der Mensch ist die Krone der Schöpfung. Wie schade, dass es eine Dornenkrone ist.
Stanisław Jerzy Lec

Der Übergang vom Affen zum Menschen sind wir.
Konrad Lorenz

Gott hat den Menschen erschaffen, weil er vom Affen enttäuscht
war. Danach hat er auf weitere Experimente verzichtet.
Mark Twain

Beim Menschen ist kein Ding unmöglich, im Schlimmen wie im
Guten.
Christian Morgenstern

Der Mensch ist das Maß aller Dinge.
Protagoras

Den Menschen als Doppelwesen aus Gott und Tier zu beschreiben
ist nicht sehr fair gegenüber den Tieren. Eher ist er ein Doppelwesen aus Gott und Teufel.
Bertrand Russell

Der Mensch ist ein Teil der Natur und nicht etwas, das zu ihr im
Widerspruch steht.
Bertrand Russell

Der Mensch ist im Grunde Begierde, Gott zu sein.
Jean-Paul Sartre

Der Mensch ist nichts anderes als sein Entwurf; er existiert nur in
dem Maße, als er sich entfaltet.
Jean-Paul Sartre

Wie leicht wäre die Welt zu regieren, wenn sie nicht aus
Menschen bestünde.
Friedrich Sieburg

Viel Gewaltiges lebt, doch gewaltiger nichts als der Mensch.
Sophokles

Gerade durch das, was an ihm typisch menschlich ist, bleibt der
Mensch eine zwar wohl gelungene, aber monströse und störende
Schöpfung.
Pierre Teilhard de Chardin

Menschenbeurteilung

Erst wenn man das Schlimmste über einen Menschen kennt,
kennt man auch sein Bestes.
Gilbert K. Chesterton

Schon mancher ist von den großen Stücken, die man auf ihn gehalten hat, erschlagen worden.
Gabriel Laub

Die Fähigkeiten eines Chefs erkennt man an seiner Fähigkeit, die Fähigkeiten seiner Mitarbeiter zu erkennen.
Robert Lembke

Über Personen urteilen heißt groteske Bilder von ihnen zeichnen.
Cesare Pavese

Willst du die anderen verstehn, blick in dein eigenes Herz.
Schiller

Im schlechtesten der Menschen steckt noch so viel Gutes und im Besten noch so viel Böses, dass keiner befugt ist, zu urteilen und zu verurteilen.
Robert Louis Stevenson

Wenn man einen Menschen richtig beurteilen will, so frage man sich immer: »Möchtest du den zum Vorgesetzten haben?«
Kurt Tucholsky

Niemand lernt jemals jemanden kennen. Wir sind alle zu lebenslänglicher Einzelhaft in unserer Haut verurteilt.
Tennessee Williams

Das Unglück ist, dass jeder denkt, der andere ist wie er, und dabei übersieht, dass es auch anständige Menschen gibt.
Heinrich Zille

Menschenführung

Menschen, die Einfluss auf andere ausüben wollen, müssen dafür sorgen, dass sie nicht zu oft zu sehen sind.
Ricarda Huch

Um jemanden lange Zeit und unbedingt zu beherrschen, muss man ihn mit leichter Hand lenken und ihn so wenig als möglich seine Abhängigkeit fühlen lassen.
Jean de La Bruyère

Nur der Mensch, der sich verstanden fühlt, ist bereit, sich verstehen und führen zu lassen.
Emil Oesch

Die Welt ist voll brauchbarer Menschen, aber leer an Leuten, die den brauchbaren Mann anstellen.
Johann Heinrich Pestalozzi

Menschenkenntnis → Menschenbeurteilung

Menschenrechte

Nichts, nicht einmal die modernste Waffe, nicht einmal die auf brutalste Weise schlagkräftige Polizei, nein, überhaupt gar nichts wird die Menschen aufhalten können, wenn sie erst einmal entschlossen sind, ihre Freiheit und ihr Menschenrecht zu erringen.
Desmond Tutu

Menschenverstand

Nur wer gesunden Menschenverstand hat, wird verrückt.
Stanisław Jerzy Lec

Menschenwürde

Die Würde des Menschen besteht in der Wahl.
Max Frisch

Vielleicht besteht die einzige Würde des Menschen in seiner Fähigkeit, sich achten zu können.
George Santayana

Das Menschliche

Nichts fällt uns Menschen so schwer, wie uns Dinge bewusst zu machen, die uns daran hindern, menschlicher zu werden.
Franz Alt

Der Kampf um das Menschliche ist nie vergeblich, auch wenn ihm äußerlich kein Sieg beschieden ist.
Gertrud von Le Fort

Menschlichkeit

Wenn die Menschlichkeit zerstört wird, gibt es keine Kunst mehr.
Bertolt Brecht

Alle menschlichen Gebrechen sühnet reine Menschlichkeit.
Goethe

Menschsein

Wer das Menschsein eines anderen Menschen ignoriert, verneint das eigene.
Breyten Breytenbach

Mensch sein ist vor allem die Hauptsache. Und das heißt: fest und klar und heiter sein, ja heiter trotz alledem, denn das Heulen ist Geschäft der Schwäche.
Rosa Luxemburg

Mensch werden ist eine Kunst.
Novalis

Mensch sein heißt Verantwortung fühlen: sich schämen beim Anblick einer Not, auch wenn man offenbar keine Mitschuld an ihr hat; stolz sein über den Erfolg der Kameraden; seinen Stein beitragen im Bewusstsein, mitzuwirken am Bau der Welt.
Antoine de Saint-Exupéry

Militär

Die Soldaten müssen für die Fehler der Politiker gerade stehen.
Bert Berkensträter

Solange es keine Granaten gibt, die nur über dem eignen Land platzen, ist der Soldat der Garant der Sicherheit wie der Unsicherheit.
Sigmund Graff

Minderwertigkeitskomplex

Minderwertigkeitskomplexe sind häufig mit Überheblichkeitskomplexen gekoppelt. Ein Mensch, der sich seiner nicht sicher ist, gibt sich meist überlegen.
Ilja Ehrenburg

Hält man sich für zu klein, wird man auf den Kopf getreten.
Jüdisches Sprichwort

Das schlechte an den Minderwertigkeitskomplexen ist, dass die falschen Leute sie haben.
Jacques Tati

Misserfolg

Eine stolz getragene Niederlage ist auch ein Sieg.
Marie von Ebner-Eschenbach

Nichts schmerzt so sehr wie fehlgeschlagene Erwartungen, aber gewiss wird auch durch nichts ein zum Nachdenken fähiger Geist so lebhaft wie durch sie erweckt.
Benjamin Franklin

Misserfolge stellen sich am leichtesten ein, wenn man seinem Erfolg treu bleiben will, anstatt seiner Art.
Sigmund Graff

Missgunst → Neid

Misstrauen

Was uns hindert, unsere Freunde auf den Grund unseres Herzens blicken zu lassen, ist gewöhnlich nicht so sehr Misstrauen gegen sie als gegen uns.
François de La Rochefoucauld

Vorsicht und Misstrauen sind gute Dinge, nur sind auch ihnen gegenüber Vorsicht und Misstrauen nötig.
Christian Morgenstern

Misstrauisch bist du? Ich verstehe dich: Du willst dir die Mühe ersparen, die Menschen kennen zu lernen.
Arthur Schnitzler

Allzu großes Misstrauen ist ebenso schädlich wie allzu großes Vertrauen. Wer das Risiko, hintergangen zu werden, nicht auf sich nehmen will, wird es im Leben nicht allzu weit bringen.
Vauvenargues

Mitläufer

Dasjenige, was im Schwange ist, findet seine Mitläufer nicht so sehr, weil es modisch als weil es vorteilhaft ist.
Ernst Bloch

Aus einer Reihe von Nullen macht man leicht eine Kette.
Stanisław Jerzy Lec

Mitleid

Mitleid bekommt man geschenkt, Neid muss man sich verdienen.
Robert Lembke

Die großartigste Schwäche des Menschen ist sein Mitleid.
Thomas Niederreuther

Mittelmäßigkeit

Es erfordert mehr Demut, seine hoffnungslose Mittelmäßigkeit anzuerkennen, denn als großer Sünder sich zu gebärden.
Hans Urs von Balthasar

Es gibt keinen größern Trost für die Mittelmäßigkeit, als dass das Genie nicht unsterblich sei.
Goethe

Alles Große braucht einen Dolmetscher bei der Menge; die Mittelmäßigkeit wird gleich verstanden.
Isolde Kurz

Nichts macht durchschnittlicher als eine gute Allgemeinbildung.
Werner Mitsch

Vor Mittelmäßigkeit ist keine Größe sicher.
Peter Tille

Modeerscheinung

Je mehr du auf der Höhe der diesjährigen Mode stehst, desto mehr bist du bereits hinter der nächstjährigen Mode zurück.
Gilbert K. Chesterton

Wenn gelegentlich etwas Altmodisches wieder Mode wird, merken wir, wie bezaubernd unsere Großmütter gewesen sein müssen.
Sigmund Graff

Mode ist die Nachahmung derer, die sich unterscheiden wollen, von denen, die sich nicht unterscheiden.
Karl Lagerfeld

Geh mit der Zeit, aber komme von Zeit zu Zeit zurück.
Stanisław Jerzy Lec

Man kann mit der Mode gehen oder mit der Mode laufen. Letzteres sollte man aber nur dann, wenn man noch jung genug dazu ist.
Jeanne Moreau

Alles Modische wird wieder unmodisch, und treibst dus bis in das Alter, so wirst du ein Geck, den niemand achtet.
Robert Schumann

Moral

Moral predigen ist leicht, Moral begründen schwer.
Arthur Schopenhauer

Moral ist einfach die Haltung, die wir gegen Leute einnehmen, von denen wir persönlich nicht erbaut sind.
Oscar Wilde

Moralist

Moralisten sind Menschen, die sich dort kratzen, wo es andere juckt.
Samuel Beckett

Der Moralist pflegt gern die Ansprüche der menschlichen Natur zu übersehen; in solchen Fällen wird aber wahrscheinlich die Natur des Menschen von den Ansprüchen des Moralisten keine Notiz nehmen.
Bertrand Russell

Motiv

Wir würden uns oft unserer schönsten Taten schämen, wenn die
Welt alle Beweggründe sähe, aus denen sie hervorgehen.
François de La Rochefoucauld

Motivation

Was wir am nötigsten brauchen, ist ein Mensch, der uns zwingt,
das zu tun, was wir können.
Ralph Waldo Emerson

Lust und Liebe sind die Fittiche zu großen Taten.
Goethe

Wie oft verglimmen die gewaltigsten Kräfte, weil kein Wind sie
anbläst!
Jeremias Gotthelf

Wenn man die Mitarbeiter am Profit teilhaben lässt, sind sie
motivierter, gute Arbeit zu leisten.
Lee Iacocca

Die meisten Führungskräfte zögern, ihre Leute mit dem Ball laufen
zu lassen. Aber es ist erstaunlich, wie schnell ein informierter und
motivierter Mensch laufen kann.
Lee Iacocca

Viele tun etwas nur deshalb nicht, weil keiner es ihnen verbietet.
Helmut Qualtinger

Musik

Musik ist höhere Offenbarung als alle Weisheit und Philosophie.
Ludwig van Beethoven

Musik wird oft nicht schön gefunden, weil sie stets mit Geräusch
verbunden.
Wilhelm Busch

Die Musik spricht nicht die Leidenschaft, die Liebe, die Sehnsucht dieses oder jenes Individuums in dieser oder jener Lage aus, sondern die Leidenschaft, die Liebe, die Sehnsucht selbst.
Richard Wagner

Mut

Um eine Sache bis auf den Grund durchzudenken, bedarf es oft mehr des Mutes als des Verstandes.
Hans Arndt

Es gehört Mut dazu, sich einer Angst zu stellen und sie auszuhalten.
Hoimar von Ditfurth

Courage ist gut, aber Ausdauer ist besser.
Theodor Fontane

Mut besteht nicht darin, dass man die Gefahr blind übersieht, sondern dass man sie sehend überwindet.
Jean Paul

Mut beweist man nicht mit der Faust allein, man braucht den Kopf dazu.
Erich Kästner

Erst wenn die Mutigen klug und die Klugen mutig geworden sind, wird das zu spüren sein, was irrtümlicherweise schon oft festgestellt wurde: ein Fortschritt der Menschheit.
Erich Kästner

Wenn alle mutig sind, ist das Grund genug, Angst zu haben.
Gabriel Laub

Wie mutig man ist, weiß man immer erst nachher.
Ludwig Marcuse

Ich kann nur mutig sein, wenn ich mich dem vorgeschriebenen mutigen Verhalten entziehen kann.
Hans A. Pestalozzi

Nachahmung

Nachahmung ist die aufrichtigste Form der Schmeichelei.
Charles Caleb Colton

Nachahmung ist wahrscheinlich das ehrlichste Kompliment.
Lee Iacocca

Ein guter Einfall ist wie ein Hahn am Morgen. Gleich krähen andere Hähne mit.
Karl Heinrich Waggerl

Nachdenken

Es gibt nichts Wichtigeres auf der Welt, als die Menschen zum Nachdenken zu bringen.
Sigmund Graff

Man sollte viel öfter nachdenken; und zwar vorher.
Werner Mitsch

Manche Menschen würden eher sterben als nachdenken. Und sie tun es auch.
Bertrand Russell

Nachfahren

Die Zweige zeugen von der Wurzel.
Arabisches Sprichwort

Nachgiebigkeit

Der Gescheitere gibt nach! Eine traurige Wahrheit. Sie begründet die Weltherrschaft der Dummheit.
Marie von Ebner-Eschenbach

Die Leute, denen man nie widerspricht, sind entweder die, welche man am meisten liebt, oder die, welche man am geringsten achtet.
Marie von Ebner-Eschenbach

Unbewegliche Armee kann nie die Schlacht gewinnen. Unbiegsamer Baum zerbricht im Sturm.
Laotse

Nachrede

Nichts gegen üble Nachrede Sie macht viele interessanter, als sie sind.
Oliver Hassencamp

Ich verzeihe meinen Freunden, die Schlechtes über mich sagen, aber nicht denen, die es mir überbringen.
André Malraux

Nachruf

Beim Lesen der Todesanzeigen wird man belehrt, dass nur engelsgleiche Wesen diese Welt verlassen.
Hans Arndt

Nachsicht

Die meiste Nachsicht übt der, der die wenigste braucht.
Marie von Ebner-Eschenbach

Nächstenliebe

Man sollte die Menschen lehren, nicht von Gerechtigkeit zu sprechen, sondern von Nächstenliebe.
Eugène Ionesco

Es ist leichter, alle zu lieben als einen. Die Liebe zur ganzen Menschheit kostet gewöhnlich nichts als eine Phrase; die Liebe zum Nächsten fordert Opfer.
Peter Rosegger

Das Übel ist nicht, ein paar Feinde zu hassen, sondern unseren Nächsten nicht genug zu lieben.
Anton Tschechow

Name

Der Name ist ein Stück des Seins und der Seele.
Thomas Mann

Nationalismus

Gemessen am Frieden ist die Nation nicht mehr das höchste aller Güter.
Willy Brandt

Von allen Ursachen des Nationalhasses ist die Unwissenheit die mächtigste. Wenn der Verkehr zunimmt, nimmt die Unwissenheit ab, und so vermindert sich der Hass.
Henry Thomas Buckle

Jedes Volk hat die naive Auffassung, Gottes bester Einfall zu sein.
Theodor Heuss

Natur

Natur wiederholt ewig in weiterer Ausdehnung denselben Gedanken. Darum ist der Tropfen ein Bild des Meeres.
Friedrich Hebbel

Unkraut ist die Opposition der Natur gegen die Regierung der Gärtner.
Oskar Kokoschka

Es gibt keinen schöneren Tempel, wo man die Opfer seines Dankes darbringt, als die freie Natur. Und es gibt kein größeres Frevlertum, als sich an ihr zu versündigen.
August Heinrich Hoffmann von Fallersleben

Die Natur ist ein unendlich geteilter Gott.
Schiller

Natürlichkeit

Nichts hindert uns mehr, natürlich zu sein, als das Bestreben, so zu erscheinen.
François de La Rochefoucauld

Naturwissenschaft

Jedes Naturgesetz, das sich dem Beobachter offenbart, lässt auf ein höheres, noch unerkanntes schließen.
Alexander von Humboldt

Die Naturwissenschaft braucht der Mensch zum Erkennen, den Glauben zum Handeln.
Max Planck

Neid

Bewunderung ist glückliche Selbstverlorenheit, Neid unglückliche Selbstbehauptung.
Sören Kierkegaard

Mitleid bekommt man geschenkt. Neid muss man sich verdienen.
Robert Lembke

Jeder Erfolg, den wir erzielen, verschafft uns einen Feind. Um beliebt zu sein, muss man ein unbedeutender Mensch sein.
Oscar Wilde

Nestbeschmutzung

Das Nest muss beschmutzt werden! Damit es sauber bleibt.
Oliver Hassencamp

Neu

Für zwei einander ganz entgegengesetzte Dinge sind wir gleich sehr eingenommen: für die Gewohnheit und das Neue.
Jean de La Bruyère

Neu – das ist in der Regel nur, was einer Generation neu vorkommt.
Ludwig Marcuse

Die Jugend überschätzt das Neueste, weil sie sich mit ihm gleichaltrig fühlt. Darum ist es ein zweifaches Unglück, wenn das Neueste zu ihrer Zeit schlecht ist.
Robert Musil

Neugierde

Wenn die Neugier sich auf ernsthafte Dinge richtet, dann nennt man sie Wissensdrang.
Marie von Ebner-Eschenbach

Neugierde und Eitelkeit sind Schwestern, weil den Menschen alles, was sie mehr als andere wissen, ein Überlegenheitsgefühl verleiht, das sie bei jeder Gelegenheit auszukosten pflegen.
Sigmund Graff

Niederlage

Niederlagen stählen, aber eben nur, wenn es nicht zu viele werden.
Willy Brandt

Eine stolz getragene Niederlage ist auch ein Sieg.
Marie von Ebner-Eschenbach

Ohne das Salz der Niederlage sind Siege ungenießbar.
Peter Tille

Eigene Niederlagen lassen sich auf die Dauer nur vermeiden, indem man sich immer wieder selbst besiegt.
Gerd Uhlenbruck

Nonkonformismus

Nur Lebendiges schwimmt gegen den Strom.
Karlheinz Deschner

Es ist ganz natürlich, dass man anstößt, sobald man der Strömung nicht mehr folgt.
André Gide

Nichts ärgert die Menge mehr, als wenn einer sie nötigt, ihre Meinung von ihm zu ändern.
Hermann Hesse

Nonkonformismus ist die maulende Abhängigkeit von der herrschenden These.
Hans Kasper

Nichts ist schwerer und nichts erfordert mehr Charakter, als sich in offenem Gegensatz zu seiner Zeit zu befinden und laut zu sagen: Nein.
Kurt Tucholsky

Der Weg zu den Quellen geht gegen den Strom.
Fritz von Unruh

Nörgler

Wer Freude hat am Klagen, wird immer was zum Klagen finden.
Jeremias Gotthelf

Es gibt Leute, die nur aus dem Grunde in jeder Suppe ein
Haar finden, weil sie, wenn sie davor sitzen, so lange den
Kopf schütteln, bis eins hineinfällt.
Friedrich Hebbel

Leute, die mit ihrer Unzufriedenheit zufrieden sind, nennt man
Nörgler.
Werner Mitsch

Nostalgie

Nichts ist so sehr für die gute alte Zeit verantwortlich wie das
schlechte Gedächtnis.
Anatole France

Nostalgie ist die Fähigkeit, darüber zu trauern, dass es nicht mehr
so ist, wie es früher nicht gewesen ist.
Manfred Rommel

Null

Die Nullen, folgen sie der Eins, wird eine große Zahl daraus!
Friedrich von Bodenstedt

Ich stimme mit der Mathematik nicht überein. Ich meine, dass die
Summe von Nullen eine gefährliche Zahl ist.
Stanisław Jerzy Lec

»Einwandfrei« muss der Mensch sein und die Sache »tadellos«.
Einwandfrei aber ist nur die klare, runde, tadellose Null.
Walther Rathenau

Nutzen

Nur vom Nutzen wird die Welt regiert.
Schiller

Oberflächlichkeit

Wer schöne Aussichten braucht, darf keine tiefen Einsichten haben.
Karlheinz Deschner

Objektivität

Objektivität ist das, wovon wir uns wünschen, dass andere Leute es anderen Leuten gegenüber an den Tag legen.
Gabriel Laub

Obrigkeit

Die Herrschenden müssen bewacht werden, nicht die Beherrschten.
Friedrich Dürrenmatt

Offenheit

Der Hang, von uns selbst zu sprechen und unsere Fehler in einem Licht zu zeigen, das wir für wünschenswert halten, macht einen Teil unserer Offenherzigkeit aus.
François de La Rochefoucauld

Opfer

Niemand wird so gestreichelt wie das Opferlamm auf dem Weg zur Schlachtbank.
Johannes Gross

Hinter jedem Einzelnen, der sich opfert, stehen andere, die opfert er mit – ohne sie zu fragen, ob sie es wollen.
Manès Sperber

Vergiss nicht, dass es besser ist, Opfer zu sein als Henker.
Anton Tschechow

Opportunismus

Wer sich gezwungen sieht, mit den Wölfen zu heulen, mag sich in reinster Notwehr befinden. Aber ist das ein Grund, hinterher auch mit den Schafen zu blöken?
Martin Kessel

Opportunist

Erfahrene Opportunisten schwimmen so mit dem Strom, dass sie später behaupten können, sie wären abgetrieben worden.
Oliver Hassencamp

Opposition

Es ist bezeichnend, dass in der Politik die Regierung handeln, die Opposition aber reden muss, das heißt, die Regierung wenig reden und die Opposition wenig handeln darf.
Ralf Dahrendorf

Man sollte der Opposition stets einen Knochen zum Nagen lassen.
Joseph Joubert

Optimist

Der Optimist erklärt, dass wir in der besten aller möglichen Welten leben, und der Pessimist fürchtet, dass dies wahr ist.
James Branch Cabell

Ein Optimist ist jemand, der genau weiß, wie traurig die Welt sein kann, während ein Pessimist täglich neu zu dieser Erkenntnis gelangt.
Peter Ustinov

Optimist: ein Mensch, der die Dinge nicht so tragisch nimmt, wie sie sind.
Karl Valentin

Ordnung

Ordnung ist ein Durcheinander, an das man sich gewöhnt hat.
Robert Lembke

Vom höchsten Ordnungssinn ist nur ein Schritt zur Pedanterie.
Christian Morgenstern

Eine vollkommene Ordnung wäre der Ruin allen Fortschritts und Vergnügens.
Robert Musil

Ordnung um der Ordnung willen beraubt den Menschen seiner wesentlichen Kräfte.
Antoine de Saint-Exupéry

Die Seele jeder Ordnung ist ein großer Papierkorb.
Kurt Tucholsky

Originalität

Die ewigen Originellen sind die Todfeinde der Originalität.
Hans Kasper

Unter den Menschen gibt es viel mehr Kopien als Originale.
Pablo Picasso

Wer viel Angst hat, seine Originalität zu bewahren, ist allerdings im Begriff sie zu verlieren.
Robert Schumann

Was glänzt, hat kein eigenes Licht.
Karl Heinrich Waggerl

Paradies

Das Paradies pflegt sich erst dann als Paradies zu erkennen zu geben, wenn wir aus ihm vertrieben sind.
Hermann Hesse

Partei

Partei ist organisierte Meinung.
Benjamin Disraeli

Die Parteien, gleich welcher Art, haben heute die Funktion, den Bürgern den Willen des Staates zu übermitteln und nicht umgekehrt.
André Gorz

Pedant

Nichts ist imstande, ein derartiges Chaos hervorzurufen, wie eine Gruppe von Pedanten.
Wiesław Brudziński

Persönlichkeit

Es gibt Menschen, die ihre Persönlichkeit aufgeben, damit ihre Person zur Geltung kommt.
Friedl Beutelrock

Als das eigentlich Wertvolle im menschlichen Getriebe empfinde ich nicht den Staat, sondern das schöpferische und fühlende Individuum, die Persönlichkeit: Sie allein schafft das Edle und Sublime.
Albert Einstein

Eine Sache gewinnt oder verliert durch den Mann, der sich für sie einsetzt, auch ein Gedanke und eine Meinung.
Gerhart Hauptmann

Persönlichkeit ist, was übrig bleibt, wenn man Ämter, Orden und Titel von einer Person abzieht.
Wolfgang Herbst

Für seine Handlungen sich allein verantwortlich fühlen und allein ihre Folgen, auch die schwersten, tragen, das macht die Persönlichkeit aus.
Ricarda Huch

Das Große ist nicht, dies oder das zu sein, sondern man selbst zu sein.
Sören Kierkegaard

Viele Menschen hinterlassen Spuren; nur wenige hinterlassen Eindrücke.
Werner Mitsch

Pessimist

Pessimisten haben den Vorteil, dass sie seltener enttäuscht werden.
Robert Lembke

Pessimisten sind die wahren Lebenskünstler, denn nur sie erleben angenehme Überraschungen.
Marcel Proust

Ein Mensch wird »Pessimist« geschmäht, der düster in die Zukunft späht. Doch scheint dies Urteil wohl zu hart: Die Zukunft ists, die düster starrt.
Eugen Roth

Ein Pessimist ist ein Mensch, der sich über schlechte Erfahrungen freut, weil sie ihm Recht geben!
Heinz Rühmann

Ein Optimist ist jemand, der genau weiß, wie traurig die Welt sein kann, während ein Pessimist täglich neu zu dieser Erkenntnis gelangt.
Peter Ustinov

Pflicht

Alles Große in unserer Welt geschieht nur, weil jemand mehr tut, als er muss.
Hermann Gmeiner

Pflichten entstehen daraus, dass man nicht beizeiten Nein sagt.
Wolfgang Herbst

Unser Recht ist ein Recht auf die Möglichkeit der Pflichterfüllung, ein Recht, unsere Pflicht zu tun – und deshalb ist es umgekehrt Pflicht, unser Recht zu wahren.
Gustav Radbruch

Philosoph

So ist der Satz Thomas Manns, dass Schriftsteller Leute seien, denen das Schreiben schwerer fällt als anderen, auch dahin variierbar, dass Philosophen das Denken schwerer fällt als anderen.
Ernst Bloch

Die Philosophen haben die Welt nur verschieden interpretiert; es kommt aber darauf an, sie zu verändern.
Karl Marx

Philosophie

Gewissheit gibt allein die Mathematik. Aber leider streift sie nur den Oberrock der Dinge. Wer je ein gründliches Erstaunen über die Welt empfunden, will mehr. Er philosophiert.
Wilhelm Busch

Wer meint alles zu durchschauen, philosophiert nicht mehr.
Karl Jaspers

Phrase

Getretener Quark wird breit, nicht stark.
Goethe

Die großen Dinge haben einen tödlichen Feind: die großen Worte.
Hans Krailsheimer

Am Anfang war das Wort – am Ende die Phrase.
Stanisław Jerzy Lec

Plagiat

Über Plagiate sollte man sich nicht ärgern. Sie sind wahrscheinlich die aufrichtigsten aller Komplimente.
Theodor Fontane

Plan

Je planmäßiger die Menschen vorgehen, desto wirksamer vermag sie der Zufall zu treffen.
Friedrich Dürrenmatt

Man sollte die Dinge so nehmen, wie sie kommen. Aber man sollte dafür sorgen, dass die Dinge so kommen, wie man sie nehmen möchte.
Curt Goetz

Platonische Liebe

Platonische Liebe kommt mir vor wie ein ewiges Zielen und niemals Losdrücken.
Wilhelm Busch

Plattitüde

Wer dauernd Endgültiges zu sagen bemüht ist, der kommt über Plattitüden nicht hinaus.
Günter Grass

Poesie

Poesie ist Dynamit für alle Ordnungen dieser Welt.
Heinrich Böll

Poesie ist die Muttersprache des menschlichen Geschlechts.
Johann Georg Hamann

Die Poesie heilt die Wunden, die der Verstand schlägt.
Novalis

Politik

Wenn man in der Politik Erfolg haben will, muss man ganz genau wissen, welche Dinge man im Gedächtnis behalten und welche man vergessen muss.
Hans Apel

Die Politik ist keine Wissenschaft, wie viele der Herren Professoren sich einbilden, sondern eine Kunst.
Otto von Bismarck

Politik ist die Kunst des Möglichen.
Otto von Bismarck

Staaten führen nun einmal Politik aufgrund ihrer Interessen, selbst wenn sie diese nicht immer richtig beurteilen.
Willy Brandt

Wer sich nicht mit Politik befasst, hat die politische Parteinahme, die er sich sparen möchte, bereits vollzogen: Er dient der herrschenden Partei.
Max Frisch

Die Planierraupe der Politik ist die Vereinfachung. Man vereinfacht die Dinge, um sie zu verdeutlichen oder zu verdunkeln.
Sigmund Graff

Aus meiner Erfahrung kann ich nur sagen: Politik ist nicht die Kunst des Möglichen, sondern des Unmöglichen.
Václav Havel

Das Recht muss nie der Politik, wohl aber die Politik jederzeit dem Recht angepasst werden.
Immanuel Kant

Nur an sich und an das Gegenwärtige denken ist die Quelle der Fehlgriffe in der Staatskunst.
Jean de La Bruyère

Politik ist unblutiger Krieg, und Krieg ist blutige Politik.
Mao Tse-tung

Tatsächlich und normalerweise gelten neun Zehntel der politischen Tätigkeit den wirtschaftlichen Aufgaben des Augenblicks, der Rest den wirtschaftlichen Aufgaben der Zukunft.
Walther Rathenau

Die Kunst der Politik besteht häufig darin, heiße Eisen mit fremden Fingern anzufassen.
Manfred Rommel

Politik: das einzige Gebiet, auf dem der Charakter eines Menschen dessen Karriere nicht im Wege steht.
Henning Venske

Politik bedeutet ein starkes, langsames Durchbohren von harten Brettern mit Leidenschaft und Augenmaß zugleich.
Max Weber

Der Politik ist eine bestimmte Form der Lüge fast zwangsläufig zugeordnet: das Ausgeben des für eine Partei Nützlichen als das Gerechte.
Carl Friedrich von Weizsäcker

Wahrhaftigkeit und Politik wohnen selten unter einem Dach.
Stefan Zweig

Politiker

Realpolitiker nennt sich ein Politiker, der sich anschickt, von anderen etwas zu verlangen, dessen er sich insgeheim schämt.
Rolf Haller

Es gibt Politiker, die das, was sie sagen, glauben. Und es gibt solche, die das, was sie sagen, nicht glauben. Erstere sind gefährlich.
Manfred Rommel

Als ich jung war, glaubte ich, ein Politiker müsse intelligent sein. Jetzt weiß ich, dass Intelligenz wenigstens nicht schadet.
Carlo Schmid

Politiker rechnen so sehr mit der Stimme des Wählers, dass sie nicht dazu kommen, sie zu hören.
Werner Schneyder

Popularität

Wer in die Öffentlichkeit tritt, hat keine Nachsicht zu erwarten und keine zu fordern.
Marie von Ebner-Eschenbach

Praxis

Es ist nicht genug zu wissen, man muss auch anwenden.
Goethe

Der Einfall ist ein Schritt mit dem Siebenmeilenstiefel, die Ausführung der Weg zurück zu Fuß.
Peter Tille

Predigt

Der Prediger steige auf die Kanzel, öffne seinen Mund, höre aber auch wieder auf.
Martin Luther

Presse

Die Presse ist die Artillerie der Freiheit.
Hans-Dietrich Genscher

Die Presse muss die Freiheit haben, alles zu sagen, damit gewisse Leute nicht die Freiheit haben, alles zu tun.
Alain Peyrefitte

Presse: die Möglichkeit, Dinge zu verschweigen, indem man andere druckt.
Rudolf Rolfs

In früheren Zeiten bediente man sich der Folter. Heutzutage bedient man sich der Presse.
Oscar Wilde

Pressefreiheit

Die gefährlichsten Feinde der Pressefreiheit sind Journalisten, die sie missbrauchen.
Robert Lembke

Pressefreiheit: Jeder Journalist darf schreiben, was er will. Das heißt noch nicht, dass es gedruckt wird.
Rudolf Rolfs

Prinzip

Wer Grundsätze hat, darf auch einmal einen fallen lassen.
Otto Flake

Mir sind Menschen lieber als Prinzipien, und Menschen ohne Prinzipien sind mir lieber als sonst etwas auf der Welt.
Oscar Wilde

Privileg

Der größte Feind des Rechtes ist das Vorrecht.
Marie von Ebner-Eschenbach

Auf Rechte ist niemand stolz, sondern auf Vorrechte.
Jean Paul

Privilegien aller Art sind das Grab der Freiheit und Gerechtigkeit.
Johann Gottfried Seume

Propaganda

Ein guter Propagandist kann sogar mithilfe der Wahrheit überzeugen.
Wiesław Brudziński

Propaganda ist die Kunst, den Teufel mit zwei gesunden Füßen zu fotografieren.
Hans Kasper

Provinz

Provinz ist keine Landschaft, sondern ein Zustand.
Manfred Rommel

Eine Kleinstadt ist eine Stadt, in der die wichtigsten Lokalnachrichten nicht gedruckt, sondern gesprochen werden.
Jacques Tati

Prüderie

Prüde Leute haben eine schmutzige Fantasie.
Jonathan Swift

Prüfung

In Prüfungen stellen Narren Fragen, die Weise nicht beantworten können.
Oscar Wilde

Psychoanalyse

Psychoanalyse ist jene Geisteskrankheit, für deren Therapie sie sich hält.
Karl Kraus

Psychoanalyse: Man versteht sich hinterher nicht besser, aber man weiß, warum.
Werner Mitsch

Pünktlichkeit

Pünktlichkeit ist die Höflichkeit der Könige.
Ludwig XVIII.

Qualität

Lieber weniger, aber besser.
Wladimir Iljitsch Lenin

Qualität ist kein Zufall. Es gehören Intelligenz und Wille dazu, um ein Ding besser zu machen.
John Ruskin

Rache

Die Strafe, die züchtigt, ohne zu verhüten, heißt Rache.
Albert Camus

Radikal

Radikal sein ist die Sache an der Wurzel fassen.
Karl Marx

Ratschlag

So gut es ist, sich den guten Ratschlägen zu unterwerfen, so
gefährlich ist es, sich den guten Ratgebern zu unterwerfen.
Bertolt Brecht

Mit nichts ist man so freigebig wie mit seinen Ratschlägen.
François de La Rochefoucauld

Anderen etwas Unbequemes zu empfehlen ist immer wesentlich
leichter, als es selber zu tun. Deshalb ist unsere Welt zwar reich an
guten Ratschlägen, aber wesentlich ärmer an denen, die sie befolgen.
Manfred Rommel

Wie kann man erwarten, dass die Menschheit guten Rat annimmt,
wenn sie nicht einmal auf Warnungen hört?
Jonathan Swift

Ratschläge sind wie abgetragene Kleider: Man benützt sie ungern,
auch wenn sie passen.
Thornton Wilder

Raucher

Toleranz kann man von den Rauchern lernen. Noch nie hat sich ein
Raucher über einen Nichtraucher beschwert.
Sandro Pertini

Realist

Der »Realist« ist naiv, als er nicht zur Kenntnis nimmt, dass wir
alle nicht »in der Welt« leben, sondern nur in dem Bild, das wir
uns von der Welt machen.
Hoimar von Ditfurth

Recht

Das Recht des Stärkeren ist das stärkste Unrecht.
Marie von Ebner-Eschenbach

Es gibt ein Recht des Weiseren, nicht ein Recht des Stärkeren.
Joseph Joubert

Das Recht muss nie der Politik, wohl aber die Politik jederzeit dem Recht angepasst werden.
Immanuel Kant

Das Recht ist eine Gewalt, die der Gewalt das Recht streitig macht.
Hans Kudszus

Das Recht ist angewandte Macht.
Hans Lohberger

Unser Recht ist ein Recht auf die Möglichkeit der Pflichterfüllung, ein Recht, unsere Pflicht zu tun – und deshalb ist es umgekehrt Pflicht, unser Recht zu wahren.
Gustav Radbruch

Recht ist das Ergebnis von Pflichten. Pflicht ist das Recht anderer auf uns.
Oswald Spengler

Rede

Am meisten Vorbereitung kosten mich immer meine spontan gehaltenen, improvisierten Reden.
Winston Churchill

Eine gute Rede soll das Thema erschöpfen, nicht die Zuhörer.
Winston Churchill

Was fängt man mit den zu Tode geredeten Worten an? Es bleibt wohl nur eines: immer einfacher zu sprechen, denn die Einfachheit widersteht der Zerstörung.
Romano Guardini

Es genügt nicht, dass man zur Sache spricht: Man muss zu den Menschen sprechen.
Stanisław Jerzy Lec

Eine gute Rede hat einen guten Anfang und ein gutes Ende – und beide sollten möglichst dicht beieinander liegen.
Mark Twain

Das menschliche Gehirn ist eine großartige Sache. Es funktioniert bis zu dem Zeitpunkt, wo du aufstehst, um eine Rede zu halten.
Mark Twain

Nichts ist einfacher als sich schwierig auszudrücken, und nichts ist schwieriger als sich einfach auszudrücken.
Karl Heinrich Waggerl

Redner

Ein guter Redner muss etwas vom Dichter haben, darf es also mit der Wahrheit nicht ganz mathematisch genau nehmen.
Otto von Bismarck

Es gibt Festredner, Anklageredner, Entschuldigungsredner, Hetzredner und Besänftigungsredner. Am häufigsten sind die Drumherumredner.
Sigmund Graff

Ob sich Redner darüber klar sind, dass 90 Prozent des Beifalls, den sie beim Zusammenfalten des Manuskripts entgegennehmen, ein Ausdruck der Erleichterung ist?
Robert Lembke

Eines guten Redners Amt oder Zeichen ist, dass er aufhöre, wenn man ihn am liebsten höret.
Martin Luther

Was Rednern an Tiefe fehlt, ersetzen sie durch Länge.
Montesquieu

Ein Redner sei kein Lexikon. Das haben die Leute zu Hause.
Kurt Tucholsky

Reformer

Die besten Reformer, die die Welt je gesehen hat, sind die, die bei sich selbst anfangen.
George Bernard Shaw

Regierung

Der Weg, auf dem eine Regierung zugrunde geht, ist der, wenn sie bald dies, bald jenes tut, wenn sie heute etwas zusagt und dies morgen nicht mehr befolgt.
Otto von Bismarck

Welche Regierung die beste sei? Diejenige, die uns lehrt, uns selbst zu regieren.
Goethe

Jedes Volk hat die Regierung, die es verdient.
Joseph de Maistre

Regieren ist die Kunst, Probleme zu schaffen, mit deren Lösung man das Volk in Atem hält.
Ezra Pound

Die größte Regierungskunst ist neben dem Unterscheidungsvermögen die Gabe der rationalen Voraussicht.
Carlo Schmid

Reichtum

Nicht wer viel besitzt, ist reich, sondern wer viel gibt.
Erich Fromm

Man schmeichelt nicht dem Reichen, nur seinem Geld.
Jüdisches Sprichwort

Ein reicher Mann ist oft nur ein armer Mann mit sehr viel Geld.
Aristoteles Onassis

Reife

Reif ist, wer auf sich selbst nicht mehr hereinfällt.
Heimito von Doderer3

Es kommt eine Zeit, in der man sich Rechenschaft ablegt, dass alles, was wir tun, zu seiner Zeit Erinnerung werden wird. Das ist die Reife. Um dahin zu gelangen, muss man eben schon Erinnerungen haben.
Cesare Pavese

Reisen

Die beste Bildung findet ein gescheiter Mensch auf Reisen.
Goethe

Nur Reisen ist Leben, wie umgekehrt das Leben Reisen ist.
Jean Paul

Aber was kommt schon dabei heraus, wenn sie alle in fremde
Länder zu reisen anfangen! Nichts; sie tragen ja doch wie die
Zinnsoldaten ihr bisschen Standort mit sich herum.
Erhart Kästner

Der Zauber des Reisens besteht darin: unzählig reiche Szenen
streifen und wissen, dass eine jede unser sein könnte, und
weitergehen wie ein großer Herr.
Cesare Pavese

Die besten Reisen, das steht fest, sind die oft, die man unterlässt.
Eugen Roth

Religion

Die Religionen sind der Ausdruck des ewigen und unzerstörbaren
metaphysischen Bedürfnisses der Menschennatur.
Jacob Burckhardt

Religionen sind Fertighäuser für arme Seelen.
Karlheinz Deschner

Der Mensch kann nicht bestehen, ohne etwas anzubeten.
Fjodor M. Dostojewski

Die Naturwissenschaft ohne Religion ist lahm, die Religion ohne
Naturwissenschaft ist blind.
Albert Einstein

Ich bin zu dem Schluss gekommen, dass, wer die Lehren anderer
Religionen ehrfürchtig studiert – ganz gleich, zu welchem Glauben
er sich selbst bekennt –, sein Herz weitet und nicht verengt.
Mahatma Gandhi

Eine großzügige Erziehung sollte ein ehrfürchtiges Studium aller
Religionen mit einschließen.
Mahatma Gandhi

Eine Religion, die den Menschen finster macht, ist falsch; denn er
muss Gott mit frohem Herzen und nicht aus Zwang dienen.
Immanuel Kant

Eine Religion, die der Vernunft unbedenklich den Krieg
ankündigt, wird es auf die Dauer gegen sie nicht aushalten.
Immanuel Kant

Ist es nicht seltsam, dass die Menschen so gern für ihre Religion
fechten und so ungern nach ihren Vorschriften leben?
Georg Christoph Lichtenberg

Religion ist Ehrfurcht – die Ehrfurcht zuerst vor dem Geheimnis,
das der Mensch ist.
Thomas Mann

Die Religion ist der Seufzer der bedrängten Kreatur, das Gemüt
einer herzlosen Welt, wie sie der Geist geistloser Zustände ist. Sie
ist das Opium des Volkes.
Karl Marx

Es gibt mehr Religionen, als es Wahrheiten geben kann.
Werner Mitsch

Religionen sind genauso wenig ewig wie Völker. Eine Religion –
jede Religion – hat Geburt, Jugend, Alter und Tod.
Alexander S. Neill

Die Religion kann erst dann wieder zur Kulturmacht werden,
wenn sie sich von aller Zweckhaftigkeit frei macht. Zu dieser
gehören Glaube und Erlösung.
Walther Rathenau

Wenn die Menschen zivilisierter werden, begnügen sie sich nicht
mehr mit bloßen Tabus, sondern ersetzen sie durch göttliche
Gebote und Verbote.
Bertrand Russell

Wir haben gerade Religion genug, um einander zu hassen, aber
nicht genug, um einander zu lieben.
Jonathan Swift

Wie die Gesundheit eine Lebensbedingung des menschlichen
Körpers ist, so ist es die Religion für sein ganzes Wesen.
Rabindranath Tagore

Der Mensch hat zwei Beine und zwei Überzeugungen: eine, wenns
ihm gut geht, und eine, wenns ihm schlecht geht. Die Letztere
heißt Religion.
Kurt Tucholsky

Wenn wir sagen, dass Religion nichts mit Politik zu tun haben soll, dann sagen wir in Wirklichkeit, dass für einen erheblichen Teil unseres menschlichen Lebens Gottes Heilige Schrift keine Bedeutung hat.
Desmond Tutu

Religion ist ein Prisma, von dessen sieben Farben sich jeder seine Lieblingsfarbe wählen mag; alle aber rühren nur von einem Sonnenstrahl.
Karl Julius Weber

Religiosität

Die Irreligiösen sind religiöser, als sie selbst wissen, und die Religiösen sind es weniger, als sie meinen.
Franz Grillparzer

Resignation

Nichts ist erbärmlicher als die Resignation, die zu früh kommt.
Marie von Ebner-Eschenbach

Wer aufgibt, wird aufgegeben.
Emil Oesch

Zufriedene sind Resignierende, ohne es zu wissen.
Rudolf Rolfs

Reue

Nur wer bereut, dem wird verziehen.
Dante Alighieri

Reue ist Verstand, der zu spät kommt.
Ernst von Feuchtersleben

Unsere Reue ist nicht so sehr ein Bedauern des Bösen, das wir getan haben, als eine Furcht vor den Folgen, die uns daraus entstehen könnten.
François de La Rochefoucauld

Die Gesellschaft hat die Strafe erfunden, die Theologie die Hölle, und für die Fälle, in denen die irdische Sühne ausbleibt und der Glaube ans Jenseits versagt, hat unsere Feigheit die Reue erfunden.
Arthur Schnitzler

Revolution

Nicht am Reißbrett gewinnen Revolutionen Gestalt, sondern
in den Herzen und Hirnen widerspruchsvoller Menschen.
Willy Brandt

Wir haben nicht die Revolution, sondern die Revolution hat uns
gemacht.
Georg Büchner

Wer eine friedliche Revolution verhindert, macht eine gewaltsame
Revolution unausweichlich.
John F. Kennedy

Revolutionen sind jene skandalösen Zeitabschnitte, in denen die
Wahrheit nackt über die Straße geht, ohne dass die Polizei
einzuschreiten wagt.
Gabriel Laub

In allen Revolutionen war die Utopie, die Fantasie von einer
glücklichen Gesellschaft, immer die stärkste Kraft.
Ludwig Marcuse

Die Revolutionen sind die Lokomotiven der Geschichte.
Karl Marx

Revolutionär

Dubiose Tugend aller Revolutionäre: so viel Gefühle für
die Menschheit, dass keins mehr bleibt für den Menschen.
Hans Kasper

Indem der Revolutionär die Macht übernimmt, übernimmt er die
Ungerechtigkeit der Macht.
Octavio Paz

Verärgerte Bürgerliche sind noch keine Revolutionäre.
Kurt Tucholsky

Rezensent → Kritiker

Rezension → Kritik

Richter

Wenn der Rechtsprecher nur endlich einmal mit dem Geheimnis der Zellenhaft vertraut würde, wie anders müssten selbst die Urteile der bürgerlichen Justiz aussehen.
Carl von Ossietzky

Routine

Routine ist gefährlich. Weil sie dazu führt, die Gefahr zu unterschätzen.
Heinrich Harrer

Wenn du etwas so machst, wie du es seit zehn Jahren gemacht hast, dann sind die Chancen groß, dass du es falsch machst.
Charles Kettering

Ruhe

Ruhe und Ordnung; ist dies Glückseligkeit? Im Kerker ist auch Ruhe und Ordnung.
Wilhelm Heinse

Wenn man seine Ruhe nicht in sich findet, ist es zwecklos, sie andernorts zu suchen.
François de La Rochefoucauld

Nur in ruhigem Gewässer spiegeln sich die Dinge unverzerrt. Nur in ruhigem Gemüt gibt es ein adäquates Erkennen der Welt.
Hans Margolius

Man strebt danach, eine Arbeit zu haben, um das Recht zu haben, sich auszuruhen.
Cesare Pavese

Ruhm

Man muss den Ruhm der Menschen nach den Mitteln messen, deren sie sich bedient haben, um ihn zu erwerben.
François de La Rochefoucauld

Ruhm und Ruhe sind Dinge, die nicht zusammen wohnen können.
Georg Christoph Lichtenberg

Sammler

Sammler sind Leute, die Seltenes zusammentragen in der
Hoffnung, dass es noch seltener wird.
Sigismund von Radecki

Satire

Die Satire wählt und kennt keine Objekte. Sie entsteht so, dass sie
vor ihnen flieht und sie sich ihr aufdrängen.
Karl Kraus

Die feinste Satire ist unstreitig die, deren Spott mit so weniger
Bosheit und so vieler Überzeugung verbunden ist, dass er selbst
diejenigen zum Lächeln nötigt, die er trifft.
Georg Christoph Lichtenberg

Satire ist die Kunst, einem anderen so auf den Fuß zu treten, dass
er es merkt, aber nicht aufschreit.
Helmut Qualtinger

Satire ist nicht der Feind der »heilen Welt«, sondern die Forderung
danach.
Werner Schneyder

Satiriker

Der Satiriker ist ein gekränkter Idealist: Er will die Welt gut
haben, sie ist schlecht, und nun rennt er gegen das Schlechte an.
Kurt Tucholsky

Schaden

Wer möchte nicht lieber durch Glück dümmer als durch Schaden
klug werden?
Salvador Dalí

Schadenfreude

Wer sich freut, wenn wer betrübt, macht sich meistens unbeliebt.
Wilhelm Busch

Schauspieler

Der Stand der Schauspieler galt bei den Römern für ehrlos, bei den Griechen war er ein geehrter. Wie steht es damit bei uns?
Man denkt von ihnen wie die Römer und verkehrt mit ihnen wie die Griechen.
Jean de La Bruyère

Der wahre Schauspieler ist von der unbändigen Lust getrieben, sich unaufhörlich in andere Menschen zu verwandeln, um in den anderen am Ende sich selbst zu entdecken.
Max Reinhardt

Scheinheiligkeit

Der schlimmste und gefährlichste Scheinheilige ist nicht jener, der unbeliebte Tugend heuchelt, sondern jener, der beliebte Laster heuchelt.
Gilbert K. Chesterton

Ich kann mir nicht helfen: Apokalyptiker mit Bäuchen sind einfach nicht überzeugend.
Michael Schneider

Schenken auch → Geschenke

Wenn die Menschen sagen, sie wollen nichts geschenkt haben, so ist es gemeiniglich ein Zeichen, dass sie etwas geschenkt haben wollen.
Georg Christoph Lichtenberg

Das Geben ist eine Leidenschaft, fast ein Laster. Die Person, der wir geben, wird uns notwendig.
Cesare Pavese

Schenken ist ein Brückenschlag über den Abgrund deiner Einsamkeit.
Antoine de Saint-Exupéry

Schicksal

Das Schicksal des Menschen ist der Mensch.
Bertolt Brecht

Wir werden vom Schicksal hart oder weich geklopft. Es kommt auf das Material an.
Marie von Ebner-Eschenbach

Bei furchtbaren Schicksalsschlägen das ganz Gewöhnliche tun, das hilft uns über den Abgrund.
Martin Kessel

Schicksal ist das, was der Mensch selber verfuhrwerkt hat – Bestimmung ist das, was er hätte tun sollen.
Emil Oesch

Schlaf

Früh zu Bett und früh aufstehen macht gesund, reich und klug.
Benjamin Franklin

Der Schlaf ist die Nabelschnur, durch die das Individuum mit dem Weltall zusammenhängt.
Friedrich Hebbel

Der Schlaf ist für den ganzen Menschen, was das Aufziehen für die Uhr.
Arthur Schopenhauer

Schlagfertigkeit

Schlagfertigkeit ist die schnellste Bestätigung des Selbstgefühls.
Hans Arndt

Schlagwort

Das Schlagwort ist eine Idee auf dem Weg zur Phrase.
Rolf Haller

Was ist das Bleibende der großen Denker von heute? Die Schlagworte von morgen.
Hans Krailsheimer

Schmeichelei

Wenn wir auch der Schmeichelei keinen Glauben schenken, der Schmeichler gewinnt uns doch.
Marie von Ebner-Eschenbach

Was deinen Gegnern nicht gelingt, werden deine Schulterklopfer vollbringen.
Rudolf Hagelstange

Manchmal meint man, die Schmeichelei zu hassen, während man nur die Art des Schmeichelns hasst.
François de La Rochefoucauld

Empfindsame Gemüter trifft kein Tadel härter als falsches Lob, und unerbetener Zuspruch bewegt sie mit größerer Gewissheit als ätzende Kritik zur Einkehr.
Wolfgang Pohrt

Schmerz

Es gibt keinen Schmerz, der nicht zu übertreffen wäre, das einzig Unendliche ist der Schmerz.
Elias Canetti

Kein Schmerz ist größer, als sich der Zeit des Glückes zu erinnern, wenn man im Elend ist.
Dante Alighieri

Das ist meine allerschlimmste Erfahrung: Der Schmerz macht die meisten Menschen nicht groß, sondern klein.
Christian Morgenstern

Schönheit

Schönen Mädchen ist es erlaubt, auf ihre Gabe stolz zu sein.
Martin Luther

Schön ist eigentlich alles, was man mit Liebe betrachtet.
Christian Morgenstern

Es gibt vielleicht auf der ganzen Welt kein anderes Mittel, ein Ding oder Wesen schönzumachen, als es zu lieben.
Robert Musil

Was schön klingt, spottet aller Grammatik, was schön ist, aller Ästhetik.
Robert Schumann

Schöpfung

Wenn das ein Mensch vermöchte, dass er eine einzige Rose machen könnte, so sollte man ihm ein Kaisertum schenken!
Martin Luther

Jeder dumme Junge kann einen Käfer zertreten. Aber alle Professoren der Welt können keinen herstellen.
Arthur Schopenhauer

Schreiben

Aber Bücher schreiben ist nicht viel besser als Baumwolle spinnen, und Spinnen ist das Nächste am Betteln.
Jean Paul

Bücher schreiben ist das einzige Verbrechen, bei dem sich der Täter bemüht, Spuren zu hinterlassen.
Gabriel Laub

Es ist schön, zu schreiben, weil das die beiden Freuden in sich vereint: allein reden und zu einer Menge reden.
Cesare Pavese

Schreiben ist organisierte Spontaneität.
Martin Walser

Schriftsteller

Ich glaube, dass der Schriftsteller, der so genannte freie Schriftsteller, eine der letzten Bastionen der Freiheit ist.
Heinrich Böll

Die echten Schriftsteller sind die Gewissensbisse der Menschheit.
Ludwig Feuerbach

Das Erste, was ein wahrhafter Schriftsteller tut, ist an seiner eigenen Existenz zweifeln.
Octavio Paz

Die Literatur existiert nicht im luftleeren Raum. Der Schriftsteller übt als solcher eine bestimmte soziale Funktion aus, die genau im Verhältnis zu seiner Fähigkeit als Schriftsteller steht.
Ezra Pound

Der engagierte Schriftsteller glaubt, wenn es überhaupt noch ein wehrhaftes Refugium gibt für den Menschen, dann ist es die Literatur.
Wolfdietrich Schnurre

Schuld

Die große Schuld des Menschen ist, dass er in jedem Augenblick die Umkehr tun kann und nicht tut.
Martin Buber

Seid gerecht. Sucht nicht Schuldige, sondern Ursachen.
Werner Mitsch

Schuld wird nicht getilgt, wenn man sich nicht zu ihr als der eigenen Schuld bekennt.
Carl Friedrich von Weizsäcker

Schuld oder Unschuld eines ganzen Volkes gibt es nicht. Schuld ist, wie Unschuld, nicht kollektiv, sondern persönlich.
Richard von Weizsäcker

Schulden

Es wäre der größte Leichtsinn, Schulden zu machen, wenn man die Absicht hätte, sie zu bezahlen.
Egon Friedell

Das Einzige, was man ohne Geld machen kann, sind Schulden.
Heinz Schenk

Schule

Was das Gymnasium wert ist, sieht man weniger an denen, die es besucht haben, als an denen, die es nicht besucht haben.
Egon Friedell

Und deshalb meine ich, dass unsere jungen Leute in den Schulen ganz und gar verdummt werden. Von der Wirklichkeit hören und sehen sie dort nichts.
Gaius Petronius Arbiter

Man erstickt den Verstand der Kinder unter einem Ballast unnützer Kenntnisse.
Voltaire

Schwäche

Die stärkste Kraft reicht nicht an die Energie heran, mit der manch einer seine Schwäche verteidigt.
Karl Kraus

Das schlimmste Übel, an dem die Welt leidet, ist nicht die Stärke der Bösen, sondern die Schwäche der Guten.
Romain Rolland

Schweigen

Schweigen ist ein Argument, das kaum zu widerlegen ist.
Heinrich Böll

Wer schweigt, scheint zuzustimmen.
Bonifatius VIII.

Schweigen ist die unerträglichste Erwiderung.
Gilbert K. Chesterton

Wer unter Toren schweigt, lässt Vernunft, wer unter Vernünftigen schweigt, Torheit vermuten.
Ernst von Feuchtersleben

Wenn man einmal weiß, worauf alles ankommt, hört man auf, gesprächig zu sein.
Goethe

Schweigen – mit arrogantem Unterton – schlägt das schlagendste Argument.
Oliver Hassencamp

Man braucht zwei Jahre, um sprechen zu lernen, und fünfzig, um schweigen zu lernen.
Ernest Hemingway

Schweigen ist der sicherste Weg für den, der seiner selbst unsicher ist.
François de La Rochefoucauld

Nicht jeder, der schweigt, denkt sich etwas dabei.
Werner Mitsch

Wer schweigt, verrät nichts, außer sich selbst.
Werner Schneyder

Überhaupt ist es geratener, seinen Verstand durch das, was man verschweigt, an den Tag zu legen, als durch das, was man sagt.
Arthur Schopenhauer

Schweigen kann die grausamste Lüge sein.
Robert Louis Stevenson

Es ist schön, mit jemand schweigen zu können.
Kurt Tucholsky

Schweigen über einen Menschen legt ein beredtes Zeugnis ab.
Gerd Uhlenbruck

Wovon man nicht sprechen kann, darüber muss man schweigen.
Ludwig Wittgenstein

Schwierigkeiten

Die Schwierigkeiten wachsen, je näher man dem Ziele kommt.
Goethe

Diejenigen Berge, über die man im Leben am schwersten hinwegkommt, häufen sich immer aus Sandkörnchen auf.
Friedrich Hebbel

Die Schwierigkeiten, die einer macht, sind meistens nichts anderes als Ausdruck seiner eigenen Schwierigkeiten.
Emil Oesch

Seele

Jedes Bruchstück der menschlichen Seele ist ein Monument der Geschichte des Volkes, in dem diese Seele zur Welt kam.
Stanisław Brzozowski

Den überkonfessionellen Teil der Seele nennt man Gemüt.
Werner Mitsch

Leib und Seele sind nicht zwei Substanzen, sondern eine. Sie sind
der Mensch, der sich selbst in verschiedener Weise kennen lernt.
Carl Friedrich von Weizsäcker

Sehnsucht

Die Sehnsucht lässt alle Dinge blühen, der Besitz zieht alle Dinge
in den Staub.
Marcel Proust

Erfüllung ist der Feind der Sehnsucht.
Erich Maria Remarque

Selbstachtung

Wer nicht zu sich selbst steht, verliert sich am Beispiel anderer.
Hans Arndt

Der Weise weiß, aber nicht, um zu glänzen. Selbstachtung hat er,
doch nicht Arroganz.
Laotse

Ein Mensch kann viel ertragen, solange er sich selbst ertragen
kann.
Axel Munthe

Vielleicht besteht die einzige Würde des Menschen in seiner
Fähigkeit, sich achten zu können.
George Santayana

Selbstbeherrschung

Wer sich keine Annehmlichkeiten versagen kann, wird sich nie ein
Glück erobern.
Marie von Ebner-Eschenbach

Der Mensch ist Mensch, weil er Selbstbeherrschung üben kann,
und nur insoweit, als er Selbstbeherrschung übt.
Mahatma Gandhi

Wer sich nicht selbst befiehlt, bleibt immer Knecht.
Goethe

Andere beherrschen erfordert Kraft. Sich selbst beherrschen fordert Stärke.
Laotse

Selbstbetrug → Selbsttäuschung

Selbstbewusstsein

Bescheiden können nur die Menschen sein, die genug Selbstbewusstsein haben.
Gabriel Laub

Selbstdarstellung

Er hatte so eine Art sich in den Hintergrund zu drängen, dass es allgemein Ärgernis erregte.
Karl Kraus

Kleine Fehler geben wir gern zu, um den Eindruck zu erwecken, wir hätten keine großen.
François de La Rochefoucauld

Viel von sich reden, kann auch ein Mittel sein, sich zu verbergen.
Friedrich Nietzsche

Man lobt oder tadelt, je nachdem das eine oder das andere mehr Gelegenheit gibt, unsere Urteilskraft leuchten zu lassen.
Friedrich Nietzsche

Wer aus sich kein Hehl macht, empört.
Friedrich Nietzsche

Um sich selbst ins richtige Licht setzen zu können, muss man die anderen in den Schatten stellen.
Gerd Uhlenbruck

Selbsteinschätzung

Wir unterschätzen das, was wir haben, und überschätzen das, was wir sind.
Marie von Ebner-Eschenbach

Selbst der bescheidenste Mensch hält mehr von sich, als sein bester Freund von ihm hält.
Marie von Ebner-Eschenbach

Jeder Mensch glaubt, er sei unter allen der wichtigste, der beste; aber nur der Narr und der Dummkopf haben den Mut, es zu sagen.
Jean Paul

Jeder Mensch wird als Zwilling geboren: als der, der er ist, und als der, für den er sich hält.
Martin Kessel

Wer glaubt, etwas zu sein, hat aufgehört, etwas zu werden.
Philip Rosenthal

Bescheidenheit ist die ungesündeste Form der Selbstbewertung.
Peter Ustinov

Man urteilt über andere nicht so falsch wie über sich selbst.
Vauvenargues

Selbsterkenntnis

Um sich selbst zu erkennen, muss man handeln.
Albert Camus

Man kann die Erfahrung nicht früh genug machen, wie entbehrlich man in der Welt ist.
Goethe

Was deprimierend ist: Du bist wie alle anderen. Was tröstlich ist: Alle anderen sind wie du.
Johannes Gross

Nichts bewahrt uns so gründlich vor Illusionen wie ein Blick in den Spiegel.
Aldous Huxley

Alles, was uns an anderen missfällt, kann uns zu besserer Selbsterkenntnis führen.
Carl Gustav Jung

Andere erkennen ist weise. Sich selbst erkennen ist Erleuchtung.
Laotse

Der Narr hält sich für weise, aber der Weise weiß, dass er ein Narr ist.
Shakespeare

Nur die Oberflächlichen kennen sich selbst.
Oscar Wilde

Selbstfindung

Es kommt einzig darauf an, bei sich zu beginnen, und in diesem Augenblick habe ich mich um nichts andres in der Welt als um diesen Beginn zu bekümmern.
Martin Buber

Wie leicht sich das sagt: sich selber finden! Wie man erschrickt, wenn es wirklich geschieht!
Elias Canetti

Es ist leichter, zum Mars vorzudringen als zu sich selbst.
Carl Gustav Jung

Selbstgerechtigkeit

Nichts Lästigeres als ein Sünder, der Buße getan hat – selbstgerechter als alle Gerechten.
Johannes Gross

Jeder will lieber einen Weltteil als sich bekehren.
Jean Paul

Selbsthilfe

Man hilft den Menschen nicht, wenn man für sie tut, was sie selbst tun können.
Abraham Lincoln

Wer sich nicht selbst helfen will, dem kann niemand helfen.
Hans A. Pestalozzi

Selbstironie

Die schwierigste Turnübung ist immer noch, sich selbst auf den
Arm zu nehmen.
Werner Finck

Selbstkritik

Ehe man kritisiert, sollte man seine Kritik kritisieren.
Jean Anouilh

Nur wer sich ändert, bleibt sich treu.
Wolf Biermann

Gehe in dich, das ist leicht gesagt. Doch es zu tun, ist schon
deshalb schwerer, weil da wenig Auslauf ist.
Ernst Bloch

Kommst du vom Vorgesetzten, überprüf deine Identität.
Wiesław Brudziński

Fragwürdig wie alles, was wir treiben, ist auch die Selbstkritik.
Ihre Wonne besteht darin, dass ich mich scheinbar über meine
Mängel erhebe, indem ich sie ausspreche und ihnen dadurch das
Entsetzliche nehme, das zur Veränderung zwingen würde.
Max Frisch

In dem Maße, wie der Wille und die Fähigkeit zur Selbstkritik
steigen, hebt sich auch das Niveau der Kritik am andern.
Christian Morgenstern

Ich glaube von jedem Menschen das Schlechteste, selbst von mir,
und ich habe mich noch selten getäuscht.
Johann Nestroy

Selbstkritik ist Voraussetzung des Selbstvertrauens. Sie verhindert
aber Einbildung, Überheblichkeit, Dünkel – die Merkmale des
Machtmenschen.
Hans A. Pestalozzi

Was willst du, sagt einer, der sein Kind verprügelt, zu einem andern, der ihm in den Arm fällt: Ich übe doch nur Selbstkritik.
Hermann Schweppenhäuser

Selbstsucht

Je mehr du dich selbst liebst, desto mehr bist du dein eigener Feind.
Marie von Ebner-Eschenbach

Selbsttäuschung

Wer eine Hintertür in sein Leben einbaut, gebraucht sie eines Tages als Hauptportal.
Hans Arndt

Wer glaubt, über der Situation zu stehen, steht in Wirklichkeit oft nur daneben.
Friedl Beutelrock

Es ist gefährlich, anderen etwas vorzumachen; denn es endet damit, dass man sich selbst etwas vormacht.
Eleonora Duse

Du glaubst zu schieben, und du wirst geschoben.
Goethe

Der Machtlose entschädigt sich gern durch die Überzeugung, ein besserer Mensch zu sein.
Johannes Gross

Es ist die gewöhnlichste und schädlichste Täuschung, dass man sich allzeit für den Einzigen hält, der gewisse Dinge bemerkt.
Jean Paul

Es ist ebenso leicht, sich selbst zu täuschen, ohne es zu merken, wie es schwer ist, die andern zu täuschen, ohne dass sie es bemerken.
François de La Rochefoucauld

Wer ohne die Welt auszukommen glaubt, irrt sich. Wer aber glaubt, dass die Welt nicht ohne ihn auskommen könne, irrt sich noch viel mehr.
François de La Rochefoucauld

Mancher glaubt, beliebt zu sein, aber man hat sich nur an seine Art gewöhnt.
Upton Sinclair

Was manche Leute sich selbst vormachen, das macht ihnen so schnell keiner nach.
Gerd Uhlenbruck

Selbstvertrauen

Wenn es keinen Glauben gibt, der Berge versetzen kann, so ist es der Glaube an die eigene Kraft.
Marie von Ebner-Eschenbach

Selbstvertrauen ist die Quelle des Vertrauens zu anderen.
François de La Rochefoucauld

Sex

Sex ist die Liebesform einer Zeit, die für die Liebe keine Zeit mehr hat.
Sigmund Graff

Sex ist der Leim, der das Gefüge der menschlichen Beziehungen zusammenhält; er bringt Familien und Romanzen hervor.
John Updike

Sexualität

Sexualität als zwischenmenschliche Beziehung bringt Menschen als Menschen zusammen und nicht nur als Dinge. Da sein für den anderen wird hier zur Bedingung eigenen Glücks.
Helmut Gollwitzer

Es ist ein Glück, dass das Bestehen der Menschenrasse ans sexuelle Vergnügen gefesselt ist; man hätte es sonst längst aus der Welt hinausmanipuliert.
Ludwig Marcuse

Sicherheit

Wer sich gegen alles sichern will, vermehrt die Gefängnisse.
Friedrich Georg Jünger

Sicher ist, dass nichts sicher ist.
Karl Valentin

Unsere Sicherheiten dürfen nichts Starres werden, sonst brechen sie.
Robert Walser

Sieg

Die Teilnahme ist wichtiger als der Sieg. Aber der Sieg ist wichtig für die Teilnahme.
Werner Schneyder

Ohne das Salz der Niederlage sind Siege ungenießbar.
Peter Tille

Skepsis

Die Begeisterung ist das tägliche Brot der Jugend, die Skepsis ist der tägliche Wein des Alters.
Pearl S. Buck

Hat eigentlich die Skepsis auf die Schlachtfelder geführt oder der Glaube?
Karlheinz Deschner

Skeptiker

Skeptiker sind jene Menschen, die einfach nicht an die friedliche Nutzung der Atombombe glauben wollen.
Werner Mitsch

Soldat → Militär

Solidarität

Solidarität ist die bewusste Bereitschaft, durch Selbstbeschränkung die Freiheit aller zu mehren; sie kann nicht verordnet, wohl aber muss sie geweckt und motiviert werden.
Willy Brandt

Verbunden werden auch die Schwachen mächtig.
Schiller

Sorge

Sorgen ertrinken nicht in Alkohol. Sie können schwimmen.
Heinz Rühmann

Wie einfach wäre das Leben, wenn sich die unnötigen Sorgen von den echten unterscheiden ließen.
Karl Heinrich Waggerl

Soziale Gerechtigkeit

Ich war immer der Meinung, dass soziale Gerechtigkeit, bis hinab zum Letzten und Niedrigsten, durch Gewaltanwendung unmöglich erreicht werden kann.
Mahatma Gandhi

Der Staat sollte vorzüglich nur für die Ärmeren sorgen. Die Reichen sorgen leider nur zu sehr für sich selbst.
Johann Gottfried Seume

Sozialismus

Sozialismus ohne Demokratie ist widersinnig und funktioniert nicht einmal.
Willy Brandt

Sozialismus und Freiheit schließen einander definitionsgemäß aus.
Friedrich August von Hayek

Sozialismus ist nichts anderes als der pflichtgemäße Entschluss, den Kopf nicht mehr in den Sand himmlischer Dinge zu stecken, sondern sich auf die Seite derer zu schlagen, die der Erde einen Sinn geben. Menschensinn.
Thomas Mann

Soziologie

Soziologie ist der Missbrauch einer zu diesem Zweck erfundenen Terminologie.
Kurt Tucholsky

Spezialist

Ein Fachmann ist ein Mensch, der zu reden anfängt, wenn er zu denken aufhört – und umgekehrt.
Umberto Eco

Man sollte die Spezialisierung nicht übertreiben, denn wenn man zu weit damit geht, wird man nie Generaldirektoren bekommen.
Lee Iacocca

Der Spezialist ist in seinem winzigen Weltwinkel vortrefflich zu Hause; aber er hat keine Ahnung von dem Rest.
José Ortega y Gasset

Die Fachleute sind immer böse, wenn einem Laien etwas einfällt, was ihnen nicht eingefallen ist.
John Steinbeck

Die Menschheit ist zum Spezialistentum in Wissenschaft und Arbeit gelangt; heute verlangen die Teile zu ihrem eigenen Heil die Vereinigung zu einem Ganzen.
Rudolf Steiner

Spiel

Spielen ist das dem Menschen innewohnende Prinzip.
Edmund Burke

Hoher Sinn liegt oft im kind'schen Spiel.
Schiller

Aus der Art, wie das Kind spielt, kann man erahnen, wie es als Erwachsener seine Lebensaufgabe ergreifen wird.
Rudolf Steiner

Sport

Wer Sport treibt, erträgt sogar das Kulturleben.
Oliver Hassencamp

Einer Gesellschaft, die man damit unterhalten kann, dass zwei Menschen einen Ball hin- und herschlagen, ist alles zuzutrauen.
Manfred Rommel

Spott

Wer den Schaden hat, darf für den Spott nicht sorgen.
Wilhelm Heinse

Spott ist oft Geistesarmut.
Jean de La Bruyère

Sprache

Die Fähigkeit, sich klar auszudrücken, ist die Voraussetzung dafür, andere zu beeinflussen.
Dale Carnegie

Der Geist einer Sprache offenbart sich am deutlichsten in ihren unübersetzlichen Worten.
Marie von Ebner-Eschenbach

Wer fremde Sprachen nicht kennt, weiß nichts von seiner eigenen.
Goethe

Die alten Sprachen sind die Scheiden, darin das Messer des Geistes steckt.
Goethe

Die Sprache ist das Haus des Seins.
Martin Heidegger

Deutsch ist schon deshalb eine gute Sprache, weil in ihr Mensch und Mann nicht das Gleiche sind. Diesen Satz übersetzen.
Wolfgang Hildesheimer

Die Menschen haben, wie es scheint, die Sprache nicht empfangen, um die Gedanken zu verbergen, sondern um zu verbergen, dass sie keine Gedanken haben.
Sören Kierkegaard

Die Sprache ist der große Kanal, durch den die Menschen einander ihre Entdeckungen, Folgerungen und Erkenntnisse vermitteln.
John Locke

Die unmittelbare Wirklichkeit des Gedankens ist die Sprache.
Karl Marx

Die Grenzen der Sprache sind die Grenzen der Welt.
Ludwig Wittgenstein

Staat

Der Staat ist eine Notordnung gegen das Chaos.
Gustav Heinemann

Der Staat ist eben auch nur ein Menschengebilde – und kann
verlangen, dass wir ein bisschen nachsichtig mit ihm sind.
Ludwig Marcuse

Wenn die Repräsentanten dieses Staates etwas Dummes tun und
ich mich als Bürger nicht davon betroffen fühle, dann lebe ich in
keinem demokratischen Staat.
Alexander Mitscherlich

Sobald einer über die Staatsangelegenheiten sagt: »Was gehts mich
an?«, muss man damit rechnen, dass der Staat verloren ist.
Jean-Jacques Rousseau

Wer in schlechten Zeiten den Staat ins Boot holt, wird ihn in
guten Zeiten kaum mehr vom Steuer verdrängen können.
Walter Scheel

Staatsmann

Ein Politiker denkt an die nächste Wahl; ein Staatsmann an die
nächste Generation.
James Freeman Clarke

Staatsmänner schweben mit beiden Beinen fest über den Tatsachen.
Oliver Hassencamp

Standpunkt

Ein Standpunkt sollte nicht nur das sein, worauf man ständig
stehen bleibt.
Friedl Beutelrock

Nie tritt man anderen so auf die Füße, wie wenn man den eignen Standpunkt vertritt.
Karlheinz Deschner

Sterben

Sorgt doch, dass ihr, die Welt verlassend, nicht nur gut wart, sondern verlasst eine gute Welt!
Bertolt Brecht

Der Mensch ist das einzige Lebewesen, das weiß, dass es sterben wird. Die Verdrängung dieses Wissens ist das einzige Drama des Menschen.
Friedrich Dürrenmatt

Das Bewusstsein unserer Sterblichkeit ist ein köstliches Geschenk, nicht die Sterblichkeit allein, die wir mit den Molchen teilen, sondern unser Bewusstsein davon. Das macht unser Dasein erst menschlich.
Max Frisch

Wenn dem Menschen am Ende seines Lebens ein Lächeln übrig bleibt, so ist das ein sehr anständiger Reingewinn.
Horst Wolfram Geissler

Man stirbt, wie man lebte; das Sterben gehört zum Leben, nicht zum Tod.
Ludwig Marcuse

Sterben ist das Auslöschen der Lampe im Morgenlicht, nicht das Auslöschen der Sonne.
Rabindranath Tagore

Wir kümmern uns nicht, dass wir nicht da gewesen sind, ehe wir geboren wurden. Warum uns kümmern, nicht mehr da zu sein, wenn wir gestorben sind?
Karl Julius Weber

Stil

Unter Stil verstehe ich die Fähigkeit, komplizierte Dinge einfach zu sagen – nicht umgekehrt.
Jean Cocteau

Stil ist richtiges Weglassen des Unwesentlichen.
Anselm Feuerbach

Wenn einem Autor der Atem ausgeht, werden die Sätze nicht kürzer, sondern länger.
John Steinbeck

Stolz

Ein stolzer Mensch verlangt von sich das Außerordentliche, ein hochmütiger schreibt es sich zu.
Marie von Ebner-Eschenbach

Strafe

Die Strafe, die züchtigt, ohne zu verhüten, heißt Rache.
Albert Camus

Alles wird uns heimgezahlt, wenn auch nicht von denen, welchen wir geborgt haben.
Marie von Ebner-Eschenbach

An der Härte der Strafen erkennt man die Schwäche des Regimes.
Martin Kessel

Keiner, der für eine Lüge geschlagen wurde, hat dadurch die Wahrheit lieben gelernt.
Ellen Key

Strafrecht → Justiz

Streben

Die das Dunkel nicht fühlen, werden sich nie nach dem Lichte umsehen.
Henry Thomas Buckle

Wir sind nichts. Was wir suchen, ist alles.
Friedrich Hölderlin

Sei mit dir nie zufrieden, außer etwa episodisch, sodass deine Zufriedenheit nur dazu dient, dich zu neuer Unzufriedenheit zu stärken.
Christian Morgenstern

Streit

Wenn zwei sich streiten, lächelt die Wahrheit.
Hans Arndt

Nicht jene, die streiten, sind zu fürchten, sondern jene, die ausweichen.
Marie von Ebner-Eschenbach

Es hat keinen Sinn, mit Männern zu streiten, sie haben ja doch immer Unrecht.
Zsa Zsa Gabor

Nichts macht den Menschen so unverträglich wie das Bewusstsein, genug Geld für einen guten Rechtsanwalt zu haben.
Richard Widmark

Stress

Stress ist ein Bazillus, der von Unsicheren in leitenden Stellungen auf die Mitarbeiter übertragen wird.
Oliver Hassencamp

Stress – das sind die Handschellen, die man ums Herz trägt.
Helmut Qualtinger

Nirgends strapaziert sich der Mensch mehr als bei der Jagd nach Erholung.
Laurence Sterne

Sünde

Im Alter bereut man vor allem die Sünden, die man nicht begangen hat.
William Somerset Maugham

Sympathie

Nichts macht uns feiger und gewissenloser als der Wunsch,
von allen Menschen geliebt zu werden.
Marie von Ebner-Eschenbach

Was man Zuneigung nennt, ist in Wirklichkeit nichts anderes als
Gewohnheit gewordene Sympathie.
Jonathan Swift

Tabu

Ein zerschlagenes Tabu ist kein Tabu mehr. Es gibt aber Leute, die
meinen, man könne dasselbe Tabu immer wieder zertrümmern.
Jean Genet

Die Tabuierung von Antworten ist nie so schlimm wie die
Tabuierung von Fragen.
Ludwig Marcuse

Tadel

Der Tadel lässt sich ertragen, wenn man fühlt, dass derjenige, der
tadelt, lieber loben würde.
Marie von Ebner-Eschenbach

Tadle nichts Menschliches! Alles ist gut, nur nicht überall, nur
nicht immer, nur nicht für alle.
Novalis

Für jeden berechtigten Tadel am andern sollte man gleichzeitig eine
Eigenschaft suchen, um derentwillen man ihn loben kann.
Frank Thiess

Takt

Takt besteht darin, dass man weiß, wie weit man zu weit gehen
darf.
Jean Cocteau

Takt ist die Fähigkeit, einem anderen auf die Beine zu helfen, ohne
ihm dabei auf die Zehen zu treten.
Curt Goetz

Toleranz heißt: die Fehler der anderen entschuldigen. Takt heißt: sie nicht bemerken.
Arthur Schnitzler

Taktik/Strategie

Ein durchdachter Angriffsplan schließt die Rückzugsmöglichkeit ein.
Hans Kasper

Talent

Mit fünfundzwanzig Jahren kann jeder Talent haben. Mit fünfzig Jahren Talent zu haben, darauf kommt es an.
Edgar Degas

Mir tut es allemal weh, wenn ein Mann von Talent stirbt, denn die Welt hat dergleichen nötiger als der Himmel.
Georg Christoph Lichtenberg

Mit einem Talent ist man auch das Opfer seines Talents.
Friedrich Nietzsche

Das Talent arbeitet, das Genie schafft.
Robert Schumann

Das Genie entdeckt die Frage. Das Talent beantwortet sie.
Karl Heinrich Waggerl

Tanz

Der Tanz ist das stärkste Ausdrucksmittel der menschlichen Seele.
Thomas Niederreuther

Tapferkeit

Aufrichtigkeit ist wahrscheinlich die verwegenste Form der Tapferkeit.
William Somerset Maugham

Tätigkeit

Taten lehren den Menschen, und Taten trösten ihn.
Johann Heinrich Pestalozzi

Tätigkeit ist der wahre Genuss des Lebens, ja das Leben selbst.
August Wilhelm von Schlegel

Der Weg, der zum Wissen führt, ist Tätigkeit.
George Bernard Shaw

Technik

Technik ist wie ein Messer. Man kann damit morden oder damit Brot schneiden.
Norbert Blüm

Ich bin überzeugt, dass die Menschen von den Ergebnissen ihrer Leistungsfähigkeit überfordert werden.
Günter Grass

Die Entwicklung der Technik ist bei der Wehrlosigkeit vor der Technik angelangt.
Karl Kraus

Der Mensch muss versuchen, die Entwicklung der Technik geistig zu beherrschen. Nur der Einsatz höchster Menschlichkeit könnte die Gefahr der Technik bannen.
Gertrud von Le Fort

Techniker

Menschen, die von einer neuen Erfindung nur die guten Seiten sehen wollen, nennt man Techniker.
Werner Mitsch

Theater

Das Theater darf nicht danach beurteilt werden, ob es die Gewohnheiten seines Publikums befriedigt, sondern danach, ob es sie zu ändern vermag.
Bertolt Brecht

Ein Theater ist ein Unternehmen, das Abendunterhaltung
verkauft.
Bertolt Brecht

Theorie

Grau, teurer Freund, ist alle Theorie und grün des Lebens goldner
Baum.
Goethe

Unsere Theorien sind unsere Erfindungen. Sie sind nie mehr als
kühne Vermutungen, Hypothesen; von uns gemachte Netze, mit
denen wir die wirkliche Welt einzufangen versuchen.
Karl R. Popper

Tiefe

Was Rednern an Tiefe fehlt, ersetzen sie durch Länge.
Montesquieu

Wer unter die Oberfläche dringt, tut es auf eigene Gefahr.
Oscar Wilde

Tier

Kein Zweifel, der Hund ist treu. Aber sollen wir uns deshalb ein
Beispiel an ihm nehmen? Er ist doch dem Menschen treu und
nicht dem Hund.
Karl Kraus

Eine der größten Unverfrorenheiten des Menschen ist, dies oder
jenes Tier mit Emphase falsch zu nennen, als ob es ein noch
falscheres Wesen gäbe in seinem Verhältnis zu den anderen Wesen
als der Mensch.
Christian Morgenstern

Dass uns der Anblick der Tiere so ergötzt, beruht hauptsächlich
darauf, dass es uns freut, unser eigenes Wesen so vereinfacht vor
uns zu sehn.
Arthur Schopenhauer

Auf das Tier angewendet, heißt die Ehrfurcht vor dem Leben zunächst: Das Töten der Tiere sei kein Schauspiel und kein Sport.
Albert Schweitzer

Titel

Titel sind tiefe Gräben um die Festung Mensch.
Hans Arndt

Einen Namen hat man, wenn man seine Titel weglässt, weil sie ihn verkleinern würden.
Sigmund Graff

Titel zeichnen den Mittelmäßigen aus, bringen den hoch Stehenden in Verlegenheit und werden vom tief Stehenden herabgesetzt.
George Bernard Shaw

Tod

Das, was wir Tod nennen, ist in Wahrheit der Anfang des Lebens.
Thomas Carlyle

Jeder Augenblick im Leben ist ein Schritt zum Tode hin.
Corneille

Der Tod ist die uns zugewandte Seite jenes Ganzen, dessen andere Seite Auferstehung heißt.
Romano Guardini

Am Schluss ist das Leben nur eine Summe aus wenigen Stunden, auf die man zulebte. Sie sind; alles andere ist nur ein langes Warten gewesen.
Erhart Kästner

Der Tod kommt nur einmal, und doch macht er sich in allen Augenblicken des Lebens fühlbar. Es ist herber, ihn zu fürchten, als ihn zu erleiden.
Jean de La Bruyère

Der Tod geht zwei Schritte hinter dir. Nütze den Vorsprung und lebe.
Werner Mitsch

Der Tod ist die Ruhe, aber der Gedanke an den Tod ist der Störer jeglicher Ruhe.
Cesare Pavese

Wer den Tod fürchtet, hat das Leben verloren.
Johann Gottfried Seume

Dies ist die wahrste aller Demokratien, die Demokratie des Todes.
Kurt Tucholsky

Wahrscheinlich ist keine Menschheit je dem Tode gegenüber so ratlos gewesen wie die heutige.
Carl Friedrich von Weizsäcker

Todesstrafe

Die Menschheit verurteilt den Einzelnen zur Todesstrafe und begeht dadurch gegen ihn ein größeres Verbrechen, als er gegen sie begangen hat, indem sie ihm die Besserung unmöglich macht.
Friedrich Hebbel

Solange die Todesstrafe besteht, atmet das ganze Strafrecht Blutgeruch aus, trägt das ganze Strafrecht den Stempel der Grausamkeit, ist das ganze Strafrecht mit dem Makel der rächenden Vergeltung behaftet.
Gustav Radbruch

Toleranz

Ignorieren ist noch keine Toleranz.
Theodor Fontane

Toleranz ist immer das Zeichen, dass sich eine Herrschaft als gesichert betrachtet.
Max Frisch

Toleranz ist das unbehagliche Gefühl, der andere könne am Ende vielleicht doch Recht haben.
Robert Lee Frost

Toleranz sollte eigentlich nur eine vorübergehende Gesinnung sein: Sie muss zur Anerkennung führen. Dulden heißt beleidigen.
Goethe

Toleranz der meisten: Sie haben nichts dagegen, wenn sich ihnen eine Ameise in den Weg stellt.
Sigmund Graff

Toleranz darf nicht bestehen gegenüber der Intoleranz, wenn diese nicht als ungefährliche, private Verschrobenheit gleichgültig behandelt werden darf. Es darf keine Freiheit geben zur Zerstörung der Freiheit.
Karl Jaspers

Wenn der andre sich mit allen seinen Fehlern, die er noch besser kennt als ich, erträgt, warum sollte ich ihn nicht ertragen?
Jean Paul

Toleranz ist ein Beweis des Misstrauens gegen ein eigenes Ideal.
Friedrich Nietzsche

Toleranz wird oft mit Meinungslosigkeit verwechselt. Aber nicht der Meinungslose ist tolerant, sondern der, der eine Meinung hat, aber es anderen zubilligt, eine abweichende Meinung zu haben und diese auch zu sagen.
Manfred Rommel

Um einen Schmetterling lieben zu können, müssen wir auch ein paar Raupen mögen.
Antoine de Saint-Exupéry

Toleranz heißt: die Fehler der anderen entschuldigen. Takt heißt: sie nicht bemerken.
Arthur Schnitzler

Um sanft, tolerant, weise und vernünftig zu sein, muss man über eine gehörige Portion Härte verfügen.
Peter Ustinov

Tourismus

Die Deutschen werden nicht besser im Ausland, wie das exportierte Bier.
Heinrich Heine

Man müsste in dieser Welt das Leben lang ein Tourist sein. Den Touristen zeigt man ja nur das, was sehenswürdig ist.
Gabriel Laub

Tradition

Begreifen wir endlich, dass der emotionale Kult der Tradition nur eine Form unserer geistigen Faulheit ist.
Stanisław Brzozowski

Alles Alte, soweit es Anspruch darauf hat, sollen wir lieben, aber für das Neue sollen wir recht eigentlich leben.
Theodor Fontane

Tradition ist die gewaltsame Fortsetzung einer abgeschlossenen Geschichte.
Wolfgang Herbst

Tradition ist nicht das Bewahren der Asche, sondern das Schüren der Flamme.
Jean Jaurès

Nicht in der Nachahmung der Tradition, in der Auseinandersetzung mit ihr liegt der Gewinn.
Martin Kessel

Tradition ist die Methode, die verhindern will, dass Kinder ihre Eltern übertreffen.
Ephraim Kishon

Der oft unüberlegten Hochachtung gegen alte Gesetze, alte Gebräuche und alte Religion hat man alles Übel in der Welt zu verdanken.
Georg Christoph Lichtenberg

Traditionen sind Bleisohlen.
Rudolf Rolfs

Tradition ist bewahrter Fortschritt, Fortschritt ist weitergeführte Tradition.
Carl Friedrich von Weizsäcker

Traum, Träumen

Unsere Träume können wir erst dann verwirklichen, wenn wir uns entschließen, einmal daraus zu erwachen.
Josephine Baker

Umsonst fürchten wir die Träume; der schrecklichste Traum ist nichts, verglichen mit dem Leben.
Stanisław Brzozowski

Wenn einer allein träumt, dann bleibt es ein Traum. Wenn aber wir alle gemeinsam träumen, dann wird es Wirklichkeit.
Helder Camara

Nenne dich nicht arm, weil deine Träume nicht in Erfüllung gegangen sind; wirklich arm ist nur, der nie geträumt hat.
Marie von Ebner-Eschenbach

Der Traum ist der beste Beweis, dass wir nicht so fest in unserer Haut eingeschlossen sind, als es scheint.
Friedrich Hebbel

Was man nicht träumen kann, hat keine Wirklichkeit.
Hans Erich Nossak

Trennung auch → Abschied

Es macht Liebenden nichts aus, durch Länder und Meere getrennt zu sein: Unerträglich ist für sie nur eine Wand oder eine Zimmertüre.
Sigmund Graff

In jeder Art von Liebe sollte auch immer ein wenig Trennung und Absonderung sein.
Rabindranath Tagore

Treue

Eben weil Treue die schönste Eigenschaft eines liebenden Herzens, ein echtes Wunder, ist, kann sie nie zur Pflicht gemacht werden, und eben weil sie nicht Pflicht ist, ist sie da, wo sie in ihrer Herrlichkeit erscheint, so verehrungswürdig.
Ernst von Feuchtersleben

Die Treue eines Tieres würde uns nicht rühren, wenn die Treue unter den Menschen häufiger wäre.
Sigmund Graff

Wer sich selbst treu bleiben will, kann nicht immer anderen treu bleiben.
Christian Morgenstern

Trinken

Trinke, wenn du glücklich bist, niemals, wenn du unglücklich bist.
Gilbert K. Chesterton

Die besten Vergrößerungsgläser für die Freuden der Welt sind die, aus denen man trinkt.
Joachim Ringelnatz

Essen ist ein Bedürfnis des Magens, Trinken ein Bedürfnis des Geistes.
Claude Tillier

Trost

Trost – Wissen, dass ein besserer Mensch noch unglücklicher ist.
Ambrose Bierce

Trost und Rat sind oft die Abwehr eines Nichtbetroffenen gegen das Leid eines Betroffenen.
Ludwig Marcuse

Alles hat zwei Seiten. Das ist das Gute am Schlechten und das Schlechte am Guten.
Werner Mitsch

Trotz

Der Trotz ist die einzige Stärke des Schwachen – und eine Schwäche mehr.
Arthur Schnitzler

Tugend

Wir verlangen sehr oft nur deshalb Tugenden von anderen, damit unsere Fehler sich bequemer breit machen können.
Marie von Ebner-Eschenbach

Unter den nützlichen Tugenden steht die falsche Bescheidenheit obenan.
Johannes Gross

Unsere Tugenden sind meist nur verkappte Laster.
François de La Rochefoucauld

Man muss die Fehler, die man nicht ablegen kann, in Tugenden verwandeln.
Cesare Pavese

Die Tugend besteht nicht im Verzicht auf das Laster, sondern darin, dass man es nicht begehrt.
George Bernard Shaw

Die drei größten Tugenden: Neidlosigkeit, Furchtlosigkeit, Geduld. Wer sie besitzt, hat den ersten Schritt zur Weisheit getan.
Frank Thiess

Tugenden! Wer weiß, was Tugenden sind, du nicht, ich nicht, niemand.
Oscar Wilde

Tyrann

Der Tyrann ist ein Gemisch aus Feigheit, Borniertheit, Willkür, Unverantwortlichkeit und Selbstgefälligkeit. Er repräsentiert also wirklich die Majorität.
Gabriel Laub

Übel

Die kleinen Übel sind meist von längerer Dauer.
Wiesław Brudziński

Um größere Übel zu vermeiden, muss man kleinere auf sich nehmen.
Martin Luther

Überheblichkeit

Wer sich überhebt, verrät, dass er noch nicht genug nachgedacht hat.
Christian Morgenstern

Wer auf andere nicht mehr angewiesen zu sein glaubt, wird
unerträglich.
Vauvenargues

Mit dem Wind, den man selber macht, lassen sich die Segel nicht
füllen.
Karl Heinrich Waggerl

Überleben

Der Wille zum Überleben ist der Tyrann aller Tyrannen.
Ludwig Marcuse

Die Menschheit kam immer noch einmal davon. Die Opfer nicht
eingerechnet.
Heinrich Wiesner

Überlegenheit

Manche anspruchsvolle Überlegenheit wird zunichte, wenn man
sie nicht anerkennt, manche schon wirkungslos, wenn man sie
nicht bemerkt.
Chamfort

Überzeugung

Ehe wir uns anschicken, andere zu überzeugen, müssen wir selbst
überzeugt sein.
Dale Carnegie

Besonders, wenn wir durch unsere Rede überzeugen wollen, ist es
unumgänglich, dass wir unsere Meinung mit der inneren Glut
vortragen, die von echter Überzeugung gespeist wird.
Dale Carnegie

Die wirkliche Treue, die wir unseren Überzeugungen schulden,
besteht darin, jeden Morgen zu überprüfen, ob ihre Wahrheiten
andauern.
Hans Kasper

Überzeugungen sind gefährlichere Feinde der Wahrheit als Lügen.
Friedrich Nietzsche

Umgangsformen

Gute Manieren bestehen aus lauter kleinen Opfern.
Ralph Waldo Emerson

Umgangsformen sind Formen, die zunehmend umgangen werden.
Oliver Hassencamp

Feine Leute sind solche, die nur in feiner Umgebung ordinär werden.
Wolfgang Herbst

Umkehr

Die große Schuld des Menschen ist, dass er in jedem Augenblick die Umkehr tun kann und nicht tut.
Martin Buber

Umwelt

Ich glaube, dass die anderen Schwierigkeiten, in denen unser Planet steckt, so groß werden, dass die Atomfrage in den Hintergrund tritt.
Friedrich Dürrenmatt

Wir alle sind Passagiere an Bord des Schiffes Erde, und wir dürfen nicht zulassen, dass es zerstört wird. Eine zweite Arche Noah wird es nicht geben.
Michail Gorbatschow

In Sachen Umweltschutz sind die meisten Regierungen kriminelle Vereinigungen.
Oliver Hassencamp

Die Menschen müssen begreifen, dass sie das gefährlichste Ungeziefer sind, das je die Erde bevölkert hat.
Friedensreich Hundertwasser

Unbeherrschtheit

Durch Heftigkeit ersetzt der Irrende, was ihm an Wahrheit und an Kräften fehlt.
Goethe

Unbescheidenheit

Es ist manchmal eine Unbescheidenheit, nicht von sich zu sprechen.
Robert Musil

Undankbarkeit

Nur bei den Tieren kann man sicher rechnen, dass sie desto besser gegen mich sind, je besser ich gegen sie bin, bei Menschen nicht, ja oft umgekehrt.
Jean Paul

Unfähigkeit

Ein Talent vermag aus einem Sandkorn einen Berg zu machen, die Unfähigkeit aus einem Berg ein Sandkorn.
Aleksander Świętochowski

Unfreiheit

Bei den wenigsten Gefängnissen sieht man die Gitter.
Oliver Hassencamp

Die Nöte des Menschen sind ohne Zahl. Und doch kann ihm nichts Schlimmeres zustoßen als der Verlust der Freiheit.
Ho Chi Minh

Ungeduld

Ungeduld ist die einzige Eigenschaft der Jugend, deren Verlust man im Alter nicht beklagt.
Frank Thiess

Ungeduld ist Angst, ist nicht Vertrauen.
Stefan Zweig

Unglück

Im Grunde ist jedes Unglück gerade nur so schwer, wie man es nimmt.
Marie von Ebner-Eschenbach

Das meiste Unglück der Menschen besteht eigentlich nur darin, dass sie sich mit Händen und Füßen gegen das Kreuz, das sie tragen sollen und tragen müssen, stemmen und wehren.
Jeremias Gotthelf

Unglück ist eine Probe auf die Zuverlässigkeit des Menschen.
Ho Chi Minh

Würde man Unglücke an der Wand aufhängen, so griffe doch jeder nach seinem, um es zu tragen.
Jüdisches Sprichwort

Man muss das Unglück mit Händen und Füßen, nicht mit dem Maul angreifen.
Johann Heinrich Pestalozzi

Es ist ein Unglück, nie Unglück gehabt zu haben!
Karl Julius Weber

Zwischen Unglück haben und unglücklich sein ist, Gott sei Dank, ein himmelweiter Unterschied.
Karl Julius Weber

Universität

Die Universität steht umso höher, je mehr Studenten sich nicht allein am Gängelbande der Studienordnung führen lassen, sondern ihrem Genius folgen, der ihnen Weisung gibt auf ihren Weg.
Karl Jaspers

Universum

Das Universum ist vollkommen. Es kann nicht verbessert werden. Wer es verändern will, verdirbt es. Wer es besitzen will, verliert es.
Laotse

Zwei Dinge sind unendlich, das Universum und die menschliche Dummheit, aber bei dem Universum bin ich mir noch nicht ganz sicher.
Albert Einstein

Unrecht

Wer nicht fähig ist, über ein privates Unrecht, das ihm geschehen ist, zornig zu werden, der wird schwer kämpfen können. Wer nicht fähig ist, über andern angetanes Unrecht zornig zu werden, der wird nicht für die große Ordnung kämpfen können.
Bertolt Brecht

Das Recht des Stärkeren ist das stärkste Unrecht.
Marie von Ebner-Eschenbach

Nichts lernen wir so spät und verlernen wir so früh, als zugeben, dass wir Unrecht haben.
Marie von Ebner-Eschenbach

Das Unrecht triumphiert, sobald die Gerechtigkeit ihren Lauf nimmt.
Martin Kessel

Kein Mensch hat öfter Unrecht als der, der es nicht ertragen kann, Unrecht zu haben.
François de La Rochefoucauld

Die eigentliche Aufgabe eines Freundes ist, dir beizustehen, wenn du im Unrecht bist. Jedermann ist auf deiner Seite, wenn du im Recht bist.
Mark Twain

In den Abgründen des Unrechts findest du immer die größte Sorgfalt für den Schein des Rechts.
Johann Heinrich Pestalozzi

Wer Unrecht einfach hinnimmt, fügt ein weiteres hinzu.
Peter Tille

Unschuld

Es wachsen Glaube und Unschuld nur am Baume der Kindheit noch; jedoch sie währen nicht.
Dante Alighieri

Wer zu handeln versäumt, ist noch keineswegs frei von Schuld. Niemand erhält seine Reinheit durch Teilnahmslosigkeit.
Siegfried Lenz

Unterdrückung

Das Tier mag nicht auf den Menschen treten; auf den Menschen
tritt nur immer der Mensch.
Gertrud von Le Fort

Die freie Wahl der Herren schafft die Herren oder die Sklaven
nicht ab.
Herbert Marcuse

Es geht nicht darum, den technischen Fortschritt aufzuhalten oder
zu drosseln, sondern darum, diejenigen seiner Züge zu beseitigen,
welche die Unterwerfung des Menschen unter den Apparat und
die Steigerung des Kampfes ums Dasein verewigen.
Herbert Marcuse

Der Gott, den Jesus zu verkünden kam, war alles andere als
neutral. Er ergriff die Partei der Unterdrückten, der Armen, der
Ausgebeuteten, nicht weil sie heiliger oder moralisch besser waren
als ihre Unterdrücker. Nein, er stand einzig und allein auf ihrer
Seite, weil sie unterdrückt waren.
Desmond Tutu

Unternehmer

Der Arbeiter soll seine Pflicht tun; der Arbeitgeber soll mehr tun
als seine Pflicht.
Marie von Ebner-Eschenbach

Wirklich motivierend ist nur die Inspiration, die vom
Unternehmer ausgeht, der sich selbst und einen möglichst großen
Teil der mit ihm Zusammenwirkenden mit »Sinn und Ziel« dessen,
was sie zusammen unternehmen, identifiziert.
Oswald von Nell-Breuning

Unterricht → Lehren

Unterwürfigkeit

Wer sich zum Wurm macht, kann nachher nicht klagen, wenn er
mit Füßen getreten wird.
Immanuel Kant

Sklaverei ist kein Rechts-, sondern ein Geisteszustand.
Gabriel Laub

Es gibt hohe Stellungen, die man am leichtesten in gebückter Haltung erreicht.
Robert Lembke

Untreue

Sind wir einer Liebe überdrüssig, ist es uns hochwillkommen, wenn man uns untreu wird, um unserer Treuepflicht entbunden zu sein.
François de La Rochefoucauld

Untreue: nichts dem Ehegatten zu sagen haben, weil man schon alles jemand anderem gesagt hat.
Françoise Sagan

Untugend

Untugenden, die ein Einzelner hat, nennt man Laster.
Untugenden, die ein ganzes Volk hat, nennt man Mentalität.
Werner Mitsch

Unvernunft

Zeige ihnen einen roten Kometenschweif, jage ihnen eine dumpfe Angst ein, und sie werden aus ihren Häusern laufen und sich die Beine brechen. Aber sage ihnen einen vernünftigen Satz und beweise ihn mit sieben Gründen, und sie werden dich einfach auslachen.
Bertolt Brecht

Viele Menschen haben doch wohl in sich viel Vernunft, aber nicht den Mut, sie auszusprechen; die Unvernunft sprechen sie weit leichter aus, weil dabei weit weniger Gefahr ist.
Johann Gottfried Seume

Unverstand

Der Unverstand ist die unbesiegbarste Macht auf der Erde.
Anselm Feuerbach

Unvollkommenheit

Auch die Sonne hat ihre Flecken. Die Hauptsache ist aber schließlich: sie strahlt.
Martin Kessel

Unwahrheit

Immer wieder behauptete Unwahrheiten werden nicht zu Wahrheiten, sondern, was schlimmer ist, zu Gewohnheiten.
Oliver Hassencamp

Unwissenheit

Die Unwissenheit ist eine Situation, die den Menschen ebenso hermetisch abschließt wie ein Gefängnis.
Simone de Beauvoir

Verhältnis von Lebensalter und Unwissen: Welche mathematische Kurve ergibt das? Trotz Zuwachs an Wissen schnellt die Kurve mit dem Lebensalter: Das Unwissen wird unendlich.
Max Frisch

Unzufriedenheit

Aus dem Guten kommt das Bessere, aus dem Besseren das Beste und aus dem Besten die Unzufriedenheit.
Werner Mitsch

Wir denken selten an das, was wir haben, aber immer an das, was uns fehlt.
Arthur Schopenhauer

Urlaub

Urlaub ohne Unterlass wäre ein gutes Training für den Aufenthalt in der Hölle.
George Bernard Shaw

Urteil

Das Urteil, das man über die Dinge fällt, ändert sich je nach der Zeit, die man noch zu leben hat – die man glaubt, noch zu leben zu haben.
André Gide

Man urteilt über andere nicht so falsch wie über sich selbst.
Vauvenargues

Utopie

Was man heute als Sciencefiction beginnt, wird man morgen
vielleicht als Reportage zu Ende schreiben müssen.
Norman Mailer

Es ist ein bedrohliches Zeichen, dass alle Utopien der jüngeren
Zeit pessimistisch sind.
Carlo Schmid

Heutzutage ist kaum etwas realistischer als Utopien.
Thornton Wilder

Vater

Vater werden ist nicht schwer, Vater sein dagegen sehr.
Wilhelm Busch

Verachtung

Verachtung – Gefühl eines vorsichtigen Mannes für einen Gegner,
der allzu mächtig ist, als dass man ihm gefahrlos entgegentreten
könnte.
Ambrose Bierce

Verachtung verdient nur der, der es besser weiß, aber schlechter tut.
Stanisław Brzozowski

Veränderung

Gerade wer das Bewahrenswerte bewahren will, muss verändern,
was der Erneuerung bedarf.
Willy Brandt

Man weiß nie, was daraus wird, wenn die Dinge verändert werden.
Aber weiß man denn, was draus wird, wenn sie nicht verändert
werden?
Elias Canetti

Dies ist die riesige moderne Irrlehre: die Menschenseele zu ändern, um sie den Verhältnissen anzupassen, anstatt die Verhältnisse zu ändern, um sie der Menschenseele anzupassen.
Gilbert K. Chesterton

Bevor man die Welt verändert, wäre es vielleicht doch wichtiger, sie nicht zugrunde zu richten.
Paul Claudel

Wer will, dass die Welt so bleibt, wie sie ist, der will nicht, dass sie bleibt.
Erich Fried

Es hilft nichts, das Unvollkommene heutiger Wirklichkeit zu höhnen oder das Absolute als Tagesprogramm zu predigen. Lasst uns stattdessen durch Kritik und Mitarbeit die Verhältnisse Schritt für Schritt ändern.
Gustav Heinemann

Gesellschaftliche Veränderung fängt immer mit Außenseitern an, die spüren, was notwendig ist.
Robert Jungk

Ich kann freilich nicht sagen, ob es besser wird, wenn es anders wird; aber so viel kann ich sagen, es muss anders werden, wenn es gut werden soll.
Georg Christoph Lichtenberg

Wir brauchen nicht so fortzuleben, wie wir gestern gelebt haben. Macht euch nur von dieser Anschauung los, und tausend Möglichkeiten laden uns zu neuem Leben ein.
Christian Morgenstern

Ihr müsst die Menschen lieben, wenn ihr sie verändern wollt.
Johann Heinrich Pestalozzi

Das Alte stürzt, es ändert sich die Zeit, und neues Leben blüht aus den Ruinen.
Schiller

Die besten Reformer, die die Welt je gesehen hat, sind die, die bei sich selbst anfangen.
George Bernard Shaw

Verantwortung

Demokratisches Bewusstsein der Bürger gedeiht nur in einer
Gesellschaft, in der freie Selbstverantwortung und gesellschaftliche
Verpflichtung in allen relevanten Bereichen gelten.
Willy Brandt

Der Preis der Größe heißt Verantwortung.
Winston Churchill

Zur geistigen Urheberschaft. Warum, in aller Welt, sind die
Richter angesehener als die Henker?
Johannes Gross

Das Kernstück der Persönlichkeitsbildung ist die Erziehung des
Sinnes für Verantwortung.
Emil Oesch

Der Gegensatz zur Pflicht ist nicht die Pflichtlosigkeit, sondern die
Verantwortung.
Hans A. Pestalozzi

Verbot

Das Gefährliche an den Verboten: dass man sich auf sie verlässt,
dass man nicht darüber nachdenkt, wann sie zu ändern wären.
Elias Canetti

Verdienen

Gehalt erhalten heißt gehalten werden.
Bert Berkensträter

Wenn man von den Leuten Pflichten fordert und ihnen keine
Rechte zugestehen will, muss man sie gut bezahlen.
Goethe

Vergangenheit

Wer vor seiner Vergangenheit flieht, verliert das Rennen.
T. S. Eliot

Liegt dir Gestern klar und offen, wirkst du heute kräftig frei.
Goethe

Sich seiner Vergangenheit bewusst zu sein, heißt Zukunft haben.
Hans Lohberger

Die Vergangenheit sollte ein Sprungbrett sein, nicht ein Sofa.
Harold Macmillan

Die Vergangenheit kann uns nicht sagen, was wir tun, wohl aber, was wir lassen müssen.
José Ortega y Gasset

Wer vor der Vergangenheit die Augen verschließt, wird blind für die Gegenwart.
Richard von Weizsäcker

Vergessen

Das Vergessen kann eine große produktive Tat sein.
Hans Arndt

Jemanden vergessen wollen heißt an ihn denken.
Jean de La Bruyère

Man vergisst nur das, was man schon vergessen hatte, als es geschah. Du erinnerst dich an nichts als an innere, geschlossene Zustände.
Cesare Pavese

Vergeben und vergessen heißt kostbare Erfahrungen zum Fenster hinauswerfen.
Arthur Schopenhauer

Vergnügen

Man findet das Vergnügen nur sehr selten dort, wo man es sucht.
David Lloyd George

Manches Vergnügen besteht darin, dass man mit Vergnügen darauf verzichtet.
Peter Rosegger

Die unerträglichste Qual wird durch die Verlängerung des größten
Vergnügens hervorgerufen.
George Bernard Shaw

Verleger

Der Verleger schielt mit einem Auge nach dem Schriftsteller, mit
dem andern nach dem Publikum. Aber das dritte Auge, das Auge
der Weisheit, blickt unbeirrt ins Portemonnaie.
Alfred Döblin

Verleumdung

Lass die Menschen reden, was sie wollen. Du weißt ja die Art des
ganzen Geschlechts, dass es lieber beunruhigt und hetzt als tröstet
und aufrichtet.
Goethe

Verleumdung ist die Erleichterung der Bösartigkeit.
Joseph Joubert

Wenn deine Gegenwart makellos ist, so untersucht man deine
Vergangenheit.
Georg Christoph Lichtenberg

Verlust

Was einem genommen wird, dem soll man nicht nachweinen, das
ist verloren für immer. Nur was man gibt, bekommt man mitunter
zurück.
Karl Heinrich Waggerl

Vernunft

Verstand sieht jeden Unsinn, Vernunft rät, manches davon zu
übersehen.
Wiesław Brudziński

Die höchste Vernunft spricht nicht nur die Sprache des bloßen
Verstandes, sondern sie spricht auch die Sprache ihrer Mutter, der
Liebe, welche der Anfang aller Dinge ist und darum auch der
Anfang aller Erkenntnis.
Gertrud von Le Fort

Wenn jedoch die Kraft, die die menschliche Aktivität bestimmt, nicht die Vernunft ist, bleibt der Mensch unter dem Niveau seiner eigenen Möglichkeiten.
Robert S. McNamara

Die Vernunft formt den Menschen, das Gefühl leitet ihn.
Jean-Jacques Rousseau

Verrat

Tausend Feinde außerhalb des Hauses sind besser als einer drinnen.
Arabisches Sprichwort

Verrat ist schlechter Dünger.
Bertolt Brecht

Verschwendung

Geiz ist Grausamkeit gegen die Dürftigen, und die Verschwendung ist es nicht weniger.
Christian Fürchtegott Gellert

Verschwiegenheit

Verschwiegenheit ist eine Tugend, Schweigsamkeit kann eine sein, Verschweigen ist keine.
Wolfdietrich Schnurre

Versicherung

Für Versicherungen ist es wichtig, dass die Furcht vor dem Versicherungsfall größer ist als die Wahrscheinlichkeit, dass er eintritt.
Manfred Rommel

Verstand

Verstand ohne Gefühl ist unmenschlich. Gefühl ohne Verstand ist Dummheit.
Egon Bahr

Der Verstand, der uns nicht hindert, hie und da eine großherzige Dummheit zu begehen, ist ein braver Verstand.
Marie von Ebner-Eschenbach

Der Verstand und die Fähigkeit, ihn zu gebrauchen, sind zwei verschiedene Gaben.
Franz Grillparzer

Wer nur mit dem Verstand lebt, hat das Leben nicht verstanden!
Gerd Uhlenbruck

Verstehen

Wenn die Menschen nur über das sprächen, was sie begreifen, dann würde es sehr still auf der Welt sein.
Albert Einstein

Die Ungebildeten haben das Unglück, das Schwere nicht zu verstehen, dagegen verstehen die Gebildeten häufig das Leichte nicht, was ein noch viel größeres Unglück ist.
Franz Grillparzer

Nicht da ist man daheim, wo man seinen Wohnsitz hat, sondern wo man verstanden wird.
Christian Morgenstern

Nur der Mensch, der sich verstanden fühlt, ist bereit, sich verstehen und führen zu lassen.
Emil Oesch

Alles verstehen heißt alles verzeihen – das wäre sehr edel gedacht und gesagt. Nur schade, dass das Verstehen neunundneunzig Mal unter hundert aus Bequemlichkeit und höchstens einmal aus Güte geschieht.
Arthur Schnitzler

Verstellung

Die Welt ist voll von Leuten, die Wasser predigen und Wein trinken.
Giovanni Guareschi

Wir gewöhnen uns so sehr daran, uns vor den anderen zu verstellen, dass wir uns schließlich vor uns selbst verstellen.
François de La Rochefoucauld

Zu fürchten sind die, die nicht sagen, was sie denken, und die nicht denken, was sie sagen.
Paul Valéry

Versuchung

Feigheit ist der wirksamste Schutz gegen die Versuchung.
Mark Twain

Widerstehe niemals der Versuchung: Prüfe alles und behalte das Gute.
George Bernard Shaw

Ich kann allem widerstehen, nur nicht der Versuchung.
Oscar Wilde

Vertrauen

Der Mensch, der nicht sich meint, dem gibt man alle Schlüssel.
Martin Buber

Das Vertrauen ist etwas so Schönes, dass selbst der ärgste Betrüger sich eines gewissen Respektes nicht erwehren kann vor dem, der es ihm schenkt.
Marie von Ebner-Eschenbach

Vertrauen ist die größte Selbstaufopferung.
Friedrich Hebbel

Vertrauen ist gut, Kontrolle ist besser!
Wladimir Iljitsch Lenin

Zu viel Vertrauen ist häufig eine Dummheit, zu viel Misstrauen ist immer ein Unglück.
Johann Nestroy

Vervollkommnung

Sobald jemand in einer Sache Meister geworden ist, sollte er in einer neuen Sache Schüler werden.
Gerhart Hauptmann

Macht können wir durch Wissen erlangen, aber zur Vollendung gelangen wir nur durch die Liebe.
Rabindranath Tagore

Verwandtschaft

Ich verabscheue meine Verwandten. Das kommt vermutlich daher, dass unsereins es nicht ausstehen kann, wenn andere Leute dieselben Fehler haben wie wir.
Oscar Wilde

Verzeihung

Verzeihen ist keine Narrheit, nur ein Narr kann nicht verzeihen.
Chinesisches Sprichwort

Der Mensch ist nie so schön, als wenn er um Verzeihung bittet oder selbst verzeiht.
Jean Paul

Im Verzeihen des Unverzeihlichen ist der Mensch der göttlichen Liebe am nächsten.
Gertrud von Le Fort

Der Mensch braucht nicht alles zu billigen; verzeihen muss er können.
Thomas Niederreuther

Verzweiflung

Die Verzweiflung ist eine Hyäne, die sich von der Leiche des Glaubens nährt.
Frank Thiess

Wenn Menschen verzweifelt sind, werden sie zur Durchsetzung ihrer Ziele verzweifelte Mittel anwenden.
Desmond Tutu

Volk

Nur der Einzelne ist naturgewachsen, nicht das Volk. Das Volk ist ein menschlicher Organisationsbegriff.
Carl von Ossietzky

Vollkommenheit

Das Streben nach Vollkommenheit macht manchen Menschen vollkommen unerträglich.
Pearl S. Buck

Jedes Meisterwerk ist auf seine Art konventionell. Es prunkt und protzt nicht. Es ist seiner Mittel so sicher, als wären sie schon immer vorhanden gewesen.
Martin Kessel

Schon mancher, der die Vollkommenheit suchte, landete im Perfektionismus.
Werner Mitsch

Vorbild

In dir muss brennen, was du in anderen entzünden willst.
Aurelius Augustinus

Aber da ich kurz zuvor gesagt habe, unsere Vorfahren sollten uns zum Muster dienen, so gelte als erste Ausnahme, dass man nicht ihre Fehler nachahmen muss.
Marcus Tullius Cicero

Auf Vorbilder wird es auch weiterhin in jeder menschlichen Gesellschaft ankommen; die, nach denen wir suchen, müssen Ähnlichkeit mit uns selber haben. Sie müssen die Spuren unserer Sorgen und Nöte verraten.
Alexander Mitscherlich

Vorgesetzter

Jeder Vorgesetzte, der etwas taugt, hat es lieber mit Leuten zu tun, die sich zu viel zumuten, als mit solchen, die zu wenig in Angriff nehmen.
Lee Iacocca

Der Mensch kann nichts Schlimmeres über sich haben als einen Menschen.
Jüdisches Sprichwort

Die Fähigkeiten eines Chefs erkennt man an seiner Fähigkeit, die Fähigkeiten seiner Mitarbeiter zu erkennen.
Robert Lembke

Im Übrigen wird der Wert eines Chefs nicht nach seiner Betriebsamkeit bemessen, sondern nach dem, was er schafft.
Emil Oesch

Vornehmheit

Feine Leute sind solche, die nur in feiner Umgebung ordinär werden.
Wolfgang Herbst

Vorrecht

Der größte Feind des Rechts ist das Vorrecht.
Marie von Ebner-Eschenbach

Vorsatz

Gute Vorsätze … sind Schecks, auf eine Bank gezogen, bei der man kein Konto hat.
Oscar Wilde

Vorsicht

Vorsicht und Misstrauen sind gute Dinge, nur sind auch ihnen gegenüber Vorsicht und Misstrauen nötig.
Christian Morgenstern

Der bessere Teil der Tapferkeit ist Vorsicht.
Shakespeare

Vorurteil

Ein Urteil lässt sich widerlegen, aber niemals ein Vorurteil.
Marie von Ebner-Eschenbach

Welch triste Epoche, in der es leichter ist, ein Atom zu zertrümmern als ein Vorurteil!
Albert Einstein

Das Vorurteil ist ein unentbehrlicher Hausknecht, der lästige Eindrücke von der Schwelle weist. Nur darf man sich von seinem Hausknecht nicht selber hinauswerfen lassen.
Karl Kraus

Die menschlichen Vorurteile sind wie jene bissigen Hunde, die nur den Furchtsamen angreifen.
Isolde Kurz

Je reicher man an Urteilen ist, desto ärmer wird man an Vorurteilen.
Henry Miller

Wer glaubt, aus dem Gemüt zu schöpfen, schöpft gelegentlich aus der trüben Quelle des Vorurteils.
Manfred Rommel

Das Vorurteil ist die hochnäsige Empfangsdame im Vorzimmer der Vernunft.
Karl Heinrich Waggerl

Wahl

Es gibt dumme Politiker, die ihr Mandat klugen Leuten verdanken, die am Wahltag zu Hause geblieben sind.
Robert Lembke

Wahlversprechen

Politiker zu kaufen, ist altmodisch; in der modernen Demokratie kauft man Wähler.
Johannes Gross

Wahrhaftigkeit

Wahrhaftigkeit ist nicht nur von Konfirmanden zu verlangen, sondern erst recht von den Trägern staatlicher Verantwortung.
Willy Brandt

Wer die Wahrheit nicht weiß, der ist bloß ein Dummkopf. Aber wer sie weiß und sie eine Lüge nennt, der ist ein Verbrecher!
Bertolt Brecht

Wahrheit

Am meisten fühlt man sich von Wahrheiten getroffen, die man sich selbst verheimlichen wollte.
Friedl Beutelrock

Wenn die Wahrheit zu schwach ist, sich zu verteidigen, muss sie zum Angriff übergehen.
Bertolt Brecht

Ein paar Wahrheiten muss man sagen, um leben zu können; ein paar verschweigen aus demselben Grund.
Karlheinz Deschner

Wir suchen die Wahrheit, finden wollen wir sie aber nur dort, wo es uns beliebt.
Marie von Ebner-Eschenbach

Ohne Wahrheit ist es unmöglich, irgendwelche Prinzipien oder Regeln im Leben zu befolgen.
Mahatma Gandhi

Wer immer die Wahrheit sagt, kann sich ein schlechtes Gedächtnis leisten.
Theodor Heuss

Was beim Licht der Lampe wahr ist, ist noch nicht beim Licht der Sonne wahr.
Joseph Joubert

Es ist nicht die Gewohnheit des Wahren, ohne Verhüllung zu kommen und sich von jedem erkennen zu lassen.
Erhart Kästner

Je mehr Leute es sind, die eine Sache glauben, desto größer ist die Wahrscheinlichkeit, dass die Ansicht falsch ist. Menschen, die Recht haben, stehen meistens allein.
Sören Kierkegaard

Die Wahrheit ist immer konkret.
Wladimir Iljitsch Lenin

Vom Wahrsagen lässt sichs wohl leben in der Welt, aber nicht vom Wahrheitsagen.
Georg Christoph Lichtenberg

Ich hasse die Vielredner. Die Wahrheit macht nicht viele Worte.
Martin Luther

Wahrheiten können fast immer auch in den Dienst von Unwahrheiten gestellt werden.
Ludwig Marcuse

Eine Wahrheit kann erst wirken, wenn der Empfänger für sie reif ist. Nicht an der Wahrheit liegt es daher, wenn die Menschen noch so voller Unweisheit sind.
Christian Morgenstern

Suche nach Wahrheit ist Mut zum Risiko, und zwar nicht nur im persönlichen, sondern ebenso im sozialen, im gesellschaftlichen Bereich.
Hans A. Pestalozzi

Erziehung zur Wahrheit heißt, die Fähigkeit zu vermitteln, selbst nach dem suchen zu können, was ich persönlich als wahr empfinde, und mir keine angebliche Wahrheit vorschreiben zu lassen und anderseits dem Mitmenschen nicht meine Wahrheit aufzwingen zu wollen.
Hans A. Pestalozzi

Wenn es nur eine Wahrheit gäbe, könnte man nicht hundert Bilder über dasselbe Thema malen.
Pablo Picasso

Erziehung sollte den Wunsch nach Wahrheit nähren und nicht die Überzeugung, dass ein bestimmter Glaube die Wahrheit sei.
Bertrand Russell

Wahrheit besteht nicht in Beweisen, sie besteht im Zurückführen auf die letzte Einfachheit.
Antoine de Saint-Exupéry

Doch, weil Wahrheit eine Perle, wirf sie auch nicht vor die Säue.
Theodor Storm

Der Strom der Wahrheit fließt durch Kanäle von Irrtümern.
Rabindranath Tagore

Die Wahrheit ist eine unzerstörbare Pflanze. Man kann sie ruhig unter einen Felsen vergraben, sie stößt trotzdem durch, wenn es an der Zeit ist.
Frank Thiess

Nur wenige Menschen sind stark genug, um die Wahrheit zu sagen und die Wahrheit zu hören.
Vauvenargues

Man erobert die Wahrheit nicht, indem man ihr die Kleider vom Leibe reißt.
Karl Heinrich Waggerl

Die wichtigste Motivation der Menschen, die in die Wissenschaft gehen, war ursprünglich und ist wohl auch heute die Suche nach der Wahrheit.
Carl Friedrich von Weizsäcker

Keiner darf für sich den Besitz der Wahrheit beanspruchen, sonst wäre er unfähig zu Kompromiss und überhaupt zu Zusammenleben.
Richard von Weizsäcker

Warnung

Wie kann man erwarten, dass die Menschheit guten Rat annimmt, wenn sie nicht einmal auf Warnungen hört?
Jonathan Swift

Wechsel

Nichts ist dauernd als der Wechsel.
Ludwig Börne

Nur der Wechsel ist wohltätig. Unaufhörliches Tageslicht ermüdet.
Wilhelm von Humboldt

Der Wechsel allein ist das Beständige.
Arthur Schopenhauer

Weibliches

Weiblichkeit ist die Eigenschaft, die ich an Frauen am meisten schätze.
Oscar Wilde

Weichheit

Dies ist die Erkenntnis von der Natur der Dinge: Das Weiche, Schwache wird das Harte und Starke überdauern.
Laotse

Wein

Rotwein ist für alte Knaben eine von den besten Gaben.
Wilhelm Busch

Seine Freunde und was mit der Liebe zusammenhängt, muss man im Weine anschauen; nichts taugt, was nicht so angeblickt werden kann.
Erhart Kästner

Man führt gegen den Wein nur die bösen Taten an, zu denen er verleitet, allein er verleitet auch zu hundert guten, die nicht so bekannt werden.
Georg Christoph Lichtenberg

Weisheit

Weise ist nicht, wer viele Erfahrungen macht, sondern wer aus wenigen lernt, viele nicht machen zu müssen.
Karlheinz Deschner

Weise sein heißt: sich nicht darüber schämen, dass man nichts weiß; sich nicht davor fürchten, dass man nichts weiß, und nicht darauf stolz sein, dass man nichts weiß.
Hans Krailsheimer

Der Weise lebt in der Einfalt und ist ein Beispiel für viele. Er will nicht selber scheinen, darum wird er erleuchtet.
Laotse

Weisheit heißt Überlegenheit über den verblendenden Zwang, dem Verlangen nach Lust folgen zu müssen.
Alexander Mitscherlich

Wissen können wir von anderen lernen, Weisheit müssen wir uns selber lehren.
Axel Munthe

Die Furcht des Herrn ist der Weisheit Anfang.
Psalm 111, 10

Ein Weiser ist man nur unter der Bedingung, in einer Welt voll Narren zu leben.
Arthur Schopenhauer

Die Weisheit eines Menschen misst man nicht nach seiner Erfahrung, sondern nach seiner Fähigkeit, Erfahrungen zu machen.
George Bernard Shaw

Welt

Die Welt ist für uns stets eine Antwort, die von der Frage abhängt, die wir an sie stellen.
Stanisław Brzozowski

Die Welt ist ein Gefängnis, in dem Einzelhaft vorzuziehen ist.
Karl Kraus

Vielleicht muss man weltfern sein, um die Welt richtig zu sehen. Wer einer Sache zu nahe steht, hat ein verzerrtes Bild von ihr. ❧
Hans Margolius

Wir sind in diese Welt gekommen, nicht nur, dass wir sie kennen, sondern dass wir sie bejahen.
Rabindranath Tagore

Weltanschauung

Weltanschauung ist nicht selten Mangel an Anschauung.
Ludwig Marcuse

Weltgeschichte

Man kann alles von der Weltgeschichte sagen, alles, was der perversesten Fantasie in den Sinn kommen mag, nur eines nicht: dass sie vernünftig sei.
Fjodor M. Dostojewski

Die Weltgeschichte ist die Summe dessen, was vermeidbar
gewesen wäre.
Bertrand Russell

Werbung

Werbung ist die Kunst, auf den Kopf zu zielen und die Brieftasche
zu treffen.
Vance Packard

Werte

Den wahren Wert anderer erkennen heißt seinen eigenen
aussprechen; denn nur der Würdige würdigt.
Ernst von Feuchtersleben

In einem gewissen Alter wird ein Überprüfen der Werte
notwendig; es bedarf aber einer besonderen geistigen Freiheit, um
sich vom Anerkannten loszumachen.
André Gide

Nichts in der Welt ist unbedeutend.
Schiller

Wettbewerb

Die Wettbewerbsfähigkeit eines Landes beginnt nicht in der
Fabrikhalle oder im Forschungslabor. Sie beginnt im
Klassenzimmer.
Lee Iacocca

Die Klage über die Schärfe des Wettbewerbs ist in Wirklichkeit
meist nur eine Klage über den Mangel an Einfällen.
Walther Rathenau

Widerspruch

Denn ein vollkomm'ner Widerspruch bleibt gleich geheimnisvoll
für Kluge wie für Toren.
Goethe

Die Geschichte der Freiheit ist die Geschichte des Widerspruches.
Thomas Woodrow Wilson

Willen

Der Mensch hat freien Willen – das heißt, er kann einwilligen ins Notwendige!
Friedrich Hebbel

Jedem Vorhaben ist ein Stück kreatürlicher Lust eingegeben, ohne die dem Willen keine Flügel wachsen.
Hans Kasper

Wenn der Mensch sich etwas vornimmt, so ist ihm mehr möglich, als man glaubt.
Johann Heinrich Pestalozzi

Wirklichkeit

Die Wirklichkeit ist immer noch fantastischer als alle Fantasie.
Wolf Biermann

Die Wirklichkeit ist nur veränderbar, insofern sie noch nicht ist. Wir können versuchen, die Zukunft zu beeinflussen, das ist alles.
Friedrich Dürrenmatt

Anscheinend können nur wenige Menschen mit Wirklichkeit umgehen, die sie nicht selbst erfahren haben.
Jürgen Lemke

Was soll der Vorwurf, dass jemand ein gestörtes Verhältnis zur Wirklichkeit habe? Als wäre Wirklichkeit etwas anderes als auch das gestörte Verhältnis mancher zu ihr.
Kurt Marti

Wirtschaftskrise

Die gegenwärtige Krise ist keine vorübergehende Unterbrechung des Wirtschaftswachstums, sondern dessen Ergebnis.
André Gorz

Wissen

Wenn der Mensch wissend geworden ist, steht unversehens sein Ende bevor.
Chinesisches Sprichwort

Es ist eine erschütternde Vorstellung für mich, dass Männer wie Plato, Galilei oder Kant bereit gewesen sein dürften, Lebensjahre für das Wissen herzugeben, das jedem von uns heute unverdient in den Schoß fällt und das die Wenigsten richtig zu würdigen wissen (sofern sie es überhaupt zur Kenntnis nehmen)!
Hoimar von Ditfurth

Das menschliche Wissen ist dem menschlichen Tun davongelaufen, das ist unsere Tragik. Trotz aller unserer Kenntnisse verhalten wir uns immer noch wie die Höhlenmenschen von einst.
Friedrich Dürrenmatt

Ein Mensch kann nicht alles wissen, aber etwas muss jeder haben, was er ordentlich versteht.
Gustav Freytag

Es ist nicht genug, zu wissen, man muss auch anwenden.
Goethe

Eigentlich weiß man nur, wenn man wenig weiß; mit dem Wissen wächst der Zweifel.
Goethe

Alles Wissen und alle Vermehrung unseres Wissens endet nicht mit einem Schlusspunkt, sondern mit Fragezeichen.
Hermann Hesse

Man muss viel studiert haben, um wenig zu wissen.
Montesquieu

Der Unwissende hat Mut, der Wissende hat Furcht.
Alberto Moravia

Glauben und Wissen verhalten sich wie die zwei Schalen einer Waage: In dem Maße, als die eine steigt, sinkt die andere.
Arthur Schopenhauer

Wir alle wissen mehr als das, wovon wir wissen, dass wir es wissen.
Thornton Wilder

Wissenschaft

Ich halte dafür, dass das einzige Ziel der Wissenschaft darin besteht, die Mühseligkeit der menschlichen Existenz zu erleichtern.
Bertolt Brecht

Alle Wissenschaft hat als Ausgangspunkt ein Zweifeln, gegen das der Glaube sich auflehnt.
André Gide

Die Wissenschaft ist die Methode, viele kleine Unklarheiten auf ein einziges großes Rätsel, dem man einen Namen gibt, zurückzuführen.
Hans Lohberger

Die Physiker haben erfahren, was Sünde ist, und dieses Wissen wird sie nie mehr ganz verlassen.
Robert Oppenheimer

Die Wissenschaft, richtig verstanden, heilt den Menschen von seinem Stolz; denn sie zeigt ihm seine Grenzen.
Albert Schweitzer

Die wichtigste Motivation der Menschen, die in die Wissenschaft gehen, war ursprünglich und ist wohl auch heute die Suche nach der Wahrheit.
Carl Friedrich von Weizsäcker

Wissenschaft ist – im Wesentlichen wenigstens – auch nur wirksam, soweit es ihr glückt, Wahrheit zu finden.
Carl Friedrich von Weizsäcker

Wissensdrang

Der Mensch muss bei dem Glauben verharren, dass das Unbegreifliche begreiflich sei; er würde sonst nicht forschen.
Goethe

Witz

Der Witz ist das einzige Ding, was umso weniger gefunden wird, je eifriger man es sucht.
Friedrich Hebbel

Wenn einer bei uns einen guten politischen Witz macht, dann sitzt halb Deutschland auf dem Sofa und nimmt übel.
Kurt Tucholsky

Wohlstand

Wohlstand ist, wenn die Menschen mehr Uhren haben als Zeit.
Werner Mitsch

Wohnung

Raum ist in der kleinsten Hütte für ein glücklich liebend Paar.
Schiller

Wohnungswechsel

Dreimal umgezogen ist so gut wie einmal abgebrannt.
Benjamin Franklin

Wort

Eine Wunde, von Worten geschlagen, ist schlimmer als eine Wunde, die das Schwert schlägt.
Arabisches Sprichwort

Es gibt so große leere Worte, dass man darin ganze Völker gefangen halten kann.
Stanisław Jerzy Lec

Der Unterschied zwischen dem richtigen Wort und dem beinahe richtigen ist derselbe wie zwischen dem Blitz und dem Glühwürmchen.
Mark Twain

Wo Worte selten, haben sie Gewicht.
Shakespeare

Wunder

Der Mensch verlangt nicht so sehr nach Gott als nach dem Wunder.
Fjodor M. Dostojewski

Das Wunder ist des Glaubens liebstes Kind.
Goethe

Das große unzerstörbare Wunder ist der Menschenglaube an
Wunder.
Jean Paul

Wunsch

Es ist leichter, den ersten Wunsch zu unterdrücken, als die
folgenden zu erfüllen.
Benjamin Franklin

Gäbe es Wesen, die den Menschen alle Wünsche erfüllen, so
wären das keine Götter, sondern Dämonen.
Friedrich Georg Jünger

Wir leben in einer Zeit, in der die Menschen nicht wissen, was sie
wollen, aber alles tun, um es zu bekommen.
Donald Marquis

In dieser Welt gibt es nur zwei Tragödien. Die eine ist, nicht zu
bekommen, was man möchte, und die andere ist, es zu bekommen.
Oscar Wilde

Würde → Menschenwürde

Yuppie

Eine Generation, der alles gelungen ist, die schon alles hat, die
spielerisch Solidarität praktiziert, die nicht mehr die Stigmata der
Klassenverwünschungen an sich trägt. Das sind die europäischen
Yuppies.
Jean Baudrillard

Zärtlichkeit

Zärtlichkeit ist das Ruhen der Leidenschaft.
Joseph Joubert

Zaudern → Zögern

Zeichen

Omen – Zeichen, das bald was passiert, wenn nicht bald was passiert.
Ambrose Bierce

Zeit

Zeit ist nur dadurch, dass etwas geschieht, und nur dort, wo etwas geschieht.
Ernst Bloch

Es ist nicht wahr, dass man seine Zeit verpassen kann. Für den, der in Wahrheit etwas zu sagen hat, ist es immer Zeit.
Waldemar Bonsels

Für die, deren Zeit gekommen ist, ist es nie zu spät!
Bertolt Brecht

Ein Mensch, dem nicht jeden Tag wenigstens eine Stunde gehört, ist kein Mensch.
Martin Buber

Die Zeit geht hin, und der Mensch gewahrt es nicht.
Dante Alighieri

Ist es das Gute selbst an der schlimmsten Zeit, dass sie vergeht, ist eben dies das Schlimme auch an der besten.
Karlheinz Deschner

Ist die Zeit das Kostbarste unter allem, so ist Zeitverschwendung die allergrößte Verschwendung.
Benjamin Franklin

Die Kunst, Zeit zu haben, ist auch die Kunst, sich die Leute vom Leibe zu halten, die uns die Zeit stehlen.
Emil Oesch

Des Menschen Engel ist die Zeit.
Schiller

Zeitgeist

Der Zeitgeist ist das jeweilige Gespenst der Gegenwart.
Werner Schneyder

Zeitgewinn

Arbeit in Ruhe zu leisten ist Zeitgewinn.
Emil Oesch

Man verliert die meiste Zeit damit, dass man Zeit gewinnen will.
John Steinbeck

Zeitung

Die Zeitung ist die Konserve der Zeit.
Karl Kraus

Manche Zeitungen sind an und für sich ein Druckfehler.
Werner Schneyder

Zensur

Zensur ist die geheime Empfehlung durch öffentliches Verbot.
Dieter Hildebrandt

Die Zensur ist die jüngere von zwei schändlichen Schwestern, die ältere heißt Inquisition.
Johann Nestroy

Die Zensur endet in letzter Konsequenz damit, dass überhaupt niemand Bücher lesen darf, ausgenommen jene Bücher, die sowieso niemand liest.
George Bernard Shaw

Ziel

Der gerade Weg ist der kürzeste, aber es dauert meist am längsten, bis man auf ihm zum Ziele gelangt.
Georg Christoph Lichtenberg

Es gibt immer mehr Straßen und immer weniger Ziele.
Werner Mitsch

Zitat

Die meisten Menschen sprechen nicht, zitieren nur. Man könnte ruhig fast alles, was sie sagen, in Anführungsstriche setzen.
Christian Morgenstern

Das Zitat, vor allem das geflügelte Wort, hat noch andere Aufgaben: Es kann als eine Art geistiger Kurzschrift dienen.
Ludwig Reiners

Zivilcourage

Wo die Zivilcourage keine Heimat hat, reicht die Freiheit nicht weit.
Willy Brandt

Zivilisation

Was die Menschen Zivilisation nennen, ist der Zustand gegenwärtiger Sitten; was sie Barbarei nennen, das sind die Sitten der Vergangenheit.
Anatole France

Zivilisation: Die Eskimos bekommen warme Wohnungen und müssen arbeiten, um Geld für Kühlschränke zu verdienen.
Gabriel Laub

Zögern

Kein weiser oder tapferer Mann legt sich auf die Schienen der Geschichte und wartet, dass der Zug der Zukunft ihn überfährt.
Dwight D. Eisenhower

Wer gar zu viel bedenkt, wird wenig leisten.
Schiller

Zorn

Wer nicht fähig ist, über ein privates Unrecht, das ihm geschehen ist, zornig zu werden, der wird schwer kämpfen können. Wer nicht fähig ist, über andern angetanes Unrecht zornig zu werden, der wird nicht für die große Ordnung kämpfen können.
Bertolt Brecht

Der Zorn ist ein schlechter Ratgeber.
Sprichwort

Zufall

Gepriesen sei der Zufall. Er ist wenigstens nicht ungerecht.
Ludwig Marcuse

Ereignisse, die er nicht begreift, nennt der Mensch Zufall.
Werner Mitsch

Der Zufall ist das Pseudonym, das der liebe Gott wählt, wenn er
inkognito bleiben will.
Albert Schweitzer

Zufriedenheit

Sich mit wenigem begnügen ist schwer, sich mit vielem begnügen
unmöglich.
Marie von Ebner-Eschenbach

Wenn ein paar Menschen recht miteinander zufrieden sind, kann
man meistens versichert sein, dass sie sich irren.
Goethe

Sei mit dir nie zufrieden, sodass deine Zufriedenheit nur dazu
dient, dich zu neuer Unzufriedenheit zu stärken.
Christian Morgenstern

Zukunft

Die Zukunft erkennt man nicht, man schafft sie.
Stanisław Brzozowski

Die Wirklichkeit ist nur veränderbar, insofern sie noch nicht ist.
Wir können versuchen, die Zukunft zu beeinflussen, das ist alles.
Friedrich Dürrenmatt

Die Zukunft hat viele Namen. Für die Schwachen ist sie das
Unerreichbare. Für die Furchtsamen ist sie das Unbekannte. Für
die Tapferen ist sie die Chance.
Victor Hugo

Die Zukunft ist als Raum der Möglichkeiten der Raum unserer
Freiheit.
Karl Jaspers

Aus der Vergangenheit kann jeder lernen. Heute kommt es darauf an, aus der Zukunft zu lernen.
Herman Kahn

Das Leben kann nur in der Schau nach rückwärts verstanden, aber nur in der Schau nach vorwärts gelebt werden.
Sören Kierkegaard

Die Zukunft kommt in Raten, das ist das Erträgliche an ihr.
Alfred Polgar

Die Zukunft des Menschen steht auf dem Spiel; sie ist gesichert, sobald nur genügend Menschen sich dieser Einsicht nicht verschließen.
Bertrand Russell

Das Merkwürdige an der Zukunft ist wohl die Vorstellung, dass man unsere Zeit später die gute alte Zeit nennen wird.
John Steinbeck

Zurückgezogenheit

Wer sich verschließen gelernt hat, dem tut es doppelt wohl, wenn er sich aufschließen darf.
Ernst von Feuchtersleben

Zurückhaltung

Dumme Gedanken hat jeder, aber der Weise verschweigt sie.
Wilhelm Busch

Lieber weniger, aber besser.
Wladimir Iljitsch Lenin

Zusammenarbeit

Die Wissenschaft braucht Zusammenarbeit, in der sich das Wissen des einen durch die Entdeckung des anderen bereichert.
José Ortega y Gasset

Das Einzige, was die Menschheit zu retten vermag, ist Zusammenarbeit, und der Weg zur Zusammenarbeit nimmt im Herzen der Einzelnen seinen Anfang.
Bertrand Russell

Zusammenleben

Wir haben gelernt, wie die Vögel zu fliegen, wie die Fische zu schwimmen; doch wir haben die einfache Kunst verlernt, wie Brüder zu leben.
Martin Luther King

Allein ist der Mensch ein unvollkommenes Ding; er muss einen Zweiten finden, um glücklich zu sein.
Blaise Pascal

Eine dauernde Bindung zu einer Frau ist nur möglich, wenn man im Theater über dasselbe lacht. Wenn man gemeinsam schweigen kann. Wenn man gemeinsam trauert. Sonst geht es schief.
Kurt Tucholsky

Zustimmung

Grundsätzliche Zustimmung ist die höflichste Form der Ablehnung.
Robert Lembke

Wenn Leute mit mir übereinstimmen, habe ich immer das Gefühl, ich muss mich irren.
Oscar Wilde

Zuversicht

Ohne Wenn und Aber bekenne ich mich zur Zuversicht im Denken und Handeln – wohl wissend, dass einem dabei Irrtümer und Widersprüche nicht erspart bleiben.
Willy Brandt

Wenn ich wüsste, dass morgen die Welt unterginge, würde ich heute noch ein Apfelbäumchen pflanzen.
Martin Luther

Zwang

Kein Mensch muss müssen.
Gotthold Ephraim Lessing

Durch Belohnung oder Strafe kann man Menschen zwingen, zu erklären oder zu beschwören, dass sie glauben, und zu handeln, als ob sie glaubten: Mehr kann man nicht erreichen.
Jonathan Swift

Zweifel

Irren mag menschlich sein, aber Zweifeln ist menschlicher, indem es gegen das Irren angeht.
Ernst Bloch

Alles Wissen geht aus einem Zweifel hervor und endigt in einem Glauben.
Marie von Ebner-Eschenbach

Zweifle an allem wenigstens einmal, und wäre es auch der Satz: 2 mal 2 ist 4.
Georg Christoph Lichtenberg

Zweifeln ist Suchen, nicht Ratlosigkeit.
Hans A. Pestalozzi

Der Glaube versetzt Berge, der Zweifel erklettert sie.
Karl Heinrich Waggerl

Zwischenmenschliche Beziehungen

Der Umgang mit Menschen ist wahrer Umgang. Man geht ewig umeinander herum, ohne sich näher zu kommen.
Ernst von Feuchtersleben

Es gibt nichts so Grauenvolles wie die Fremdheit derer, die sich kennen.
Gerhart Hauptmann

Eine schöne Menschenseele finden ist Gewinn.
Johann Gottfried Herder

Wir haben gelernt, wie die Vögel zu fliegen, wie die Fische zu schwimmen; doch wir haben die einfache Kunst verlernt, wie Brüder zu leben.
Martin Luther King

Abstand wahren ist der kürzeste Weg in die Nähe des anderen.
Hans Kudszus

Einander kennen lernen, heißt lernen, wie fremd man einander ist.
Christian Morgenstern

Nichts erwarten; dennoch gespannt sein. Humanitäres Motto, um zwischenmenschlich existieren zu können.
Wolfdietrich Schnurre

Zyniker

»Was ist ein Zyniker?« – »Ein Mann, der von allem den Preis und von nichts den Wert kennt.«
Oscar Wilde

Ich bin durchaus nicht zynisch, ich habe nur meine Erfahrungen, was allerdings ungefähr auf dasselbe herauskommt.
Oscar Wilde

Zynismus

Zynismus ist der geglückte Versuch, die Welt so zu sehen, wie sie wirklich ist.
Jean Genet

Der Zynismus der Zyniker besteht nicht darin, dass sie sagen, was sie denken, sondern darin, dass sie denken.
Gabriel Laub

Quellenverzeichnis

Quellenverzeichnis*

Adorno, Theodor W. [früher Th. Wiesengrund] (1903–1969);
dt. Philosoph, Soziologe und Musikwissenschaftler
Minima Moralia. Reflexionen aus dem beschädigten Leben.
In: Gesammelte Schriften, Bd. 4. Frankfurt a. M. 1980
*Alt, Franz (*1938); dt. Publizist*
Frieden ist möglich. München 1983
Andersen-Nexø, Martin (1869–1954); dän. Schriftsteller
Erinnerungen. Berlin (Ost) und Weimar 1966
Anouilh, Jean (1910–1987); franz. Dramatiker
Zitiert nach ↑ Besinnung und Einsicht
Arabische Sprichwörter. Ausgewählt und eingeleitet von
W. M. Bonsack. Wiesbaden 1985
*Arndt, Hans (*1911); dt. Aphoristiker*
Im Visir. Aphorismen. München 1959
*Arntzen, Helmut (*1931); dt. Aphoristiker*
Kurzer Prozeß. Aphorismen und Fabeln. München 1966.
Zitiert nach ↑ Deutschen Aphorismen
Balthasar, Hans Urs von (1905-1988); schweiz. kath. Theologe und
Schriftsteller
Das Weizenkorn. Aphorismen. Einsiedeln/Trier, 3. Aufl. 1989
*Baudrillard, Jean (*1939); frz. Philosoph*
Cool memories 1980-1985. Übersetzt von M. Ott.
München 1989
Benjamin, Walter (1892-1940); dt. Literaturkritiker und Schriftsteller
Gesammelte Schriften. Bd. I,2. 2. Aufl. Frankfurt a. M. 1978
Benn, Gottfried (1886-1956); dt. Schriftsteller und Arzt
Gesammelte Werke I. Essays, Reden, Vorträge, Stuttgart,
6. Aufl. 1987
Gesammelte Werke IV. Autobiographische und vermischte Schriften.
Stuttgart, 5. Aufl. 1986
*Berkensträter, Bert (*1941); dt. Aphoristiker*
Zitiert nach ↑ Deutsche Aphorismen

---

* Zu den Texten von Autoren, deren Werke nicht systematisch ausgewertet wurden oder deren Äußerungen z. B. aus Fernseh-, Rundfunk- oder Presseinterviews stammen, gibt es keine Einträge im Quellenverzeichnis.

Besinnung und Einsicht. Aphorismen des 19. Und 20. Jahrhunderts. Gesammelt und herausgegeben von Hans Margolius und Ernst Kobelt. Zürich 1981

Beutelrock, Friedl (1899-1958); dt. Schriftstellerin
Am Rande bemerkt. Neue Aphorismen.
München/Innsbruck/Zürich 1955

Bierce, Ambrose Gwinnett (1842-1914 [verschollen])
Des Teufels Wörterbuch. Neu übersetzt von G. Haefs.
Zürich 1987

*Biermann, Wolf (*1936); dt. Lyriker und Liedersänger*
Die Drahtharfe. Berlin (West) 1965
Verdrehte Welt – das seh ich gerne. Köln 1982
Affenhals und Barrikade. Köln 1986

Bloch, Ernst (1885 – 1977); dt. Philosoph
Tübinger Einleitung in die Philosophie. Werkausgabe Bd. 13.
Frankfurt a. M. 1985

Bobrowski, Johannes (1917 – 1965); dt. Schriftsteller
Erzählungen. Leipzig 1978

Böll, Heinrich (1917-1985); dt. Schriftsteller
Aufsätze, Kritiken, Reden. Köln 1967

Bonhoeffer, Dietrich (1906-1945); dt. ev. Theologe
Zitiert nach ↑ Besinnung und Einsicht

Börne, Ludwig (1786-1837); dt. Schriftsteller
Fragmente und Aphorismen. In: Börne. Eine Anthologie.
Bibliographisches Institut Hildburghausen und
New York o. J. (1855/56)

Brandt, Willy (1913-1992); dt. Politiker
Der Wille zum Frieden. Perspektiven der Politik. Frankfurt a.
M. 1973
Willy Brandt, Bruno Kreisky, Olof Palme. Briefe und Gespräche
1972 bis 1975. Frankfurt a. M./Köln 1975
Erinnerungen. Frankfurt a. M. 1989

Brecht, Bertolt (1898-1956); dt. Schriftsteller und Regisseur
Gesammelte Werke in 20 Bänden. Frankfurt a. M. 1967-1969

*Brudziński, Wiesław Leon (*1920); poln. Schriftsteller*
Katzenköpfe. In: Bedenke, bevor du denkst. Herausgegeben und
aus dem Polnischen übertragen von K. Dedecius,
Frankfurt a. M., 2. Aufl. 1985

Brzozowski, Stanistaw (1878-1911); poln. Schriftsteller
Taggespenster. In: Bedenke, bevor du denkst. Herausgegeben
und aus dem Polnischen übertragen v. K. Dedecius. Frankfurt
a. M., 2. Aufl. 1985

Buber, Martin (1878-1965); jüd. Religionsphilosoph und Schriftsteller
Einsichten, Frankfurt a. M. 1953

*Buch, Hans Christoph (*1944); dt. Schriftsteller*
Das Hervortreten des Ichs aus den Wörtern. Aufsätze zur
Literatur. München/Wien 1978

Buckle, Henry Thomas (1821-1862); brit. Kulturhistoriker
Geschichte der Civilisation in England. Deutsch v. A. Ruge.
2 Bde. 3. Aufl., Leipzig und Heidelberg 1868

Burckhardt, Jacob (1818-1897); schweiz. Kultur- und Kunsthistoriker
Weltgeschichtliche Betrachtungen. Pfullingen o. J.

Busch, Wilhelm (1832-1908); dt. Dichter, Zeichner und Maler
Sämtliche Werke in 2 Bänden. München 1982
Sämtliche Briefe. Kommentierte Ausgabe. Hrsg.: F. Bohne.
2 Bde. Hannover 1968-69

*Canetti, Elias (*1905); Schriftsteller, Sohn span.-jüd. Eltern*
Die Provinz des Menschen. Aufzeichnungen 1942-1972.
Frankfurt a. M. 1976

*Cardenal, Ernesto (*1925); nicaraguanischer Lyriker, Geistlicher
und Politiker*
Ufer zum Frieden. 3. Aufl. Wuppertal 1979

*Carlyle, Thomas (1795-1881; schott. Essayist und Geschichts-
schreiber*
Geschichte Friedrichs II. von Preußen, genannt Friedrich der
Große. Aus dem Englischen übertragen von J. Neuberg u.
F. Althaus. Berlin (West) 1954

*Carnegie, Dale (1888-1955); amerik. Psychologe und Begründer einer
Rhetorikschule*
Rede. Die Macht des gesprochenen Wortes. Grünberg 1969

*Chamfort [= Sébastien Roch Nicolas] (1741-1794); franz. Schrift-
steller*
Maximen, Charaktere, Anekdoten. Aus dem Französichen von
F. Schalk. Nördlingen 1987

Chesterton, Gilbert Keith (1874-1936); engl. Schriftsteller
Heitere Weisheit, ernste Späße. Aphorismen. Gesammelt und
übersetzt von G. Kranz. Moers 1988

Chinesische Sprichwörter. Aus dem Chinesischen übertragen und
herausgegeben von K. Herrmann. Wiesbaden 1989

Corneille, Pierre (1606-1684): franz. Dramatiker
Ausgewählte Dramen von Pierre Corneille. Berlin 1877

Dahrendorf, Ralf (*1929); dt. Soziologe und Politiker
Gesellschaft und Demokratie in Deutschland. München 1975

Dante Alighieri (1265-1321); italien. Dichter
Die göttliche Komödie. Übers. Von K. Eitner. 3 Teile. Bibliographisches Institut Leipzig 1865

Deschner, Karlheinz (*1924); dt. Schriftsteller
Nur Lebendiges schwimmt gegen den Strom. Aphorismen. Ba-
sel, 2. Aufl. 1889

Deutsche Aphorismen. Herausgegeben von G. Fieguth.
Stuttgart 1985
(Reclam Universal-Bibliothek Nr. 9889)

Diderot, Denis (1713-1784); franz. Schriftsteller und Philosoph
Erzählungen und Gespräche. Leipzig 1953
Sämtliche Romane und Erzählungen in 2 Bänden.
München 1979 Philosophische Schriften. 2 Bde. Berlin (West)
1984

Die ganze Welt steht auf der spitzen Zunge. Jüdische Sprichwörter.
Aus dem Jiddischen übertragen, herausgegeben und mit einem
Vorwort versehen von V. Dietzel. Wiesbaden o. J.

Ditfurth, Hoimar von (1921-1989); dt. Wissenschaftspublizist
Innenansichten eines Artgenossen. Düsseldorf 1889

Döblin, Alfred (1878-1957); dt. Schriftsteller
Die Vertreibung der Gespenster. Autobiographische Schriften.
Betrachtungen zur Zeit. Aufsätze zu Kunst und Literatur.
Berlin (Ost) 1968

Doderer, Heimito von (1896-1966); österr. Schriftsteller
Repertorium. Ein Begreifbuch von höheren und niederen Le-
bens-Sachen. Herausgegeben von D. Weber. München 1969

Dostojewski, Fjodor (1821-1881); russ. Schriftsteller
Aufzeichnungen aus einem Kellerloch. München 1962
Aufzeichnungen aus einem toten Hause. München 1960
Aus dem Tagebuch eines Schriftstellers. Hamburg 1962
Die Brüder Karamasoff. Klagenfurth o. J.
Die Dämonen. Gütersloh 1962
Der Jüngling. Frankfurt 1960

Dutschke, Rudolf (1940-1979); dt. Studentenführer, Politologe
Geschichte ist machbar. Berlin (West) 1980

Ebner-Eschenbach, M. von (1830-1916); österr. Erzählerin
Aphorismen. Stuttgart 1988 (Reclam Universal-Bibliothek
Nr. 8455)

Eich, Günter (1907-1972); dt. Lyriker und Hörspielautor
Zitiert nach ↑ Deutsche Aphorismen

Engels, Friedrich (1820-1895); dt. Philosoph und Politiker
↑ Marx, Karl

Feuchtersleben, Ernst von (1806-1849); österr. Schriftsteller
Zitiert nach: Deutsche Aphorismen aus drei Jahrhunderten.
Auswahl von F. Hindermann und B. Heinser. 3. Aufl.,
Zürich 1988

Finck, Werner (1902-1978); dt. Schauspieler und Kabarettist
Das Beste von Werner Finck. München 1988

Flake, Otto; Pseudonym Leo F. Kotta (1880-1963); dt. Schriftsteller
Leo F. Kotta: Gedankengut. Dortmund 1949

*Franklin, Benjamin (1706-1790; amerk. Politiker, Schriftsteller
und Physiker*
Der Weg zum Reichtum. Essay. Herausgegeben von R. L. Stab.
Berlin 1891
Autobiographie. Herausgegeben von P. de Mendelssohn.
Berlin (West) 1954

*Friedell, Egon (1878-1938); österr. Journalist, Schauspieler und
Schriftsteller*
Zitiert nach: Deutsche Aphorismen aus drei Jahrhunderten.
Auswahl von F. Hindermann und B. Heinser. 3. Aufl.,
Zürich 1988

Frisch, Max (1911-1991); schweizer. Schriftsteller
Montauk. Frankfurt a. M. 1975
Tagebuch 1946-1949. In: Gesammelte Werke in zeitlicher Folge.
Bd. II,2. Frankfurt a. M. 1976
Tagebuch 1966-1971. In: Gesammelte Werke in zeitlicher Folge.
Bd. VI,1. Frankfurt a. M. 1976
Der Mensch erscheint im Holozän. Frankfurt a. M. 1979

Fučik, Julius (1903-1943); tschech. Schriftsteller
Reportage unter dem Strang geschrieben. Berlin (Ost) 1978

*Gandhi, Mohandas Karamchand, genannt Mahatma (1869-1948);
indischer Freiheitskämpfer.* Freiheit ohne Gewalt. Köln 1968

Gellert, Christian F. (1715-1769); dt. Schriftsteller
Dichtungen. Hrsg.: A. Schullerus. Bibliographisches Institut
Leipzig und Wien 1891

Gide, André (1869-1951); franz. Schriftsteller
Tagebuch 1889-1939; Bd. III: 1924-1939. Deutsche
Übertragung vom M. Schaefer-Rümelin. Stuttgart 1954
Die Falschmünzer. Roman. Deutsch von F. Hardekopf.
Stuttgart 1964

Goethe, Johann Wolfgang (1749-1832); dt. Dichter
Werke. Hrsg. Von K. Heinemann. 30. Bde. Bibliographisches
Institut Leipzig und Wien 1901-1908

Goetz, Curt (1880-1960); dt. Bühnenschriftsteller und Schauspieler
Dreimal täglich. Rezepte. Stuttgart 1964

Gollwitzer, Helmut (1908-1993); dt. ev. Theologe
Das hohe Lied der Liebe. 7. Aufl., München 1988

*Gorz, André (*1924); franz. Publizist österr. Herkunft*
Wege ins Paradies. Thesen zur Krise, Automation und Zukunft
der Arbeit. Aus dem Französischen von E. Moldenhauer.
Berlin (West) 1983

Graff, Sigmund (1898-1979); dt. Schriftsteller
Vom Baum der Erkenntnis. Aphorismen. Krefeld 1973

Grillparzer, Franz (1791-1872); österr. Dramatiker
Aphorismen. In: Grillparzers Werke. Bd. 5. Herausgegeben
von R. Franz. Bibliographisches Institut Leipzig und
Wien 1903-1904

*Gross, Johannes (*1932); dt. Journalist und Schriftsteller*
Notizbuch. Frankfurt a. M./Berlin (West) 1988

Gutzkow, Karl (1811-1878); dt. Schriftsteller
Anthologie aus den Werken von Karl Gutzkow. Bibliographisches Institut Hildburghausen und New York o. J. (1855/56)

*Haller, Rolf (*1912); dt. Schriftsteller*
Zitiert nach ↑ Schmidt, Lothar

*Handke, Peter (*1942); österr. Schriftsteller*
Gedanken aus einem Journal. In: Merkur. Deutsche
Zeitschrift für europäisches Denken, Nr. 351 (1977),
S. 764-769

Hassencamp, Oliver (1921-1987); dt. Schriftsteller und Kabarettist
555 kandierte Sätze. Aphorismen. München 1987

Hauptmann, Gerhart (1862-1946); dt. Schriftsteller
Zitiert nach ↑ Deutsche Aphorismen
Hayek, Friedrich August von (*1899); brit. Volkswirtschaftler und Sozialphilosoph
Zitiert nach: ! Forbes. Das Wirtschaftsmagazin für Europa
3/1990, S. 5 ff.
Hebbel, Friedrich (1813-1863); dt. Dramatiker
Tagebücher. In: Werke in 2 Bänden. Bd. 2. München 1978
Hegel, Georg Wilhelm Friedrich (1770-1831): dt. Philosoph
Werke in 20 Bänden. Frankfurt a. M. 1979-1982
Heine, Heinrich (1797-1856); dt. Schriftsteller
Heinrich Heines sämtliche Werke. 7 Bde.
Herausgegeben von E. Elster.
Bibliographisches Institut Leipzig 1887-1890
Heinse, Johann Jakob Wilhelm (1746-1803); dt. Schriftsteller
Aphoristisches. In: Anthologie aus den Werken von Wilhelm
Heinse. Bibliographisches Institut Hildburghausen und
New York o. J. (1855/56)
Herbst, Wolfgang (*1925); dt. Schriftsteller und Aphoristiker
Zitiert nach ↑ Schmidt, Lothar
Hesse, Hermann (1877-1962); dt. Schriftsteller
Hermann Hesse. Lektüre für Minuten. Gedanken aus seinen
Büchern und Briefen. Neue Folge. Frankfurt a. M. 1976
Hinrich, Manfred (*1926); dt. Musikwissenschaftler und Schriftsteller
Spitztönigkeiten. In: Der Weisheit letzter Schuß. Aphorismen.
Berlin (Ost) 1980
Ho Chi Minh (1890-1969); vietnamesischer Politiker
Gefängnistagebuch. 102 chinesische Gedichte. Nach der
engl. Version von A. Palmer ins Deutsche übertragen von
A. Kirchhoff u. a. München 1970
Hölderlin, Johann Christian Friedrich (1770-1843); dt. Dichter
Werke. 2 Bde. Hrsg. von H. Brandenburg. Bibliographisches
Institut Leipzig 1924
Holthusen, Hans Egon (*1913); dt. Schriftsteller
Kritisches Verstehen. Neue Aufsätze zur Literatur.
München 1961
Der unbehauste Mensch. Motive und Probleme der modernen
Literatur. München 1964

Humboldt, Wilhelm v. (1767-1835); dt. Staatsmann, Philosoph und Sprachforscher
Werke in fünf Bänden. Hrsg. von A. Flitner und K. Giel. Stuttgart 1979-1982
Sentenzen für eine Freundin. Darmstadt 1944

Huxley, Aldous Leonard (1894-1963); brit. Schriftsteller
Schöne neue Welt. Roman. Frankfurt a. M. 1972

*Iacocca, Lido (Lee) Anthony (*1924); amerik. Automobilmanager*
Iacocca: eine amerikanische Karriere. Von L. Iacocca und William Novak. Übersetzt von B. Stein. Frankfurt a. M./ Berlin (West) 1989

Jaspers, Karl (1883-1969); dt. Philosoph
Einführung in die Philosophie. München 1957

Jean Paul [=Johann Paul Friedrich Richter] (1763-1825); dt. Schriftsteller
Jean Pauls Aphorismen. Eine Anthologie aus seinen Werken. 2 Tle.
Bibliographisches Institut Hildburghausen und New York o. J. (1855/56)

Joubert, Joseph (1754-1824); frz. Schriftsteller
Gedanken und Maximen. Von F. Schalk. Leipzig 1940 (Sammlung Dieterich 45,2)

Jüdische Sprichwörter. ↑ Die ganze Welt auf der spitzen Zunge

Jünger, Friedrich Georg (1898-1977); dt. Schriftsteller
Gedanken und Merkzeichen. Frankfurt a. M. 1949

Kafka, Franz (1883-1924); österr. Schriftsteller
Briefe an Milena. Frankfurt a. M. 1976
Beim Bau der Chinesischen Mauer. In: Sämtliche Erzählungen. Frankfurt a. M. 1970
Tagebücher 1910-1923. Herausgegeben von M. Brod. Frankfurt a. M. 1973

Kant, Immanuel (1724-1804) dt. Philosoph
Kant-Brevier. Ein philosophisches Lesebuch für freie Minuten. Hrsg. von W. Weischedel. Frankfurt a. M. 1974

*Kasper, Hans (*1916); dt. Schriftsteller und Journalist*
Abel, gib acht. Aktuelle Aphorismen. Düsseldorf/Wien 1962
Revolutionäre sind Reaktionäre. Düsseldorf/Wien 1969
Verlust der Heiterkeit. Zürich 1970

Kästner, Erhart (1904-1974); dt. Schriftsteller
Ölberge, Weinberge. Ein Griechenland-Buch.
Frankfurt a. M. 1974

Kessel, Martin 1901-1990); dt. Schriftsteller
Gegengabe. Aphoristisches Kompendium für hellere Köpfe.
Darmstadt 1960
Ehrfurcht und Gelächter. Literarische Essays. Mainz 1974

*Kierkegaard, Sören (1813-1855); dän. Philosoph, Theologe und
Schriftsteller*
Auswahl aus dem Gesamtwerk. Wiesbaden 1977

Koestler, Arthur (1905-1983); brit. Schriftsteller ungar. Herkunft
Der göttliche Funke. Der schöpferische Akt in Kunst und Wissenschaft. Bern/München 1966
Der Mensch – Irrläufer der Evolution. Eine Anatomie der
menschlichen Vernunft und Unvernunft. Bern/München 1978

*Kostolany, André (*1908); amerik. Börsenspekulant ungar. Herkunft*
Kostolanys Notizbuch. München 1988

Krailsheimer, Hans (1888-1958); dt. Aphoristiker
Kein Ausweg ist auch einer. Aphorismen. München 1954

Kraus, Karl (1874-1936); österr. Schriftsteller
Aphorismen (Schriften, Bd. 8). Frankfurt a. M. 1986

Kudszus, Hans (1901-1977); dt. Schriftsteller und Journalist
Jaworte, Neinworte. Aphorismen. Frankfurt a. M. 1970

Kurz, Isolde (1853-1944); dt. Schriftstellerin
Zitiert nach ↑ Besinnung und Einsicht.

La Bruyère, Jean de (1645-1696); franz. Schriftsteller
Die Charaktere, oder: Die Sitten im Zeitalter Ludwigs XIV.
aus dem Französischen von K. Eitner. Bibliographisches Institut
Leipzig 1871

Laotse [Lao Tzu] (4. oder 3. Jh. v. Chr.); legendärer chines. Philosoph
Jenseits des Nennbaren. Sinnsprüche von Laotse. Herausgegeben
v. L. von Keyserlingk. Freiburg/Basel/Wien 1979

La Rochefoucauld, F. de (1613-1680); franz. Schriftsteller
Maximen und Reflexionen. Französisch und deutsch.
Übersetzt von J. v. Stackelberg. München 1987

*Laub, Gabriel (*1928); poln.-tschech. Satiriker und Aphoristiker*
Denken verdirbt den Charakter. Alle Aphorismen.
München 1984

Lec, Stanislaw Jerzy (1909-1966); poln. Lyriker und Aphoristiker
Alle unfrisierten Gedanken. Herausgegeben und übersetzt von
K. Dedecius, 4. Aufl., München 1988

Le Fort, Gertrud von (1876-1971); dt. Schriftstellerin
Gedichte und Aphorismen. München 1984

Lembke, Robert (1913-1989); dt. Journalist und Fernsehmoderator
Grüße aus dem Fettnäpfchen. Aphorismen. 2. Aufl., Mün-
chen/Wien 1986

*Lemke, Jürgen (*1943); dt. Dozent für Ökonomie*
Ganz normal anders. Auskünfte schwuler Männer.
Berlin (Ost) 1989

*Lessing, Gotthold Ephraim (1729-1781); dt. Schriftsteller, Kritiker
und Philosoph*
Werke. Herausgegeben von G. Witkowski.
7 Bde. Bibliographisches Institut Leipzig 1911

Lichtenberg, Georg C. (1742-1799); dt. Physiker und Schriftsteller
Aphorismen, Essays, Briefe. Herausgegeben von K. Batt. Bremen
o. J. (Sammlung Dieterich 260)

*Lohberger, Hans (*1920); österr. Schriftsteller*
Zitiert nach ↑ Schmidt, Lothar

*Lukács, György [Georg (von)] (1885-1971); ungar. Philosoph
und Literaturwissenschaftler*
Die Theorie des Romans. Neuwied/Berlin (West) 1971

Luther, Martin (1483-1546); dt. Reformator
Richard Brüllmann. Lexikon der treffenden
Martin-Luther-Zitate. Thun 1983

Luxemburg, Rosa (1870-1919); dt. Politikerin poln. Herkunft
Rosa Luxemburg. Ein Leben für die Freiheit.
Reden – Schriften – Briefe.
Ein Lesebuch. Frankfurt a. M. 1987

Mann, Thomas (1875-1955); dt. Schriftsteller
Neue Studien. Stockholm 1948

Mao Tse-Tung [Mao Zedong] (1893-1976); chines. Politiker
Das Rote Buch. Worte des Vorsitzenden Mao Tse-tung.
Frankfurt 1971

*Marcuse, Herbert (1898-1979); amerik. Sozialphilosoph
dt. Herkunft*
Der eindimensionale Mensch. Neuwied/Darmstadt 1970

Marcuse, Ludwig (1884-1971); dt. Literaturkritiker,
Philosoph und Journalist
Denken mit Ludwig Marcuse.
Ein Wörterbuch für Zeitgenossen. Zürich 1973
Margolius, Hans (*1922); dt. Schriftsteller
Zitiert nach ↑ Besinnung und Einsicht
Mark Twain [= Samuel Langhorne Clemens] (1835-1910);
amerikan. Schriftsteller
Aphorismen. In: Weisheiten der Welt. Herausgegeben von
Alfred Grunow. Bd. 2: Europa und die Neue Welt.
Berlin (West) 1966
Marti, Kurt (*1921); schweiz. reformierter Theologe und Schriftsteller
Zärtlichkeit und Schmerz. Notizen. 6. Aufl. Darmstadt 1988
Marx, Karl (1818-1883); dt. Philosoph und Politiker
Karl Marx, Friedrich Engels. Ausgewählte Werke in 6 Bdn.
Berlin (Ost) 1988-1990
Mencken, Henry Louis (1880-1956); amerik. Journalist und
Schriftsteller
Zitiert nach ↑ Schmidt, Lothar
Mitsch, Werner (*1936); dt. Aphoristiker
Hin- und Widersprüche. Rosenheim, 2. Aufl. 1988
Mitscherlich, Alexander (1908-1982); dt. Mediziner
und Psychologe
Die Idee des Friedens und die menschliche Aggressivität.
Frankfurt a. M. 1969
Montesquieu, Charles de Secondat, Baron de la Brède et de
(1689-1755); franz. Schriftsteller und Staatstheoretiker
Sämtliche Werke. Deutsche Übersetzung. 3 Bde.
Stuttgart 1827
Vom Geist der Gesetze. Übertragen, ausgewählt und eingeleitet
von K. Weigand. Stuttgart 1967 (Reclam Universal-Bibliothek
Nr. 8953)
Morgenstern, Christian (1871-1914); dt. Dichter
Stufen. Eine Entwicklung in Aphorismen und
Tagebuch-Notizen. In: Gesammelte Werke in einem Band.
München 1965
Munthe, Axel (1857-1949); schwed. Arzt und Schriftsteller
Das Buch von San Michele. Deutsch nach der 26. engl.
Auflage von G. Uexküll-Schwerin. Saarbrücken/München o. J.

Musil, Robert (1880-1942); österr. Schriftsteller
Kleine Prosa. Aphorismen. Autobiographisches (gesammelte
Werke 7). Reinbek bei Hamburg 1978
Neill, Alexander Sutherland (1883-1973); brit. Pädagoge
Theorie und Praxis der antiautoritären Erziehung.
Reinbek bei Hamburg 1970
*Nell-Breuning, Oswald von (1890-1991); dt. kath. Theologe und
Soziologe*
Worauf es mir ankommt. Zur sozialen Verantwortung.
Freiburg/Basel/Wien 1983
Neruda, Pablo (1904-1973); chilen. Lyriker
Ich bekenne, ich habe gelebt. Memoiren., Deutsch von
C. Meyer-Clason. Gütersloh o. J.
Nestroy, Johann (1801-1862); österr. Schriftsteller und Schauspieler
Werke, ausgewählt von O. M. Fontana. Darmstadt 1962
*Niederreuther, Thomas (*1909); dt. Schriftsteller*
Wer hat schon Mitleid mit einem Krokodil.
Aphorismen. Gauting 1967
*Nietzsche, Friedrich (1844-1900); dt. Philosoph und klassischer
Philologe*
Werke in 3 Bänden. Herausgegeben von K. Schlechta.
München 1954-56
Nossack, Hans Erich (1901-1977); dt. Schriftsteller
Spirale, Roman einer schlaflosen Nacht. Frankfurt a. M. 1956
Spätestens im November. Roman. Frankfurt a. M. 1968
Die schwache Position der Literatur. Reden und Aufsätze. Frank-
furt a. M. 1967
*Novalis [= Georg Philipp Friedrich von Hardenberg] (1772-1801);
dt. Dichter*
Werke. Herausgeben von J. Dohmke. Bibliographisches
Institut Leipzig und Wien 1892
Schriften. 4 Bde. Im Verein mit R. Samuel herausgegeben von
P. Kluckhohn. Bibliographisches Institut Leipzig und Wien 1929
Nowaczyński, Adolf (1876-1944); poln. Schriftsteller
Affenspiegel. In: Bedenke, bevor du denkst. Herausgegeben
und aus dem Polnischen übertragen von K. Dedecius.
Frankfurt a. M., 2. Aufl. 1985
Oesch, Emil (1894-1974); schweiz. Schriftsteller und Verleger
Menschen besser verstehen. Ratschläge für den Umgang mit
Menschen. Zürich 1985

Die Kunst, Zeit zu haben. Ratschläge für den Umgang mit unserm kostbarsten Gut. München 1989

Ortega Y Gasset, José (1883-1955), span. Kulturphilosoph,
Soziologe und Schriftsteller
Der Aufstand der Massen (1930); Um einen Goethe von
innen bittend (1932); Die Aufgabe des Bibliothekars (1935).
In: Gesammelte Werke. Bd. 3. Stuttgart 1978
Über die Liebe. München 1978

Ossietzky, Carl von (1898-1938); dt. Publizist
227 Tage im Gefängnis. Briefe, Texte, Dokumente.
Darmstadt 1988

Panizza, Oskar (1853-1921); dt. Schriftsteller
Die kriminelle Psychose, genannt Psichopatia criminalis.
2., veränderte Aufl., München 1985

Pascal, Blaise (1623-1662); franz. Philosoph, Mathematiker und
Physiker
Wissen des Herzens. Gedanken und Erfahrungen des
großen abendländischen Philosophen. Eine Auswahl aus
dem Gesamtwerk. Zusammengestellt von P. Eisele.
Bern/München/Wien o. J.

Pavese, Cesare (1908-1950); ital. Schriftsteller
Das Handwerk des Lebens. Tagebuch 1935-1950.
Ins Deutsche übertragen von Ch. Birnbaum.
Hamburg 1956

*Paz, Octavio (*1914); mexikan. Schriftsteller*
Essays. 2 Bde. Frankfurt a. M. 1984

*Pestalozzi, Hans A. (*1929); schweiz. Publizist*
Nach uns die Zukunft. Bern 1979
Auf die Bäume, ihr Affen! Bern 1989

Pestalozzi, Johann Heinrich (1746-1827); schweiz. Pädagoge
Lienhard und Gertrud. In: Anthologie aus den Schriften
von Johann Heinrich Pestalozzi. Bibliographisches Institut Hildburghausen und New York o. J. (1855/56)
Pestalozzi. Eine Auswahl aus seinen Schriften. Stuttgart 1907
Wie Gertrud ihre Kinder lehrt. Ein Versuch, den Müttern Anleitung zu geben, ihre Kinder selbst zu unterrichten, in Briefen.
Herausgegeben v. A. Reble. Bad Heilbronn/Obb. 1964

Pohrt, Wolfgang (*1945); dt. Publizist
Endstation. Pamphlete und Essays. Berlin (West) 1982

Popper, Karl Raimund (*1902); brit. Philosoph, Logiker und Sozialtheoretiker
Ausgangspunkte: Meine intellektuelle Entwicklung. Hamburg 1979

Pound, Ezra (1885-1972); amerik. Dichter
ABC des Lesens. Deutsch von E. Hesse. Frankfurt a. M. 1985

Proust, Marcel (1871-1922); franz. Schriftsteller
Tage der Freuden. Übertragen von E. Weiß. Frankfurt a. M./Berlin (West) 1986

Raabe, Wilhelm (1831-1910); dt. Schriftsteller
Aphorismen Wilhelm Raabes. Herausgegeben von K. Hoppe. In: Jahrbuch der Raabe-Gesellschaft. 1960 (Jg. 1), S. 94-139. Braunschweig 1960

Radbruch, Gustav (1878-1949); dt. Jurist und Politiker
Zitiert nach ↑ Schmidt, Lothar

Rathenau, Walther (1867-1922); dt. Industrieller und Politiker
Schriften und Reden. Frankfurt a. M. 1964

Rinser, Luise (*1911); dt. Schriftstellerin
Zitiert nach ↑ Worte der Woche

Rolfs, Rudolf (*1922); dt. Schriftsteller
Zitiert nach ↑ Schmidt, Lothar

Rommel, Manfred (*1928); dt. Politiker
Manfred Rommels gesammelte Sprüche. Herausgegeben von U. Frank-Planitz. Stuttgart 1988

Roth, Eugen (1895-1976); dt. Schriftsteller
Das Eugen Roth Buch. Klagenfurt o. J.

Rousseau, Jean-Jacques (1712-1778); franz. Schriftsteller und Kulturphilosoph
Bekenntnisse. 2 Bde. Nach der Übersetzung von L. Schücking. Neubearb. und herausgegeben von K. Wolter und H. Bretschneider. Bibliographisches Institut Leipzig und Wien 1916
Der Gesellschaftsvertrag. Übersetzung von H. Denhardt und W. Bahner. Köln 1988 (Röderberg-Taschenbuch Bd. 65)
Emile oder über die Erziehung . Stuttgart 1970. (Reclam-Universalbibliothek Nr. 901) Schriften. 2 Bde. München 1978

Russell, Bertrand (1872-1970); brit. Mathematiker und Philosoph
Moral und Politik. München 1972
Politische Schriften I. München 1972
Sartre, Jean-Paul (1905-1980); franz. Philosoph und Schriftsteller
Die Wörter. Übersetzt von H. Mayer.
Reinbek bei Hamburg 1988
Schiller, Friedrich (1759-1805); dt. Dichter
Werke. Herausgegeben von L. Bellermann. 2., kritisch durch-
gesehene Auflage. 15 Bde. Bibliographisches Institut
Leipzig 1922
Schlegel, August Wilhelm (1767-1845); dt. Schriftsteller,
Sprach- und Literaturwissenschaftler
Kritische Schriften und Briefe. Bd. 5 und 6: Vorlesungen über
dramatische Kunst und Literatur. Stuttgart 1966-67
Ausgewählte Gedichte von Aug. Wilh. u. Friedr. Schlegel.
Bibliographisches Institut Hildburghausen und New York
o. J. (1855/56)
Schmid, Carlo (1886-1979); dt. Politiker
Politik muß menschlich sein. Politische Essays.
Bern/München 1980
Schmidt, Lothar
Das große Handbuch geflügelter Definitionen, München 1971.
Schlagfertige Definitionen. Reinbek bei Hamburg 1974
Schneider, Michael (*1943); dt. Schriftsteller
Nur tote Fische schwimmen mit dem Strom. Essays,
Aphorismen, Polemiken. Köln 1984
Schneyder, Werner (*1937); österr. Kabarettist und Schriftsteller
Gelächter vor dem Aus. Die besten Aphorismen und
Epigramme. München 1980
Schnitzler, Arthur (1862-1931); österr. Schriftsteller
Beziehungen und Einsamkeiten. Aphorismen.
Ausgewählt von Cl. Eich. Frankfurt a. M. 1987
Schnurre, Wolfdietrich (1920-1989); dt. Schriftsteller
Schreibtisch unter freiem Himmel.
Olten/Freiburg i. Br. 1964
Der Schattenfotograf. Aufzeichnungen. München 1978
Schopenhauer, Arthur (1788- 1860); dt. Philosoph
Parerga und Paralipomena. In: Sämtliche Werke.
Bd. 5 und 6. Neu bearbeitet und herausgegeben von
A. Hübscher. F. A. Brockhaus Mannheim 1988

Schumann, Robert (1810-1856); dt. Komponist
Es ist des Lernens kein Ende. Spruchweisheiten von Robert
Schumann. Ausgewählt von H.-H. Fehske und D. Kirchhöfer.
2. Auflage Berlin 1990

Schweitzer, Albert (1875-1965); elsässischer ev. Theologe und Arzt
Richard Brüllmann. Treffende Albert-Schweitzer-Zitate.
Thun 1986

*Schweppenhäuser, Hermann (*1928); dt. Schriftsteller*
Verbotene Frucht. Aphorismen und Fragmente.
Frankfurt a. M. 1966

Seume, Johann Gottfried (1763-1810); dt. Schriftsteller
Der Spaziergang nach Syrakus; Apokryphen. In: Prosaschriften.
Mit einer Einleitung von W. Kraft. Darmstadt 1974

Shakespeare, William (1564-1616); engl. Dichter und Dramatiker
Dramatische Werke. Übersetzt von A. W. v. Schlegel und L.
Tieck. Herausgegeben von A. Brandl. 2. Ausgabe. 10 Bde.
Bibliographisches Institut Leipzig und Wien 1922/23

Shaw, George Bernard (1856-1950); irischer Schriftsteller
Der Katechismus des Umstürzlers; Aphorismen für
Umstürzler. In: Mensch und Übermensch. Eine Komödie
und eine Philosophie. Übersetzung von S. Trebitsch.
Zürich 1946

Spengler, Oswald (1880-1936); dt. Kultur- und Geschichts-
philosoph
Untergang des Abendlandes. München 1950
Gedanken. München 1951

Sperber, Manès (1905-1984); franz. Schriftsteller österr. Herkunft
Wie eine Träne im Ozean. Romantrilogie. Wien 1976

Steiner, Rudolf (1861-1925); österr. Anthroposoph
Aphorismen. Dornach 1971

Storm, Theodor (1817-1888); dt. Dichter
Sämtliche Werke. 3 Bde. Hamburg/Braunschweig/Berlin 1918

Świętochowski, Aleksander (1849-1938); poln. Schriftsteller
Paradoxa – Ketzereien. In: Bedenke, bevor du denkst.
Herausgegeben und aus dem Polnischen übertragen von
K. Dedecius. Frankfurt a. M., 2. Auflage 1985

Swift, Jonathan (1667-1745); irisch-engl. Schriftsteller
Gedanken über verschiedene Gegenstände. In: Ausgewählte
Werke in 3 Bänden, Bd. 1 Frankfurt a. M. 1972

Tagore, Rabindranath (1861-1941); indischer Dichter und Philosoph
Eine Anthologie. Hrsg. Von A. Chakravarty. Freiburg i. Br. 1961

Thiess, Frank (1890-1977); dt. Schriftsteller
Über die Fähigkeit zu lieben. Freiburg i. Br. 1958

Tille, Peter (*1938); dt. Schriftsteller
Sommersprossen. 666 aphoristische Gesichtspunkte.
Leipzig 1983

Tucholsky, Kurt (1890-1935); dt. Journalist und Schriftsteller
Schnipsel. Herausgegeben von M. Gerold-Tucholsky und
F. J. Raddatz. Reinbek bei Hamburg 1988

*Tutu, Desmond (*1931); südarfrikan. anglikanischer Theologe und
Bischof*
»Gott segne Afrika«. Texte und Predigten des Friedensnobel-
preisträgers. Reinbek bei Hamburg 1984

Uhlenbruck, Gerd (*1929); dt. Immunbiologe und Aphoristiker
Den Nagel auf den Daumen getroffen. Aphorismen. 3.,
vermehrte Auflage, Köln 1986

*Ustinov, Peter [Alexander] (*1921); engl. Dramatiker, Schriftsteller,
Regisseur und Schauspieler russ.-franz. Abkunft*
Ustinovitäten. Einfälle und Ausfälle. Stuttgart 1977

Venske, Henning (*1939); dt. Kabarettist
Der Schmutz aus dem Nest. Ein satirisches ABC.
München 1990

*Voltaire [=François Marie Arouet] (1694-1778); franz.
Schriftsteller und Philosoph*
Philosophisches Wörterbuch. Leipzig 1967
Sämtliche Romane und Erzählungen in 2 Bänden.
Leipzig 1960

Waggerl, Karl Heinrich (1897-1973); österr. Schriftsteller
Kleine Münze. In: Sämtliche Werke. Bd. 2. Salzburg 1970

Weber, Karl Julius (1767-1832); dt. Schriftsteller
Demokritos. Oder hinterlassene Papiere eines lachenden Philosophen. 12 Bde. Leipzig 1908

*Weber, Max (1864-1920); dt. Sozialökonom, Wirtschaftshistoriker
und Soziologe*
Politik als Beruf. Vortrag. In: Gesammelte politische
Schriften. 3., erneut vermehrte Auflage, Tübingen 1971

Weizsäcker, Carl Friedrich von (*1912); dt. Physiker und Philosoph
Die Geschichte der Natur. Zwölf Vorlesungen. 2., durch-

gesehene Aufl., Göttingen 1954

Die Einheit der Natur. Studien. München 1979

Weizsäcker, Richard von (*1920); dt. Politiker

Von Deutschland aus. Reden. München 1987

Wiesner, Heinrich (*1925); dt. Aphoristiker

Die Kehrseite der Medaille. München 1972.

Zitiert nach ↑ Deutsche Aphorismen

Wilde, Oscar (1854-1900); engl. Schriftsteller irischer Herkunft

Aphorismen. Herausgegeben von F. Thissen.

Frankfurt a. M. 1987

Wilder, Thornton (1897-1975); amerik. Schriftsteller

Der achte Schöpfungstag. Roman. Frankfurt a. M. 1968

Wolf, Christa (*1929); dt. Schriftstellerin

Kassandra. Erzählung. Berlin (West)/Darmstadt/Wien o. J.

Worte der Woche. Die stärksten Sprüche bekannter Zeitgenossen.

Ausgewählt von W. Maaß. Hamburg 1988

Zitatenlexikon. Herausgegeben von U. Eichelberger.

Bibliographisches Institut Leipzig 1981

Autorenverzeichnis

Autorenverzeichnis

Dr. Heinz Joachim Bless, BDVT, Verhaltens- und Verkaufstrainer mit dem Schwerpunkt Einsatz multimedialer Trainings- und Lehrinhalte, Vertriebsberatung

Gert E. Boness, freier Fachjournalist, Leiter Presse & PR der Neuland GmbH, Eichenzell

Prof. Dr. Günther Dahlmann-Resing, Diplomübersetzer, Professor für Wirtschaftsenglisch und Wirtschaftsdeutsch an der Fachhochschule Würzburg

Marc Fischer, BDVT, Dipl.-Ing. (Product-Engineering FH), Berater, Trainer und Verkaufsförderer für Internet und Neue Medien, Vorstand der Südwest Akademie für Unternehmensentwicklung in Emmendingen / Freiburg

Peter Flume, RhetoFlu-Rhetorikschulungen Nürtingen, Trainer für Rhetorik, Präsentation und Kommunikation, Anbieter von Unternehmenstheater

Dr. Frank Hatje, Historiker, Lehrbeauftragter an der Universität Hamburg, Veröffentlichungen zur Sozial- und Kulturgeschichte der frühen Neuzeit

Siegfried A. Huth, BDVT, Unternehmensberater, Trainer, Coach, Kongressredner und Autor

Hans-Joachim Kempe, Dipl.-Sozialwirt, langjähriger Abteilungsdirektor Personal, Autor mehrerer Fachbücher und Dozent bei verschiedenen Fortbildungsträgern

Walter Kessel, Geschäftsführer der Bonner Akademie GmbH, Deutsche Bank Gruppe

Prof. Dr. Rolf Kramer, Institut für Personalförderung, Verfasser von Fach- und Sachbüchern

Hans-Peter Krämer, Geschäftsführer der Unternehmensberatung Krämer & Network Consulting, Burgwallbach/Rhön, Autor verschiedener Veröffentlichungen

Frank Manekeller, Dipl.-Kfm., leitender Mitarbeiter eines großen Versicherungsunternehmens, Fachjournalist und Fachautor

Wolfgang Manekeller, Autor zahlreicher Fachpublikationen

Siegfried Menninger, BDVT, Dipl.-Fachberater für Stadtmarketing, Verkaufsförderung, Personalführung, Ladengestaltung und Werbung, Mitbegründer und Ehrenmitglied des BDVT

Dietrich Mommert, Journalist, freier Mitarbeiter beim Rundfunk
und bei namhaften Zeitungen und Zeitschriften

Gabi Neumayer, Chefredakteurin der Zeitschrift »texten +
schreiben«

Klaus Patzel, Jurist, Oberbürgermeister der Stadt Überlingen am
Bodensee

Tiana Piehler, BDVT, Dipl.-Psychologin und Trainerin,
Wirtschaftspsychologisches Institut Erfurt

Joachim-Bernhard von Prittwitz und Gaffron, BDVT,
Dipl.-Betriebsw., Verhaltens- und Verkaufstrainer, Vize-
präsident BDVT

Ulrike Rudolph, freiberufliche Redakteurin

Karin Szyszka, Sekretärin und Assistentin, Autorin verschiedener
Fachpublikationen

Roswitha Schäfer-Neubauer, Diplomübersetzerin, Rundfunk- und
Fernsehjournalistin

Dr. Barbara Topp, BDVT, Dipl.-Psychologin und Trainerin, Coach,
Wirtschaftspsychologisches Institut Erfurt

Ursula Widmann-Rapp, BDVT, Dipl.-Politologin, Vertriebs- und
Verkaufstrainerin, Vorsitzende BDVT-Berufsgruppe Selbstständige